에듀윌과 함께 시작하면,
당신도 합격할 수 있습니다!

오랜 직장 생활을 마감하며 찾아온 앞날에 대한 막연한 두려움
에듀윌만 믿고 공부해 합격의 길에 올라선 50대 은퇴자

출산한지 얼마 안돼 독박 육아를 하며 시작한 도전!
새벽 2~3시까지 공부해 8개월 만에 동차 합격한 아기엄마

만년 가구기사 보조로 5년 넘게 일하다, 달리는 차 안에서도
포기하지 않고 공부해 이제는 새로운 일을 찾게 된 합격생

누구나 합격할 수 있습니다.
시작하겠다는 '다짐' 하나면 충분합니다.

마지막 페이지를 덮으면,

에듀윌과 함께
공인중개사 합격이 시작됩니다.

eduwill

13년간 베스트셀러 1위
에듀윌 공인중개사 교재

기초부터 확실하게 기초/기본 이론

기초입문서(2종)

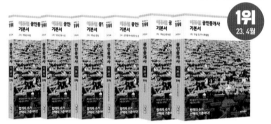

기본서(6종)

출제경향 파악 기출문제집

단원별 기출문제집(3종)

다양한 출제 유형 대비 문제집

기출응용 예상문제집(6종)

<이론/기출문제>를 단기에 단권으로 단단

단단(6종)

부족한 부분을 빠르게 보강하는 요약서/실전대비 교재

1차 핵심요약집+기출팩
(1종)

임선정 그림 암기법
(공인중개사법령 및 중개실무)(1종)

오시훈 키워드 암기장
(부동산공법)(1종)

심정욱 합격패스 암기노트
(민법 및 민사특별법)(1종)

7일끝장 회차별 기출문제집
(2종)

실전모의고사 완성판
(7종)

합격을 위한 비법 대공개 합격서

이영방 합격서
부동산학개론

심정욱 합격서
민법 및 민사특별법

임선정 합격서
공인중개사법령 및 중개실무

김민석 합격서
부동산공시법

한영규 합격서
부동산세법
*개정판 출시 예정

오시훈 합격서
부동산공법

신대운 합격서
쉬운 민법체계도

합격을 결정하는 파이널 교재

이영방 필살키

심정욱 필살키

임선정 필살키

오시훈 필살키

김민석 필살키

한영규 필살키

더 많은
공인중개사 교재

공인중개사, 에듀윌을 선택해야 하는 이유

8년간 아무도 깨지 못한 기록
합격자 수 1위

합격을 위한 최강 라인업
1타 교수진

공인중개사

합격만 해도 연 최대 300만원 지급
에듀윌 앰배서더

업계 최대 규모의 전국구 네트워크
동문회

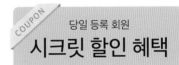

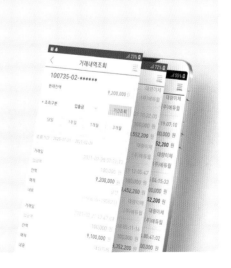

합격자 수 1위 에듀윌
6만 건이 넘는 후기

고○희 합격생

부알못, 육아맘도 딱 1년 만에 합격했어요.

저는 부동산에 관심이 전혀 없는 '부알못'이었는데, 부동산에 관심이 많은 남편의 권유로 공부를 시작했습니다. 남편 지인들이 에듀윌을 통해 많이 합격했고, '합격자 수 1위'라는 광고가 좋아 에듀윌을 선택하게 되었습니다. 교수님들이 커리큘럼대로만 하면 된다고 해서 믿고 따라갔는데 정말 반복 학습이 되더라고요. 아이 둘을 키우다 보니 낮에는 시간을 낼 수 없어서 밤에만 공부하는 게 쉽지 않아 포기하고 싶을 때도 있었지만 '에듀윌 지식인'을 통해 합격하신 선배님들과 함께 공부하는 동기들의 위로가 큰 힘이 되었습니다.

이○용 합격생

군복무 중에 에듀윌 커리큘럼만 믿고 공부해 합격

에듀윌이 합격자가 많기도 하고, 교수님이 많아 제가 원하는 강의를 고를 수 있는 점이 좋았습니다. 또, 커리큘럼이 잘 짜여 있어서 잘 따라만 가면 공부를 잘 할 수 있을 것 같아 에듀윌을 선택했습니다. 에듀윌의 커리큘럼대로 꾸준히 따라갔던 게 저만의 합격 비결인 것 같습니다.

안○원 합격생

5개월 만에 동차 합격, 낸 돈 그대로 돌려받았죠!

저는 야쿠르트 프레시매니저를 하다 60세에 도전하여 합격했습니다. 심화 과정부터 시작하다 보니 기본이 부족했는데, 교수님들이 하라는 대로 기본 과정과 책을 더 보면서 정리하며 따라갔던 게 주효했던 것 같습니다. 합격 후 100만 원 가까이 되는 큰 돈을 환급받아 남편이 주택관리사 공부를 한다고 해서 뒷받침해 줄 생각입니다. 저는 소공(소속 공인중개사)으로 활동을 하고 싶은 포부가 있어 최대 규모의 에듀윌 동문회 활동도 기대가 됩니다.

다음 합격의 주인공은 당신입니다!

더 많은
합격 비법

부동산공법 3회독 플래너 📅

합격을 위한 나의 목표!

※ 1회독 완료: ____월 ____일까지　　2회독 완료: ____월 ____일까지　　3회독 완료: ____월 ____일까지

단 원			1회독	2회독	3회독
PART 1 **국토의 계획 및** **이용에 관한 법률**	CHAPTER 01 총 칙	1절 총 설	✓	☐	☐
		2절 용어의 정의	☐	☐	☐
		3절 국토의 이용 및 관리	☐	☐	☐
	CHAPTER 02 광역도시계획	1절 광역계획권 지정	☐	☐	☐
		2절 광역도시계획	☐	☐	☐
	CHAPTER 03 도시 · 군계획	1절 도시 · 군기본계획	☐	☐	☐
		2절 도시 · 군관리계획	☐	☐	☐
	CHAPTER 04 용도지역 · 용도지구 · 용도구역	1절 용도지역	☐	☐	☐
		2절 용도지구	☐	☐	☐
		3절 용도구역	☐	☐	☐
		4절 둘 이상에 걸치는 대지에 대한 적용기준	☐	☐	☐
		5절 기존 건축물에 대한 특례	☐	☐	☐
	CHAPTER 05 도시 · 군계획시설사업의 시행	1절 도시 · 군계획시설	☐	☐	☐
		2절 도시 · 군계획시설사업	☐	☐	☐
	CHAPTER 06 지구단위계획	1절 지구단위계획	☐	☐	☐
		2절 지구단위계획구역	☐	☐	☐
	CHAPTER 07 개발행위의 허가 등	1절 개발행위허가	☐	☐	☐
		2절 개발행위에 따른 기반시설 설치	☐	☐	☐
	CHAPTER 08 보칙 및 벌칙 등	1절 도시계획위원회	☐	☐	☐
		2절 보 칙	☐	☐	☐
		3절 벌 칙	☐	☐	☐
PART 2 **도시개발법**	CHAPTER 01 총 칙	1절 개 념	☐	☐	☐
		2절 권한자	☐	☐	☐
	CHAPTER 02 도시개발계획 및 구역 지정	1절 도시개발계획 수립	☐	☐	☐
		2절 도시개발구역 지정	☐	☐	☐
	CHAPTER 03 도시개발사업	1절 도시개발사업의 시행자	✓	☐	☐
		2절 도시개발사업의 실시계획	☐	☐	☐
		3절 도시개발사업의 시행	☐	☐	☐
	CHAPTER 04 비용부담 등	1절 비용부담	☐	☐	☐
		2절 도시개발채권	☐	☐	☐
	CHAPTER 05 보칙 및 벌칙	1절 보 칙	☐	☐	☐
		2절 벌 칙	☐	☐	☐
PART 3 **도시 및** **주거환경정비법**	CHAPTER 01 총 칙	1절 개 념	☐	☐	☐
		2절 용어의 정의	☐	☐	☐
	CHAPTER 02 기본계획수립 및 정비구역 지정	1절 도시 · 주거환경정비기본계획(기본계획)	☐	☐	☐
		2절 정비계획의 입안	☐	☐	☐
		3절 정비구역의 지정	☐	☐	☐
		4절 정비구역에서의 행위제한	☐	☐	☐
		5절 정비구역등의 해제	☐	☐	☐
	CHAPTER 03 정비사업	1절 정비사업의 시행방법	☐	☐	☐
		2절 정비사업의 시행자 및 시공자	☐	☐	☐
		3절 조합설립추진위원회 및 조합	☐	☐	☐
		4절 사업시행계획	☐	☐	☐
		5절 정비사업 시행을 위한 조치	☐	☐	☐
		6절 정비사업 시행절차	☐	☐	☐
		7절 공사완료에 따른 조치	☐	☐	☐
	CHAPTER 04 비용부담 등	1절 비용의 부담 및 조달	☐	☐	☐
		2절 정비기반시설 및 국 · 공유재산	☐	☐	☐
		3절 공공재개발사업 및 공공재건축사업	☐	☐	☐

단 원			1회독	2회독	3회독
PART 3 **도시 및** **주거환경정비법**	CHAPTER 05 정비사업전문관리업 및 감독	1절 정비사업전문관리업	☐	☐	☐
		2절 감 독	☐	☐	☐
	CHAPTER 06 보칙 및 벌칙	1절 보 칙	☐	☐	☐
		2절 벌 칙	☐	☐	☐
PART 4 **건축법**	CHAPTER 01 총 칙	1절 총 설	☐	☐	☐
		2절 용어의 정의	☐	☐	☐
		3절 건축법의 적용범위	☐	☐	☐
		4절 건축위원회 및 전문위원회	☐	☐	☐
	CHAPTER 02 건축물의 건축	1절 건축허가	☐	☐	☐
		2절 허가에 따른 의제사항 및 변경사항	☐	☐	☐
		3절 건축공사절차	☐	☐	☐
		4절 사용승인 및 용도변경	☐	☐	☐
	CHAPTER 03 건축물의 대지와 도로	1절 대지 및 공개공지등	☐	☐	☐
		2절 도로 및 건축선	☐	☐	☐
	CHAPTER 04 건축물의 구조 및 재료	1절 건축물의 구조	☐	☐	☐
		2절 건축물의 재료 및 설비	☐	☐	☐
	CHAPTER 05 지역 및 지구 안의 건축물	1절 건축물과 대지의 제한	☐	☐	☐
		2절 면적 산정방법	☐	☐	☐
		3절 건축물의 높이산정 및 높이제한	☐	☐	☐
	CHAPTER 06 특별건축구역 · 건축협정 및 결합건축	1절 특별건축구역	☐	☐	☐
		2절 건축협정	☐	☐	☐
		3절 결합건축	☐	☐	☐
	CHAPTER 07 보칙 및 벌칙	1절 보 칙	☐	☐	☐
		2절 벌 칙	☐	☐	☐
PART 5 **주택법**	CHAPTER 01 총 칙	1절 개 념	☐	☐	☐
		2절 용어의 정의	☐	☐	☐
	CHAPTER 02 주택의 건설	1절 주택건설사업자	☐	☐	☐
		2절 주택조합	☐	☐	☐
		3절 주택건설자금	☐	☐	☐
		4절 주택건설사업의 시행	☐	☐	☐
		5절 주택의 건설	☐	☐	☐
	CHAPTER 03 주택의 공급	1절 주택의 공급	☐	☐	☐
		2절 모집공고 후 사업주체의 의무	☐	☐	☐
		3절 공급질서 교란 금지	☐	☐	☐
		4절 투기과열지구 및 전매제한	☐	☐	☐
	CHAPTER 04 주택의 리모델링	1절 리모델링 허가	☐	☐	☐
		2절 리모델링 기본계획	☐	☐	☐
	CHAPTER 05 보칙 및 벌칙	1절 보 칙	☐	☐	☐
		2절 벌 칙	☐	☐	☐
PART 6 **농지법**	CHAPTER 01 총 칙	1절 개 념	☐	☐	☐
		2절 용어의 정의	☐	☐	☐
	CHAPTER 02 농지의 소유	1절 농지의 소유원칙	☐	☐	☐
		2절 농지취득자격증명	☐	☐	☐
		3절 농업경영	☐	☐	☐
	CHAPTER 03 농지의 이용	1절 농지의 이용 증진 등	☐	☐	☐
		2절 대리경작제도	☐	☐	☐
		3절 농지의 임대차 등	☐	☐	☐
	CHAPTER 04 농지의 보전	1절 농업진흥지역	☐	☐	☐
		2절 농지의 전용(轉用)	☐	☐	☐
		3절 농지보전부담금	☐	☐	☐
	CHAPTER 05 부칙 및 벌칙	1절 보 칙	☐	☐	☐
		2절 벌 칙	☐	☐	☐

1회독
완성! 2회독
완성! 3회독
완성!

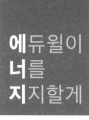

에듀윌이
너를
지지할게
ENERGY

세상을 움직이려면
먼저 나 자신을 움직여야 한다.

– 소크라테스(Socrates)

➕ 합격할 때까지 책임지는 개정법령 원스톱 서비스!

법령 개정이 잦은 공인중개사 시험. 일일이 찾아보지 마세요!
에듀윌에서는 필요한 개정법령만을 빠르게! 한번에! 제공해 드립니다.

에듀윌 도서몰 접속 (book.eduwill.net)	▶	우측 정오표 아이콘 클릭	▶	카테고리 공인중개사 설정 후 교재 검색

개정법령
확인하기

2024

에듀윌 공인중개사

기본서 2차

부동산공법 上

BEST 5

정년이 없어요

평생 일할 수 있어요!
갱신이 없는 자격증이거든요.

전망이 좋아요

국가전문자격시험 중 접수인원 무려 1위!*
일자리전망, 발전가능성, 고용평등성 높은 직업!**

* 한국산업인력공단, 2021
** 커리어넷, 2021

누구나 도전할 수 있어요

나이, 성별, 경력, 학력 등 아무 것도 필요 없어요!
응시 자격이 없는 열린 시험이에요.

학습부담이 적어요

평균 60점 이상이면 합격하는 절대평가 시험!
경쟁자 걱정 없는 시험이에요!!

자격증 자체가 스펙이에요

부동산 관련 기업에 취업할 수도 있고 창업도 할 수 있어요. 각종 공기업 취업 시에 가산점도 있어요!
정년퇴직 후 전문직으로 제2의 인생 시작도 가능하죠.
경매, 공매 행위까지 대행가능한 넓어진 업무영역은 보너스!

이렇게 좋은 공인중개사!
에듀윌과 함께라면 1년 이내에 합격할 수 있어요.

시험정보

☑ 시험 일정

시 험		2024년 제35회 제1·2차 시험(동시접수·시행)
접수기간	정 기	매년 8월 2번째 월요일부터 금요일까지
	빈자리	매년 10월 2번째 목요일부터 금요일까지
시험일정		매년 10월 마지막 주 토요일

※ 정확한 시험 일정은 큐넷 홈페이지(www.Q-Net.or.kr)에서 확인이 가능함

☑ 시험과목 및 방법

- 제1차 및 제2차 시험을 모두 객관식 5지 선택형으로 출제(매 과목당 40문항)하고, 같은 날[제1차 시험 100분, 제2차 시험 150분(100분, 50분 분리시행)]에 구분하여 시행
- 제1차 시험에 불합격한 자의 제2차 시험은 무효로 함

구 분	시험과목	문항 수	시험시간
제1차 시험 1교시 (2과목)	1. 부동산학개론(부동산감정평가론 포함) 2. 민법 및 민사특별법 중 부동산 중개에 관련되는 규정	과목당 40문항	100분 (09:30~11:10)
제2차 시험 1교시 (2과목)	1. 공인중개사의 업무 및 부동산 거래신고 등에 관한 법령 및 중개실무 2. 부동산공법 중 부동산 중개에 관련되는 규정	과목당 40문항	100분 (13:00~14:40)
제2차 시험 2교시 (1과목)	1. 부동산공시에 관한 법령(부동산등기법, 공간정보의 구축 및 관리 등에 관한 법률) 및 부동산 관련 세법	40문항	50분 (15:30~16:20)

※ 답안은 시험시행일에 시행되고 있는 법령을 기준으로 작성

☑ 합격 기준

구 분	합격결정기준
제1차 시험	매 과목 100점을 만점으로 하여 매 과목 40점 이상, 전 과목 평균 60점 이상 득점한 자
제2차 시험	매 과목 100점을 만점으로 하여 매 과목 40점 이상, 전 과목 평균 60점 이상 득점한 자

※ 1차·2차 시험 동시 응시 가능하나, 1차 시험에 불합격하고 2차만 합격한 경우 2차 성적은 무효로 함

부동산공법 뿌시기

PART	CHAPTER	10개년 출제비중	최신 제34회	PART	CHAPTER	10개년 출제비중	최신 제34회
PART1 국토의 계획 및 이용에 관한 법률	01 총 칙	1.5%	–	PART4 건축법	01 총 칙	4.5%	–
	02 광역도시계획	2%	–		02 건축물의 건축	5%	1(2.5%)
	03 도시·군계획	3.8%	2(5%)		03 건축물의 대지와 도로	2%	2(5%)
	04 용도지역·용도지구·용도구역	7.3%	3(7.5%)		04 건축물의 구조 및 재료	2%	2(5%)
	05 도시·군계획시설 사업의 시행	4.3%	1(2.5%)		05 지역 및 지구 안의 건축물	1.8%	1(2.5%)
	06 지구단위계획	2.2%	1(2.5%)		06 특별건축구역·건축협정 및 결합건축	2%	1(2.5%)
	07 개발행위의 허가	7%	3(7.5%)		07 보칙 및 벌칙	0.2%	–
	08 보칙 및 벌칙 등	1.2%	2(5%)	PART5 주택법	01 총 칙	3%	2(5%)
PART2 도시 개발법	01 총 칙	0.2%	–		02 주택의 건설	8%	3(7.5%)
	02 도시개발계획 및 구역 지정	2.8%	1(2.5%)		03 주택의 공급	4%	1(2.5%)
	03 도시개발사업	10.5%	5(12.5%)		04 주택의 리모델링	1.5%	1(2.5%)
	04 비용부담 등	1.3%	–		05 보칙 및 벌칙	1%	–
	05 보칙 및 벌칙	0.2%	–	PART6 농지법	01 총 칙	0.7%	–
PART3 도시 및 주거 환경 정비법	01 총 칙	1.5%	1(2.5%)		02 농지의 소유	2.3%	1(2.5%)
	02 기본계획 수립 및 정비구역 지정	2%	–		03 농지의 이용	1.3%	1(2.5%)
	03 정비사업	10.5%	4(10%)		04 농지의 보전	0.7%	–
	04 비용부담 등	1%	1(2.5%)				
	05 정비사업전문관리업 및 감독	–	–		05 보칙 및 벌칙	–	–
	06 보칙 및 벌칙	–	–				

※ 법률의 개정 및 제정으로 인해 삭제된 문항들을 제외하고 산출한 수치입니다.

※ 여러 CHAPTER의 개념을 묻는 복합문제이거나, 법률이 개정 및 제정된 경우 분류 기준에 따라 수치가 달라질 수 있습니다.

부동산공법 정복하는 에듀윌의 정규 커리큘럼

기초이론
11월~12월
교재 기초입문서

여기에요!

핵심이론&기출문제
3월~5월
교재 단원별 기출문제집

기본이론
1월~3월
교재 기본서

기출응용&요약정리
6월~7월
교재 기출응용 예상문제집

부동산공법은 어떻게 공부해야 할까?

☑ 부동산공법의 과목 특징!

1. 2차 과목 중 시험 범위가 가장 넓고 분량이 많아 고득점이 어려운 과목이에요.
2. 기출분석을 통해 주로 출제되는 부분 위주로 학습이 필요해요.
3. '국토의 계획 및 이용에 관한 법률'은 출제 비중이 약 30%로 비교적 높고, 각각의 출제비율이 약 15%인 '도시개발법', '도시 및 주거환경정비법'과의 관련성도 매우 높으므로 우선적으로 학습해야 해요.

☑ 최신시험 경향은?

제34회 부동산공법 시험은 난이도로 분류해보면 상(上)은 12문제, 중(中)은 16문제, 하(下)는 12문제가 출제되었어요. 상(上) 난이도로 분류되는 문제는 풀 수 없었더라도 50~60점 정도는 맞힐 수 있었던 시험이었어요. 문제 유형으로 보면, 옳은 것을 고르는 문제는 10문제, 틀린 것을 고르는 문제는 15문제, 박스형 및 빈칸넣기 문제는 13문제 출제되었으며 계산문제가 매년 1문제 출제되는데 올해는 2문제 출제되었어요.

☑ 우리는 이렇게 대비하도록 해요

1. 부동산공법은 고득점이 아닌 최소 50점 이상을 받는다는 생각으로 접근해야 돼요. 아무리 많은 양을 학습하여도 고득점을 받기에는 어려운 과목이기 때문에 기본적인 것을 반복적으로 학습하여 난이도 하(下)와 난이도 중(中)인 문제를 실수하지 않고 맞힐 수 있는 연습이 필요해요.
2. 최근 출제경향은 모든 지문의 내용을 정확히 알고 있어야 풀 수 있는 문제가 많이 출제되고 있어요. 기본서를 충실히 학습하여 내용을 정확히 숙지하고 암기하는 공부가 필요해요. 여기에 공부한 내용을 기출문제를 통하여 점검하여 나만의 것으로 만드는 과정까지 이어지는 것이 중요해요.

단원별 모의고사
8월

동형 모의고사
10월

축하합니다

합격

족집게 100선
9월
교재 필살키

자세한 내용은
QR 스캔

공부 시작 전, 학습방향 잡기!

10개년 기출분석 기반, 핵심이론 파악

BIG DATA 기반 학습 가이드!

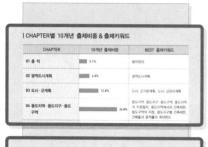

CHAPTER별 10개년 출제비중 & 출제키워드		
CHAPTER	10개년 출제비중	BEST 출제키워드
01 총 칙	5.1%	용어정의
02 광역도시계획	6.8%	광역도시계획
03 도시·군계획	12.8%	도시·군기본계획, 도시·군관리계획
04 용도지역·용도지구·용도구역	24.8%	용도지역·용도지구·용도구역, 용도지구의 지정절차, 용도지역에서의 건축제한, 용도구역의 지정, 용도지구별 건축제한, 건폐율과 용적률의 최대한도

제35회 시험 학습전략
「국토의 계획 및 이용에 관한 법률」은 부동산공법에서 12문제가 출제되는 비중이 매우 높은 PART이기 때문에 반드시 10개 이상은 맞혀야는 생각으로 정복하여야 한다. 특히, 출제 빈도가 높은 CHAPTER인 04 용도지역·용도지구·용도구역, 06 도시·군계획시설사업의 시행, 08 개발행위의 허가 등은 기본서를 바탕으로 광범위하게 학습하시고, 그 외 나머지 CHAPTER들은 중요 내용 위주로만 학습해 주시면 됩니다.

PART 내 CHAPTER의 10개년 출제
비중을 보여주고, 이를 바탕으로 제35회
시험 학습전략을 제시하였습니다.

3회독 플래너로 학습도 손쉽게!

● 해당 CHAPTER가 10개년 동안 얼마나 출제되었는지,
어떤 공부를 해야할지를 설명해 줍니다.

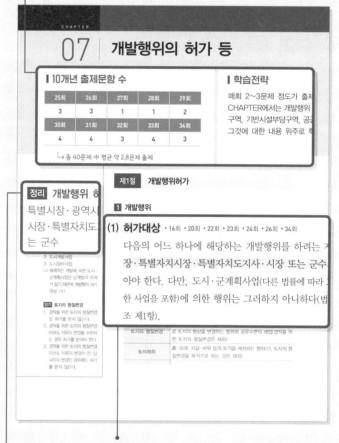

CHAPTER

07 개발행위의 허가 등

10개년 출제문항 수

25회	26회	27회	28회	29회
3	3	3	1	2
30회	31회	32회	33회	34회
4	4	4	4	3

↳ 총 40문제 中 평균 약 2.8문제 출제

학습전략

매회 2~3문제 정도가 출제
CHAPTER에서는 개발행위
구역, 기반시설부담구역, 공공
그것에 대한 내용 위주로 핵

제1절 개발행위허가

1 개발행위

정리 개발행위 허
특별시장·광역시
시장·특별자치도
는 군수

2. 도시개발사업
3. 도시정비사업
(※ 체계적인 개발에 의한 도시·군계획사업은 난개발의 우려가 없기 때문에 개발행위 허가대상 (×)

암기 토지의 형질변경
1. 경작을 위한 토지의 형질변경은 허가를 받지 않는다.
2. 경작을 위한 토지의 형질변경이라도 지목의 변경을 수반하는 경우 허가를 받아야 한다.
3. 경작을 위한 토지의 형질변경이라도 지목의 변경이 전·답사이의 변경인 경우에는 허가를 받지 않는다.

(1) 허가대상 ·16회 ·20회 ·22회 ·23회 ·24회 ·26회 ·34회

다음의 어느 하나에 해당하는 개발행위를 하려는 자는
장·특별자치시장·특별자치도지사·시장 또는 군수
야야 한다. 다만, 도시·군계획사업(다른 법률에 따라
한 사업을 포함)에 의한 행위는 그러하지 아니하다(법
조 제1항).

토지의 형질변경	으로 토지의 형상을 변경하는 행위와 공유수면의 매립(경작을 위한 토지의 형질변경은 제외)
토석채취	흙·모래·자갈·바위 등의 토석을 채취하는 행위(단, 토지의 형질변경을 목적으로 하는 것은 제외)

중요한 이론 또는 키워드에 형광펜 표시를 하여
핵심이론을 파악할 수 있도록 하였습니다.

*용어 용어의 해설을 제시
추가 추가로 보충하면 좋은 내용을 제시
정리 본문 내용을 간략하게 한 번 더 정리
암기 암기법, 암기 내용 제시

문제가 출제된 적이 있는 중요한 부분에 기출표시를 하였습니다.

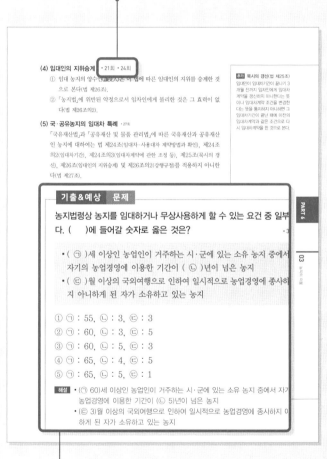

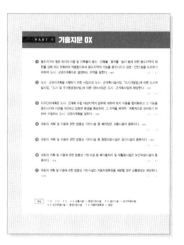

PART마다 기출지문 OX 문제를 풀며, 이론을 정확히 이해하였는지 확인할 수 있도록 하였습니다.

제34회 최신기출로 출제경향 파악!

선별한 OX문제를 다시 풀어보며 이론 재점검! (12월 중 오픈예정)

※ PDF제공: 에듀윌 도서몰(book.eduwill.net)
▶ 부가학습자료

문제해결능력을 키울 수 있도록 관련 이론 아래에 기출&예상문제를 수록하였습니다.

머리말

부동산공법은 부동산의 행정절차에 관한 모든 법률을 총칭하는 것으로, 6개의 법률을 시험 범위로 정하고 있습니다. 주로 협의의 부동산을 대상으로 부동산정책의 각 분야의 내용을 다루고 있는 법으로서 행정법의 내용과 원리를 중심으로 구성된 법이기 때문에, 공인중개사가 부동산 중개를 하기 위해서 반드시 필요한 요소이므로 공인중개사가 되기 위해서는 공부해야 할 필수 과목입니다.

부동산공법은 회를 거듭함에 따라 난도가 상승하고 출제범위가 광범위하여 수험생들에게 많은 부담을 주고 있습니다. 특히, 「도시 및 주거환경정비법」, 「건축법」과 「주택법」은 세부적인 법조문을 바탕으로 어렵게 문제가 출제될 뿐만 아니라 새로운 내용이 다수 출제되는 경향을 보이고 있습니다.

이러한 경향을 감안하여 본서는 실제 시험에서 정확하게 대처할 수 있도록 다음과 같은 특징을 갖고 집필하였습니다.

첫째, 초보자부터 전공자까지 누구나 쉽게 이해할 수 있도록 기초부터 심화학습까지 체계적으로 기술하였습니다.

둘째, 단원별 기출문제를 집중 분석하여 중요한 사항은 본문에 제시하고, 출제기준에 맞는 구체적인 내용을 통해서 실전에 대비할 수 있도록 정리하였습니다.

셋째, 초보자들이 쉽게 이해할 수 있도록 한눈에 정리 가능한 표 및 그림으로 정리하였으며, 광범위한 내용을 누구나 쉽게 접근할 수 있도록 체계적으로 구성하였습니다.

넷째, 최신 개정된 법령에 맞게 정리하였습니다.

이 교재가 힘들고 지친 수험생활에 큰 도움이 되기를 바라며, 또한 수험생 여러분에게 반드시 합격의 영광이 있기를 믿습니다. 수험생들이 좀 더 효율적으로 즐겁게 학습을 할 수 있도록 고민하고 노력했으나, 혹여 미흡한 부분이 있다면 추후 계속 보완·개정할 것을 약속드립니다. 끝으로 본서가 출간되기까지 도와주신 오시훈부동산공법연구실, 에듀윌 대표님을 비롯한 출판사업본부 가족 여러분께 감사의 말씀 드립니다.

저자 오시훈

약력
- 現 에듀윌 부동산공법 전임 교수
- 現 경기도 농어촌시설 평가위원
- 現 대한전문건설협회 시험출제위원
- 前 한국산업인력공단 시험검토위원
- 前 서울시 노후공동주택 안전진단위원

저서
에듀윌 공인중개사 부동산공법 기초입문서,
기본서, 단단, 합격서, 단원별/회차별 기출문제집,
기출응용 예상문제집, 실전모의고사, 필살키, 암기장 등 집필

이런 내용을 배워요!

차례

국토의 계획 및 이용에 관한 법률

최근 10개년 출제비중

30%

제34회 출제비중

30%

CHAPTER별 10개년 출제비중 & 출제키워드

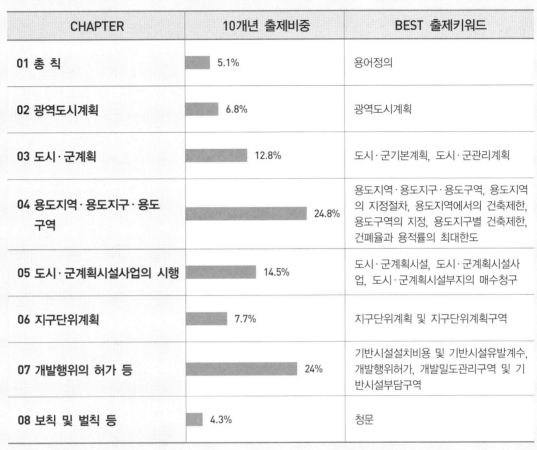

CHAPTER	10개년 출제비중	BEST 출제키워드
01 총 칙	5.1%	용어정의
02 광역도시계획	6.8%	광역도시계획
03 도시·군계획	12.8%	도시·군기본계획, 도시·군관리계획
04 용도지역·용도지구·용도구역	24.8%	용도지역·용도지구·용도구역, 용도지역의 지정절차, 용도지역에서의 건축제한, 용도구역의 지정, 용도지구별 건축제한, 건폐율과 용적률의 최대한도
05 도시·군계획시설사업의 시행	14.5%	도시·군계획시설, 도시·군계획시설사업, 도시·군계획시설부지의 매수청구
06 지구단위계획	7.7%	지구단위계획 및 지구단위계획구역
07 개발행위의 허가 등	24%	기반시설설치비용 및 기반시설유발계수, 개발행위허가, 개발밀도관리구역 및 기반시설부담구역
08 보칙 및 벌칙 등	4.3%	청문

* 법률의 개정 및 제정으로 인해 삭제된 문항들을 제외하고 산출한 수치입니다.

* 여러 CHAPTER의 개념을 묻는 복합문제이거나, 법률이 개정 및 제정된 경우 분류 기준에 따라 수치가 달라질 수 있습니다.

제35회 시험 학습전략

「국토의 계획 및 이용에 관한 법률」은 부동산공법에서 12문제가 출제되는 비중이 매우 높은 PART이기 때문에 반드시 10개 이상은 맞힌다는 생각으로 정복하여야 합니다. 특히, 출제 빈도가 높은 CHAPTER인 용도지역·용도지구·용도구역, 도시·군계획시설사업의 시행, 개발행위의 허가 등은 기출내용을 바탕으로 광범위하게 학습하시고, 그 외 나머지 CHAPTER들은 중요 내용 위주로만 학습해 주시면 됩니다.

01 | 총 칙

▌10개년 출제문항 수

25회	26회	27회	28회	29회
1	1	1	1	1
30회	31회	32회	33회	34회
1				

└→ 총 40문제 中 평균 약 0.6문제 출제

▌학습전략

총칙 부분은 법률의 제정 목적, 용어의 정의, 방향성을 제시하는 내용으로 구성되어 있습니다. 매년 1문제 정도가 출제되고 있습니다. 따라서 이 CHAPTER에서는 용어의 정의를 중점적으로 학습하여야 합니다.

제1절   총 설

1 행정조직구성 체계도

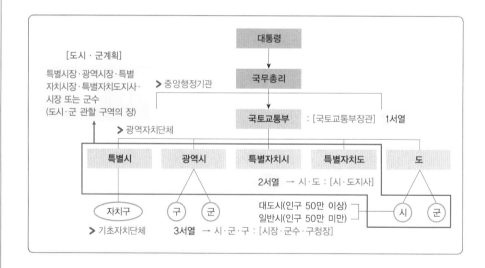

2 제정 목적

「국토의 계획 및 이용에 관한 법률」은 국토의 이용·개발과 보전을 위한 계획의 수립 및 집행 등에 필요한 사항을 정하여 공공복리를 증진시키고 국민의 삶의 질을 향상시키는 것을 목적으로 한다(법 제1조).

제2절　용어의 정의

1 국토의 계획에 관한 용어(법 제2조)

(1) 국가계획 ·15회

중앙행정기관이 법률에 따라 수립하거나 국가의 정책적인 목적을 이루기 위하여 수립하는 계획 중 도시·군기본계획의 내용(법 제19조 제1항 제1호부터 제9호)이나 도시·군관리계획으로 결정하여야 할 사항이 포함된 계획을 말한다.

(2) 광역도시계획 ·20회

광역계획권의 장기발전방향을 제시하는 계획을 말한다.

(3) 도시·군계획 ·15회 ·20회 ·21회

특별시·광역시·특별자치시·특별자치도·시 또는 군(광역시의 관할 구역에 있는 군은 제외)의 관할 구역에 대하여 수립하는 공간구조와 발전방향에 대한 계획으로서 도시·군기본계획과 도시·군관리계획으로 구분한다.

(4) 도시·군기본계획 ·19회 ·20회

특별시·광역시·특별자치시·특별자치도·시 또는 군의 관할 구역에 대하여 기본적인 공간구조와 장기발전방향을 제시하는 종합계획으로서 도시·군관리계획 수립의 지침이 되는 계획을 말한다.

(5) 도시·군관리계획 ·21회 ·24회 ·26회 ·32회

특별시·광역시·특별자치시·특별자치도·시 또는 군의 개발·정비 및 보전을 위하여 수립하는 토지 이용, 교통, 환경, 경관, 안전, 산업, 정보통신, 보건, 복지, 안보, 문화 등에 관한 다음의 계획을 말한다.

(6) 용도지역·용도지구·용도구역 · 20회 · 30회

용도지역	토지의 이용 및 건축물의 용도·건폐율·용적률·높이 등을 제한함으로써 토지를 경제적·효율적으로 이용하고 공공복리의 증진을 도모하기 위하여 서로 중복되지 아니하게 도시·군관리계획으로 결정하는 지역을 말한다.
용도지구	토지의 이용 및 건축물의 용도·건폐율·용적률·높이 등에 대한 용도지역의 제한을 강화하거나 완화하여 적용함으로써 용도지역의 기능을 증진시키고 경관·안전 등을 도모하기 위하여 도시·군관리계획으로 결정하는 지역을 말한다.
용도구역	토지의 이용 및 건축물의 용도·건폐율·용적률·높이 등에 대한 용도지역 및 용도지구의 제한을 강화하거나 완화하여 따로 정함으로써 시가지의 무질서한 확산방지, 계획적이고 단계적인 토지이용의 도모, 토지이용의 종합적 조정·관리 등을 위하여 도시·군관리계획으로 결정하는 지역을 말한다.

정리 비교 정리

1. 용도지역
   ① 토지의 경제적·효율적 이용
   ② 전 국토 대상
   ③ 중복 지정 ×
2. 용도지구
   ① 지역의 기능증진
   ② 국지적·부분적·추가적
   ③ 중복 지정 ○
3. 용도구역
   ① 용도지역·지구를 강화·완화
   ② 국지적·부분적
   ③ 중복 지정 ○

(7) 입지규제최소구역계획

입지규제최소구역에서의 토지의 이용 및 건축물의 용도·건폐율·용적률·높이 등의 제한에 관한 사항 등 입지규제최소구역의 관리에 필요한 사항을 정하기 위하여 수립하는 도시·군관리계획을 말한다.

(8) 지구단위계획 · 15회 · 30회

도시·군계획 수립 대상지역의 일부에 대하여 토지 이용을 합리화하고 그 기능을 증진시키며 미관을 개선하고 양호한 환경을 확보하며, 그 지역을 체계적·계획적으로 관리하기 위하여 수립하는 도시·군관리계획을 말한다.

(9) 성장관리계획

성장관리계획구역에서의 난개발을 방지하고 계획적인 개발을 유도하기 위하여 수립하는 계획을 말한다.

2 국토의 이용에 관한 용어(법 제2조)

(1) 기반시설 •25회 •26회 •28회 •32회

시 설	내 용
교통시설	도로·철도·항만·공항·주차장·자동차정류장·궤도·차량 검사 및 면허시설
공간시설	광장·공원·녹지·유원지·공공공지
유통·공급시설	유통업무설비, 수도·전기·가스·열공급설비, 방송·통신시설, 공동구*·시장, 유류저장 및 송유설비
공공·문화체육시설	학교·공공청사·문화시설·공공필요성이 인정되는 체육시설·연구시설·사회복지시설·공공직업훈련시설·청소년수련시설
방재시설	하천·유수지·저수지·방화설비·방풍설비·방수설비·사방설비·방조설비
보건위생시설	장사시설·도축장·종합의료시설
환경기초시설	하수도·폐기물처리 및 재활용시설·빗물저장 및 이용시설·수질오염방지시설·폐차장

> **참고** 기반시설 중 세부항목의 분류
>
> | 도 로 | ① 일반도로 | ② 자동차전용도로 |
> |---|---|---|
> | | ③ 보행자전용도로 | ④ 자전거전용도로 |
> | | ⑤ 고가도로 | ⑥ 지하도로 |
> | | ⑦ 보행자우선도로 | |
> | 자동차정류장 | ① 여객자동차터미널 | ② 물류터미널 |
> | | ③ 공영차고지 | ④ 공동차고지 |
> | | ⑤ 화물자동차 휴게소 | ⑥ 복합환승센터 |
> | | ⑦ 환승센터 | |
> | 광 장 | ① 교통광장 | ② 일반광장 |
> | | ③ 경관광장 | ④ 지하광장 |
> | | ⑤ 건축물부설광장 | |

* 공동구

전기·가스·수도 등의 공급설비, 통신시설, 하수도시설 등 지하매설물을 공동 수용함으로써 미관의 개선, 도로구조의 보전 및 교통의 원활한 소통을 위하여 지하에 설치하는 시설물

(2) 광역시설

기반시설 중 광역적인 정비체계가 필요한 다음의 시설을 말한다.

2 이상의 특별시·광역시·특별자치시·특별자치도·시 또는 군의 관할 구역에 걸치는 시설	도로·철도·광장·녹지, 수도·전기·가스·열공급설비, 방송·통신시설, 공동구, 유류저장 및 송유설비, 하천·하수도(하수종말처리시설을 제외)
2 이상의 특별시·광역시·특별자치시·특별자치도·시 또는 군이 공동으로 이용하는 시설	항만·공항·자동차정류장·공원·유원지·유통업무설비·문화시설·공공필요성이 인정되는 체육시설·사회복지시설·공공직업훈련시설·청소년수련시설·유수지·장사시설·도축장·하수도(하수종말처리시설에 한한다)·폐기물처리 및 재활용시설·수질오염방지시설·폐차장

(3) 도시·군계획시설 · 16회 · 20회 · 21회 · 32회

기반시설 중 도시·군관리계획으로 결정된 시설을 말한다.

> **➕ 보충 도시·군계획시설사업** · 15회
>
> 도시·군계획시설을 설치·정비 또는 개량하는 사업을 말한다.

(4) 도시·군계획사업 · 29회

도시·군관리계획을 시행하기 위한 다음의 사업을 말한다.

> ① 도시·군계획시설사업
> ② 「도시개발법」에 따른 도시개발사업
> ③ 「도시 및 주거환경정비법」에 따른 정비사업

(5) 개발밀도관리구역

개발로 인하여 기반시설이 부족할 것으로 예상되나 기반시설을 설치하기 곤란한 지역을 대상으로 건폐율이나 용적률을 강화하여 적용하기 위하여 지정하는 구역을 말한다.

(6) 기반시설부담구역 · 15회 · 24회

개발밀도관리구역 외의 지역으로서 개발로 인하여 도로, 공원, 녹지 등 대통령령으로 정하는 기반시설의 설치가 필요한 지역을 대상으로 기반시설을 설치하거나 그에 필요한 용지를 확보하게 하기 위하여 지정·고시하는 구역을 말한다.

정리 비교 정리

도시·군관리계획에 의해
1. 기반시설
   결정될 시설
2. 도시·군계획시설
   결정된 시설

정리 비교 정리

1. 개발밀도관리구역
   개발된 지역
2. 기반시설부담구역
   개발될 지역

국토의 계획 및 이용에 관한 법령상의 용어에 관한 설명으로 틀린 것은?

• 21회 수정

① 도시·군계획은 도시·군기본계획과 도시·군관리계획으로 구분한다.
② 용도지역·용도지구의 지정 또는 변경에 관한 계획은 도시·군관리계획으로 결정한다.
③ 지구단위계획은 도시·군관리계획으로 결정한다.
④ 도시·군관리계획을 시행하기 위한 「도시개발법」에 따른 도시개발사업은 도시·군계획사업에 포함된다.
⑤ 기반시설은 도시·군계획시설 중 도시·군관리계획으로 결정된 시설을 말한다.

해설 도시·군계획시설은 기반시설 중 도시·군관리계획으로 결정된 시설을 말한다.

정답 ⑤

제3절   **국토의 이용 및 관리**

1 국토 이용 및 관리의 개념

(1) 국토 이용 및 관리의 기본원칙(법 제3조)

① 국민생활과 경제활동에 필요한 토지 및 각종 시설물의 효율적 이용과 원활한 공급
② 자연환경 및 경관의 보전과 훼손된 자연환경 및 경관의 개선 및 복원
③ 교통·수자원·에너지 등 국민생활에 필요한 각종 기초 서비스 제공
④ 주거 등 생활환경 개선을 통한 국민의 삶의 질 향상
⑤ 지역의 정체성과 문화유산의 보전
⑥ 지역 간 협력 및 균형발전을 통한 공동번영의 추구
⑦ 지역경제의 발전과 지역 및 지역 내 적절한 기능 배분을 통한 사회적 비용의 최소화
⑧ 기후변화에 대한 대응 및 풍수해 저감을 통한 국민의 생명과 재산의 보호
⑨ 저출산·인구의 고령화에 따른 대응과 새로운 기술변화를 적용한 최적의 생활환경 제공

정리 지속가능성 평가

1. 평가권자
   국토교통부장관
2. 반영권자
   국가와 지방자치단체
3. 반영내용
   도시·군계획의 수립 및 집행

(2) 도시의 지속가능성 및 생활인프라 수준 평가(법 제3조의2)

① 국토교통부장관은 도시의 지속가능하고 균형 있는 발전과 주민의 편리하고 쾌적한 삶을 위하여 도시의 지속가능성 및 생활인프라(교육시설, 문화·체육시설, 교통시설 등의 시설로서 국토교통부장관이 정하는 것을 말한다) 수준을 평가할 수 있다.

② 평가를 위한 절차 및 기준 등에 관하여 필요한 사항은 대통령령으로 정한다.

③ 국가와 지방자치단체는 평가 결과를 도시·군계획의 수립 및 집행에 반영하여야 한다.

(3) 국토계획의 관계 여부(법 제4조)

① 도시·군계획은 특별시·광역시·특별자치시·특별자치도·시 또는 군의 관할 구역에서 수립되는 다른 법률에 따른 토지의 이용·개발 및 보전에 관한 계획의 기본이 된다.

② 광역도시계획 및 도시·군계획은 국가계획에 부합되어야 하며, 광역도시계획 또는 도시·군계획의 내용이 국가계획의 내용과 다를 때에는 국가계획의 내용이 우선한다. 이 경우 국가계획을 수립하려는 중앙행정기관의 장은 미리 지방자치단체의 장의 의견을 듣고 충분히 협의하여야 한다.

③ 광역도시계획이 수립되어 있는 지역에 대하여 수립하는 도시·군기본계획은 그 광역도시계획에 부합되어야 하며, 도시·군기본계획의 내용이 광역도시계획의 내용과 다를 때에는 광역도시계획의 내용이 우선한다.

④ 특별시장·광역시장·특별자치시장·특별자치도지사·시장 또는 군수(광역시의 관할 구역에 있는 군의 군수는 제외)가 관할 구역에 대하여 다른 법률에 따른 환경·교통·수도·하수도·주택 등에 관한 부문별 계획을 수립할 때에는 도시·군기본계획의 내용에 부합되게 하여야 한다.

정리 도시·군계획의 지위

1. 도시·군계획
   ⇨ 다른 법률 토지계획 기본
2. 광역도시계획 및 도시·군계획
   ⇨ 국가계획에 부합
3. 도시·군기본계획
   ⇨ 광역도시계획에 부합

2 국토의 용도구분 및 관리의무

(1) 국토의 용도구분

국토는 토지의 이용실태 및 특성, 장래의 토지 이용 방향, 지역 간 균형발전 등을 고려하여 다음과 같은 용도지역으로 구분한다(법 제6조).

도시지역	인구와 산업이 밀집되어 있거나 밀집이 예상되어 그 지역에 대하여 체계적인 개발·정비·관리·보전 등이 필요한 지역
관리지역	도시지역의 인구와 산업을 수용하기 위하여 도시지역에 준하여 체계적으로 관리하거나 농림업의 진흥, 자연환경 또는 산림의 보전을 위하여 농림지역 또는 자연환경보전지역에 준하여 관리할 필요가 있는 지역
농림지역	도시지역에 속하지 아니하는 「농지법」에 따른 농업진흥지역 또는 「산지관리법」에 따른 보전산지 등으로서 농림업을 진흥시키고 산림을 보전하기 위하여 필요한 지역
자연환경보전지역	자연환경·수자원·해안·생태계·상수원 및 「국가유산기본법」에 따른 국가유산의 보전과 수산자원의 보호·육성 등을 위하여 필요한 지역

(2) 용도지역별 관리의무

국가나 지방자치단체는 용도지역의 효율적인 이용 및 관리를 위하여 다음에서 정하는 바에 따라 그 용도지역에 관한 개발·정비 및 보전에 필요한 조치를 마련하여야 한다(법 제7조).

도시지역	이 법 또는 관계 법률에서 정하는 바에 따라 그 지역이 체계적이고 효율적으로 개발·정비·보전될 수 있도록 미리 계획을 수립하고 그 계획을 시행하여야 한다.
관리지역	이 법 또는 관계 법률에서 정하는 바에 따라 필요한 보전조치를 취하고 개발이 필요한 지역에 대하여는 계획적인 이용과 개발을 도모하여야 한다.
농림지역	이 법 또는 관계 법률에서 정하는 바에 따라 농림업의 진흥과 산림의 보전·육성에 필요한 조사와 대책을 마련하여야 한다.
자연환경보전지역	이 법 또는 관계 법률에서 정하는 바에 따라 환경오염 방지, 자연환경·수질·수자원·해안·생태계 및 「국가유산기본법」에 따른 국가유산의 보전과 수산자원의 보호·육성을 위하여 필요한 조사와 대책을 마련하여야 한다.

(3) 다른 법률에 따른 토지 이용에 관한 구역 등의 지정 제한(법 제8조)

① 중앙행정기관의 장이나 지방자치단체의 장은 다른 법률에 따라 토지 이용에 관한 지역·지구·구역 또는 구획 등(이하 '구역등')을 지정하려면 그 구역등의 지정목적이 이 법에 따른 용도지역·용도지구 및 용도구역의 지정목적에 부합되도록 하여야 한다.

② 중앙행정기관의 장이나 지방자치단체의 장은 다른 법률에 따라 지정되는 구역등 중 대통령령으로 정하는 면적 이상의 구역등을 지정하거나 변경하려면 중앙행정기관의 장은 국토교통부장관과 협의하여야 하며 지방자치단체의 장은 국토교통부장관의 승인을 받아야 한다.

③ 지방자치단체의 장이 승인을 받아야 하는 구역등 중 대통령령으로 정하는 면적 미만의 구역등을 지정하거나 변경하려는 경우 특별시장·광역시장·특별자치시장·도지사·특별자치도지사(이하 '시·도지사')는 국토교통부장관의 승인을 받지 아니하되, 시장·군수 또는 구청장(자치구의 구청장)은 시·도지사의 승인을 받아야 한다.

④ 다음의 어느 하나에 해당하는 경우에는 국토교통부장관과의 협의를 거치지 아니하거나 국토교통부장관 또는 시·도지사의 승인을 받지 아니한다.

> ㉠ 다른 법률에 따라 지정하거나 변경하려는 구역등이 도시·군기본계획에 반영된 경우
> ㉡ 보전관리지역·생산관리지역·농림지역 또는 자연환경보전지역에서 다음의 지역을 지정하려는 경우
>   ⓐ 「농지법」에 따른 농업진흥지역
>   ⓑ 「한강수계 상수원수질개선 및 주민지원 등에 관한 법률」 등에 따른 수변구역
>   ⓒ 「수도법」에 따른 상수원보호구역
>   ⓓ 「자연환경보전법」에 따른 생태·경관보전지역
>   ⓔ 「야생생물 보호 및 관리에 관한 법률」에 따른 야생생물 특별보호구역
>   ⓕ 「해양생태계의 보전 및 관리에 관한 법률」에 따른 해양보호구역
> ㉢ 군사상 기밀을 지켜야 할 필요가 있는 구역등을 지정하려는 경우
> ㉣ 협의 또는 승인을 받은 구역등을 대통령령으로 정하는 범위에서 변경하려는 경우

⑤ 국토교통부장관 또는 시·도지사는 협의 또는 승인을 하려면 중앙도시계획위원회 또는 시·도도시계획위원회의 심의를 거쳐야 한다. 다만, 다음의 경우에는 그러하지 아니하다.

> ㉠ 보전관리지역이나 생산관리지역에서 다음의 구역등을 지정하는 경우
> ⓐ 「산지관리법」에 따른 보전산지
> ⓑ 「야생생물 보호 및 관리에 관한 법률」에 따른 야생생물 보호구역
> ⓒ 「습지보전법」에 따른 습지보호지역
> ⓓ 「토양환경보전법」에 따른 토양보전대책지역
> ㉡ 농림지역이나 자연환경보전지역에서 다음의 구역등을 지정하는 경우
> ⓐ ㉠의 어느 하나에 해당하는 구역등
> ⓑ 「자연공원법」에 따른 자연공원
> ⓒ 「자연환경보전법」에 따른 생태·자연도 1등급 권역
> ⓓ 「독도 등 도서지역의 생태계보전에 관한 특별법」에 따른 특정도서
> ⓔ 「자연유산의 보존 및 활용에 관한 법률」에 따른 명승 및 천연기념물과 그 보호구역
> ⓕ 「해양생태계의 보전 및 관리에 관한 법률」에 따른 해양생태도 1등급 권역

⑥ 중앙행정기관의 장이나 지방자치단체의 장은 다른 법률에 따라 지정된 토지 이용에 관한 구역등을 변경하거나 해제하려면 도시·군관리계획의 입안권자의 의견을 들어야 한다. 이 경우 의견 요청을 받은 도시·군관리계획의 입안권자는 이 법에 따른 용도지역·용도지구·용도구역의 변경이 필요하면 도시·군관리계획에 반영하여야 한다.

⑦ 시·도지사가 다음의 어느 하나에 해당하는 행위를 할 때 도시·군관리계획의 변경이 필요하여 시·도도시계획위원회의 심의를 거친 경우에는 해당 각 호에 따른 심의를 거친 것으로 본다.

> ㉠ 「농지법」에 따른 농업진흥지역의 해제 : 「농업·농촌 및 식품산업 기본법」에 따른 시·도 농업·농촌및식품산업정책심의회의 심의
> ㉡ 「산지관리법」에 따른 보전산지의 지정해제 : 「산지관리법」에 따른 지방산지관리위원회의 심의

(4) 다른 법률에 따른 도시·군관리계획의 변경 제한

중앙행정기관의 장이나 지방자치단체의 장은 다른 법률에서 이 법에 따른 도시·군관리계획의 결정을 의제(擬制)하는 내용이 포함되어 있는 계획을 허가·인가·승인 또는 결정하려면 대통령령으로 정하는 바에 따라 중앙도시계획위원회 또는 지방도시계획위원회의 심의를 받아야 한다. 다만, 다음의 어느 하나에 해당하는 경우에는 그러하지 아니하다(법 제9조).

> **⊕ 보충** **위원회의 심의를 받지 않아도 되는 경우**
>
> 1. 국토교통부장관과 협의하거나 국토교통부장관 또는 시·도지사의 승인을 받은 경우
> 2. 다른 법률에 따라 중앙도시계획위원회나 지방도시계획위원회의 심의를 받은 경우
> 3. 그 밖에 대통령령으로 정하는 경우

02 | 광역도시계획

■ 10개년 출제문항 수

25회	26회	27회	28회	29회
	1	1	2	1
30회	31회	32회	33회	34회
	1	1	1	

└→ 총 40문제 中 평균 약 0.8문제 출제

■ 학습전략

광역도시계획은 2개 이상의 도시에 대한 광역계획권을 지정한 후 그 광역계획권의 방향성을 제시하기 위한 비구속적 계획으로 광역계획권의 지정과 광역도시계획의 수립에 관한 내용으로 구성되어 있습니다. 매년 1문제가 출제되고 있으며, 이 CHAPTER에서는 광역계획권 지정권자를 중점적으로 학습하여야 합니다.

제1절 | 광역계획권 지정

1 지정목적 및 지정권자 · 16회 · 26회 · 27회 · 28회 · 29회 · 32회 · 33회

(1) 지정목적(법 제10조)

① 둘 이상의 특별시·광역시·특별자치시·특별자치도·시 또는 군의 공간구조 및 기능을 상호 연계시키고 환경을 보전하며 광역시설을 체계적으로 정비하기 위하여 필요한 경우에는 광역계획권을 지정할 수 있다.

② 인접한 둘 이상의 특별시·광역시·특별자치시·특별자치도·시 또는 군의 관할 구역 전부 또는 일부를 대통령령으로 정하는 바에 따라 광역계획권으로 지정할 수 있다.

> **◎ 참고 대통령령으로 정하는 지정대상지역(영 제7조)**
>
> 1. **전부 지정** : 광역계획권은 인접한 2 이상의 특별시·광역시·특별자치시·특별자치도·시 또는 군의 관할 구역 단위로 지정한다.
> 2. **일부 지정** : 국토교통부장관 또는 도지사는 인접한 둘 이상의 특별시·광역시·특별자치시·특별자치도·시 또는 군의 관할 구역의 일부를 광역계획권에 포함시키고자 하는 때에는 구·군(광역시의 관할 구역 안에 있는 군)·읍 또는 면의 관할 구역 단위로 하여야 한다.

(2) 지정권자

국토교통부장관	광역계획권이 둘 이상의 특별시·광역시·특별자치시·도 또는 특별자치도(이하 '시·도')의 관할 구역에 걸쳐 있는 경우
도지사	광역계획권이 같은 도의 관할 구역에 걸쳐 있는 경우

(3) 지정요청 ·27회 ·29회 ·33회

중앙행정기관의 장, 시·도지사, 시장 또는 군수는 국토교통부장관이나 도지사에게 광역계획권의 지정 또는 변경을 요청할 수 있다(법 제10조 제2항).

2 지정절차

(1) 의견청취 및 심의 ·27회 ·28회 ·33회
① **국토교통부장관** : 광역계획권을 지정하거나 변경하려면 관계 시·도지사, 시장 또는 군수의 의견을 들은 후 중앙도시계획위원회의 심의를 거쳐야 한다(법 제10조 제3항).
② **도지사** : 광역계획권을 지정하거나 변경하려면 관계 중앙행정기관의 장, 관계 시·도지사, 시장 또는 군수의 의견을 들은 후 지방도시계획위원회의 심의를 거쳐야 한다(법 제10조 제4항).

(2) 통 보

국토교통부장관 또는 도지사는 광역계획권을 지정하거나 변경하면 지체 없이 관계 시·도지사, 시장 또는 군수에게 그 사실을 통보하여야 한다(법 제10조 제5항).

제2절 광역도시계획

1 개 념

(1) 광역도시계획의 정의 ·19회
① 광역도시계획은 지정된 광역계획권의 장기발전방향을 제시하는 계획을 말한다(법 제2조 제1호).

② 광역도시계획은 별도의 수립단위 규정이 없다.

(2) 광역도시계획의 내용

광역도시계획에는 다음의 사항 중 그 광역계획권의 지정목적을 이루는 데 필요한 사항에 대한 정책 방향이 포함되어야 한다(법 제12조 제1항).

> ① 광역계획권의 공간 구조와 기능 분담에 관한 사항
> ② 광역계획권의 녹지관리체계와 환경 보전에 관한 사항
> ③ 광역시설의 배치·규모·설치에 관한 사항
> ④ 경관계획에 관한 사항
> ⑤ 그 밖에 광역계획권에 속하는 특별시·광역시·특별자치시·특별자치도·시 또는 군 상호 간의 기능 연계에 관한 사항으로서 대통령령으로 정하는 사항

추가 대통령령으로 정하는 사항 (영 제9조)
1. 광역계획권의 교통 및 물류유통체계에 관한 사항
2. 광역계획권의 문화·여가공간 및 방재에 관한 사항

(3) 광역도시계획의 행정적 성격

조 건	구속적 행정계획	비구속적 행정계획
주 체	행정관청(○) / 일반국민(○)	행정관청(○) / 일반국민(×)
행정쟁송 대상 여부	행정쟁송의 대상이 됨	행정쟁송의 제기 불가
법적 성격	행정처분, 행정행위의 성격 (양면적, 대내외적 구속력)	행정규칙, 행정명령 (일면적, 내부 구속적 계획)
주민의 의견청취	공람·열람 ⇨ 직접청취	공청회 ⇨ 간접청취
절 차	입안 ⇨ 결정	수립 ⇨ 승인
종 류	도시·군관리계획	광역도시계획, 도시·군기본계획

(4) 광역도시계획 절차도

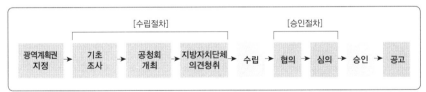

2 광역도시계획의 수립

(1) 수립권자 · 16회 · 19회 · 26회 · 28회 · 29회 · 31회 · 32회

① **원칙적 수립권자** : 국토교통부장관, 시·도지사, 시장 또는 군수는 다음의 구분에 따라 광역도시계획을 수립하여야 한다(법 제11조 제1항).

수립권자	내용
관할 시장 또는 군수가 공동수립	광역계획권이 같은 도의 관할 구역에 속하여 있는 경우
관할 시·도지사가 공동수립	광역계획권이 둘 이상의 시·도의 관할 구역에 걸쳐 있는 경우
관할 도지사가 수립	광역계획권을 지정한 날부터 3년이 지날 때까지 관할 시장 또는 군수로부터 광역도시계획의 승인 신청이 없는 경우
국토교통부장관이 수립	㉠ 국가계획과 관련된 광역도시계획의 수립이 필요한 경우 ㉡ 광역계획권을 지정한 날부터 3년이 지날 때까지 관할 시·도지사로부터 광역도시계획에 대하여 승인신청이 없는 경우

② 예외적 수립권자

국토교통부장관	국토교통부장관은 시·도지사가 요청하는 경우와 그 밖에 필요하다고 인정되는 경우에는 관할 시·도지사와 공동으로 광역도시계획을 수립할 수 있다(법 제11조 제2항).
도지사	㉠ 도지사는 시장 또는 군수가 요청하는 경우와 그 밖에 필요하다고 인정하는 경우에는 관할 시장 또는 군수와 공동으로 광역도시계획을 수립할 수 있다(법 제11조 제3항). ㉡ 도지사는 시장 또는 군수가 협의를 거쳐 요청하는 경우에는 단독으로 광역도시계획을 수립할 수 있다(법 제11조 제3항).

③ 광역도시계획의 조정

조정신청	㉠ 광역도시계획을 공동으로 수립하는 시·도지사는 그 내용에 관하여 서로 협의가 되지 아니하면 공동이나 단독으로 국토교통부장관에게 조정(調停)을 신청할 수 있다(법 제17조 제1항). ㉡ 광역도시계획을 공동으로 수립하는 시장 또는 군수는 그 내용에 관하여 서로 협의가 되지 아니하면 공동이나 단독으로 도지사에게 조정을 신청할 수 있다(법 제17조 제5항).
협의권고	국토교통부장관 또는 도지사는 단독으로 조정신청을 받은 경우에는 기한을 정하여 당사자 간에 다시 협의를 하도록 권고할 수 있으며, 기한까지 협의가 이루어지지 아니하는 경우에는 직접 조정할 수 있다(법 제17조 제2항·제6항).
심 의	국토교통부장관 또는 도지사는 조정의 신청을 받거나 직접 조정하려는 경우에는 중앙도시계획위원회 또는 도의 지방도시계획위원회의 심의를 거쳐 광역도시계획의 내용을 조정하여야 한다(법 제17조 제3항·제6항).
반영의무	광역도시계획을 수립하는 자는 조정 결과를 광역도시계획에 반영하여야 한다(법 제17조 제4항).

(2) 수립기준 •31회 •32회

광역도시계획의 수립기준 등은 대통령령으로 정하는 바에 따라 국토교통
부장관이 정한다(법 제12조 제2항).

> ✔참고 **대통령령으로 정하는 수립기준 고려사항(영 제10조)**
>
> 1. 광역계획권의 미래상과 이를 실현할 수 있는 체계화된 전략을 제시하고 국토종합계획 등과 서로 연계되도록 할 것
> 2. 특별시·광역시·특별자치시·특별자치도·시 또는 군 간의 기능분담, 도시의 무질서한 확산방지, 환경보전, 광역시설의 합리적 배치 그 밖에 광역계획권안에서 현안사항이 되고 있는 특정부문 위주로 수립할 수 있도록 할 것
> 3. 여건 변화에 탄력적으로 대응할 수 있도록 포괄적이고 개략적으로 수립하도록 하되, 특정부문 위주로 수립하는 경우에는 도시·군기본계획이나 도시·군관리계획에 명확한 지침을 제시할 수 있도록 구체적으로 수립하도록 할 것
> 4. 녹지축·생태계·산림·경관 등 양호한 자연환경과 우량농지, 보전목적의 용도지역, 문화재 및 역사문화환경 등을 충분히 고려하여 수립하도록 할 것
> 5. 부문별 계획은 서로 연계되도록 할 것
> 6. 「재난 및 안전관리 기본법」에 따른 시·도안전관리계획 및 같은 법에 따른 시·군·구안전관리계획과 「자연재해대책법」에 따른 시·군 자연재해저감종합계획을 충분히 고려하여 수립하도록 할 것

(3) 수립절차

① **기초조사**(법 제13조) •15회

㉠ 국토교통부장관, 시·도지사, 시장 또는 군수는 광역도시계획을 수립하거나 변경하려면 미리 인구, 경제, 사회, 문화, 토지 이용, 환경, 교통, 주택, 그 밖에 대통령령으로 정하는 사항 중 그 광역도시계획의 수립 또는 변경에 필요한 사항을 대통령령으로 정하는 바에 따라 조사하거나 측량(이하 '기초조사')하여야 한다.

㉡ 국토교통부장관, 시·도지사, 시장 또는 군수는 관계 행정기관의 장에게 기초조사에 필요한 자료를 제출하도록 요청할 수 있다. 이 경우 요청을 받은 관계 행정기관의 장은 특별한 사유가 없으면 그 요청에 따라야 한다.

㉢ 국토교통부장관, 시·도지사, 시장 또는 군수는 효율적인 기초조사를 위하여 필요하면 기초조사를 전문기관에 의뢰할 수 있다.

추가 그 밖에 대통령령으로 정하는 사항(영 제11조 제1항)
1. 기후·지형·자원·생태 등 자연적 여건
2. 기반시설 및 주거수준의 현황과 전망
3. 풍수해·지진 그 밖의 재해의 발생현황 및 추이
4. 광역도시계획과 관련된 다른 계획 및 사업의 내용
5. 그 밖에 광역도시계획의 수립에 필요한 사항

ㄹ 국토교통부장관, 시·도지사, 시장 또는 군수가 기초조사를 실시한 경우에는 해당 정보를 체계적으로 관리하고 효율적으로 활용하기 위하여 기초조사정보체계를 구축·운영하여야 한다.

ㅁ 국토교통부장관, 시·도지사, 시장 또는 군수가 기초조사정보체계를 구축한 경우에는 등록된 정보의 현황을 5년마다 확인하고 변동사항을 반영하여야 한다.

ㅂ 기초조사정보체계의 구축·운영에 필요한 사항은 대통령령으로 정한다.

② **공청회의 개최** ·16회 ·26회 ·28회 ·29회

ㄱ 국토교통부장관, 시·도지사, 시장 또는 군수는 광역도시계획을 수립하거나 변경하려면 미리 공청회를 열어 주민과 관계 전문가 등으로부터 의견을 들어야 하며, 공청회에서 제시된 의견이 타당하다고 인정하면 광역도시계획에 반영하여야 한다(법 제14조 제1항).

ㄴ 국토교통부장관, 시·도지사, 시장 또는 군수는 공청회를 개최하려면 공청회의 개최목적 등을 일간신문, 관보, 공보, 인터넷 홈페이지 또는 방송 등의 방법으로 공청회 개최예정일 14일 전까지 1회 이상 공고해야 한다(영 제12조 제1항).

ㄷ 공청회는 광역계획권 단위로 개최하되, 필요한 경우에는 광역계획권을 여러 개의 지역으로 구분하여 개최할 수 있다(영 제12조 제2항).

ㄹ 공청회는 국토교통부장관, 시·도지사, 시장 또는 군수가 지명하는 사람이 주재한다(영 제12조 제3항).

③ **지방자치단체의 의견청취**(법 제15조) ·16회 ·28회 ·31회

ㄱ 시·도지사, 시장 또는 군수는 광역도시계획을 수립하거나 변경하려면 미리 관계 시·도, 시 또는 군의 의회와 관계 시장 또는 군수의 의견을 들어야 한다.

ㄴ 국토교통부장관은 광역도시계획을 수립하거나 변경하려면 관계 시·도지사에게 광역도시계획안을 송부하여야 하며, 관계 시·도지사는 그 광역도시계획안에 대하여 그 시·도의 의회와 관계 시장 또는 군수의 의견을 들은 후 그 결과를 국토교통부장관에게 제출하여야 한다.

ㄷ 시·도, 시 또는 군의 의회와 관계 시장 또는 군수는 특별한 사유가 없으면 30일 이내에 시·도지사, 시장 또는 군수에게 의견을 제시하여야 한다.

④ **수립** : 광역도시계획의 수립은 국토교통부장관, 시·도지사, 시장 또는 군수가 한다.

3 광역도시계획의 승인

(1) 승인권자 · 16회 · 19회 · 27회 · 28회

승인권자	내 용
국토교통부장관	시·도지사는 광역도시계획을 수립하거나 변경하려면 국토교통부장관의 승인을 받아야 한다. 다만, 법 제11조 제3항에 따라 도지사가 수립하는 광역도시계획은 그러하지 아니하다(법 제16조 제1항).
도지사	시장 또는 군수는 광역도시계획을 수립하거나 변경하려면 도지사의 승인을 받아야 한다(법 제16조 제5항).

(2) 승인 및 공람절차

① **협의 및 심의**

㉠ **국토교통부장관** : 국토교통부장관은 광역도시계획을 승인하거나 직접 광역도시계획을 수립 또는 변경(시·도지사와 공동으로 수립하거나 변경하는 경우를 포함)하려면 관계 중앙행정기관과 협의한 후 중앙도시계획위원회의 심의를 거쳐야 한다(법 제16조 제2항).

㉡ **도지사** : 도지사가 광역도시계획을 승인하거나 직접 광역도시계획을 수립 또는 변경(시장·군수와 공동으로 수립하거나 변경하는 경우를 포함)하려면 관계 행정기관과 협의한 후 지방도시계획위원회의 심의를 거쳐야 한다(법 제16조 제6항).

㉢ **의견제시 기한** : 협의 요청을 받은 관계 중앙행정기관의 장 또는 행정기관의 장(국토교통부장관을 포함)은 특별한 사유가 없으면 그 요청을 받은 날부터 30일 이내에 국토교통부장관 또는 도지사에게 의견을 제시하여야 한다(법 제16조 제3항·제6항).

② **승인** : 광역도시계획의 승인은 국토교통부장관 또는 도지사가 한다.

③ **송부 및 공람** · 16회 · 31회

㉠ **국토교통부장관** : 국토교통부장관은 직접 광역도시계획을 수립 또는 변경하거나 승인하였을 때에는 관계 중앙행정기관의 장과 시·도지사에게 관계 서류를 송부하여야 하며, 관계 서류를 받은 시·도지사는 대통령령으로 정하는 바에 따라 그 내용을 공고하고 일반이 열람할 수 있도록 하여야 한다(법 제16조 제4항).

추가 법 제11조 제3항
도지사는 시장 또는 군수가 요청하는 경우와 그 밖에 필요하다고 인정하는 경우에는 관할 시장 또는 군수와 공동으로 광역도시계획을 수립할 수 있으며, 시장 또는 군수가 협의를 거쳐 요청하는 경우에는 단독으로 광역도시계획을 수립할 수 있다.

정리 협의 및 심의
1. 협 의
   ① 국토교통부장관 ➡ 관계 중앙행정기관의 장
   ② 도지사 ➡ 관계 행정기관의 장
2. 심 의
   ① 국토교통부장관 ➡ 중앙도시계획위원회
   ② 도지사 ➡ 지방도시계획위원회

추가 대통령령으로 정하는 공람(영 제13조 제3항)
본문 ③의 ㉠에 따른 광역도시계획의 공고는 해당 시·도의 공보와 인터넷 홈페이지에, 본문 ③의 ㉡에 따른 광역도시계획의 공고는 해당 시·군의 공보와 인터넷 홈페이지에 게재하는 방법으로 하며, 관계 서류의 열람기간은 30일 이상으로 해야 한다.

ⓛ 도지사 : 도지사는 직접 광역도시계획을 수립 또는 변경하거나 승인하였을 때에는 관계 행정기관의 장(국토교통부장관을 포함)과 시장 또는 군수에게 관계 서류를 송부하여야 하며, 관계 서류를 받은 시장 또는 군수는 대통령령으로 정하는 바에 따라 그 내용을 공고하고 일반이 열람할 수 있도록 하여야 한다(법 제16조 제6항).

기출&예상 문제

국토의 계획 및 이용에 관한 법령상 광역도시계획에 관한 설명으로 틀린 것은?

• 31회

① 도지사는 시장 또는 군수가 협의를 거쳐 요청하는 경우에는 단독으로 광역도시계획을 수립할 수 있다.

② 광역도시계획의 수립기준은 국토교통부장관이 정한다.

③ 광역도시계획의 수립을 위한 공청회는 광역계획권 단위로 개최하되, 필요한 경우에는 광역계획권을 여러 개의 지역으로 구분하여 개최할 수 있다.

④ 국토교통부장관은 광역도시계획을 수립하였을 때에는 직접 그 내용을 공고하고 일반이 열람할 수 있도록 하여야 한다.

⑤ 광역도시계획을 공동으로 수립하는 시·도지사는 그 내용에 관하여 서로 협의가 되지 아니하면 공동이나 단독으로 국토교통부장관에게 조정을 신청할 수 있다.

해설 국토교통부장관은 광역도시계획을 수립 또는 변경하거나 승인하였을 때에는 직접 그 내용을 공고하고 일반이 열람할 수 있도록 하지 않고, 관계 중앙행정기관의 장과 시·도지사에게 관계 서류를 송부하여야 하며, 관계 서류를 받은 시·도지사가 대통령령으로 정하는 바에 따라 그 내용을 공고하고 일반이 열람할 수 있도록 하여야 한다.

정답 ④

03 | 도시 · 군계획

25회	26회	27회	28회	29회
	2	2	2	1
30회	31회	32회	33회	34회
1	2	2	1	2

↳ 총 40문제 中 평균 약 1.5문제 출제

학습전략

도시 · 군계획은 도시 · 군기본계획과 도시 · 군관리계획에 관한 내용으로 구성되어 있습니다. 매년 1~2문제가 출제되고 있으며, 이 CHAPTER에서는 도시 · 군기본계획의 수립대상지역, 수립 및 확정절차, 도시 · 군관리계획 입안제안 및 결정권자를 중점적으로 학습하여야 합니다.

제1절 | 도시 · 군기본계획

1 개 념

(1) 도시 · 군기본계획의 정의

① 도시 · 군기본계획이란 특별시 · 광역시 · 특별자치시 · 특별자치도 · 시 또는 군의 관할 구역에 대하여 기본적인 공간구조와 장기발전방향을 제시하는 종합계획으로서 도시 · 군관리계획 수립의 지침이 되는 계획을 말한다(법 제2조 제3호).

② 도시 · 군기본계획은 별도의 수립단위 규정이 없다.

(2) 도시 · 군기본계획의 내용 · 32회

도시 · 군기본계획에는 다음의 사항에 대한 정책 방향이 포함되어야 한다(법 제19조 제1항).

① 지역적 특성 및 계획의 방향 · 목표에 관한 사항

② 공간구조, 생활권의 설정 및 인구의 배분에 관한 사항

③ 토지의 이용 및 개발에 관한 사항

④ 토지의 용도별 수요 및 공급에 관한 사항

⑤ 환경의 보전 및 관리에 관한 사항

> **추가** 도시 · 군기본계획의 특성
> 도시 · 군관리계획 수립의 지침이 되는 계획

CHAPTER 03 도시 · 군계획 ◂ **35**

⑥ 기반시설에 관한 사항

⑦ 공원·녹지에 관한 사항

⑧ 경관에 관한 사항

⑨ 기후변화 대응 및 에너지절약에 관한 사항

⑩ 방재·방범 등 안전에 관한 사항

⑪ 위 ②부터 ⑩까지 규정된 사항의 단계별 추진에 관한 사항

⑫ 그 밖에 대통령령으로 정하는 사항

(3) 도시·군기본계획 절차도

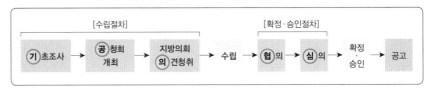

2 도시·군기본계획의 수립

(1) 수립권자와 대상지역 · 17회 · 20회 · 24회 · 31회 · 32회

① **원칙** : 특별시장·광역시장·특별자치시장·특별자치도지사·시장 또는 군수는 관할 구역에 대하여 도시·군기본계획을 수립하여야 한다(법 제18조 제1항 본문).

② **예외** : 시 또는 군의 위치, 인구의 규모, 인구감소율 등을 고려하여 대통령령으로 정하는 시 또는 군은 도시·군기본계획을 수립하지 아니할 수 있다(법 제18조 제1항 단서).

> ➕ **보충** 도시·군기본계획을 수립하지 아니할 수 있는 지역(영 제14조)
>
> 1. 「수도권정비계획법」의 규정에 의한 수도권에 속하지 아니하고 광역시와 경계를 같이하지 아니한 시 또는 군으로서 인구 10만명 이하인 시 또는 군
> 2. 관할 구역 전부에 대하여 광역도시계획이 수립되어 있는 시 또는 군으로서 당해 광역도시계획에 도시·군기본계획의 내용이 모두 포함되어 있는 시 또는 군

추가 그 밖에 대통령령으로 정하는 사항(영 제15조)

1. 도심 및 주거환경의 정비·보전에 관한 사항
2. 다른 법률에 따라 도시·군기본계획에 반영되어야 하는 사항
3. 도시·군기본계획의 시행을 위하여 필요한 재원조달에 관한 사항
4. 그 밖에 도시·군기본계획 승인권자가 필요하다고 인정하는 사항

암기 도시·군기본계획 수립권자

1. 특별·광역·특시·특도·시장·군수 (○)
2. 국토교통부장관 (×)
3. 도지사 (×)

③ 인접한 관할 구역 연계수립
  ㉠ 특별시장·광역시장·특별자치시장·특별자치도지사·시장 또는 군수는 지역여건상 필요하다고 인정되면 인접한 특별시·광역시·특별자치시·특별자치도·시 또는 군의 관할 구역 전부 또는 일부를 포함하여 도시·군기본계획을 수립할 수 있다(법 제18조 제2항).
  ㉡ 특별시장·광역시장·특별자치시장·특별자치도지사·시장 또는 군수는 인접한 특별시·광역시·특별자치시·특별자치도·시 또는 군의 관할 구역을 포함하여 도시·군기본계획을 수립하려면 미리 그 특별시장·광역시장·특별자치시장·특별자치도지사·시장 또는 군수와 협의하여야 한다(법 제18조 제3항).

(2) 수립기준 · 19회

도시·군기본계획의 수립기준 등은 대통령령으로 정하는 바에 따라 국토교통부장관이 정한다.

> **◆참고** **대통령령으로 정하는 수립기준 고려사항(영 제16조)**
>
> 1. 특별시·광역시·특별자치시·특별자치도·시 또는 군의 기본적인 공간구조와 장기발전방향을 제시하는 토지이용·교통·환경 등에 관한 종합계획이 되도록 할 것
> 2. 여건 변화에 탄력적으로 대응할 수 있도록 포괄적이고 개략적으로 수립하도록 할 것
> 3. 도시·군기본계획을 정비할 때에는 종전의 도시·군기본계획의 내용 중 수정이 필요한 부분만을 발췌하여 보완함으로써 계획의 연속성이 유지되도록 할 것
> 4. 도시와 농어촌 및 산촌지역의 인구밀도, 토지이용의 특성 및 주변환경 등을 종합적으로 고려하여 지역별로 계획의 상세정도를 다르게 하되, 기반시설의 배치계획, 토지용도 등은 도시와 농어촌 및 산촌지역이 서로 연계되도록 할 것
> 5. 부문별 계획은 도시·군기본계획의 방향에 부합하고 도시·군기본계획의 목표를 달성할 수 있는 방안을 제시함으로써 도시·군기본계획의 통일성과 일관성을 유지하도록 할 것
> 6. 도시지역 등에 위치한 개발가능토지는 단계별로 시차를 두어 개발되도록 할 것
> 7. 녹지축·생태계·산림·경관 등 양호한 자연환경과 우량농지, 보전목적의 용도지역, 문화재 및 역사문화환경 등을 충분히 고려하여 수립하도록 할 것
> 8. 경관에 관한 사항에 대하여는 필요한 경우에는 도시·군기본계획도서의 별책으로 작성할 수 있도록 할 것
> 9. 「재난 및 안전관리 기본법」에 따른 시·도안전관리계획 및 같은 법에 따른 시·군·구안전관리계획과 「자연재해대책법」에 따른 시·군 자연재해저감종합계획을 충분히 고려하여 수립하도록 할 것

(3) 수립절차

① **기초조사 및 공청회**(법 제20조) • 15회 • 20회 • 22회 • 24회 • 27회 • 31회

㉠ 도시·군기본계획을 수립하거나 변경하는 경우에는 광역도시계획의 기초조사와 공청회에 관한 규정을 준용한다.

㉡ 시·도지사, 시장 또는 군수는 기초조사의 내용에 국토교통부장관이 정하는 바에 따라 실시하는 토지의 토양, 입지, 활용가능성 등 토지적성평가와 재해취약성분석을 포함하여야 한다.

㉢ 도시·군기본계획 입안일부터 5년 이내에 토지적성평가를 실시한 경우 등 대통령령으로 정하는 경우에는 위 ㉡에 따른 토지적성평가 또는 재해취약성분석을 하지 아니할 수 있다.

> **✅참고 기초조사 중 토지적성평가 및 재해취약성분석 면제사유(영 제16조의2)**
>
> 1. 토지적성평가를 생략할 수 있는 사유
>   ① 도시·군기본계획 입안일부터 5년 이내에 토지적성평가를 실시한 경우
>   ② 다른 법률에 따른 지역·지구 등의 지정이나 개발계획 수립 등으로 인하여 도시·군기본계획의 변경이 필요한 경우
> 2. 재해취약성분석을 생략할 수 있는 사유
>   ① 도시·군기본계획 입안일부터 5년 이내에 재해취약성분석을 실시한 경우
>   ② 다른 법률에 따른 지역·지구 등의 지정이나 개발계획 수립 등으로 인하여 도시·군기본계획의 변경이 필요한 경우

② **지방의회의 의견청취**(법 제21조) • 19회 • 31회

㉠ 특별시장·광역시장·특별자치시장·특별자치도지사·시장 또는 군수는 도시·군기본계획을 수립하거나 변경하려면 미리 그 특별시·광역시·특별자치시·특별자치도·시 또는 군 의회의 의견을 들어야 한다.

㉡ 특별시·광역시·특별자치시·특별자치도·시 또는 군의 의회는 특별한 사유가 없으면 30일 이내에 특별시장·광역시장·특별자치시장·특별자치도지사·시장 또는 군수에게 의견을 제시하여야 한다.

추가 광역도시계획에 관한 규정을 준용

1. 도시·군기본계획 기초조사
   특별시장·광역시장·특별자치시장·특별자치도지사·시장 또는 군수는 도시·군기본계획을 수립하거나 변경하려면 미리 인구, 경제, 사회, 문화, 토지 이용, 환경, 교통, 주택, 그 밖에 대통령령으로 정하는 사항 중 그 도시·군기본계획의 수립 또는 변경에 필요한 사항을 대통령령으로 정하는 바에 따라 조사하거나 측량(이하 '기초조사')하여야 한다.
2. 도시·군기본계획 공청회
   특별시장·광역시장·특별자치시장·특별자치도지사·시장 또는 군수는 도시·군기본계획을 수립하거나 변경하려면 미리 공청회를 열어 주민과 관계 전문가 등으로부터 의견을 들어야 하며, 공청회에서 제시된 의견이 타당하다고 인정하면 도시·군기본계획에 반영하여야 한다.

암기 기초조사 및 공청회
광역도시계획 준용
⊕ 토지적성평가
⊕ 재해취약성분석

3 도시·군기본계획의 확정·승인

(1) 확정·승인권자 ·15회·19회·22회·24회·31회·33회

확정권자	특별시장·광역시장·특별자치시장 또는 특별자치도지사는 관할 구역의 도시·군기본계획을 수립하거나 변경 시 직접 확정한다(법 제22조 제1항).
승인권자	시장 또는 군수는 도시·군기본계획을 수립하거나 변경하려면 대통령령으로 정하는 바에 따라 도지사의 승인을 받아야 한다(법 제22조의2 제1항).

(2) 확정·승인 및 공람절차

① **협의 및 심의** ·31회·32회

㉠ 특별시장·광역시장·특별자치시장 또는 특별자치도지사는 도시·군기본계획을 수립하거나 변경하려면 관계 행정기관의 장(국토교통부장관을 포함)과 협의한 후 지방도시계획위원회의 심의를 거쳐야 한다(법 제22조 제1항).

㉡ 도지사는 도시·군기본계획을 승인하려면 관계 행정기관의 장과 협의한 후 지방도시계획위원회의 심의를 거쳐야 한다(법 제22조의2 제2항).

㉢ 의견제시 기한 : 협의 요청을 받은 관계 행정기관의 장은 특별한 사유가 없으면 그 요청을 받은 날부터 30일 이내에 특별시장·광역시장·특별자치시장·특별자치도지사 또는 도지사에게 의견을 제시하여야 한다(법 제22조 제2항).

② **송부 및 공람**

㉠ 특별시장·광역시장·특별자치시장 또는 특별자치도지사는 도시·군기본계획을 수립하거나 변경한 경우에는 관계 행정기관의 장에게 관계 서류를 송부하여야 하며, 대통령령으로 정하는 바에 따라 그 계획을 공고하고 일반인이 열람할 수 있도록 하여야 한다(법 제22조 제3항).

㉡ 도지사는 도시·군기본계획을 승인하면 관계 행정기관의 장과 시장 또는 군수에게 관계 서류를 송부하여야 하며, 관계 서류를 받은 시장 또는 군수는 대통령령으로 정하는 바에 따라 그 계획을 공고하고 일반인이 열람할 수 있도록 하여야 한다(법 제22조의2 제4항).

추가 시장·군수가 승인받을 때 도시·군기본계획안에 첨부해야 할 서류(영 제17조 제1항)
1. 기초조사 결과
2. 공청회개최 결과
3. 시·군의 의회의 의견청취 결과
4. 해당 시·군에 설치된 지방도시계획위원회의 자문을 거친 경우에는 그 결과
5. 관계 행정기관의 장과의 협의 및 도의 지방도시계획위원회의 심의에 필요한 서류

4 도시·군기본계획의 정비

(1) 타당성 검토 ·19회 ·22회 ·27회 ·31회 ·32회

특별시장·광역시장·특별자치시장·특별자치도지사·시장 또는 군수는 5년마다 관할 구역의 도시·군기본계획에 대하여 타당성을 전반적으로 재검토하여 정비하여야 한다(법 제23조 제1항).

(2) 상위계획과의 관계

특별시장·광역시장·특별자치시장·특별자치도지사·시장 또는 군수는 도시·군기본계획의 내용에 우선하는 광역도시계획의 내용 및 도시·군기본계획에 우선하는 국가계획의 내용을 도시·군기본계획에 반영하여야 한다(법 제23조 제2항).

기출&예상 문제

국토의 계획 및 이용에 관한 법령상 도시·군기본계획에 관한 설명으로 틀린 것은?

·32회

① 「수도권정비계획법」에 의한 수도권에 속하고 광역시와 경계를 같이 하지 아니한 시로서 인구 20만명 이하인 시는 도시·군기본계획을 수립하지 아니할 수 있다.

② 도시·군기본계획에는 기후변화 대응 및 에너지 절약에 관한 사항에 대한 정책 방향이 포함되어야 한다.

③ 광역도시계획이 수립되어 있는 지역에 대하여 수립하는 도시·군기본계획은 그 광역도시계획에 부합되어야 한다.

④ 시장 또는 군수는 5년마다 관할 구역의 도시·군기본계획에 대하여 타당성을 전반적으로 재검토하여 정비하여야 한다.

⑤ 특별시장·광역시장·특별자치시장 또는 특별자치도지사는 도시·군기본계획을 변경하려면 관계 행정기관의 장(국토교통부장관을 포함)과 협의한 후 지방도시계획위원회의 심의를 거쳐야 한다.

해설 「수도권정비계획법」에 의한 수도권에 속하지 아니하고 광역시와 경계를 같이하지 아니한 시로서 인구 10만명 이하인 시는 도시·군기본계획을 수립하지 아니할 수 있다.

정답 ①

제2절 도시·군관리계획

1 개 념

(1) 도시·군관리계획의 정의

① 특별시·광역시·특별자치시·특별자치도·시 또는 군의 개발·정비 및
보전을 위하여 수립하는 토지 이용, 교통, 환경, 경관, 안전, 산업, 정보
통신, 보건, 복지, 안보, 문화 등에 관한 계획을 말한다(법 제2조 제4호).

② 도시·군관리계획은 별도의 수립단위 규정이 없다.

(2) 도시·군관리계획으로 결정하여야 하는 사항 ·21회 ·24회 ·26회 ·32회

① 용도지역·용도지구의 지정 또는 변경에 관한 계획

② 개발제한구역, 도시자연공원구역, 시가화조정구역, 수산자원보호구역
의 지정 또는 변경에 관한 계획

③ 기반시설의 설치·정비 또는 개량에 관한 계획

④ 도시개발사업이나 정비사업에 관한 계획

⑤ 지구단위계획구역의 지정 또는 변경에 관한 계획과 지구단위계획

⑥ 입지규제최소구역의 지정 또는 변경에 관한 계획과 입지규제최소구역계획

(3) 도시·군관리계획 절차도

2 도시·군관리계획의 입안

1. 도시·군관리계획 입안권자

(1) 원 칙 ·17회 ·19회 ·32회

특별시장·광역시장·특별자치시장·특별자치도지사·시장 또는 군수

관할 구역 입안	특별시장·광역시장·특별자치시장·특별자치도지사·시장 또는 군수는 관할 구역에 대하여 도시·군관리계획을 입안하여야 한다(법 제24조 제1항).

추가 도시·군관리계획의 내용
1. 용도지역·용도지구·용도구역의 행위제한 (×)
2. 개발밀도관리구역의 지정 (×)
3. 기반시설부담구역의 지정 (×)
4. 도시·군계획시설의 설치 (×)

정리 도시·군관리계획 입안권자
1. 원 칙
   특별·광역·특시·특도·시장·군수
   ① 협의 : ○
   ② 협의 : ×
   • 같은 도 – 도지사
   • 둘 이상 – 국토교통부장관이 입안자 지정
2. 예 외
   ① 국토교통부장관
   • 국가계획
   • 둘 이상 시·도
   • 정한 기간 ×
   ② 도지사
   • 직접 수립
   • 둘 이상 시·군

		특별시장·광역시장·특별자치시장·특별자치도지사·시장 또는 군수는 다음의 어느 하나에 해당하면 인접한 특별시·광역시·특별자치시·특별자치도·시 또는 군의 관할 구역 전부 또는 일부를 포함하여 도시·군관리계획을 입안할 수 있다(법 제24조 제2항). ① 지역여건상 필요하다고 인정하여 미리 인접한 특별시장·광역시장·특별자치시장·특별자치도지사·시장 또는 군수와 협의한 경우 ② 인접한 특별시·광역시·특별자치시·특별자치도·시 또는 군의 관할 구역을 포함하여 도시·군기본계획을 수립한 경우	
인접 관할 구역 포함한 입안	협의한 경우	인접한 특별시·광역시·특별자치시·특별자치도·시 또는 군의 관할 구역에 대한 도시·군관리계획은 관계 특별시장·광역시장·특별자치시장·특별자치도지사·시장 또는 군수가 협의하여 공동으로 입안하거나 입안할 자를 정한다(법 제24조 제3항).
	협의가 성립되지 아니하는 경우	도시·군관리계획을 입안하려는 구역이 같은 도의 관할 구역에 속할 때에는 관할 도지사가, 둘 이상의 시·도의 관할 구역에 걸쳐 있을 때에는 국토교통부장관(수산자원보호구역의 경우 해양수산부장관)이 입안할 자를 지정하고 그 사실을 고시하여야 한다(법 제24조 제4항).

(2) 예 외 · 22회 · 29회 · 32회

국토교통부장관, 도지사

국토교통부 장관	① 국토교통부장관은 다음의 어느 하나에 해당하는 경우에는 직접 또는 관계 중앙행정기관의 장의 요청에 의하여 도시·군관리계획을 입안할 수 있다(법 제24조 제5항 전단). ㉠ 국가계획과 관련된 경우 ㉡ 둘 이상의 시·도에 걸쳐 지정되는 용도지역·용도지구 또는 용도구역과 둘 이상의 시·도에 걸쳐 이루어지는 사업의 계획 중 도시·군관리계획으로 결정하여야 할 사항이 있는 경우 ㉢ 특별시장·광역시장·특별자치시장·특별자치도지사·시장 또는 군수가 규정에 따른 기한까지 국토교통부장관의 도시·군관리계획 조정 요구에 따라 도시·군관리계획을 정비하지 아니하는 경우 ② 국토교통부장관은 입안 시 관할 시·도지사 및 시장·군수의 의견을 들어야 한다(법 제24조 제5항 후단).
도지사	① 도지사는 다음의 어느 하나의 경우에는 직접 또는 시장이나 군수의 요청에 의하여 도시·군관리계획을 입안할 수 있다(법 제24조 제6항 전단). ㉠ 둘 이상의 시·군에 걸쳐 지정되는 용도지역·용도지구 또는 용도구역과 둘 이상의 시·군에 걸쳐 이루어지는 사업의 계획 중 도시·군관리계획으로 결정하여야 할 사항이 포함되어 있는 경우 ㉡ 도지사가 직접 수립하는 사업의 계획으로서 도시·군관리계획으로 결정하여야 할 사항이 포함되어 있는 경우 ② 도지사는 입안 시 관계 시장 또는 군수의 의견을 들어야 한다(법 제24조 제6항 후단).

2. 도시·군관리계획 입안기준

(1) 작성 시 기준 · 26회

① 도시·군관리계획은 광역도시계획과 도시·군기본계획에 부합되어야 한다(법 제25조 제1항).

② 국토교통부장관(수산자원보호구역의 경우 해양수산부장관), 시·도지사, 시장 또는 군수는 도시·군관리계획을 입안할 때에는 대통령령으로 정하는 바에 따라 도시·군관리계획도서(계획도와 계획조서)와 이를 보조하는 계획설명서(기초조사결과·재원조달방안 및 경관계획 등을 포함)를 작성하여야 한다(법 제25조 제2항).

③ 도시·군관리계획은 계획의 상세 정도, 도시·군관리계획으로 결정하여야 하는 기반시설의 종류 등에 대하여 도시 및 농·산·어촌 지역의 인구밀도, 토지 이용의 특성 및 주변 환경 등을 종합적으로 고려하여 차등을 두어 입안하여야 한다(법 제25조 제3항).

(2) 수립기준 · 17회

도시·군관리계획의 수립기준, 도시·군관리계획도서 및 계획설명서의 작성기준·작성방법 등은 대통령령으로 정하는 바에 따라 국토교통부장관이 정한다(법 제25조 제4항).

3. 도시·군관리계획 입안제안

(1) 제안대상 · 17회 · 18회 · 19회 · 22회 · 24회 · 26회 · 29회 · 30회 · 32회 · 34회

① 주민(이해관계자를 포함)은 다음의 사항에 대하여 도시·군관리계획을 입안할 수 있는 자에게 도시·군관리계획의 입안을 제안할 수 있으며, 입안을 제안하려는 자는 다음의 구분에 따라 토지소유자의 동의를 받아야 한다. 이 경우 동의 대상 토지면적에서 국·공유지는 제외한다(법 제26조 제1항 전단, 영 제19조의2 제2항).

제안사항	제안 시 토지소유자 동의
기반시설의 설치·정비 또는 개량에 관한 사항	대상 토지면적의 4/5 이상
지구단위계획구역의 지정 및 변경과 지구단위계획의 수립 및 변경에 관한 사항	대상 토지면적의 2/3 이상
개발진흥지구 중 공업기능 또는 유통물류기능 등을 집중적으로 개발·정비하기 위한 산업·유통개발진흥지구의 지정 및 변경에 관한 사항	
용도지구 중 해당 용도지구에 따른 건축물이나 그 밖의 시설의 용도·종류 및 규모 등의 제한을 지구단위계획으로 대체하기 위한 용도지구의 지정 및 변경에 관한 사항	
입지규제최소구역의 지정 및 변경과 입지규제최소구역계획의 수립 및 변경에 관한 사항	

② 입안을 제안할 경우 제안서에는 도시·군관리계획도서와 계획설명서를 첨부하여야 한다(법 제26조 제1항 후단).

> **⊘ 참고** **산업·유통개발진흥지구의 지정을 제안할 수 있는 대상지역**
>
> 산업·유통개발진흥지구의 지정을 제안할 수 있는 대상지역은 다음의 요건을 모두 갖춘 지역으로 한다(영 제19조의2 제3항).
> 1. 지정대상 지역의 면적은 1만m² 이상 3만m² 미만일 것
> 2. 지정대상 지역이 자연녹지지역·계획관리지역 또는 생산관리지역일 것. 다만, 계획관리지역에 있는 기존 공장의 증축이 필요한 경우로서 해당 공장이 도로·철도·하천·건축물·바다 등으로 둘러싸여 있어 증축을 위해서는 불가피하게 보전관리지역 또는 농림지역을 포함해야 하는 경우에는 전체 면적의 20% 이하의 범위에서 보전관리지역 또는 농림지역을 포함하되, 다음의 어느 하나에 해당하는 경우에는 20% 이상으로 할 수 있다.
>   ① 보전관리지역 또는 농림지역의 해당 토지가 개발행위허가를 받는 등 이미 개발된 토지인 경우
>   ② 보전관리지역 또는 농림지역의 해당 토지를 개발하여도 주변지역의 환경오염·환경훼손 우려가 없는 경우로서 해당 도시계획위원회의 심의를 거친 경우
> 3. 지정대상 지역의 전체 면적에서 계획관리지역의 면적이 차지하는 비율이 100분의 50 이상일 것. 이 경우 자연녹지지역 또는 생산관리지역 중 도시·군기본계획에 반영된 지역은 계획관리지역으로 보아 산정한다.
> 4. 지정대상 지역의 토지특성이 과도한 개발행위의 방지를 위하여 국토교통부장관이 정하여 고시하는 기준에 적합할 것

(2) 제안 결과 통보 · 22회 · 23회 · 28회 · 30회

① **결과 통보기간** : 도시·군관리계획 입안의 제안을 받은 국토교통부장관, 시·도지사, 시장 또는 군수는 제안일부터 45일 이내에 도시·군관리계획 입안에의 반영 여부를 제안자에게 통보하여야 한다. 다만, 부득이한 사정이 있는 경우에는 1회에 한하여 30일을 연장할 수 있다(영 제20조 제1항).

② **자문** : 국토교통부장관, 시·도지사, 시장 또는 군수는 제안을 도시·군관리계획 입안에 반영할 것인지 여부를 결정함에 있어서 필요한 경우에는 중앙도시계획위원회 또는 당해 지방자치단체에 설치된 지방도시계획위원회의 자문을 거칠 수 있다(영 20조 제2항).

③ **비용*부담** : 도시·군관리계획의 입안을 제안받은 자는 제안자와 협의하여 제안된 도시·군관리계획의 입안 및 결정에 필요한 비용의 전부 또는 일부를 제안자에게 부담시킬 수 있다(법 제26조 제3항).

4. 도시·군관리계획 입안절차

(1) 기초조사(법 제27조) · 28회

① **기초조사 의무** : 도시·군관리계획을 입안하는 경우에는 광역도시계획의 수립을 위한 기초조사에 관한 규정을 준용한다(기초조사하여야 한다). 다만, 대통령령으로 정하는 경미한 사항을 입안하는 경우에는 그러하지 아니하다.

② **환경성 검토** : 국토교통부장관(수산자원보호구역의 경우 해양수산부장관), 시·도지사, 시장 또는 군수는 기초조사의 내용에 도시·군관리계획이 환경에 미치는 영향 등에 대한 환경성 검토를 포함하여야 한다.

③ **토지적성평가와 재해취약성분석** : 국토교통부장관, 시·도지사, 시장 또는 군수는 기초조사의 내용에 토지적성평가와 재해취약성분석을 포함하여야 한다.

④ **기초조사 등의 생략** : 도시·군관리계획으로 입안하려는 지역이 도심지에 위치하거나 개발이 끝나 나대지가 없는 등 대통령령으로 정하는 요건에 해당하면 기초조사, 환경성 검토, 토지적성평가 또는 재해취약성분석을 하지 아니할 수 있다.

* 여기서 말하는 비용이란 사업시행 비용이 아니라 입안 제안 절차에 따른 비용을 말한다.

추가 대통령령으로 정하는 경미한 사항(영 제25조 제3항)
도시지역의 축소에 따른 용도지역·용도지구·용도구역 또는 지구단위계획구역의 변경인 경우에는 기초조사를 생략할 수 있다.

암기 기초조사
광역도시계획 준용
⊕ 토지적성평가(기본계획)
⊕ 재해취약성분석(기본계획)
⊕ 환경성 검토

대통령령으로 정하는 요건(영 제21조 제2항)

1. **기초조사를 실시하지 아니할 수 있는 요건(환경성 검토·토지적성평가·재해취약성분석 포함)**
   ① 해당 지구단위계획구역이 도심지(상업지역과 상업지역에 연접한 지역)에 위치하는 경우
   ② 해당 지구단위계획구역 안의 나대지면적이 구역면적의 2%에 미달하는 경우
   ③ 해당 지구단위계획구역 또는 도시·군계획시설부지가 다른 법률에 따라 지역·지구 등으로 지정되거나 개발계획이 수립된 경우
   ④ 해당 지구단위계획구역의 지정목적이 해당 구역을 정비 또는 관리하고자 하는 경우로서 지구단위계획의 내용에 너비 12m 이상 도로의 설치계획이 없는 경우
   ⑤ 기존의 용도지구를 폐지하고 지구단위계획을 수립 또는 변경하여 그 용도지구에 따른 건축물이나 그 밖의 시설의 용도·종류 및 규모 등의 제한을 그대로 대체하려는 경우
   ⑥ 해당 도시·군계획시설의 결정을 해제하려는 경우
   ⑦ 그 밖에 국토교통부령으로 정하는 요건에 해당하는 경우
2. **환경성 검토를 실시하지 아니할 수 있는 요건**
   ① 위 1.의 ①~⑦의 어느 하나에 해당하는 경우
   ② 「환경영향평가법」에 따른 전략환경영향평가 대상인 도시·군관리계획을 입안하는 경우
3. **토지적성평가를 실시하지 아니할 수 있는 요건**
   ① 위 1.의 ①~⑦의 어느 하나에 해당하는 경우
   ② 도시·군관리계획 입안일부터 5년 이내에 토지적성평가를 실시한 경우
   ③ 주거지역·상업지역 또는 공업지역에 도시·군관리계획을 입안하는 경우
   ④ 법 또는 다른 법령에 따라 조성된 지역에 도시·군관리계획을 입안하는 경우
   ⑤ 「개발제한구역의 지정 및 관리에 관한 특별조치법 시행령」상 개발제한구역에서 조정 또는 해제된 지역에 대하여 도시·군관리계획을 입안하는 경우
   ⑥ 「도시개발법」에 따른 도시개발사업의 경우
   ⑦ 지구단위계획구역 또는 도시·군계획시설부지에서 도시·군관리계획을 입안하는 경우
   ⑧ 용도지역·용도지구·용도구역의 지정 또는 변경의 경우
   ⑨ 다음의 어느 하나에 해당하는 기반시설을 설치하는 경우
       ㉠ 용도지역별 개발행위규모에 해당하는 기반시설
       ㉡ 도로·철도·궤도·수도·가스 등 선형(線型)으로 된 교통시설 및 공급시설
       ㉢ 공간시설(체육공원·묘지공원 및 유원지는 제외)
       ㉣ 방재시설 및 환경기초시설(폐차장은 제외)
       ㉤ 개발제한구역 안에 설치하는 기반시설

4. 재해취약성분석을 실시하지 않을 수 있는 요건
　① 위 1.의 ①∼⑦의 어느 하나에 해당하는 경우
　② 도시·군관리계획 입안일부터 5년 이내에 재해취약성분석을 실시한 경우
　③ 용도지역·용도지구·용도구역의 지정 또는 변경에 해당하는 경우(방재지구의 지정·변경은 제외)
　④ 다음의 어느 하나에 해당하는 기반시설을 설치하는 경우
　　㉠ 용도지역별 개발행위규모에 해당하는 기반시설
　　㉡ 공간시설 중 녹지·공공공지

(2) 주민의 의견청취 ·19회 ·24회 ·26회

① **의무** : 국토교통부장관(수산자원보호구역의 경우 해양수산부장관), 시·도지사, 시장 또는 군수는 도시·군관리계획을 입안할 때에는 주민의 의견을 들어야 하며, 그 의견이 타당하다고 인정되면 도시·군관리계획안에 반영하여야 한다(법 제28조 제1항 본문).

② **생략** : 국방상 또는 국가안전보장상 기밀을 지켜야 할 필요가 있는 사항(관계 중앙행정기관의 장이 요청하는 것만 해당)이거나 대통령령으로 정하는 경미한 사항인 경우에는 생략할 수 있다(법 제28조 제1항 단서).

③ **절 차**

공고 및 열람	조례로 주민의 의견 청취에 필요한 사항을 정할 때 적용되는 기준은 다음과 같다(영 제22조 제2항). ㉠ 도시·군관리계획안의 주요 내용을 다음의 매체에 각각 공고할 것 　ⓐ 해당 지방자치단체의 공보나 둘 이상의 일반일간신문(전국 또는 해당 지방자치단체를 주된 보급지역으로 등록한 일반일간신문) 　ⓑ 해당 지방자치단체의 인터넷 홈페이지 등의 매체 ㉡ 도시·군관리계획안을 14일 이상의 기간 동안 일반인이 열람할 수 있도록 할 것
의견서 제출	공고된 도시·군관리계획안의 내용에 대하여 의견이 있는 자는 열람기간 내에 특별시장·광역시장·특별자치시장·특별자치도지사·시장 또는 군수에게 의견서를 제출할 수 있다(영 제22조 제4항).
결과 통보	국토교통부장관, 시·도지사, 시장 또는 군수는 제출된 의견을 도시·군관리계획안에 반영할 것인지 여부를 검토하여 그 결과를 열람기간이 종료된 날부터 60일 이내에 해당 의견을 제출한 자에게 통보해야 한다(영 제22조 제5항).

추가 대통령령으로 정하는 경미한 사항

도시지역의 축소에 따른 용도지역·용도지구·용도구역 또는 지구단위계획구역의 변경인 경우에는 주민의 의견청취를 생략할 수 있다(영 제25조 제3항).

참고 국토교통부장관이나 도지사의 송부

1. 국토교통부장관이나 도지사는 도시·군관리계획을 입안하려면 주민의 의견청취 기한을 밝혀 도시·군관리계획안을 관계 특별시장·광역시장·특별자치시장·특별자치도지사·시장 또는 군수에게 송부하여야 한다(법 제28조 제2항).
2. 도시·군관리계획안을 받은 특별시장·광역시장·특별자치시장·특별자치도지사·시장 또는 군수는 명시된 기한까지 그 도시·군관리계획안에 대한 주민의 의견을 들어 그 결과를 국토교통부장관이나 도지사에게 제출하여야 한다(법 제28조 제3항).

재공고 및 열람	국토교통부장관, 시·도지사, 시장 또는 군수는 다음의 어느 하나에 해당하는 경우로서 그 내용이 해당 지방자치단체의 조례로 정하는 중요한 사항인 경우에는 그 내용을 다시 공고·열람하게 하여 주민의 의견을 들어야 한다(법 제28조 제4항). ㉠ 청취한 주민 의견을 도시·군관리계획안에 반영하고자 하는 경우 ㉡ 관계 행정기관의 장과의 협의 및 중앙도시계획위원회의 심의, 시·도 도시계획위원회의 심의 또는 시·도에 두는 건축위원회와 도시계획위원회의 공동 심의에서 제시된 의견을 반영하여 도시·군관리계획을 결정하고자 하는 경우

(3) 지방의회의 의견청취 · 22회 · 23회

① 국토교통부장관, 시·도지사, 시장 또는 군수는 도시·군관리계획을 입안하려면 대통령령으로 정하는 사항에 대하여 해당 지방의회의 의견을 들어야 한다(법 제28조 제6항).

> **⊘ 참고 대통령령으로 정하는 사항(영 제22조 제7항)**
>
> 1. 용도지역·용도지구 또는 용도구역의 지정 또는 변경지정(단, 용도지구에 따른 건축물이나 그 밖의 시설의 용도·종류 및 규모 등의 제한을 그대로 지구단위계획으로 대체하기 위한 경우로서 해당 용도지구를 폐지하기 위하여 도시·군관리계획을 결정하는 경우에는 제외)
> 2. 광역도시계획에 포함된 광역시설의 설치·정비 또는 개량에 관한 도시·군관리계획의 결정 또는 변경결정
> 3. 다음의 어느 하나에 해당하는 기반시설의 설치·정비 또는 개량에 관한 도시·군관리계획의 결정 또는 변경결정(단, 지방의회의 권고대로 도시·군계획시설결정을 해제하기 위한 도시·군관리계획을 결정하는 경우는 제외)
>   ① 도로 중 주간선도로(시·군 내 주요지역을 연결하거나 시·군 상호 간이나 주요지방 상호 간을 연결하여 대량통과교통을 처리하는 도로로서 시·군의 골격을 형성하는 도로)
>   ② 철도 중 도시철도
>   ③ 자동차정류장 중 여객자동차터미널(시외버스운송사업용에 한한다)
>   ④ 공원(도시공원 및 녹지 등에 관한 법률에 따른 소공원 및 어린이공원은 제외)
>   ⑤ 유통업무설비
>   ⑥ 학교 중 대학
>   ⑦ 공공청사 중 지방자치단체의 청사
>   ⑧ 하수도(하수종말처리시설에 한한다)
>   ⑨ 폐기물처리 및 재활용시설
>   ⑩ 수질오염방지시설
>   ⑪ 그 밖에 국토교통부령으로 정하는 시설

② 국토교통부장관이나 도지사가 지방의회의 의견을 듣는 경우에는 주민의 의견청취 규정을 준용한다(법 제28조 제7항).

③ 특별시장·광역시장·특별자치시장·특별자치도지사·시장 또는 군수가 지방의회의 의견을 들으려면 의견 제시 기한을 밝혀 도시·군관리계획안을 송부하여야 한다. 이 경우 해당 지방의회는 명시된 기한까지 특별시장·광역시장·특별자치시장·특별자치도지사·시장 또는 군수에게 의견을 제시하여야 한다(법 제28조 제8항).

(4) 입안의 특례(법 제35조) ·18회 ·26회

① 국토교통부장관, 시·도지사, 시장 또는 군수는 도시·군관리계획을 조속히 입안하여야 할 필요가 있다고 인정되면 광역도시계획이나 도시·군기본계획을 수립할 때에 도시·군관리계획을 함께 입안할 수 있다.

② 국토교통부장관, 시·도지사, 시장 또는 군수는 필요하다고 인정되면 도시·군관리계획을 입안할 때에 협의하여야 할 사항에 관하여 관계 중앙행정기관의 장이나 관계 행정기관의 장과 협의할 수 있다. 이 경우 시장이나 군수는 도지사에게 그 도시·군관리계획의 결정을 신청할 때에 관계 행정기관의 장과의 협의 결과를 첨부하여야 한다.

3 도시·군관리계획의 결정

1. 도시·군관리계획 결정권자 ·24회 ·25회 ·28회 ·29회 ·31회

(1) 원칙 - 시·도지사, 대도시 시장, 시장 또는 군수(법 제29조 제1항)

① 도시·군관리계획은 시·도지사가 직접 또는 시장·군수의 신청에 따라 결정한다.

② 「지방자치법」에 따른 서울특별시와 광역시 및 특별자치시를 제외한 인구 50만 이상의 대도시의 경우에는 대도시 시장이 직접 결정하고, 다음의 도시·군관리계획은 시장 또는 군수가 직접 결정한다.

> ㉠ 시장 또는 군수가 입안한 지구단위계획구역의 지정·변경과 지구단위계획의 수립·변경에 관한 도시·군관리계획
>
> ㉡ 지구단위계획으로 대체하는 용도지구 폐지에 관한 도시·군관리계획[해당 시장(대도시 시장은 제외) 또는 군수가 도지사와 미리 협의한 경우에 한정한다]

정리 도시·군관리계획 결정권자
1. 원 칙
   시·도지사, 대도시 시장(지구단위계획구역은 시장 또는 군수)
2. 예 외
   국토교통부장관

(2) 예외 – 국토교통부장관

다음의 도시·군관리계획은 국토교통부장관(④의 경우는 해양수산부장관)이 결정한다(법 제29조 제2항).

① 국토교통부장관이 입안한 도시·군관리계획
② 개발제한구역의 지정 및 변경에 관한 도시·군관리계획
③ 국가계획과 연계하여 시가화조정구역의 지정 또는 변경이 필요한 경우에 따른 시가화조정구역의 지정 및 변경에 관한 도시·군관리계획
④ 수산자원보호구역의 지정 및 변경에 관한 도시·군관리계획

2. 도시·군관리계획 결정 및 공람절차

(1) 협 의 · 18회

① **관계 행정기관의 장과 협의** : 시·도지사는 도시·군관리계획을 결정하려면 관계 행정기관의 장과 미리 협의하여야 하며, 국토교통부장관(수산자원보호구역의 경우 해양수산부장관)이 도시·군관리계획을 결정하려면 관계 중앙행정기관의 장과 미리 협의하여야 한다. 이 경우 협의 요청을 받은 기관의 장은 특별한 사유가 없으면 그 요청을 받은 날부터 30일 이내에 의견을 제시하여야 한다(법 제30조 제1항).

② **국토교통부장관과 협의** : 시·도지사는 국토교통부장관이 입안하여 결정한 도시·군관리계획을 변경하거나 그 밖에 대통령령으로 정하는 중요한 사항에 관한 도시·군관리계획을 결정하려면 미리 국토교통부장관과 협의하여야 한다(법 제30조 제2항).

> **참고** **대통령령으로 정하는 중요한 사항(영 제25조 제1항)**
>
> 1. 광역도시계획과 관련하여 시·도지사가 입안한 도시·군관리계획
> 2. 개발제한구역이 해제되는 지역에 대하여 해제 이후 최초로 결정되는 도시·군관리계획
> 3. 2 이상의 시·도에 걸치는 기반시설의 설치·정비 또는 개량에 관한 도시·군관리계획 중 국토교통부령이 정하는 도시·군관리계획

(2) 심의(법 제30조 제3항) · 19회 · 31회

① **도시계획위원회의 심의** : 국토교통부장관은 도시·군관리계획을 결정하려면 중앙도시계획위원회의 심의를 거쳐야 하며, 시·도지사가 도시·군관리계획을 결정하려면 시·도도시계획위원회의 심의를 거쳐야 한다.

② **공동심의** : 시·도지사가 지구단위계획이나 지구단위계획으로 대체하는 용도지구 폐지에 관한 사항을 결정하려면 「건축법」에 따라 시·도에 두는 건축위원회와 도시계획위원회가 공동으로 하는 심의를 거쳐야 한다.

> ⊕ **보충** **협의와 심의절차의 생략(법 제30조 제4항)** ·31회
>
> 국토교통부장관이나 시·도지사는 국방상 또는 국가안전보장상 기밀을 지켜야 할 필요가 있다고 인정되면(관계 중앙행정기관의 장이 요청할 때만 해당) 그 도시·군관리계획의 전부 또는 일부에 대하여 협의와 심의절차를 생략할 수 있다.

(3) 고시 및 열람

① **고 시**

   ㉠ 국토교통부장관이나 시·도지사는 도시·군관리계획을 결정하면 대통령령으로 정하는 바에 따라 그 결정을 고시하여야 한다(법 제30조 제6항).

   ㉡ 도시·군관리계획결정의 고시는 국토교통부장관이 하는 경우에는 관보와 국토교통부의 인터넷 홈페이지에, 시·도지사 또는 시장·군수가 하는 경우에는 해당 시·도 또는 시·군의 공보와 인터넷 홈페이지에 게재하는 방법으로 한다(영 제25조 제6항).

② **송부·열람** : 국토교통부장관이나 도지사는 관계 서류를 관계 특별시장·광역시장·특별자치시장·특별자치도지사·시장 또는 군수에게 송부하여 일반이 열람할 수 있도록 하여야 하며, 특별시장·광역시장·특별자치시장·특별자치도지사는 관계 서류를 일반이 열람할 수 있도록 하여야 한다(법 제30조 제6항).

3. 도시·군관리계획 결정의 효력

(1) 효력 발생 ·18회 ·23회 ·26회 ·28회 ·31회 ·32회

① 도시·군관리계획 결정의 효력은 지형도면을 고시한 날부터 발생한다(법 제31조 제1항).

② 도시·군관리계획 결정의 효력 발생 및 실효 등에 관하여는 「토지이용규제 기본법」 제8조 제3항부터 제5항까지의 규정에 따른다(법 제31조 제3항).

추가 **변경절차의 준용**

결정된 도시·군관리계획을 변경하려는 경우에는 협의 및 심의의 규정을 준용한다. 다만, 대통령령으로 정하는 경미한 사항을 변경하는 경우에는 그러하지 아니하다(법 제30조 제5항).

추가 **시장·군수가 결정하는 경우**

시장 또는 군수가 도시·군관리계획을 결정하는 경우에는 협의부터 고시·열람까지의 규정을 준용한다(법 제30조 제7항).

암기 도시·군관리계획의 효력 발생시기
1. 지형도면을 고시한 날 발생 (○)
2. 지형도면을 고시한 날의 다음 날 발생 (×)

(2) 기득권 보호 · 19회 · 24회 · 28회

원칙	도시·군관리계획 결정 당시 이미 사업이나 공사에 착수한 자(이 법 또는 다른 법률에 따라 허가·인가·승인 등을 받아야 하는 경우에는 그 허가·인가·승인 등을 받아 사업이나 공사에 착수한 자)는 그 도시·군관리계획 결정과 관계없이 그 사업이나 공사를 계속할 수 있다(법 제31조 제2항 본문).
예외	시가화조정구역이나 수산자원보호구역의 지정에 관한 도시·군관리계획 결정이 있는 경우에는 대통령령으로 정하는 바에 따라 특별시장·광역시장·특별자치시장·특별자치도지사·시장 또는 군수에게 신고하고 그 사업이나 공사를 계속할 수 있다(법 제31조 제2항 단서).

> ✅ **참고** **대통령령으로 정하는 시행 중인 공사에 대한 특례(영 제26조)**
>
> 1. 시가화조정구역 또는 수산자원보호구역의 지정에 관한 도시·군관리계획의 결정 당시 이미 사업 또는 공사에 착수한 자는 당해 사업 또는 공사를 계속하고자 하는 때에는 도시·군관리계획결정의 고시일부터 3월 이내에 그 사업 또는 공사의 내용을 관할 특별시장·광역시장·특별자치시장·특별자치도지사·시장 또는 군수에게 신고하여야 한다.
> 2. 신고한 행위가 건축물의 건축을 목적으로 하는 토지의 형질변경인 경우 당해 건축물을 건축하고자 하는 자는 토지의 형질변경에 관한 공사를 완료한 후 3월 이내에 건축허가를 신청하는 때에는 당해 건축물을 건축할 수 있다.
> 3. 건축물의 건축을 목적으로 하는 토지의 형질변경에 관한 공사를 완료한 후 1년 이내에 도시·군관리계획결정의 고시가 있는 경우 당해 건축물을 건축하고자 하는 자는 당해 도시·군관리계획결정의 고시일부터 6월 이내에 건축허가를 신청하는 때에는 당해 건축물을 건축할 수 있다.

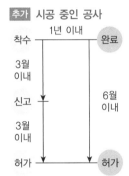

추가 시공 중인 공사

(3) 지형도면의 작성 및 고시

① **지형도면의 작성**

　㉠ 특별시장·광역시장·특별자치시장·특별자치도지사·시장 또는 군수는 도시·군관리계획 결정이 고시되면 지적(地籍)이 표시된 지형도에 도시·군관리계획에 관한 사항을 자세히 밝힌 도면을 작성하여야 한다(법 제32조 제1항).

　㉡ 국토교통부장관(수산자원보호구역의 경우 해양수산부장관)이나 도지사는 도시·군관리계획을 직접 입안한 경우에는 관계 특별시장·광역시장·특별자치시장·특별자치도지사·시장 또는 군수의 의견을 들어 직접 지형도면을 작성할 수 있다(법 제32조 제3항).

추가 「토지이용규제 기본법」 준용
지형도면의 작성기준 및 방법과 지형도면의 고시방법 및 절차 등에 관하여는 「토지이용규제 기본법」 제8조 제2항 및 제6항부터 제9항까지의 규정에 따른다(법 제32조 제5항).

② **지형도면의 승인**

　　㉠ 시장(대도시 시장은 제외)이나 군수는 지형도에 도시·군관리계획(지구단위계획구역의 지정·변경과 지구단위계획의 수립·변경에 관한 도시·군관리계획은 제외)에 관한 사항을 자세히 밝힌 지형도면을 작성하면 도지사의 승인을 받아야 한다(법 제32조 제2항 전단).

　　㉡ 지형도면의 승인 신청을 받은 도지사는 그 지형도면과 결정·고시된 도시·군관리계획을 대조하여 착오가 없다고 인정되면 30일 이내에 그 지형도면을 승인하여야 한다(법 제32조 제2항 후단, 영 제27조).

③ **지형도면의 고시** : 국토교통부장관, 시·도지사, 시장 또는 군수는 직접 지형도면을 작성하거나 지형도면을 승인한 경우에는 이를 고시하여야 한다(법 제32조 제4항).

추가 지형도면의 승인

시장, 군수

승인　30일 이내

도지사

4 도시·군관리계획의 정비

(1) 타당성 검토 · 18회 · 23회

특별시장·광역시장·특별자치시장·특별자치도지사·시장 또는 군수는 5년마다 관할 구역의 도시·군관리계획에 대하여 대통령령으로 정하는 바에 따라 그 타당성을 전반적으로 재검토하여 정비하여야 한다(법 제34조 제1항).

(2) 도시·군관리계획 입안에 반영하는 검토사항

특별시장·광역시장·특별자치시장·특별자치도지사·시장 또는 군수는 도시·군관리계획을 정비하는 경우에는 대통령령으로 정하는 사항을 검토하여 그 결과를 도시·군관리계획 입안에 반영하여야 한다(영 제29조 제1항).

> **◉ 참고　대통령령으로 정하는 사항(영 제29조 제1항)**
>
> 1. 도시·군계획시설 설치에 관한 도시·군관리계획
>   ① 도시·군계획시설결정의 고시일부터 3년 이내에 해당 도시·군계획시설의 설치에 관한 도시·군계획시설사업의 전부 또는 일부가 시행되지 아니한 경우 해당 도시·군계획시설결정의 타당성
>   ② 도시·군계획시설결정에 따라 설치된 시설 중 여건 변화 등으로 존치 필요성이 없는 도시·군계획시설에 대한 해제 여부

암기 타당성 검토(5년마다)
1. 광역도시계획 (×)
2. 도시·군기본계획 (○)
3. 도시·군관리계획 (○)

2. 용도지구 지정에 관한 도시·군관리계획
 ① 지정목적을 달성하거나 여건 변화 등으로 존치 필요성이 없는 용도지구에 대한 변경 또는 해제 여부
 ② 해당 용도지구와 중첩하여 지구단위계획구역이 지정되어 지구단위계획이 수립되거나 다른 법률에 따른 지역·지구 등이 지정된 경우 해당 용도지구의 변경 및 해제 여부 등을 포함한 용도지구 존치의 타당성
 ③ 둘 이상의 용도지구가 중첩하여 지정되어 있는 경우 용도지구의 지정 목적, 여건 변화 등을 고려할 때 해당 용도지구를 지구단위계획으로 대체할 필요성이 있는지 여부

(3) 장기발전구상 포함

도시·군기본계획을 수립하지 아니하는 시·군의 시장·군수는 도시·군관리계획을 정비하는 때에는 계획설명서에 당해 시·군의 장기발전구상을 포함시켜야 하며, 공청회를 개최하여 이에 관한 주민의 의견을 들어야 한다(영 제29조 제3항).

기출&예상 문제

국토의 계획 및 이용에 관한 법령상 도시·군관리계획에 관한 설명으로 틀린 것은?
• 32회

① 국토교통부장관은 국가계획과 관련된 경우 직접 도시·군관리계획을 입안할 수 있다.
② 주민은 산업·유통개발진흥지구의 지정에 관한 사항에 대하여 도시·군관리계획의 입안권자에게 도시·군관리계획의 입안을 제안할 수 있다.
③ 도시·군관리계획으로 입안하려는 지구단위계획구역이 상업지역에 위치하는 경우에는 재해취약성분석을 하지 아니할 수 있다.
④ 도시·군관리계획 결정의 효력은 지형도면을 고시한 다음 날부터 발생한다.
⑤ 인접한 특별시 광역시·특별자치시·특별자치도·시 또는 군의 관할구역에 대한 도시·군관리계획은 관계 특별시장·광역시장·특별자치시장·특별자치도지사 시장 또는 군수가 협의하여 공동으로 입안하거나 입안할 자를 정한다.

해설 도시·군관리계획 결정의 효력은 지형도면을 고시한 날부터 발생한다.

정답 ④

04 | 용도지역·용도지구·용도구역

▌10개년 출제문항 수

25회	26회	27회	28회	29회
3	1	2	3	5

30회	31회	32회	33회	34회
4	3	2	3	3

└→ 총 40문제 中 평균 약 2.9문제 출제

▌학습전략

용도지역·용도지구 및 용도구역의 지정목적·내용에 관한 사항을 주로 다루고 있습니다. 매년 3~4문제가 출제되는 가장 중요한 단원이며, 이 CHAPTER에서는 건폐율과 용적률, 용도지역의 정의와 지정 특례, 용도지구에서는 세분되는 내용 및 제한 부분, 용도구역은 지정권자와 목적 위주로 학습하여야 합니다.

제1절 용도지역

1 개 념

(1) 용도지역의 정의(법 제2조 제15호) ·15회 ·17회 ·21회 ·28회

① 용도지역은 국토교통부장관, 시·도지사 또는 대도시 시장이 토지의 이용 및 건축물의 용도, 건폐율, 용적률, 높이 등을 제한함으로써 토지를 경제적·효율적으로 이용하기 위하여 지정한다.

② 용도지역은 공공복리의 증진을 도모하기 위하여 서로 중복되지 아니하게 도시·군관리계획으로 결정하는 지역을 말한다.

(2) 용도지역의 분류 ·15회 ·28회

국토교통부장관, 시·도지사 또는 대도시 시장은 다음의 어느 하나에 해당하는 용도지역의 지정 또는 변경을 도시·군관리계획으로 결정한다(법 제36조 제1항).

① **도시지역** : 인구와 산업이 밀집되어 있거나 밀집이 예상되어 그 지역에 대하여 체계적인 개발·정비·관리·보전 등이 필요한 지역(법 제6조 제1호, 제36조 제1항 제1호)

주거지역	거주의 안녕과 건전한 생활환경의 보호를 위하여 필요한 지역
상업지역	상업이나 그 밖의 업무의 편익을 증진하기 위하여 필요한 지역
공업지역	공업의 편익을 증진하기 위하여 필요한 지역
녹지지역	자연환경·농지 및 산림의 보호, 보건위생, 보안과 도시의 무질서한 확산을 방지하기 위하여 녹지의 보전이 필요한 지역

② **관리지역** : 도시지역의 인구와 산업을 수용하기 위하여 도시지역에 준하여 체계적으로 관리하거나 농림업의 진흥, 자연환경 또는 산림의 보전을 위하여 농림지역 또는 자연환경보전지역에 준하여 관리할 필요가 있는 지역(법 제6조 제2호, 제36조 제1항 제2호)

보전관리지역	자연환경 보호, 산림 보호, 수질오염 방지, 녹지공간 확보 및 생태계 보전 등을 위하여 보전이 필요하나, 주변 용도지역과의 관계 등을 고려할 때 자연환경보전지역으로 지정하여 관리하기가 곤란한 지역
생산관리지역	농업·임업·어업생산 등을 위하여 관리가 필요하나, 주변 용도지역과의 관계 등을 고려할 때 농림지역으로 지정하여 관리하기가 곤란한 지역
계획관리지역	도시지역으로의 편입이 예상되는 지역이나 자연환경을 고려하여 제한적인 이용·개발을 하려는 지역으로서 계획적·체계적인 관리가 필요한 지역

③ **농림지역** : 도시지역에 속하지 아니하는 「농지법」에 따른 농업진흥지역 또는 「산지관리법」에 따른 보전산지 등으로서 농림업을 진흥시키고 산림을 보전하기 위하여 필요한 지역(법 제6조 제3호)

④ **자연환경보전지역** : 자연환경·수자원·해안·생태계·상수원 및 「국가유산기본법」에 따른 국가유산의 보전과 수산자원의 보호·육성 등을 위하여 필요한 지역(법 제6조 제4호)

(3) 용도지역의 세분 ·24회 ·26회

국토교통부장관, 시·도지사 또는 대도시 시장은 도시·군관리계획결정으로 주거지역·상업지역·공업지역 및 녹지지역을 다음과 같이 다시 세분하여 지정하거나 변경할 수 있다(법 제36조 제2항, 영 제30조 제1항).

주거 지역 (6개)	전용주거지역 (양호한)	제1종 전용주거지역	단독주택 중심의 양호한 주거환경을 보호하기 위하여 필요한 지역
		제2종 전용주거지역	공동주택 중심의 양호한 주거환경을 보호하기 위하여 필요한 지역
	일반주거지역 (편리한)	제1종 일반주거지역	저층주택을 중심으로 편리한 주거환경을 조성하기 위하여 필요한 지역
		제2종 일반주거지역	중층주택을 중심으로 편리한 주거환경을 조성하기 위하여 필요한 지역
		제3종 일반주거지역	중고층주택을 중심으로 편리한 주거환경을 조성하기 위하여 필요한 지역
	준주거지역		주거기능을 위주로 이를 지원하는 일부 상업기능 및 업무기능을 보완하기 위하여 필요한 지역
상업 지역 (4개)	중심상업지역		도심·부도심의 상업기능 및 업무기능의 확충을 위하여 필요한 지역
	일반상업지역		일반적인 상업기능 및 업무기능을 담당하게 하기 위하여 필요한 지역
	근린상업지역		근린지역에서의 일용품 및 서비스의 공급을 위하여 필요한 지역
	유통상업지역		도시 내 및 지역 간 유통기능의 증진을 위하여 필요한 지역
공업 지역 (3개)	전용공업지역		주로 중화학공업, 공해성 공업 등을 수용하기 위하여 필요한 지역
	일반공업지역		환경을 저해하지 아니하는 공업의 배치를 위하여 필요한 지역
	준공업지역		경공업 그 밖의 공업을 수용하되, 주거기능·상업기능 및 업무기능의 보완이 필요한 지역
녹지 지역 (3개)	보전녹지지역		도시의 자연환경·경관·산림 및 녹지공간을 보전할 필요가 있는 지역
	생산녹지지역		주로 농업적 생산을 위하여 개발을 유보할 필요가 있는 지역
	자연녹지지역		도시의 녹지공간의 확보, 도시확산의 방지, 장래 도시용지의 공급 등을 위하여 보전할 필요가 있는 지역으로서 불가피한 경우에 한하여 제한적인 개발이 허용되는 지역

암기 **중요 핵심용어**

1. **제1종 전용주거**
   양호(단독)
2. **제2종 전용주거**
   양호(공동)
3. **준주거**
   보완
4. **중심상업**
   도심·부도심
5. **일반공업**
   환경 저해 않음
6. **자연녹지**
   제한적 개발 허용

2 용도지역의 지정

(1) 원칙적 지정

국토교통부장관, 시·도지사 또는 대도시 시장은 용도지역의 지정 또는 변경을 도시·군관리계획으로 결정한다(법 제36조 제1항).

정리 **용도지역의 지정**

1. 원칙적 지정 ⇨ 도시·군관리계획의 결정절차에 의한 지정
2. 지정특례 ⇨ 도시·군관리계획의 결정절차 없이도 지정

(2) 지정특례

① 공유수면매립지에 관한 용도지역의 지정 의제 ·19회 ·20회 ·24회 ·33회

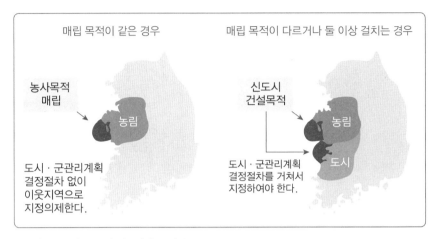

매립 목적이 같은 경우

농사목적
매립

농림

도시 · 군관리계획
결정절차 없이
이웃지역으로
지정의제한다.

매립 목적이 다르거나 둘 이상 걸치는 경우

신도시
건설목적

농림

도시

도시 · 군관리계획
결정절차를 거쳐서
지정하여야 한다.

⊙ 매립 목적이 같은 경우(법 제41조 제1항)

ⓐ 공유수면(바다만 해당)의 매립 목적이 그 매립구역과 이웃하고 있는 용도지역의 내용과 같으면 도시·군관리계획의 입안 및 결정절차 없이 그 매립준공구역은 그 매립의 준공인가일부터 이와 이웃하고 있는 용도지역으로 지정된 것으로 본다.

ⓑ 이 경우 관계 특별시장·광역시장·특별자치시장·특별자치도지사·시장 또는 군수는 그 사실을 지체 없이 고시하여야 한다.

⊙ 매립 목적이 다르거나 걸치는 경우(법 제41조 제2항)

ⓐ 공유수면의 매립 목적이 그 매립구역과 이웃하고 있는 용도지역의 내용과 다른 경우 그 매립구역이 속할 용도지역은 도시·군관리계획 결정으로 지정하여야 한다.

ⓑ 공유수면의 매립구역이 둘 이상의 용도지역에 걸쳐 있거나 이웃하고 있는 경우 그 매립구역이 속할 용도지역은 도시·군관리계획 결정으로 지정하여야 한다.

⊙ 통보 : 관계 행정기관의 장은 「공유수면 관리 및 매립에 관한 법률」에 따른 공유수면 매립의 준공검사를 하면 국토교통부령으로 정하는 바에 따라 지체 없이 관계 특별시장·광역시장·특별자치시장·특별자치도지사·시장 또는 군수에게 통보하여야 한다(법 제41조 제3항).

② **다른 법률에 따라 지정된 지역의 용도지역 지정 의제**

• 15회 • 17회 • 19회 • 20회 • 26회 • 33회

㉠ **도시지역 결정** : 다음의 어느 하나의 구역 등으로 지정·고시된 지역은 이 법에 따른 도시지역으로 결정·고시된 것으로 본다(법 제42조 제1항).

> ⓐ 「항만법」에 따른 항만구역으로서 도시지역에 연접한 공유수면
> ⓑ 「어촌·어항법」에 따른 어항구역으로서 도시지역에 연접한 공유수면
> ⓒ 「산업입지 및 개발에 관한 법률」에 따른 국가산업단지, 일반산업단지 및 도시첨단산업단지(농공단지는 제외)
> ⓓ 「택지개발촉진법」에 따른 택지개발지구
> ⓔ 「전원개발촉진법」에 따른 전원개발사업구역 및 예정구역(수력발전소 또는 송·변전설비만을 설치하기 위한 전원개발사업구역 및 예정구역은 제외)

㉡ **농림지역 결정** : 관리지역에서 「농지법」에 따른 농업진흥지역으로 지정·고시된 지역은 이 법에 따른 농림지역으로 결정·고시된 것으로 본다(법 제42조 제2항).

㉢ **농림지역 또는 자연환경보전지역 결정** : 관리지역의 산림 중 「산지관리법」에 따라 보전산지로 지정·고시된 지역은 그 고시에서 구분하는 바에 따라 이 법에 따른 농림지역 또는 자연환경보전지역으로 결정·고시된 것으로 본다(법 제42조 제2항).

㉣ **용도지역의 환원**

ⓐ 도시지역으로 간주하는 구역·단지·지구 등(구역등)이 해제되는 경우(개발사업의 완료로 해제되는 경우는 제외) 이 법 또는 다른 법률에서 그 구역등이 어떤 용도지역에 해당되는지를 따로 정하고 있지 아니한 경우에는 이를 지정하기 이전의 용도지역으로 환원된 것으로 본다(법 제42조 제4항 전단).

ⓑ 이 경우 지정권자는 용도지역이 환원된 사실을 대통령령으로 정하는 바에 따라 고시하고, 그 지역을 관할하는 특별시장·광역시장·특별자치시장·특별자치도지사·시장 또는 군수에게 통보하여야 한다(법 제42조 제4항 후단).

추가 지형도면에 표시·통보

관계 행정기관의 장은 항만구역, 어항구역, 산업단지, 택지개발지구, 전원개발사업구역 및 예정구역, 농업진흥지역 또는 보전산지를 지정한 경우에는 국토교통부령으로 정하는 바에 따라 고시된 지형도면 또는 지형도에 그 지정 사실을 표시하여 그 지역을 관할하는 특별시장·광역시장·특별자치시장·특별자치도지사·시장 또는 군수에게 통보하여야 한다(법 제42조 제3항).

ⓒ 기득권 보호 : 용도지역이 환원되는 당시 이미 사업이나 공사에 착수한 자(이 법 또는 다른 법률에 따라 허가·인가·승인 등을 받아야 하는 경우에는 그 허가·인가·승인 등을 받아 사업이나 공사에 착수한 자)는 그 용도지역의 환원과 관계없이 그 사업이나 공사를 계속할 수 있다(법 제42조 제5항).

3 용도지역의 행위제한

1. 용도지역에서의 건축제한

(1) 건축물의 건축제한 · 19회 · 22회 · 23회 · 24회 · 27회 · 29회 · 30회

용도지역에서의 건축물이나 그 밖의 시설의 용도·종류 및 규모 등의 제한에 관한 사항은 대통령령으로 정한다(법 제76조 제1항).

① **제1종 전용주거지역**(영 제71조 제1항 제1호 [별표 2])

건축할 수 있는 건축물	도시·군계획조례가 정하는 바에 따라 건축할 수 있는 건축물
1. 단독주택(다가구주택 제외) 2. 제1종 근린생활시설로서 해당 용도에 쓰이는 바닥면적의 합계가 1,000m² 미만인 것 　(1) 식품·잡화·의류·완구·서적·건축자재·의약품·의료기기 등 일용품을 판매하는 소매점으로서 같은 건축물(하나의 대지에 두 동 이상의 건축물이 있는 경우에는 이를 같은 건축물로 본다. 이하 같다)에 해당 용도로 쓰는 바닥면적의 합계가 1,000m² 미만인 것 　(2) 휴게음식점, 제과점 등 음료·차(茶)·음식·빵·떡·과자 등을 조리하거나 제조하여 판매하는 시설(제4호 16. 또는 제17호에 해당하는 것은 제외)로서 같은 건축물에 해당 용도로 쓰는 바닥면적의 합계가 300m² 미만인 것	1. 단독주택 중 다가구주택 2. 공동주택 중 연립주택 및 다세대주택 3. 제1종 근린생활시설로서 해당 용도에 쓰이는 바닥면적의 합계가 1,000m² 미만인 것 　(1) 공중화장실·대피소, 그 밖에 이와 비슷한 것 및 지역아동센터 　(2) 변전소, 도시가스배관시설, 통신용시설, 정수장, 양수장 등 주민의 생활에 필요한 에너지공급·통신서비스 제공이나 급수·배수와 관련된 시설 4. 제2종 근린생활시설 중 종교집회장 5. 문화 및 집회시설 중 박물관·미술관·체험관(한옥으로 건축하는 것만 해당) 및 기념관으로서 그 용도에 쓰이는 바닥면적의 합계가 1,000m² 미만인 것 6. 종교시설에 해당하는 것으로서 그 용도에 쓰이는 바닥면적의 합계가 1,000m² 미만인 것

(3) 이용원, 미용원, 목욕장, 세탁소 등 사람의 위생관리나 의류 등을 세탁·수선하는 시설(세탁소의 경우 공장에 부설되는 것과 대기환경보전법, 물환경보전법 또는 소음·진동관리법에 따른 배출시설의 설치 허가 또는 신고의 대상인 것은 제외)

(4) 의원, 치과의원, 한의원, 침술원, 접골원(接骨院), 조산원, 안마원, 산후조리원 등 주민의 진료·치료 등을 위한 시설

(5) 탁구장, 체육도장으로서 같은 건축물에 해당 용도로 쓰는 바닥면적의 합계가 500m² 미만인 것

(6) 지역자치센터, 파출소, 지구대, 소방서, 우체국, 방송국, 보건소, 공공도서관, 건강보험공단 사무소 등 주민의 편의를 위하여 공공업무를 수행하는 시설로서 같은 건축물에 해당 용도로 쓰는 바닥면적의 합계가 1,000m² 미만인 것

(7) 마을회관, 마을공동작업소, 마을공동구판장 등 주민이 공동으로 이용하는 시설

7. 교육연구시설 중 유치원·초등학교·중학교 및 고등학교

8. 노유자시설

9. 자동차 관련 시설 중 주차장

② **제2종 전용주거지역**(영 제71조 제1항 제2호 [별표 3])

건축할 수 있는 건축물	도시·군계획조례가 정하는 바에 따라 건축할 수 있는 건축물
1. 단독주택 2. 공동주택 3. 제1종 근린생활시설로서 당해 용도에 쓰이는 바닥면적의 합계가 1,000m² 미만인 것	1. 제2종 근린생활시설 중 종교집회장 2. 문화 및 집회시설 중 박물관·미술관·체험관(한옥으로 건축하는 것만 해당) 및 기념관으로서 그 용도에 쓰이는 바닥면적의 합계가 1,000m² 미만인 것 3. 종교시설에 해당하는 것으로서 그 용도에 쓰이는 바닥면적의 합계가 1,000m² 미만인 것 4. 교육연구시설 중 유치원·초등학교·중학교 및 고등학교 5. 노유자시설 6. 자동차 관련 시설 중 주차장

③ **제1종 일반주거지역** : 4층 이하(주택법 시행령에 따른 단지형 연립주택 및 단지형 다세대주택인 경우에는 5층 이하를 말하며, 단지형 연립주택의 1층 전부를 필로티 구조로 하여 주차장으로 사용하는 경우에는 필로티 부분을 층수에서 제외하고, 단지형 다세대주택의 1층 바닥면적의 2분의 1 이상을 필로티 구조로 하여 주차장으로 사용하고 나머지 부분을 주택 외의 용도로 쓰는 경우에는 해당 층을 층수에서 제외)의 건축물만 해당한다. 다만, 4층 이하의 범위에서 도시·군계획조례로 따로 층수를 정하는 경우에는 그 층수 이하의 건축물만 해당한다(영 제71조 제1항 제3호 [별표 4]).

건축할 수 있는 건축물	도시·군계획조례가 정하는 바에 따라 건축할 수 있는 건축물
1. 단독주택 2. 공동주택(아파트 제외) 3. 제1종 근린생활시설 4. 교육연구시설 중 유치원·초등학교·중학교 및 고등학교 5. 노유자시설	1. 제2종 근린생활시설(단란주점 및 안마시술소는 제외) 2. 문화 및 집회시설(공연장 및 관람장은 제외) 3. 종교시설 4. 판매시설 중 소매시장 및 상점(일반게임제공업의 시설은 제외)에 해당하는 것으로서 해당 용도에 쓰이는 바닥면적의 합계가 2,000m² 미만인 것(너비 15m 이상의 도로로서 도시·군계획조례가 정하는 너비 이상의 도로에 접한 대지에 건축하는 것에 한함)과 기존의 도매시장 또는 소매시장을 재건축하는 경우로서 인근의 주거환경에 미치는 영향, 시장의 기능회복 등을 고려하여 도시·군계획조례가 정하는 경우에는 해당 용도에 쓰이는 바닥면적의 합계의 4배 이하 또는 대지면적의 2배 이하인 것 5. 의료시설(격리병원은 제외) 6. 교육연구시설 중 유치원·초등학교·중학교 및 고등학교에 해당하지 아니하는 것 7. 수련시설(유스호스텔의 경우 특별시 및 광역시 지역에서는 너비 15m 이상의 도로에 20m 이상 접한 대지에 건축하는 것에 한하며, 그 밖의 지역에서는 너비 12m 이상의 도로에 접한 대지에 건축하는 것에 한함) 8. 운동시설(옥외 철탑이 설치된 골프연습장은 제외) 9. 업무시설 중 오피스텔로서 그 용도에 쓰이는 바닥면적의 합계가 3,000m² 미만인 것

10. 공장 중 인쇄업, 기록매체복제업, 봉제업(의류편조업을 포함), 컴퓨터 및 주변기기제조업, 컴퓨터 관련 전자제품조립업, 두부제조업, 세탁업의 공장 및 지식산업센터로서 다음의 어느 하나에 해당하지 아니하는 것

   (1) 「대기환경보전법」에 따른 특정대기유해물질이 동법 시행령 제11조 제1항 제1호에 따른 기준 이상으로 배출되는 것

   (2) 「대기환경보전법」에 따른 대기오염물질배출시설에 해당하는 시설로서 동법 시행령 [별표 1의3]에 따른 제1종 사업장 내지 제4종 사업장에 해당하는 것

   (3) 「물환경보전법」에 따른 특정수질유해물질이 동법 시행령 제31조 제1항 제1호에 따른 기준 이상으로 배출되는 것(다만, 동법 제34조에 따라 폐수무방류배출시설의 설치허가를 받아 운영하는 경우는 제외)

   (4) 「물환경보전법」에 따른 폐수배출시설에 해당하는 시설로서 동법 시행령 [별표 13]에 따른 제1종 사업장부터 제4종 사업장까지에 해당하는 것

   (5) 「폐기물관리법」에 따른 지정폐기물을 배출하는 것

   (6) 「소음·진동관리법」에 따른 배출허용기준의 2배 이상인 것

11. 공장 중 떡 제조업 및 빵 제조업(이에 딸린 과자제조업을 포함)의 공장으로서 다음의 요건을 모두 갖춘 것

   (1) 해당 용도에 쓰이는 바닥면적의 합계가 1,000㎡ 미만일 것

   (2) 「악취방지법」에 따른 악취배출시설인 경우에는 악취방지시설 등 악취방지에 필요한 조치를 하였을 것

   (3) 위 10.의 (1)부터 (6)까지의 어느 하나에 해당하지 아니할 것(다만, 도시·군계획조례로 대기환경보전법, 물환경보전법 및 소음·진동관리법에 따른 설치 허가·신고 대상 시설의 건축을 제한한 경우에는 그 건축제한시설에도 해당하지 아니하여야 함)

   (4) 해당 특별시장·광역시장·특별자치시장·특별자치도지사·시장 또는 군수가 해당 지방도시계획위원회의 심의를 거쳐 인근의 주거환경 등에 미치는 영향 등이 적다고 인정하였을 것

12. 창고시설
13. 위험물저장 및 처리시설 중 주유소, 석유판매소, 액화가스 취급소·판매소, 도료류 판매소, 「대기환경보전법」에 따른 저공해자동차의 연료공급시설, 시내버스차고지에 설치하는 액화석유가스충전소 및 고압가스충전·저장소
14. 자동차 관련 시설 중 주차장 및 세차장
15. 동물 및 식물 관련 시설 중 화초 및 분재 등의 온실
16. 교정시설
17. 국방·군사시설
18. 방송통신시설
19. 발전시설
20. 야영장 시설

④ **제2종 일반주거지역** : 경관관리 등을 위하여 도시·군계획조례로 건축물의 층수를 제한하는 경우에는 그 층수 이하의 건축물로 한정한다(영 제71조 제1항 제4호 [별표 5]).

건축할 수 있는 건축물	도시·군계획조례가 정하는 바에 따라 건축할 수 있는 건축물
1. 단독주택 2. 공동주택 3. 제1종 근린생활시설 4. 종교시설 5. 교육연구시설 중 유치원·초등학교·중학교 및 고등학교 6. 노유자시설	1. 제2종 근린생활시설(단란주점 및 안마시술소는 제외) 2. 문화 및 집회시설(관람장은 제외) 3. 판매시설 중 소매시장 및 상점(일반게임제공업의 시설은 제외)에 해당하는 것으로서 당해 용도에 쓰이는 바닥면적의 합계가 2,000m² 미만인 것(너비 15m 이상의 도로로서 도시·군계획조례가 정하는 너비 이상의 도로에 접한 대지에 건축하는 것에 한함)과 기존의 도매시장 또는 소매시장을 재건축하는 경우로서 인근의 주거환경에 미치는 영향, 시장의 기능회복 등을 고려하여 도시·군계획조례가 정하는 경우에는 당해 용도에 쓰이는 바닥면적의 합계의 4배 이하 또는 대지면적의 2배 이하인 것 4. 의료시설(격리병원은 제외) 5. 교육연구시설 중 유치원·초등학교·중학교 및 고등학교에 해당하지 아니하는 것 6. 수련시설(유스호스텔의 경우 특별시 및 광역시 지역에서는 너비 15m 이상의 도로에 20m 이상 접한 대지에 건축하는 것에 한하며, 그 밖의 지역에서는 너비 12m 이상의 도로에 접한 대지에 건축하는 것에 한함)

7. 운동시설
8. 업무시설 중 오피스텔·금융업소·사무소 및 공공업무시설에 해당하는 것으로서 해당 용도에 쓰이는 바닥면적의 합계가 3,000m² 미만인 것
9. 공장
10. 창고시설
11. 위험물저장 및 처리시설 중 주유소, 석유판매소, 액화가스 취급소·판매소, 도료류 판매소, 「대기환경보전법」에 따른 저공해자동차의 연료공급시설, 시내버스차고지에 설치하는 액화석유가스충전소 및 고압가스충전·저장소
12. 자동차 관련 시설 중 「여객자동차 운수사업법」, 「화물자동차 운수사업법」 및 「건설기계관리법」에 따른 차고 및 주기장과 주차장 및 세차장
13. 동물 및 식물 관련 시설 중 작물재배사, 종묘배양시설, 화초 및 분재 등의 온실, 식물과 관련된 작물재배사·종묘배양시설·화초 및 분재 등의 온실과 비슷한 것(동·식물원은 제외)
14. 교정시설
15. 국방·군사시설
16. 방송통신시설
17. 발전시설
18. 야영장 시설

⑤ **제3종 일반주거지역**(영 제71조 제1항 제5호 [별표 6])

건축할 수 있는 건축물	도시·군계획조례가 정하는 바에 따라 건축할 수 있는 건축물
1. 단독주택 2. 공동주택 3. 제1종 근린생활시설 4. 종교시설 5. 교육연구시설 중 유치원·초등학교·중학교 및 고등학교 6. 노유자시설	1. 제2종 근린생활시설(단란주점 및 안마시술소는 제외) 2. 문화 및 집회시설(관람장은 제외) 3. 판매시설 중 소매시장 및 상점(일반게임제공업의 시설은 제외)에 해당하는 것으로서 당해 용도에 쓰이는 바닥면적의 합계가 2,000m² 미만인 것(너비 15m 이상의 도로로서 도시·군계획조례가 정하는 너비 이상의 도로에 접한 대지에 건축하는 것에 한함)과 기존의 도매시장 또는 소매시장을 재건축하는 경우로서 인근의 주거환경에 미치는 영향, 시장의 기능회복 등을 고려하여 도시·군계획조례가 정하는 경우에는 당해 용도에 쓰이는 바닥면적의 합계의 4배 이하 또는 대지면적의 2배 이하인 것 4. 의료시설(격리병원은 제외)

5. 교육연구시설 중 유치원·초등학교·중학교 및 고등학교에 해당하지 아니하는 것
6. 수련시설(유스호스텔의 경우 특별시 및 광역시 지역에서는 너비 15m 이상의 도로에 20m 이상 접한 대지에 건축하는 것에 한하며, 그 밖의 지역에서는 너비 12m 이상의 도로에 접한 대지에 건축하는 것에 한함)
7. 운동시설
8. 업무시설로서 그 용도에 쓰이는 바닥면적의 합계가 3,000m² 이하인 것
9. 공장
10. 창고시설
11. 위험물저장 및 처리시설 중 주유소, 석유판매소, 액화가스 취급소·판매소, 도료류 판매소, 「대기환경보전법」에 따른 저공해자동차의 연료공급시설, 시내버스차고지에 설치하는 액화석유가스충전소 및 고압가스충전·저장소
12. 자동차 관련 시설 중 「여객자동차 운수사업법」, 「화물자동차 운수사업법」 및 「건설기계관리법」에 따른 차고 및 주기장과 주차장 및 세차장
13. 동물 및 식물 관련 시설 중 작물재배사, 종묘배양시설, 화초 및 분재 등의 온실, 식물과 관련된 작물재배사·종묘배양시설·화초 및 분재 등의 온실과 비슷한 것(동·식물원은 제외)
14. 교정시설
15. 국방·군사시설
16. 방송통신시설
17. 발전시설
18. 야영장 시설

⑥ **준주거지역**(영 제71조 제1항 제6호 [별표 7])

건축할 수 없는 건축물	지역 여건 등을 고려하여 도시·군계획조례로 정하는 바에 따라 건축할 수 없는 건축물
1. 제2종 근린생활시설 중 단란주점 2. 판매시설 중 일반게임제공업의 시설 3. 의료시설 중 격리병원 4. 숙박시설[생활숙박시설로서 공원·녹지 또는 지형지물에 따라 주택 밀집지역과 차단되거나 주택 밀집지역으로부터 도시·군계획조례로 정하는 거리(건축물의 각 부분을 기준으로 함) 밖에 건축하는 것은 제외]	1. 제2종 근린생활시설 중 안마시술소 2. 문화 및 집회시설(공연장 및 전시장은 제외) 3. 판매시설 4. 운수시설

5. 위락시설
6. 공장으로서 다음의 어느 하나에 해당하는 것
    (1) 「대기환경보전법」 제2조 제9호에 따른 특정대기유해물질이 동법 시행령 제11조 제1항 제1호에 따른 기준 이상으로 배출되는 것
    (2) 「대기환경보전법」 제2조 제11호에 따른 대기오염물질배출시설에 해당하는 시설로서 동법 시행령 [별표 1의3]에 따른 제1종 사업장 내지 제4종 사업장에 해당하는 것
    (3) 「물환경보전법」 제2조 제8호에 따른 특정수질유해물질이 동법 시행령 제31조 제1항 제1호에 따른 기준 이상으로 배출되는 것(다만, 동법 제34조에 따라 폐수무방류배출시설의 설치허가를 받아 운영하는 경우는 제외)
    (4) 「물환경보전법」 제2조 제10호에 따른 폐수배출시설에 해당하는 시설로서 동법 시행령 [별표 13]에 따른 제1종 사업장부터 제4종 사업장까지에 해당하는 것
    (5) 「폐기물관리법」 제2조 제4호에 따른 지정폐기물을 배출하는 것
    (6) 「소음·진동관리법」 제7조에 따른 배출허용기준의 2배 이상인 것
7. 위험물저장 및 처리시설 중 시내버스차고지 외의 지역에 설치하는 액화석유가스 충전소 및 고압가스 충전소·저장소(환경친화적 자동차의 개발 및 보급 촉진에 관한 법률의 수소연료공급시설은 제외)
8. 자동차 관련 시설 중 폐차장
9. 동물 및 식물 관련 시설 중 축사·도축장·도계장과 축사·도축장 또는 도계장과 비슷한 것(동·식물원은 제외)
10. 자원순환 관련 시설
11. 묘지 관련 시설

5. 숙박시설 중 생활숙박시설로서 공원·녹지 또는 지형지물에 의하여 주택 밀집지역과 차단되거나 주택 밀집지역으로부터 도시·군계획조례로 정하는 거리(건축물의 각 부분을 기준으로 함) 밖에 건축하는 것
6. 공장(왼쪽 6.에 해당하는 것은 제외)
7. 창고시설
8. 위험물저장 및 처리시설(왼쪽 7.에 해당하는 것은 제외)
9. 자동차 관련 시설(왼쪽 8.에 해당하는 것은 제외)
10. 동물 및 식물 관련 시설(왼쪽 9.에 해당하는 것은 제외)
11. 교정시설
12. 국방·군사시설
13. 발전시설
14. 관광휴게시설
15. 장례시설

⑦ **중심상업지역**(영 제71조 제1항 제7호 [별표 8])

건축할 수 없는 건축물	지역 여건 등을 고려하여 도시·군계획조례로 정하는 바에 따라 건축할 수 없는 건축물
1. 단독주택(다른 용도와 복합된 것은 제외) 2. 공동주택[공동주택과 주거용 외의 용도가 복합된 건축물(다수의 건축물이 일체적으로 연결된 하나의 건축물을 포함)로서 공동주택 부분의 면적이 연면적의 합계의 90%(도시·군계획조례로 90% 미만의 범위에서 별도로 비율을 정한 경우에는 그 비율) 미만인 것은 제외] 3. 숙박시설 중 일반숙박시설 및 생활숙박시설. 다만, 다음의 일반숙박시설 또는 생활숙박시설은 제외한다. 　(1) 공원·녹지 또는 지형지물에 따라 주거지역과 차단되거나 주거지역으로부터 도시·군계획조례로 정하는 거리(건축물의 각 부분을 기준으로 한다) 밖에 건축하는 일반숙박시설 　(2) 공원·녹지 또는 지형지물에 따라 준주거지역 내 주택 밀집지역, 전용주거지역 또는 일반주거지역과 차단되거나 준주거지역 내 주택 밀집지역, 전용주거지역 또는 일반주거지역으로부터 도시·군계획조례로 정하는 거리(건축물의 각 부분을 기준으로 함) 밖에 건축하는 생활숙박시설 4. 위락시설[공원·녹지 또는 지형지물에 따라 주거지역과 차단되거나 주거지역으로부터 도시·군계획조례로 정하는 거리(건축물의 각 부분을 기준으로 함) 밖에 건축하는 것은 제외] 5. 공장(오른쪽 6.에 해당하는 것은 제외) 6. 위험물저장 및 처리시설 중 시내버스차고지 외의 지역에 설치하는 액화석유가스 충전소 및 고압가스충전소·저장소(환경친화적 자동차의 개발 및 보급 촉진에 관한 법률의 수소연료공급시설은 제외) 7. 자동차 관련 시설 중 폐차장 8. 동물 및 식물 관련 시설	1. 단독주택 중 다른 용도와 복합된 것 2. 공동주택(왼쪽 2.에 해당하는 것은 제외) 3. 의료시설 중 격리병원 4. 교육연구시설 중 학교 5. 수련시설 6. 공장 중 출판업·인쇄업·금은세공업 및 기록매체복제업의 공장으로서 다음의 어느 하나에 해당하지 않는 것 　(1)「대기환경보전법」제2조 제9호에 따른 특정대기유해물질이 동법 시행령 제11조 제1항 제1호에 따른 기준 이상으로 배출하는 것 　(2)「대기환경보전법」제2조 제11호에 따른 대기오염물질배출시설에 해당하는 시설로서 동법 시행령 [별표 1의 3]에 따른 제1종 사업장 내지 제4종 사업장에 해당하는 것 　(3)「물환경보전법」제2조 제8호에 따른 특정수질유해물질이 동법 시행령 제31조 제1항 제1호에 따른 기준 이상으로 배출되는 것(다만, 동법 제34조에 따라 폐수무방류배출시설의 설치허가를 받아 운영하는 경우는 제외) 　(4)「물환경보전법」제2조 제10호에 따른 폐수배출시설에 해당하는 시설로서 동법 시행령 [별표 13]에 따른 제1종 사업장부터 제4종 사업장까지에 해당하는 것 　(5)「폐기물관리법」제2조 제4호에 따른 지정폐기물을 배출하는 것 　(6)「소음·진동관리법」제7조에 따른 배출허용기준의 2배 이상인 것 7. 창고시설 8. 위험물저장 및 처리시설(왼쪽 6.에 해당하는 것은 제외)

9. 자원순환 관련 시설
10. 묘지 관련 시설

9. 자동차 관련 시설 중 세차장, 검사장, 매매장, 정비공장, 운전학원 및 정비학원(운전 및 정비 관련 직업훈련시설을 포함), 「여객자동차 운수사업법」, 「화물자동차 운수사업법」 및 「건설기계관리법」에 따른 차고 및 주기장(駐機場)
10. 교정시설
11. 관광휴게시설
12. 장례시설
13. 야영장 시설

⑧ **일반상업지역**(영 제71조 제1항 제8호 [별표 9])

건축할 수 없는 건축물	지역 여건 등을 고려하여 도시·군계획조례로 정하는 바에 따라 건축할 수 없는 건축물
1. 숙박시설 중 일반숙박시설 및 생활숙박시설. 다만, 다음의 일반숙박시설 또는 생활숙박시설은 제외한다. 　(1) 공원·녹지 또는 지형지물에 따라 주거지역과 차단되거나 주거지역으로부터 도시·군계획조례로 정하는 거리(건축물의 각 부분을 기준으로 함) 밖에 건축하는 일반숙박시설 　(2) 공원·녹지 또는 지형지물에 따라 준주거지역 내 주택 밀집지역, 전용주거지역 또는 일반주거지역과 차단되거나 준주거지역 내 주택 밀집지역, 전용주거지역 또는 일반주거지역으로부터 도시·군계획조례로 정하는 거리(건축물의 각 부분을 기준으로 함) 밖에 건축하는 생활숙박시설 2. 위락시설[공원·녹지 또는 지형지물에 따라 주거지역과 차단되거나 주거지역으로부터 도시·군계획조례로 정하는 거리(건축물의 각 부분을 기준으로 함) 밖에 건축하는 것은 제외] 3. 공장으로서 다음의 어느 하나에 해당하는 것 　(1) 「대기환경보전법」 제2조 제9호에 따른 특정대기유해물질이 동법 시행령 제11조 제1항 제1호에 따른 기준 이상으로 배출되는 것	1. 단독주택 2. 공동주택[공동주택과 주거용 외의 용도가 복합된 건축물(다수의 건축물이 일체적으로 연결된 하나의 건축물을 포함)로서 공동주택 부분의 면적이 연면적의 합계의 90%(도시·군계획조례로 90% 미만의 비율을 정한 경우에는 그 비율) 미만인 것은 제외] 3. 수련시설 4. 공장(왼쪽 3.에 해당하는 것은 제외) 5. 위험물저장 및 처리시설(왼쪽 4.에 해당하는 것은 제외) 6. 자동차 관련 시설 중 다음에 해당하는 것 　(1) 검사장 　(2) 매매장 　(3) 정비공장 　(4) 운전학원 및 정비학원(운전 및 정비 관련 직업훈련시설을 포함) 　(5) 「여객자동차 운수사업법」, 「화물자동차 운수사업법」 및 「건설기계관리법」에 따른 차고 및 주기장(駐機場) 7. 동물 및 식물 관련 시설(왼쪽 6.에 해당하는 것은 제외) 8. 교정시설 9. 야영장 시설

(2) 「대기환경보전법」 제2조 제11호에 따른 대기오염물질배출시설에 해당하는 시설로서 동법 시행령 [별표 1 의3]에 따른 제1종 사업장 내지 제4종 사업장에 해당하는 것

(3) 「물환경보전법」 제2조 제8호에 따른 특정수질유해물질이 동법 시행령 제31조 제1항 제1호에 따른 기준 이상으로 배출되는 것(다만, 동법 제34조에 따라 폐수무방류배출시설의 설치허가를 받아 운영하는 경우는 제외)

(4) 「물환경보전법」 제2조 제10호에 따른 폐수배출시설에 해당하는 시설로서 동법 시행령 [별표 13]에 따른 제1종 사업장부터 제4종 사업장까지에 해당하는 것

(5) 「폐기물관리법」 제2조 제4호에 따른 지정폐기물을 배출하는 것

(6) 「소음·진동관리법」 제7조에 따른 배출허용기준의 2배 이상인 것

4. 위험물저장 및 처리시설 중 시내버스차고지 외의 지역에 설치하는 액화석유가스 충전소 및 고압가스 충전소·저장소(환경친화적 자동차의 개발 및 보급 촉진에 관한 법률의 수소연료공급시설은 제외)

5. 자동차 관련 시설 중 폐차장

6. 동물 및 식물 관련 시설 중 다음에 해당하는 것

(1) 축사(양잠·양봉·양어·양돈·양계·곤충사육 시설 및 부화장 등을 포함)

(2) 가축시설[가축용 운동시설, 인공수정센터, 관리사(管理舍), 가축용 창고, 가축시장, 동물검역소, 실험동물 사육시설, 그 밖에 이와 비슷한 것을 말함]

(3) 도축장

(4) 도계장

(5) 동물과 관련된 위 (1)~(4)의 시설과 비슷한 것(동·식물원은 제외)

7. 자원순환 관련 시설

8. 묘지 관련 시설

⑨ **근린상업지역**(영 제71조 제1항 제9호 [별표 10])

건축할 수 없는 건축물	지역 여건 등을 고려하여 도시·군계획조례로 정하는 바에 따라 건축할 수 없는 건축물
1. 의료시설 중 격리병원 2. 숙박시설 중 일반숙박시설 및 생활숙박시설. 다만, 다음의 일반숙박시설 또는 생활숙박시설은 제외한다. 　(1) 공원·녹지 또는 지형지물에 따라 주거지역과 차단되거나 주거지역으로부터 도시·군계획조례로 정하는 거리(건축물의 각 부분을 기준으로 함) 밖에 건축하는 일반숙박시설 　(2) 공원·녹지 또는 지형지물에 따라 준주거지역 내 주택 밀집지역, 전용주거지역 또는 일반주거지역과 차단되거나 준주거지역 내 주택 밀집지역, 전용주거지역 또는 일반주거지역으로부터 도시·군계획조례로 정하는 거리(건축물의 각 부분을 기준으로 함) 밖에 건축하는 생활숙박시설 3. 위락시설[공원·녹지 또는 지형지물에 따라 주거지역과 차단되거나 주거지역으로부터 도시·군계획조례로 정하는 거리(건축물의 각 부분을 기준으로 함) 밖에 건축하는 것은 제외] 4. 공장으로서 다음의 어느 하나에 해당하는 것 　(1) 「대기환경보전법」 제2조 제9호에 따른 특정대기유해물질이 동법 시행령 제11조 제1항 제1호에 따른 기준 이상으로 배출되는 것 　(2) 「대기환경보전법」 제2조 제11호에 따른 대기오염물질배출시설에 해당하는 시설로서 동법 시행령 [별표 1의3]에 따른 제1종 사업장 내지 제4종 사업장에 해당하는 것	1. 공동주택[공동주택과 주거용 외의 용도가 복합된 건축물(다수의 건축물이 일체적으로 연결된 하나의 건축물을 포함)로서 공동주택 부분의 면적이 연면적의 합계의 90%(도시·군계획조례로 90% 미만의 범위에서 별도로 비율을 정한 경우에는 그 비율) 미만인 것은 제외] 2. 문화 및 집회시설(공연장 및 전시장은 제외) 3. 판매시설로서 그 용도에 쓰이는 바닥면적의 합계가 3,000㎡ 이상인 것 4. 운수시설로서 그 용도에 쓰이는 바닥면적의 합계가 3,000㎡ 이상인 것 5. 위락시설(왼쪽 3.에 해당하는 것은 제외) 6. 공장(왼쪽 4.에 해당하는 것은 제외) 7. 창고시설 8. 위험물저장 및 처리시설(왼쪽 5.에 해당하는 것은 제외) 9. 자동차 관련 시설 중 「여객자동차 운수사업법」, 「화물자동차 운수사업법」 및 「건설기계관리법」에 따른 차고 및 주기장(駐機場)에 해당하는 것 10. 동물 및 식물 관련 시설(왼쪽 7.에 해당하는 것은 제외) 11. 교정시설 12. 국방·군사시설 13. 발전시설 14. 관광휴게시설

(3) 「물환경보전법」 제2조 제8호에 따른 특정수질유해물질이 동법 시행령 제31조 제1항 제1호에 따른 기준 이상으로 배출되는 것(다만, 동법 제34조에 따라 폐수무방류배출시설의 설치허가를 받아 운영하는 경우는 제외)

(4) 「물환경보전법」 제2조 제10호에 따른 폐수배출시설에 해당하는 시설로서 동법 시행령 [별표 13]에 따른 제1종 사업장부터 제4종 사업장까지에 해당하는 것

(5) 「폐기물관리법」 제2조 제4호에 따른 지정폐기물을 배출하는 것

(6) 「소음·진동관리법」 제7조에 따른 배출허용기준의 2배 이상인 것

5. 위험물저장 및 처리시설 중 시내버스차고지 외의 지역에 설치하는 액화석유가스 충전소 및 고압가스 충전소·저장소(환경친화적 자동차의 개발 및 보급 촉진에 관한 법률의 수소연료공급시설은 제외)

6. 자동차 관련 시설 중 폐차장, 검사장, 매매장, 정비공장, 운전학원 및 정비학원(운전 및 정비 관련 직업훈련시설을 포함)에 해당하는 것

7. 동물 및 식물 관련 시설 중 축사(양잠·양봉·양어·양돈·양계·곤충사육 시설 및 부화장 등을 포함), 가축시설[가축용 운동시설, 인공수정센터, 관리사(管理舍), 가축용 창고, 가축시장, 동물검역소, 실험동물 사육시설, 그 밖에 이와 비슷한 것을 말함], 도축장, 도계장에 해당하는 것과 동물과 관련된 위의 시설과 비슷한 것(동·식물원은 제외)

8. 자원순환 관련 시설

9. 묘지 관련 시설

⑩ **유통상업지역**(영 제71조 제1항 제10호 [별표 11])

건축할 수 없는 건축물	지역 여건 등을 고려하여 도시·군계획조례로 정하는 바에 따라 건축할 수 없는 건축물
1. 단독주택 2. 공동주택 3. 의료시설 4. 숙박시설 중 일반숙박시설 및 생활숙박시설. 다만, 다음의 일반숙박시설 또는 생활숙박시설은 제외한다. 　(1) 공원·녹지 또는 지형지물에 따라 주거지역과 차단되거나 주거지역으로부터 도시·군계획조례로 정하는 거리(건축물의 각 부분을 기준으로 함) 밖에 건축하는 일반숙박시설 　(2) 공원·녹지 또는 지형지물에 따라 준주거지역 내 주택 밀집지역, 전용주거지역 또는 일반주거지역과 차단되거나 준주거지역 내 주택 밀집지역, 전용주거지역 또는 일반주거지역으로부터 도시·군계획조례로 정하는 거리(건축물의 각 부분을 기준으로 함) 밖에 건축하는 생활숙박시설 5. 위락시설[공원·녹지 또는 지형지물에 따라 주거지역과 차단되거나 주거지역으로부터 도시·군계획조례로 정하는 거리(건축물의 각 부분을 기준으로 함) 밖에 건축하는 것은 제외] 6. 공장 7. 위험물저장 및 처리시설 중 시내버스차고지 외의 지역에 설치하는 액화석유가스 충전소 및 고압가스 충전소·저장소(환경친화적 자동차의 개발 및 보급 촉진에 관한 법률의 수소연료공급시설은 제외) 8. 동물 및 식물 관련 시설 9. 자원순환 관련 시설 10. 묘지 관련 시설	1. 제2종 근린생활시설 2. 문화 및 집회시설(공연장 및 전시장은 제외) 3. 종교시설 4. 교육연구시설 5. 노유자시설 6. 수련시설 7. 운동시설 8. 숙박시설(왼쪽 4.에 해당하는 것은 제외) 9. 위락시설(왼쪽 5.에 해당하는 것은 제외) 10. 위험물저장 및 처리시설(왼쪽 7.에 해당하는 것은 제외) 11. 자동차 관련 시설(주차장 및 세차장은 제외) 12. 교정시설 13. 국방·군사시설 14. 방송통신시설 15. 발전시설 16. 관광휴게시설 17. 장례시설 18. 야영장 시설

⑪ **전용공업지역**(영 제71조 제1항 제11호 [별표 12])

건축할 수 있는 건축물	도시·군계획조례가 정하는 바에 따라 건축할 수 있는 건축물
1. 제1종 근린생활시설 2. 제2종 근린생활시설(일반음식점·기원, 휴게음식점·제과점, 단란주점, 안마시술소·노래연습장은 제외) 3. 공장 4. 창고시설 5. 위험물저장 및 처리시설 6. 자동차 관련 시설 7. 자원순환 관련 시설 8. 발전시설	1. 공동주택 중 기숙사 2. 제2종 근린생활시설 중 일반음식점·기원, 휴게음식점·제과점, 안마시술소·노래연습장 3. 문화 및 집회시설 중 산업전시장 및 박람회장 4. 판매시설(해당 전용공업지역에 소재하는 공장에서 생산되는 제품을 판매하는 경우에 한함) 5. 운수시설 6. 의료시설 7. 교육연구시설 중 직업훈련소(국민 평생 직업능력 개발법 제2조 제3호에 따른 직업능력개발훈련시설과 그 밖에 동법 제32조에 따른 직업능력개발 훈련법인이 직업능력개발훈련을 실시하기 위하여 설치한 시설에 한함)·학원(기술계학원에 한함) 및 연구소(공업에 관련된 연구소, 고등교육법에 따른 기술대학에 부설되는 것과 공장대지 안에 부설되는 것에 한함) 8. 노유자시설 9. 교정시설 10. 국방·군사시설 11. 방송통신시설

⑫ **일반공업지역**(영 제71조 제1항 제12호 [별표 13])

건축할 수 있는 건축물	도시·군계획조례가 정하는 바에 따라 건축할 수 있는 건축물
1. 제1종 근린생활시설 2. 제2종 근린생활시설(단란주점 및 안마시술소는 제외) 3. 판매시설(해당 일반공업지역에 소재하는 공장에서 생산되는 제품을 판매하는 시설에 한함) 4. 운수시설 5. 공장 6. 창고시설 7. 위험물저장 및 처리시설 8. 자동차 관련 시설 9. 자원순환 관련 시설 10. 발전시설	1. 단독주택 2. 공동주택 중 기숙사 3. 제2종 근린생활시설 중 안마시술소 4. 문화 및 집회시설 중 전시장(박물관·미술관·과학관·문화관·체험관·기념관·산업전시장·박람회장, 그 밖에 이와 비슷한 것을 말함) 5. 종교시설 6. 의료시설 7. 교육연구시설 8. 노유자시설 9. 수련시설 10. 업무시설(일반업무시설로서 산업집적활성화 및 공장설립에 관한 법률 제2조 제13호에 따른 지식산업센터에 입주하는 지원시설에 한정) 11. 동물 및 식물 관련 시설 12. 교정시설 13. 국방·군사시설 14. 방송통신시설

15. 장례시설
16. 야영장 시설

⑬ **준공업지역**(영 제71조 제1항 제13호 [별표 14])

건축할 수 없는 건축물	지역 여건 등을 고려하여 도시·군계획조례로 정하는 바에 따라 건축할 수 없는 건축물
1. 위락시설 2. 묘지 관련 시설	1. 단독주택 2. 공동주택(기숙사는 제외) 3. 제2종 근린생활시설 중 단란주점 및 안마시술소 4. 문화 및 집회시설(공연장 및 전시장은 제외) 5. 종교시설 6. 판매시설(해당 준공업지역에 소재하는 공장에서 생산되는 제품을 판매하는 시설은 제외) 7. 운동시설 8. 숙박시설 9. 공장으로서 해당 용도에 쓰이는 바닥면적의 합계가 5,000m² 이상인 것 10. 동물 및 식물 관련 시설 11. 교정시설 12. 국방·군사시설 13. 관광휴게시설

⑭ **보전녹지지역** : 4층 이하의 건축물에 한한다. 다만, 4층 이하의 범위 안에서 도시·군계획조례로 따로 층수를 정하는 경우에는 그 층수 이하의 건축물에 한한다(영 제71조 제1항 제14호 [별표 15]).

건축할 수 있는 건축물	도시·군계획조례가 정하는 바에 따라 건축할 수 있는 건축물
1. 교육연구시설 중 초등학교 2. 창고시설(농업·임업·축산업·수산업용만 해당) 3. 교정시설 4. 국방·군사시설	1. 단독주택(다가구주택 제외) 2. 제1종 근린생활시설로서 해당 용도에 쓰이는 바닥면적의 합계가 500m² 미만인 것 3. 제2종 근린생활시설 중 종교집회장 4. 문화 및 집회시설 중 전시장(박물관·미술관·과학관·문화관·체험관·기념관·산업전시장·박람회장, 기타 이와 유사한 것을 말함) 5. 종교시설 6. 의료시설 7. 교육연구시설 중 유치원·중학교·고등학교 8. 노유자시설 9. 위험물저장 및 처리시설 중 액화석유가스충전소 및 고압가스충전·저장소 10. 동물 및 식물 관련 시설[도축장, 도계장과 동물과 관련된 도축장 및 도계장에 따른 시설과 비슷한 것(동·식물원은 제외)은 제외]

11. 하수 등 처리시설(하수도법 제2조 제9호에 따른 공공하수처리시설만 해당)
12. 묘지 관련 시설
13. 장례시설
14. 야영장 시설

⑮ **생산녹지지역** : 4층 이하의 건축물에 한한다. 다만, 4층 이하의 범위 안에서 도시·군계획조례로 따로 층수를 정하는 경우에는 그 층수 이하 의 건축물에 한한다(영 제71조 제1항 제15호 [별표 16]).

건축할 수 있는 건축물	도시·군계획조례가 정하는 바에 따라 건축할 수 있는 건축물
1. 단독주택 2. 제1종 근린생활시설 3. 교육연구시설 중 유치원·초등 학교 4. 노유자시설 5. 수련시설 6. 운동시설 중 운동장 7. 창고(농업·임업·축산업·수산 업용만 해당) 8. 위험물저장 및 처리시설 중 액 화석유가스충전소 및 고압가스 충전·저장소 9. 동물 및 식물 관련 시설[도축장, 도계장과 동물과 관련된 도축 장 및 도계장에 따른 시설과 비 슷한 것(동·식물원은 제외)은 제외] 10. 교정시설 11. 국방·군사시설 12. 방송통신시설 13. 발전시설 14. 야영장 시설	1. 공동주택(아파트 제외) 2. 제2종 근린생활시설로서 해당 용도에 쓰이는 바 닥면적의 합계가 1,000m² 미만인 것(단란주점 은 제외) 3. 문화 및 집회시설 중 집회장(예식장·공회당·회 의장·마권 장외 발매소·마권 전화투표소, 그 밖 에 이와 비슷한 것을 말함)으로서 제2종 근린생활 시설에 해당하지 아니하는 것, 전시장(박물관·미 술관·과학관·문화관·체험관·기념관·산업전시 장·박람회장, 그 밖에 이와 비슷한 것을 말함) 4. 판매시설(농업·임업·축산업·수산업용에 한함) 5. 의료시설 6. 교육연구시설 중 중학교·고등학교·교육원(농 업·임업·축산업·수산업과 관련된 교육시설로 한정)·직업훈련소 및 연구소(농업·임업·축산 업·수산업과 관련된 연구소로 한정) 7. 운동시설(운동장은 제외) 8. 공장 중 도정공장·식품공장·제1차산업 생산품 가공공장 및 「산업집적활성화 및 공장설립에 관 한 법률 시행령」 [별표 1의2] 제2호 마목의 첨단 업종의 공장(이하 '첨단업종의 공장'이라 함)으로 서 다음의 어느 하나에 해당하지 아니하는 것 　(1) 「대기환경보전법」 제2조 제9호에 따른 특정 대기유해물질이 동법 시행령 제11조 제1항 제 1호에 따른 기준 이상으로 배출되는 것 　(2) 「대기환경보전법」 제2조 제11호에 따른 대기 오염물질배출시설에 해당하는 시설로서 동법 시행령 [별표 1의3]에 따른 제1종 사업장 내지 제3종 사업장에 해당하는 것 　(3) 「물환경보전법」 제2조 제8호에 따른 특정수 질유해물질이 동법 시행령 제31조 제1항 제1 호에 따른 기준 이상으로 배출되는 것(다만, 동법 제34조에 따라 폐수무방류배출시설의 설치허가를 받아 운영하는 경우는 제외)

       (4) 「물환경보전법」 제2조 제10호에 따른 폐수배
출시설에 해당하는 시설로서 동법 시행령 [별
표 13]에 따른 제1종 사업장부터 제4종 사업
장까지 해당하는 것

       (5) 「폐기물관리법」 제2조 제4호에 따른 지정폐
기물을 배출하는 것

9. 창고(농업·임업·축산업·수산업용으로 쓰는 것
은 제외)

10. 위험물저장 및 처리시설(액화석유가스 충전소 및
고압가스 충전·저장소는 제외)

11. 자동차 관련 시설 중 운전학원·정비학원(운전 및
정비 관련 직업훈련시설을 포함), 「여객자동차 운
수사업법」, 「화물자동차 운수사업법」 및 「건설기
계관리법」에 따른 차고 및 주기장

12. 동물 및 식물 관련 시설 중 도축장, 도계장과 동물
과 관련된 도축장 및 도계장에 따른 시설과 비슷
한 것(동·식물원은 제외)

13. 자원순환 관련 시설

14. 묘지 관련 시설

15. 장례시설

⑯ **자연녹지지역** : 4층 이하의 건축물에 한한다. 다만, 4층 이하의 범위
안에서 도시·군계획조례로 따로 층수를 정하는 경우에는 그 층수 이하
의 건축물에 한한다(영 제71조 제1항 제16호 [별표 17]).

건축할 수 있는 건축물	도시·군계획조례가 정하는 바에 따라 건축할 수 있는 건축물

1. 단독주택
2. 제1종 근린생활시설
3. 제2종 근린생활시설(휴게음식점·제과점과 일반음식점·단란주점 및 안마시술소는 제외)
4. 의료시설(종합병원·병원·치과병원 및 한방병원은 제외)
5. 교육연구시설(직업훈련소 및 학원은 제외)
6. 노유자시설
7. 수련시설
8. 운동시설
9. 창고(농업·임업·축산업·수산업용만 해당)
10. 동물 및 식물 관련 시설
11. 자원순환 관련 시설
12. 교정시설
13. 국방·군사시설
	1. 공동주택(아파트 제외)
	2. 제2종 근린생활시설 중 휴게음식점·제과점과 일반음식점 및 안마시술소
	3. 문화 및 집회시설
	4. 종교시설
	5. 판매시설 중 다음의 어느 하나에 해당하는 것
	  (1) 「농수산물유통 및 가격안정에 관한 법률」 제2조에 따른 농수산물공판장
	  (2) 「농수산물유통 및 가격안정에 관한 법률」 제68조 제2항에 따른 농수산물직판장으로서 해당 용도에 쓰이는 바닥면적의 합계가 1만㎡ 미만인 것(농어업·농어촌 및 식품산업 기본법 제3조 제2호 및 제4호에 따른 농업인·어업인 및 생산자단체, 동법 제25조에 따른 후계농어업경영인, 동법 제26조에 따른 전업농어업인 또는 지방자치단체가 설치·운영하는 것에 한함)
	  (3) 산업통상자원부장관이 관계 중앙행정기관의 장과 협의하여 고시하는 대형할인점 및 중소기업공동판매시설

14. 방송통신시설
15. 발전시설
16. 묘지 관련 시설
17. 관광휴게시설
18. 장례시설
19. 야영장 시설

6. 운수시설
7. 의료시설 중 종합병원·병원·치과병원 및 한방병원
8. 교육연구시설 중 직업훈련소 및 학원
9. 숙박시설로서 「관광진흥법」에 따라 지정된 관광지 및 관광단지에 건축하는 것
10. 공장 중 다음의 어느 하나에 해당하는 것
    (1) 골재선별·파쇄 업종의 공장, 첨단업종의 공장, 지식산업센터, 도정공장 및 식품공장과 읍·면지역에 건축하는 제재업의 공장으로서 다음의 어느 하나에 해당하지 아니하는 것
        ① 「대기환경보전법」에 따른 특정대기유해물질이 동법 시행령 제11조 제1항 제1호에 따른 기준 이상으로 배출되는 것
        ② 「대기환경보전법」에 따른 대기오염물질 배출시설에 해당하는 시설로서 동법 시행령 [별표 1의3]에 따른 제1종 사업장 내지 제3종 사업장에 해당하는 것
        ③ 「물환경보전법」에 따른 특정수질유해물질이 동법 시행령 제31조 제1항 제1호에 따른 기준 이상으로 배출되는 것. 다만, 동법 제34조에 따라 폐수무방류배출시설의 설치허가를 받아 운영하는 경우를 제외한다.
        ④ 「물환경보전법」에 따른 폐수배출시설에 해당하는 시설로서 동법 시행령 [별표 13]에 따른 제1종 사업장 내지 제4종 사업장에 해당하는 것
        ⑤ 「폐기물관리법」에 따른 지정폐기물을 배출하는 것
    (2) 「공익사업을 위한 토지 등의 취득 및 보상에 관한 법률」에 따른 공익사업 및 「도시개발법」에 따른 도시개발사업으로 동일한 특별시·광역시·시 및 군지역 내에서 이전하는 레미콘 또는 아스콘공장
11. 창고(농업·임업·축산업·수산업용으로 쓰는 것은 제외) 및 집배송시설
12. 위험물저장 및 처리시설
13. 자동차 관련 시설

⑰ **보전관리지역** : 4층 이하의 건축물에 한한다. 다만, 4층 이하의 범위 안에서 도시·군계획조례로 따로 층수를 정하는 경우에는 그 층수 이하의 건축물에 한한다(영 제71조 제1항 제17호 [별표 18]).

건축할 수 있는 건축물	도시·군계획조례가 정하는 바에 따라 건축할 수 있는 건축물
1. 단독주택 2. 교육연구시설 중 초등학교 3. 교정시설 4. 국방·군사시설	1. 제1종 근린생활시설(휴게음식점 및 제과점은 제외) 2. 제2종 근린생활시설(휴게음식점·제과점, 제조업소·수리점, 그 밖에 이와 유사한 것과 일반음식점 및 단란주점은 제외) 3. 종교시설 중 종교집회장 4. 의료시설 5. 교육연구시설 중 유치원·중학교·고등학교 6. 노유자시설 7. 창고(농업·임업·축산업·수산업용만 해당) 8. 위험물저장 및 처리시설 9. 동물 및 식물 관련 시설 중 축사(양잠·양봉·양어·양돈·양계·곤충사육 시설 및 부화장 등을 포함), 작물재배사, 종묘배양시설, 화초 및 분재 등의 온실, 동물 또는 식물과 관련된 축사·작물재배사·종묘배양시설·화초 및 분재 등의 온실과 비슷한 것(동·식물원은 제외) 10. 하수 등 처리시설(하수도법 제2조 제9호에 따른 공공하수처리시설만 해당) 11. 방송통신시설 12. 발전시설 13. 묘지 관련 시설 14. 장례시설 15. 야영장 시설

⑱ **생산관리지역** : 4층 이하의 건축물에 한한다. 다만, 4층 이하의 범위 안에서 도시·군계획조례로 따로 층수를 정하는 경우에는 그 층수 이하 의 건축물에 한한다(영 제71조 제1항 제18호 [별표 19]).

건축할 수 있는 건축물	도시·군계획조례가 정하는 바에 따라 건축할 수 있는 건축물
1. 단독주택 2. 제1종 근린생활시설 중 식품·잡화·의류·완구·서적·건축자재·의약품·의료기기 등의 소매점, 변전소·양수장·정수장·대피소·공중화장실, 기타 이와 비슷한 것 3. 교육연구시설 중 초등학교 4. 운동시설 중 운동장 5. 창고(농업·임업·축산업·수산업용만 해당)	1. 공동주택(아파트 제외) 2. 제1종 근린생활시설(식품·잡화·의류·완구·서적·건축자재·의약품·의료기기 등의 소매점, 휴게음식점·제과점, 변전소·양수장·정수장·대피소·공중화장실, 기타 이와 유사한 것은 제외) 3. 제2종 근린생활시설[휴게음식점·제과점, 제조업소·수리점(농기계수리시설은 제외), 그 밖에 이와 비슷한 것과 일반음식점 및 단란주점은 제외] 4. 판매시설(농업·임업·축산업·수산업용에 한함) 5. 의료시설

6. 동물 및 식물 관련 시설 중 작물재배사, 종묘배양시설, 화초 및 분재 등의 온실, 식물과 관련된 작물재배사·종묘배양시설·화초 및 분재 등의 온실과 비슷한 것(동·식물원은 제외)
7. 교정시설
8. 국방·군사시설
9. 발전시설

6. 교육연구시설 중 유치원·중학교·고등학교 및 교육원[농업·임업·축산업·수산업과 관련된 교육시설(위 2. 및 3.에도 불구하고 농촌융복합산업 육성 및 지원에 관한 법률 제2조 제2호에 따른 농업인 등이 동법 제2조 제5호에 따른 농촌융복합산업지구 내에서 교육시설과 일반음식점, 휴게음식점 또는 제과점을 함께 설치하는 경우를 포함)에 한정]
7. 노유자시설
8. 수련시설
9. 공장(제2종 근린생활시설 중 제조업소를 포함) 중 다음의 어느 하나에 해당하는 것으로서 위 ⑮ 표의 오른쪽 8. (1)~(4)의 어느 하나에 해당하지 않는 것
   (1) 도정공장
   (2) 식품공장
   (3) 읍·면지역에 건축하는 제재업의 공장
   (4) 천연식물보호제 제조시설(폐수를 전량 재이용 또는 전량 위탁처리하는 경우로 한정)
   (5) 유기농어업자재 제조시설(폐수를 전량 재이용 또는 전량 위탁처리하는 경우로 한정)
10. 위험물저장 및 처리시설
11. 자동차 관련 시설 중 운전학원·정비학원(운전 및 정비 관련 직업훈련시설 포함), 「여객자동차 운수사업법」·「화물자동차 운수사업법」 및 「건설기계관리법」에 의한 차고 및 주기장
12. 동물 및 식물 관련 시설 중 축사(양잠·양봉·양어·양돈·양계·곤충사육 시설 및 부화장 등을 포함), 가축시설(가축용 운동시설, 인공수정센터, 관리사, 가축용창고, 가축시장, 동물검역소, 실험동물사육시설, 그 밖에 이와 비슷한 것을 말함), 도축장, 도계장과 동물과 관련된 축사, 가축시설, 도축장, 도계장과 비슷한 것(동·식물원은 제외)
13. 자원순환 관련 시설
14. 방송통신시설
15. 묘지 관련 시설
16. 장례시설
17. 야영장 시설

⑲ **계획관리지역**(영 제71조 제1항 제19호 [별표 20])

건축할 수 없는 건축물	지역 여건 등을 고려하여 도시·군계획조례로 정하는 바에 따라 건축할 수 없는 건축물

1. 4층을 초과하는 모든 건축물
2. 공동주택 중 아파트
3. 제1종 근린생활시설 중 휴게음식점 및 제과점으로서 국토교통부령으로 정하는 기준에 해당하는 지역에 설치하는 것
4. 제2종 근린생활시설 중 일반음식점·휴게음식점·제과점으로서 국토교통부령으로 정하는 기준에 해당하는 지역에 설치하는 것과 제조업소, 수리점으로서 성장관리방안이 수립되지 않은 지역에 설치하는 것과 단란주점
5. 판매시설(성장관리계획구역에 설치하는 판매시설로서 그 용도에 쓰이는 바닥면적의 합계가 3,000㎡ 미만인 경우는 제외)
6. 업무시설
7. 숙박시설로서 국토교통부령으로 정하는 기준에 해당하는 지역에 설치하는 것
8. 위락시설
9. 공장으로서 성장관리방안이 수립되지 않은 지역에 설치하는 것
10. 공장 중 성장관리방안이 수립된 지역에 설치하는 것으로서 다음의 어느 하나에 해당하는 것(단, 공익사업을 위한 토지 등의 취득 및 보상에 관한 법률에 따른 공익사업 및 도시개발법에 따른 도시개발사업으로 해당 특별시·광역시·특별자치시·특별자치도·시 또는 군의 관할 구역으로 이전하는 레미콘 또는 아스콘 공장과 대기환경보전법, 물환경보전법, 소음·진동관리법 또는 악취방지법에 따른 배출시설의 설치 허가 또는 신고대상이 아닌 공장은 제외)
  (1) 위 ⑮ 표의 오른쪽 8. (1)~(4)에 해당하는 것(다만, 인쇄·출판시설이나 사진처리시설로서 물환경보전법 제2조 제8호에 따라 배출되는 특정수질유해물질을 전량 위탁처리하는 경우는 제외)
	1. 4층 이하의 범위에서 도시·군계획조례로 따로 정한 층수를 초과하는 모든 건축물
	2. 공동주택(아파트 제외)
	3. 제1종 근린생활시설 중 휴게음식점 및 제과점으로서 도시·군계획조례로 정하는 지역에 설치하는 것
	4. 제2종 근린생활시설 중 일반음식점·휴게음식점·제과점으로서 도시·군계획조례로 정하는 지역에 설치하는 것과 안마시술소 및 제조업소, 수리점 등 물품의 제조·가공·수리 등을 위한 시설로서 같은 건축물에 해당 용도로 쓰는 바닥면적의 합계가 500㎡ 미만이고, 다음의 요건 중 어느 하나에 해당하는 것
	  (1) 「대기환경보전법」, 「물환경보전법」 또는 「소음·진동관리법」에 따른 배출시설의 설치 허가 또는 신고의 대상이 아닌 것
	  (2) 「물환경보전법」에 따라 폐수배출시설의 설치 허가를 받거나 신고해야 하는 시설로서 발생되는 폐수를 전량 위탁처리하는 것
	5. 문화 및 집회시설
	6. 종교시설
	7. 운수시설
	8. 의료시설 중 종합병원·병원·치과병원 및 한방병원
	9. 교육연구시설 중 직업훈련소(운전 및 정비 관련 직업훈련소는 제외), 학원(자동차학원 및 무도학원 및 정보통신기술을 활용하여 원격으로 교습하는 것은 제외), 교습소(자동차교습·무도교습 및 정보통신기술을 활용하여 원격으로 교습하는 것은 제외), 연구소(연구소에 준하는 시험소와 계측계량소를 포함)에 해당하는 것
	10. 운동시설(운동장은 제외)

(2) 화학제품시설(석유정제시설을 포함). 다만, 다음의 어느 하나에 해당하는 시설로서 폐수를 「하수도법」에 따른 공공하수처리시설 또는 「물환경보전법」에 따른 공공폐수처리시설로 전량 유입하여 처리하거나 전량 재이용 또는 전량 위탁처리하는 경우는 제외
① 물, 용제류 등 액체성 물질을 사용하지 않고 제품의 성분이 용해·용출되는 공정이 없는 고체성 화학제품 제조시설
② 「화장품법」에 따른 유기농화장품 제조시설
③ 「농약관리법」에 따른 천연식물보호제 제조시설
④ 「친환경농어업 육성 및 유기식품 등의 관리·지원에 관한 법률」에 따른 유기농어업자재 제조시설
⑤ 동·식물 등 생물을 기원(起源)으로 하는 산물(이하 '천연물'이라 함)에서 추출된 재료를 사용하는 다음의 시설[대기환경보전법 제2조 제11호에 따른 대기오염물질배출시설 중 반응시설, 정제시설(분리·증류·추출·여과 시설을 포함), 용융·용해시설 및 농축시설을 설치하지 않는 경우로서 물환경보전법 제2조 제4호에 따른 폐수의 1일 최대 배출량이 20㎥ 이하인 제조시설로 한정]
  ㉠ 비누 및 세제 제조시설
  ㉡ 공중위생용 해충 구제제 제조시설(밀폐된 단순 혼합공정만 있는 제조시설로서 특별시장·광역시장·특별자치시장·특별자치도지사·시장 또는 군수가 해당 지방도시계획위원회의 심의를 거쳐 인근의 주거환경 등에 미치는 영향이 적다고 인정하는 시설로 한정)
(3) 제1차금속·가공금속제품 및 기계장비 제조시설 중 「폐기물관리법 시행령」[별표 1] 제4호에 따른 폐유기용제류를 발생시키는 것

11. 숙박시설로서 도시·군계획조례로 정하는 지역에 설치하는 것
12. 공장 중 다음의 어느 하나에 해당하는 것
(1) 「수도권정비계획법」 제6조 제1항 제3호에 따른 자연보전권역 외의 지역 및 「환경정책기본법」 제38조에 따른 특별대책지역 외의 지역에 설치되는 경우(왼쪽 10.에 해당하는 것은 제외)
(2) 「수도권정비계획법」 제6조 제1항 제3호에 따른 자연보전권역 및 「환경정책기본법」 제38조에 따른 특별대책지역에 설치되는 것으로서 왼쪽 9. 및 10.의 (7)에 해당하지 아니하는 경우
(3) 「공익사업을 위한 토지 등의 취득 및 보상에 관한 법률」에 따른 공익사업 및 「도시개발법」에 따른 도시개발사업으로 해당 특별시·광역시·특별자치시·특별자치도·시 또는 군의 관할 구역으로 이전하는 레미콘 또는 아스콘 공장
13. 창고시설(창고 중 농업·임업·축산업·수산업용으로 쓰는 것은 제외)
14. 위험물저장 및 처리시설
15. 자동차 관련 시설
16. 관광휴게시설

(4) 가죽 및 모피를 물 또는 화학약품을 사용하여 저장하거나 가공하는 것

(5) 섬유제조시설 중 감량·정련·표백 및 염색시설(다만, 다음의 기준을 모두 충족하는 염색시설은 제외)

① 천연물에서 추출되는 염료만을 사용할 것

② 「대기환경보전법」에 따른 대기오염물질 배출시설 중 표백시설, 정련시설이 없는 경우로서 금속성 매염제를 사용하지 않을 것

③ 「물환경보전법」에 따른 폐수의 1일 최대 배출량이 20m³ 이하일 것

④ 폐수를 「하수도법」에 따른 공공하수처리시설 또는 「물환경보전법」에 따른 공공폐수처리시설로 전량 유입하여 처리하거나 전량 재이용 또는 전량 위탁처리할 것

(6) 「수도권정비계획법」 제6조 제1항 제3호에 따른 자연보전권역 외의 지역 및 「환경정책기본법」 제38조에 따른 특별대책지역 외의 지역의 사업장 중 「폐기물관리법」 제25조에 따른 폐기물처리업 허가를 받은 사업장(다만, 폐기물관리법 제25조 제5항 제5호부터 제7호까지의 규정에 따른 폐기물 중간·최종·종합재활용업으로서 특정수질유해물질이 기준 미만으로 배출되는 경우는 제외)

(7) 「수도권정비계획법」 제6조 제1항 제3호에 따른 자연보전권역 및 「환경정책기본법」 제38조에 따른 특별대책지역에 설치되는 부지면적(둘 이상의 공장을 함께 건축하거나 기존 공장부지에 접하여 건축하는 경우와 둘 이상의 부지가 너비 8m 미만의 도로에 서로 접하는 경우에는 그 면적의 합계를 말함) 1만m² 미만의 것(다만, 특별시장·광역시장·특별자치시장·특별자치도지사·시장 또는 군수가 1만 5,000m² 이상의 면적을 정하여 공장의 건축이 가능한 지역으로 고시한 지역 안에 입지하는 경우나 자연보전권역 또는 특별대책지역에 준공되어 운영 중인 공장 또는 제조업소의 경우는 제외)

⑳ **농림지역**(영 제71조 제1항 제20호 [별표 21])

건축할 수 있는 건축물	도시·군계획조례가 정하는 바에 따라 건축할 수 있는 건축물
1. 단독주택으로서 현저한 자연훼손을 가져오지 아니하는 범위 안에서 건축하는 농어가주택(농지법 제32조 제1항 제3호에 따른 농업인 주택 및 어업인 주택을 말함) 2. 제1종 근린생활시설 중 변전소·양수장·정수장·대피소·공중화장실, 기타 이와 비슷한 것 3. 교육연구시설 중 초등학교 4. 창고(농업·임업·축산업·수산업용만 해당) 5. 동물 및 식물 관련 시설 중 작물재배사, 종묘배양시설, 화초 및 분재 등의 온실, 식물과 관련된 작물재배사·종묘배양시설·화초 및 분재 등의 온실과 비슷한 것(동·식물원은 제외) 6. 발전시설	1. 제1종 근린생활시설(휴게음식점·제과점, 변전소·양수장·정수장·대피소·공중화장실, 기타 이와 비슷한 것은 제외) 2. 제2종 근린생활시설[휴게음식점·제과점, 일반음식점, 제조업소·수리점(농기계수리시설은 제외), 단란주점 및 안마시술소는 제외] 3. 문화 및 집회시설 중 동·식물원(동물원·식물원·수족관, 그 밖에 이와 비슷한 것을 말함) 4. 종교시설 5. 의료시설 6. 수련시설 7. 위험물저장 및 처리시설 중 액화석유가스충전소 및 고압가스충전·저장소 8. 동물 및 식물 관련 시설로서 축사·가축시설·도축장·도계장과 동물과 관련된 축사, 가축시설, 도축장, 도계장의 시설과 비슷한 것(동·식물원은 제외) 9. 자원순환 관련 시설 10. 교정시설 11. 국방·군사시설 12. 방송통신시설 13. 묘지 관련 시설 14. 장례시설 15. 야영장 시설

㉑ **자연환경보전지역** : 도시·군계획조례가 정하는 바에 의하여 건축할 수 있는 건축물은 수질오염 및 경관훼손의 우려가 없다고 인정하여 도시·군계획조례가 정하는 지역 내에서 건축하는 것에 한한다(영 제71조 제1항 제21호 [별표 22]).

건축할 수 있는 건축물	도시·군계획조례가 정하는 바에 따라 건축할 수 있는 건축물
1. 단독주택으로서 현저한 자연훼손을 가져오지 아니하는 범위 안에서 건축하는 농어가주택 2. 교육연구시설 중 초등학교	1. 제1종 근린생활시설 중 다음에 해당하는 것 (1) 식품·잡화·의류·완구·서적·건축자재·의약품·의료기기 등을 판매하는 소매점으로서 해당 용도로 쓰는 바닥면적의 합계가 1,000㎡ 미만인 것

    (2) 지역자치센터·파출소·지구대·소방서·우
체국·방송국·보건소·공공도서관·건강보
험 공단 사무소 등 공공업무를 수행하는 시설
로서 해당 용도로 쓰는 바닥면적의 합계가
1,000m² 미만인 것

    (3) 마을회관·마을공동작업소·마을공동구판장,
공중화장실, 대피소 등 주민이 공동으로 이용
하는 시설

    (4) 변전소·양수장·정수장·도시가스배관시설,
통신용 시설(해당 용도로 쓰는 바닥면적의 합
계가 1,000m² 미만인 것에 한정) 등 주민의
생활에 필요한 에너지공급·통신서비스제공
이나 급수·배수와 관련된 시설

2. 제2종 근린생활시설 중 종교집회장으로서 지목
이 종교용지인 토지에 건축하는 것

3. 종교시설로서 지목이 종교용지인 토지에 건축하
는 것

4. 고압가스 충전소·판매소·저장소 중 「환경친화
적 자동차의 개발 및 보급 촉진에 관한 법률」의
수소연료공급시설

5. 동물 및 식물 관련 시설 중 다음에 해당하는 것과
양어시설(양식장을 포함)

    (1) 작물재배사

    (2) 종묘배양시설

    (3) 화초 및 분재 등의 온실

    (4) 식물과 관련된 작물재배사, 종묘배양시설, 화
초 및 분재 등의 온실의 시설과 비슷한 것(동·
식물원은 제외), 양어시설과 비슷한 것

6. 하수 등 처리시설(하수도법 제2조 제9호에 따른
공공하수처리시설만 해당)

7. 국방·군사시설 중 관할 시장·군수 또는 구청장
이 입지의 불가피성을 인정한 범위에서 건축하는
시설

8. 발전시설

9. 묘지 관련 시설

법령상 용도지역에서의 건축물 건축제한

용도별 건축제한		용도지역
설치금지	단독주택	유통상업지역 · 전용공업지역
	아파트	유통상업지역, 전용공업지역, 일반공업지역, 녹지지역, 관리지역, 농림지역, 자연환경보전지역, 제1종 전용주거지역, 제1종 일반주거지역
	일반음식점	제1종 전용주거지역, 제2종 전용주거지역
설치허용	제1종 근린생활시설	보전녹지지역, 보전관리지역, 자연환경보전지역을 제외한 용도지역에서 가능(조례에서는 모두 가능)
	숙박시설	모든 상업지역, 계획관리지역, 자연녹지(관광지 · 관광단지가 지정된 지역)지역, 준공업지역에서 설치 가능

(2) 건축제한 특례

① 다음의 어느 하나에 해당하는 경우의 건축물이나 그 밖의 시설의 용도 · 종류 및 규모 등의 제한에 관하여는 위 (1)의 규정에도 불구하고 다음에서 정하는 바에 따른다(법 제76조 제5항).

취락지구	취락지구에서는 취락지구의 지정목적 범위에서 대통령령으로 따로 정한다.
개발진흥지구	개발진흥지구에서는 개발진흥지구의 지정목적 범위에서 대통령령으로 따로 정한다.
복합용도지구	복합용도지구에서는 복합용도지구의 지정목적 범위에서 대통령령으로 따로 정한다.
농공단지	「산업입지 및 개발에 관한 법률」에 따른 농공단지에서는 같은 법에서 정하는 바에 따른다.
농림지역	농림지역 중 농업진흥지역, 보전산지 또는 초지인 경우에는 각각 「농지법」, 「산지관리법」 또는 「초지법」에서 정하는 바에 따른다.
자연환경보전지역	자연환경보전지역 중 「자연공원법」에 따른 공원구역, 「수도법」에 따른 상수원보호구역, 「문화재보호법」에 따라 지정된 지정문화재와 그 보호구역, 「자연유산의 보존 및 활용에 관한 법률」에 따라 지정된 천연기념물과 그 보호구역, 「해양생태계의 보전 및 관리에 관한 법률」에 따른 해양보호구역인 경우에는 각각 「자연공원법」, 「수도법」 또는 「문화재보호법」, 「자연유산의 보존 및 활용에 관한 법률」 또는 「해양생태계의 보전 및 관리에 관한 법률」에서 정하는 바에 따른다.
	자연환경보전지역 중 수산자원보호구역인 경우에는 「수산자원관리법」에서 정하는 바에 따른다.

② 보전관리지역이나 생산관리지역에 대하여 농림축산식품부장관·해양수산부장관·환경부장관 또는 산림청장이 농지 보전, 자연환경 보전, 해양환경 보전 또는 산림 보전에 필요하다고 인정하는 경우에는 「농지법」, 「자연환경보전법」, 「야생생물 보호 및 관리에 관한 법률」, 「해양생태계의 보전 및 관리에 관한 법률」 또는 「산림자원의 조성 및 관리에 관한 법률」에 따라 건축물이나 그 밖의 시설의 용도·종류 및 규모 등을 제한할 수 있다(법 제76조 제6항).

2. 용도지역에서의 건폐율 제한

(1) 건폐율 개념

① **정의** : 건폐율이란 대지면적*에 대한 건축면적*(대지에 건축물이 2 이상이 있는 경우에는 이들 건축면적의 합계로 한다)의 비율을 말한다(건축법 제55조).

$$건폐율 = \frac{건축면적}{대지면적} \times 100$$

② **제한목적** : 대지 안에서 건축물의 수평적·평면적 확대를 억제함으로써 건축물의 사용이나, 건축물에 화재 등의 재난발생 시 소화·피난 등에 필요한 최소한의 공지를 확보하는 데 있다.

(2) 용도지역별 건폐율 · 16회 · 24회 · 27회

용도지역에서 건폐율의 최대한도는 관할 구역의 면적과 인구 규모, 용도지역의 특성 등을 고려하여 다음의 범위에서 대통령령으로 정하는 기준에 따라 특별시·광역시·특별자치시·특별자치도·시 또는 군의 조례로 정한다(법 제77조 제1항, 영 제84조 제1항).

용도지역	구 분	세 분		건폐율(% 이하)	
				국토계획법	시행령
도시지역	주거지역	전용주거지역	제1종	70 이하	50 이하
			제2종		50 이하
		일반주거지역	제1종		60 이하
			제2종		60 이하
			제3종		50 이하
		준주거지역			70 이하

* **대지면적**
대지면적은 원칙적으로 대지의 수평투영면적으로 한다(건축법 시행령 제119조 제1항).

* **건축면적**
건축면적은 원칙적으로 건축물의 외벽의 중심선으로 둘러싸인 부분의 수평투영면적으로 한다(건축법 시행령 제119조 제1항).

		중심상업지역		90 이하	90 이하
도시 지역	상업 지역	일반상업지역			80 이하
		유통상업지역			80 이하
		근린상업지역			70 이하
	공업 지역	전용공업지역		70 이하	70 이하
		일반공업지역			
		준공업지역			
	녹지 지역	보전녹지지역		20 이하	20 이하
		생산녹지지역			
		자연녹지지역			
관리 지역		보전관리지역		20 이하	20 이하
		생산관리지역		20 이하	20 이하
		계획관리지역		40 이하	40 이하
농림지역				20 이하	20 이하
자연환경보전지역				20 이하	20 이하

(3) 도시·군계획조례에 따른 건폐율 · 29회

다음의 어느 하나에 해당하는 지역에서의 건폐율에 관한 기준은 80% 이하
의 범위에서 대통령령으로 정하는 기준에 따라 특별시·광역시·특별자치
시·특별자치도·시 또는 군의 조례로 따로 정한다(법 제77조 제3항, 영 제84
조 제4항).

지 역		건폐율(% 이하)
자연녹지지역에 지정된	개발진흥지구	30 이하
도시지역 외의 지역에 지정된		40 이하
수산자원보호구역		40 이하
「자연공원법」에 따른 자연공원		60 이하
취락지구		60 이하
「산업입지 및 개발에 관한 법률」에 따른 농공단지		70 이하
공업지역에 있는 「산업입지 및 개발에 관한 법률」에 따른 국가 산업단지·일반산업단지·도시첨단산업단지 및 준산업단지		80 이하

(4) 건폐율의 조정

① **건폐율 강화** : 특별시장·광역시장·특별자치시장·특별자치도지사·시장 또는 군수가 도시지역에서 토지이용의 과밀화를 방지하기 위하여 건폐율을 낮춰야 할 필요가 있다고 인정하여 당해 지방자치단체에 설치된 도시계획위원회의 심의를 거쳐 정한 구역 안에서의 건축물의 경우에는 그 건폐율은 그 구역에 적용할 건폐율의 최대한도의 40% 이상의 범위에서 특별시·광역시·특별자치시·특별자치도·시 또는 군의 도시·군계획조례가 정하는 비율 이하로 한다(영 제84조 제5항).

② **건폐율 완화** : 다음의 어느 하나에 해당하는 건축물의 경우 건폐율은 다음에서 정하는 비율을 초과할 수 없다(영 제84조 제6항).

> ✅ **참고** **건폐율의 완화에 관한 시행령(영 제84조 제6항)**
>
> 1. 준주거지역·일반상업지역·근린상업지역·전용공업지역·일반공업지역·준공업지역 중 방화지구의 건축물로서 주요 구조부와 외벽이 내화구조인 건축물 중 도시·군계획조례로 정하는 건축물 : 80% 이상 90% 이하의 범위에서 특별시·광역시·특별자치시·특별자치도·시 또는 군의 도시·군계획조례로 정하는 비율
> 2. 녹지지역·관리지역·농림지역 및 자연환경보전지역의 건축물로서 방재지구의 재해저감대책에 부합하게 재해예방시설을 설치한 건축물 : 해당 용도지역별 건폐율의 150% 이하의 범위에서 도시·군계획조례로 정하는 비율
> 3. 자연녹지지역의 창고시설 또는 연구소(자연녹지지역으로 지정될 당시 이미 준공된 것으로서 기존 부지에서 증축하는 경우만 해당) : 40%의 범위에서 최초 건축허가 시 그 건축물에 허용된 건폐율
> 4. 계획관리지역의 기존 공장·창고시설 또는 연구소 : 50%의 범위에서 도시·군계획조례로 정하는 비율
> 5. 녹지지역·보전관리지역·생산관리지역·농림지역 또는 자연환경보전지역의 건축물로서 다음의 어느 하나에 해당하는 건축물 : 30%의 범위에서 도시·군계획조례로 정하는 비율
>   ① 「전통사찰의 보존 및 지원에 관한 법률」에 따른 전통사찰
>   ② 「문화재보호법」에 따른 지정문화재 또는 국가등록문화재
>   ③ 「건축법 시행령」에 따른 한옥
> 6. 자연녹지지역의 학교로서 다음의 요건을 모두 충족하는 학교 : 30%의 범위에서 도시·군계획조례로 정하는 비율
>   ① 기존 부지에서 증축하는 경우일 것
>   ② 학교 설치 이후 개발행위 등으로 해당 학교의 기존 부지가 건축물, 그 밖의 시설로 둘러싸여 부지 확장을 통한 증축이 곤란한 경우로서 해당 도시계획위원회의 심의를 거쳐 기존 부지에서의 증축이 불가피하다고 인정될 것
>   ③ 「고등교육법」에 따른 학교의 경우 「대학설립·운영 규정」에 따른 교육기본시설, 지원시설 또는 연구시설의 증축일 것

7. 자연녹지지역의 주유소 또는 액화석유가스 충전소로서 다음의 요건을 모두 충족하는 건축물 : 30%의 범위에서 도시·군계획조례로 정하는 비율
  ① 2021년 7월 13일 전에 준공되었을 것
  ② 다음의 요건을 모두 충족하는 「환경친화적 자동차의 개발 및 보급 촉진에 관한 법률」에 따른 수소연료공급시설의 증축이 예정되어 있을 것
    ㉠ 기존 주유소 또는 액화석유가스 충전소의 부지에 증축할 것
    ㉡ 2024년 12월 31일 이전에 증축 허가를 신청할 것

③ **농업진흥구역에서의 건폐율** : 보전관리지역·생산관리지역·농림지역 또는 자연환경보전지역에 설치되는 「농지법」에 해당하는 건축물의 건폐율은 60% 이하의 범위에서 특별시·광역시·특별자치시·특별자치도·시 또는 군의 도시·군계획조례로 정하는 비율 이하로 한다(영 제84조 제7항).

④ **생산녹지지역에서의 건폐율** : 생산녹지지역에 건축할 수 있는 다음의 건축물의 경우에 그 건폐율은 해당 생산녹지지역이 위치한 특별시·광역시·특별자치시·특별자치도·시 또는 군의 농어업 인구 현황, 농수산물 가공·처리시설의 수급실태 등을 종합적으로 고려하여 60% 이하의 범위에서 해당 특별시·광역시·특별자치시·특별자치도·시 또는 군의 도시·군계획조례로 정하는 비율 이하로 한다(영 제84조 제8항).

> **⊕ 보충 생산녹지지역에서의 건폐율에 관한 시행령**
>
> 1. 「농지법」에 따른 농수산물의 가공·처리시설 및 농수산업 관련 시험·연구 시설
> 2. 「농지법 시행령」에 따른 농산물 건조·보관시설
> 3. 「농지법 시행령」에 따른 산지유통시설(해당 특별시·광역시·특별자치시·특별자치도·시·군 또는 해당 도시·군계획조례가 정하는 연접한 시·군·구에서 생산된 농산물을 위한 산지유통시설만 해당)

⑤ **자연녹지지역에서의 건폐율** : 자연녹지지역에 설치되는 도시·군계획시설 중 유원지의 건폐율은 30%의 범위에서 도시·군계획조례로 정하는 비율 이하로 하며, 공원의 건폐율은 20%의 범위에서 도시·군계획조례로 정하는 비율 이하로 한다(영 제84조 제9항).

3. 용도지역에서의 용적률 제한

(1) 용적률 개념

① **정의** : 용적률이란 대지면적에 대한 연면적*(대지에 건축물이 2 이상이 있는 경우에는 이들 연면적의 합계로 한다)의 비율을 말한다(건축법 제56조).

$$용적률 = \frac{연면적}{대지면적} \times 100$$

② **제한목적** : 대지 안에서 건축물의 높이, 즉 수직적·입체적 밀도를 규제함으로써 도시공간의 전체적 환경 개선 및 주거환경 등 효율적이고 쾌적한 도시환경을 조성하여 균형 있는 도시의 발전을 도모하는 데 있다.

(2) 용도지역별 용적률 · 22회 · 25회 · 28회 · 30회 · 32회 · 33회

용도지역에서 용적률의 최대한도는 관할 구역의 면적과 인구 규모, 용도지역의 특성 등을 고려하여 다음의 범위에서 대통령령으로 정하는 기준에 따라 특별시·광역시·특별자치시·특별자치도·시 또는 군의 조례로 정한다(법 제78조 제1항, 영 제85조 제1항).

용도지역	구 분	세 분		용적률(% 이하)	
				국토계획법	시행령
도시지역	주거지역	전용주거지역	제1종	500 이하	100 이하
			제2종		150 이하
		일반주거지역	제1종		200 이하
			제2종		250 이하
			제3종		300 이하
		준주거지역			500 이하
	상업지역	중심상업지역		1,500 이하	1,500 이하
		일반상업지역			1,300 이하
		유통상업지역			1,100 이하
		근린상업지역			900 이하
	공업지역	전용공업지역		400 이하	300 이하
		일반공업지역			350 이하
		준공업지역			400 이하
	녹지지역	보전녹지지역		100 이하	80 이하
		생산녹지지역			100 이하
		자연녹지지역			100 이하

* 연면적

연면적은 하나의 건축물 각 층의 바닥면적의 합계로 하되, 용적률을 산정할 때에는 다음에 해당하는 각 면적은 제외한다(건축법 시행령 제119조 제1항).

1. 지하층의 면적
2. 지상층의 주차용(부속용도)으로 쓰는 면적
3. 초고층 건축물과 준초고층 건축물에 설치하는 피난안전구역의 면적
4. 건축물의 경사지붕 아래에 설치하는 대피공간의 면적

PART 1

04 용도지역·용도지구·용도구역

관리지역	보전관리지역	80 이하	80 이하
	생산관리지역	80 이하	80 이하
	계획관리지역	100 이하	100 이하
농림지역		80 이하	80 이하
자연환경보전지역		80 이하	80 이하

(3) 도시·군계획조례에 따른 용적률

다음의 어느 하나에 해당하는 지역에서의 용적률에 대한 기준은 200% 이하의 범위에서 대통령령으로 정하는 기준에 따라 특별시·광역시·특별자치시·특별자치도·시 또는 군의 조례로 따로 정한다(법 제78조 제3항, 영 제85조 제6항).

지 역	용적률(% 이하)
수산자원보호구역	80 이하
「자연공원법」에 따른 자연공원	100 이하
도시지역 외의 지역에 지정된 개발진흥지구	100 이하
「산업입지 및 개발에 관한 법률」에 따른 농공단지(도시지역 외의 지역에 지정된 농공단지에 한함)	150 이하

(4) 용적률의 완화

① **임대주택·기숙사 건설 시 용적률 완화**(영 제85조 제3항)
  ㉠ 주거지역에서 공공임대주택 또는 임대의무기간이 8년 이상인 민간임대주택을 건설하는 경우 : 주거지역 용적률의 120% 이내의 범위에서 도시·군계획조례로 정하는 비율
  ㉡ 다음의 어느 하나에 해당하는 자가 「고등교육법」에 따른 학교의 학생이 이용하도록 해당 학교 부지 외에 기숙사를 건설하는 경우 : 용도지역별 최대한도의 범위에서 도시·군계획조례로 정하는 비율

> ⓐ 국가 또는 지방자치단체
> ⓑ 「사립학교법」에 따른 학교법인
> ⓒ 「한국사학진흥재단법」에 따른 한국사학진흥재단
> ⓓ 「한국장학재단 설립 등에 관한 법률」에 따른 한국장학재단
> ⓔ 위 ⓐ부터 ⓓ까지의 어느 하나에 해당하는 자가 단독 또는 공동으로 출자하여 설립한 법인

ⓒ 「고등교육법」에 따른 학교의 학생이 이용하도록 해당 학교 부지에 기숙사를 건설하는 경우 : 용도지역별 최대한도의 범위에서 도시·군계획조례로 정하는 비율

ⓔ 「영유아보육법」에 따른 사업주가 직장어린이집을 설치하기 위하여 기존 건축물 외에 별도의 건축물을 건설하는 경우 : 용도지역별 최대한도의 범위에서 도시·군계획조례로 정하는 비율

② **재해예방시설 설치 시 용적률 완화** : 방재지구의 재해저감대책에 부합하게 재해예방시설을 설치하는 건축물의 경우 주거지역, 상업지역, 공업지역에서는 해당 용적률의 140% 이하의 범위에서 도시·군계획조례로 정하는 비율로 할 수 있다(영 제85조 제5항).

③ **120% 이하 용적률 완화** : 준주거지역·중심상업지역·일반상업지역·근린상업지역·전용공업지역·일반공업지역 또는 준공업지역 안의 건축물로서 다음에 해당하는 건축물에 대한 용적률은 경관·교통·방화 및 위생상 지장이 없다고 인정되는 경우에는 해당 용적률의 120% 이하의 범위 안에서 특별시·광역시·특별자치시·특별자치도·시 또는 군의 도시·군계획조례가 정하는 비율로 할 수 있다(영 제85조 제7항).

> ㉠ 공원·광장(교통광장은 제외)·하천 그 밖에 건축이 금지된 공지에 접한 도로를 전면도로로 하는 대지 안의 건축물이나 공원·광장·하천 그 밖에 건축이 금지된 공지에 20m 이상 접한 대지 안의 건축물
> ㉡ 너비 25m 이상인 도로에 20m 이상 접한 대지 안의 건축면적이 1천m² 이상인 건축물

④ **200% 이하 용적률 완화** : 다음의 지역·지구 또는 구역 안에서 건축물을 건축하고자 하는 자가 그 대지의 일부를 공공시설부지로 제공하는 경우에는 당해 건축물에 대한 용적률은 해당 용적률의 200% 이하의 범위 안에서 대지면적의 제공비율에 따라 특별시·광역시·특별자치시·특별자치도·시 또는 군의 도시·군계획조례가 정하는 비율로 할 수 있다(영 제85조 제8항).

> ㉠ 상업지역
> ㉡ 「도시 및 주거환경정비법」에 따른 재개발사업 및 재건축사업을 시행하기 위한 정비구역

4. 용도지역 미지정 또는 미세분지역의 행위제한 등

(1) 용도지역 미지정·미세분 · 15회 · 17회 · 19회 · 21회 · 22회 · 24회 · 26회

① **용도지역 미지정** : 도시지역, 관리지역, 농림지역 또는 자연환경보전지역으로 용도가 지정되지 아니한 지역에 대하여는 용도지역별 건축제한, 건폐율, 용적률의 규정을 적용할 때에 자연환경보전지역에 관한 규정을 적용한다(법 제79조 제1항).

② **도시지역 미세분** : 도시지역이 세부 용도지역으로 지정되지 아니한 경우에는 용도지역의 건축물이 건축제한, 건폐율, 용적률의 규정을 적용할 때에 녹지지역 중 보전녹지지역에 관한 규정을 적용한다(법 제79조 제2항).

③ **관리지역 미세분** : 관리지역이 세부 용도지역으로 지정되지 아니한 경우에는 용도지역의 건축물이 건축제한, 건폐율, 용적률의 규정을 적용할 때에 보전관리지역에 관한 규정을 적용한다(법 제79조 제2항).

(2) 도시지역에서의 적용특례

도시지역에 대하여는 다음의 법률 규정을 적용하지 아니한다(법 제83조).

① 「도로법」에 따른 접도구역*

② 「농지법」에 따른 농지취득자격증명. 다만, 녹지지역의 농지로서 도시·군계획시설사업에 필요하지 아니한 농지에 대하여는 그러하지 아니하다.

> **기출&예상 문제**
>
> **국토의 계획 및 이용에 관한 법령상 용도지역에 관한 설명으로 틀린 것은?** · 26회
>
> ① 도시지역의 축소에 따른 용도지역의 변경을 도시·군관리계획으로 입안하는 경우에는 주민 및 지방의회의 의견청취 절차를 생략할 수 있다.
>
> ② 「택지개발촉진법」에 따른 택지개발지구로 지정·고시되었다가 택지개발사업의 완료로 지구 지정이 해제되면 그 지역은 지구 지정 이전의 용도지역으로 환원된 것으로 본다.

* 접도구역

도로 구조의 파손 방지, 미관(美觀)의 훼손 또는 교통에 대한 위험 방지를 위하여 필요하면 소관 도로의 경계선에서 20m(고속국도의 경우는 50m)를 초과하지 아니하는 범위에서 「도로법」에 따라 지정·고시된 구역을 말한다(도로법 제40조).

③ 관리지역에서 「농지법」에 따른 농업진흥지역으로 지정·고시된 지역
은 「국토의 계획 및 이용에 관한 법률」에 따른 농림지역으로 결정·고
시된 것으로 본다.

④ 용도지역을 다시 세부 용도지역으로 나누어 지정하려면 도시·군관
리계획으로 결정하여야 한다.

⑤ 도시지역이 세부 용도지역으로 지정되지 아니한 경우에는 용도지역
의 용적률 규정을 적용할 때에 보전녹지지역에 관한 규정을 적용한다.

> **해설** 택지개발사업의 완료로 그 지구 지정이 해제되는 경우에는 과거의 용도지역으로
> 환원되지 아니한다.
>
> 정답 ②

제2절 용도지구

1 개 념

(1) 용도지구의 정의

① **정의** : 토지의 이용 및 건축물의 용도·건폐율·용적률·높이 등에 대한
용도지역의 제한을 강화하거나 완화하여 적용함으로써 용도지역의 기
능을 증진시키고 경관·안전 등을 도모하기 위하여 도시·군관리계획으
로 결정하는 지역을 말한다(법 제2조 제16호).

② **지정권자** : 국토교통부장관, 시·도지사 또는 대도시 시장은 용도지구
의 지정 또는 변경을 도시·군관리계획으로 결정하며, 필요하다고 인정
되는 때에는 대통령령이 정하는 바에 따라 용도지구를 도시·군관리계
획 결정으로 다시 세분하여 지정하거나 이를 변경할 수 있다(법 제37조
제1항·제2항).

(2) 용도지구의 분류 ·16회 ·25회

종류	내용
경관지구	경관의 보전·관리 및 형성을 위하여 필요한 지구
고도지구	쾌적한 환경 조성 및 토지의 효율적 이용을 위하여 건축물 높이의 최고한도를 규제할 필요가 있는 지구
방화지구	화재의 위험을 예방하기 위하여 필요한 지구
방재지구	풍수해, 산사태, 지반의 붕괴, 그 밖의 재해를 예방하기 위하여 필요한 지구
보호지구	「국가유산기본법」에 따른 국가유산, 중요 시설물(항만, 공항 등 대통령령으로 정하는 시설물) 및 문화적·생태적으로 보존가치가 큰 지역의 보호와 보존을 위하여 필요한 지구
취락*지구	녹지지역·관리지역·농림지역·자연환경보전지역·개발제한구역 또는 도시자연공원구역의 취락을 정비하기 위한 지구
개발진흥지구	주거기능·상업기능·공업기능·유통물류기능·관광기능·휴가기능 등을 집중적으로 개발·정비할 필요가 있는 지구
특정용도제한지구	주거 및 교육환경 보호나 청소년 보호 등의 목적으로 오염물질 배출시설, 청소년 유해시설 등 특정시설의 입지를 제한할 필요가 있는 지구
복합용도지구	지역의 토지 이용 상황, 개발 수요 및 주변 여건 등을 고려하여 효율적이고 복합적인 토지 이용을 도모하기 위하여 특정시설의 입지를 완화할 필요가 있는 지구

(3) 용도지구의 세분 ·16회 ·22회 ·25회 ·28회 ·31회 ·34회

경관지구	자연경관지구	산지·구릉지 등 자연경관을 보호하거나 유지하기 위하여 필요한 지구
	시가지경관지구	지역 내 주거지, 중심지 등 시가지의 경관을 보호 또는 유지하거나 형성하기 위하여 필요한 지구
	특화경관지구	지역 내 주요 수계의 수변 또는 문화적 보존가치가 큰 건축물 주변의 경관 등 특별한 경관을 보호 또는 유지하거나 형성하기 위하여 필요한 지구
방재지구	시가지방재지구	건축물·인구가 밀집되어 있는 지역으로서 시설 개선 등을 통하여 재해 예방이 필요한 지구
	자연방재지구	토지의 이용도가 낮은 해안변, 하천변, 급경사지 주변 등의 지역으로서 건축 제한 등을 통하여 재해 예방이 필요한 지구

***취락**
인간이 공동생활을 하는 주거집단, 시골에서 여기저기 난잡하게 건물이 있는 것을 한곳에 모으는 정비

보호 지구	역사문화환경보호지구	문화재·전통사찰 등 역사·문화적으로 보존가치가 큰 시설 및 지역의 보호와 보존을 위하여 필요한 지구
	중요시설물보호지구	중요시설물의 보호와 기능의 유지 및 증진 등을 위하여 필요한 지구
	생태계보호지구	야생동식물서식처 등 생태적으로 보존가치가 큰 지역의 보호와 보존을 위하여 필요한 지구
취락 지구	자연취락지구	녹지지역·관리지역·농림지역 또는 자연환경보전지역 안의 취락을 정비하기 위하여 필요한 지구
	집단취락지구	개발제한구역 안의 취락을 정비하기 위하여 필요한 지구
개발 진흥 지구	주거개발진흥지구	주거기능을 중심으로 개발·정비할 필요가 있는 지구
	산업·유통개발진흥지구	공업기능 및 유통·물류기능을 중심으로 개발·정비할 필요가 있는 지구
	관광·휴양개발진흥지구	관광·휴양기능을 중심으로 개발·정비할 필요가 있는 지구
	복합개발진흥지구	주거기능, 공업기능, 유통·물류기능 및 관광·휴양기능 중 2 이상의 기능을 중심으로 개발·정비할 필요가 있는 지구
	특정개발진흥지구	주거기능, 공업기능, 유통·물류기능 및 관광·휴양기능 외의 기능을 중심으로 특정한 목적을 위하여 개발·정비할 필요가 있는 지구

2 새로운 용도지구의 지정

(1) 조례로 정하는 용도지구 · 28회 · 34회

시·도지사 또는 대도시 시장은 지역 여건상 필요하면 대통령령으로 정하는 기준에 따라 그 시·도 또는 대도시의 조례로 용도지구의 명칭 및 지정목적, 건축이나 그 밖의 행위의 금지 및 제한에 관한 사항 등을 정하여 용도지구 외의 새로운 용도지구의 지정 또는 변경을 도시·군관리계획으로 결정할 수 있다(법 제37조 제3항).

(2) 방재지구의 지정 ·28회 ·33회

시·도지사 또는 대도시 시장은 연안침식이 진행 중이거나 우려되는 지역 등 대통령령으로 정하는 지역에 대해서는 방재지구의 지정 또는 변경을 도시·군관리계획으로 결정하여야 한다. 이 경우 도시·군관리계획의 내용에는 해당 방재지구의 재해저감대책을 포함하여야 한다(법 제37조 제4항).

(3) 복합용도지구 지정 ·33회 ·34회

① 시·도지사 또는 대도시 시장은 대통령령으로 정하는 주거지역·공업지역·관리지역에 복합용도지구를 지정할 수 있으며, 그 지정기준 및 방법 등에 필요한 사항은 대통령령으로 정한다(법 제37조 제5항).

정리 대통령령으로 정하는 지역
일반주거지역, 일반공업지역, 계획관리지역을 말한다.
⇨ 상업지역 (×)

② **지정기준** : 시·도지사 또는 대도시 시장은 위 ①에 따라 복합용도지구를 지정하는 경우에는 다음의 기준을 따라야 한다(영 제31조 제7항).

> ㉠ 용도지역의 변경 시 기반시설이 부족해지는 등의 문제가 우려되어 해당 용도지역의 건축제한만을 완화하는 것이 적합한 경우에 지정할 것
> ㉡ 간선도로의 교차지(交叉地), 대중교통의 결절지(結節地) 등 토지이용 및 교통 여건의 변화가 큰 지역 또는 용도지역 간의 경계지역, 가로변 등 토지를 효율적으로 활용할 필요가 있는 지역에 지정할 것

　ⓒ 용도지역의 지정목적이 크게 저해되지 아니하도록 해당 용도지역 전체 면적의 3분의 1 이하의 범위에서 지정할 것

　ⓔ 그 밖에 해당 지역의 체계적·계획적인 개발 및 관리를 위하여 지정 대상지가 국토교통부장관이 정하여 고시하는 기준에 적합할 것

3 용도지구에서의 건축제한

(1) 건축제한 원칙

> **법 제76조【용도지역 및 용도지구에서의 건축물의 건축제한 등】** ② 제37조에 따라 지정된 용도지구에서의 건축물이나 그 밖의 시설의 용도·종류 및 규모 등의 제한에 관한 사항은 이 법 또는 다른 법률에 특별한 규정이 있는 경우 외에는 대통령령으로 정하는 기준에 따라 특별시·광역시·특별자치시·특별자치도·시 또는 군의 조례로 정할 수 있다.

① **경관지구 안에서의 건축제한** ·18회 ·23회

　ⓐ 원칙 : 경관지구 안에서는 그 지구의 경관의 보전·관리·형성에 장애가 된다고 인정하여 도시·군계획조례가 정하는 건축물을 건축할 수 없다(영 제72조 제1항 본문).

　ⓑ 예외 : 특별시장·광역시장·특별자치시장·특별자치도지사·시장 또는 군수가 지구의 지정목적에 위배되지 아니하는 범위 안에서 도시·군계획조례가 정하는 기준에 적합하다고 인정하여 해당 지방자치단체에 설치된 도시계획위원회의 심의를 거친 경우에는 건축할 수 있다(영 제72조 제1항 단서).

　ⓒ 경관지구 안에서의 건축물의 건폐율·용적률·높이·최대너비·색채 및 대지 안의 조경 등에 관하여는 그 지구의 경관의 보전·관리·형성에 필요한 범위 안에서 도시·군계획조례로 정한다(영 제72조 제2항).

　ⓓ 다음의 어느 하나에 해당하는 경우에는 해당 경관지구의 지정에 관한 도시·군관리계획으로 건축제한의 내용을 따로 정할 수 있다(영 제72조 제3항).

> ⓐ 도시·군계획조례로 정해진 건축제한의 전부를 적용하는 것이 주변지역의 토지이용 상황이나 여건 등에 비추어 불합리한 경우(도시·군관리계획으로 정할 수 있는 건축제한은 도시·군계획조례로 정해진 건축제한의 일부에 한정)

ⓑ 도시·군계획조례로 정해진 건축제한을 적용하여도 해당 지구의 위치, 환경, 그 밖의 특성에 따라 경관의 보전·관리·형성이 어려운 경우(도시·군관리계획으로 정할 수 있는 건축제한은 규모 및 형태, 건축물 바깥쪽으로 돌출하는 건축설비 및 그 밖의 유사한 것의 형태나 그 설치의 제한 또는 금지에 관한 사항으로 한정)

② **방재지구 안에서의 건축제한**
  ㉠ 원칙 : 방재지구 안에서는 풍수해·산사태·지반붕괴·지진 그 밖에 재해예방에 장애가 된다고 인정하여 도시·군계획조례가 정하는 건축물을 건축할 수 없다(영 제75조 본문).
  ㉡ 예외 : 특별시장·광역시장·특별자치시장·특별자치도지사·시장 또는 군수가 지구의 지정목적에 위배되지 아니하는 범위 안에서 도시·군계획조례가 정하는 기준에 적합하다고 인정하여 당해 지방자치단체에 설치된 도시계획위원회의 심의를 거친 경우에는 건축할 수 있다(영 제75조 단서).

③ **보호지구 안에서의 건축제한**
  ㉠ 보호지구 안에서는 다음의 구분에 따른 건축물에 한하여 건축할 수 있다(영 제76조 본문).

역사문화환경 보호지구	「문화재보호법」의 적용을 받는 문화재를 직접 관리·보호하기 위한 건축물과 문화적으로 보존가치가 큰 지역의 보호 및 보존을 저해하지 아니하는 건축물로서 도시·군계획조례가 정하는 것
중요시설물 보호지구	중요시설물의 보호와 기능 수행에 장애가 되지 아니하는 건축물로서 도시·군계획조례가 정하는 것. 이 경우 공항시설에 관한 보호지구를 세분하여 지정하려는 경우에는 공항시설을 보호하고 항공기의 이·착륙에 장애가 되지 아니하는 범위에서 건축물의 용도 및 형태 등에 관한 건축제한을 포함하여 정할 수 있다.
생태계 보호지구	생태적으로 보존가치가 큰 지역의 보호 및 보존을 저해하지 아니하는 건축물로서 도시·군계획조례가 정하는 것

  ㉡ 예외 : 특별시장·광역시장·특별자치시장·특별자치도지사·시장 또는 군수가 지구의 지정목적에 위배되지 아니하는 범위 안에서 도시·군계획조례가 정하는 기준에 적합하다고 인정하여 관계 행정기관의 장과의 협의 및 당해 지방자치단체에 설치된 도시계획위원회의 심의를 거친 경우에는 위 ㉠의 구분에 따른 건축물이 아니어도 건축할 수 있다(영 제76조 단서).

④ **특정용도제한지구 안에서의 건축제한**: 특정용도제한지구 안에서는 주거기능 및 교육환경을 훼손하거나 청소년 정서에 유해하다고 인정하여 도시·군계획조례가 정하는 건축물을 건축할 수 없다(영 제80조).

⑤ **개발진흥지구 안에서의 건축제한** · 29회

　　㉠ 지구단위계획 또는 관계 법률에 따른 개발계획을 수립하는 개발진흥지구에서는 지구단위계획 또는 관계 법률에 따른 개발계획에 위반하여 건축물을 건축할 수 없으며, 지구단위계획 또는 개발계획이 수립되기 전에는 개발진흥지구의 계획적 개발에 위배되지 아니하는 범위에서 도시·군계획조례로 정하는 건축물을 건축할 수 있다(영 제79조 제1항).

　　㉡ 지구단위계획 또는 관계 법률에 따른 개발계획을 수립하지 아니하는 개발진흥지구에서는 해당 용도지역에서 허용되는 건축물을 건축할 수 있다(영 제79조 제2항).

⑥ **고도지구 안에서의 건축제한** · 17회 · 18회 · 23회 · 29회

고도지구 안에서는 도시·군관리계획으로 정하는 높이를 초과하는 건축물을 건축할 수 없다(영 제74조).

⑦ **복합용도지구에서의 건축제한** · 29회

복합용도지구에서는 해당 용도지역에서 허용되는 건축물 외에 다음에 따른 건축물 중 도시·군계획조례가 정하는 건축물을 건축할 수 있다(영 제81조 제1항).

해당 용도지역	허용 건축물	제외 건축물
일반주거지역	준주거지역에서 허용되는 건축물	동물 및 식물 관련 시설, 제2종 근린생활시설 중 안마시술소, 공장, 문화 및 집회시설 중 관람장, 장례시설, 위험물저장 및 처리시설
일반공업지역	준공업지역에서 허용되는 건축물	공동주택 중 아파트, 제2종 근린생활시설 중 단란주점 및 안마시술소, 노유자시설
계획관리지역	제2종 근린생활시설 중 일반음식점·휴게음식점·제과점([별표 20] 제1호 라목에 따라 건축할 수 없는 일반음식점·휴게음식점·제과점은 제외), 판매시설, 숙박시설([별표 20] 제1호 사목에 따라 건축할 수 없는 숙박시설은 제외), 위락시설 중 유원시설업의 시설, 그 밖에 이와 비슷한 시설을 건축할 수 있다.	

⑧ **취락지구** · 18회 · 25회 · 29회 · 31회

　　㉠ **자연취락지구**: 자연취락지구 안에서 건축할 수 있는 건축물은 [별표 23]과 같다(영 제78조 제1항).

정리 자연취락지구 안에서 건축할 수 없는 건축물

관광휴게시설, 정신병원, 동물전용의 장례시설 등

추가 제2종 근린생활시설에서 제외 건축물

아. 휴게음식점, 제과점 등 음료·차(茶)·음식·빵·떡·과자 등을 조리하거나 제조하여 판매하는 시설로서 같은 건축물에 해당 용도로 쓰는 바닥면적의 합계가 300㎡ 이상인 것

자. 일반음식점

너. 제조업소, 수리점 등 물품의 제조·가공·수리 등을 위한 시설로서 같은 건축물에 해당 용도로 쓰는 바닥면적의 합계가 500㎡ 미만인 것

더. 단란주점으로서 같은 건축물에 해당 용도로 쓰는 바닥면적의 합계가 150㎡ 미만인 것

러. 안마시술소

⊕ 보충 자연취락지구 안에서 건축할 수 있는 건축물(영 [별표 23])

자연취락지구 안에서 건축할 수 있는 건축물(4층 이하의 건축물에 한하지만, 4층 이하의 범위 안에서 도시·군계획조례로 따로 층수를 정하는 경우에는 그 층수 이하의 건축물에 한한다)

1. 「건축법 시행령」 [별표 1] 제1호의 단독주택
2. 「건축법 시행령」 [별표 1] 제3호의 제1종 근린생활시설
3. 「건축법 시행령」 [별표 1] 제4호의 제2종 근린생활시설[같은 호 아목, 자목, 너목, 더목 및 러목(안마시술소만 해당)은 제외]
4. 「건축법 시행령」 [별표 1] 제13호의 운동시설
5. 「건축법 시행령」 [별표 1] 제18호 가목의 창고(농업·임업·축산업·수산업용만 해당)
6. 「건축법 시행령」 [별표 1] 제21호의 동물 및 식물 관련 시설
7. 「건축법 시행령」 [별표 1] 제23호의 교정시설
8. 「건축법 시행령」 [별표 1] 제23호의2의 국방·군사시설
9. 「건축법 시행령」 [별표 1] 제24호의 방송통신시설
10. 「건축법 시행령」 [별표 1] 제25호의 발전시설

ⓛ **집단취락지구** : 집단취락지구 안에서의 건축제한에 관하여는 개발제한구역의 지정 및 관리에 관한 특별조치법령이 정하는 바에 의한다(영 제78조 제2항).

(2) 건축제한 예외 ·24회 ·26회 ·33회

① 용도지역·용도지구 안에서의 도시·군계획시설에 대하여는 용도지역·용도지구에서의 건축제한 규정을 적용하지 아니한다(영 제83조 제1항).

② 경관지구 또는 고도지구 안에서의 「건축법 시행령」에 따른 리모델링이 필요한 건축물에 대해서는 경관지구·고도지구의 건축제한 규정에도 불구하고 건축물의 높이·규모 등의 제한을 완화하여 제한할 수 있다(영 제83조 제2항).

③ 용도지역·용도지구 또는 용도구역 안에서 허용되는 건축물 또는 시설을 설치하기 위하여 공사현장에 설치하는 자재야적장, 레미콘·아스콘 생산시설 등 공사용 부대시설은 당해 공사에 필요한 최소한의 면적의 범위 안에서 기간을 정하여 사용 후에 그 시설 등을 설치한 자의 부담으로 원상복구할 것을 조건으로 설치를 허가할 수 있다(영 제83조 제5항).

④ 방재지구 안에서는 용도지역 안에서의 건축제한 중 층수 제한에 있어서는 1층 전부를 필로티 구조로 하는 경우 필로티 부분을 층수에서 제외한다(영 제83조 제6항).

기출&예상 문제

국토의 계획 및 이용에 관한 법령상 용도지구에 관한 설명이다. ( )
에 들어갈 내용으로 옳은 것은?
• 34회

• 집단취락지구 : (㉠) 안의 취락을 정비하기 위하여 필요한 지구
• 복합개발진흥지구 : 주거기능, (㉡)기능, 유통·물류기능 및 관광·
휴양기능 중 2 이상의 기능을 중심으로 개발·정비할 필요가 있는 지구

① ㉠ : 개발제한구역, ㉡ : 공업
② ㉠ : 자연취락지구, ㉡ : 상업
③ ㉠ : 개발제한구역, ㉡ : 상업
④ ㉠ : 관리지역, ㉡ : 공업
⑤ ㉠ : 관리지역, ㉡ : 교통

해설 • 집단취락지구 : (㉠ 개발제한구역) 안의 취락을 정비하기 위하여 필요한 지구
• 복합개발진흥지구 : 주거기능, (㉡ 공업)기능, 유통·물류기능 및 관광·휴양기
능 중 2 이상의 기능을 중심으로 개발·정비할 필요가 있는 지구

정답 ①

제3절 용도구역

1 정 의

토지의 이용 및 건축물의 용도·건폐율·용적률·높이 등에 대한 용도지역 및
용도지구의 제한을 강화하거나 완화하여 따로 정함으로써 시가지의 무질서
한 확산방지, 계획적이고 단계적인 토지이용의 도모, 토지이용의 종합적 조
정·관리 등을 위하여 도시·군관리계획으로 결정하는 지역을 말한다(법 제2
조 제17호).

2 개발제한구역 ·20회 ·24회

(1) 지정내용

① **지정권자** : 국토교통부장관
② **지정목적** : 도시의 무질서한 확산을 방지하고 도시주변의 자연환경을 보전하여 도시민의 건전한 생활환경을 확보하기 위하여 도시의 개발을 제한할 필요가 있거나 국방부장관의 요청이 있어 보안상 도시의 개발을 제한할 필요가 있다고 인정되면 개발제한구역의 지정 또는 변경을 도시·군관리계획으로 결정할 수 있다(법 제38조 제1항).

(2) 행위제한 등

① 개발제한구역에서의 행위제한이나 그 밖에 개발제한구역의 관리에 필요한 사항은 따로 법률로 정한다(법 제80조).
② 개발제한구역 안에서의 건축제한은 「개발제한구역의 지정 및 관리에 관한 특별조치법」에서 정한 바에 따른다(영 제83조 제3항 제1호).

3 도시자연공원구역 ·21회 ·24회 ·28회

(1) 지정내용

① **지정권자** : 시·도지사, 대도시 시장
② **지정목적** : 도시의 자연환경 및 경관을 보호하고 도시민에게 건전한 여가·휴식공간을 제공하기 위하여 도시지역 안에서 식생(植生)이 양호한 산지(山地)의 개발을 제한할 필요가 있다고 인정하면 도시자연공원구역의 지정 또는 변경을 도시·군관리계획으로 결정할 수 있다(법 제38조의2 제1항).

(2) 행위제한 등

① 도시자연공원구역에서의 행위제한 등 도시자연공원구역의 관리에 필요한 사항은 따로 법률로 정한다(법 제80조의2).
② 도시자연공원구역 안에서의 건축제한은 「도시공원 및 녹지 등에 관한 법률」에서 정한 바에 따른다(영 제83조 제3항 제2호).

4 수산자원보호구역 · 21회 · 24회

(1) 지정내용

① **지정권자** : 해양수산부장관

② **지정목적** : 해양수산부장관은 직접 또는 관계 행정기관의 장의 요청을 받아 수산자원을 보호·육성하기 위하여 필요한 공유수면이나 그에 인접한 토지에 대한 수산자원보호구역의 지정 또는 변경을 도시·군관리계획으로 결정할 수 있다(법 제40조).

(2) 행위제한 등

수산자원보호구역 안에서의 건축제한은 「수산자원관리법」에서 정한 바에 따른다(영 제83조 제3항 제4호).

5 시가화조정구역 · 17회 · 18회 · 20회 · 22회 · 24회 · 32회 · 33회

(1) 지정권자(법 제39조 제1항)

① **시·도지사** : 시·도지사는 직접 또는 관계 행정기관의 장의 요청을 받아 도시지역과 그 주변지역의 무질서한 시가화를 방지하고 계획적·단계적인 개발을 도모하기 위하여 대통령령으로 정하는 기간 동안 시가화를 유보할 필요가 있다고 인정되면 시가화조정구역의 지정 또는 변경을 도시·군관리계획으로 결정할 수 있다.

② **국토교통부장관** : 국가계획과 연계하여 시가화조정구역의 지정 또는 변경이 필요한 경우에는 국토교통부장관이 직접 시가화조정구역의 지정 또는 변경을 도시·군관리계획으로 결정할 수 있다.

(2) 시가화유보기간

① 시가화유보기간은 5년 이상 20년 이내의 범위 안에서 도시·군관리계획에 의해 정해진다(영 제32조 제1항).

② 시가화조정구역을 지정 또는 변경하고자 하는 때에는 당해 도시지역과 그 주변지역의 인구의 동태, 토지의 이용상황, 산업발전상황 등을 고려하여 도시·군관리계획으로 시가화유보기간을 정하여야 한다(영 제32조 제2항).

③ 시가화조정구역의 지정에 관한 도시·군관리계획의 결정은 시가화유보
기간이 끝난 날의 다음 날부터 그 효력을 잃는다. 이 경우 국토교통부
장관 또는 시·도지사는 대통령령으로 정하는 바에 따라 그 사실을 고
시하여야 한다(법 제39조 제2항).

(3) 행위제한

정리 행위제한
원칙 : 시가화조정구역에서 개발
행위 금지

① **도시·군계획사업** : 지정된 시가화조정구역에서의 도시·군계획사업은
국방상 또는 공익상 시가화조정구역 안에서의 사업시행이 불가피한 것
으로서 관계 중앙행정기관의 장의 요청에 의하여 국토교통부장관이 시
가화조정구역의 지정목적 달성에 지장이 없다고 인정하는 도시·군계
획사업만 시행할 수 있다(법 제81조 제1항, 영 제87조).

② **도시·군계획사업 외** : 시가화조정구역에서는 도시·군계획사업의 경
우 외에는 다음의 어느 하나에 해당하는 행위에 한정하여 특별시장·광
역시장·특별자치시장·특별자치도지사·시장 또는 군수의 허가를 받
아 그 행위를 할 수 있다(법 제81조 제2항).

추가 개발행위 사전협의
특별시장·광역시장·특별자치시
장·특별자치도지사·시장 또는
군수는 허가를 하려면 미리 다음의
어느 하나에 해당하는 자와 협의하
여야 한다(법 제81조 제3항).
1. 허가에 관한 권한이 있는 자
2. 허가대상행위와 관련이 있는
   공공시설의 관리자
3. 허가대상행위에 따라 설치되
   는 공공시설을 관리하게 될 자

> ㉠ 농업·임업 또는 어업용의 건축물 중 대통령령으로 정하는 종류와 규모
> 의 건축물이나 그 밖의 시설을 건축하는 행위
> ㉡ 마을공동시설, 공익시설·공공시설, 광공업 등 주민의 생활을 영위하는
> 데에 필요한 행위로서 대통령령으로 정하는 행위
> ㉢ 입목의 벌채, 조림, 육림, 토석의 채취, 그 밖에 대통령령으로 정하는 경
> 미한 행위

참고 **시가화조정구역 안에서 할 수 있는 행위(영 제88조 [별표 24])**

1. 위 (3) ②의 ㉠의 규정에 의하여 할 수 있는 행위
   ① 축사
   ② 퇴비사
   ③ 잠실
   ④ 창고(저장 및 보관시설을 포함)
   ⑤ 생산시설(단순가공시설을 포함)
   ⑥ 관리용건축물로서 기존 관리용건축물의 면적을 포함하여 33m² 이하
      인 것
   ⑦ 양어장

2. 위 (3) ②의 ⓒ의 규정에 의하여 할 수 있는 행위
　　① 주택 및 그 부속건축물의 건축으로서 다음에 해당하는 행위
　　　　㉠ 주택의 증축(기존주택의 면적을 포함하여 100m² 이하에 해당하는 면적의 증축)
　　　　㉡ 부속건축물의 건축(주택 또는 이에 준하는 건축물에 부속되는 것에 한하되, 기존건축물의 면적을 포함하여 33m² 이하에 해당하는 면적의 신축·증축·재축 또는 대수선)
　　② 마을공동시설의 설치로서 다음에 해당하는 행위
　　　　㉠ 농로·제방 및 사방시설의 설치
　　　　㉡ 새마을회관의 설치
　　　　㉢ 기존 정미소(개인소유의 것을 포함)의 증축 및 이축(시가화조정구역의 인접지에서 시행하는 공공사업으로 인하여 시가화조정구역 안으로 이전하는 경우를 포함)
　　　　㉣ 정자 등 간이휴게소의 설치
　　　　㉤ 농기계수리소 및 농기계용 유류판매소(개인소유의 것을 포함)의 설치
　　　　㉥ 선착장 및 물양장(소형선 부두)의 설치
　　③ 공익시설·공용시설 및 공공시설 등의 설치로서 다음에 해당하는 행위
　　　　㉠ 「공익사업을 위한 토지 등의 취득 및 보상에 관한 법률」 제4조에 해당하는 공익사업을 위한 시설의 설치
　　　　㉡ 문화재의 복원과 문화재관리용 건축물의 설치
　　　　㉢ 보건소·경찰파출소·119안전센터·우체국 및 읍·면·동사무소의 설치
　　　　㉣ 공공도서관·전신전화국·직업훈련소·연구소·양수장·초소·대피소 및 공중화장실과 예비군운영에 필요한 시설의 설치
　　　　㉤ 「농업협동조합법」에 의한 조합, 산림조합 및 수산업협동조합(어촌계를 포함)의 공동구판장·하치장 및 창고의 설치
　　　　㉥ 사회복지시설의 설치
　　　　㉦ 환경오염방지시설의 설치
　　　　㉧ 교정시설의 설치
　　　　㉨ 야외음악당 및 야외극장의 설치
　　④ 광공업 등을 위한 건축물 및 공작물의 설치로서 일정한 행위
　　⑤ 기존 건축물의 동일한 용도 및 규모 안에서의 개축·재축 및 대수선
　　⑥ 시가화조정구역 안에서 허용되는 건축물의 건축 또는 공작물의 설치를 위한 공사용 가설건축물과 그 공사에 소요되는 블록·시멘트벽돌·쇄석·레미콘 및 아스콘 등을 생산하는 가설공작물의 설치
　　⑦ 관계 법령에 의하여 적법하게 건축된 건축물의 용도를 시가화조정구역 안에서의 신축이 허용되는 건축물로 변경하는 행위
　　⑧ 종교시설의 증축(새로운 대지조성은 허용되지 아니하며, 증축면적은 시가화조정구역 지정 당시의 종교시설 연면적의 200%를 초과할 수 없다)

3. 위 (3) ②의 ⓒ의 규정에 의하여 할 수 있는 행위
   ① 입목의 벌채, 조림, 육림, 토석의 채취
   ② 건축물의 건축 또는 공작물의 설치를 위한 토지의 형질변경
   ③ 「공익사업을 위한 토지 등의 취득 및 보상에 관한 법률」 제4조에 해당하는 공익사업을 수행하기 위한 토지의 형질변경
   ④ 농업·임업 및 어업을 위한 개간과 축산을 위한 초지조성을 목적으로 하는 토지의 형질변경
   ⑤ 시가화조정구역 지정 당시 이미 「광업법」에 의하여 설정된 광업권의 대상이 되는 광물의 개발을 위한 토지의 형질변경
   ⑥ 토지의 합병 및 분할

(4) 시가화조정구역에서 개발행위허가의 기준 및 신청절차

① **허가거부** : 특별시장·광역시장·특별자치시장·특별자치도지사·시장 또는 군수는 시가화조정구역의 지정목적 달성에 지장이 있거나 당해 토지 또는 주변토지의 합리적인 이용에 지장이 있다고 인정되는 경우에는 허가를 하여서는 아니 된다(영 제89조 제1항).

② **허가기준** : 시가화조정구역 안에 있는 산림 안에서의 입목의 벌채, 조림 및 육림의 허가기준에 관하여는 「산림자원의 조성 및 관리에 관한 법률」의 규정에 의한다(영 제89조 제2항).

③ **조건부 허가** : 특별시장·광역시장·특별자치시장·특별자치도지사·시장 또는 군수는 허가를 함에 있어서 시가화조정구역의 지정목적상 필요하다고 인정되는 경우에는 조경 등 필요한 조치를 할 것을 조건으로 허가할 수 있다(영 제89조 제4항).

④ **의견청취** : 특별시장·광역시장·특별자치시장·특별자치도지사·시장 또는 군수는 법률의 규정에 의한 허가를 하고자 하는 때에는 당해 행위가 도시·군계획사업의 시행에 지장을 주는지의 여부에 관하여 당해 시가화조정구역 안에서 시행되는 도시·군계획사업의 시행자의 의견을 들어야 한다(영 제89조 제5항).

⑤ **허가신청서 제출** : 허가를 신청하고자 하는 자는 국토교통부령이 정하는 서류를 특별시장·광역시장·특별자치시장·특별자치도지사·시장 또는 군수에게 제출하여야 한다(영 제89조 제7항).

추가 허가 의제사항
시가화조정구역 안에서 허가가 있는 경우에는 다음의 허가 또는 신고가 있는 것으로 본다(법 제81조 제5항).
1. 「산지관리법」에 따른 산지전용허가 및 산지전용신고, 같은 법에 따른 산지일시사용허가·신고
2. 「산림자원의 조성 및 관리에 관한 법률」에 따른 입목벌채 등의 허가·신고

(5) 시가화조정구역에서의 허가위반자

① 시가화조정구역에서 허가를 받지 아니하고 건축물의 건축, 토지의 형질변경 등의 행위를 하는 자에 관하여는 특별시장·광역시장·특별자치시장·특별자치도지사·시장 또는 군수가 그 토지의 원상회복을 명할 수 있다(법 제81조 제4항, 제60조 제3항).

② 원상회복의 명령을 받은 자가 원상회복을 하지 아니하면「행정대집행법」에 따른 행정대집행에 따라 원상회복을 할 수 있다. 이 경우 행정대집행에 필요한 비용은 개발행위허가를 받은 자가 예치한 이행보증금을 사용할 수 있다(법 제81조 제4항, 제60조 제4항).

6 입지규제최소구역 · 29회 · 31회 · 34회

(1) 지정권자

도시·군관리계획 결정권자(국토교통부장관, 시·도지사, 대도시 시장)

(2) 지정대상

도시지역에서 복합적인 토지이용을 증진시켜 도시 정비를 촉진하고 지역거점을 육성할 필요가 있다고 인정되면 다음의 어느 하나에 해당하는 지역과 그 주변지역의 전부 또는 일부를 입지규제최소구역으로 지정할 수 있다(법 제40조의2 제1항).

① 도시·군기본계획에 따른 도심·부도심 또는 생활권의 중심지역
② 철도역사, 터미널, 항만, 공공청사, 문화시설 등의 기반시설 중 지역의 거점 역할을 수행하는 시설을 중심으로 주변지역을 집중적으로 정비할 필요가 있는 지역
③ 세 개 이상의 노선이 교차하는 대중교통 결절지로부터 1km 이내에 위치한 지역
④「도시 및 주거환경정비법」에 따른 노후·불량건축물이 밀집한 주거지역 또는 공업지역으로 정비가 시급한 지역
⑤「도시재생 활성화 및 지원에 관한 특별법」에 따른 도시재생활성화지역* 중 도시경제기반형 활성화계획* 또는 근린재생형 활성화계획*을 수립하는 지역
⑥ 그 밖에 창의적인 지역개발이 필요한 지역으로 대통령령으로 정하는 지역

> **참고** 대통령령으로 정하는 지역(영 제32조의2)
>
> 1.「산업입지 및 개발에 관한 법률」에 따른 도시첨단산업단지
> 2.「빈집 및 소규모주택 정비에 관한 특례법」에 따른 소규모주택정비사업의 시행구역

* 도시재생활성화지역
국가와 지방자치단체의 자원과 역량을 집중함으로써 도시재생을 위한 사업의 효과를 극대화하려는 전략적 대상지역으로 그 지정 및 해제를 도시재생전략계획으로 결정하는 지역을 말한다.

* 도시경제기반형 활성화계획
산업단지, 항만, 공항, 철도, 일반국도, 하천 등 국가의 핵심적인 기능을 담당하는 도시·군계획시설의 정비 및 개발과 연계하여 도시에 새로운 기능을 부여하고 고용기반을 창출하기 위한 도시재생활성화계획

* 근린재생형 활성화계획
생활권 단위의 생활환경 개선, 기초생활인프라 확충, 공동체 활성화, 골목경제 살리기 등을 위한 도시재생활성화계획

(3) 내 용

입지규제최소구역계획에는 입지규제최소구역의 지정목적을 이루기 위하여 다음에 관한 사항이 포함되어야 한다(법 제40조의2 제2항).

> ① 건축물의 용도·종류 및 규모 등에 관한 사항
> ② 건축물의 건폐율·용적률·높이에 관한 사항
> ③ 간선도로 등 주요 기반시설의 확보에 관한 사항
> ④ 용도지역·용도지구, 도시·군계획시설 및 지구단위계획의 결정에 관한 사항
> ⑤ 다른 법률 규정 적용의 완화 또는 배제에 관한 사항
> ⑥ 그 밖에 입지규제최소구역의 체계적 개발과 관리에 필요한 사항

(4) 지정 시 고려사항

입지규제최소구역의 지정 및 변경과 입지규제최소구역계획은 다음의 사항을 종합적으로 고려하여 도시·군관리계획으로 결정한다(법 제40조의2 제3항).

> ① 입지규제최소구역의 지정목적
> ② 해당 지역의 용도지역·기반시설 등 토지이용 현황
> ③ 도시·군기본계획과의 부합성
> ④ 주변 지역의 기반시설, 경관, 환경 등에 미치는 영향 및 도시환경 개선·정비 효과
> ⑤ 도시의 개발 수요 및 지역에 미치는 사회적·경제적 파급효과

(5) 비용부담

① 입지규제최소구역계획 수립 시 용도, 건폐율, 용적률 등의 건축제한 완화는 기반시설의 확보 현황 등을 고려하여 적용할 수 있도록 계획하고, 시·도지사, 시장, 군수 또는 구청장은 입지규제최소구역에서의 개발사업 또는 개발행위에 대하여 입지규제최소구역계획에 따른 기반시설 확보를 위하여 필요한 부지 또는 설치비용의 전부 또는 일부를 부담시킬 수 있다(법 제40조의2 제4항 전단).

② 기반시설의 부지 또는 설치비용의 부담은 건축제한의 완화에 따른 토지가치상승분*을 초과하지 아니하도록 한다(법 제40조의2 제4항 후단).

* 토지가치상승분
「감정평가 및 감정평가사에 관한 법률」에 따른 감정평가법인 등이 건축제한 완화 전·후에 대하여 각각 감정평가한 토지가액의 차이를 말한다.

(6) 협의 회신기간

도시·군관리계획 결정권자가 도시·군관리계획을 결정하기 위하여 관계 행정기관의 장과 협의하는 경우 협의 요청을 받은 기관의 장은 그 요청을 받은 날부터 10일(근무일 기준) 이내에 의견을 회신하여야 한다(법 제40조의2 제5항).

(7) 지정제한

다른 법률에서 도시·군관리계획의 결정을 의제하고 있는 경우에도 「국토의 계획 및 이용에 관한 법률」에 따르지 아니하고 입지규제최소구역의 지정과 입지규제최소구역계획을 결정할 수 없다(법 제40조의2 제7항).

(8) 수립기준

입지규제최소구역계획의 수립기준 등 입지규제최소구역의 지정 및 변경과 입지규제최소구역계획의 수립 및 변경에 관한 세부적인 사항은 국토교통부장관이 정하여 고시한다(법 제40조의2 제8항).

(9) 입지규제최소구역에서의 다른 법률 적용 특례

① 입지규제최소구역에 대하여는 다음의 법률 규정을 적용하지 아니할 수 있다(법 제83조의2 제1항).

> ㉠ 「주택법」에 따른 주택의 배치, 부대시설·복리시설의 설치기준 및 대지 조성기준
> ㉡ 「주차장법」에 따른 부설주차장의 설치
> ㉢ 「문화예술진흥법」에 따른 건축물에 대한 미술작품의 설치
> ㉣ 「건축법」에 따른 공개 공지 등의 확보

② 입지규제최소구역계획에 대한 도시계획위원회 심의 시 「학교보건법」에 따른 학교환경위생정화위원회 또는 「문화재보호법」에 따른 문화재위원회와 공동으로 심의를 개최하고, 그 결과에 따라 다음의 법률 규정을 완화하여 적용할 수 있다. 이 경우 다음의 완화 여부는 각각 학교환경위생정화위원회와 문화재위원회의 의결에 따른다(법 제83조의2 제2항).

> ㉠ 「학교보건법」에 따른 학교환경위생정화구역에서의 행위제한
> ㉡ 「문화재보호법」 또는 「자연유산의 보존 및 활용에 관한 법률」에 따른 역사문화환경보존지역에서의 행위제한

③ 입지규제최소구역으로 지정된 지역은 「건축법」에 따른 특별건축구역으로 지정된 것으로 본다(법 제83조의2 제3항).

④ 시·도지사 또는 시장·군수·구청장은 「건축법」 제70조(특별건축구역의 건축물 규정)에도 불구하고 입지규제최소구역에서 건축하는 건축물을 「건축법」에 따라 건축기준 등의 특례사항을 적용하여 건축할 수 있는 건축물에 포함시킬 수 있다(법 제83조의2 제4항).

(10) 입지규제최소구역에서의 행위제한

입지규제최소구역에서의 행위제한은 용도지역 및 용도지구에서의 토지의 이용 및 건축물의 용도·건폐율·용적률·높이 등에 대한 제한을 강화하거나 완화하여 따로 입지규제최소구역계획으로 정한다(법 제80조의3).

기출&예상 문제

국토의 계획 및 이용에 관한 법령상 용도지역·용도지구·용도구역에 관한 설명으로 옳은 것은? (단, 조례는 고려하지 않음)
• 33회

① 대도시 시장은 유통상업지역에 복합용도지구를 지정할 수 있다.
② 대도시 시장은 재해의 반복 발생이 우려되는 지역에 대해서는 특정용도제한지구를 지정하여야 한다.
③ 용도지역 안에서의 건축물의 용도·종류 및 규모의 제한에 대한 규정은 도시·군계획시설에 대해서도 적용된다.
④ 공유수면의 매립 목적이 그 매립구역과 이웃하고 있는 용도지역의 내용과 다른 경우 그 매립준공구역은 이와 이웃하고 있는 용도지역으로 지정된 것으로 본다.
⑤ 「택지개발촉진법」에 따른 택지개발지구로 지정·고시된 지역은 「국토의 계획 및 이용에 관한 법률」에 따른 도시지역으로 결정·고시된 것으로 본다.

해설 ① 시·도지사 또는 대도시 시장은 일반주거지역·일반공업지역·계획관리지역에 복합용도지구를 지정할 수 있다. 유통상업지역은 지정대상에 해당하지 않는다.
② 시·도지사 또는 대도시 시장은 재해의 반복 발생이 우려되는 지역에 대해서는 방재지구의 지정 또는 변경을 도시·군관리계획으로 결정하여야 한다. 특정용도제한지구는 주거 및 교육환경 보호나 청소년 보호 등의 목적으로 오염물질 배출시설, 청소년 유해시설 등 특정시설의 입지를 제한할 필요가 있는 지구를 말한다.
③ 용도지역·용도지구의 건축제한에 관한 규정은 용도지역·용도지구 안에서의 도시·군계획시설에 대하여는 적용하지 아니한다.
④ 공유수면의 매립 목적이 그 매립구역과 이웃하고 있는 용도지역의 내용과 다른 경우 및 그 매립구역이 둘 이상의 용도지역에 걸쳐 있거나 이웃하고 있는 경우, 그 매립구역이 속할 용도지역은 도시·군관리계획결정으로 지정하여야 한다. 반면, 이와 이웃하고 있는 용도지역으로 지정된 것으로 보는 경우는 공유수면의 매립 목적이 그 매립구역과 이웃하고 있는 용도지역의 내용과 같은 경우에 해당한다.

정답 ⑤

제4절 | 둘 이상에 걸치는 대지에 대한 적용기준

1 건축물의 경우

(1) 고도지구에 건축물이 걸치는 경우

건축물이 고도지구에 걸쳐 있는 경우에는 그 건축물 및 대지의 전부에 대하여 고도지구의 건축물 및 대지에 관한 규정을 적용한다(법 제84조 제1항 단서).

(2) 방화지구에 건축물이 걸치는 경우(법 제84조 제2항)

① 하나의 건축물이 방화지구와 그 밖의 용도지역·용도지구 또는 용도구역에 걸쳐 있는 경우에는 그 건축물의 전부에 대하여 방화지구의 건축물에 관한 규정을 적용한다.

② 걸쳐 있는 건축물이 있는 방화지구와 그 밖의 용도지역·용도지구 또는 용도구역의 경계가 「건축법」에 따른 방화벽으로 구획되는 경우에는 그 밖의 용도지역·용도지구 또는 용도구역에 있는 부분에 대하여는 방화지구의 건축물에 관한 규정을 적용하지 않는다.

정리 고도지구에 걸치는 경우

고도지구
건축물·토지
건축물이 전부 적용
걸침

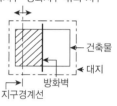

정리 방화지구에 걸치는 경우

방화지구 방화지구 밖의 지구

건축물
대지
방화벽
지구경계선

∴▨ 방화지구 안의 규정을 적용

2 대지의 경우 ·15회 ·16회 ·17회 ·19회 ·20회 ·21회 ·24회

(1) 원칙 – 둘 이상의 용도지역·용도지구·용도구역에 걸치는 대지

하나의 대지가 둘 이상의 용도지역·용도지구 또는 용도구역(이하 '용도지역 등')에 걸치는 경우로서 각 용도지역등에 걸치는 부분 중 가장 작은 부분의 규모가 330m²(도로변에 띠 모양으로 지정된 상업지역에 걸쳐 있는 토지의 경우에는 660m²) 이하인 경우(법 제84조 제1항 본문)

① **건폐율과 용적률** : 전체 대지의 건폐율 및 용적률은 각 부분이 전체 대지면적에서 차지하는 비율을 고려하여 다음의 구분에 따라 각 용도지역등별 건폐율 및 용적률을 가중평균한 값을 적용한다.

- 가중평균한 건폐율

$$= \frac{(\text{한쪽 용도지역 면적} \times \text{건폐율}) + (\text{다른 쪽 용도지역 면적} \times \text{건폐율})}{\text{전체 대지면적}}$$

- 가중평균한 용적률

$$= \frac{(\text{한쪽 용도지역 면적} \times \text{용적률}) + (\text{다른 쪽 용도지역 면적} \times \text{용적률})}{\text{전체 대지면적}}$$

② **그 밖의 건축제한**: 건축제한 등에 관한 사항은 그 대지 중 가장 넓은 면적이 속하는 용도지역등에 관한 규정을 적용한다.

(2) 특례 – 대지가 녹지지역에 걸치는 경우

① 하나의 대지가 녹지지역과 그 밖의 용도지역·용도지구 또는 용도구역에 걸쳐 있는 경우[규모가 가장 작은 부분이 녹지지역으로서 해당 녹지지역이 위 **(1)**에 따라 330m² 이하인 경우는 제외]에는 각각의 용도지역·용도지구 또는 용도구역의 건축물 및 토지에 관한 규정을 적용한다(법 제84조 제3항 본문).

② 녹지지역의 건축물이 고도지구 또는 방화지구에 걸쳐 있는 경우에는 위 **1**에 따른다(법 제84조 제3항 단서).

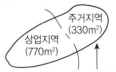

기출&예상 문제

A시에서 甲이 소유하고 있는 1,000m²의 대지는 제1종 일반주거지역에 800m², 제2종 일반주거지역에 200m²씩 걸쳐 있다. 甲이 대지 위에 건축할 수 있는 최대 연면적은? (다만, 조례상 제1종 일반주거지역의 용적률은 120%이고, 제2종 일반주거지역의 용적률은 200%이며, 기타 건축제한은 고려하지 않음)

• 21회 수정

① 1,200m²
② 1,360m²
③ 1,460m²
④ 1,300m²
⑤ 1,400m²

해설 甲이 소유하고 있는 1,000m²의 대지 중 제1종 일반주거지역이 800m², 제2종 일반주거지역이 200m²로 제2종 일반주거지역이 330m² 이하이기 때문에 전체 대지의 용적률은 가중평균한 값을 적용한다.
즉, (800 × 120%) + (200 × 200%) / 1,000 = 136%이다. 그러므로 1,000m² 대지에 적용받을 용적률은 136%이므로 최대 연면적은 1,360m²가 된다.

정답 ②

제5절 기존 건축물에 대한 특례

1 개 념 · 17회

법령의 제정·개정이나 그 밖에 대통령령으로 정하는 사유로 기존 건축물이 이 법에 맞지 아니하게 된 경우에는 대통령령으로 정하는 범위에서 증축, 개축, 재축 또는 용도변경을 할 수 있다(법 제82조).

2 법령에 부적합한 경우 적용 특례

(1) 재축과 대수선 적용

다음의 어느 하나에 해당하는 사유로 인하여 기존의 건축물이 건축제한·건폐율 또는 용적률 규정에 부적합하게 된 경우에도 재축 또는 대수선(건폐율·용적률이 증가되지 아니하는 범위로 한정)을 할 수 있다(영 제93조 제1항).

> ① 법령 또는 도시·군계획조례의 제정·개정
> ② 도시·군관리계획의 결정·변경 또는 행정구역의 변경
> ③ 도시·군계획시설의 설치, 도시·군계획사업의 시행 또는 「도로법」에 의한 도로의 설치

(2) 증축과 개축 적용

기존의 건축물이 위 (1)의 사유로 건축제한 또는 건폐율 규정에 부적합하게 된 경우에도 기존 부지 내에서 증축 또는 개축하려는 부분이 법령에서 정하고 있는 건축제한 및 용적률 규정에 적합한 경우로서 다음의 어느 하나에 해당하는 경우에는 다음의 구분에 따라 증축 또는 개축을 할 수 있다(영 제93조 제2항).

> ① 기존의 건축물이 건폐율 기준에 부적합하게 된 경우 : 건폐율이 증가하지 아니하는 범위에서의 증축 또는 개축
> ② 기존의 건축물이 건폐율 기준에 적합한 경우 : 건폐율 기준을 초과하지 아니하는 범위에서의 증축 또는 개축

오늘의 내 기분은
행복으로 정할래.

05 | 도시·군계획시설사업의 시행

▌10개년 출제문항 수

25회	26회	27회	28회	29회
3	2	2	2	1

30회	31회	32회	33회	34회
1	1	3	1	1

↳ 총 40문제 中 평균 약 1.7문제 출제

▌학습전략

기반시설과 도시·군계획시설에 관한 내용을 주로 다루고 있으며, 출제가 자주 되는 매우 중요한 CHAPTER이고 평균 2문제 정도가 출제되고 있습니다. 이 CHAPTER에서는 기반시설의 종류, 공동구, 도시·군계획시설사업 절차, 장기미집행 도시·군계획시설 부지 매수청구가 주로 출제되고 있기 때문에 그것에 대한 내용 위주로 학습하여야 합니다.

제1절 | 도시·군계획시설

1 기반시설

(1) 종 류 • 25회 • 26회 • 27회 • 28회 • 32회

기반시설이란 다음의 시설을 말한다(법 제2조 제6호).

기반시설 종류	해당 시설
교통시설	도로·철도·항만·공항·주차장·자동차정류장·궤도·차량 검사 및 면허시설
공간시설	광장·공원·녹지·유원지·공공공지
유통·공급시설	유통업무설비, 수도·전기·가스·열공급설비, 방송·통신시설, 공동구·시장, 유류저장 및 송유설비
공공·문화체육시설	학교·공공청사·문화시설·공공필요성이 인정되는 체육시설·연구시설·사회복지시설·공공직업훈련시설·청소년수련시설
방재시설	하천·유수지·저수지·방화설비·방풍설비·방수설비·사방설비·방조설비
보건위생시설	장사시설·도축장·종합의료시설
환경기초시설	하수도·폐기물처리 및 재활용시설·빗물저장 및 이용시설·수질오염방지시설·폐차장

추가 기반시설 해당 시설 세분 (영 제2조 제2항)

1. 도 로
   ① 일반도로
   ② 자동차전용도로
   ③ 보행자전용도로
   ④ 보행자우선도로
   ⑤ 자전거전용도로
   ⑥ 고가도로
   ⑦ 지하도로
2. 자동차정류장
   ① 여객자동차터미널
   ② 물류터미널
   ③ 공영차고지
   ④ 공동차고지
   ⑤ 화물자동차 휴게소
   ⑥ 복합환승센터
   ⑦ 환승센터
3. 광 장
   ① 교통광장
   ② 일반광장
   ③ 경관광장
   ④ 지하광장
   ⑤ 건축물부설광장

(2) 기반시설의 설치 · 16회 · 24회 · 25회 · 26회 · 33회

① **원칙** : 지상·수상·공중·수중 또는 지하에 기반시설을 설치하려면 그 시설의 종류·명칭·위치·규모 등을 미리 도시·군관리계획으로 결정하여야 한다(법 제43조 제1항 본문).

② **예외** : 용도지역·기반시설의 특성 등을 고려하여 대통령령으로 정하는 다음의 경우에는 도시·군관리계획으로 결정하지 않고 설치할 수 있다(법 제43조 제1항 단서).

> ➕ **보충** **도시·군관리계획의 결정 없이 설치할 수 있는 기반시설(영 제35조 제1항)**
>
> 1. 도시지역 또는 지구단위계획구역에서 다음의 기반시설을 설치하고자 하는 경우
>   ① 주차장, 차량 검사 및 면허시설, 공공공지, 열공급설비, 방송·통신시설, 시장·공공청사·문화시설·공공필요성이 인정되는 체육시설·연구시설·사회복지시설·공공직업 훈련시설·청소년수련시설·저수지·방화설비·방풍설비·방수설비·사방설비·방조설비·장사시설·종합의료시설·빗물저장 및 이용시설·폐차장
>   ② 「도시공원 및 녹지 등에 관한 법률」의 규정에 의하여 점용허가대상이 되는 공원 안의 기반시설
>   ③ 여객자동차터미널 중 전세버스운송사업용 여객자동차터미널, 광장 중 건축물부설광장, 전기공급설비(발전시설·옥외에 설치하는 변전시설 제외), 수도공급설비 중 마을상수도, 방송대학·통신대학 및 방송통신대학, 대지면적이 500m² 미만인 도축장, 폐기물처리 및 재활용시설 중 재활용시설 등 국토교통부령이 정하는 시설
> 2. 도시지역 및 지구단위계획구역 외의 지역에서 다음의 기반시설을 설치하고자 하는 경우
>   ① 위 1.의 기반시설 중 ① 및 ②에 해당하는 기반시설
>   ② 궤도 및 전기공급설비

(3) 도시·군계획시설

① **개 념** · 26회

㉠ **정의** : 기반시설 중 도시·군관리계획으로 결정된 시설을 말한다(법 제2조 제7호).

㉡ **설치기준** : 도시·군계획시설의 결정·구조 및 설치의 기준 등에 필요한 사항은 국토교통부령으로 정하고, 그 세부사항은 국토교통부령으로 정하는 범위에서 시·도의 조례로 정할 수 있다. 다만, 다른 법률에 특별한 규정이 있는 경우에는 그 법률에 따른다(법 제43조 제2항).

정리 도시·군계획시설 설치·관리

1. 설치 원칙
   도시·군관리계획으로 결정
2. 기 준
   국토교통부령
3. 관 리
   ① 국가 ⇨ 대통령령
   ② 지방자치단체 ⇨ 조례
4. 보 상
   따로 법률로 정함

② **관리** : 설치한 도시·군계획시설의 관리에 관하여 이 법 또는 다른 법률에 특별한 규정이 있는 경우 외에는 국가가 관리하는 경우에는 대통령령으로, 지방자치단체가 관리하는 경우에는 그 지방자치단체의 조례로 도시·군계획시설의 관리에 관한 사항을 정한다(법 제43조 제3항).

③ **보상** : 도시·군계획시설을 공중·수중·수상 또는 지하에 설치하는 경우 그 높이나 깊이의 기준과 그 설치로 인하여 토지나 건물의 소유권 행사에 제한을 받는 자에 대한 보상 등에 관하여는 따로 법률로 정한다(법 제46조).

2 공동구

(1) 정 의

공동구란 전기·가스·수도 등의 공급설비, 통신시설, 하수도시설 등 지하매설물을 공동 수용함으로써 미관의 개선, 도로구조의 보전 및 교통의 원활한 소통을 위하여 지하에 설치하는 시설물을 말한다(법 제2조 제9호).

> ➕**보충** **공동구에 수용하여야 하는 시설(영 제35조의3)** • 16회 • 26회 • 28회
>
> 공동구가 설치된 경우에는 다음 1.의 시설은 공동구에 수용하여야 하며, 2.의 시설은 공동구협의회의 심의를 거쳐 수용할 수 있다.
> 1. 의무적 수용 : 전선로, 통신선로, 수도관, 열수송관, 중수도관, 쓰레기수송관
> 2. 임의적 수용 : 가스관, 하수도관, 그 밖의 시설

(2) 공동구의 의무적 설치대상

다음에 해당하는 지역·지구·구역 등(이하 '지역등')이 200만m²를 초과하는 경우에는 해당 지역등에서 개발사업을 시행하는 사업시행자는 공동구를 설치하여야 한다(법 제44조 제1항, 영 제35조의2).

> ① 「도청이전을 위한 도시건설 및 지원에 관한 특별법」에 따른 도청이전신도시
> ② 「경제자유구역의 지정 및 운영에 관한 특별법」에 따른 경제자유구역
> ③ 「도시개발법」에 따른 도시개발구역
> ④ 「도시 및 주거환경정비법」에 따른 정비구역
> ⑤ 「택지개발촉진법」에 따른 택지개발지구
> ⑥ 「공공주택 특별법」에 따른 공공주택지구

정리 공동구
지하매설물을 공동수용하기 위하여 지하에 설치하는 시설물

추가 임의적 수용
가스관, 하수도관은 안전 및 기술적인 고려가 필요한 시설

정리 공동구 설치대상면적
법정된 지역에 200만m²를 초과하는 개발사업

(3) 공동구의 설치절차

① **타당성 검토**(법 제44조 제2항)

㉠ 「도로법」에 따른 도로 관리청은 지하매설물의 빈번한 설치 및 유지관리 등의 행위로 인하여 도로구조의 보전과 안전하고 원활한 도로 교통의 확보에 지장을 초래하는 경우에는 공동구 설치의 타당성을 검토하여야 한다.

㉡ 타당성 검토 시 재정여건 및 설치 우선순위 등을 고려하여 단계적으로 공동구가 설치될 수 있도록 하여야 한다.

② **수용의무** · 25회

㉠ 공동구가 설치된 경우에는 대통령령으로 정하는 바에 따라 공동구에 수용하여야 할 시설이 모두 수용되도록 하여야 한다(법 제44조 제3항).

㉡ 사업시행자는 공동구의 설치공사를 완료한 때에는 지체 없이 다음의 사항을 공동구 점용예정자에게 개별적으로 통지하여야 한다(영 제37조 제1항).

> ⓐ 공동구에 수용될 시설의 점용공사기간
> ⓑ 공동구 설치위치 및 설계도면
> ⓒ 공동구에 수용할 수 있는 시설의 종류
> ⓓ 공동구 점용공사 시 고려할 사항

㉢ 공동구 점용예정자는 점용공사기간 내에 공동구에 수용될 시설을 공동구에 수용하여야 한다. 다만, 그 기간 내에 점용공사를 완료하지 못하는 특별한 사정이 있어서 미리 사업시행자와 협의한 경우에는 그러하지 아니하다(영 제37조 제2항).

㉣ 공동구 점용예정자는 공동구에 수용될 시설을 공동구에 수용함으로써 용도가 폐지된 종래의 시설은 사업시행자가 지정하는 기간 내에 철거하여야 하고, 도로는 원상으로 회복하여야 한다(영 제37조 제3항).

③ **협의 및 심의**

㉠ 개발사업의 계획을 수립할 경우에는 공동구 설치에 관한 계획을 포함하여야 한다. 이 경우 공동구에 수용되어야 할 시설을 설치하고자 공동구 점용예정자와 설치 노선 및 규모 등에 관하여 미리 협의한 후 공동구협의회의 심의를 거쳐야 한다(법 제44조 제4항).

ⓛ 공동구의 설치에 관한 통지를 받은 공동구 점용예정자는 사업시행자가 정한 기한까지 해당 시설을 개별적으로 매설할 때 필요한 비용 등을 포함한 의견서를 제출하여야 한다(영 제36조 제2항).

ⓒ 사업시행자가 의견서를 받은 때에는 공동구의 설치계획 등에 대하여 공동구협의회의 심의를 거쳐 그 결과를 개발사업의 실시계획인가(실시계획승인, 사업시행인가 및 지구계획승인을 포함) 신청서에 반영하여야 한다(영 제36조 제3항).

(4) 공동구의 설치비용

① **비용부담**

ⓐ 공동구의 설치(개량하는 경우를 포함)에 필요한 비용은 이 법 또는 다른 법률에 특별한 규정이 있는 경우를 제외하고는 공동구 점용예정자와 사업시행자가 부담한다. 이 경우 공동구 점용예정자는 해당 시설을 개별적으로 매설할 때 필요한 비용의 범위에서 대통령령으로 정하는 바에 따라 부담한다(법 제44조 제5항).

ⓑ 공동구 점용예정자가 부담하여야 하는 공동구 설치비용은 해당 시설을 개별적으로 매설할 때 필요한 비용으로 하되, 특별시장·광역시장·특별자치시장·특별자치도지사·시장 또는 군수(이하 '공동구 관리자')가 공동구협의회의 심의를 거쳐 해당 공동구의 위치, 규모 및 주변 여건 등을 고려하여 정한다(영 제38조 제2항).

② **비용의 보조 또는 융자** : 공동구 점용예정자와 사업시행자가 공동구 설치비용을 부담하는 경우 국가, 특별시장·광역시장·특별자치시장·특별자치도지사·시장 또는 군수는 공동구의 원활한 설치를 위하여 그 비용의 일부를 보조 또는 융자할 수 있다(법 제44조 제6항).

③ **설치비용의 납부** · 25회

ⓐ 사업시행자는 공동구의 설치가 포함되는 개발사업의 실시계획인가 등이 있은 후 지체 없이 공동구 점용예정자에게 부담금의 납부를 통지하여야 한다(영 제38조 제3항).

ⓑ 부담금의 납부통지를 받은 공동구 점용예정자는 공동구설치공사가 착수되기 전에 부담액의 3분의 1 이상을 납부하여야 하며, 그 나머지 금액은 점용공사기간 만료일(만료일 전에 공사가 완료된 경우에는 그 공사의 완료일을 말함) 전까지 납부하여야 한다(영 제38조 제4항).

> **정리** 공동구 설치 비용부담
> 1. 공동구 점용예정자가 부담 (×)
> 2. 사업시행자가 부담 (×)
> 3. 공동구 점용예정자와 사업시행자가 부담 (○)

(5) 공동구의 관리

① **공동구관리자**(법 제44조의2 제1항)

　　㉠ 공동구는 특별시장·광역시장·특별자치시장·특별자치도지사·시장 또는 군수가 관리한다.

　　㉡ 공동구의 효율적인 관리·운영을 위하여 필요하다고 인정하는 경우에는 대통령령으로 정하는 기관에 그 관리·운영을 위탁할 수 있다.

② **안전 및 유지관리계획** ·25회 ·28회 ·29회

추가 대통령령으로 정하는 기관
(영 제39조 제1항)
1. 「지방공기업법」에 따른 지방공사 또는 지방공단
2. 「국토안전관리원법」에 따른 국토안전관리원
3. 공동구의 관리·운영에 전문성을 갖춘 기관으로서 특별시·광역시·특별자치시·특별자치도·시 또는 군의 도시·군계획조례로 정하는 기관

　　㉠ **수립** : 공동구관리자는 5년마다 해당 공동구의 안전 및 유지관리계획을 다음의 대통령령으로 정하는 바에 따라 수립·시행하여야 한다(법 제44조의2 제2항, 영 제39조 제2항).

> ⓐ 공동구의 안전 및 유지관리를 위한 조직·인원 및 장비의 확보에 관한 사항
> ⓑ 긴급상황 발생 시 조치체계에 관한 사항
> ⓒ 안전점검 또는 정밀안전진단의 실시계획에 관한 사항
> ⓓ 해당 공동구의 설계, 시공, 감리 및 유지관리 등에 관련된 설계도서의 수집·보관에 관한 사항
> ⓔ 그 밖에 공동구의 안전 및 유지관리에 필요한 사항

　　㉡ **협의·심의** : 공동구관리자가 공동구의 안전 및 유지관리계획을 수립하거나 변경하려면 미리 관계 행정기관의 장과 협의한 후 공동구협의회의 심의를 거쳐야 한다(영 제39조 제3항).

③ **안전점검**(법 제44조의2 제3항) ·25회

　　㉠ 공동구관리자는 대통령령으로 정하는 바에 따라 1년에 1회 이상 공동구의 안전점검을 실시하여야 한다.

　　㉡ 안전점검결과 이상이 있다고 인정되는 때에는 지체 없이 정밀안전진단·보수·보강 등 필요한 조치를 하여야 한다.

④ **공동구협의회**(법 제44조의2 제4항)

　　㉠ 공동구관리자는 공동구의 설치·관리에 관한 주요 사항의 심의 또는 자문을 하게 하기 위하여 공동구협의회를 둘 수 있다.

　　㉡ 공동구협의회의 구성·운영 등에 필요한 사항은 대통령령으로 정한다.

⑤ **공동구 관리비용**(법 제44조의3)

　㉠ **부담비율** : 공동구의 관리에 소요되는 비용은 그 공동구를 점용하는 자가 함께 부담하되, 부담비율은 점용면적을 고려하여 공동구관리자가 정한다.

　㉡ **점용·사용허가** : 공동구 설치비용을 부담하지 아니한 자(부담액을 완납하지 아니한 자를 포함)가 공동구를 점용하거나 사용하려면 그 공동구를 관리하는 공동구관리자의 허가를 받아야 한다.

　㉢ **납부** : 공동구를 점용하거나 사용하는 자는 그 공동구를 관리하는 특별시·광역시·특별자치시·특별자치도·시 또는 군의 조례로 정하는 바에 따라 점용료 또는 사용료를 납부하여야 한다.

추가 **납부**(영 제39조의3)
관리비용은 연 2회로 분할하여 납부하게 하여야 한다.

3 광역시설

(1) 광역시설의 의의 · 28회

'광역시설'이란 기반시설 중 광역적인 정비체계가 필요한 다음의 시설로서 대통령령으로 정하는 시설을 말한다(법 제2조 제8호, 영 제3조).

2 이상의 특별시·광역시·특별자치시·특별자치도·시 또는 군의 관할 구역에 걸치는 시설	도로·철도·광장·녹지, 수도·전기·가스·열공급설비, 방송·통신시설, 공동구, 유류저장 및 송유설비, 하천·하수도(하수종말처리시설은 제외)
2 이상의 특별시·광역시·특별자치시·특별자치도·시 또는 군이 공동으로 이용하는 시설	항만·공항·자동차정류장·공원·유원지·유통업무설비·문화시설·공공필요성이 인정되는 체육시설·사회복지시설·공공직업훈련시설·청소년수련시설·유수지·장사시설·도축장·하수도(하수종말처리시설에 한함)·폐기물처리 및 재활용시설·수질오염방지시설·폐차장

(2) 광역시설의 설치 및 관리 · 16회 · 28회 · 32회

원 칙	광역시설의 설치 및 관리는 도시·군계획시설의 설치·관리에 따른다(법 제45조 제1항).

예 외	① 관계 특별시장·광역시장·특별자치시장·특별자치도지사·시장 또는 군수는 협약을 체결하거나 협의회 등을 구성하여 광역시설을 설치·관리할 수 있다(법 제45조 제2항 본문). ② 협약의 체결이나 협의회 등의 구성이 이루어지지 아니하는 경우 그 시 또는 군이 같은 도에 속할 때에는 관할 도지사가 광역시설을 설치·관리할 수 있다(법 제45조 제2항 단서). ③ 국가계획으로 설치하는 광역시설은 그 광역시설의 설치·관리를 사업목적 또는 사업종목으로 하여 다른 법률에 따라 설립된 법인이 설치·관리할 수 있다(법 제45조 제3항).

(3) 환경오염방지사업(법 제45조 제4항)

① 지방자치단체는 환경오염이 심하게 발생하거나 해당 지역의 개발이 현저하게 위축될 우려가 있는 광역시설을 다른 지방자치단체의 관할 구역에 설치할 때에는 대통령령으로 정하는 바에 따라 환경오염 방지를 위한 사업이나 해당 지역 주민의 편익을 증진시키기 위한 사업을 해당 지방자치단체와 함께 시행하거나 이에 필요한 자금을 해당 지방자치단체에 지원하여야 한다.

② 다른 법률에 특별한 규정이 있는 경우에는 그 법률에 따른다.

4 장기미집행 도시·군계획시설

1. 장기미집행 도시·군계획시설 부지의 매수청구

추가 법령의 제정 취지
도시·군계획시설의 지정 조항이 도시·군계획시설에 대한 도시·군관리계획의 결정·고시일부터 도시·군계획사업이 장기간(10년) 미집행되는 경우 개인의 재산권 행사를 과도하게 제한한다는 헌법재판소의 헌법불합치결정에 따라 제정된 법령으로 사권보호제도이다.

(1) 매수청구권자(법 제47조 제1항)·18회·21회·24회·26회·27회·28회

① 도시·군계획시설에 대한 도시·군관리계획의 결정의 고시일부터 10년 이내에 그 도시·군계획시설의 설치에 관한 도시·군계획시설사업이 시행되지 아니하는 경우 그 도시·군계획시설의 부지로 되어 있는 토지 중 지목(地目)이 대(垈)인 토지(그 토지에 있는 건축물 및 정착물을 포함)의 소유자는 대통령령으로 정하는 바에 따라 그 토지의 매수를 청구할 수 있다.

② 도시·군계획시설결정의 고시일부터 10년 이내에 도시·군계획시설사업이 시행되지 않아도 그 사업의 실시계획의 인가나 그에 상당하는 절차가 진행된 경우에는 그 토지의 매수를 청구할 수 없다.

(2) 매수의무자(법 제47조 제1항) · 26회 · 27회

원 칙	특별시장·광역시장·특별자치시장·특별자치도지사·시장 또는 군수
예 외	① 해당 도시·군계획시설사업의 시행자가 정하여진 경우에는 그 시행자 ② 도시·군계획시설을 설치하거나 관리하여야 할 의무가 있는 자가 있으면 그 의무가 있는 자(단, 도시·군계획시설을 설치하거나 관리하여야 할 의무가 있는 자가 서로 다른 경우에는 설치하여야 할 의무가 있는 자에게 매수청구)

(3) 매수신청(영 제41조 제1항)

① 토지의 매수를 청구하고자 하는 자는 국토교통부령이 정하는 도시·군계획시설부지매수청구서(전자문서로 된 청구서를 포함)에 대상 토지 및 건물에 대한 등기사항증명서를 첨부하여 매수의무자에게 제출하여야 한다.

② 매수의무자는 「전자정부법」에 따른 행정정보의 공동이용을 통하여 대상토지 및 건물에 대한 등기부 등본을 확인할 수 있는 경우에는 그 확인으로 첨부서류를 갈음하여야 한다.

(4) 매수절차 · 18회 · 21회 · 22회 · 25회 · 26회 · 27회 · 32회

① **매수 여부의 결정**(법 제47조 제6항)

㉠ **통보** : 매수의무자는 매수 청구를 받은 날부터 6개월 이내에 매수 여부를 결정하여 토지소유자와 특별시장·광역시장·특별자치시장·특별자치도지사·시장 또는 군수(매수의무자가 특별시장·광역시장·특별자치시장·특별자치도지사·시장 또는 군수인 경우는 제외)에게 알려야 한다.

㉡ **매수** : 매수하기로 결정한 토지는 매수 결정을 알린 날부터 2년 이내에 매수하여야 한다.

② **매수가격** : 매수 청구된 토지의 매수가격·매수절차 등에 관하여 이 법에 특별한 규정이 있는 경우 외에는 「공익사업을 위한 토지 등의 취득 및 보상에 관한 법률」을 준용한다(법 제47조 제4항).

(5) 매수방법 · 18회 · 21회 · 22회 · 25회 · 26회 · 27회 · 32회

① **원칙** : 매수의무자는 매수 청구를 받은 토지를 매수할 때에는 현금으로 그 대금을 지급한다(법 제47조 제2항 본문).

② **예외** : 다음의 어느 하나에 해당하는 경우로서 매수의무자가 지방자치단체인 경우에는 도시·군계획시설채권을 발행하여 지급할 수 있다(법 제47조 제2항 단서).

ㄱ 토지소유자가 원하는 경우
ㄴ 대통령령으로 정하는 부재부동산 소유자*의 토지 또는 비업무용 토지로서 매수대금이 3,000만원을 초과하여 그 초과하는 금액을 지급하는 경우

③ **상환기간 및 이율**(법 제47조 제3항)

　ㄱ 도시·군계획시설채권의 상환기간은 10년 이내로 한다.

　ㄴ 이율은 채권 발행 당시 「은행법」에 따른 인가를 받은 은행 중 전국을 영업으로 하는 은행이 적용하는 1년 만기 정기예금금리의 평균 이상이어야 하며, 구체적인 상환기간과 이율은 특별시·광역시·특별자치시·특별자치도·시 또는 군의 조례로 정한다.

④ **발행절차** : 도시·군계획시설채권의 발행절차나 그 밖에 필요한 사항에 관하여 이 법에 특별한 규정이 있는 경우 외에는 「지방재정법」에서 정하는 바에 따른다(법 제47조 제5항).

(6) 매수거부 또는 매수지연 시 조치 • 21회 • 26회 • 27회 • 29회

① 매수 청구를 한 토지의 소유자는 매수하지 아니하기로 결정한 경우 또는 매수 결정을 알린 날부터 2년이 지날 때까지 해당 토지를 매수하지 아니하는 경우 개발행위허가를 받아 다음의 건축물 또는 공작물을 설치할 수 있다(법 제47조 제7항 전단, 영 제41조 제5항).

　ㄱ 단독주택*으로서 3층 이하인 것
　ㄴ 제1종 근린생활시설로서 3층 이하인 것
　ㄷ 제2종 근린생활시설(다중생활시설, 단란주점, 안마시술소 및 노래연습장은 제외)로서 3층 이하인 것
　ㄹ 공작물

② 건축물 또는 공작물을 설치할 경우 법 제54조(지구단위계획구역에서의 건축 등), 법 제58조(개발행위허가의 기준)와 법 제64조(도시·군계획시설 부지에서의 개발행위)의 규정은 적용하지 아니한다(법 제47조 제7항 후단).

2. 도시·군계획시설결정의 실효 등

(1) 실 효 ·16회 ·23회 ·27회 ·28회 ·29회 ·30회

① **실효사유**: 도시·군계획시설결정이 고시된 도시·군계획시설에 대하여 그 고시일부터 20년이 지날 때까지 그 시설의 설치에 관한 도시·군계획시설사업이 시행되지 아니하는 경우 그 도시·군계획시설결정은 그 고시일부터 20년이 되는 날의 다음 날에 그 효력을 잃는다(법 제48조 제1항).

② **실효고시**: 시·도지사 또는 대도시 시장은 도시·군계획시설결정이 효력을 잃으면 대통령령으로 정하는 바에 따라 지체 없이 그 사실을 고시하여야 한다(법 제48조 제2항).

> **⊕ 보충** 도시·군계획시설결정의 실효고시(영 제42조 제1항)
>
> 도시·군계획시설결정의 실효고시는 국토교통부장관이 하는 경우에는 관보와 국토교통부의 인터넷 홈페이지에, 시·도지사 또는 대도시 시장이 하는 경우에는 해당 시·도 또는 대도시의 공보와 인터넷 홈페이지에 다음의 사항을 게재하는 방법으로 한다.
> 1. 실효일자
> 2. 실효사유
> 3. 실효된 도시·군계획의 내용

(2) 지방의회의 해제권고 ·23회

① **지방의회 보고**

㉠ 특별시장·광역시장·특별자치시장·특별자치도지사·시장 또는 군수(지방자치단체의 장)는 도시·군계획시설결정이 고시된 도시·군계획시설(국토교통부장관이 결정·고시한 도시·군계획시설 중 관계 중앙행정기관의 장이 직접 설치하기로 한 시설은 제외)을 설치할 필요성이 없어진 경우 또는 그 고시일부터 10년이 지날 때까지 해당 시설의 설치에 관한 도시·군계획시설사업이 시행되지 아니하는 경우에는 대통령령으로 정하는 바에 따라 그 현황과 단계별 집행계획을 해당 지방의회에 보고하여야 한다(법 제48조 제3항).

㉡ 지방자치단체의 장은 지방의회에 보고한 장기미집행 도시·군계획시설등 중 도시·군계획시설결정이 해제되지 아니한 장기미집행 도시·군계획시설등에 대하여 최초로 지방의회에 보고한 때부터 2년마다 지방의회에 보고하여야 한다(영 제42조 제3항).

정리 도시·군계획시설의 효력 상실 시기

그 고시일부터 20년이 되는 날의 다음 날

정리 도시·군계획시설의 해제

※ ①~③ : 절차순서

② **지방의회의 해제권고**

　㉠ 보고를 받은 지방의회는 대통령령으로 정하는 바에 따라 해당 특별시장·광역시장·특별자치시장·특별자치도지사·시장 또는 군수에게 도시·군계획시설결정의 해제를 권고할 수 있다(법 제48조 제4항).

　㉡ 지방의회는 장기미집행 도시·군계획시설등에 대하여 해제를 권고하는 경우에는 보고가 지방의회에 접수된 날부터 90일 이내에 해제를 권고하는 서면(도시·군계획시설의 명칭, 위치, 규모 및 해제사유 등이 포함)을 지방자치단체의 장에게 보내야 한다(영 제42조 제4항).

③ **해제를 위한 도시·군관리계획의 결정**

　㉠ 장기미집행 도시·군계획시설결정의 해제를 권고받은 특별시장·광역시장·특별자치시장·특별자치도지사·시장 또는 군수는 상위계획과의 연관성, 단계별 집행계획, 교통, 환경 및 주민 의사 등을 고려하여 해제할 수 없다고 인정하는 특별한 사유가 있는 경우를 제외하고는 해제권고를 받은 날부터 1년 이내에 해제를 위한 도시·군관리계획을 결정하여야 한다(법 제48조 제5항, 영 제42조 제5항).

　㉡ 장기미집행 도시·군계획시설결정의 해제를 권고받은 시장 또는 군수는 도지사가 결정한 도시·군관리계획의 해제가 필요한 경우에는 도지사에게 그 결정을 신청하여야 한다. 이 경우 신청을 받은 도지사는 신청을 받은 날부터 1년 이내에 해당 도시·군계획시설결정의 해제를 위한 도시·군관리계획을 결정하여야 한다(법 제48조 제5항, 영 제42조 제6항·제7항).

　㉢ 지방자치단체의 장은 지방의회에 해제할 수 없다고 인정하는 특별한 사유를 해제권고를 받은 날부터 6개월 이내에 소명하여야 한다(영 제42조 제5항).

(3) 도시·군계획시설결정의 해제신청

① **입안권자에게 해제신청** · 29회

　㉠ 입안신청 : 도시·군계획시설결정의 고시일부터 10년 이내에 그 도시·군계획시설의 설치에 관한 도시·군계획시설사업이 시행되지 아니한 경우로서 단계별 집행계획상 해당 도시·군계획시설의 실효 시까지 집행계획이 없는 경우에는 그 도시·군계획시설 부지로 되어 있는 토지의 소유자는 대통령령으로 정하는 바에 따라 해당 도시·군계획시설에 대한 도시·군관리계획 입안권자에게 그 토지의 도시·군계획시설결정 해제를 위한 도시·군관리계획 입안을 신청할 수 있다(법 제48조의2 제1항).

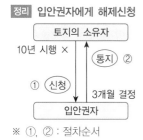

정리 입안권자에게 해제신청

토지의 소유자

10년 시행 ✕ ── 통지 ②

① 신청 ── 3개월 결정

입안권자

※ ①, ② : 절차순서

ⓛ **입안 여부 결정** : 도시·군관리계획 입안권자는 위 ㉠에 따른 신청을 받은 날부터 3개월 이내에 입안 여부를 결정하여 토지소유자에게 알려야 하며, 해당 도시·군계획시설결정의 실효 시까지 설치하기로 집행계획을 수립하는 등 대통령령으로 정하는 특별한 사유가 없으면 그 도시·군계획시설결정의 해제를 위한 도시·군관리계획을 입안하여야 한다(법 제48조의2 제2항).

② **결정권자에게 해제신청** · 33회

㉠ **결정해제신청** : 신청을 한 토지소유자는 해당 도시·군계획시설결정의 해제를 위한 도시·군관리계획이 입안되지 아니하는 등 대통령령으로 정하는 사항에 해당하는 경우에는 해당 도시·군계획시설에 대한 도시·군관리계획 결정권자에게 그 도시·군계획시설결정의 해제를 신청할 수 있다(법 제48조의2 제3항).

ⓛ **해제 여부 결정** : 도시·군관리계획 결정권자는 위 ㉠에 따른 신청을 받은 날부터 2개월 이내에 결정 여부를 정하여 토지소유자에게 알려야 하며, 특별한 사유가 없으면 그 도시·군계획시설결정을 해제하여야 한다(법 제48조의2 제4항).

ⓒ **해제심사신청** : 위 ㉠에 따라 해제신청을 한 토지소유자는 해당 도시·군계획시설결정이 해제되지 아니하는 등 대통령령으로 정하는 사항에 해당하는 경우에는 국토교통부장관에게 그 도시·군계획시설결정의 해제 심사를 신청할 수 있다(법 제48조의2 제5항).

ⓡ **해제결정권고** : 위 ⓒ에 따라 신청을 받은 국토교통부장관은 중앙도시계획위원회의 심의를 거쳐서 해당 도시·군계획시설에 대한 도시·군관리계획 결정권자에게 도시·군계획시설결정의 해제를 권고할 수 있다(법 제48조의2 제6항, 영 제42조의2 제6항).

ⓜ **해제결정** : 위 ⓡ에 따라 해제를 권고받은 도시·군관리계획 결정권자는 특별한 사유가 없으면 그 도시·군계획시설결정을 해제하여야 한다(법 제48조의2 제7항).

③ **해제절차** : 도시·군계획시설결정 해제를 위한 도시·군관리계획의 입안절차와 도시·군계획시설결정의 해제절차는 대통령령으로 정한다(법 제48조의2 제8항).

정리 **결정권자에게 해제신청**

※ ①~④ : 절차순서

④ 위 ①의 ⓛ·②의 ⓛ 또는 ⓜ에 따른 도시·군계획시설결정의 해제결정
은 다음의 구분에 따른 날부터 6개월 이내에 이행되어야 한다. 다만,
관계 법률에 따른 별도의 협의가 필요한 경우 그 협의에 필요한 기간은
기간계산에서 제외한다(영 제42조의2 제8항).

> ㉠ 도시·군계획시설결정의 해제입안을 하기로 통지한 경우 : 입안권자
>   가 신청인에게 입안하기로 통지한 날
> ㉡ 도시·군계획시설결정을 해제하기로 통지한 경우 : 결정권자가 신청
>   인에게 해제하기로 통지한 날
> ㉢ 도시·군계획시설결정을 해제할 것을 권고받은 경우 : 결정권자가 해
>   제권고를 받은 날

제2절 도시·군계획시설사업

1 도시·군계획시설사업의 개념

(1) 정 의 ·18회 ·27회

'도시·군계획시설사업'이란 도시·군계획시설을 설치·정비 또는 개량하는
사업을 말한다(법 제2조 제10호).

> **참고** 도시·군계획사업(법 제2조 제11호)
>
> '도시·군계획사업'이란 도시·군관리계획을 시행하기 위한 다음의 사업을 말한다.
> 1. 도시·군계획시설사업
> 2. 「도시개발법」에 따른 도시개발사업
> 3. 「도시 및 주거환경정비법」에 따른 정비사업

(2) 도시·군계획시설 부지에서의 개발행위

① 건축 및 공작물 설치의 제한

원 칙 (개발행위 금지)	특별시장·광역시장·특별자치시장·특별자치도지사·시장 또는 군수는 도시·군계획시설의 설치 장소로 결정된 지상·수상·공 중·수중 또는 지하는 그 도시·군계획시설이 아닌 건축물의 건축 이나 공작물의 설치를 허가하여서는 아니 된다. 다만, 대통령령으 로 정하는 경우에는 그러하지 아니하다(법 제64조 제1항).

예 외 (개발행위 허가)	특별시장·광역시장·특별자치시장·특별자치도지사·시장 또는 군수는 도시·군계획시설결정의 고시일부터 2년이 지날 때까지 그 시설의 설치에 관한 사업이 시행되지 아니한 도시·군계획시설 중 단계별 집행계획이 수립되지 아니하거나 단계별 집행계획에서 제1단계 집행계획(단계별 집행계획을 변경한 경우에는 최초의 단 계별 집행계획)에 포함되지 아니한 도시·군계획시설의 부지에 대하여는 개발행위를 허가할 수 있다(법 제64조 제2항).

추가 개발행위 허가대상
1. 가설건축물의 건축과 이에 필요한 범위에서의 토지의 형질변경
2. 도시·군계획시설의 설치에 지장이 없는 공작물의 설치와 이에 필요한 범위에서의 토지의 형질변경
3. 건축물의 개축 또는 재축과 이에 필요한 범위에서의 토지의 형질변경

② **원상회복명령**

　㉠ 특별시장·광역시장·특별자치시장·특별자치도지사·시장 또는 군수는 가설건축물의 건축이나 공작물의 설치를 허가한 토지에서 도시·군계획시설사업이 시행되는 경우에는 그 시행예정일 3개월 전까지 가설건축물이나 공작물 소유자의 부담으로 그 가설건축물이나 공작물의 철거 등 원상회복에 필요한 조치를 명하여야 한다(법 제64조 제3항 본문).

　㉡ 원상회복이 필요하지 아니하다고 인정되는 경우에는 원상회복에 필요한 조치를 명하지 않아도 된다(법 제64조 제3항 단서).

　㉢ 특별시장·광역시장·특별자치시장·특별자치도지사·시장 또는 군수는 원상회복의 명령을 받은 자가 원상회복을 하지 아니하면 「행정대집행법」에 따른 행정대집행에 따라 원상회복을 할 수 있다(법 제64조 제4항).

2 도시·군계획시설사업의 시행절차

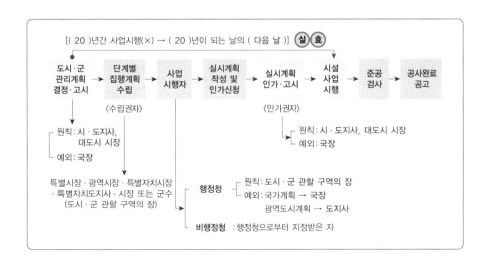

1. 단계별 집행계획의 수립

(1) 수립권자 · 34회

원 칙	① 특별시장·광역시장·특별자치시장·특별자치도지사·시장 또는 군수는 도시·군계획시설에 대하여 도시·군계획시설 결정의 고시일부터 3개월 이내에 대통령령으로 정하는 바에 따라 재원조달계획, 보상계획 등을 포함하는 단계별 집행계획을 수립하여야 한다(법 제85조 제1항 본문). ② 다만, 대통령령으로 정하는 법률에 따라 도시·군관리계획의 결정이 의제되는 경우에는 해당 도시·군계획시설결정의 고시일부터 2년 이내에 단계별 집행계획을 수립할 수 있다(법 제85조 제1항 단서).
예 외	국토교통부장관이나 도지사가 직접 입안한 도시·군관리계획인 경우 국토교통부장관이나 도지사는 단계별 집행계획을 수립하여 해당 특별시장·광역시장·특별자치시장·특별자치도지사·시장 또는 군수에게 송부할 수 있다(법 제85조 제2항).

(2) 단계별 집행계획의 구분 · 34회

단계별 집행계획은 제1단계 집행계획과 제2단계 집행계획으로 구분하여 수립하되, 3년 이내에 시행하는 도시·군계획시설사업은 제1단계 집행계획에, 3년 후에 시행하는 도시·군계획시설사업은 제2단계 집행계획에 포함되도록 하여야 한다(법 제85조 제3항, 영 제95조 제3항).

제1단계 집행계획	3년 이내에 시행하는 도시·군계획시설사업
제2단계 집행계획	3년 후에 시행하는 도시·군계획시설사업 (단, 특별시장·광역시장·특별자치시장·특별자치도지사·시장 또는 군수는 매년 제2단계 집행계획을 검토하여 3년 이내에 도시·군계획시설사업을 시행할 도시·군계획시설은 이를 제1단계 집행계획에 포함시킬 수 있다)

(3) 수립절차 · 28회

협 의	특별시장·광역시장·특별자치시장·특별자치도지사·시장 또는 군수는 단계별 집행계획을 수립하고자 하는 때에는 미리 관계 행정기관의 장과 협의하여야 하며, 해당 지방의회의 의견을 들어야 한다(영 제95조 제1항).
공 고	① 특별시장·광역시장·특별자치시장·특별자치도지사·시장 또는 군수는 단계별 집행계획을 수립하거나 받은 때에는 대통령령으로 정하는 바에 따라 지체 없이 그 사실을 공고하여야 한다(법 제85조 제4항). ② 단계별 집행계획의 공고는 해당 지방자치단체의 공보와 인터넷 홈페이지에 게재하는 방법으로 하며, 필요한 경우 전국 또는 해당 지방자치단체를 주된 보급지역으로 하는 일간신문에 게재하는 방법이나 방송 등의 방법을 병행할 수 있다(영 제95조 제4항).

정리 단계별 집행계획 수립권자

1. 원 칙
   특별시장·광역시장·특별자치시장·특별자치도지사·시장 또는 군수
2. 예 외
   ① 국토교통부장관
   ② 도지사

추가 대통령령으로 정하는 법률

1. 「도시 및 주거환경정비법」
2. 「도시재정비 촉진을 위한 특별법」
3. 「도시재생 활성화 및 지원에 관한 특별법」

정리 단계별 집행계획 수립

1. 수립의 구분
   ① 제1단계 집행계획 : 3년 이내
   ② 제2단계 집행계획 : 3년 후
2. 검 토
   매년 제2단계 집행계획을 검토하여 3년 이내 사업시행은 제1단계 집행계획에 포함

2. 사업시행자

(1) 행정청인 시행자

① **원칙** · 21회 · 23회 · 24회 · 32회

특별시장 · 광역시장 · 특별자치시장 · 특별자치도지사 · 시장 또는 군수

관할 구역만 시행	특별시장 · 광역시장 · 특별자치시장 · 특별자치도지사 · 시장 또는 군수는 이 법 또는 다른 법률에 특별한 규정이 있는 경우 외에는 관할 구역의 도시 · 군계획시설사업을 시행한다(법 제86조 제1항).
관할 구역에 걸쳐 시행	㉠ 원칙 : 도시 · 군계획시설사업이 둘 이상의 특별시 · 광역시 · 특별자치시 · 특별자치도 · 시 또는 군의 관할 구역에 걸쳐 시행되게 되는 경우에는 관계 특별시장 · 광역시장 · 특별자치시장 · 특별자치도지사 · 시장 또는 군수가 서로 협의하여 시행자를 정한다(법 제86조 제2항). ㉡ 예외 : 협의가 성립되지 아니하는 경우 도시 · 군계획시설사업을 시행하려는 구역이 같은 도의 관할 구역에 속하는 경우에는 관할 도지사가 시행자를 지정하고, 둘 이상의 시 · 도의 관할 구역에 걸치는 경우에는 국토교통부장관이 시행자를 지정한다(법 제86조 제3항).

② **예외** · 23회 · 28회 · 34회

국토교통부장관 또는 도지사(법 제86조 제4항)

국토교통부장관	국가계획과 관련되거나 그 밖에 특히 필요하다고 인정되는 경우에는 관계 특별시장 · 광역시장 · 특별자치시장 · 특별자치도지사 · 시장 또는 군수의 의견을 들어 직접 도시 · 군계획시설사업을 시행할 수 있다.
도지사	둘 이상의 시 또는 군의 관할 구역에 걸쳐 시행되는 도시 · 군계획시설사업이 광역도시계획과 관련되거나 특히 필요하다고 인정되는 경우에는 관계 시장 또는 군수의 의견을 들어 직접 도시 · 군계획시설사업을 시행할 수 있다.

(2) 비행정청인 시행자

① **지정시행자** · 22회 · 23회 · 27회 · 32회 · 34회

㉠ 대상자 : 국토교통부장관, 시 · 도지사, 시장 또는 군수 외의 자는 국토교통부장관, 시 · 도지사, 시장 또는 군수로부터 시행자로 지정을 받아 도시 · 군계획시설사업을 시행할 수 있다(법 제86조 제5항).

정리 **도시 · 군계획시설사업의 시행자**

1. 원칙
   ① 특별 · 광역 · 특시 · 특도 · 시장 · 군수
      ㉠ 협의 : ○
      ㉡ 협의 : ×
         • 같은 도 – 도지사가 지정
         • 2 이상 – 국토교통부장관이 지정
   ② 국토교통부장관 : 국가계획
   ③ 도지사 : 광역도시계획
2. 특칙(지정받은 자)
   원칙적인 시행자로부터 지정받은 자

정리 민간시행자의 지정요건

토지(국공유지 제외)면적 2/3 이
상 토지 소유 + 토지소유자 총
수 1/2 이상 동의

ⓛ **지정요건** : 다음에 해당하지 아니하는 자(민간시행자)가 도시·군계
획시설사업의 시행자로 지정을 받으려면 도시·군계획시설사업의
대상인 토지(국·공유지는 제외) 면적의 3분의 2 이상에 해당하는 토
지를 소유하고, 토지소유자 총수의 2분의 1에 해당하는 자의 동의
를 얻어야 한다(법 제86조 제7항, 영 제96조 제2항).

> ⓐ 국가 또는 지방자치단체
> ⓑ 대통령령으로 정하는 공공기관(한국농수산식품유통공사, 대한석탄
>   공사, 한국토지주택공사, 한국관광공사, 한국농어촌공사, 한국도로
>   공사, 한국석유공사, 한국수자원공사, 한국전력공사, 한국철도공사)
> ⓒ 지방공사 및 지방공단
> ⓓ 다른 법률에 의하여 도시·군계획시설사업이 포함된 사업의 시행자
>   로 지정된 자
> ⓔ 공공시설을 관리할 관리청에 무상으로 귀속되는 공공시설을 설치하
>   고자 하는 자
> ⓕ 「국유재산법」 또는 「공유재산 및 물품 관리법」에 따라 기부를 조건
>   으로 시설물을 설치하려는 자

② **지정고시** : 국토교통부장관, 시·도지사, 시장 또는 군수는 도시·군계
획시설사업의 시행자를 지정한 경우에는 국토교통부령으로 정하는 바
에 따라 그 지정 내용을 고시하여야 한다(법 제86조 제6항).

(3) 행정심판(법 제134조) · 26회

① 도시·군계획시설사업의 시행자가 행정청인 경우, 시행자의 처분에 대
하여는 「행정심판법」에 따라 행정심판을 제기할 수 있다.

② 도시·군계획시설사업의 시행자가 행정청이 아닌 시행자의 처분에 대
하여는 그 시행자를 지정한 자에게 행정심판을 제기하여야 한다.

3. 실시계획

(1) 실시계획의 작성 · 32회

① 도시·군계획시설사업의 시행자는 다음의 사항이 포함된 도시·군계획
시설사업에 관한 실시계획을 작성하여야 한다(법 제88조 제1항, 영 제97
조 제1항).

    ○ 사업의 종류 및 명칭
    ○ 사업의 면적 또는 규모
    ○ 사업시행자의 성명 및 주소(법인인 경우에는 법인의 명칭 및 소재지와 대표자의 성명 및 주소)
    ○ 사업의 착수예정일 및 준공예정일

② 실시계획에는 사업시행에 필요한 설계도서, 자금계획, 시행기간, 그 밖에 대통령령으로 정하는 사항(실시계획을 변경하는 경우에는 변경되는 사항에 한정)을 자세히 밝히거나 첨부하여야 한다(법 제88조 제5항).

③ 도시·군계획시설사업의 시행자로 지정을 받은 자는 실시계획을 작성하고자 하는 때에는 미리 당해 특별시장·광역시장·특별자치시장·특별자치도지사·시장 또는 군수의 의견을 들어야 한다(영 제97조 제4항).

(2) 실시계획의 인가

① **인가권자**(법 제88조 제2항) · 21회

국토교통부장관, 시·도지사 또는 대도시 시장

원 칙	도시·군계획시설사업의 시행자가 실시계획의 인가를 받고자 하는 경우 국토교통부장관이 지정한 시행자는 국토교통부장관의 인가를 받아야 하며, 그 밖의 시행자는 시·도지사 또는 대도시 시장의 인가를 받아야 한다(영 제97조 제2항).
예 외	준공검사를 받은 후에 해당 도시·군계획시설사업에 대하여 국토교통부령으로 정하는 경미한 사항을 변경하기 위하여 실시계획을 작성하는 경우에는 국토교통부장관, 시·도지사 또는 대도시 시장의 인가를 받지 아니한다.

> ➕ **보충** **국토교통부령으로 정하는 경미한 사항 변경(규칙 제16조 제1항)**
>
> 1. 사업명칭을 변경하는 경우
> 2. 구역경계의 변경이 없는 범위 안에서 행하는 건축물의 연면적(구역경계 안에 건축법 시행령 별표 1에 따른 용도를 기준으로 그 용도가 동일한 건축물이 2개 이상 있는 경우에는 각 건축물의 연면적을 모두 합산한 면적을 말한다) 10% 미만의 변경과 「학교시설사업 촉진법」에 의한 학교시설의 변경인 경우
> 3. 다음의 공작물을 설치하는 경우
>   ① 도시지역 또는 지구단위계획구역에 설치되는 공작물로서 무게는 50톤, 부피는 50m³, 수평투영면적은 50m²를 각각 넘지 않는 공작물
>   ② 도시지역·자연환경보전지역 및 지구단위계획구역 외의 지역에 설치되는 공작물로서 무게는 150톤, 부피는 150m³, 수평투영면적은 150m²를 각각 넘지 않는 공작물
> 4. 기존 시설의 일부 또는 전부에 대한 용도변경을 수반하지 않는 대수선·재축 및 개축인 경우

5. 도로의 포장 등 기존 도로의 면적·위치 및 규모의 변경을 수반하지 아니하는 도로의 개량인 경우
6. 구역경계의 변경이 없는 범위에서 측량결과에 따라 면적을 변경하는 경우

② **조건부 인가** · 18회 · 22회 · 28회 · 32회

　㉠ **인가기준** : 국토교통부장관, 시·도지사 또는 대도시 시장은 도시·군계획시설사업의 시행자가 작성한 실시계획이 도시·군계획시설의 결정·구조 및 설치의 기준 등에 맞다고 인정하는 경우에는 실시계획을 인가하여야 한다(법 제88조 제3항 전단).

　㉡ **조건사항** : 국토교통부장관, 시·도지사 또는 대도시 시장은 기반시설의 설치나 그에 필요한 용지의 확보, 위해 방지, 환경오염 방지, 경관 조성, 조경 등의 조치를 할 것을 조건으로 실시계획을 인가할 수 있다(법 제88조 제3항 후단).

　㉢ **이행보증금 예치**(법 제89조 제1항)

　　ⓐ 특별시장·광역시장·특별자치시장·특별자치도지사·시장 또는 군수는 기반시설의 설치나 그에 필요한 용지의 확보, 위해 방지, 환경오염 방지, 경관 조성, 조경 등을 위하여 필요하다고 인정되는 경우로서 대통령령으로 정하는 경우에는 그 이행을 담보하기 위하여 도시·군계획시설사업의 시행자에게 이행보증금을 예치하게 할 수 있다.

　　ⓑ 국가 또는 지방자치단체, 대통령령으로 정하는 공공기관, 지방공사 및 지방공단에 대하여는 이행보증금을 예치하게 할 수 없다.

　㉣ **원상회복** : 특별시장·광역시장·특별자치시장·특별자치도지사·시장 또는 군수는 실시계획의 인가 또는 변경인가를 받지 아니하고 도시·군계획시설사업을 하거나 그 인가 내용과 다르게 도시·군계획시설사업을 하는 자에게 그 토지의 원상회복을 명할 수 있다(법 제89조 제3항).

　㉤ **행정대집행** : 특별시장·광역시장·특별자치시장·특별자치도지사·시장 또는 군수는 원상회복의 명령을 받은 자가 원상회복을 하지 아니하는 경우에는 「행정대집행법」에 따른 행정대집행에 따라 원상회복을 할 수 있다. 이 경우 행정대집행에 필요한 비용은 도시·군계획시설사업의 시행자가 예치한 이행보증금으로 충당할 수 있다(법 제89조 제4항).

추가 인가의 변경·폐지(법 제88조 제4항)

1. 인가받은 실시계획을 변경하거나 폐지하는 경우에도 인가를 받아야 한다.
2. 국토교통부령으로 정하는 경미한 사항을 변경하는 경우(규칙 제16조 제1항)에는 인가를 받지 않아도 된다.

추가 대통령령으로 정하는 공공기관(공공기관의 운영에 관한 법률 제5조 제4항 제1호·제2호)

1. 공기업
　① 시장형 공기업 : 자산규모와 총수입액 중 자체수입액이 대통령령으로 정하는 기준 이상인 공기업
　② 준시장형 공기업 : 시장형 공기업이 아닌 공기업
2. 준정부기관 중 위탁집행형 준정부기관 : 기금관리형 준정부기관이 아닌 준정부기관

③ **실시계획의 인가절차**

　　㉠ **실시계획인가신청** : 도시·군계획시설사업의 시행자로 지정된 자는 특별한 사유가 없는 한 시행자지정 시에 정한 기일까지 국토교통부장관, 시·도지사 또는 대도시 시장에게 국토교통부령이 정하는 실시계획인가신청서를 제출하여야 한다(영 제97조 제3항).

　　㉡ **의견청취** • 21회

　　　ⓐ **공고·열람** : 국토교통부장관, 시·도지사 또는 대도시 시장은 실시계획을 인가하려면 미리 대통령령으로 정하는 바에 따라 그 사실을 공고하고, 관계 서류의 사본을 14일 이상 일반이 열람할 수 있도록 하여야 한다(법 제90조 제1항).

　　　ⓑ **의견서 제출** : 도시·군계획시설사업의 시행지구의 토지·건축물 등의 소유자 및 이해관계인은 열람기간 이내에 국토교통부장관, 시·도지사, 대도시 시장 또는 도시·군계획시설사업의 시행자에게 의견서를 제출할 수 있다(법 제90조 제2항).

　　　ⓒ **반영** : 국토교통부장관, 시·도지사, 대도시 시장 또는 도시·군계획시설사업의 시행자는 제출된 의견이 타당하다고 인정되면 그 의견을 실시계획에 반영하여야 한다(법 제90조 제2항).

(3) 실시계획의 고시

① **고시** : 국토교통부장관, 시·도지사 또는 대도시 시장은 실시계획을 작성(변경작성을 포함), 인가(변경인가를 포함), 폐지하거나 실시계획이 효력을 잃은 경우에는 대통령령으로 정하는 바에 따라 그 내용을 고시하여야 한다(법 제91조).

② **고시방법** : 실시계획의 고시는 국토교통부장관이 하는 경우에는 관보와 국토교통부의 인터넷 홈페이지에, 시·도지사 또는 대도시 시장이 하는 경우에는 해당 시·도 또는 대도시의 공보와 인터넷 홈페이지에 사업시행지의 위치, 사업의 종류 및 명칭 등을 게재하는 방법으로 한다(영 제100조 제1항).

③ **통보** : 국토교통부장관, 시·도지사 또는 대도시 시장은 실시계획을 고시하였으면 그 내용을 관계 행정기관의 장에게 통보하여야 한다(영 제100조 제2항).

추가　경미한 사항의 변경인 경우

다음의 어느 하나에 해당하는 경미한 사항의 변경인 경우에는 공고 및 열람을 하지 아니할 수 있다(영 제99조 제2항).

1. 사업시행지의 변경이 수반되지 아니하는 범위 안에서의 사업내용변경
2. 사업의 착수예정일 및 준공예정일의 변경(단, 사업시행에 필요한 토지 등의 취득이 완료되기 전에 준공예정일을 연장하는 경우는 제외)
3. 사업시행자의 주소(사업시행자가 법인인 경우에는 법인의 소재지와 대표자의 성명 및 주소)의 변경

④ **인·허가의 의제** : 국토교통부장관, 시·도지사 또는 대도시 시장이 실
시계획을 작성 또는 변경작성하거나 인가 또는 변경인가를 할 때에 그
실시계획에 대한 다음의 인·허가등에 관하여 관계 행정기관의 장과 협
의한 사항에 대하여는 해당 인·허가등을 받은 것으로 보며, 실시계획
을 고시한 경우에는 관계 법률에 따른 인·허가등의 고시·공고 등이 있
은 것으로 본다(법 제92조 제1항).

> **참고 관련 인·허가의 의제사항**
>
> 1. 「건축법」에 따른 건축허가, 건축신고 및 가설건축물 건축의 허가 또는 신고
> 2. 「산업집적활성화 및 공장설립에 관한 법률」에 따른 공장설립 등의 승인
> 3. 「공유수면 관리 및 매립에 관한 법률」에 따른 공유수면의 점용·사용허가,
>   점용·사용 실시계획의 승인 또는 신고, 공유수면의 매립면허, 국가 등이 시
>   행하는 매립의 협의 또는 승인 및 공유수면매립실시계획의 승인
> 4. 「광업법」에 따른 채굴계획의 인가
> 5. 「국유재산법」에 따른 사용·수익의 허가
> 6. 「농어촌정비법」에 따른 농업생산기반시설의 사용허가
> 7. 「농지법」에 따른 농지전용의 허가 또는 협의, 농지전용의 신고 및 농지의 타
>   용도 일시사용의 허가 또는 협의
> 8. 「도로법」에 따른 도로관리청이 아닌 자에 대한 도로공사 시행의 허가 및 도
>   로의 점용 허가
> 9. 「장사 등에 관한 법률」에 따른 무연분묘의 개장허가
> 10. 「사도법」에 따른 사도 개설의 허가
> 11. 「사방사업법」에 따른 토지의 형질변경 등의 허가 및 사방지 지정의 해제
> 12. 「산지관리법」에 따른 산지전용허가 및 산지전용신고, 산지일시사용허가·신
>   고, 토석채취허가, 토사채취신고 및 「산림자원의 조성 및 관리에 관한 법률」
>   에 따른 입목벌채 등의 허가·신고
> 13. 「소하천정비법」에 따른 소하천공사 시행의 허가 및 소하천의 점용허가
> 14. 「수도법」에 따른 일반수도사업 및 공업용수도사업의 인가, 전용상수도 설치
>   및 전용공업용수도 설치의 인가
> 15. 「연안관리법」에 따른 연안정비사업실시계획의 승인
> 16. 「에너지이용 합리화법」에 따른 에너지사용계획의 협의
> 17. 「유통산업발전법」에 따른 대규모점포의 개설등록
> 18. 「공유재산 및 물품 관리법」에 따른 사용·수익의 허가
> 19. 「공간정보의 구축 및 관리 등에 관한 법률」에 따른 사업의 착수·변경 또는
>   완료의 신고
> 20. 「집단에너지사업법」에 따른 집단에너지의 공급 타당성에 관한 협의
> 21. 「체육시설의 설치·이용에 관한 법률」에 따른 사업계획의 승인
> 22. 「초지법」에 따른 초지전용의 허가, 신고 또는 협의

23. 「공간정보의 구축 및 관리 등에 관한 법률」에 따른 지도 등의 간행 심사
24. 「하수도법」에 따른 공공하수도에 관한 공사시행의 허가 및 공공하수도의 점용허가
25. 「하천법」에 따른 하천공사 시행의 허가, 하천 점용의 허가
26. 「항만법」에 따른 항만개발사업 시행의 허가 및 항만개발사업실시계획의 승인

⑤ **사전협의**

　㉠ 인·허가등의 의제를 받으려는 자는 실시계획 인가 또는 변경인가를 신청할 때에 해당 법률에서 정하는 관련 서류를 함께 제출하여야 한다(법 제92조 제2항).

　㉡ 국토교통부장관, 시·도지사 또는 대도시 시장은 실시계획을 작성 또는 변경작성하거나 인가 또는 변경인가할 때에 그 내용에 의제사항의 어느 하나에 해당하는 사항이 있으면 미리 관계 행정기관의 장과 협의하여야 한다(법 제92조 제3항).

(4) 실시계획의 실효

① **원칙** : 도시·군계획시설결정의 고시일부터 10년 이후에 실시계획을 작성하거나 인가(다른 법률에 따라 의제된 경우는 제외)받은 도시·군계획시설사업의 시행자(이하 '장기미집행 도시·군계획시설사업의 시행자')가 실시계획 고시일부터 5년 이내에 「공익사업을 위한 토지 등의 취득 및 보상에 관한 법률」에 따른 재결신청을 하지 아니한 경우에는 실시계획 고시일부터 5년이 지난 다음 날에 그 실시계획은 효력을 잃는다(법 제88조 제7항 본문).

② **예외** : 장기미집행 도시·군계획시설사업의 시행자가 재결신청을 하지 아니하고 실시계획 고시일부터 5년이 지나기 전에 해당 도시·군계획시설사업에 필요한 토지 면적의 3분의 2 이상을 소유하거나 사용할 수 있는 권원을 확보하고 실시계획 고시일부터 7년 이내에 재결신청을 하지 아니한 경우 실시계획 고시일부터 7년이 지난 다음 날에 그 실시계획은 효력을 잃는다(법 제88조 제7항 단서).

③ **효력유지** : 장기미집행 도시·군계획시설사업의 시행자가 재결신청 없이 도시·군계획시설사업에 필요한 모든 토지·건축물 또는 그 토지에 정착된 물건을 소유하거나 사용할 수 있는 권원을 확보한 경우 그 실시계획은 효력을 유지한다(법 제88조 제8항).

④ **실효고시** : 실시계획이 폐지되거나 효력을 잃은 경우 해당 도시·군계획시설결정은 다음에서 정한 날 효력을 잃는다. 이 경우 시·도지사 또는 대도시 시장은 대통령령으로 정하는 바에 따라 지체 없이 그 사실을 고시하여야 한다(법 제88조 제9항).

도시·군계획시설결정의 고시일부터 20년이 되기 전에 실시계획이 폐지되거나 효력을 잃고 다른 도시·군계획시설사업이 시행되지 아니하는 경우	도시·군계획시설결정의 고시일부터 20년이 되는 날의 다음 날
도시·군계획시설결정의 고시일부터 20년이 되는 날의 다음 날 이후 실시계획이 폐지되거나 효력을 잃은 경우	실시계획이 폐지되거나 효력을 잃은 날

암기 사업시행자의 보호조치
1. 사업의 ⓑ할시행
2. ⓢ류의 무료열람 등
3. ⓖ시송달
4. ⓖ공유지의 처분제한
5. 토지 등의 ⓢ용 및 사용
※ ○ : 암기법

4. 사업시행을 위한 조치

(1) 사업의 분할시행 · 18회 · 22회 · 23회 · 28회 · 34회

① 도시·군계획시설사업의 시행자는 도시·군계획시설사업을 효율적으로 추진하기 위하여 필요하다고 인정되면 사업시행대상지역 또는 대상시설을 둘 이상으로 분할하여 도시·군계획시설사업을 시행할 수 있다(법 제87조).

② 도시·군계획시설사업을 분할시행하는 때에는 분할된 지역별로 실시계획을 작성할 수 있다(영 제97조 제5항).

(2) 서류의 무료열람

도시·군계획시설사업의 시행자는 도시·군계획시설사업을 시행하기 위하여 필요하면 등기소나 그 밖의 관계 행정기관의 장에게 필요한 서류의 열람 또는 복사나 그 등본 또는 초본의 발급을 무료로 청구할 수 있다(법 제93조).

(3) 공시송달 · 28회

① 도시·군계획시설사업의 시행자는 이해관계인에게 서류를 송달할 필요가 있으나 이해관계인의 주소 또는 거소(居所)가 불분명하거나 그 밖의 사유로 서류를 송달할 수 없는 경우에는 그 서류의 송달을 갈음하여 그 내용을 공시할 수 있다(법 제94조 제1항).

② 행정청이 아닌 도시·군계획시설사업의 시행자는 공시송달을 하려는 경우에는 국토교통부장관, 관할 시·도지사 또는 대도시 시장의 승인을 받아야 한다(영 제101조).

③ 서류의 공시송달에 관하여는 「민사소송법」의 공시송달의 예에 따른다(법 제94조 제2항).

(4) 토지 등의 수용 및 사용 · 18회 · 21회 · 23회 · 27회

① **수용·사용** : 도시·군계획시설사업의 시행자는 도시·군계획시설사업에 필요한 다음의 물건 또는 권리를 수용하거나 사용할 수 있다(법 제95조 제1항).

> ㉠ 토지·건축물 또는 그 토지에 정착된 물건
> ㉡ 토지·건축물 또는 그 토지에 정착된 물건에 관한 소유권 외의 권리

② **일시사용** : 도시·군계획시설사업의 시행자는 사업시행을 위하여 특히 필요하다고 인정되면 도시·군계획시설에 인접한 다음의 물건 또는 권리를 일시사용할 수 있다(법 제95조 제2항).

> ㉠ 토지·건축물 또는 그 토지에 정착된 물건
> ㉡ 토지·건축물 또는 그 토지에 정착된 물건에 관한 소유권 외의 권리

③ **「공익사업을 위한 토지 등의 취득 및 보상에 관한 법률」의 준용**

  ㉠ **준용규정** : 수용 및 사용에 관하여는 이 법에 특별한 규정이 있는 경우 외에는 「공익사업을 위한 토지 등의 취득 및 보상에 관한 법률」을 준용한다(법 제96조 제1항).

  ㉡ **특례규정**(법 제96조 제2항)

    ⓐ 「공익사업을 위한 토지 등의 취득 및 보상에 관한 법률」을 준용할 때에 실시계획을 고시한 경우에는 사업인정 및 그 고시가 있었던 것으로 본다.

    ⓑ 재결 신청은 「공익사업을 위한 토지 등의 취득 및 보상에 관한 법률」의 규정에도 불구하고 실시계획에서 정한 도시·군계획시설사업의 시행기간에 하여야 한다.

(5) 국공유지의 처분제한(법 제97조)

① 도시·군관리계획결정을 고시한 경우에는 국공유지로서 도시·군계획시설사업에 필요한 토지는 그 도시·군관리계획으로 정하여진 목적 외의 목적으로 매각하거나 양도할 수 없다.

② 위 ①을 위반한 행위는 무효로 한다.

정리 토지 등의 수용 및 사용

1. 준용 법률
   「공익사업을 위한 토지 등의 취득 및 보상에 관한 법률」(≒토지보상법)
2. 의제시기
   실시계획을 고시한 경우
3. 재결시기
   시행기간 이내
4. 인접지 토지
   ① 일시수용권 (×)
   ② 일시사용권 (○)
   ③ 일시수용권 및 사용권 (×)

5. 공사완료

(1) 공사완료 보고

① 도시·군계획시설사업의 시행자(국토교통부장관, 시·도지사와 대도시 시장은 제외)는 도시·군계획시설사업의 공사를 마친 때에는 국토교통부령으로 정하는 바에 따라 공사완료보고서를 작성하여 시·도지사나 대도시 시장의 준공검사를 받아야 한다(법 제98조 제1항).

② 도시·군계획시설사업의 시행자는 공사를 완료한 때에는 공사를 완료한 날부터 7일 이내에 도시·군계획시설사업공사완료보고서에 다음의 서류를 첨부하여 시·도지사 또는 대도시 시장에게 제출하여야 한다(규칙 제17조 제1항).

> ㉠ 준공조서
> ㉡ 설계도서
> ㉢ 관계 행정기관의 장과의 협의에 필요한 서류

(2) 준공검사

시·도지사나 대도시 시장은 공사완료보고서를 받으면 지체 없이 준공검사를 하여야 한다(법 제98조 제2항).

(3) 공사완료 공고

① **원칙** : 시·도지사나 대도시 시장은 준공검사를 한 결과 실시계획대로 완료되었다고 인정되는 경우에는 도시·군계획시설사업의 시행자에게 준공검사증명서를 발급하고 공사완료 공고를 하여야 한다(법 제98조 제3항).

② **예외** : 국토교통부장관, 시·도지사 또는 대도시 시장인 도시·군계획시설사업의 시행자는 도시·군계획시설사업의 공사를 마친 때에는 공사완료 공고를 하여야 한다(법 제98조 제4항).

(4) 의제사항

① 준공검사를 하거나 공사완료 공고를 할 때에 국토교통부장관, 시·도지사 또는 대도시 시장이 의제되는 인·허가등에 따른 준공검사·준공인가 등에 관하여 관계 행정기관의 장과 협의한 사항에 대하여는 그 준공검사·준공인가 등을 받은 것으로 본다(법 제98조 제5항).

② 도시·군계획시설사업의 시행자(국토교통부장관, 시·도지사와 대도시 시장은 제외)는 준공검사·준공인가 등의 의제를 받으려면 준공검사를 신청할 때에 해당 법률에서 정하는 관련 서류를 함께 제출하여야 한다(법 제98조 제6항).

③ 국토교통부장관, 시·도지사 또는 대도시 시장은 준공검사를 하거나 공사완료 공고를 할 때에 그 내용에 의제되는 인·허가등에 따른 준공검사·준공인가 등에 해당하는 사항이 있으면 미리 관계 행정기관의 장과 협의하여야 한다(법 제98조 제7항).

④ 국토교통부장관은 의제되는 준공검사·준공인가 등의 처리기준을 관계 중앙행정기관으로부터 받아 통합하여 고시하여야 한다(법 제98조 제8항).

(5) 조성된 대지와 건축물의 처분순위

도시·군계획시설사업으로 조성된 대지와 건축물 중 국가나 지방자치단체의 소유에 속하는 재산을 처분하려면 「국유재산법」과 「공유재산 및 물품 관리법」에도 불구하고 대통령령으로 정하는 바에 따라 다음의 순위에 따라 처분할 수 있다(법 제100조).

① 해당 도시·군계획시설사업의 시행으로 수용된 토지 또는 건축물 소유자에의 양도

② 다른 도시·군계획시설사업에 필요한 토지와의 교환

3 비용부담

(1) 원칙 – 시행자의 비용부담 ·21회

광역도시계획 및 도시·군계획의 수립과 도시·군계획시설사업에 관한 비용은 이 법 또는 다른 법률에 특별한 규정이 있는 경우 외에는 국가가 하는 경우에는 국가예산에서, 지방자치단체가 하는 경우에는 해당 지방자치단체가, 행정청이 아닌 자가 하는 경우에는 그 자가 부담함을 원칙으로 한다(법 제101조).

정리 처분순위

1. 1순위
   수용된 토지·건축물 소유자
2. 2순위
   다른 도시·군계획시설사업

추가 **대통령령으로 정하는 지방자치단체의 비용부담**(영 제104조 제1항)

부담하는 비용의 총액은 당해 도시·군계획시설사업에 소요된 비용의 50%를 넘지 못한다. 이 경우 도시·군계획시설사업에 소요된 비용에는 당해 도시·군계획시설사업의 조사·측량비, 설계비 및 관리비를 포함하지 아니한다.

(2) 예외 – 지방자치단체의 비용부담(법 제102조) ·24회

① 국토교통부장관이나 시·도지사는 그가 시행한 도시·군계획시설사업으로 현저히 이익을 받는 시·도, 시 또는 군이 있으면 대통령령으로 정하는 바에 따라 그 도시·군계획시설사업에 든 비용의 일부를 그 이익을 받는 시·도, 시 또는 군에 부담시킬 수 있다. 이 경우 국토교통부장관은 시·도, 시 또는 군에 비용을 부담시키기 전에 행정안전부장관과 협의하여야 한다.

② 시·도지사는 그 시·도에 속하지 아니하는 특별시·광역시·특별자치시·특별자치도·시 또는 군에 비용을 부담시키려면 해당 지방자치단체의 장과 협의하되, 협의가 성립되지 아니하는 경우에는 행정안전부장관이 결정하는 바에 따른다.

③ 시장이나 군수는 그가 시행한 도시·군계획시설사업으로 현저히 이익을 받는 다른 지방자치단체가 있으면 대통령령으로 정하는 바에 따라 그 도시·군계획시설사업에 든 비용의 일부를 그 이익을 받는 다른 지방자치단체와 협의하여 그 지방자치단체에 부담시킬 수 있다.

④ 협의가 성립되지 아니하는 경우 다른 지방자치단체가 같은 도에 속할 때에는 관할 도지사가 결정하는 바에 따르며, 다른 시·도에 속할 때에는 행정안전부장관이 결정하는 바에 따른다.

(3) 보조 또는 융자 ·24회

① **기초조사나 지형도면 비용** : 시·도지사, 시장 또는 군수가 수립하는 광역도시·군계획 또는 도시·군계획에 관한 기초조사나 지형도면의 작성에 드는 비용은 80% 이하 범위에서 그 비용의 전부 또는 일부를 국가예산에서 보조할 수 있다(법 제104조 제1항, 영 제106조 제1항).

② **도시·군계획시설사업에 드는 비용***(법 제104조 제2항 전단, 영 제106조 제2항)

시행자가 행정청인 경우	행정청이 시행하는 도시·군계획시설사업에 드는 비용은 50% 이하의 범위에서 그 비용의 전부 또는 일부를 국가예산에서 보조하거나 융자할 수 있다.
시행자가 비행정청인 경우	행정청이 아닌 자가 시행하는 도시·군계획시설사업에 드는 비용의 일부는 3분의 1 이하의 범위에서 국가 또는 지방자치단체가 보소하거나 융사할 수 있다.

③ **우선지원** : 국가 또는 지방자치단체는 다음의 어느 하나에 해당하는 지역을 우선지원할 수 있다(법 제104조 제2항 후단).

> ⊙ 도로, 상하수도 등 기반시설이 인근지역에 비하여 부족한 지역
> ⓛ 광역도시계획에 반영된 광역시설이 설치되는 지역
> ⓒ 개발제한구역(집단취락만 해당)에서 해제된 지역
> ⓓ 도시·군계획시설결정의 고시일부터 10년이 지날 때까지 그 도시·군계획시설의 설치에 관한 도시·군계획시설사업이 시행되지 아니한 경우로서 해당 도시·군계획시설의 설치 필요성이 높은 지역

(4) 취락지구에 대한 지원 ·30회 ·31회

국가나 지방자치단체는 대통령령으로 정하는 바에 따라 취락지구 주민의 생활 편익과 복지 증진 등을 위한 사업을 시행하거나 그 사업을 지원할 수 있다(법 제105조).

> **⊕ 보충** **대통령령으로 정하는 지원할 수 있는 사업(영 제107조)**
>
> 1. **집단취락지구** : 개발제한구역의 지정 및 관리에 관한 특별조치법령에서 정하는 바에 의한다.
> 2. **자연취락지구**
>   ① 자연취락지구 안에 있거나 자연취락지구에 연결되는 도로·수도공급설비·하수도 등의 정비
>   ② 어린이놀이터·공원·녹지·주차장·학교·마을회관 등의 설치·정비
>   ③ 쓰레기처리장·하수처리시설 등의 설치·개량
>   ④ 하천정비 등 재해방지를 위한 시설의 설치·개량
>   ⑤ 주택의 신축·개량

(5) 방재지구에 대한 지원

국가나 지방자치단체는 이 법률 또는 다른 법률에 따라 방재사업을 시행하거나 그 사업을 지원하는 경우 방재지구에 우선적으로 지원할 수 있다(법 제105조의2).

국토의 계획 및 이용에 관한 법령상 도시·군계획시설사업의 시행에 관한 설명으로 옳은 것은?

• 34회

① 「도시 및 주거환경정비법」에 따라 도시·군관리계획의 결정이 의제되는 경우에는 해당 도시·군계획시설결정의 고시일부터 3개월 이내에 도시·군계획시설에 대하여 단계별 집행계획을 수립하여야 한다.

② 5년 이내에 시행하는 도시·군계획시설사업은 단계별 집행계획 중 제1단계 집행계획에 포함되어야 한다.

③ 한국토지주택공사가 도시·군계획시설사업의 시행자로 지정을 받으려면 토지소유자 총수의 3분의 2 이상에 해당하는 자의 동의를 얻어야 한다.

④ 국토교통부장관은 국가계획과 관련되거나 그 밖에 특히 필요하다고 인정되는 경우에는 관계 특별시장·광역시장·특별자치시장·특별자치도지사·시장 또는 군수의 의견을 들어 직접 도시·군계획시설사업을 시행할 수 있다.

⑤ 사업시행자는 도시·군계획시설사업 대상시설을 둘 이상으로 분할하여 도시·군계획시설사업을 시행하여서는 아니 된다.

해설
① 「도시 및 주거환경정비법」에 따라 도시·군관리계획의 결정이 의제되는 경우에는 해당 도시·군계획시설결정의 고시일부터 2년 이내에 도시·군계획시설에 대하여 단계별 집행계획을 수립할 수 있다(예외).
도시·군계획시설결정의 고시일부터 3개월 이내에 대통령령으로 정하는 바에 따라 재원조달계획, 보상계획 등을 포함하는 단계별 집행계획을 수립하여야 한다(원칙).

② 3년 이내에 시행하는 도시·군계획시설사업은 단계별 집행계획 중 제1단계 집행계획에 포함되어야 한다. 3년 후에 시행하는 도시·군계획시설사업은 제2단계 집행계획에 포함되도록 하여야 한다.

③ 한국토지주택공사가 도시·군계획시설사업의 시행자로 지정을 받으려는 경우 토지소유자 총수의 3분의 2 이상에 해당하는 자의 동의를 받지 않아도 된다.

⑤ 사업시행자는 도시·군계획시설사업 대상시설을 둘 이상으로 분할하여 도시·군계획시설사업을 시행할 수 있다.

정답 ④

06 | 지구단위계획

▌10개년 출제문항 수

25회	26회	27회	28회	29회
1	1	2	1	1

30회	31회	32회	33회	34회
1		1		1

↳ 총 40문제 中 평균 약 0.9문제 출제

▌학습전략

지구단위계획구역은 난개발 방지를 위해 개발예정지인 도시·군계획 수립 대상지역의 일부를 지정하여 기능을 증진시키며 입체적 개발을 유도하기 위해 지정된 것을 말합니다. 평균 1문제가 출제되며, 이 CHAPTER에서는 지구단위계획구역의 지정요건과 내용, 지구단위계획구역의 지정대상 위주로 학습하여야 합니다.

제1절 지구단위계획

1 지구단위계획의 개념

(1) 정 의 · 18회

지구단위계획이란 도시·군계획 수립 대상지역의 일부에 대하여 토지 이용을 합리화하고 그 기능을 증진시키며 미관을 개선하고 양호한 환경을 확보하며, 그 지역을 체계적·계획적으로 관리하기 위하여 수립하는 도시·군관리계획을 말한다(법 제2조 제5호).

> **정리** 지구단위계획의 수립영역
> ⇦ 일부 (○)
> ⇦ 전부 (×)
> ⇦ 전부 또는 일부 (×)

(2) 결정권자 · 15회 · 18회 · 24회 · 27회 · 32회

지구단위계획구역 및 지구단위계획은 국토교통부장관, 시·도지사, 시장 또는 군수가 도시·군관리계획으로 결정한다(법 제50조).

2 지구단위계획의 수립

(1) 수립기준 · 25회 · 27회

지구단위계획의 수립기준 등은 대통령령으로 정하는 바에 따라 국토교통부장관이 정한다(법 제49조 제2항).

(2) 수립 시 고려사항 · 32회

지구단위계획은 다음의 사항을 고려하여 수립한다(법 제49조 제1항).

> ① 도시의 정비·관리·보전·개발 등 지구단위계획구역의 지정목적
> ② 주거·산업·유통·관광휴양·복합 등 지구단위계획구역의 중심기능
> ③ 해당 용도지역의 특성
> ④ 지역 공동체의 활성화
> ⑤ 안전하고 지속 가능한 생활권의 조성
> ⑥ 해당 지역 및 인근 지역의 토지 이용을 고려한 토지이용계획과 건축계획의
>   조화

제2절　지구단위계획구역

1 지구단위계획구역 지정

1. 도시지역

(1) 임의적 지정대상지역 · 17회 · 18회 · 20회 · 24회 · 25회 · 27회 · 28회 · 32회 · 34회

국토교통부장관, 시·도지사, 시장 또는 군수는 다음의 어느 하나에 해당하는 지역의 전부 또는 일부에 대하여 지구단위계획구역을 지정할 수 있다(법 제51조 제1항).

① 용도지구
② 「도시개발법」에 따라 지정된 도시개발구역
③ 「도시 및 주거환경정비법」에 따라 지정된 정비구역
④ 「택지개발촉진법」에 따라 지정된 택지개발지구
⑤ 「주택법」에 따른 대지조성사업지구
⑥ 「산업입지 및 개발에 관한 법률」의 산업단지와 준산업단지
⑦ 「관광진흥법」에 따라 지정된 관광단지와 관광특구
⑧ 개발제한구역·도시자연공원구역·시가화조정구역 또는 공원에서 해제되는 구역, 녹지지역에서 주거·상업·공업지역으로 변경되는 구역과 새로 도시지역으로 편입되는 구역 중 계획적인 개발 또는 관리가 필요한 지역

암기 임의적 지정대상
1. 개발밀도관리구역 (×)
2. 주거지역에서 녹지지역으로 변경되는 지역 (×)

⑨ 도시지역 내 주거·상업·업무 등의 기능을 결합하는 등 복합적인 토지이용을 증진시킬 필요가 있는 지역으로서 대통령령으로 정하는 요건에 해당하는 지역(일반주거지역, 준주거지역, 준공업지역 및 상업지역에서 낙후된 도심 기능을 회복하거나 도시균형발전을 위한 중심지 육성이 필요한 경우로서 다음의 어느 하나에 해당하는 지역)

> ⊙ 주요 역세권, 고속버스 및 시외버스 터미널, 간선도로의 교차지 등 양호한 기반시설을 갖추고 있어 대중교통 이용이 용이한 지역
> ⓒ 역세권의 체계적·계획적 개발이 필요한 지역
> ⓒ 세 개 이상의 노선이 교차하는 대중교통 결절지(結節地)로부터 1km 이내에 위치한 지역
> ⓔ 「역세권의 개발 및 이용에 관한 법률」에 따른 역세권개발구역, 「도시재정비 촉진을 위한 특별법」에 따른 고밀복합형 재정비촉진지구로 지정된 지역

⑩ 도시지역 내 유휴토지를 효율적으로 개발하거나 교정시설, 군사시설, 그 밖에 대통령령으로 정하는 시설을 이전 또는 재배치하여 토지 이용을 합리화하고, 그 기능을 증진시키기 위하여 집중적으로 정비가 필요한 지역으로서 대통령령으로 정하는 요건에 해당하는 지역

⑪ 도시지역의 체계적·계획적인 관리 또는 개발이 필요한 지역

⑫ 그 밖에 양호한 환경의 확보나 기능 및 미관의 증진 등을 위하여 필요한 지역으로서 대통령령으로 정하는 지역

> **◎참고   대통령령으로 정하는 지역(영 제43조 제4항)**
>
> 1. 시범도시
> 2. 개발행위허가제한지역
> 3. 지하 및 공중공간을 효율적으로 개발하고자 하는 지역
> 4. 용도지역의 지정·변경에 관한 도시·군관리계획을 입안하기 위하여 열람공고된 지역
> 5. 주택재건축사업에 의하여 공동주택을 건축하는 지역
> 6. 지구단위계획구역으로 지정하고자 하는 토지와 접하여 공공시설을 설치하고자 하는 자연녹지지역
> 7. 그 밖에 양호한 환경의 확보 또는 기능 및 미관의 증진 등을 위하여 필요한 지역으로서 특별시·광역시·특별자치시·특별자치도·시 또는 군의 도시·군계획조례가 정하는 지역

추가 대통령령으로 정하는 시설(영 제43조 제2항)
1. 철도, 항만, 공항, 공장, 병원, 학교, 공공청사, 공공기관, 시장, 운동장 및 터미널
2. 그 밖에 위 1.과 유사한 시설로서 특별시·광역시·특별자치시·특별자치도·시 또는 군의 도시·군계획조례로 정하는 시설

추가 대통령령으로 정하는 요건에 해당하는 지역(영 제43조 제3항)
1. 대규모 시설의 이전에 따라 도시기능의 재배치 및 정비가 필요한 지역
2. 토지의 활용 잠재력이 높고 지역거점 육성이 필요한 지역
3. 지역경제 활성화와 고용창출의 효과가 클 것으로 예상되는 지역

정리 의무적 지구단위계획구역의 지정대상지역

1. 정비구역·택지개발지구 10년 경과
2. 30만m² 이상
   ① 녹지 ⇨ 주거·상업·공업 지역(변경)
   ② 시가화조정구역, 공원 ⇨ 해제

(2) 필수적 지정대상지역 · 15회 · 17회 · 20회 · 24회 · 27회 · 34회

국토교통부장관, 시·도지사, 시장 또는 군수는 다음에 해당하는 지역은 지구단위계획구역으로 지정하여야 한다. 다만, 관계 법률에 따라 그 지역에 토지 이용과 건축에 관한 계획이 수립되어 있는 경우에는 그러하지 아니하다(법 제51조 제2항).

① 정비구역 및 택지개발지구에서 시행되는 사업이 끝난 후 10년이 지난 지역

② 다음에 해당하는 지역으로서 체계적·계획적인 개발 또는 관리가 필요한 지역으로서 그 면적이 30만m² 이상인 지역

> ㉠ 녹지지역에서 주거지역·상업지역 또는 공업지역으로 변경되는 지역
> ㉡ 시가화조정구역 또는 공원에서 해제되는 지역(단, 녹지지역으로 지정 또는 존치되거나 법 또는 다른 법령에 의하여 도시·군계획사업 등 개발계획이 수립되지 아니하는 경우를 제외)
> ㉢ 그 밖에 특별시·광역시·특별자치시·특별자치도·시 또는 군의 도시·군계획조례로 정하는 지역

2. 도시지역 외의 지역

(1) 지구단위계획구역 지정 여부 · 24회 · 28회

도시지역 외의 지역도 지구단위계획구역으로 지정될 수 있다.

(2) 지구단위계획구역 지정 가능지역 · 15회 · 18회 · 23회 · 34회

추가 도시지역 외 지역의 지구단위계획구역의 지정대상

1. 계획관리지역
   ① 원칙 : 3만m² 이상
   ② 아파트, 연립 : 30만m² 이상
2. 개발진흥지구
   ① 원칙 : 3만m² 이상
   ② 아파트, 연립 : 30만m² 이상
   ③ 위 치
      • 계획
        ⇨ 주거·특정·복합
      • 계획, 생산, 농림
        ⇨ 산업·유통, 복합
      • 도시 외 ⇨ 관광·휴양
3. 용도지구의 대체지역

도시지역 외의 지역을 지구단위계획구역으로 지정하려는 경우 다음의 어느 하나에 해당하여야 한다(법 제51조 제3항).

① 지정하려는 구역 면적의 100분의 50 이상이 계획관리지역으로서 대통령령으로 정하는 요건에 해당하는 지역(영 제44조 제1항)

② 개발진흥지구로서 당해 개발진흥지구가 다음의 지역에 위치하는 요건에 해당하는 지역(영 제44조 제2항)

> ㉠ 주거개발진흥지구, 복합개발진흥지구(주거기능이 포함된 경우에 한함) 및 특정개발진흥지구 : 계획관리지역
> ㉡ 산업·유통개발진흥지구 및 복합개발진흥지구(주거기능이 포함되지 아니한 경우에 한함) : 계획관리지역·생산관리지역 또는 농림지역
> ㉢ 관광·휴양개발진흥지구 : 도시지역 외의 지역

③ 용도지구를 폐지하고 그 용도지구에서의 행위제한 등을 지구단위계획으로 대체하려는 지역

✔ 참고   대통령령으로 정하는 요건에 해당하는 지역(영 제44조 제1항)

1. 계획관리지역 외에 지구단위계획구역에 포함하는 지역은 생산관리지역 또는 보전관리지역일 것
2. 지구단위계획구역에 보전관리지역을 포함하는 경우 해당 보전관리지역의 면적은 다음의 구분에 따른 요건을 충족할 것. 이 경우 개발행위허가를 받는 등 이미 개발된 토지, 「산지관리법」에 따른 토석채취허가를 받고 토석의 채취가 완료된 토지로서 준보전산지에 해당하는 토지 및 해당 토지를 개발하여도 주변지역의 환경오염·환경훼손 우려가 없는 경우로서 해당 도시계획위원회 또는 공동위원회의 심의를 거쳐 지구단위계획구역에 포함되는 토지의 면적은 다음에 따른 보전관리지역의 면적 산정에서 제외한다.
   ① 전체 지구단위계획구역 면적이 10만m² 이하인 경우 : 전체 지구단위계획구역 면적의 20% 이내
   ② 전체 지구단위계획구역 면적이 10만m² 초과 20만m² 이하인 경우 : 2만m²
   ③ 전체 지구단위계획구역 면적이 20만m²를 초과하는 경우 : 전체 지구단위계획구역 면적의 10% 이내
3. 지구단위계획구역으로 지정하고자 하는 토지의 면적이 다음의 어느 하나에 규정된 면적 요건에 해당할 것
   ① 지정하고자 하는 지역에 「건축법 시행령」 [별표 1]의 공동주택 중 아파트 또는 연립주택의 건설계획이 포함되는 경우에는 30만m² 이상일 것. 이 경우 다음 요건에 해당하는 때에는 일단의 토지를 통합하여 하나의 지구단위계획구역으로 지정할 수 있다.
      ㉠ 아파트 또는 연립주택의 건설계획이 포함되는 각각의 토지의 면적이 10만m² 이상이고, 그 총면적이 30만m² 이상일 것
      ㉡ 위의 각 토지는 국토교통부장관이 정하는 범위 안에 위치하고, 국토교통부장관이 정하는 규모 이상의 도로로 서로 연결되어 있거나 연결도로의 설치가 가능할 것
   ② 지정하고자 하는 지역에 「건축법 시행령」 [별표 1]의 공동주택 중 아파트 또는 연립주택의 건설계획이 포함되는 경우로서 다음의 어느 하나에 해당하는 경우에는 10만m² 이상일 것
      ㉠ 지구단위계획구역이 「수도권정비계획법」의 규정에 의한 자연보전권역인 경우
      ㉡ 지구단위계획구역 안에 초등학교 용지를 확보하여 관할 교육청의 동의를 얻거나 지구단위계획구역 안 또는 지구단위계획구역으로부터 통학이 가능한 거리에 초등학교가 위치하고 학생수용이 가능한 경우로서 관할 교육청의 동의를 얻은 경우
   ③ 위 ① 및 ②의 경우를 제외하고는 3만m² 이상일 것
4. 당해 지역에 도로·수도공급설비·하수도 등 기반시설을 공급할 수 있을 것
5. 자연환경·경관·미관 등을 해치지 아니하고 문화재의 훼손우려가 없을 것

추가 개발진흥지구
개발진흥지구로서 본문 **(2)**의 ②의 ㉠~㉢에 해당하는 지역에 대통령령으로 정하는 요건에 해당하는 지역인 3.~5.의 요건도 포함된다.

2 지구단위계획의 내용

(1) 포함사항 · 15회 · 17회 · 20회 · 21회 · 28회

지구단위계획구역의 지정목적을 이루기 위하여 지구단위계획에는 다음의 사항 중 ③과 ⑤의 사항을 포함한 둘 이상의 사항이 포함되어야 한다. 다만, 다음 ②를 내용으로 하는 지구단위계획의 경우에는 그러하지 아니하다 (법 제52조 제1항).

① 용도지역이나 용도지구를 다음 정하는 범위에서 세분하거나 변경하는 사항

> ㉠ 용도지역의 세분 또는 변경은 주거지역, 상업지역, 공업지역 및 녹지지역을 그 각 범위 안에서 세분 또는 변경하는 것으로 한다.
> ㉡ 도시지역 내 주거·상업·업무 등의 기능을 결합하는 등 복합적인 토지 이용을 증진시킬 필요가 있는 지역으로서 대통령령으로 정하는 요건에 해당하는 지역에 지정된 지구단위계획구역에서는 주거지역, 상업지역, 공업지역, 녹지지역 간의 변경을 포함한다.
> ㉢ 용도지구의 세분 또는 변경은 경관지구, 보호지구, 방재지구, 취락지구 및 개발진흥지구를 각 범위 안에서 세분 또는 변경하는 것으로 한다.

② 기존의 용도지구를 폐지하고 그 용도지구에서의 건축물이나 그 밖의 시설의 용도·종류 및 규모 등의 제한을 대체하는 사항
③ 기반시설의 배치와 규모
④ 도로로 둘러싸인 일단의 지역 또는 계획적인 개발·정비를 위하여 구획된 일단의 토지의 규모와 조성계획
⑤ 건축물의 용도제한, 건축물의 건폐율 또는 용적률, 건축물 높이의 최고한도 또는 최저한도
⑥ 건축물의 배치·형태·색채 또는 건축선에 관한 계획
⑦ 환경관리계획 또는 경관계획
⑧ 보행안전 등을 고려한 교통처리계획
⑨ 그 밖에 토지 이용의 합리화, 도시나 농·산·어촌의 기능 증진 등에 필요한 사항으로서 대통령령으로 정하는 사항

정리 **필수적 포함사항(2가지)**
1. 기반시설의 배치와 규모
2. 건축물의 용도제한, 건축물의 건폐율 또는 용적률, 건축물 높이의 최고한도 또는 최저한도

정리 **기출지문확인**
지구단위계획에 의해 제2종 일반주거지역을 준주거지역으로 변경할 수 있다. · 20회

(2) 도시·군계획시설의 처리·공급 및 수용능력과의 조화

지구단위계획은 도로, 상하수도 등 대통령령으로 정하는 도시·군계획시설의 처리·공급 및 수용능력이 지구단위계획구역에 있는 건축물의 연면적, 수용인구 등 개발밀도와 적절한 조화를 이룰 수 있도록 하여야 한다(법 제52조 제2항).

3 지구단위계획구역에서 법률규정의 완화 적용

(1) 완화 적용되는 법률규정 항목 ·16회

지구단위계획구역에서는 다음의 각 법률의 규정에 관하여 대통령령으로 정하는 범위에서 지구단위계획으로 정하는 바에 따라 완화하여 적용할 수 있다(법 제52조 제3항).

「국토의 계획 및 이용에 관한 법률」	① 용도지역 및 용도지구에서의 건축제한 등(제76조) ② 용도지역의 건폐율(제77조) ③ 용도지역에서의 용적률(제78조)
「건축법」	① 대지의 조경(제42조) ② 공개공지 등의 확보(제43조) ③ 대지와 도로의 관계(제44조) ④ 건축물의 높이제한(제60조) ⑤ 일조 등의 확보를 위한 건축물의 높이제한(제61조)
「주차장법」	① 부설주차장의 설치·지정(제19조) ② 부설주차장 설치계획서(제19조의2)

(2) 도시지역 내 법률규정 완화 적용

① **공공시설부지 제공에 따른 완화**(영 제46조 제1항) ·24회 ·27회 ·29회

㉠ 지구단위계획구역(도시지역 내에 지정하는 경우로 한정)에서 건축물을 건축하려는 자가 그 대지의 일부를 공공시설등의 부지로 제공하거나 공공시설등을 설치하여 제공하는 경우(지구단위계획구역 밖의 하수도법에 따른 배수구역에 공공하수처리시설을 설치하여 제공하는 경우를 포함)에는 그 건축물에 대하여 지구단위계획으로 다음의 구분에 따라 건폐율·용적률 및 높이제한을 완화하여 적용할 수 있다.

정리 조 화

도시·군계획시설의 처리·공급 및 수용능력

조화

건축물의 연면적, 수용인구 등 개발밀도

정리 「건축법」상 완화기준
1. 대지분할제한 (×)
2. 구조 및 설비에 관한 내용 (×)

* **공공시설등의 부지로 제공하는 면적**
공공시설등의 부지를 제공하는 자가 용도가 폐지되는 공공시설을 무상으로 양수받은 경우에는 그 양수받은 부지면적을 빼고 산정한다.

정리 완화 적용
1. 도시지역 내
   ① 건폐율 : 150% 이내
   ② 용적률 : 200% 이내
2. 도시지역 외
   ① 건폐율 : 150% 이내
   ② 용적률 : 200% 이내

추가 용적률 완화범위
도시지역에 개발진흥지구를 지정하고 당해 지구를 지구단위계획구역으로 지정한 경우에는 지구단위계획으로 당해 용도지역에 적용되는 용적률의 120% 이내에서 용적률을 완화하여 적용할 수 있다(영 제46조 제7항).

완화할 수 있는 건폐율	해당 용도지역에 적용되는 건폐율 × [1 + 공공시설등의 부지로 제공하는 면적* ÷ 원래의 대지면적] 이내
완화할 수 있는 용적률	해당 용도지역에 적용되는 용적률 + [1.5 × (공공시설등의 부지로 제공하는 면적 × 공공시설등 제공 부지의 용적률) ÷ 공공시설등의 부지 제공 후의 대지면적] 이내
완화할 수 있는 높이	「건축법」에 따라 제한된 높이 × (1 + 공공시설등의 부지로 제공하는 면적 ÷ 원래의 대지면적) 이내

㉡ 제공받은 공공시설등은 국유재산 또는 공유재산으로 관리한다.

② **건폐율·용적률·높이제한의 완화** • 29회

㉠ **건폐율** : 지구단위계획구역에서는 도시·군계획조례의 규정에 불구하고 지구단위계획으로 건폐율을 완화하여 적용할 수 있으며, 완화하여 적용되는 건폐율은 당해 용도지역 또는 용도지구에 적용되는 건폐율의 150%를 초과할 수 없다(영 제46조 제4항·제10항).

㉡ **용적률** : 지구단위계획구역에서 건축물을 건축하고자 하는 자가 「건축법」에 따른 공개공지 또는 공개공간을 같은 항에 따른 의무면적을 초과하여 설치한 경우에는 당해 건축물에 대하여 지구단위계획으로 용적률을 완화하여 적용할 수 있으며, 완화하여 적용되는 용적률은 당해 용도지역 또는 용도지구에 적용되는 용적률의 200%를 초과할 수 없다(영 제46조 제3항·제10항).

㉢ **높이제한** : 도시지역에 개발진흥지구를 지정하고 당해 지구를 지구단위계획구역으로 지정한 경우에는 지구단위계획으로 「건축법」 제60조(건축물의 높이제한)에 따라 제한된 건축물 높이의 120% 이내에서 높이제한을 완화하여 적용할 수 있다(영 제46조 제8항).

참고 역세권 복합용도개발형 지구단위계획구역의 준주거지역에서 용적률과 높이제한 완화

1. 위 **1 1. (1)**의 ⑨에 따라 지정된 지구단위계획구역 내 준주거지역에서 「공공주택 특별법」에 따른 도심 공공주택 복합사업 또는 「빈집 및 소규모주택 정비에 관한 특례법」에 따른 소규모재개발사업을 시행하는 경우에는 지구단위계획으로 법정 용적률의 140% 이내의 범위에서 용적률을 완화하여 적용할 수 있다(영 제46조 제12항).
2. 위 **1 1. (1)**의 ⑨에 따라 지정된 지구단위계획구역 내 준주거지역에서는 지구단위계획으로 「건축법」에 따른 채광(採光) 등의 확보를 위한 건축물의 높이제한을 200% 이내의 범위에서 완화하여 적용할 수 있다(영 제46조 제13항).

③ **건축제한의 완화** : 지구단위계획구역에서는 지구단위계획으로 용도지역 안에서 건축할 수 있는 건축물(도시·군계획조례가 정하는 바에 의하여 건축할 수 있는 건축물의 경우 도시·군계획조례에서 허용되는 건축물에 한함)의 용도·종류 및 규모 등의 범위 안에서 이를 완화하여 적용할 수 있다 (영 제46조 제5항).

④ **주차장 설치기준의 완화** · 26회 · 28회

지구단위계획구역의 지정목적이 다음에 해당하는 경우에는 지구단위계획으로 「주차장법」에 의한 주차장 설치기준을 100%까지 완화하여 적용할 수 있다(영 제46조 제6항).

정리 주차장 설치기준
1. 완 화
   100%까지
2. 대 상
   ① 한옥마을 보존
   ② 차 없는 거리

㉠ 한옥마을을 보존하고자 하는 경우
㉡ 차 없는 거리를 조성하고자 하는 경우(지구단위계획으로 보행자전용도로를 지정하거나 차량의 출입을 금지한 경우를 포함)
㉢ 원활한 교통소통 또는 보행환경 조성을 위하여 도로에서 대지로의 차량 통행이 제한되는 차량진입금지구간을 지정한 경우(규칙 제8조의4)

(3) 도시지역 외 법률규정 완화 적용 · 15회 · 29회

완화규정	완화범위
건폐율·용적률	도시지역 외에 지정하는 지구단위계획구역에서는 지구단위계획으로 당해 용도지역 또는 개발진흥지구에 적용되는 건폐율의 150% 및 용적률의 200% 이내에서 건폐율 및 용적률을 완화하여 적용할 수 있다(영 제47조 제1항).
건축제한	지구단위계획구역에서는 지구단위계획으로 건축물의 용도·종류 및 규모 등을 완화하여 적용할 수 있다. 다만, 개발진흥지구(계획관리지역에 지정된 개발진흥지구를 제외)에 지정된 지구단위계획구역에 대하여는 공동주택 중 아파트 및 연립주택은 허용되지 아니한다(영 제47조 제2항).

4 지구단위계획구역의 실효

(1) 원칙적 실효사유(법 제53조 제1항)

① 지구단위계획구역의 지정에 관한 도시·군관리계획결정의 고시일부터 3년 이내에 그 지구단위계획구역에 관한 지구단위계획이 결정·고시되지 아니하면 그 3년이 되는 날의 다음 날에 그 지구단위계획구역의 지정에 관한 도시·군관리계획 결정은 효력을 잃는다.

정리 지구단위계획구역의 실효
1. 고시일부터 3년 이내 지구단위계획이 결정·고시되지 아니하면 ➡ 3년이 되는 날의 다음 날
2. 지구단위계획 결정·고시일부터 5년 이내 공사에 착수하지 아니하면 ➡ 5년이 된 날의 다음 날

② 다른 법률에서 지구단위계획의 결정(결정된 것으로 보는 경우를 포함)에 관하여 따로 정한 경우에는 그 법률에 따라 지구단위계획을 결정할 때까지 지구단위계획구역의 지정은 그 효력을 유지한다.

(2) 예외적 실효사유(법 제53조 제2항) · 34회

① 지구단위계획(주민이 입안을 제안한 것에 한정)에 관한 도시·군관리계획결정의 고시일부터 5년 이내에 이 법 또는 다른 법률에 따라 허가·인가·승인 등을 받아 사업이나 공사에 착수하지 아니하면 그 5년이 된 날의 다음 날에 그 지구단위계획에 관한 도시·군관리계획결정은 효력을 잃는다.

② 지구단위계획과 관련한 도시·군관리계획결정에 관한 사항은 해당 지구단위계획구역 지정 당시의 도시·군관리계획으로 환원된 것으로 본다.

(3) 실효고시

국토교통부장관, 시·도지사, 시장 또는 군수는 지구단위계획구역 지정 및 지구단위계획 결정이 효력을 잃으면 대통령령으로 정하는 바에 따라 지체 없이 그 사실을 고시하여야 한다(법 제53조 제3항).

암기 구 분
1. 고시할 수 있다. (×)
2. 고시하여야 한다. (○)

5 지구단위계획구역에서 건축물 건축 · 32회

지구단위계획구역에서 건축물(일정 기간 내 철거가 예상되는 경우 등 대통령령으로 정하는 가설건축물은 제외)을 건축 또는 용도변경하거나 공작물을 설치하려면 그 지구단위계획에 맞게 하여야 한다. 다만, 지구단위계획이 수립되어 있지 아니한 경우에는 그러하지 아니하다(법 제54조).

> ✔ **참고** **대통령령으로 정하는 가설건축물(영 제50조의2)**
>
> 다음의 어느 하나에 해당하는 가설건축물을 말한다.
> 1. 존치기간(연장된 존치기간을 포함한 총 존치기간)이 3년의 범위에서 해당 특별시·광역시·특별자치시·특별자치도·시 또는 군의 도시·군계획조례로 정한 존치기간 이내인 가설건축물
> 2. 재해복구기간 중 이용하는 재해복구용 가설건축물
> 3. 공사기간 중 이용하는 공사용 가설건축물

국토의 계획 및 이용에 관한 법령상 지구단위계획구역의 지정에 관한 설명으로 옳은 것은? (단, 조례는 고려하지 않음) • 34회

① 「산업입지 및 개발에 관한 법률」에 따른 준산업단지에 대하여는 지구단위계획구역을 지정할 수 없다.

② 도시지역 내 복합적인 토지 이용을 증진시킬 필요가 있는 지역으로서 지구단위계획구역을 지정할 수 있는 지역에 일반공업지역은 해당하지 않는다.

③ 「택지개발촉진법」에 따라 지정된 택지개발지구에서 시행되는 사업이 끝난 후 5년이 지나면 해당 지역은 지구단위계획구역으로 지정하여야 한다.

④ 도시지역 외의 지역을 지구단위계획구역으로 지정하려면 지정하려는 구역 면적의 3분의 2 이상이 계획관리지역이어야 한다.

⑤ 농림지역에 위치한 산업·유통개발진흥지구는 지구단위계획구역으로 지정할 수 있는 대상지역에 포함되지 않는다.

해설 ② 도시지역 내 복합적인 토지 이용을 증진시킬 필요가 있는 지역으로서 지구단위계획구역을 지정할 수 있는 지역은 일반주거지역, 준주거지역, 준공업지역, 상업지역으로서 일정한 요건을 갖춘 지역이다. 따라서 일반공업지역은 해당하지 않으므로 맞는 지문이다.

① 「산업입지 및 개발에 관한 법률」에 따른 준산업단지에 대하여는 지구단위계획구역을 지정할 수 있다.

③ 「택지개발촉진법」에 따라 지정된 택지개발지구에서 시행되는 사업이 끝난 후 10년이 지나면 해당 지역은 지구단위계획구역으로 지정하여야 한다.

④ 도시지역 외의 지역에서 지구단위계획구역을 지정하려는 경우 구역 면적의 100분의 50 이상이 계획관리지역으로서 일정한 요건을 갖춘 지역에 지구단위계획구역을 지정할 수 있다.

⑤ 농림지역에 위치한 산업·유통개발진흥지구는 지구단위계획구역으로 지정할 수 있는 대상지역에 포함된다. 따라서 계획관리지역, 생산관리지역, 농림지역에 위치한 산업·유통개발진흥지구는 지구단위계획구역으로 지정할 수 있다.

정답 ②

07 | 개발행위의 허가 등

┃10개년 출제문항 수

25회	26회	27회	28회	29회
3	3	1	1	2

30회	31회	32회	33회	34회
4	4	3	4	3

↳ 총 40문제 中 평균 약 2.8문제 출제

┃학습전략

매회 2~3문제 정도가 출제되는 매우 중요한 CHAPTER입니다. 이 CHAPTER에서는 개발행위 허가대상, 개발행위 허가제한, 개발밀도관리구역, 기반시설부담구역, 공공시설의 귀속이 주로 출제되고 있기 때문에 그것에 대한 내용 위주로 학습하여야 합니다.

제1절 개발행위허가

1 개발행위

(1) 허가대상 ·16회 ·20회 ·22회 ·23회 ·24회 ·26회 ·34회

다음의 어느 하나에 해당하는 개발행위를 하려는 자는 특별시장·광역시장·특별자치시장·특별자치도지사·시장 또는 군수의 개발행위허가를 받아야 한다. 다만, 도시·군계획사업(다른 법률에 따라 도시·군계획사업을 의제한 사업을 포함)에 의한 행위는 그러하지 아니하다(법 제56조 제1항, 영 제51조 제1항).

개발행위 항목	개발행위 내용
건축물의 건축	「건축법」에 따른 건축물의 건축
공작물의 설치	인공을 가하여 제작한 시설물(건축법에 따른 건축물을 제외)의 설치
토지의 형질변경	절토(땅깎기)·성토(흙쌓기)·정지(땅고르기)·포장 등의 방법으로 토지의 형상을 변경하는 행위와 공유수면의 매립(경작을 위한 토지의 형질변경은 제외)
토석채취	흙·모래·자갈·바위 등의 토석을 채취하는 행위(단, 토지의 형질변경을 목적으로 하는 것은 제외)

정리 개발행위 허가권자

특별시장·광역시장·특별자치시장·특별자치도지사·시장 또는 군수

정리 도시·군계획사업에 의한 행위

1. 도시·군계획시설사업
2. 도시개발사업
3. 도시정비사업
⇨ 체계적인 개발에 의한 도시·군계획사업은 난개발의 우려가 없기 때문에 개발행위 허가대상 (×)

암기 토지의 형질변경

1. 경작을 위한 토지의 형질변경은 허가를 받지 않는다.
2. 경작을 위한 토지의 형질변경이라도 지목의 변경을 수반하는 경우 허가를 받아야 한다.
3. 경작을 위한 토지의 형질변경이라도 지목의 변경이 전·답 사이의 변경인 경우에는 허가를 받지 않는다.

토지분할	① 녹지지역·관리지역·농림지역 및 자연환경보전지역 안에서 관계 법령에 따른 허가·인가 등을 받지 아니하고 행하는 토지의 분할 ② 「건축법」에 따른 분할제한면적 미만으로의 토지의 분할 ③ 관계 법령에 의한 허가·인가 등을 받지 아니하고 행하는 너비 5m 이하로의 토지의 분할
물건을 쌓아놓는 행위	녹지지역·관리지역 또는 자연환경보전지역 안에서 「건축법」에 따라 사용승인을 받은 건축물의 울타리 안에 위치하지 아니한 토지에 물건을 1개월 이상 쌓아놓는 행위

> **⊕ 보충** **대통령령으로 정하는 토지의 형질변경(영 제51조 제2항)**
>
> 조성이 끝난 농지에서 농작물 재배, 농지의 지력 증진 및 생산성 향상을 위한 객토(새 흙 넣기)·환토(흙 바꾸기)·정지(땅고르기) 또는 양수·배수시설의 설치·정비를 위한 토지의 형질변경으로서 다음의 어느 하나에 해당하지 않는 형질변경을 말한다.
> 1. 인접토지의 관개·배수 및 농작업에 영향을 미치는 경우
> 2. 재활용 골재, 사업장 폐토양, 무기성 오니(오염된 침전물) 등 수질오염 또는 토질오염의 우려가 있는 토사 등을 사용하여 성토하는 경우. 다만, 「농지법 시행령」 제3조의2 제2호에 따른 성토는 제외한다.
> 3. 지목의 변경을 수반하는 경우(전·답 사이의 변경은 제외)
> 4. 옹벽 설치(영 제53조에 따라 허가를 받지 않아도 되는 옹벽 설치는 제외) 또는 2m 이상의 절토·성토가 수반되는 경우. 다만, 절토·성토에 대해서는 2m 이내의 범위에서 특별시·광역시·특별자치시·특별자치도·시 또는 군의 도시·군계획조례로 따로 정할 수 있다.

(2) 변경허가 ·23회·24회·25회·26회

① **원칙** : 개발행위허가를 받은 사항을 변경하는 경우에는 변경허가를 받아야 한다(법 제56조 제2항).

② **예외** : 개발행위허가를 받은 자는 다음에 해당하는 경미한 사항을 변경한 때에는 지체 없이 그 사실을 특별시장·광역시장·특별자치시장·특별자치도지사·시장 또는 군수에게 변경허가를 받지 않고 통지하여야 한다(영 제52조 제1항).

> ㉠ 사업기간을 단축하는 경우
> ㉡ 부지면적 또는 건축물 연면적을 5% 범위에서 축소(공작물의 무게, 부피, 수평투영면적* 또는 토석채취량을 5% 범위에서 축소하는 경우를 포함)하는 경우

추가 **토지형질변경과 토석채취 특례**

개발행위 중 도시지역과 계획관리지역의 산림에서의 임도(林道) 설치와 사방사업에 관하여는 「산림자원의 조성 및 관리에 관한 법률」과 「사방사업법」에 따르고, 보전관리지역·생산관리지역·농림지역 및 자연환경보전지역의 산림에서의 토지의 형질변경(농업·임업·어업을 목적으로 하는 토지의 형질 변경만 해당) 및 토석채취에 관하여는 「산지관리법」에 따른다(법 제56조 제3항).

암기 **토지분할**
건축물이 있는 대지의 토지분할은 허가를 받지 않는다.

암기 **개발행위 변경 예외**
1. 단축 (○)
2. 축소 (○)
3. 확대 (×)
4. 연장 (×)

* **수평투영면적**
하늘에서 내려다보이는 수평면적을 말한다.

ⓒ 관계 법령의 개정 또는 도시·군관리계획의 변경에 따라 허가받은 사항을 불가피하게 변경하는 경우

ⓔ 「공간정보의 구축 및 관리 등에 관한 법률」 및 「건축법」에 따라 허용되는 오차를 반영하기 위한 변경인 경우

ⓜ 「건축법 시행령」 제12조 제3항(일괄신고대상)의 변경(공작물의 위치를 1m 범위에서 변경하는 경우를 포함)인 경우

(3) 허가 없이 가능한 개발행위 · 16회 · 20회 · 26회 · 30회

다음의 어느 하나에 해당하는 행위는 개발행위허가를 받지 아니하고 할 수 있다(법 제56조 제4항).

① 재해복구나 재난수습을 위한 응급조치(단, 응급조치를 한 경우에는 1개월 이내에 특별시장·광역시장·특별자치시장·특별자치도지사·시장 또는 군수에게 신고하여야 한다)

② 「건축법」에 따라 신고하고 설치할 수 있는 건축물의 개축·증축 또는 재축과 이에 필요한 범위에서의 토지의 형질변경(도시·군계획시설사업이 시행되지 아니하고 있는 도시·군계획시설의 부지인 경우만 가능)

③ 그 밖에 대통령령으로 정하는 경미한 행위

➕ 보충 │ 허가를 받지 아니하여도 되는 경미한 행위(영 제53조)

1. **건축물의 건축** : 「건축법」에 따른 건축허가 또는 건축신고 및 가설건축물 건축의 허가 또는 가설건축물의 축조신고 대상에 해당하지 아니하는 건축물의 건축

2. **공작물의 설치**
   ① 도시지역 또는 지구단위계획구역에서 무게가 50톤 이하, 부피가 50m³ 이하, 수평투영면적이 50m² 이하인 공작물의 설치(단, 건축법 시행령 제118조 제1항 각 호의 어느 하나에 해당하는 공작물의 설치는 제외)
   ② 도시지역·자연환경보전지역 및 지구단위계획구역 외의 지역에서 무게가 150톤 이하, 부피가 150m³ 이하, 수평투영면적이 150m² 이하인 공작물의 설치(단, 건축법 시행령 제118조 제1항 각 호의 어느 하나에 해당하는 공작물의 설치는 제외)
   ③ 녹지지역·관리지역 또는 농림지역 안에서의 농림어업용 비닐하우스(양식산업발전법 제43조 제1항 각 호에 따른 양식업을 하기 위하여 비닐하우스 안에 설치하는 양식장은 제외)의 설치

3. **토지의 형질변경**
   ① 높이 50cm 이내 또는 깊이 50cm 이내의 절토·성토·정지 등(포장을 제외하며, 주거지역·상업지역 및 공업지역 외의 지역에서는 지목변경을 수반하지 아니하는 경우에 한함)

② 도시지역·자연환경보전지역 및 지구단위계획구역 외의 지역에서 면적이 660m² 이하인 토지에 대한 지목변경을 수반하지 아니하는 절토·성토·정지·포장 등(토지의 형질변경 면적은 형질변경이 이루어지는 당해 필지의 총면적)

③ 조성이 완료된 기존 대지에 건축물이나 그 밖의 공작물을 설치하기 위한 토지의 형질변경(절토 및 성토는 제외)

④ 국가 또는 지방자치단체가 공익상의 필요에 의하여 직접 시행하는 사업을 위한 토지의 형질변경

4. 토석채취

① 도시지역 또는 지구단위계획구역에서 채취면적이 25m² 이하인 토지에서의 부피 50m³ 이하의 토석채취

② 도시지역·자연환경보전지역 및 지구단위계획구역 외의 지역에서 채취면적이 250m² 이하인 토지에서의 부피 500m³ 이하의 토석채취

5. 토지분할

① 「사도법」에 의한 사도개설허가를 받은 토지의 분할

② 토지의 일부를 국유지 또는 공유지로 하거나 공공시설로 사용하기 위한 토지의 분할

③ 행정재산 중 용도폐지되는 부분의 분할 또는 일반재산을 매각·교환 또는 양여하기 위한 분할

④ 토지의 일부가 도시·군계획시설로 지형도면고시가 된 당해 토지의 분할

⑤ 너비 5m 이하로 이미 분할된 토지의 「건축법」에 따른 분할제한면적 이상으로의 분할

6. 물건을 쌓아놓는 행위

① 녹지지역 또는 지구단위계획구역에서 물건을 쌓아놓는 면적이 25m² 이하인 토지에 전체무게 50톤 이하, 전체부피 50m³ 이하로 물건을 쌓아놓는 행위

② 관리지역(지구단위계획구역으로 지정된 지역을 제외)에서 물건을 쌓아놓는 면적이 250m² 이하인 토지에 전체무게 500톤 이하, 전체부피 500m³ 이하로 물건을 쌓아놓는 행위

(4) 개발행위허가의 기준 · 20회 · 23회 · 25회 · 31회 · 34회

① **일반적 기준** : 특별시장·광역시장·특별자치시장·특별자치도지사·시장 또는 군수는 개발행위허가의 신청 내용이 다음의 기준에 맞는 경우에만 개발행위허가 또는 변경허가를 하여야 한다(법 제58조 제1항).

㉠ 용도지역별 특성을 고려하여 다음에서 정하는 개발행위의 규모에 적합할 것(단, 개발행위가 농어촌정비법에 따른 농어촌정비사업으로 이루어지는 경우 등 대통령령으로 정하는 경우에는 개발행위 규모의 제한을 받지 아니한다)

암기 개발행위허가의 기준
1. 개발행위의 규모에 적합
2. 도시·군관리계획 및 성장관리계획
3. 도시·군계획사업의 시행
4. 주변환경이나 경관과 조화
5. 기반시설의 설치나 용지확보
※ ○ : 암기법

구 분	허가기준면적
주거지역·상업지역·자연녹지지역·생산녹지지역	1만m² 미만
공업지역·관리지역·농림지역	3만m² 미만
보전녹지지역·자연환경보전지역	5천m² 미만

ⓛ 도시·군관리계획 및 성장관리계획의 내용에 어긋나지 아니할 것

ⓒ 도시·군계획사업의 시행에 지장이 없을 것

ⓔ 주변지역의 토지이용실태 또는 토지이용계획, 건축물의 높이, 토지의 경사도, 수목의 상태, 물의 배수, 하천·호소·습지의 배수 등 주변환경이나 경관과 조화를 이룰 것

ⓜ 해당 개발행위에 따른 기반시설의 설치나 그에 필요한 용지의 확보계획이 적절할 것

② **2 이상의 용도지역에 걸칠 때 기준**(영 제55조 제2항)

ⓐ 개발행위허가의 대상인 토지가 2 이상의 용도지역에 걸치는 경우에는 각각의 용도지역에 위치하는 토지부분에 대하여 각각의 용도지역의 개발행위의 규모에 관한 규정을 적용한다.

ⓑ 개발행위허가의 대상인 토지의 총면적이 당해 토지가 걸쳐 있는 용도지역 중 개발행위의 규모가 가장 큰 용도지역의 개발행위의 규모를 초과하여서는 아니 된다.

③ **용도지역별 기준** : 허가할 수 있는 경우 그 허가의 기준은 지역의 특성, 지역의 개발상황, 기반시설의 현황 등을 고려하여 다음의 구분에 따라 대통령령으로 정한다(법 제58조 제3항).

시가화 용도	토지의 이용 및 건축물의 용도·건폐율·용적률·높이 등에 대한 용도지역의 제한에 따라 개발행위허가의 기준을 적용하는 주거지역·상업지역 및 공업지역
유보 용도	도시계획위원회의 심의를 통하여 개발행위허가의 기준을 강화 또는 완화하여 적용할 수 있는 계획관리지역·생산관리지역 및 녹지지역 중 자연녹지지역
보전 용도	도시계획위원회의 심의를 통하여 개발행위허가의 기준을 강화하여 적용할 수 있는 보전관리지역·농림지역·자연환경보전지역 및 녹지지역 중 보전녹지지역과 생산녹지지역

(5) 성장관리계획* ·29회 ·31회 ·32회 ·33회

① 성장관리계획구역 지정

㉠ 지정대상지역 : 특별시장·광역시장·특별자치시장·특별자치도지사·시장 또는 군수는 녹지지역, 관리지역, 농림지역 및 자연환경보전지역 중 다음의 어느 하나에 해당하는 지역의 전부 또는 일부에 대하여 성장관리계획구역을 지정할 수 있다(법 제75조의2 제1항).

> ⓐ 개발수요가 많아 무질서한 개발이 진행되고 있거나 진행될 것으로 예상되는 지역
> ⓑ 주변의 토지이용이나 교통여건 변화 등으로 향후 시가화가 예상되는 지역
> ⓒ 주변지역과 연계하여 체계적인 관리가 필요한 지역
> ⓓ 「토지이용규제 기본법」에 따른 지역·지구 등의 변경으로 토지이용에 대한 행위제한이 완화되는 지역
> ⓔ 그 밖에 난개발의 방지와 체계적인 관리가 필요한 지역으로서 대통령령으로 정하는 지역

㉡ 지정절차

의견청취· 협의· 심의	특별시장·광역시장·특별자치시장·특별자치도지사·시장 또는 군수는 성장관리계획구역을 지정하거나 이를 변경하려면 대통령령으로 정하는 바에 따라 미리 주민과 해당 지방의회의 의견을 들어야 하며, 관계 행정기관과의 협의 및 지방도시계획위원회의 심의를 거쳐야 한다. 다만, 대통령령으로 정하는 경미한 사항을 변경하는 경우에는 그러하지 아니하다(법 제75조의2 제2항).
지방의회 의견제시	특별시·광역시·특별자치시·특별자치도·시 또는 군의 의회는 특별한 사유가 없으면 60일 이내에 특별시장·광역시장·특별자치시장·특별자치도지사·시장 또는 군수에게 의견을 제시하여야 하며, 그 기한까지 의견을 제시하지 아니하면 의견이 없는 것으로 본다(법 제75조의2 제3항).
송부· 고시· 열람	특별시장·광역시장·특별자치시장·특별자치도지사·시장 또는 군수가 성장관리계획구역을 지정하거나 이를 변경한 경우에는 관계 행정기관의 장에게 관계 서류를 송부하여야 하며, 대통령령으로 정하는 바에 따라 이를 고시하고 14일 이상 일반인이 열람할 수 있도록 하여야 한다(법 제75조의2 제5항).
지정 기준 및 절차	그 밖에 성장관리계획구역의 지정 기준 및 절차 등에 관하여 필요한 사항은 대통령령으로 정한다(법 제75조의2 제6항).

---

* 성장관리계획

성장관리계획구역에서의 난개발을 방지하고 계획적인 개발을 유도하기 위하여 수립하는 계획을 말한다.

정리 성장관리계획

1. 수립권자
   도시·군 관할 구역의 장
2. 수립절차
   ① 주민과 해당 지방의회의 (의견청취)
   ② 관계 행정기관과의 (협의)
   ③ 지방도시계획위원회의 (심의)

추가 대통령령으로 정하는 지역(영 제70조의12)

1. 인구 감소 또는 경제성장 정체 등으로 압축적이고 효율적인 도시성장관리가 필요한 지역
2. 공장 등과 입지 분리 등을 통해 쾌적한 주거환경 조성이 필요한 지역
3. 그 밖에 난개발의 방지와 체계적인 관리가 필요한 지역으로서 특별시·광역시·특별자치시·특별자치도·시 또는 군의 도시·군계획조례로 정하는 지역

추가 협의 시 의견제시

협의 요청을 받은 관계 행정기관의 장은 특별한 사유가 없으면 요청을 받은 날부터 30일 이내에 특별시장·광역시장·특별자치시장·특별자치도지사·시장 또는 군수에게 의견을 제시하여야 한다(법 제75조의2 제4항).

② **성장관리계획 수립**

ㄱ **수립 시 내용** : 특별시장·광역시장·특별자치시장·특별자치도지 사·시장 또는 군수는 성장관리계획구역을 지정할 때에는 다음의 사항 중 그 성장관리계획구역의 지정목적을 이루는 데 필요한 사항 을 포함하여 성장관리계획을 수립하여야 한다(법 제75조의3 제1항).

> ⓐ 도로, 공원 등 기반시설의 배치와 규모에 관한 사항
> ⓑ 건축물의 용도제한, 건축물의 건폐율 또는 용적률
> ⓒ 건축물의 배치, 형태, 색채 및 높이
> ⓓ 환경관리 및 경관계획
> ⓔ 그 밖에 난개발의 방지와 체계적인 관리에 필요한 사항으로서 대통 령령으로 정하는 사항

ㄴ **건폐율 완화** : 성장관리계획구역에서는 다음의 구분에 따른 범위 에서 성장관리계획으로 정하는 바에 따라 특별시·광역시·특별자 치시·특별자치도·시 또는 군의 조례로 정하는 비율까지 건폐율을 완화하여 적용할 수 있다(법 제75조의3 제2항).

> ⓐ 계획관리지역 : 50% 이하
> ⓑ 생산관리지역·농림지역·자연녹지지역 및 생산녹지지역 : 30% 이하

ㄷ **용적률 완화** : 성장관리계획구역 내 계획관리지역에서는 125% 이 하의 범위에서 성장관리계획으로 정하는 바에 따라 특별시·광역 시·특별자치시·특별자치도·시 또는 군의 조례로 정하는 비율까지 용적률을 완화하여 적용할 수 있다(법 제75조의3 제3항).

ㄹ **타당성 검토** : 특별시장·광역시장·특별자치시장·특별자치도지사· 시장 또는 군수는 5년마다 관할 구역 내 수립된 성장관리계획에 대하 여 대통령령으로 정하는 바에 따라 그 타당성 여부를 전반적으로 재검 토하여 정비하여야 한다(법 제75조의3 제5항).

③ **성장관리계획구역에서의 개발행위** : 성장관리계획구역에서 개발행위 또는 건축물의 용도변경을 하려면 그 성장관리계획에 맞게 하여야 한 다(법 제75조의4).

2 개발행위허가의 절차

(1) 개발행위허가 신청(법 제57조 제1항)

① **원칙** : 개발행위를 하려는 자는 그 개발행위에 따른 기반시설의 설치나 그에 필요한 용지의 확보, 위해(危害) 방지, 환경오염 방지, 경관, 조경 등에 관한 계획서를 첨부한 신청서를 개발행위허가권자에게 제출하여야 한다.

② **예외** : 개발밀도관리구역 안에서는 기반시설의 설치나 그에 필요한 용지의 확보에 관한 계획서를 제출하지 아니한다. 다만, 「건축법」의 적용을 받는 건축물의 건축 또는 공작물의 설치를 하려는 자는 「건축법」에서 정하는 절차에 따라 신청서류를 제출하여야 한다.

(2) 의견청취

① **시행자의 의견청취** : 특별시장·광역시장·특별자치시장·특별자치도지사·시장 또는 군수는 개발행위허가 또는 변경허가를 하려면 그 개발행위가 도시·군계획사업의 시행에 지장을 주는지에 관하여 해당 지역에서 시행되는 도시·군계획사업의 시행자의 의견을 들어야 한다(법 제58조 제2항).

② **관리청의 의견청취** : 특별시장·광역시장·특별자치시장·특별자치도지사·시장 또는 군수는 공공시설의 귀속에 관한 사항이 포함된 개발행위허가를 하려면 미리 해당 공공시설이 속한 관리청의 의견을 들어야 한다(법 제65조 제3항).

(3) 심 의 • 20회 • 33회 • 34회

① **원칙** : 관계 행정기관의 장은 건축물의 건축, 공작물의 설치, 토지의 형질변경, 토석의 채취에 해당하는 행위 중 어느 하나에 해당하는 행위로서 대통령령으로 정하는 행위를 이 법에 따라 허가 또는 변경허가를 하거나 다른 법률에 따라 인가·허가·승인 또는 협의를 하려면 대통령령으로 정하는 바에 따라 중앙도시계획위원회나 지방도시계획위원회의 심의를 거쳐야 한다(법 제59조 제1항).

② **예외** : 다음의 어느 하나에 해당하는 개발행위는 중앙도시계획위원회와 지방도시계획위원회의 심의를 거치지 아니한다(법 제59조 제2항).

정리 의견청취대상
1. 시행자 (○)
2. 관리청 (○)
3. 일반인 (×)

○ 법 제8조(다른 법률에 따른 토지이용에 관한 구역 등의 지정제한), 법 제9조(다른 법률에 따른 도시·군관리계획의 변경제한) 또는 다른 법률에 따라 도시계획위원회의 심의를 받는 구역에서 하는 개발행위
○ 지구단위계획 또는 성장관리계획을 수립한 지역에서 하는 개발행위
○ 주거지역·상업지역·공업지역에서 시행하는 개발행위 중 특별시·광역시·특별자치시·특별자치도·시 또는 군의 조례로 정하는 규모·위치 등에 해당하지 아니하는 개발행위
○ 「환경영향평가법」에 따라 환경영향평가를 받은 개발행위
○ 「도시교통정비 촉진법」에 따라 교통영향평가에 대한 검토를 받은 개발행위
○ 「농어촌정비법」에 따른 농어촌정비사업 중 대통령령으로 정하는 사업을 위한 개발행위
○ 「산림자원의 조성 및 관리에 관한 법률」에 따른 산림사업 및 「사방사업법」에 따른 사방사업을 위한 개발행위

(4) 허가 또는 불허가 처분

정리 허가 또는 불허가 처분기간

신청 후 15일 이내

① 특별시장·광역시장·특별자치시장·특별자치도지사·시장 또는 군수는 개발행위허가의 신청에 대하여 특별한 사유가 없으면 15일(도시계획위원회의 심의를 거쳐야 하거나 관계 행정기관의 장과 협의를 하여야 하는 경우에는 심의 또는 협의기간을 제외) 이내에 허가 또는 불허가의 처분을 하여야 한다(법 제57조 제2항).
② 특별시장·광역시장·특별자치시장·특별자치도지사·시장 또는 군수는 허가 또는 불허가의 처분을 할 때에는 지체 없이 그 신청인에게 허가내용이나 불허가처분의 사유를 서면 또는 국토이용정보체계를 통하여 알려야 한다(법 제57조 제3항).

(5) 조건부 허가 · 16회 · 22회 · 23회 · 24회 · 25회 · 26회 · 30회

① 특별시장·광역시장·특별자치시장·특별자치도지사·시장 또는 군수는 개발행위허가를 하는 경우에는 대통령령으로 정하는 바에 따라 그 개발행위에 따른 기반시설의 설치 또는 그에 필요한 용지의 확보, 위해방지, 환경오염 방지, 경관, 조경 등에 관한 조치를 할 것을 조건으로 개발행위허가를 할 수 있다(법 제57조 제4항).
② 특별시장·광역시장·특별자치시장·특별자치도지사·시장 또는 군수는 개발행위허가에 조건을 붙이려는 때에는 미리 개발행위허가를 신청한 자의 의견을 들어야 한다(영 제54조 제2항).

(6) 이행보증금 ·22회 ·30회

① **이행보증금 예치대상**(법 제60조 제1항)

㉠ 원칙 : 특별시장·광역시장·특별자치시장·특별자치도지사·시장 또는 군수는 기반시설의 설치나 그에 필요한 용지의 확보, 위해 방지, 환경오염 방지, 경관, 조경 등을 위하여 필요하다고 인정되는 경우로서 대통령령으로 정하는 경우에는 이의 이행을 보증하기 위하여 개발행위허가를 받는 자로 하여금 이행보증금을 예치하게 할 수 있다.

㉡ 예외 : 다음의 어느 하나에 해당하는 경우에는 이행보증금을 예치하지 않아도 된다.

> ⓐ 국가나 지방자치단체가 시행하는 개발행위
> ⓑ 「공공기관의 운영에 관한 법률」에 따른 공공기관 중 대통령령으로 정하는 기관이 시행하는 개발행위
> ⓒ 그 밖에 해당 지방자치단체의 조례로 정하는 공공단체가 시행하는 개발행위

② **예치금액**(영 제59조 제2항)

㉠ 이행보증금의 예치금액은 기반시설의 설치나 그에 필요한 용지의 확보, 위해의 방지, 환경오염의 방지, 경관 및 조경에 필요한 비용의 범위 안에서 산정하되 총공사비의 20% 이내(산지에서의 개발행위의 경우 산지관리법에 따른 복구비를 합하여 총공사비의 20% 이내)가 되도록 하고, 그 산정에 관한 구체적인 사항 및 예치방법은 특별시·광역시·특별자치시·특별자치도·시 또는 군의 도시·군계획조례로 정한다.

㉡ 산지에서의 개발행위에 대한 이행보증금의 예치금액은 「산지관리법」에 따른 복구비를 포함하여 정하되, 복구비가 이행보증금에 중복하여 계상되지 아니하도록 하여야 한다.

③ **예치방법**(영 제59조 제3항)

㉠ 원칙 : 이행보증금은 현금으로 납입하는 게 원칙이다.

㉡ 예외 :「국가를 당사자로 하는 계약에 관한 법률 시행령」 및 「지방자치단체를 당사자로 하는 계약에 관한 법률 시행령」의 보증서 등 또는 「한국광해광업공단법」에 따라 한국광해광업공단이 발행하는 이행보증서 등으로 이를 갈음할 수 있다.

추가 대통령령으로 정하는 경우(이행보증금 예치사유)(영 제59조 제1항)

1. 토지의 ㉤착으로 인하여 인근의 토지가 붕괴될 우려가 있거나 인근의 건축물 또는 공작물이 손괴될 우려가 있는 경우
2. 토지의 형질변경이나 토석의 채취가 완료된 후 ㉣탈면에 조경을 할 필요가 있는 경우
3. 토석의 ㉧파로 인한 낙석·먼지 등에 의하여 인근지역에 피해가 발생할 우려가 있는 경우
4. 토석을 운반하는 ㉐량의 통행으로 인하여 통행로 주변의 환경이 오염될 우려가 있는 경우
5. 건축물의 건축, 공작물의 축조, 토지의 형질변경, 토석의 채취로서 당해 개발행위로 인하여 도로·수도공급설비·하수도 등 ㉑반시설의 설치가 필요한 경우

※ ○ : 암기법

④ **반환시기**

　ⓐ 이행보증금은 개발행위허가를 받은 자가 준공검사를 받은 때에는 즉시 이를 반환하여야 한다(영 제59조 제4항).

　ⓑ 행정대집행에 의하여 원상회복을 한 경우 그 잔액이 있는 때에는 즉시 이를 이행보증금의 예치자에게 반환하여야 한다(영 제59조 제6항).

(7) 허가내용 위반 시 조치사항 ·16회 ·20회

① **원상회복명령** : 특별시장·광역시장·특별자치시장·특별자치도지사·시장 또는 군수는 개발행위허가를 받지 아니하고 개발행위를 하거나 허가내용과 다르게 개발행위를 하는 자에게는 그 토지의 원상회복을 명할 수 있다(법 제60조 제3항).

② **행정대집행** : 특별시장·광역시장·특별자치시장·특별자치도지사·시장 또는 군수는 원상회복의 명령을 받은 자가 원상회복을 하지 아니하면 「행정대집행법」에 따른 행정대집행에 따라 원상회복을 할 수 있다. 이 경우 행정대집행에 필요한 비용은 개발행위허가를 받은 자가 예치한 이행보증금을 사용할 수 있다(법 제60조 제4항).

(8) 관련 인·허가 등의 의제

① **의제사항** : 개발행위허가 또는 변경허가를 할 때에 특별시장·광역시장·특별자치시장·특별자치도지사·시장 또는 군수가 그 개발행위에 대한 다음의 인가·허가·승인·면허·협의·해제·신고 또는 심사 등(이하 '인·허가등')에 관하여 미리 관계 행정기관의 장과 협의한 사항에 대하여는 그 인·허가등을 받은 것으로 본다(법 제61조 제1항).

> ⓐ 「공유수면 관리 및 매립에 관한 법률」에 따른 공유수면의 점용·사용허가, 점용·사용 실시계획의 승인 또는 신고, 공유수면의 매립면허 및 공유수면매립실시계획의 승인
>
> ⓑ 「광업법」에 따른 채굴계획의 인가
>
> ⓒ 「농어촌정비법」에 따른 농업생산기반시설의 사용허가
>
> ⓓ 「농지법」에 따른 농지전용의 허가 또는 협의, 농지전용의 신고 및 농지의 타용도 일시사용의 허가 또는 협의
>
> ⓔ 「도로법」에 따른 도로관리청이 아닌 자에 대한 도로공사 시행의 허가, 도로와 다른 시설의 연결허가 및 도로의 점용 허가
>
> ⓕ 「장사 등에 관한 법률」에 따른 무연분묘(無緣墳墓)의 개장(改葬) 허가
>
> ⓖ 「사도법」에 따른 사도(私道) 개설(開設)의 허가
>
> ⓗ 「사방사업법」에 따른 토지의 형질 변경 등의 허가 및 사방지 지정의 해제

ⓩ 「산업집적활성화 및 공장설립에 관한 법률」에 따른 공장설립 등의 승인
ⓩ 「산지관리법」에 따른 산지전용허가 및 산지전용신고, 산지일시사용허가·신고, 토석채취허가, 토사채취신고 및 「산림자원의 조성 및 관리에 관한 법률」에 따른 입목벌채(立木伐採) 등의 허가·신고
ⓚ 「소하천정비법」에 따른 소하천공사 시행의 허가 및 소하천의 점용허가
ⓣ 「수도법」에 따른 전용상수도 설치 및 전용공업용수도설치의 인가
ⓟ 「연안관리법」에 따른 연안정비사업실시계획의 승인
ⓗ 「체육시설의 설치·이용에 관한 법률」에 따른 사업계획의 승인

② **서류제출** : 인·허가등의 의제를 받으려는 자는 개발행위허가 또는 변경허가를 신청할 때에 해당 법률에서 정하는 관련 서류를 함께 제출하여야 한다(법 제61조 제2항).

③ **사전협의**

㉠ 특별시장·광역시장·특별자치시장·특별자치도지사·시장 또는 군수는 개발행위허가 또는 변경허가를 할 때에 그 내용에 의제사항에 해당하는 사항이 있으면 미리 관계 행정기관의 장과 협의하여야 한다(법 제61조 제3항).

㉡ 협의 요청을 받은 관계 행정기관의 장은 요청을 받은 날부터 20일 이내에 의견을 제출하여야 하며, 그 기간 내에 의견을 제출하지 아니하면 협의가 이루어진 것으로 본다(법 제61조 제4항).

④ **통합고시** : 국토교통부장관은 의제되는 인·허가등의 처리기준을 관계 중앙행정기관으로부터 제출받아 통합하여 고시하여야 한다(법 제61조 제5항).

(9) 준공검사 ·22회 ·25회 ·26회 ·33회

① **검사대상** : 다음의 개발행위허가를 받은 자는 그 개발행위를 마치면 국토교통부령으로 정하는 바에 따라 특별시장·광역시장·특별자치시장·특별자치도지사·시장 또는 군수의 준공검사를 받아야 한다(법 제62조 제1항).

㉠ 건축물의 건축 또는 공작물의 설치(건축법에 따른 건축물의 사용승인을 받은 경우에는 제외)
㉡ 토지의 형질변경
㉢ 토석의 채취

> **정리 준공검사대상**
> 1. 건축물의 건축
> 2. 공작물의 설치
> 3. 토지의 형질변경
> 4. 토석의 채취
> 5. 토지의 분할 (×)
> 6. 물건의 적치 (×)

② **의제사항**

　㉠ 준공검사를 받은 경우에는 특별시장·광역시장·특별자치시장·특별자치도지사·시장 또는 군수가 의제되는 인·허가등에 따른 준공검사·준공인가 등에 관하여 관계 행정기관의 장과 협의한 사항에 대하여는 그 준공검사·준공인가 등을 받은 것으로 본다(법 제62조 제2항).

　㉡ 준공검사·준공인가 등의 의제를 받으려는 자는 준공검사를 신청할 때에 해당 법률에서 정하는 관련 서류를 함께 제출하여야 한다(법 제62조 제3항).

3 개발행위허가의 제한

(1) 제한기간 및 지역(법 제63조 제1항) ·18회 ·21회 ·22회 ·24회 ·25회 ·33회 ·34회

① **제한권자**: 국토교통부장관, 시·도지사, 시장 또는 군수는 다음의 어느 하나에 해당되는 지역으로서 도시·군관리계획상 특히 필요하다고 인정되는 지역에 대해서는 개발행위허가를 제한할 수 있다.

> ㉠ 녹지지역이나 계획관리지역으로서 수목이 집단적으로 자라고 있거나 조수류 등이 집단적으로 서식하고 있는 지역 또는 우량 농지 등으로 보전할 필요가 있는 지역
> ㉡ 개발행위로 인하여 주변의 환경·경관·미관 및 「국가유산기본법」에 따른 국가유산 등이 크게 오염되거나 손상될 우려가 있는 지역
> ㉢ 도시·군기본계획이나 도시·군관리계획을 수립하고 있는 지역으로서 그 도시·군기본계획이나 도시·군관리계획이 결정될 경우 용도지역·용도지구 또는 용도구역의 변경이 예상되고 그에 따라 개발행위허가의 기준이 크게 달라질 것으로 예상되는 지역
> ㉣ 지구단위계획구역으로 지정된 지역
> ㉤ 기반시설부담구역으로 지정된 지역

암기 개발행위허가 제한지역

1. 녹계지역, 계획관리지역의 보전할 필요가 있는 지역
2. 개경행위로 인하여 오염, 손상될 우려가 있는 지역
3. 지구단위계획구역으로 지정된 지역
4. 기반시설부담구역으로 지정된 지역
5. 도시·군기본계획, 도시·군관리계획을 수립하고 있는 지역(기준이 크게 변동)
※ ○ : 암기법

② **제한기간**

　㉠ 중앙도시계획위원회나 지방도시계획위원회의 심의를 거쳐 한 차례만 3년 이내의 기간 동안 개발행위허가를 제한할 수 있다.

　㉡ 위 ①의 ㉢부터 ㉣까지에 해당하는 지역에 대해서는 중앙도시계획위원회나 지방도시계획위원회의 심의를 거치지 아니하고 한 차례만 2년 이내의 기간 동안 개발행위허가의 제한을 연장할 수 있다.

(2) 제한절차 · 18회

① **의견청취** : 개발행위허가를 제한하고자 하는 자가 국토교통부장관 또는 시·도지사인 경우에는 중앙도시계획위원회 또는 시·도도시계획위원회의 심의 전에 미리 제한하고자 하는 지역을 관할하는 시장 또는 군수의 의견을 들어야 한다(영 제60조 제2항).

② **심의** : 개발행위허가를 제한하고자 하는 자가 국토교통부장관인 경우에는 중앙도시계획위원회의 심의를 거쳐야 하며, 시·도지사 또는 시장·군수인 경우에는 당해 지방자치단체에 설치된 지방도시계획위원회의 심의를 거쳐야 한다(영 제60조 제1항).

③ **고 시**

　㉠ 제한고시 : 국토교통부장관, 시·도지사, 시장 또는 군수는 개발행위허가를 제한하려면 대통령령으로 정하는 바에 따라 제한지역·제한사유·제한대상행위 및 제한기간을 미리 고시하여야 한다(법 제63조 제2항).

　㉡ 해제고시 : 개발행위허가를 제한하기 위하여 개발행위허가 제한지역 등을 고시한 국토교통부장관, 시·도지사, 시장 또는 군수는 해당 지역에서 개발행위를 제한할 사유가 없어진 경우에는 그 제한기간이 끝나기 전이라도 지체 없이 개발행위허가의 제한을 해제하여야 한다. 이 경우 국토교통부장관, 시·도지사, 시장 또는 군수는 대통령령으로 정하는 바에 따라 해제지역 및 해제시기를 고시하여야 한다(법 제63조 제3항).

④ **준용** : 국토교통부장관, 시·도지사, 시장 또는 군수가 개발행위허가를 제한하거나 개발행위허가 제한을 연장 또는 해제하는 경우 그 지역의 지형도면 고시, 지정의 효력, 주민 의견청취 등에 관하여는 「토지이용규제 기본법」 제8조에 따른다(법 제63조 제4항).

4 공공시설의 귀속

(1) 귀속주체(법 제65조 제1항·제2항) ·24회 ·30회 ·32회 ·33회

정리 공공시설 등의 귀속주체

1. 행정청이 시행자
   ① 새로 공공시설을 설치 : 관리청에 무상으로 귀속
   ② 종래의 공공시설 : 시행자에게 무상으로 귀속
2. 비행정청이 시행자
   ① 새로 공공시설을 설치 : 관리청에 무상으로 귀속
   ② 개발행위로 용도가 폐지되는 공공시설 : 시행자에게 새로이 설치한 공공시설의 설치비용에 상당하는 범위에서 무상으로 양도

개발행위허가를 받은 자가 행정청인 경우	① 개발행위허가(다른 법률에 따라 개발행위허가가 의제되는 협의를 거친 인가·허가·승인 등을 포함)를 받은 자가 새로 공공시설을 설치한 경우 : 「국유재산법」 및 「공유재산 및 물품 관리법」에도 불구하고 새로이 설치된 공공시설은 그 시설을 관리할 관리청에 무상으로 귀속된다. ② 기존의 공공시설에 대체되는 공공시설을 설치한 경우 : 「국유재산법」 및 「공유재산 및 물품 관리법」의 규정에도 불구하고 종래의 공공시설은 개발행위허가를 받은 자에게 무상으로 귀속된다.
개발행위허가를 받은 자가 행정청이 아닌 경우	① 개발행위허가를 받은 자가 새로 설치한 공공시설 : 그 시설을 관리할 관리청에 무상으로 귀속된다. ② 개발행위로 용도가 폐지되는 공공시설 : 「국유재산법」 및 「공유재산 및 물품 관리법」의 규정에 불구하고 새로이 설치한 공공시설의 설치비용에 상당하는 범위에서 개발행위허가를 받은 자에게 무상으로 양도할 수 있다.

(2) 귀속절차 ·33회

① 특별시장·광역시장·특별자치시장·특별자치도지사·시장 또는 군수는 공공시설의 귀속에 관한 사항이 포함된 개발행위허가를 하려면 미리 해당 공공시설이 속한 관리청의 의견을 들어야 한다. 다만, 관리청이 지정되지 아니한 경우에는 관리청이 지정된 후 준공되기 전에 관리청의 의견을 들어야 하며, 관리청이 불분명한 경우에는 도로 등에 대하여는 국토교통부장관을, 하천에 대하여는 환경부장관을 관리청으로 보고, 그 외의 재산에 대하여는 기획재정부장관을 관리청으로 본다(법 제65조 제3항).

② 특별시장·광역시장·특별자치시장·특별자치도지사·시장 또는 군수가 관리청의 의견을 듣고 개발행위허가를 한 경우 개발행위허가를 받은 자는 그 허가에 포함된 공공시설의 점용 및 사용에 관하여 관계 법률에 따른 승인·허가 등을 받은 것으로 보아 개발행위를 할 수 있다. 이 경우 해당 공공시설의 점용 또는 사용에 따른 점용료 또는 사용료는 면제된 것으로 본다(법 제65조 제4항).

(3) 귀속시기(법 제65조 제5항·제6항) · 32회 · 33회

개발행위허가를 받은 자가 행정청인 경우	① 개발행위허가를 받은 자는 개발행위가 끝나 준공검사를 마친 때에는 해당 시설의 관리청에 공공시설의 종류와 토지의 세목(細目)을 통지하여야 한다. ② 공공시설은 그 통지한 날에 해당 시설을 관리할 관리청과 개발행위허가를 받은 자에게 각각 귀속된 것으로 본다.
개발행위허가를 받은 자가 행정청이 아닌 경우	① 개발행위허가를 받은 자는 관리청에 귀속되거나 그에게 양도될 공공시설에 관하여 개발행위가 끝나기 전에 그 시설의 관리청에 그 종류와 토지의 세목을 통지하여야 하고, 준공검사를 한 특별시장·광역시장·특별자치시장·특별자치도지사·시장 또는 군수는 그 내용을 해당 시설의 관리청에 통보하여야 한다. ② 공공시설은 준공검사를 받음으로써 그 시설을 관리할 관리청과 개발행위허가를 받은 자에게 각각 귀속되거나 양도된 것으로 본다.

(4) 수익금 사용제한 등 · 33회

① 개발행위허가를 받은 자가 행정청인 경우 개발행위허가를 받은 자는 그에게 귀속된 공공시설의 처분으로 인한 수익금을 도시·군계획사업 외의 목적에 사용하여서는 아니 된다(법 제65조 제8항).

② 공공시설의 귀속에 관하여 다른 법률에 특별한 규정이 있는 경우에는 이 법률의 규정에도 불구하고 그 법률에 따른다(법 제65조 제9항).

제2절 **개발행위에 따른 기반시설 설치**

1 개발밀도관리구역

(1) 지정권자 · 17회 · 22회 · 29회

특별시장·광역시장·특별자치시장·특별자치도지사·시장 또는 군수는 주거·상업 또는 공업지역에서의 개발행위로 기반시설(도시·군계획시설을 포함)의 처리·공급 또는 수용능력이 부족할 것으로 예상되는 지역 중 기반시설의 설치가 곤란한 지역을 개발밀도관리구역*으로 지정할 수 있다(법 제66조 제1항).

참고 공공시설 등의 귀속시기

1. 행정청이 시행자
   관리청에 공공시설의 종류 및 토지의 세목(細目)을 통지한 날 귀속
2. 비행정청이 시행자
   양도될 공공시설은 준공검사를 받음으로써 귀속

* 개발밀도관리구역
개발로 인하여 기반시설이 부족할 것으로 예상되나 기반시설을 설치하기 곤란한 지역을 대상으로 건폐율이나 용적률을 강화하여 적용하기 위하여 지정하는 구역을 말한다.

정리 개발행위에 따른 기반시설의 부족에 대한 조치사항

1. 개발밀도관리구역
   개발이 된 지역
2. 기반시설부담구역
   개발이 될 지역

(2) 지정기준 및 관리방법 ·17회 ·24회 ·29회 ·32회 ·34회

개발밀도관리구역의 지정기준, 개발밀도관리구역의 관리 등에 관하여 필요한 사항은 다음과 같이 국토교통부장관이 정한다(법 제66조 제5항, 영 제63조).

① 개발밀도관리구역은 도로·수도공급설비·하수도·학교 등 기반시설의 용량이 부족할 것으로 예상되는 지역 중 기반시설의 설치가 곤란한 지역으로서 다음에 해당하는 지역에 대하여 지정할 수 있도록 할 것

> ㉠ 당해 지역의 도로서비스 수준이 매우 낮아 차량통행이 현저하게 지체되는 지역(도로서비스 수준의 측정에 관하여는 도시교통정비 촉진법에 따른 교통영향평가의 예에 따름)
> ㉡ 당해 지역의 도로율이 국토교통부령이 정하는 용도지역별 도로율에 20% 이상 미달하는 지역
> ㉢ 향후 2년 이내에 당해 지역의 수도에 대한 수요량이 수도시설의 시설용량을 초과할 것으로 예상되는 지역
> ㉣ 향후 2년 이내에 당해 지역의 하수발생량이 하수시설의 시설용량을 초과할 것으로 예상되는 지역
> ㉤ 향후 2년 이내에 당해 지역의 학생수가 학교수용능력을 20% 이상 초과할 것으로 예상되는 지역

② 개발밀도관리구역의 경계는 도로·하천 그 밖에 특색 있는 지형지물을 이용하거나 용도지역의 경계선을 따라 설정하는 등 경계선이 분명하게 구분되도록 할 것

③ 용적률의 강화범위는 해당 용도지역에 적용되는 용적률의 최대한도의 50%의 범위에서 기반시설의 부족 정도를 고려하여 결정할 것

④ 개발밀도관리구역 안의 기반시설의 변화를 주기적으로 검토하여 용적률을 강화 또는 완화하거나 개발밀도관리구역을 해제하는 등 필요한 조치를 취하도록 할 것

(3) 지정절차 · 17회 · 24회 · 29회 · 32회 · 33회 · 34회

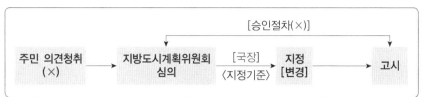

① **심의** : 특별시장·광역시장·특별자치시장·특별자치도지사·시장 또는 군수는 개발밀도관리구역을 지정하거나 변경하려면 다음의 사항을 포함하여 해당 지방자치단체에 설치된 지방도시계획위원회의 심의를 거쳐야 한다(법 제66조 제3항).

   ⓘ 개발밀도관리구역의 명칭

   ⓛ 개발밀도관리구역의 범위

   ⓒ 건폐율 또는 용적률의 강화범위

② **고 시**

   ⓘ 특별시장·광역시장·특별자치시장·특별자치도지사·시장 또는 군수는 개발밀도관리구역을 지정하거나 변경한 경우에는 그 사실을 당해 지방자치단체의 공보에 게재하는 방법에 따라 고시하여야 한다(법 제66조 제4항).

   ⓛ 특별시장·광역시장·특별자치시장·특별자치도지사·시장 또는 군수는 고시한 내용을 해당 기관의 인터넷 홈페이지에 게재하여야 한다(영 제62조 제3항).

③ **지정효과**

   ⓘ 특별시장·광역시장·특별자치시장·특별자치도지사·시장 또는 군수는 개발밀도관리구역에서는 대통령령으로 정하는 범위에서 건폐율 또는 용적률을 강화하여 적용한다(법 제66조 제2항).

   ⓛ 위 ⓘ에서 대통령령으로 정하는 범위란 해당 용도지역에 적용되는 용적률의 최대한도의 50% 범위 안에서 용적률을 강화하여 적용하는 것을 말한다(영 제62조 제1항).

> **정리 지정절차**
> 1. 도시·군관리계획의 결정·고시 (×)
> 2. 지방도시계획위원회의 심의 ⇨ 고시 (○)

07 개발행위의 허가 등

2 기반시설부담구역

(1) 지정대상지역 ·20회 ·22회 ·24회 ·25회 ·27회 ·30회 ·33회

① **필수적 지정대상지역** : 특별시장·광역시장·특별자치시장·특별자치도 지사·시장 또는 군수는 다음의 어느 하나에 해당하는 지역에 대하여는 기반시설부담구역*으로 지정하여야 한다(법 제67조 제1항 본문).

> ㉠ 이 법 또는 다른 법령의 제정·개정으로 인하여 행위제한이 완화되거나 해제되는 지역
> ㉡ 이 법 또는 다른 법령에 따라 지정된 용도지역 등이 변경되거나 해제되어 행위제한이 완화되는 지역
> ㉢ 개발행위허가 현황 및 인구증가율 등을 고려하여 대통령령으로 정하는 다음의 지역(영 제64조 제1항)
> ⓐ 해당 지역의 전년도 개발행위허가 건수가 전전년도 개발행위허가 건수보다 20% 이상 증가한 지역
> ⓑ 해당 지역의 전년도 인구증가율이 그 지역이 속하는 특별시·광역시·특별자치시·특별자치도·시 또는 군(광역시의 관할 구역에 있는 군은 제외)의 전년도 인구증가율보다 20% 이상 높은 지역

② **임의적 지정대상지역** : 개발행위가 집중되어 특별시장·광역시장·특별자치시장·특별자치도지사·시장 또는 군수가 해당 지역의 계획적 관리를 위하여 필요하다고 인정하면 위 ①에 해당하지 아니하는 경우라도 기반시설부담구역으로 지정할 수 있다(법 제67조 제1항 단서).

(2) 지정기준

기반시설부담구역의 지정기준 등에 관하여 필요한 사항은 대통령령으로 정하는 바에 따라 국토교통부장관이 정한다(법 제67조 제5항).

> **⊘참고 기반시설부담구역의 지정기준(영 제66조)**
>
> 국토교통부장관은 기반시설부담구역의 지정기준을 정할 때에는 다음의 사항을 종합적으로 고려하여야 한다.
> 1. 기반시설부담구역은 기반시설이 적절하게 배치될 수 있는 규모로서 최소 10만m² 이상의 규모가 되도록 지정할 것
> 2. 소규모 개발행위가 연접하여 시행될 것으로 예상되는 지역의 경우에는 하나의 단위구역으로 묶어서 기반시설부담구역을 지정할 것
> 3. 기반시설부담구역의 경계는 도로, 하천, 그 밖의 특색 있는 지형지물을 이용하는 등 경계선이 분명하게 구분되도록 할 것

(3) 기반시설부담구역 절차

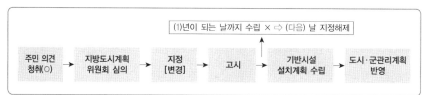

① **지정절차** · 30회

　ㄱ 특별시장·광역시장·특별자치시장·특별자치도지사·시장 또는 군수는 기반시설부담구역을 지정 또는 변경하려면 주민의 의견을 들어야 한다(법 제67조 제2항).

　ㄴ 해당 지방자치단체에 설치된 지방도시계획위원회의 심의를 거쳐 기반시설부담구역의 명칭·위치·면적 및 지정일자와 관계 도서의 열람방법을 해당 지방자치단체의 공보와 인터넷 홈페이지에 고시하여야 한다(영 제64조 제2항).

② **기반시설설치계획 수립 및 반영** · 25회 · 29회 · 30회 · 32회 · 33회

　ㄱ **수립**

　　ⓐ 특별시장·광역시장·특별자치시장·특별자치도지사·시장 또는 군수는 기반시설부담구역이 지정되면 대통령령으로 정하는 바에 따라 기반시설설치계획을 수립하여야 한다(법 제67조 제4항).

　　ⓑ 지구단위계획을 수립한 경우에는 기반시설설치계획을 수립한 것으로 본다(영 제65조 제3항).

　ㄴ **반영** : 기반시설설치계획을 수립한 경우에는 도시·군관리계획에 반영하여야 한다(법 제67조 제4항).

　ㄷ **해제** : 기반시설부담구역의 지정고시일부터 1년이 되는 날까지 기반시설설치계획을 수립하지 아니하면 그 1년이 되는 날의 다음 날에 기반시설부담구역의 지정은 해제된 것으로 본다(영 제65조 제4항).

PART 1

07 개발행위의 허가 등

정리 지정절차

1. 도시·군관리계획의 결정·고시 (×)
2. 지방도시계획위원회의 심의 ⇨ 고시 (×)
3. 주민의 의견청취 ⇨ 지방도시계획위원회의 심의 ⇨ 고시 (○)

추가 기반시설설치계획 수립 시 포함 내용(영 제65조 제1항)

1. 설치가 필요한 기반시설의 종류, 위치 및 규모
2. 기반시설의 설치 우선순위 및 단계별 설치계획
3. 그 밖에 기반시설의 설치에 필요한 사항

정리 기반시설부담구역 해제 시기

지정고시일부터 1년 이내 기반시설설치계획을 수립 (×) ⇨ 1년이 되는 날의 다음 날 해제

3 기반시설 설치비용

(1) 기반시설부담구역에 설치가 필요한 기반시설 · 25회 · 26회 · 27회

기반시설부담구역에 설치가 필요한 기반시설은 다음의 기반시설(해당 시설의 이용을 위하여 필요한 부대시설 및 편의시설을 포함)을 말한다(영 제4조의2).

> ① 도로(인근의 간선도로로부터 기반시설부담구역까지의 진입도로를 포함)
> ② 공원
> ③ 녹지
> ④ 학교(고등교육법에 따른 학교는 제외)
> ⑤ 수도(인근의 수도로부터 기반시설부담구역까지 연결하는 수도를 포함)
> ⑥ 하수도(인근의 하수도로부터 기반시설부담구역까지 연결하는 하수도를 포함)
> ⑦ 폐기물처리 및 재활용시설
> ⑧ 그 밖에 특별시장·광역시장·특별자치시장·특별자치도지사·시장 또는 군수가 법 제68조 제2항 단서에 따른 기반시설부담계획에서 정하는 시설

(2) 부과대상(법 제68조 제1항) · 27회 · 29회 · 31회

① 기반시설부담구역에서 기반시설 설치비용의 부과대상인 건축행위는 단독주택 및 숙박시설 등 대통령령으로 정하는 시설로서 200m²(기존 건축물의 연면적을 포함)를 초과하는 건축물의 신축·증축 행위로 한다.

② 기존 건축물을 철거하고 신축하는 경우에는 기존 건축물의 건축연면적을 초과하는 건축행위만 부과대상으로 한다.

(3) 비용산정

① **산정기준**(법 제68조 제2항) · 28회

㉠ 기반시설 설치비용은 기반시설을 설치하는 데 필요한 기반시설 표준시설비용과 용지비용을 합산한 금액에 부과대상 건축연면적과 기반시설 설치를 위하여 사용되는 총비용 중 국가·지방자치단체의 부담분을 제외하고 민간개발사업자가 부담하는 부담률을 곱한 금액으로 한다.

> 기반시설 설치비용
> = (표준시설비용 + 용지비용) × 건축연면적 × 기반시설 설치를 위하여 사용되는 총비용(국가·지방자치단체의 부담분 제외) 중 민간개발사업자가 부담하는 부담률

정리 설치 기반시설
대학·대학교 (×)

정리 기반시설 설치비용의 부과대상인 건축행위
200m²(기존 건축물의 연면적 포함)를 초과하는 건축물의 신축·증축

추가 건축물별 기반시설유발계수(영 제69조 [별표 1의3])
1. 위락시설 : 2.1
2. 관광휴게시설 : 1.9
3. 제2종 근린생활시설 : 1.6
4. 자원순환 관련 시설 : 1.4
5. 종교시설 : 1.4
6. 문화 및 집회시설 : 1.4
7. 운수시설 : 1.4
8. 제1종 근린생활시설 : 1.3
9. 판매시설 : 1.3
10. 숙박시설 : 1.0
11. 의료시설 : 0.9
12. 방송통신시설 : 0.8
13. 단독주택 : 0.7
14. 공동주택 : 0.7
15. 교육연구시설 : 0.7
16. 노유자시설 : 0.7
17. 수련시설 : 0.7
18. 운동시설 : 0.7
19. 업무시설 : 0.7
20. 위험물저장 및 처리시설 : 0.7
21. 자동차 관련 시설 : 0.7
22. 동물 및 식물 관련 시설 : 0.7
23. 교정시설 : 0.7
24. 국방·군수시설 : 0.7

ⓛ 특별시장·광역시장·특별자치시장·특별자치도지사·시장 또는 군수가 해당 지역의 기반시설 소요량 등을 고려하여 대통령령으로 정하는 바에 따라 기반시설부담계획을 수립한 경우에는 그 부담계획에 따른다.

② **기반시설 표준시설비용** : 기반시설 표준시설비용은 기반시설 조성을 위하여 사용되는 단위당 시설비로서 해당 연도의 생산자물가상승률 등을 고려하여 대통령령으로 정하는 바에 따라 국토교통부장관이 고시한다(법 제68조 제3항).

③ **용지비용** : 용지비용은 부과대상이 되는 건축행위가 이루어지는 토지를 대상으로 다음의 기준을 곱하여 산정한 가액(價額)으로 한다(법 제68조 제4항).

ⓞ 지역별 기반시설의 설치 정도를 고려하여 0.4 범위에서 지방자치단체의 조례로 정하는 용지환산계수

ⓛ 기반시설부담구역의 개별공시지가 평균 및 대통령령으로 정하는 건축물별 기반시설유발계수

---

④ **민간개발사업자의 부담률**(법 제68조 제5항)

ⓞ 민간개발사업자가 부담하는 부담률은 100분의 20으로 한다.

ⓛ 특별시장·광역시장·특별자치시장·특별자치도지사·시장 또는 군수가 건물의 규모, 지역 특성 등을 고려하여 100분의 25의 범위에서 부담률을 가감할 수 있다.

⑤ **감면** : 납부의무자가 다음의 어느 하나에 해당하는 경우에는 이 법에 따른 기반시설설치비용에서 감면한다(법 제68조 제6항).

ⓞ 기반시설을 설치하거나 그에 필요한 용지를 확보한 경우

ⓛ 「도로법」에 따른 원인자 부담금 등 대통령령으로 정하는 비용을 납부한 경우

---

(4) 비용의 납부 및 체납처분

① **납부의무자** : 기반시설부담구역에서 기반시설 설치비용의 부과대상인 건축행위를 하는 자(건축행위의 위탁자 또는 지위의 승계자 등 대통령령으로 정하는 자를 포함)는 기반시설 설치비용을 내야 한다(법 제69조 제1항).

---

25. 발전시설 : 0.7
26. 묘지 관련 시설 : 0.7
27. 장례시설 : 0.7
28. 야영장시설 : 0.7
29. 창고시설 : 0.5
30. 공 장
  ① 목재 및 나무제품 제조공장(가구제조공장은 제외) : 2.1
  ② 펄프, 종이 및 종이제품 제조공장 : 2.5
  ③ 비금속 광물제품 제조공장 : 1.3
  ④ 코크스, 석유정제품 및 핵연료 제조공장 : 2.1
  ⑤ 가죽, 가방 및 신발제조공장 : 1.0
  ⑥ 전자부품, 영상, 음향 및 통신장비 제조공장 : 0.7
  ⑦ 음·식료품 제조공장 : 0.5
  ⑧ 화합물 및 화학제품 제조공장 : 0.5
  ⑨ 섬유제품 제조공장(봉제의복 제조공장은 제외) : 0.4
  ⑩ 봉제의복 및 모피제품 제조공장 : 0.7
  ⑪ 가구 및 그 밖의 제품 제조공장 : 0.3
  ⑫ 그 밖의 전기기계 및 전기변환장치 제조공장 : 0.3
  ⑬ 조립금속제품 제조공장(기계 및 가구공장을 제외) : 0.3
  ⑭ 출판, 인쇄 및 기록매체 복제공장 : 0.4
  ⑮ 의료, 정밀, 광학기기 및 시계 제조공장 : 0.4
  ⑯ 제차 금속 제조공장 : 0.3
  ⑰ 컴퓨터 및 사무용기기 제조공장 : 0.4
  ⑱ 재생용 가공원료 생산공장 : 0.3
  ⑲ 고무 및 플라스틱 제품 제조공장 : 0.4
  ⑳ 그 밖의 운송장비 제조공장 : 0.4
  ㉑ 그 밖의 기계 및 장비 제조공장 : 0.4
  ㉒ 자동차 및 트레일러 제조공장 : 0.3
  ㉓ 담배제조공장 : 0.3

> **⊘ 참고** **대통령령으로 정하는 자**(영 제70조의2)
>
> 1. 건축행위를 위탁 또는 도급한 경우에는 그 위탁이나 도급을 한 자
> 2. 타인 소유의 토지를 임차하여 건축행위를 하는 경우에는 그 행위자
> 3. 건축행위를 완료하기 전에 건축주의 지위나 위 1. 또는 2.에 해당하는 자의 지위를 승계하는 경우에는 그 지위를 승계한 자

② **납부시기 및 방법** • 24회 • 25회 • 28회 • 32회

정리 부과 및 납부시기

1. 부과시기
   건축허가를 받은 날부터 2개월 이내 부과
2. 납부시기
   사용승인신청 시까지 납부

부과시기	㉠ 특별시장·광역시장·특별자치시장·특별자치도지사·시장 또는 군수는 납부의무자가 국가 또는 지방자치단체로부터 건축허가(사업승인)를 받은 날부터 2개월 이내에 기반시설 설치비용을 부과하여야 한다(법 제69조 제2항). ㉡ 기반시설 설치비용을 부과하려면 부과기준시점부터 30일 이내에 납부의무자에게 적용되는 부과기준 및 부과될 기반시설 설치비용을 미리 알려야 한다(영 제70조의3 제1항).
납부시기	납부의무자는 사용승인(준공검사 등 사용승인이 의제되는 경우에는 그 준공검사) 신청 시까지 기반시설 설치비용을 내야 한다(법 제69조 제2항).
납부방법	기반시설 설치비용은 현금, 신용카드 또는 직불카드로 납부하도록 하되, 부과대상 토지 및 이와 비슷한 토지로 하는 납부(이하 '물납')를 인정할 수 있다(영 제70조의7 제1항).

정리 비용납부방법

1. 원 칙
   현금, 신용카드 또는 직불카드
2. 예 외
   물납(토지로 하는 납부)

③ **강제징수** : 특별시장·광역시장·특별자치시장·특별자치도지사·시장 또는 군수는 납부의무자가 기반시설 설치비용을 내지 아니하는 경우에는 「지방행정제재·부과금의 징수 등에 관한 법률」에 따라 징수할 수 있다(법 제69조 제3항).

④ **환급** : 특별시장·광역시장·특별자치시장·특별자치도지사·시장 또는 군수는 기반시설 설치비용을 납부한 자가 사용승인 신청 후 해당 건축행위와 관련된 기반시설의 추가 설치 등 기반시설 설치비용을 환급하여야 하는 사유가 발생하는 경우에는 그 사유에 상당하는 기반시설 설치비용을 환급하여야 한다(법 제69조 제4항).

(5) 관리 및 사용 • 28회 • 33회

① **특별회계 설치** : 특별시장·광역시장·특별자치시장·특별자치도지사·시장 또는 군수는 기반시설 설치비용의 관리 및 운용을 위하여 기반시설부담구역별로 특별회계를 설치하여야 하며, 그에 필요한 사항은 지방자치단체의 조례로 정한다(법 제70조 제1항).

② **용도** : 납부한 기반시설 설치비용은 해당 기반시설부담구역에서 기반시설의 설치 또는 그에 필요한 용지의 확보 등을 위하여 사용하여야 한다. 다만, 해당 기반시설부담구역에 사용하기가 곤란한 경우로서 대통령령으로 정하는 경우에는 해당 기반시설부담구역의 기반시설과 연계된 기반시설의 설치 또는 그에 필요한 용지의 확보 등에 사용할 수 있다(법 제70조 제2항).

(6) 기반시설을 유발하는 시설에서 제외되는 건축물 · [31회]

> **◎ 참고**　**기반시설을 유발하는 시설에서 제외되는 건축물(영 제4조의3 [별표 1])**
>
> 1. 국가 또는 지방자치단체가 건축하는 건축물
> 2. 국가 또는 지방자치단체에 기부채납하는 건축물
> 3. 「산업집적활성화 및 공장설립에 관한 법률」 제2조에 따른 공장
> 4. 「공익사업을 위한 토지 등의 취득 및 보상에 관한 법률」 제78조 제1항의 이주대책대상자(그 상속인을 포함) 또는 같은 법 제2조 제3호의 사업시행자가 이주대책을 위하여 건축하는 건축물
> 5. 「농수산물유통 및 가격안정에 관한 법률」 제2조 제2호에 따른 농수산물도매시장에 같은 법 제21조 제1항에 따라 도매시장의 개설자로부터 시장관리자로 지정받은 다음의 어느 하나에 해당하는 자가 건축하는 건축물
>   ① 같은 법 제24조에 따른 공공출자법인 또는 한국농수산식품유통공사
>   ② 「지방공기업법」에 따른 지방공사
> 6. 「농수산물유통 및 가격안정에 관한 법률」 제69조 제2항에 따라 시설물 설치자금을 지원받아 건축하는 농수산물종합유통센터
> 7. 「농업·농촌 및 식품산업 기본법」 제3조 제5호에 따른 농촌, 「지방자치법」에 따른 읍·면의 지역(군에 속하는 경우는 제외) 또는 같은 법에 따른 동의 지역 중 법 제36조 제1항에 따라 지정된 녹지지역·관리지역·농림지역 및 자연환경보전지역에 설치하는 다음의 어느 하나에 해당하는 건축물
>   ① 「가축분뇨의 관리 및 이용에 관한 법률」 제2조 제8호에 따른 처리시설
>   ② 「건축법 시행령」 [별표 1] 제3호 사목에 따른 주민이 공동으로 이용하는 시설로서 공중화장실, 대피소, 그 밖에 이와 비슷한 것 및 같은 호 아목에 따른 주민의 생활에 필요한 에너지공급이나 급수·배수와 관련된 시설로서 변전소, 정수장, 양수장, 그 밖에 이와 비슷한 것 중 「농어촌정비법」 제6조에 따른 농업생산기반 정비사업으로 건축하는 건축물
>   ③ 「건축법 시행령」 [별표 1] 제21호에 따른 동물 및 식물 관련 시설
>   ④ 「농산물가공산업 육성법」 제5조 제1항에 따라 자금을 지원받아 설치하는 농산물가공품 생산을 위한 공장
>   ⑤ 「농수산물유통 및 가격안정에 관한 법률」 제43조 제1항에 따라 개설하는 농수산물공판장
>   ⑥ 「농수산물유통 및 가격안정에 관한 법률」 제50조 제1항에 따른 농수산물집하장

⑦ 「농수산물유통 및 가격안정에 관한 법률」 제51조 제1항에 따라 시설 설치자금을 지원받아 설치하는 농수산물산지유통센터

⑧ 「농업기계화촉진법」 제4조 제1항에 따라 부대시설 설치자금을 지원받아 건축하는 농업기계의 이용에 따른 부대시설

⑨ 「양곡관리법 시행령」 제21조 제2항에 따라 도정업을 신고한 자가 도정업을 위하여 건축하는 건축물

⑩ 「축산법」 제22조 제1항 제2호에 따른 계란집하업을 영위하기 위한 계란집하시설

⑪ 「친환경농어업 육성 및 유기식품 등의 관리·지원에 관한 법률」 제16조에 따라 시설 설치자금을 지원받아 건축하는 친환경농산물의 생산·유통 시설로서 미생물·퇴비·모판흙·조사료(단백질, 전분 등이 적고 섬유질이 많은 사료를 말한다) 제조시설, 집하·선별·건조·저장·가공시설 및 농기자재 보관시설

8. 「건축법」 제2조 제1항 제10호 또는 「주택법」 제2조 제13호에 따른 리모델링을 하는 건축물

9. 「건축법 시행령」 제2조 제13호 나목에 따른 부속용도의 시설 중 주차장

10. 「경제자유구역의 지정 및 운영에 관한 법률」 제2조 제1호에 따른 경제자유구역에 「외국인투자촉진법」 제2조 제1항 제6호에 따른 외국인투자기업이 해당 투자사업을 위하여 건축하는 건축물

11. 「혁신도시 조성 및 발전에 관한 특별법」 제29조 단서에 따라 이전 공공기관이 혁신도시 외로 개별 이전하여 건축하는 건축물

12. 「국민기초생활 보장법」 제32조에 따른 보장시설

13. 「농어촌정비법」 제101조에 따른 마을정비구역에 같은 법 제2조 제10호에 따른 생활환경정비사업으로 건축하는 건축물

14. 「농어촌주택 개량촉진법」 제4조에 따른 농어촌주거환경개선지구에 같은 법 제5조에 따른 농어촌주거환경개선사업으로 건축하는 건축물

15. 「농업협동조합법」 제2조 제1호에 따른 조합, 같은 법 제2조 제4호에 따른 중앙회, 같은 법 제112조의2에 따른 조합공동사업법인 또는 같은 법 제138조에 따른 품목조합연합회가 건축하는 건축물

16. 「농지법」 제28조 제2항 제1호에 따른 농업진흥구역에 같은 법 제32조 제1항 제2호에 따라 설치하는 편의시설 및 이용시설

17. 「섬 발전 촉진법」 제4조 제1항에 따른 개발대상섬에 섬의 개발사업으로 건축하는 건축물

18. 「도시 및 주거환경정비법」 제30조의2 제1항에 따라 공급하는 임대주택

19. 「도시재정비 촉진을 위한 특별법」 제31조 제1항에 따라 공급하는 임대주택

20. 「산림조합법」 제2조 제1호에 따른 조합 또는 같은 조 제4호에 따른 중앙회가 건축하는 건축물

21. 「수산업협동조합법」 제2조 제4호에 따른 조합 또는 같은 조 제5호에 따른 중앙회가 건축하는 건축물

22. 「유아교육법」 제7조 제3호에 따른 사립유치원

23. 「임대주택법」 제2조 제2호의2 가목 및 나목에 따른 공공건설임대주택

24. 「재난 및 안전관리 기본법」 제60조에 따라 선포된 특별재난지역에 복구하는 건축물

25. 「전원개발촉진법」 제2조 제1호에 따른 전원설비(부대시설은 같은 법 시행령 제3조 제1호 및 제2호에 규정에 의한 시설만 해당)
26. 도시·군계획시설로 설치하는 배전사업소(배전설비와 연결된 기계 및 기구가 설치된 것만 해당)
27. 「주차장법」 제2조 제5호의2에 따른 주차전용건축물 중 주차장으로 사용되는 건축분
28. 「초·중등교육법」 제3조에 따른 사립학교의 시설 및 「대학설립·운영 규정」 제4조 제1항에 따른 교사(校舍)
29. 「평생교육법」 제31조 제2항에 따른 학력인정시설
30. 「폐기물관리법」 제2조 제8호에 따른 폐기물처리시설
31. 주한 외국정부기관, 주한 국제기구 또는 외국 원조단체 소유의 건축물
32. 「물류시설의 개발 및 운영에 관한 법률」 제20조에 따라 자금을 지원받아 설치하는 복합물류터미널
33. 「사회복지사업법」에 따른 사회복지시설(비영리법인이 설치·운영하는 사회복지시설만 해당)
34. 「영유아보육법」 제10조 제2호부터 제6호까지의 규정에 따른 어린이집
35. 「건축법」 제2조 제1항 제2호의 건축물 중 「건축법 시행령」 [별표 1] 제1호 다목에 해당하는 용도로 사용되는 부분
36. 「건축법」 제2조 제1항 제2호의 건축물 중 「건축법 시행령」 [별표 1] 제2호 다목에 해당하는 용도로 사용되고 세대당 주거전용면적이 60m² 이하인 부분
37. 「건축법 시행령」 [별표 1] 제4호 나목이나 제6호 가목의 종교집회장
38. 다음의 지역·지구·구역·단지 등에서 지구단위계획을 수립하여 개발하는 토지에 건축하는 건축물
  ① 「택지개발촉진법」에 따른 택지개발예정지구
  ② 「산업입지 및 개발에 관한 법률」에 따른 산업단지
  ③ 「도시개발법」에 따른 도시개발구역
  ④ 「공공주택건설 등에 관한 특별법」 제2조 제2호에 따른 공공주택지구
  ⑤ 「도시 및 주거환경정비법」 제2조 제2호 가목부터 다목까지의 주거환경 개선사업, 주택재개발사업, 주택재건축사업을 위한 정비구역
  ⑥ 「물류시설의 개발 및 운영에 관한 법률」 제2조 제6호에 따른 물류단지
  ⑦ 「경제자유구역의 지정 및 운영에 관한 법률」 제4조에 따른 경제자유구역. 다만, 동 구역 안에서의 건축행위가 제10호에 따라 기반시설설치비용이 면제되는 경우는 제외한다.
  ⑧ 「관광진흥법」 제2조 제6호 및 제7호에 따른 관광지 및 관광단지
  ⑨ 「기업도시개발 특별법」 제5조에 따른 기업도시개발구역
  ⑩ 「신행정수도 후속대책을 위한 연기·공주지역 행정중심복합도시 건설을 위한 특별법」 제11조에 따른 행정중심복합도시 예정지역
  ⑪ 「혁신도시 조성 및 발전에 관한 특별법」 제2조 제4호에 따른 혁신도시 개발예정지구
  ⑫ 「제주특별자치도 설치 및 국제자유도시 조성을 위한 특별법」 제216조에 따른 제주첨단과학기술단지

국토의 계획 및 이용에 관한 법령상 개발행위허가에 관한 설명으로 틀린 것은?

• 34회

① 농림지역에 물건을 1개월 이상 쌓아놓는 행위는 개발행위허가의 대상이 아니다.

② 「사방사업법」에 따른 사방사업을 위한 개발행위에 대하여 허가를 하는 경우 중앙도시계획위원회와 지방도시계획위원회의 심의를 거치지 아니한다.

③ 일정 기간 동안 개발행위허가를 제한할 수 있는 대상지역에 지구단위계획구역은 포함되지 않는다.

④ 기반시설부담구역으로 지정된 지역에 대해서는 중앙도시계획위원회나 지방도시계획위원회의 심의를 거치지 아니하고 개발행위허가의 제한을 연장할 수 있다.

⑤ 개발행위허가의 제한을 연장하는 경우 그 연장 기간은 2년을 넘을 수 없다.

해설 ③ 일정 기간 동안 개발행위허가를 제한할 수 있는 대상지역에 지구단위계획구역은 포함된다.

① 녹지지역·관리지역 또는 자연환경보전지역 안에서 「건축법」에 따라 사용승인을 받은 건축물의 울타리 안(적법한 절차에 의하여 조성된 대지에 한한다)에 위치하지 아니한 토지에 물건을 1개월 이상 쌓아놓는 행위가 개발행위허가의 대상이다. 따라서 농림지역에 물건을 1개월 이상 쌓아놓는 행위는 개발행위 허가의 대상이 아니다.

② 법 제59조 제2항 제7호

정답 ③

08 | 보칙 및 벌칙 등

▌ 10개년 출제문항 수

25회	26회	27회	28회	29회

30회	31회	32회	33회	34회
	1		2	2

└→ 총 40문제 中 평균 약 0.5문제 출제

▌ 학습전략

이 CHAPTER는 중요한 단원이 아니며 0~1문제 정도 출제됩니다. 이 CHAPTER에서는 타인의 토지에 출입, 청문과 행정심판 위주로 학습하여야 합니다.

제1절 | 도시계획위원회

1 중앙도시계획위원회

(1) 설 치

다음의 업무를 수행하기 위하여 국토교통부에 중앙도시계획위원회를 둔다(법 제106조).

> ① 광역도시계획 · 도시 · 군계획 · 토지거래계약허가구역 등 국토교통부장관의 권한에 속하는 사항의 심의
> ② 이 법 또는 다른 법률에서 중앙도시계획위원회의 심의를 거치도록 한 사항의 심의
> ③ 도시 · 군계획에 관한 조사 · 연구

(2) 조직(법 제107조)

① 중앙도시계획위원회는 위원장 · 부위원장 각 1명을 포함한 25명 이상 30명 이하의 위원으로 구성한다.

② 중앙도시계획위원회의 위원장과 부위원장은 위원 중에서 국토교통부장관이 임명하거나 위촉한다.

정리 중앙도시계획위원회

1. **위원의 구성**
   위원장 · 부위원장 각 1명을 포함한 25명 이상 30명 이내
2. **위원장의 임명**
   국토교통부장관이 임명 또는 위촉

③ 위원은 관계 중앙행정기관의 공무원과 토지 이용, 건축, 주택, 교통, 공간정보, 환경, 법률, 복지, 방재, 문화, 농림 등 도시·군계획과 관련된 분야에 관한 학식과 경험이 풍부한 자 중에서 국토교통부장관이 임명하거나 위촉한다.

④ 공무원이 아닌 위원의 수는 10명 이상으로 하고, 그 임기는 2년으로 한다.

⑤ 보궐위원의 임기는 전임자 임기의 남은 기간으로 한다.

(3) 위원장 등의 직무(법 제108조)

① 위원장은 중앙도시계획위원회의 업무를 총괄하며, 중앙도시계획위원회의 의장이 된다.

② 부위원장은 위원장을 보좌하며, 위원장이 부득이한 사유로 그 직무를 수행하지 못할 때에는 그 직무를 대행한다.

③ 위원장과 부위원장이 모두 부득이한 사유로 그 직무를 수행하지 못할 때에는 위원장이 미리 지명한 위원이 그 직무를 대행한다.

(4) 회의의 소집 및 의결 정족수(법 제109조)

① 중앙도시계획위원회의 회의는 국토교통부장관이나 위원장이 필요하다고 인정하는 경우에 국토교통부장관이나 위원장이 소집한다.

② 중앙도시계획위원회의 회의는 재적위원 과반수의 출석으로 개의(開議)하고, 출석위원 과반수의 찬성으로 의결한다.

(5) 분과위원회(법 제110조) ·33회

① 다음의 사항을 효율적으로 심의하기 위하여 중앙도시계획위원회에 분과위원회를 둘 수 있다.

> ㉠ 토지 이용에 관한 구역 등의 지정·변경 및 용도지역 등의 변경계획에 관한 사항
> ㉡ 개발행위에 대한 도시계획위원회의 심의에 관한 사항
> ㉢ 중앙도시계획위원회에서 위임하는 사항

② 분과위원회의 심의는 중앙도시계획위원회의 심의로 본다. 다만, 위 ①의 ㉢의 경우에는 중앙도시계획위원회가 분과위원회의 심의를 중앙도시계획위원회의 심의로 보도록 하는 경우만 해당한다.

(6) 전문위원(법 제111조)

① 도시·군계획 등에 관한 중요 사항을 조사·연구하기 위하여 중앙도시계획위원회에 전문위원을 둘 수 있다.

② 전문위원은 위원장 및 중앙도시계획위원회나 분과위원회의 요구가 있을 때에는 회의에 출석하여 발언할 수 있다.

③ 전문위원은 토지 이용, 건축, 주택, 교통, 공간정보, 환경, 법률, 복지, 방재, 문화, 농림 등 도시·군계획과 관련된 분야에 관한 학식과 경험이 풍부한 자 중에서 국토교통부장관이 임명한다.

(7) 간사 및 서기(법 제112조)

① 중앙도시계획위원회에 간사와 서기를 둔다.

② 간사와 서기는 국토교통부 소속 공무원 중에서 국토교통부장관이 임명한다.

③ 간사는 위원장의 명을 받아 중앙도시계획위원회의 서무를 담당하고, 서기는 간사를 보좌한다.

2 지방도시계획위원회

(1) 시·도도시계획위원회

① **설치** : 다음의 심의를 하게 하거나 자문에 응하게 하기 위하여 시·도에 시·도도시계획위원회를 둔다(법 제113조 제1항).

> ㉠ 시·도지사가 결정하는 도시·군관리계획의 심의 등 시·도지사의 권한에 속하는 사항과 다른 법률에서 시·도도시계획위원회의 심의를 거치도록 한 사항의 심의
> ㉡ 국토교통부장관의 권한에 속하는 사항 중 중앙도시계획위원회의 심의 대상에 해당하는 사항이 시·도지사에게 위임된 경우 그 위임된 사항의 심의
> ㉢ 도시·군관리계획과 관련하여 시·도지사가 자문하는 사항에 대한 조언
> ㉣ 그 밖에 대통령령으로 정하는 사항에 관한 심의 또는 조언

추가 회의록 공개
중앙도시계획위원회 및 지방도시계획위원회 회의록의 공개는 열람 또는 사본을 제공하는 방법으로 한다(법 제113조의2 본문, 영 제113조의3 제2항).

② **구성 및 운영**(영 제111조)

　ⓐ 시·도도시계획위원회는 위원장 및 부위원장 각 1명을 포함한 25명 이상 30명 이하의 위원으로 구성한다.

　ⓑ 시·도도시계획위원회의 위원장은 위원 중에서 해당 시·도지사가 임명 또는 위촉하며, 부위원장은 위원 중에서 호선한다.

　ⓒ 시·도도시계획위원회의 위원은 다음의 어느 하나에 해당하는 자 중에서 시·도지사가 임명 또는 위촉한다. 이 경우 다음 ⓒ에 해당 하는 위원의 수는 전체 위원의 3분의 2 이상이어야 하고, 농업진흥 지역의 해제 또는 보전산지의 지정해제를 할 때에 도시·군관리계 획의 변경이 필요하여 시·도도시계획위원회의 심의를 거쳐야 하는 시·도의 경우에는 농림 분야 공무원 및 농림 분야 전문가가 각각 2명 이상이어야 한다.

> ⓐ 당해 시·도 지방의회의 의원
> ⓑ 당해 시·도 및 도시·군계획과 관련 있는 행정기관의 공무원
> ⓒ 토지 이용·건축·주택·교통·환경·방재·문화·농림·정보통신 등 도 시·군계획 관련 분야에 관하여 학식과 경험이 있는 자

　ⓓ 위 ⓒ의 ⓒ에 해당하는 위원의 임기는 2년으로 하되, 연임할 수 있 다. 다만, 보궐위원의 임기는 전임자의 임기 중 남은 기간으로 한다.

　ⓔ 시·도도시계획위원회의 위원장은 위원회의 업무를 총괄하며, 위원 회를 소집하고 그 의장이 된다.

　ⓕ 시·도도시계획위원회의 회의는 재적위원 과반수의 출석(출석위원 의 과반수는 위 ⓒ의 ⓒ에 해당하는 위원이어야 한다)으로 개의하고, 출 석위원 과반수의 찬성으로 의결한다.

　ⓖ 시·도도시계획위원회에 간사 1인과 서기 약간인을 둘 수 있으며, 간사와 서기는 위원장이 임명한다.

　ⓗ 시·도도시계획위원회의 간사는 위원장의 명을 받아 서무를 담당하 고, 서기는 간사를 보좌한다.

(2) 시·군·구도시계획위원회 •33회 •34회

① **설치** : 도시·군관리계획과 관련된 다음의 심의를 하게 하거나 자문에
응하게 하기 위하여 시·군(광역시의 관할 구역에 있는 군을 포함) 또는 구
에 각각 시·군·구도시계획위원회를 둔다(법 제113조 제2항).

> ㉠ 시장 또는 군수가 결정하는 도시·군관리계획의 심의와 국토교통부장관
> 이나 시·도지사의 권한에 속하는 사항 중 시·도도시계획위원회의 심의
> 대상에 해당하는 사항이 시장·군수 또는 구청장에게 위임되거나 재위임
> 된 경우 그 위임되거나 재위임된 사항의 심의
> ㉡ 도시·군관리계획과 관련하여 시장·군수 또는 구청장이 자문하는 사항
> 에 대한 조언
> ㉢ 개발행위의 허가 등에 관한 심의
> ㉣ 그 밖에 대통령령으로 정하는 사항에 관한 심의 또는 조언
> ⓐ 해당 시·군·구와 관련한 도시·군계획조례의 제정·개정과 관련하
>   여 시장·군수·구청장이 자문하는 사항에 대한 조언
> ⓑ 개발행위허가에 대한 심의(대도시에 두는 도시계획위원회에 한정)
> ⓒ 개발행위허가와 관련하여 시장 또는 군수(특별시장·광역시장의 개
>   발행위허가 권한이 법에 따라 조례로 군수 또는 구청장에게 위임된
>   경우에는 그 군수 또는 구청장을 포함)가 자문하는 사항에 대한 조언
> ⓓ 시범도시사업계획의 수립에 관하여 시장·군수·구청장이 자문하는
>   사항에 대한 조언

② **구성 및 운영**

㉠ 시·군·구도시계획위원회는 위원장 및 부위원장 각 1인을 포함한
15인 이상 25인 이하의 위원으로 구성한다. 다만, 2 이상의 시·군
또는 구에 공동으로 시·군·구도시계획위원회를 설치하는 경우에
는 그 위원의 수를 30인까지로 할 수 있다(영 제112조 제1항).

㉡ 시·군·구도시계획위원회의 위원장은 위원 중에서 해당 시장·군수
또는 구청장이 임명 또는 위촉하며, 부위원장은 위원 중에서 호선
한다. 다만, 2 이상의 시·군 또는 구에 공동으로 설치하는 시·군·
구도시계획위원회의 위원장은 당해 시장·군수 또는 구청장이 협의
하여 정한다(영 제112조 제2항).

㉢ 시·군·구도시계획위원회의 위원은 다음의 자 중에서 시장·군수
또는 구청장이 임명 또는 위촉한다. 이 경우 다음 ⓒ에 해당하는
위원의 수는 위원 총수의 50% 이상이어야 한다(영 제112조 제3항).

ⓐ 당해 시·군·구 지방의회의 의원

ⓑ 당해 시·군·구 및 도시·군계획과 관련있는 행정기관의 공무원

ⓒ 토지 이용·건축·주택·교통·환경·방재·문화·농림·정보통신 등 도시·군계획 관련 분야에 관하여 학식과 경험이 있는 자

ⓔ 시·군·구도시계획위원회 중 대도시에 두는 도시계획위원회는 위원장 및 부위원장 각 1명을 포함한 20명 이상 25명 이하의 위원으로 구성한다(영 제112조 제5항).

(3) 분과위원회 및 전문위원회

① 시·도도시계획위원회나 시·군·구도시계획위원회의 심의사항 중 대통령령으로 정하는 사항을 효율적으로 심의하기 위하여 시·도도시계획위원회나 시·군·구도시계획위원회에 분과위원회를 둘 수 있다(법 제113조 제3항).

② 분과위원회에서 심의하는 사항 중 시·도도시계획위원회나 시·군·구도시계획위원회가 지정하는 사항은 분과위원회의 심의를 시·도도시계획위원회나 시·군·구도시계획위원회의 심의로 본다(법 제113조 제4항).

③ 도시·군계획 등에 관한 중요사항을 조사·연구하기 위하여 지방도시계획위원회에 전문위원을 둘 수 있다(법 제113조 제5항).

제2절   보 칙

1 시범도시의 지정 및 지원

(1) 지정대상

국토교통부장관은 도시의 경제·사회·문화적인 특성을 살려 개성 있고 지속 가능한 발전을 촉진하기 위하여 필요하면 직접 또는 관계 중앙행정기관의 장이나 시·도지사의 요청에 의하여 경관, 생태, 정보통신, 과학, 문화, 관광, 그 밖에 대통령령으로 정하는 분야별로 시범도시(시범지구나 시범단지를 포함)를 지정할 수 있다(법 제127조 제1항).

추가 **대통령령으로 정하는 분야**
(영 제126조 제1항)
교육·안전·교통·경제활력·도시재생 및 기후변화 분야를 말한다.

(2) 지정기준

① 시범도시는 다음의 기준에 적합하여야 한다(영 제126조 제2항).

> ㉠ 시범도시의 지정이 도시의 경쟁력 향상, 특화발전 및 지역균형발전에 기여할 수 있을 것
> ㉡ 시범도시의 지정에 대한 주민의 호응도가 높을 것
> ㉢ 시범도시의 지정목적 달성에 필요한 사업(이하 '시범도시사업')에 주민이 참여할 수 있을 것
> ㉣ 시범도시사업의 재원조달계획이 적정하고 실현 가능할 것

② 국토교통부장관은 분야별로 시범도시의 지정에 관한 세부기준을 정할 수 있다(영 제126조 제3항).

(3) 지정절차 · 28회

① **자료제출 요청** : 국토교통부장관은 관계 중앙행정기관의 장이나 시·도지사에게 시범도시의 지정과 지원에 필요한 자료를 제출하도록 요청할 수 있다(법 제127조 제3항).

② **의견청취** : 관계 중앙행정기관의 장 또는 시·도지사는 국토교통부장관에게 시범도시의 지정을 요청하고자 하는 때에는 미리 설문조사·열람 등을 통하여 주민의 의견을 들은 후 관계 지방자치단체의 장의 의견을 들어야 한다(영 제126조 제4항).

③ **자문** : 시·도지사는 국토교통부장관에게 시범도시의 지정을 요청하고자 하는 때에는 미리 당해 시·도도시계획위원회의 자문을 거쳐야 한다(영 제126조 제5항).

④ **서류제출** : 관계 중앙행정기관의 장 또는 시·도지사는 시범도시의 지정을 요청하고자 하는 때에는 다음의 서류를 국토교통부장관에게 제출하여야 한다(영 제126조 제6항).

> ㉠ 지정기준에 적합함을 설명하는 서류
> ㉡ 지정을 요청하는 관계 중앙행정기관의 장 또는 시·도지사가 직접 시범도시에 대하여 지원할 수 있는 예산·인력 등의 내역
> ㉢ 주민 의견청취의 결과와 관계 지방자치단체의 장의 의견
> ㉣ 시·도도시계획위원회에의 자문 결과

⑤ **심의** : 국토교통부장관은 시범도시를 지정하려면 중앙도시계획위원회의 심의를 거쳐야 한다(영 제126조 제7항).

정리 시범도시

1. 지정권자
   국토교통부장관
2. 지정기준
   ① 특화발전 및 지역균형발전 기여
   ② 주민의 호응도가 높을 것
   ③ 주민이 참여할 수 있을 것
   ④ 재원조달계획이 적정
3. 시범도시 공모
   ① 공모자 : 국토교통부장관
   ② 응모자 : 특별·광역·특시·특도·시·군·구청장
4. 시범도시계획 수립권자
   특별·광역·특시·특도·시·군·구청장
5. 시범도시 지원
   ① 시범도시사업계획의 수립 : 80%
   ② 시범도시사업의 시행 : 50%

⑥ **공고 및 통보** : 국토교통부장관은 시범도시를 지정한 때에는 지정목적·지정분야·지정대상도시 등을 관보와 국토교통부의 인터넷 홈페이지에 공고하고 관계 행정기관의 장에게 통보해야 한다(영 제126조 제8항).

(4) 시범도시의 공모(영 제127조) · 28회

① 국토교통부장관은 직접 시범도시를 지정함에 있어서 필요한 경우에는 국토교통부령이 정하는 바에 따라 그 대상이 되는 도시를 공모할 수 있다.

② 공모에 응모할 수 있는 자는 특별시장·광역시장·특별자치시장·특별자치도지사·시장·군수 또는 구청장으로 한다.

③ 국토교통부장관은 시범도시의 공모 및 평가 등에 관한 업무를 원활하게 수행하기 위하여 필요한 때에는 전문기관에 자문하거나 조사·연구를 의뢰할 수 있다.

(5) 시범도시 사업계획의 수립

① 시범도시를 관할하는 특별시장·광역시장·특별자치시장·특별자치도지사·시장·군수 또는 구청장은 다음의 구분에 따라 시범도시사업의 시행에 관한 계획인 시범도시사업계획을 수립·시행하여야 한다(영 제128조 제1항).

시범도시가 시·군 또는 구의 관할 구역에 한정되어 있는 경우	관할 시장·군수 또는 구청장이 수립·시행
그 밖의 경우	특별시장·광역시장·특별자치시장 또는 특별자치도지사가 수립·시행

② 시범도시사업계획에는 다음의 사항이 포함되어야 한다(영 제128조 제2항).

> ㉠ 시범도시사업의 목표·전략·특화발전계획 및 추진체제에 관한 사항
> ㉡ 시범도시사업의 시행에 필요한 도시·군계획 등 관련계획의 조정·정비에 관한 사항
> ㉢ 시범도시사업의 시행에 필요한 도시·군계획사업에 관한 사항
> ㉣ 시범도시사업의 시행에 필요한 재원조달에 관한 사항
> ㉤ 주민참여 등 지역사회와의 협력체계에 관한 사항
> ㉥ 그 밖에 시범도시사업의 원활한 시행을 위하여 필요한 사항

(6) 시범도시의 지원기준

국토교통부장관, 관계 중앙행정기관의 장은 시범도시에 대하여 다음의 범위에서 보조 또는 융자를 할 수 있다(영 제129조 제1항).

> ① 시범도시사업계획의 수립에 소요되는 비용의 80% 이하
> ② 시범도시사업의 시행에 소요되는 비용(보상비를 제외)의 50% 이하

2 타인의 토지에 출입

(1) 토지출입 조건(법 제130조 제1항) ·33회 ·34회

① 국토교통부장관, 시·도지사, 시장 또는 군수나 도시·군계획시설사업의 시행자는 다음의 행위를 하기 위하여 필요하면 타인의 토지에 출입하거나 타인의 토지를 재료 적치장 또는 임시통로로 일시 사용할 수 있다.

정리 타인의 토지출입에의 사유
1. 조사·측량 또는 시행
2. 재료적치장 또는 임시통로
3. 장애물을 변경하거나 제거

> ㉠ 도시·군계획, 광역도시계획에 관한 기초조사
> ㉡ 개발밀도관리구역, 기반시설부담구역 및 기반시설설치계획에 관한 기초조사
> ㉢ 지가의 동향 및 토지거래의 상황에 관한 조사
> ㉣ 도시·군계획시설사업에 관한 조사·측량 또는 시행

② 특히 필요한 경우에는 나무, 흙, 돌, 그 밖의 장애물을 변경하거나 제거할 수 있다.

(2) 출입절차 ·34회

① **출입 시 통지 및 허가**(법 제130조 제2항)

㉠ 타인의 토지에 출입하려는 자는 특별시장·광역시장·특별자치시장·특별자치도지사·시장 또는 군수의 허가를 받아야 하며, 출입하려는 날의 7일 전까지 그 토지의 소유자·점유자 또는 관리인에게 그 일시와 장소를 알려야 한다.

㉡ 행정청인 도시·군계획시설사업의 시행자는 허가를 받지 아니하고 타인의 토지에 출입할 수 있다.

추가 과태료
다음의 어느 하나에 해당하는 자에게는 1천만원 이하의 과태료를 부과한다(법 제144조 제1항).
1. 정당한 사유 없이 타인 토지 출입 등의 행위를 방해하거나 거부한 자
2. 허가 또는 동의를 받지 아니하고 타인 토지 출입 등의 행위를 한 자

추가 일시사용 등의 사전통지

토지를 일시사용하거나 장애물을 변경 또는 제거하려는 자는 토지를 사용하려는 날이나 장애물을 변경 또는 제거하려는 날의 3일 전까지 그 토지나 장애물의 소유자·점유자 또는 관리인에게 알려야 한다(법 제130조 제5항).

정리 타인의 토지출입 통지

1. 출 입
   출입하려는 날의 7일 전
2. 일시사용 등의 사전통지
   출입하려는 날의 3일 전

② **일시사용 또는 장애물의 제거·변경 동의 여부**

㉠ 타인의 토지를 재료 적치장 또는 임시통로로 일시사용하거나 나무, 흙, 돌, 그 밖의 장애물을 변경 또는 제거하려는 자는 토지의 소유자·점유자 또는 관리인의 동의를 받아야 한다(법 제130조 제3항).

㉡ 토지나 장애물의 소유자·점유자 또는 관리인이 현장에 없거나 주소 또는 거소가 불분명하여 그 동의를 받을 수 없는 경우에는 행정청인 도시·군계획시설사업의 시행자는 관할 특별시장·광역시장·특별자치시장·특별자치도지사·시장 또는 군수에게 그 사실을 통지하여야 하며, 행정청이 아닌 도시·군계획시설사업의 시행자는 미리 관할 특별시장·광역시장·특별자치시장·특별자치도지사·시장 또는 군수의 허가를 받아야 한다(법 제130조 제4항).

③ **출입 시 기타 조건**

㉠ 일출 전이나 일몰 후에는 그 토지점유자의 승낙 없이 택지나 담장 또는 울타리로 둘러싸인 타인의 토지에 출입할 수 없다(법 제130조 제6항).

㉡ 토지의 점유자는 정당한 사유 없이 출입 등의 행위를 방해하거나 거부하지 못한다(법 제130조 제7항).

㉢ 타인의 토지에 출입 등의 행위를 하려는 자는 그 권한을 표시하는 증표와 허가증을 지니고 이를 관계인에게 내보여야 하며, 증표와 허가증에 관하여 필요한 사항은 국토교통부령으로 정한다(법 제130조 제8항·제9항).

(3) 토지에의 출입 등에 따른 손실보상(법 제131조) ・34회

① 타인의 토지에 출입 등의 행위로 인하여 손실을 입은 자가 있으면 그 행위자가 속한 행정청이나 도시·군계획시설사업의 시행자가 그 손실을 보상하여야 한다.

② 손실보상에 관하여는 그 손실을 보상할 자와 손실을 입은 자가 협의하여야 한다.

③ 손실을 보상할 자나 손실을 입은 자는 협의가 성립되지 아니하거나 협의를 할 수 없는 경우에는 관할 토지수용위원회에 재결을 신청할 수 있으며, 재결에 관하여는 「공익사업을 위한 토지 등의 취득 및 보상에 관한 법률」의 규정을 준용한다.

③ 법률 등의 위반자에 대한 처분

(1) 처분사유

국토교통부장관, 시·도지사, 시장·군수 또는 구청장은 다음의 어느 하나에 해당하는 자에게 이 법에 따른 허가·인가 등의 취소, 공사의 중지, 공작물 등의 개축 또는 이전, 그 밖에 필요한 처분을 하거나 조치를 명할 수 있다(법 제133조 제1항).

① 도시·군관리계획 결정 당시 이미 사업이나 공사에 착수한 경우 시가화조정구역이나 수산자원보호구역의 신고를 하지 아니하고 사업 또는 공사를 한 자

② 도시·군계획시설을 제43조 제1항에 따른 도시·군관리계획의 결정 없이 설치한 자

③ 공동구의 점용 또는 사용에 관한 허가를 받지 아니하고 공동구를 점용 또는 사용하거나 점용료 또는 사용료를 내지 아니한 자

④ 지구단위계획구역에서 해당 지구단위계획에 맞지 아니하게 건축물을 건축 또는 용도변경을 하거나 공작물을 설치한 자

⑤ 개발행위허가 또는 변경허가를 받지 아니하고 개발행위를 한 자

⑥ 개발행위허가 또는 변경허가를 받고 그 허가받은 사업기간 동안 개발행위를 완료하지 아니한 자

⑦ 개발행위허가를 받고 그 개발행위허가의 조건을 이행하지 아니한 자

⑧ 이행보증금을 예치하지 아니하거나 토지의 원상회복명령에 따르지 아니한 자

⑨ 개발행위를 끝낸 후 준공검사를 받지 아니한 자

⑩ 원상회복명령에 따르지 아니한 자

⑪ 성장관리계획구역에서 그 성장관리계획에 맞지 아니하게 개발행위를 하거나 건축물의 용도를 변경한 자

⑫ 용도지역 또는 용도지구에서의 건축제한 등을 위반한 자

⑬ 건폐율을 위반하여 건축한 자

⑭ 용적률을 위반하여 건축한 자

⑮ 용도지역 미지정 또는 미세분 지역에서의 행위제한 등을 위반한 자

⑯ 시가화조정구역에서의 행위제한을 위반한 자

⑰ 둘 이상의 용도지역 등에 걸치는 대지의 적용기준을 위반한 자

⑱ 도시·군계획시설사업시행자 지정을 받지 아니하고 도시·군계획시설 사업을 시행한 자

⑲ 도시·군계획시설사업의 실시계획인가 또는 변경인가를 받지 아니하고 사업을 시행한 자

⑳ 도시·군계획시설사업의 실시계획인가 또는 변경인가를 받고 그 실시 계획에서 정한 사업기간 동안 사업을 완료하지 아니한 자

㉑ 실시계획의 인가 또는 변경인가를 받은 내용에 맞지 아니하게 도시·군 계획시설을 설치하거나 용도를 변경한 자

㉒ 이행보증금을 예치하지 아니하거나 토지의 원상회복명령에 따르지 아 니한 자

㉓ 도시·군계획시설사업의 공사를 끝낸 후 준공검사를 받지 아니한 자

㉔ 법 제130조를 위반하여 타인의 토지에 출입하거나 그 토지를 일시사용 한 자

㉕ 부정한 방법으로 다음의 어느 하나에 해당하는 허가·인가·지정 등을 받은 자

> ㉠ 개발행위허가 또는 변경허가
> ㉡ 개발행위의 준공검사
> ㉢ 시가화조정구역에서의 행위허가
> ㉣ 도시·군계획시설사업의 시행자 지정
> ㉤ 실시계획의 인가 또는 변경인가
> ㉥ 도시·군계획시설사업의 준공검사

㉖ 사정이 변경되어 개발행위 또는 도시·군계획시설사업을 계속적으로 시행하면 현저히 공익을 해칠 우려가 있다고 인정되는 경우의 그 개발 행위허가를 받은 자 또는 도시·군계획시설사업의 시행자

(2) 손실보상

국토교통부장관, 시·도지사, 시장·군수 또는 구청장은 위 (1)의 ㉖에 따라 필요한 처분을 하거나 조치를 명한 경우에는 이로 인하여 발생한 손실을 보상하여야 한다(법 제133조 제2항).

(3) 권리·의무의 승계(법 제135조)

① 토지 또는 건축물에 관하여 소유권이나 그 밖의 권리를 가진 자의 도 시·군관리계획에 관한 권리·의무는 그 토지 또는 건축물에 관한 소유 권이나 그 밖의 권리의 변동과 동시에 그 승계인에게 이전한다.

② 이 법 또는 이 법에 따른 명령에 의한 처분, 그 절차 및 그 밖의 행위는 그 행위와 관련된 토지 또는 건축물에 대하여 소유권이나 그 밖의 권리를 가진 자의 승계인에 대하여 효력을 가진다.

(4) 청 문 ·20회 ·28회 ·31회

국토교통부장관, 시·도지사, 시장·군수 또는 구청장은 다음의 어느 하나에 해당하는 처분을 하려면 청문을 하여야 한다(법 제136조).
① 개발행위허가의 취소
② 실시계획인가의 취소
③ 도시·군계획시설사업의 시행자 지정의 취소

참고 청 문

행정청이 일반 국민에 대하여 불이익을 주는 행정처분(취소)을 하기 전에 사전 의견진술 기회를 부여하는 것을 말한다.
1. 개발행위허가의 무효 (×)
2. 도시·군기본계획승인의 취소 (×)

제3절 벌 칙

1 행정형벌

3년 이하의 징역 또는 3,000만원 이하의 벌금 (법 제140조)	① 개발행위허가 또는 변경허가를 위반하여 허가 또는 변경허가를 받지 아니하거나, 속임수나 그 밖의 부정한 방법으로 허가 또는 변경허가를 받아 개발행위를 한 자 ② 시가화조정구역에서 허가를 받지 아니하고 허가대상 개발행위에 해당하는 행위를 한 자
3년 이하의 징역 또는 면탈·경감하였거나 면탈·경감하고자 한 기반시설 설치비용의 3배 이하에 상당하는 벌금 (법 제140조의2)	기반시설설치비용을 면탈·경감할 목적 또는 면탈·경감하게 할 목적으로 거짓 계약을 체결하거나 거짓 자료를 제출한 자
2년 이하의 징역 또는 2,000만원 이하의 벌금 (법 제141조)	① 도시·군계획시설의 설치·관리규정에 위반하여 도시·군관리계획의 결정이 없이 기반시설을 설치한 자 ② 공동구 수용 의무규정에 위반하여 공동구에 수용하여야 하는 시설을 공동구에 수용하지 아니한 자 ③ 지구단위계획구역 안에서 지구단위계획에 맞게 건축해야 할 의무를 위반하여 지구단위계획에 맞지 아니하게 건축물을 건축하거나 용도를 변경한 자 ④ 용도지역 또는 용도지구에서의 건축물이나 그 밖의 시설의 용도·종류 및 규모 등의 제한을 위반하여 건축물을 건축하거나 건축물의 용도를 변경한 자

정리 벌금 VS 과태료
1. 벌금은 법원의 판결로 부과 / 과태료는 행정청이 부과
2. 벌금은 부과에 대한 이의신청 규정 없음 / 과태료는 부과에 대한 이의신청을 제기할 수 있음

1년 이하의 징역 또는 1,000만원 이하의 벌금 (법 제142조)	법률 등의 위반자에 대한 처분규정에 따른 허가·인가 등의 취소, 공사의 중지, 공작물 등의 개축 또는 이전 등의 처분 또는 조치명령을 위반한 자

> **⊘ 참고 양벌규정(법 제143조)**
>
> 법인의 대표자나 법인 또는 개인의 대리인, 사용인, 그 밖의 종업원이 그 법인 또는 개인의 업무에 관하여 위 행정형벌의 어느 하나에 해당하는 위반행위를 하면 그 행위자를 벌할 뿐만 아니라 그 법인 또는 개인에게도 해당 조문의 벌금형을 과(科)한다. 다만, 법인 또는 개인이 그 위반행위를 방지하기 위하여 해당 업무에 관하여 상당한 주의와 감독을 게을리하지 아니한 경우는 그러하지 아니하다.

2 행정질서벌

(1) 과태료 처분사유(법 제144조 제1항·제2항)

1,000만원 이하의 과태료	① 공동구 설치비용을 부담하지 아니한 자가 허가를 받지 아니하고 공동구를 점용하거나 사용한 자 ② 정당한 사유 없이 타인의 토지 등의 출입이나 일시사용 및 장애물의 변경·제거행위를 방해 또는 거부한 자 ③ 타인의 토지 등의 출입 등을 위한 허가나 동의규정에 따른 허가 또는 동의를 받지 아니하고 행위를 한 자 ④ 소속 공무원으로 하여금 개발행위나 도시·군계획시설사업에 관한 업무의 상황을 검사할 수 있는 규정에 의한 검사를 거부·방해하거나 기피한 자
500만원 이하의 과태료	① 개발행위 중 재해복구 또는 재난수습을 위한 응급조치를 한 후 1개월 이내에 신고를 하지 아니한 자 ② 개발행위허가를 받은 자나 도시·군계획시설사업의 시행자에게 감독을 위하여 필요한 보고를 하게 하거나 자료를 제출하도록 명할 수 있는 규정에 의한 보고 또는 자료제출을 하지 아니하거나, 거짓된 보고 또는 자료제출을 한 자

(2) 과태료 부과권자(법 제144조 제3항)

국토교통부장관, 시·도지사, 시장 또는 군수	① 정당한 사유 없이 타인의 토지 등의 출입이나 일시사용 및 장애물의 변경·제거행위를 방해 또는 거부한 자 ② 소속 공무원으로 하여금 개발행위나 도시·군계획시설사업에 관한 업무의 상황을 검사할 수 있는 규정에 의한 검사를 거부·방해하거나 기피한 자

	③ 개발행위허가를 받은 자나 도시·군계획시설사업의 시행자에게 감독을 위하여 필요한 보고를 하게 하거나 자료를 제출하도록 명할 수 있는 규정에 의한 보고 또는 자료제출을 하지 아니하거나, 거짓된 보고 또는 자료제출을 한 자
특별시장·광역시장·특별자치시장·특별자치도지사·시장 또는 군수	① 공동구 설치비용을 부담하지 아니한 자가 허가를 받지 아니하고 공동구를 점용하거나 사용한 자 ② 타인의 토지 등의 출입 등을 위한 허가나 동의규정에 따른 허가 또는 동의를 받지 아니하고 행위를 한 자 ③ 개발행위 중 재해복구 또는 재난수습을 위한 응급조치를 한 후 1개월 이내에 신고를 하지 아니한 자

기출&예상 문제

국토의 계획 및 이용에 관한 법령상 도시·군계획시설사업 시행을 위한 타인의 토지에의 출입 등에 관한 설명으로 옳은 것은? • 34회

① 타인의 토지에 출입하려는 행정청인 사업시행자는 출입하려는 날의 7일 전까지 그 토지의 소유자·점유자 또는 관리인에게 그 일시와 장소를 알려야 한다.

② 토지의 소유자·점유자 또는 관리인의 동의 없이 타인의 토지를 재료 적치장 또는 임시통로로 일시 사용한 사업시행자는 사용한 날부터 14일 이내에 시장 또는 군수의 허가를 받아야 한다.

③ 토지 점유자가 승낙하지 않는 경우에도 사업시행자는 시장 또는 군수의 허가를 받아 일몰 후에 울타리로 둘러싸인 타인의 토지에 출입할 수 있다.

④ 토지에의 출입에 따라 손실을 입은 자가 보상에 관하여 국토교통부장관에게 조정을 신청하지 아니하는 경우에는 관할 토지수용위원회에 재결을 신청할 수 없다.

⑤ 사업시행자가 행정청인 경우라도 허가를 받지 아니하면 타인의 토지에 출입할 수 없다.

해설 ② 토지의 소유자·점유자 또는 관리인의 동의 없이 타인의 토지를 재료 적치장 또는 임시통로로 일시 사용하려는 행정청이 아닌 사업시행자는 미리 관할 시장 또는 군수의 허가를 받아야 한다.
③ 토지 점유자가 승낙하지 않는 경우에 사업시행자는 시장 또는 군수의 허가를 받더라도 일몰 후에 울타리로 둘러싸인 타인의 토지에 출입할 수 없다.
④ 토지에의 출입에 따라 손실을 입은 자가 보상에 관하여 협의가 성립되지 아니한 경우에는 관할 토지수용위원회에 재결을 신청할 수 있다.
⑤ 사업시행자가 행정청인 경우에는 허가를 받지 아니하고 타인의 토지에 출입할 수 있다.

정답 ①

❶ 용도지구라 함은 토지의 이용 및 건축물의 용도 · 건폐율 · 용적률 · 높이 등에 대한 용도지역의 제한을 강화 또는 완화하여 적용함으로써 용도지역의 기능을 증진시키고 경관 · 안전 등을 도모하기 위하여 도시 · 군관리계획으로 결정하는 지역을 말한다. •30회 (O | X)

❷ 도시 · 군관리계획을 시행하기 위한 사업으로 도시 · 군계획시설사업, 「도시개발법」에 따른 도시개발사업, 「도시 및 주거환경정비법」에 따른 정비사업은 도시 · 군계획사업에 해당한다. •29회

(O | X)

❸ 지구단위계획은 도시 · 군계획 수립 대상지역의 일부에 대하여 토지 이용을 합리화하고 그 기능을 증진시키며 미관을 개선하고 양호한 환경을 확보하며, 그 지역을 체계적 · 계획적으로 관리하기 위하여 수립하는 도시 · 군관리계획을 말한다. •30회 (O | X)

❹ 국토의 계획 및 이용에 관한 법령상 기반시설 중 폐차장은 교통시설의 종류이다. •26회

(O | X)

❺ 국토의 계획 및 이용에 관한 법령상 기반시설 중 종합의료시설은 공간시설의 종류이다. •28회

(O | X)

❻ 국토의 계획 및 이용에 관한 법령상 기반시설 중 폐기물처리 및 재활용시설은 보건위생시설의 종류이다. •32회 (O | X)

❼ 국토의 계획 및 이용에 관한 법령상 기반시설인 자동차정류장을 세분할 경우 교통광장도 해당된다.
•27회 (O | X)

정답 1 O 2 O 3 O 4 X 교통시설 → 환경기초시설 5 X 공간시설 → 보건위생시설
6 X 보건위생시설 → 환경기초시설 7 X 자동차정류장 → 광장

8 광역계획권은 광역시장이 지정할 수 있다. •26회 (O | X)

9 도지사가 시장 또는 군수의 요청으로 관할 시장 또는 군수와 공동으로 광역도시계획을 수립하는 경우에는 국토교통부장관의 승인을 받지 않고 광역도시계획을 수립할 수 있다. •27회 (O | X)

10 국토교통부장관은 시·도지사가 요청하는 경우에도 시·도지사와 공동으로 광역도시계획을 수립할 수 없다. •28회 (O | X)

11 광역계획권이 둘 이상의 시·도의 관할 구역에 걸쳐 있는 경우에는 관할 시·도지사가 공동으로 광역계획권을 지정하여야 한다. •28회 (O | X)

12 중앙행정기관의 장, 시·도지사, 시장 또는 군수는 국토교통부장관이나 도지사에게 광역계획권의 지정 또는 변경을 요청할 수 있다. •33회 (O | X)

13 광역계획권이 같은 도의 관할 구역에 속하여 있는 경우 관할 도지사가 광역도시계획을 수립하여야 한다. •32회 (O | X)

14 도시·군기본계획 입안일부터 5년 이내에 토지적성평가를 실시한 경우 등 대통령령으로 정하는 경우에는 토지적성평가 또는 재해취약성분석을 하지 아니할 수 있다. •27회 (O | X)

15 시장 또는 군수는 5년마다 관할 구역의 도시·군기본계획에 대하여 그 타당성 여부를 전반적으로 재검토하여 정비하여야 한다. •27회 (O | X)

16 「수도권정비계획법」에 의한 수도권에 속하고 광역시와 경계를 같이하지 아니한 시로서 인구 20만 명 이하인 시는 도시·군기본계획을 수립하지 아니할 수 있다. •32회 (O | X)

정답   **8** X 광역시장 → 국토교통부장관 또는 도지사   **9** O   **10** X 없다 → 있다   **11** X 시·도지사가 공동으로 → 국토교통부장관이   **12** O   **13** X 도지사가 → 시장 또는 군수가 공동으로   **14** O   **15** O   **16** X 속하고 → 속하지 아니하고 / 20만명 → 10만명

⑰ 개발밀도관리구역의 지정은 도시·군관리계획의 결정사항에 해당한다. •26회 (O | X)

⑱ 기반시설의 설치·정비 또는 개량에 관한 사항에 대하여 도시·군관리계획의 입안을 제안하는 경우 토지면적의 3분의 2 이상 토지소유자의 동의를 받아야 한다. •29회 (O | X)

⑲ 산업·유통개발진흥지구의 지정 및 변경에 관한 사항은 입안제안의 대상에 해당하지 않는다. •30회 (O | X)

⑳ 도시·군관리계획을 입안 시 개발제한구역 안에 기반시설을 설치하는 경우 환경성 검토를 하여야 한다. •27회 (O | X)

㉑ 도시·군관리계획 결정의 효력은 지형도면을 고시한 날의 다음 날부터 발생한다. •26회 •32회 (O | X)

㉒ 국가계획과 연계하여 시가화조정구역의 지정이 필요한 경우 국토교통부장관이 직접 그 지정을 도시·군관리계획으로 결정할 수 있다. •28회 (O | X)

㉓ 계획관리지역은 용도지역 중 도시지역에 해당하지 않는다. •28회 (O | X)

㉔ 「택지개발촉진법」에 따른 택지개발지구로 지정·고시된 지역은 「국토의 계획 및 이용에 관한 법률」에 따른 도시지역으로 결정·고시된 것으로 본다. •33회 (O | X)

㉕ 제2종 전용주거지역은 아파트를 건축할 수 있는 용도지역이다. •29회 (O | X)

㉖ 복합개발진흥지구는 주거기능, 공업기능, 유통·물류기능 및 관광·휴양기능 중 2 이상의 기능을 중심으로 개발·정비할 필요가 있는 지구를 말한다. •34회 (O | X)

> 정답 **17** X 해당한다 → 해당하지 않는다 **18** X 3분의 2 → 5분의 4 **19** X 해당하지 않는다 → 해당한다
> **20** O **21** X 고시한 날의 다음 날부터 → 고시한 날부터 **22** O **23** O **24** O **25** O **26** O

㉗ 주거지역의 용적률 최대한도는 500% 이하, 계획관리지역의 용적률 최대한도는 100% 이하, 농림지역의 용적률 최대한도는 80% 이하이다. •33회 (O | X)

㉘ 도시·군계획조례로 정할 수 있는 건폐율의 최대한도는 계획관리지역에 있는 「산업입지 및 개발에 관한 법률」에 따른 농공단지가 수산자원보호구역보다 크다. •29회 (O | X)

㉙ 보호지구에는 역사문화환경보호지구, 중요시설물보호지구, 생태계보호지구가 있다. •30회 (O | X)

㉚ 산업·유통개발진흥지구는 공업기능 및 유통·물류기능을 중심으로 개발·정비할 필요가 있는 용도지구이다. •31회 (O | X)

㉛ 동물 전용의 장례식장은 자연취락지구 안에서 건축할 수 있는 건축물에 해당한다. •31회 (O | X)

㉜ 일반주거지역에 지정된 복합용도지구 안에서는 장례시설을 건축할 수 있다. •29회 (O | X)

㉝ 시가화유보기간은 5년 이상 20년 이내의 기간이다. •32회 (O | X)

㉞ 입지규제최소구역으로 지정할 수 있는 지역은 세 개 이상의 노선이 교차하는 대중교통 결절지로부터 5km 이내에 위치한 지역이다. •29회 (O | X)

㉟ 다른 법률에서 도시·군관리계획의 결정을 의제하고 있는 경우에는 「국토의 계획 및 이용에 관한 법률」에 따르지 아니하고 입지규제최소구역을 지정할 수 있다. •31회 (O | X)

㊱ 시·도지사는 법령에서 정하고 있는 용도지구 외에 새로운 용도지구를 신설할 수 없다. •28회 (O | X)

정답	27 O 28 O 29 O 30 O 31 X 해당한다 → 해당하지 않는다 32 X 있다 → 없다 33 O
34 X 5km → 1km 35 X 있다 → 없다 36 X 없다 → 있다

㊲ 「도시개발법」에 따른 도시개발구역이 200만m²를 초과하는 경우 해당 구역에서 개발사업을 시행하는 자는 공동구를 설치하여야 한다. ·29회 (O | X)

㊳ 「산업입지 및 개발에 관한 법률」에 따른 일반산업단지는 사업시행자가 공동구를 설치하여야 하는 지역이다. ·31회 (O | X)

㊴ 가스관은 공동구가 설치된 경우 공동구에 수용하기 위하여 공동구협의회의 심의를 거쳐야 하는 시설이다. ·26회 (O | X)

㊵ 공동구가 설치된 경우 하수도관은 공동구협의회의 심의를 거쳐 공동구에 수용할 수 있다. ·28회
(O | X)

㊶ 광역시설의 설치 및 관리는 공동구의 설치에 관한 규정에 따른다. ·28회 (O | X)

㊷ 도시·군계획시설사업에서 지방자치단체가 직접 시행하는 경우에는 이행보증금을 예치하여야 한다. ·28회 (O | X)

㊸ 협의가 성립되지 아니하는 경우 도시·군계획시설사업이 같은 도의 관할 구역에 속하는 둘 이상의 시 또는 군에 걸쳐 시행되는 경우에는 국토교통부장관이 시행자를 정한다. ·32회 (O | X)

㊹ 도시·군계획시설 부지에 대한 매수청구의 대상은 지목이 대(垈)인 토지에 한정되며, 그 토지에 있는 건축물은 포함되지 않는다. ·26회 (O | X)

㊺ 도시·군계획시설 부지의 매수의무자인 지방공사는 도시·군계획시설채권을 발행하여 그 대금을 지급할 수 있다. ·32회 (O | X)

정답	**37** O **38** X 지역이다 → 지역이 아니다 **39** O **40** O **41** X 공동구 → 도시·군계획시설
	42 X 예치하여야 한다 → 예치하지 아니한다 **43** X 국토교통부장관이 → 관할 도지사가
	44 X 건축물은 포함되지 않는다 → 건축물도 포함된다 **45** X 지방공사는 → 지방자치단체인 경우에만

㊻ 매수의무자는 매수청구를 받은 날부터 6개월 이내에 매수 여부를 결정하여 통지하여야 한다. • 27회 (O | X)

㊼ 도시·군계획시설결정이 고시된 도시·군계획시설에 대하여 그 고시일부터 20년이 지날 때까지 그 시설의 설치에 관한 도시·군계획시설사업이 시행되지 아니하는 경우 그 도시·군계획시설결정은 그 고시일부터 20년이 되는 날의 다음 날에 그 효력을 잃는다. • 30회 (O | X)

㊽ 한국토지주택공사가 도시·군계획시설사업의 시행자로 지정받으려면 사업대상 토지면적의 3분의 2 이상의 토지소유자의 동의를 얻어야 한다. • 27회 (O | X)

㊾ 도시지역 내 지구단위계획구역의 지정이 한옥마을의 보존을 목적으로 하는 경우 지구단위계획으로 「주차장법」 제19조 제3항에 의한 주차장 설치기준을 100%까지 완화하여 적용할 수 있다. • 26회 (O | X)

㊿ 도시지역 외 지구단위계획구역에서 당해 용도지역에 적용되는 건축물 높이의 120% 이내에서 높이제한을 완화하여 적용할 수 있다. • 29회 (O | X)

(51) 2개의 노선이 교차하는 대중교통 결절지로부터 2km 이내에 위치한 지역은 지구단위계획구역으로 지정할 수 있다. • 27회 (O | X)

(52) 지구단위계획으로 차량진입금지구간을 지정한 경우 「주차장법」에 따른 주차장 설치기준을 최대 80%까지 완화하여 적용할 수 있다. • 28회 (O | X)

(53) 지구단위계획이 수립되어 있는 지구단위계획구역에서 공사기간 중 이용하는 공사용 가설건축물을 건축하려면 그 지구단위계획에 맞게 하여야 한다. • 32회 (O | X)

정답 **46** O **47** O **48** X 동의를 얻어야 한다 → 동의를 얻을 필요가 없다 **49** O **50** X 도시지역 외 → 도시지역 내 **51** X 2개 → 3개 / 2km → 1km **52** X 80% → 100% **53** X 하여야 한다 → 하지 않아도 된다

54 토지분할에 대해 개발행위허가를 받은 자가 그 개발행위를 마치면 관할 행정청의 준공검사를 받아야 한다. •26회 (O | X)

55 자금조달계획이 목적사업의 실현에 적합하도록 수립되어 있는 내용은 개발행위허가의 기준에 해당한다. •31회 (O | X)

56 개발행위허가를 받은 자가 행정청이 아닌 경우 개발행위로 용도가 폐지되는 공공시설은 개발행위허가를 받은 자에게 무상으로 귀속된다. •32회 (O | X)

57 성장관리계획구역 내 생산녹지지역에서는 30% 이하의 범위에서 성장관리계획으로 정하는 바에 따라 건폐율을 완화하여 적용할 수 있다. •33회 (O | X)

58 기반시설의 배치와 규모에 관한 사항은 성장관리계획에 포함되지 않을 수 있다. •31회 (O | X)

59 개발밀도관리구역 안에서는 해당 용도지역에 적용되는 용적률의 최대한도 50% 범위 안에서 용적률을 강화하여 적용한다. •32회 (O | X)

60 대학은 기반시설부담구역에 설치가 필요한 기반시설에 해당하지 않는다. •26회 (O | X)

61 기반시설부담구역에서 기반시설 설치비용의 부과대상인 건축행위는 법 제2조 제20호에 따른 시설로서 200m²(기존 건축물의 연면적을 포함)를 초과하는 건축물의 신축·증축 행위로 한다. •31회

(O | X)

62 의료시설과 교육연구시설의 기반시설 유발계수는 같다. •28회 (O | X)

정답 **54** X 받아야 한다 → 받지 않아도 된다   **55** X 해당한다 → 해당하지 않는다   **56** X 행정청이 아닌 경우 → 행정청인 경우   **57** O   **58** X 포함되지 않을 수 있다 → 포함되어야 한다   **59** O   **60** O   **61** O
62 X 같다 → 의료시설이 크다

㉓ 기반시설설치계획은 기반시설부담구역의 지정고시일부터 3년이 되는 날까지 수립하여야 한다.
· 33회   (O | X)

㉔ 도 관할 구역의 시장은 기반시설부담구역을 지정하면 기반시설설치계획을 수립하여야 하며, 이를 도시·군관리계획에 반영하여야 한다. · 29회   (O | X)

㉕ 기반시설 설치비용 납부의무자는 사용승인 신청 후 7일까지 그 비용을 내야 한다. · 32회
                                                                                        (O | X)

㉖ 「국토의 계획 및 이용에 관한 법률」 제63조에 따른 개발행위허가의 제한은 청문을 하여야 하는 경우이다. · 31회   (O | X)

㉗ 국토교통부장관이 직접 시범도시를 지정함에 있어서 그 대상이 되는 도시를 공모할 경우, 시장 또는 군수는 공모에 응모할 수 있다. · 28회   (O | X)

㉘ 타인의 토지에 출입하려는 행정청인 사업시행자는 출입하려는 날의 7일 전까지 그 토지의 소유자·점유자 또는 관리인에게 그 일시와 장소를 알려야 한다. · 34회   (O | X)

정답   63 X 3년 → 1년   64 O   65 X 신청 후 7일까지 → 신청 시까지   66 X 제한은 → 취소는   67 O
68 O

에듀윌이
너를
지지할게

ENERGY

기회가 있다고 믿는 사람은 반드시 기회를 붙들고
기회가 없다고 생각하는 사람은 눈앞의 기회도 놓칩니다.

기회는 오고 가는 것이 아니라 내가 눈 뜨는 것입니다.

– 조정민, 『고난이 선물이다』, 두란노

도시개발법

최근 10개년 출제비중

15%

제34회 출제비중

15%

CHAPTER별 10개년 출제비중 & 출제키워드

CHAPTER	10개년 출제비중	BEST 출제키워드
01 총 칙	1.7%	지정권자
02 도시개발계획 및 구역 지정	18.3%	도시개발계획의 수립, 도시개발구역의 지정
03 도시개발사업	70%	도시개발조합, 지정권자, 실시계획, 도시개발사업 시행방식, 토지상환채권, 원형지, 조성토지, 환지처분
04 비용부담 등	8.3%	비용부담, 도시개발채권
05 보칙 및 벌칙	1.7%	행정형벌

* 여러 CHAPTER의 개념을 묻는 복합문제이거나, 법률이 개정 및 제정된 경우 분류 기준에 따라 수치가 달라질 수 있습니다.

제35회 시험 학습전략

「도시개발법」은 부동산공법에서 6문제가 출제되는 PART로 4개 이상은 맞힌다는 생각으로 정복하여야 합니다. 특히, 출제 빈도가 높은 CHAPTER인 도시개발사업의 시행에 대해서는 기출내용을 바탕으로 광범위하게 학습할 필요가 있으며, 그 외 나머지 CHAPTER에서는 개발계획, 개발조합, 토지상환채권, 환지처분 등의 중요내용 위주로만 학습하면 됩니다.

01 총 칙

▌학습전략

총칙 부분은 법률의 제정 목적, 용어의 정의, 방향성을 제시하는 내용으로 구성되어 있습니다. 출제 빈도는 높지 않은 부분이지만, 다음 CHAPTER 를 공부하기 위해서는 미리 도시개발계획 수립권자와 도시개발구역 지정 권자를 학습하는 것이 도움이 됩니다.

제1절 개 념

1 제정 목적

「도시개발법」은 도시개발에 필요한 사항을 규정하여 계획적이고 체계적인 도시개발을 도모하고 쾌적한 도시환경의 조성과 공공복리의 증진에 이바지함을 목적으로 한다(법 제1조).

▪ 도시개발사업

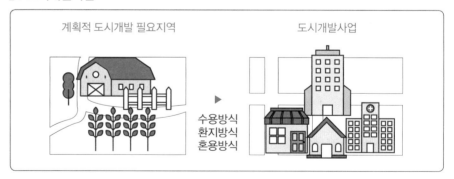

2 용어의 정의

(1) 도시개발에 관한 용어

① **도시개발구역** : 도시개발사업을 시행하기 위하여 지정·고시된 구역을 말한다(법 제2조 제1항 제1호).

② **도시개발사업** : 도시개발구역에서 주거, 상업, 산업, 유통, 정보통신, 생태, 문화, 보건 및 복지 등의 기능이 있는 단지 또는 시가지를 조성하기 위하여 시행하는 사업을 말한다(법 제2조 제1항 제2호).

(2) 환지에 관한 용어

① **환지**(換地) : 도시개발사업에 의하여 토지구획정리를 실시할 때 필연적으로 발생하는 인접토지와의 교환분을 말한다.

② **환지계획**(換地計劃) : 도시개발사업의 시행 시 환지방식에 의하여 사업을 시행하고자 하는 경우 시행자가 미리 계획하는 것을 환지계획이라 한다. 시행자는 환지계획을 작성하는 때에는 환지계획구역별로 이를 작성하여야 하며, 환지계획구역 안의 기존 시가지, 주택밀집지역 및 지목별 이용현황과 공공시설의 이용도 등을 고려하여야 한다.

③ **환지처분**(換地處分) : 도시개발사업을 실시함에 있어서 종전의 토지에 관한 소유권 및 기타의 권리를 보유하는 자에게 종전의 토지를 대신하여 정연(整然)하게 구획된 토지를 할당하고, 종국적으로 이를 귀속시키는 처분이다.

④ **보류지**(保留地) : 토지구획정리사업 등을 시행하면서, 규약·정관·시행규정 또는 사업계획으로 정한 일정한 목적에 공용(供用)하기 위해 환지로 정하지 않고 남겨둔 토지를 말한다. 이에 대해 체비지(替費地)는 사업비용의 일부에 충당하기 위해 환지로 정하지 않고 남겨둔 일정한 토지를 말한다.

(3) 「국토의 계획 및 이용에 관한 법률」 적용

「국토의 계획 및 이용에 관한 법률」에서 사용하는 용어는 「도시개발법」으로 특별히 정하는 경우 외에는 「도시개발법」에서 이를 적용한다(법 제2조 제2항).

1 개발계획의 수립권자

지정권자는 도시개발구역을 지정하려면 해당 도시개발구역에 대한 도시개발사업의 개발계획을 수립하여야 한다(법 제4조 제1항).

2 개발구역의 지정권자

원 칙	시·도지사(특별시장·광역시장·도지사·특별자치도지사) 또는 대도시 시장
예 외	국토교통부장관

3 환지방식에서 환지계획의 인가권자

행정청이 아닌 시행자가 환지계획을 작성한 경우에는 특별자치도지사·시장·군수 또는 구청장의 인가를 받아야 한다(법 제29조 제1항).

기출&예상 문제

도시개발법령상 도시개발구역을 지정할 수 있는 자를 모두 고른 것은?

• 32회

ㄱ 시·도지사   ㄴ 대도시 시장
ㄷ 국토교통부장관   ㄹ 한국토지주택공사

① ㄱ
② ㄴ, ㄹ
③ ㄷ, ㄹ
④ ㄱ, ㄴ, ㄷ
⑤ ㄱ, ㄴ, ㄷ, ㄹ

해설 원칙적으로 시·도지사 또는 대도시 시장, 예외적으로 국토교통부장관은 계획적인 도시개발이 필요하다고 인정되는 때에는 도시개발구역을 지정할 수 있다.

정답 ④

02 | 도시개발계획 및 구역 지정

10개년 출제문항 수

25회	26회	27회	28회	29회
1	3			1

30회	31회	32회	33회	34회
1	1	1	2	1

↳ 총 40문제 中 평균 약 1.1문제 출제

학습전략

도시개발계획 및 구역 지정은 계획의 수립과 구역 지정으로 구성되어 있습니다. 1~2문제 정도가 출제되는 CHAPTER로 개발구역의 지정권자, 지정절차, 지정효과 및 동의자 산정방법 위주로 학습하는 것이 도움이 됩니다.

제1절 도시개발계획 수립

1 개발계획의 수립시기 · 17회 · 19회 · 22회 · 25회 · 26회 · 28회 · 30회

(1) 원칙 – 선 계획 ⇨ 후 구역

① 도시개발구역의 지정권자는 도시개발구역을 지정하려면 해당 도시개발구역에 대한 도시개발사업의 계획(이하 '개발계획')을 수립하여야 한다(법 제4조 제1항).

② 도시개발구역의 지정권자는 직접 또는 관계 중앙행정기관의 장 또는 시장(대도시 시장은 제외)·군수·구청장 또는 도시개발사업의 시행자의 요청을 받아 개발계획을 변경할 수 있다(법 제4조 제3항).

(2) 예외 – 선 구역 ⇨ 후 계획

① 개발계획을 공모할 때에는 도시개발구역을 지정한 후에 개발계획을 수립할 수 있다(법 제4조 제1항 본문).

② 대통령령으로 정하는 지역에 도시개발구역을 지정할 때에는 도시개발구역을 지정한 후에 개발계획을 수립할 수 있다(법 제4조 제1항 단서).

> **정리** 도시개발구역 지정권자
> (= 개발계획 수립권자)
> 1. 원칙 : 시·도지사, 대도시 시장
> 2. 예외 : 국토교통부장관

> **추가** 개발계획안 공모
> 지정권자는 창의적이고 효율적인 도시개발사업을 추진하기 위하여 필요한 경우에는 대통령령으로 정하는 바에 따라 개발계획안을 공모하여 선정된 안을 개발계획에 반영할 수 있다. 이 경우 선정된 개발계획안의 응모자가 도시개발사업시행자의 자격요건을 갖춘 자인 경우에는 해당 응모자를 우선하여 시행자로 지정할 수 있다(법 제4조 제2항).

> **추가** 공모 응모기간
> 90일 이상

대통령령으로 정하는 지역(영 제6조 제1항)

1. 자연녹지지역
2. 도시개발구역 지정면적의 100분의 30 이하인 생산녹지지역
3. 도시지역 외의 지역
4. 국토교통부장관이 지역균형발전을 위하여 관계 중앙행정기관의 장과 협의하여 도시개발구역으로 지정하려는 지역(자연환경보전지역은 제외)
5. 해당 도시개발구역에 포함되는 주거지역·상업지역·공업지역의 면적의 합계가 전체 도시개발구역 지정 면적의 100분의 30 이하인 지역

2 개발계획 수립 시 동의

(1) 원 칙 · 17회 · 28회 · 33회

① 지정권자는 환지방식의 도시개발사업에 대한 개발계획을 수립하려면 환지방식이 적용되는 지역의 토지면적의 3분의 2 이상에 해당하는 토지소유자와 그 지역의 토지소유자 총수의 2분의 1 이상의 동의를 받아야 한다(법 제4조 제4항 전단).

② 환지방식으로 시행하기 위하여 개발계획을 변경하려는 경우에도 또한 같다(법 제4조 제4항 후단).

＋ 보충 **개발계획 변경 시 토지소유자 동의를 받아야 하는 경우(영 제7조 제1항)**

1. 환지방식을 적용하는 지역의 면적 변경이 다음의 어느 하나에 해당하는 경우
   ① 편입되는 토지의 면적이 종전 환지방식이 적용되는 면적의 100분의 5 이상인 경우(경미한 사항이 여러 차례 변경된 경우에는 누적하여 산정)
   ② 제외되는 토지의 면적이 종전 환지방식이 적용되는 면적의 100분의 10 이상인 경우
   ③ 편입 또는 제외되는 면적이 각각 3만m² 이상인 경우
   ④ 토지의 편입이나 제외로 인하여 환지방식이 적용되는 면적이 종전보다 100분의 10 이상 증감하는 경우
2. 너비가 12m 이상인 도로를 신설 또는 폐지하는 경우
3. 사업시행지구를 분할하거나 분할된 사업시행지구를 통합하는 경우
4. 도로를 제외한 기반시설의 면적이 종전보다 100분의 10(공원 또는 녹지의 경우에는 100분의 5) 이상으로 증감하거나 신설되는 기반시설의 총면적이 종전 기반시설 면적의 100분의 5 이상인 경우
5. 수용예정인구가 종전보다 100분의 10 이상 증감하는 경우(변경 이후 수용예정인구가 3천명 미만인 경우는 제외)

정리 **환지방식 동의**

환지방식이 적용되는 지역의 토지면적 2/3 이상 + 토지소유자 총수의 1/2 이상의 동의
⇨ [예외] 국가 또는 지방자치단체

추가 **경미한 변경**

환지방식으로 시행하기 위하여 개발계획 변경 시 대통령령으로 정하는 경미한 사항의 변경은 토지소유자의 동의를 받지 않아도 된다.

6. 임대주택 건설용지의 면적 또는 임대주택 호수가 종전보다 100분의 10 이상 감소하는 경우
7. 기반시설을 제외한 도시개발구역의 용적률이 종전보다 100분의 5 이상 증가하는 경우

(2) 예 외 · 19회 · 24회 · 25회 · 26회 · 31회

① **시행자가 국가 · 지방자치단체인 경우** : 지정권자는 도시개발사업을 환지방식으로 시행하려고 개발계획을 수립하거나 변경할 때에 도시개발사업의 시행자가 국가나 지방자치단체이면 토지소유자의 동의를 받을 필요가 없다(법 제4조 제5항).

② **시행자가 조합인 경우** : 지정권자가 도시개발사업의 전부를 환지방식으로 시행하려고 개발계획을 수립하거나 변경할 때에 도시개발사업의 시행자가 조합에 해당하는 경우로서 조합이 성립된 후 총회에서 도시개발구역의 토지면적의 3분의 2 이상에 해당하는 조합원과 그 지역의 조합원 총수의 2분의 1 이상의 찬성으로 수립 또는 변경을 의결한 개발계획을 지정권자에게 제출한 경우에는 토지소유자의 동의를 받은 것으로 본다(법 제4조 제6항).

(3) 동의자 수의 산정방법(영 제6조 제4항) · 20회 · 22회 · 25회

도시개발구역의 토지면적을 산정하는 경우	국공유지를 포함하여 산정할 것
1필지의 토지소유권을 여럿이 공유하는 경우	다른 공유자의 동의를 받은 대표 공유자 1인을 해당 토지소유자로 볼 것(단, 집합건물의 소유 및 관리에 관한 법률에 따른 구분소유자는 각각을 토지소유자 1인으로 본다)
1인이 둘 이상 필지의 토지를 단독으로 소유한 경우	필지의 수에 관계없이 토지소유자를 1인으로 볼 것
둘 이상 필지의 토지를 소유한 공유자가 동일한 경우	공유자 여럿을 대표하는 1인을 토지소유자로 볼 것
공람 · 공고일 후에 「집합건물의 소유 및 관리에 관한 법률」에 따른 구분소유권을 분할하게 되어 토지소유자의 수가 증가하게 된 경우	공람 · 공고일 전의 토지소유자의 수를 기준으로 산정하고, 증가된 토지소유자의 수는 토지소유자 총수에 추가 산입하지 말 것
도시개발구역의 지정이 제안되기 전에 또는 도시개발구역에 대한 개발계획의 변경을 요청받기 전에 동의를 철회하는 사람이 있는 경우	그 사람은 동의자 수에서 제외할 것

추가 동의순서 비교

국공유지를 제외한 전체 사유 토지면적 및 토지소유자에 대하여 동의요건 이상으로 동의를 받은 후에 그 토지면적 및 토지소유자의 수가 법적 동의요건에 미달하게 된 경우에는 국공유지 관리청의 동의를 받아야 한다(영 제6조 제5항).

추가 동의 또는 철회방법

토지소유자가 동의하거나 동의를 철회할 경우에는 국토교통부령으로 정하는 동의서 또는 동의철회서를 제출하여야 하며, 공유토지의 대표 소유자는 대표자지정 동의서와 대표 소유자 및 공유자의 신분을 증명할 수 있는 서류를 각각 첨부하여 함께 제출하여야 한다(영 제6조 제6항).

3 개발계획 수립기준 및 내용

(1) 수립기준 · 26회

① **작성기준** : 개발계획의 작성 기준 및 방법은 국토교통부장관이 정한다(법 제5조 제5항).

② **부합** : 「국토의 계획 및 이용에 관한 법률」에 따른 광역도시계획이나 도시·군기본계획이 수립되어 있는 지역에 대하여 개발계획을 수립하려면 개발계획의 내용이 해당 광역도시계획이나 도시·군기본계획에 들어맞도록 하여야 한다(법 제5조 제2항).

③ **조화** : 330만m² 이상인 도시개발구역에 관한 개발계획을 수립할 때에는 해당 구역에서 주거, 생산, 교육, 유통, 위락 등의 기능이 서로 조화를 이루도록 노력하여야 한다(법 제5조 제4항, 영 제9조 제3항).

(2) 개발계획의 내용(법 제5조 제1항) · 19회 · 21회 · 26회 · 34회

추가 지구단위계획 비교

지구단위계획은 개발계획에 포함되는 사항이 아니고, 실시계획에 포함되는 사항이다.

① **개발계획에 포함되어야 하는 사항**

　㉠ 도시개발구역의 명칭·위치 및 면적

　㉡ 도시개발구역의 지정목적과 도시개발사업의 시행기간

　㉢ 도시개발구역을 둘 이상의 사업시행지구로 분할하거나 서로 떨어진 둘 이상의 지역을 하나의 구역으로 결합하여 도시개발사업을 시행하는 경우에는 그 분할이나 결합에 관한 사항

　㉣ 도시개발사업의 시행자에 관한 사항

　㉤ 도시개발사업의 시행방식

　㉥ 인구수용계획[분양주택(분양을 목적으로 공급하는 주택) 및 임대주택으로 구분한 주택별 수용계획을 포함]

　㉦ 토지이용계획

　㉧ 원형지로 공급될 대상 토지 및 개발 방향

　㉨ 교통처리계획

ⓒ 환경보전계획

ⓚ 보건의료시설 및 복지시설의 설치계획

ⓣ 도로, 상하수도 등 주요 기반시설의 설치계획

ⓟ 재원조달계획

② **도시개발구역을 지정한 후에 개발계획에 포함시킬 수 있는 사항**

ⓐ 도시개발구역 밖의 지역에 기반시설을 설치하여야 하는 경우에는 그 시설의 설치에 필요한 비용의 부담 계획

ⓑ 수용(收用) 또는 사용의 대상이 되는 토지·건축물 또는 토지에 정착한 물건과 이에 관한 소유권 외의 권리, 광업권, 어업권, 양식업권, 물의 사용에 관한 권리(이하 '토지등')가 있는 경우에는 그 세부목록

ⓒ 임대주택건설계획 등 세입자 등의 주거 및 생활안정대책

ⓓ 순환개발 등 단계적 사업추진이 필요한 경우 사업추진계획 등에 관한 사항

제2절 **도시개발구역 지정**

1 **도시개발구역의 지정권자** ·20회 ·24회 ·25회 ·26회 ·30회 ·32회 ·33회

(1) 원칙 – 시·도지사 또는 대도시 시장

① 다음의 어느 하나에 해당하는 자는 계획적인 도시개발이 필요하다고 인정되는 때에는 도시개발구역을 지정할 수 있다(법 제3조 제1항).

> ⓐ 시·도지사(특별시장·광역시장·도지사·특별자치도지사)
> ⓑ 대도시 시장(서울특별시와 광역시를 제외한 인구 50만 이상의 대도시의 시장)

② 도시개발사업이 필요하다고 인정되는 지역이 둘 이상의 시·도(특별시· 광역시·도·특별자치도) 또는 대도시(서울특별시와 광역시를 제외한 인구 50만 이상의 대도시)의 행정구역에 걸치는 경우에는 관계 시·도지사 또는 대도시 시장이 협의하여 도시개발구역을 지정할 자를 정한다(법 제3 조 제2항).

(2) 예외 – 국토교통부장관

국토교통부장관은 다음의 어느 하나에 해당하면 도시개발구역을 지정할 수 있다(법 제3조 제3항, 영 제4조).

① 국가가 도시개발사업을 실시할 필요가 있는 경우

② 관계 중앙행정기관의 장이 요청하는 경우

③ 공공기관의 장 또는 정부출연기관의 장이 30만m² 이상으로서 국가계획과 밀접한 관련이 있는 도시개발구역의 지정을 제안하는 경우

④ 둘 이상의 시·도 또는 대도시의 행정구역에 걸치는 경우로서 관계 시·도지사 또는 대도시 시장이 도시개발구역의 지정을 위한 협의가 성립되지 아니하는 경우

⑤ 천재지변, 그 밖의 사유로 인하여 도시개발사업을 긴급하게 할 필요가 있는 경우

(3) 도시개발구역의 분할·결합

① 도시개발구역의 지정권자는 도시개발사업의 효율적인 추진과 도시의 경관 보호 등을 위하여 필요하다고 인정하는 경우에는 도시개발구역을 둘 이상의 사업시행지구로 분할하거나 서로 떨어진 둘 이상의 지역을 결합하여 하나의 도시개발구역으로 지정할 수 있다(법 제3조의2 제1항).

② 도시개발구역을 분할 또는 결합하여 지정하는 요건과 절차 등에 필요한 사항은 대통령령으로 정한다(법 제3조의2 제2항).

③ 위 ①에 따라 도시개발구역을 둘 이상의 사업시행지구로 분할할 수 있는 경우는 지정권자가 도시개발사업의 효율적인 추진을 위하여 필요하다고 인정하는 경우로서 분할 후 각 사업시행지구의 면적이 각각 1만m² 이상인 경우로 한다(영 제5조의2 제1항).

④ 위 ①에 따라 서로 떨어진(동일 또는 연접한 특별시·광역시·도·특별자치도로 한정) 둘 이상의 지역을 결합하여 하나의 도시개발구역으로 지정(이하 '결합개발')할 수 있는 경우는 면적이 1만m² 이상인 다음의 어느 하나에 해당하는 지역이 도시개발구역에 하나 이상 포함된 경우로 한다. 다만, 다음 ⓑ의 지역은 1만m² 미만인 경우도 포함한다(영 제5조의2 제2항).

○ 도시경관, 문화재, 군사시설 및 항공시설 등을 관리하거나 보호하기 위하여 「국토의 계획 및 이용에 관한 법률」, 「문화재보호법」, 「군사기지 및 군사시설 보호법」 및 「공항시설법」 등 관계 법령에 따라 토지이용이 제한되는 지역

○ 「국토의 계획 및 이용에 관한 법률 시행령」에서 정한 용도지역별 개발행위허가의 규모 이상의 기반시설, 공장, 공공청사 및 관사, 군사시설 등이 철거되거나 이전되는 지역(해당 시설물의 주변지역을 포함)

○ 다음의 어느 하나에 해당하는 지역·지구(도시개발사업으로 재해예방시설 또는 주민안전시설 등을 설치하여 재해 등을 장기적으로 예방하거나 복구할 수 있는 경우로 한정)

  ⓐ 「국토의 계획 및 이용에 관한 법률」에 따른 방화지구 또는 방재지구

  ⓑ 「자연재해대책법」에 따라 지정된 자연재해위험개선지구

  ⓒ 「재난 및 안전관리 기본법」에 따라 선포된 특별재난지역

○ 법 제21조의2에 따라 순환개발방식으로 도시개발사업을 시행하는 지역

○ 「국토의 계획 및 이용에 관한 법률」에 따른 도시·군계획시설사업의 시행이 필요한 지역(결합개발이 필요한 지역으로서 사업비가 국가재정법에 따른 총사업비 이상인 경우로 한정)

○ 「개발제한구역의 지정 및 관리에 관한 특별조치법」에 따른 정비사업구역에 포함된 같은 법 시행령 제2조의6 제1항 제2호의 지역

○ 그 밖에 지정권자가 도시개발사업의 효율적인 시행을 위하여 결합개발이 필요하다고 인정한 지역

2 도시개발구역 지정 시 요건

(1) 도시개발구역의 지정제안 ·23회 ·29회

① **지정제안자** : 국가·지방자치단체·조합을 제외한 도시개발사업 시행자로 지정될 수 있는 자는 특별자치도지사·시장·군수 또는 구청장에게 도시개발구역의 지정을 제안할 수 있다(법 제11조 제5항).

② **지정제안 시 동의** : 민간사업시행자*(도시개발조합은 제외)가 도시개발구역의 지정을 제안하려는 경우에는 대상 구역 토지면적의 3분의 2 이상에 해당하는 토지소유자(지상권자를 포함)의 동의를 받아야 한다(법 제11조 제6항).

③ **비용부담** : 특별자치도지사·시장·군수 또는 구청장은 제안자와 협의하여 도시개발구역의 지정을 위하여 필요한 비용의 전부 또는 일부를 제안자에게 부담시킬 수 있다(법 제11조 제7항).

정리 제안과 요청

1. 제안 : 비행정청 ⇨ 행정청(권한×)
2. 요청 : 행정청(권한×) ⇨ 행정청(권한○)
3. 국가와 지방자치단체는 직접 지정할 수 있기 때문에 지정제안 주체에서 제외
4. 도시개발조합은 제안 당시 아직 설립되지 않은 상태이기 때문에 지정제안 주체에서 제외

* **민간사업시행자**

토지소유자, 지방이전법인, 건설사업자, 부동산개발업자, 등록사업자, 부동산투자회사, 공동출자법인

④ 위 ①에 따라 도시개발구역 지정을 제안하는 자가 결합개발방식을 적용하려는 경우에는 도시개발구역에 포함될 서로 떨어진 지역별로 위 ②에 따른 토지소유자(지상권자를 포함)의 동의를 받아야 한다(영 제5조의2 제3항).

(2) 도시개발구역의 지정요청 · 17회

① 시장(대도시 시장은 제외)·군수 또는 구청장(자치구의 구청장)은 시·군·구도시계획위원회에 자문을 한 후 시·도지사(특별시장·광역시장·도지사)에게 도시개발구역의 지정을 요청할 수 있다(법 제3조 제4항).

② 지구단위계획구역에서 이미 결정된 지구단위계획에 따라 도시개발사업을 시행하기 위하여 도시개발구역의 지정을 요청하는 경우에는 시·군·구도시계획위원회에 자문을 하지 아니할 수 있다(영 제5조).

(3) 도시개발구역의 지정규모(영 제2조 제1항) · 15회 · 17회 · 25회 · 29회

추가 자연녹지지역, 생산녹지지역 및 도시지역 외 지역
자연녹지지역, 생산녹지지역 및 도시지역 외의 지역에 도시개발구역을 지정하는 경우에는 광역도시계획 또는 도시·군기본계획에 의하여 개발이 가능한 지역에서만 국토교통부장관이 정하는 기준에 따라 지정하여야 한다. 다만, 광역도시계획 및 도시·군기본계획이 수립되지 아니한 지역인 경우에는 자연녹지지역 및 계획관리지역에서만 도시개발구역을 지정할 수 있다(영 제2조 제2항).

도시지역	① 주거지역 및 상업지역 : 1만m² 이상
	② 공업지역 : 3만m² 이상
	③ 자연녹지지역 : 1만m² 이상
	④ 생산녹지지역(생산녹지지역이 도시개발구역 지정면적의 100분의 30 이하인 경우만 해당) : 1만m² 이상
도시지역 외 지역	① 원칙 : 30만m² 이상
	② 예외 : 공동주택 중 아파트 또는 연립주택의 건설계획이 포함되는 경우로서 다음 요건을 모두 갖춘 경우에는 10만m² 이상
	㉠ 도시개발구역에 초등학교용지를 확보(도시개발구역 내 또는 도시개발구역으로부터 통학이 가능한 거리에 학생을 수용할 수 있는 초등학교가 있는 경우를 포함)하여 관할 교육청과 협의한 경우
	㉡ 도시개발구역에서 「도로법」에 해당하는 도로 또는 국토교통부령으로 정하는 도로와 연결되거나 4차로 이상의 도로를 설치하는 경우

> **참고** 지정요건의 적용배제(영 제2조 제3항)
>
> 다음의 어느 하나에 해당하는 지역으로서 도시개발구역의 지정권자가 계획적인 도시개발이 필요하다고 인정하는 지역에 대하여는 도시개발구역의 지정규모에 따른 제한을 적용하지 아니한다.
> 1. 「국토의 계획 및 이용에 관한 법률」에 따른 취락지구 또는 개발진흥지구로 지정된 지역
> 2. 「국토의 계획 및 이용에 관한 법률」에 따른 지구단위계획구역으로 지정된 지역
> 3. 국토교통부장관이 국가균형발전을 위하여 관계 중앙행정기관의 장과 협의하여 도시개발구역으로 지정하려는 지역(자연환경보전지역은 제외)

3 도시개발구역의 지정절차

(1) 기초조사(법 제6조)

① 도시개발사업의 시행자나 시행자가 되려는 자는 도시개발구역을 지정하거나 도시개발구역의 지정을 요청 또는 제안하려고 할 때에는 도시개발구역으로 지정될 구역의 토지, 건축물, 공작물, 주거 및 생활실태, 주택수요, 그 밖에 필요한 사항에 관하여 대통령령으로 정하는 바에 따라 조사하거나 측량할 수 있다.

② 조사나 측량을 하려는 자는 관계 행정기관, 지방자치단체, 공공기관, 정부출연기관, 그 밖의 관계 기관의 장에게 필요한 자료의 제출을 요청할 수 있다. 이 경우 자료 제출을 요청받은 기관의 장은 특별한 사유가 없으면 요청에 따라야 한다.

(2) 주민 등의 의견청취 · 17회 · 24회 · 25회

국토교통부장관, 시·도지사 또는 대도시 시장이 도시개발구역을 지정(대도시 시장이 아닌 시장·군수 또는 구청장의 요청에 의하여 지정하는 경우는 제외)하고자 하거나 대도시 시장이 아닌 시장·군수 또는 구청장이 도시개발구역의 지정을 요청하려고 하는 경우에는 공람이나 공청회를 통하여 주민이나 관계 전문가 등으로부터 의견을 들어야 하며, 공람이나 공청회에서 제시된 의견이 타당하다고 인정되면 이를 반영하여야 한다. 도시개발구역을 변경(대통령령으로 정하는 경미한 사항은 제외)하려는 경우에도 또한 같다(법 제7조 제1항).

서류송부	국토교통부장관 또는 시·도지사(특별시장·광역시장·도지사·특별자치도지사)는 도시개발구역의 지정에 관한 주민의 의견을 청취하려면 관계 서류 사본을 시장·군수 또는 구청장에게 송부하여야 한다(영 제11조 제1항).
공 람	시장·군수 또는 구청장은 관계 서류 사본을 송부받거나 주민의 의견을 청취하려는 경우에는 일정한 사항을 전국 또는 해당 지방을 주된 보급지역으로 하는 둘 이상의 일간신문과 해당 시·군 또는 구의 인터넷 홈페이지에 공고하고 14일 이상 일반인에게 공람시켜야 한다. 다만, 도시개발구역의 면적이 10만m² 미만인 경우에는 일간신문에 공고하지 아니하고 공보와 해당 시·군 또는 구의 인터넷 홈페이지에 공고할 수 있다(영 제11조 제2항).

의견제출	공고된 내용에 관하여 의견이 있는 자는 공람기간에 도시개발구역의 지정에 관한 공고를 한 자에게 의견서를 제출할 수 있다(영 제11조 제3항).
결과통보	국토교통부장관, 시·도지사, 시장·군수 또는 구청장은 제출된 의견을 공고한 내용에 반영할 것인지를 검토하여 그 결과를 공람기간이 끝난 날부터 30일 이내에 그 의견을 제출한 자에게 통보하여야 한다(영 제11조 제5항).
공청회	국토교통부장관, 시·도지사, 시장·군수 또는 구청장은 도시개발사업을 시행하려는 구역의 면적이 100만m² 이상인 경우(도시개발계획의 변경 후의 면적이 100만m² 이상인 경우를 포함)에는 공람기간이 끝난 후에 공청회를 개최하여야 한다(영 제13조 제1항).

추가 **공청회 개최공고**

국토교통부장관, 시·도지사, 시장·군수 또는 구청장은 공청회를 개최하려면 일정한 사항을 전국 또는 해당 지방을 주된 보급지역으로 하는 일간신문과 인터넷 홈페이지에 공청회 개최 예정일 14일 전까지 1회 이상 공고하여야 한다(영 제13조 제2항).

(3) 협의 및 심의

① 지정권자는 도시개발구역을 지정하거나 개발계획을 수립하려면 관계 행정기관의 장과 협의한 후 「국토의 계획 및 이용에 관한 법률」에 따른 중앙도시계획위원회 또는 시·도도시계획위원회나 대도시에 두는 대도시도시계획위원회의 심의를 거쳐야 한다. 변경하는 경우에도 또한 같다. 다만, 대통령령으로 정하는 경미한 사항을 변경하는 경우에는 그러하지 아니하다(법 제8조 제1항).

② 「국토의 계획 및 이용에 관한 법률」에 따른 지구단위계획에 따라 도시개발사업을 시행하기 위하여 도시개발구역을 지정하는 경우에는 중앙도시계획위원회 또는 시·도도시계획위원회나 대도시에 두는 대도시도시계획위원회의 심의를 거치지 아니한다(법 제8조 제2항).

③ 지정권자는 관계 행정기관의 장과 협의하는 경우 지정하려는 도시개발구역 면적이 50만m² 이상인 경우 또는 개발계획이 「국토의 계획 및 이용에 관한 법률」에 따른 국가계획을 포함하고 있거나 그 국가계획과 관련되는 경우에 해당하면 국토교통부장관과 협의하여야 한다(법 제8조 제3항, 영 제14조의2 제1항).

(4) 고시 및 공람

① 지정권자는 도시개발구역을 지정하거나 개발계획을 수립한 경우에는 대통령령으로 정하는 바에 따라 이를 관보나 공보에 고시하고, 대도시 시장인 지정권자는 관계 서류를 일반에게 공람시켜야 한다(법 제9조 제1항).

② 대도시 시장이 아닌 지정권자는 해당 도시개발구역을 관할하는 시장(대도시 시장은 제외)·군수 또는 구청장에게 관계 서류의 사본을 보내야 한다(법 제9조 제1항).

③ 지정권자인 특별자치도지사와 관계 서류를 송부받은 시장(대도시 시장은 제외)·군수 또는 구청장은 해당 관계 서류를 일반인에게 공람시켜야 한다(법 제9조 제1항).

④ 시·도지사 또는 대도시 시장이 도시개발구역을 지정·고시한 경우에는 국토교통부장관에게 그 내용을 통보하여야 한다(법 제9조 제3항).

한눈에 보기 **도시개발구역의 지정절차**

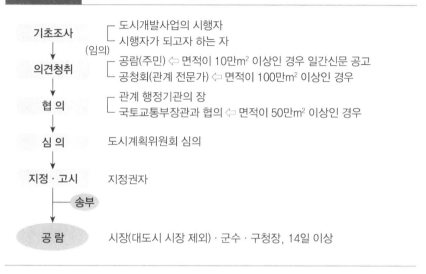

기초조사 ┌ 도시개발사업의 시행자
　　　　 └ 시행자가 되고자 하는 자
（임의）
의견청취 ┌ 공람(주민) ⇐ 면적이 10만㎡ 이상인 경우 일간신문 공고
　　　　 └ 공청회(관계 전문가) ⇐ 면적이 100만㎡ 이상인 경우
협 의 ┌ 관계 행정기관의 장
　　　 └ 국토교통부장관과 협의 ⇐ 면적이 50만㎡ 이상인 경우
심 의 　도시계획위원회 심의
지정·고시 　지정권자
└─ 송부
공 람 　시장(대도시 시장 제외)·군수·구청장, 14일 이상

4 도시개발구역의 지정효과

(1) 도시지역 등의 결정·고시 의제 · 17회

① **원칙** : 도시개발구역이 지정·고시된 경우 해당 도시개발구역은 「국토의 계획 및 이용에 관한 법률」에 따른 도시지역과 대통령령으로 정하는 지구단위계획구역으로 결정되어 고시된 것으로 본다(법 제9조 제2항 본문).

② **예외** : 「국토의 계획 및 이용에 관한 법률」에 따른 도시지역 외의 지역에 지정된 지구단위계획구역 및 같은 법에 따른 취락지구로 지정된 지역인 경우에는 도시지역과 대통령령으로 정하는 지구단위계획구역으로 결정되어 고시된 것으로 보지 않는다(법 제9조 제2항 단서).

추가 **대통령령으로 정하는 지구단위계획구역**
도시지역에 대하여 지구단위계획구역을 지정하는 구역을 말한다(영 제15조 제5항).

③ **지형도면 고시** : 도시지역과 지구단위계획구역으로 결정·고시된 것으로 보는 사항에 대하여「국토의 계획 및 이용에 관한 법률」에 따른 도시·군관리계획에 관한 지형도면의 고시는 도시개발사업의 시행기간에 할 수 있다(법 제9조 제4항).

(2) 도시개발구역에서의 행위제한 ·18회 ·32회

① **개발행위 허가대상** : 도시개발구역지정에 관한 주민 등의 의견청취를 위한 공고가 있는 지역 및 도시개발구역에서 대통령령으로 정하는 다음의 행위를 하려는 자는 특별시장·광역시장·특별자치도지사·시장 또는 군수의 허가를 받아야 한다. 허가받은 사항을 변경하려는 경우에도 또한 같다(법 제9조 제5항).

> **⊕ 보충** **대통령령으로 정하는 개발행위(영 제16조 제1항)**
>
> 1. **건축물의 건축 등** :「건축법」에 따른 건축물(가설건축물을 포함)의 건축, 대수선(大修繕) 또는 용도변경
> 2. **공작물의 설치** : 인공을 가하여 제작한 시설물(건축법에 따른 건축물은 제외)의 설치
> 3. **토지의 형질변경** : 절토(땅깎기)·성토(흙쌓기)·정지·포장 등의 방법으로 토지의 형상을 변경하는 행위, 토지의 굴착 또는 공유수면의 매립
> 4. **토석의 채취** : 흙·모래·자갈·바위 등의 토석을 채취하는 행위
> 5. **토지분할**
> 6. **물건을 쌓아놓는 행위** : 옮기기 쉽지 아니한 물건을 1개월 이상 쌓아놓는 행위
> 7. **죽목(竹木)의 벌채 및 식재(植栽)**

② **시행자의 의견청취** : 특별시장·광역시장·특별자치도지사·시장 또는 군수는 개발행위에 대한 허가를 하려는 경우에 시행자가 이미 지정되어 있으면 미리 그 시행자의 의견을 들어야 한다(영 제16조 제2항).

③ **허용사항** : 다음의 어느 하나에 해당하는 행위는 허가를 받지 아니하고 할 수 있다(법 제9조 제6항).

> ㉠ 재해 복구 또는 재난 수습에 필요한 응급조치를 위하여 하는 행위
> ㉡ 그 밖에 대통령령으로 정하는 행위

추가 국토계획법상 개발행위 허가대상 비교
1. 건축물의 건축(건축법에 따른 건축물의 건축)
2. 공작물의 설치
3. 토지의 형질변경
4. 토석의 채취
5. 토지분할
6. 물건을 쌓아놓는 행위

⊕ 보충 그 밖에 대통령령으로 정하는 행위(영 제16조 제3항)

다음의 어느 하나에 해당하는 행위로서 「국토의 계획 및 이용에 관한 법률」에 따른 개발행위허가의 대상이 아닌 것을 말한다.
1. 농림수산물의 생산에 직접 이용되는 것으로서 국토교통부령으로 정하는 간이공작물의 설치
2. 경작을 위한 토지의 형질변경
3. 도시개발구역의 개발에 지장을 주지 아니하고 자연경관을 훼손하지 아니하는 범위에서의 토석채취
4. 도시개발구역에 남겨두기로 결정된 대지에서 물건을 쌓아놓는 행위
5. 관상용 죽목의 임시 식재(경작지에서의 임시 식재는 제외)

④ **기득권 보호** : 허가를 받아야 하는 행위로서 도시개발구역의 지정 및 고시 당시 이미 관계 법령에 따라 행위 허가를 받았거나 허가를 받을 필요가 없는 행위에 관하여 그 공사나 사업에 착수한 자는 도시개발구역이 지정·고시된 날부터 30일 이내에 국토교통부령으로 정하는 신고서에 그 공사 또는 사업의 진행사항과 시행계획을 첨부하여 특별시장·광역시장·특별자치도지사·시장 또는 군수에게 신고한 후 이를 계속 시행할 수 있다(법 제9조 제7항, 영 제16조 제4항).

정리 기득권의 보호
30일 이내에 신고한 후 이를 계속 시행할 수 있다.

⑤ **원상회복명령** : 특별시장·광역시장·특별자치도지사·시장 또는 군수는 위반한 자에게 원상회복을 명할 수 있다. 이 경우 명령을 받은 자가 그 의무를 이행하지 아니하는 경우에는 특별시장·광역시장·특별자치도지사·시장 또는 군수는 「행정대집행법」에 따라 이를 대집행할 수 있다(법 제9조 제8항).

⑥ **준용** : 개발행위허가에 이 법으로 규정한 것 외에는 「국토의 계획 및 이용에 관한 법률」의 개발행위허가에 관한 사항을 준용한다(법 제9조 제9항).

⑦ **허가의제** : 「도시개발법」에 따라 개발행위허가를 받으면 「국토의 계획 및 이용에 관한 법률」에 따라 개발행위허가를 받은 것으로 본다(법 제9조 제10항).

5 도시개발구역 지정해제

(1) 해제사유 ·24회 ·31회

① **원칙**: 도시개발구역의 지정은 다음의 어느 하나에 규정된 날의 다음 날에 해제된 것으로 본다(법 제10조 제1항).

> ⊙ 도시개발구역이 지정·고시된 날부터 3년이 되는 날까지 도시개발사업에 관한 실시계획의 인가를 신청하지 아니하는 경우에는 그 3년이 되는 날
> ⓛ 도시개발사업의 공사완료(환지방식에 의한 사업인 경우에는 그 환지처분)의 공고일

② **예외**: 도시개발구역 지정 후 개발계획을 수립하는 경우에는 다음의 어느 하나에 규정된 날의 다음 날에 도시개발구역의 지정이 해제된 것으로 본다(법 제10조 제2항, 영 제17조 제2항).

> ⊙ 도시개발구역이 지정·고시된 날부터 2년이 되는 날까지 개발계획을 수립·고시하지 아니하는 경우에는 그 2년이 되는 날(단, 도시개발구역의 면적이 330만m² 이상인 경우에는 5년으로 한다)
> ⓛ 개발계획을 수립·고시한 날부터 3년이 되는 날까지 실시계획의 인가를 신청하지 아니하는 경우에는 그 3년이 되는 날(단, 도시개발구역의 면적이 330만m² 이상인 경우에는 5년으로 한다)

(2) 해제효과 ·24회

① 도시개발구역의 지정이 해제의제(解除擬制)된 경우에는 그 도시개발구역에 대한 「국토의 계획 및 이용에 관한 법률」에 따른 용도지역 및 지구단위계획구역은 해당 도시개발구역 지정 전의 용도지역 및 지구단위계획구역으로 각각 환원되거나 폐지된 것으로 본다(법 제10조 제3항 본문).

② 도시개발사업의 공사완료에 따라 도시개발구역의 지정이 해제의제된 경우에는 환원되거나 폐지된 것으로 보지 아니한다(법 제10조 제3항 단서).

(3) 고시 및 공람(법 제10조 제4항)

① 도시개발구역의 지정이 해제의제되는 경우 지정권자는 대통령령으로 정하는 바에 따라 이를 관보나 공보에 고시하여야 한다.

② 대도시 시장인 지정권자는 관계 행정기관의 장에게 통보하여야 하며 관계 서류를 일반에게 공람시켜야 한다.

③ 대도시 시장이 아닌 지정권자는 관계 행정기관의 장과 도시개발구역을 관할하는 시장(대도시 시장은 제외)·군수 또는 구청장에게 통보하여야 한다.

④ 지정권자인 특별자치도지사와 본문에 따라 통보를 받은 시장(대도시 시장은 제외)·군수 또는 구청장은 관계 서류를 일반인에게 공람시켜야 한다.

6 부동산투기 방지대책 및 보안관리

(1) 부동산투기 방지대책

지정권자는 도시개발구역으로 지정하려는 지역 및 주변지역이 부동산투기가 성행하거나 성행할 우려가 있다고 판단되는 경우에는 대통령령으로 정하는 바에 따라 투기방지대책을 수립하여야 한다(법 제10조의2 제4항).

(2) 보안관리

① 다음에 해당하는 자는 주민 등의 의견청취를 위한 공람 전까지는 도시개발구역의 지정을 위한 조사, 관계 서류 작성, 관계 기관 협의, 중앙도시계획위원회 또는 시·도도시계획위원회나 대도시도시계획위원회의 심의 등의 과정에서 관련 정보가 누설되지 아니하도록 필요한 조치를 하여야 한다(법 제10조의2 제1항).

> ㉠ 지정권자
> ㉡ 도시개발구역의 지정을 요청하거나 요청하려는 관계 중앙행정기관의 장 또는 시장(대도시 시장은 제외)·군수·구청장
> ㉢ 시행자 또는 시행자가 되려는 자 및 도시개발구역의 지정을 제안하거나 제안하려는 자
> ㉣ 도시개발구역을 지정하거나 도시개발구역의 지정을 요청 또는 제안하기 위한 자료의 제출을 요구받은 자
> ㉤ 도시개발구역 지정 시 협의하는 관계 행정기관의 장 또는 자문·심의기관의 장

② 다음의 기관 또는 업체에 종사하였거나 종사하는 자는 업무 처리 중 알게 된 도시개발구역 지정 또는 지정의 요청·제안과 관련한 정보로서 불특정 다수인이 알 수 있도록 공개되기 전의 정보를 도시개발구역의 지정 또는 지정 요청·제안 목적 외로 사용하거나 타인에게 제공 또는 누설해서는 아니 된다(법 제10조의2 제2항).

추가 대통령령으로 정하는 부동산투기 방지대책(영 제17조의2)
1. 도시개발구역의 지정 제안 등으로 부동산투기 또는 부동산 가격의 급등이 우려되는 지역에 대한 「주택법」에 따른 투기과열지구 지정
2. 도시개발구역 및 주변지역의 무분별한 개발을 방지하기 위한 개발행위허가 제한
3. 도시개발구역 지정을 위한 조사·용역·협의 등의 과정에서 직접적·간접적으로 관계되는 자에 대한 자체 보안대책
4. 그 밖에 다른 법령에 따른 부동산가격 안정 대책 등 도시개발구역 및 주변지역의 부동산투기 방지를 위하여 필요하다고 인정되는 대책

⊙ 지정권자가 속한 기관
ⓛ 도시개발구역의 지정을 요청하거나 또는 요청하려는 관계 중앙행정기관
또는 시(대도시는 제외)·군·구
ⓒ 시행자 또는 시행자가 되려는 자 및 도시개발구역의 지정을 제안하거나
제안하려는 자
ⓔ 도시개발구역을 지정하거나 도시개발구역의 지정을 요청 또는 제안하기
위한 자료의 제출을 요구받은 기관
ⓜ 도시개발구역 지정 시 협의하는 관계 기관 또는 자문·심의 기관
ⓑ 도시개발사업의 시행자 또는 시행자가 되려는 자가 도시개발구역의 지
정 또는 지정 요청·제안에 필요한 조사·측량을 하거나 관계 서류 작성
등을 위하여 용역계약을 체결한 업체

③ 위 ②의 어느 하나에 해당하는 기관 또는 업체에 종사하였거나 종사하는
자로부터 미공개정보를 제공받은 자 또는 미공개정보를 부정한 방법으
로 취득한 자는 그 미공개정보를 도시개발구역의 지정 또는 지정 요청·
제안 목적 외로 사용하거나 타인에게 제공 또는 누설해서는 아니 된다
(법 제10조의2 제3항).

기출&예상 문제

**도시개발법령상 개발계획에 따라 도시개발구역을 지정한 후에 개발계획
에 포함시킬 수 있는 사항은?**   • 34회

① 환경보전계획
② 보건의료계획 및 복지시설의 설치계획
③ 원형지로 공급될 대상 토지 및 개발 방향
④ 임대주택건설계획 등 세입자 등의 주거 및 생활 안정 대책
⑤ 도시개발구역을 둘 이상의 사업시행지구로 분할하여 도시개발사업을
시행하는 경우 그 분할에 관한 사항

해설 개발계획의 내용 중 '임대주택건설계획 등 세입자 등의 주거 및 생활 안정 대책'
은 도시개발구역을 지정한 후에 개발계획에 포함시킬 수 있는 사항에 해당한다.

정답 ④

03 | 도시개발사업

▌10개년 출제문항 수

25회	26회	27회	28회	29회
5	3	5	5	4

30회	31회	32회	33회	34회
5	4	2	4	5

└→ 총 40문제 中 평균 약 4.2문제 출제

▌학습전략

이 CHAPTER는 도시개발사업의 시행자, 실시계획, 도시개발사업의 시행, 준공검사 등으로 구성되어 있습니다. 출제 빈도는 「도시개발법」에서 가장 높은 단원으로 4~5문제 정도 꾸준히 출제되고 있으며, 주로 도시개발사업의 시행이 출제 비율이 높고, 사업시행자도 많이 출제되고 있습니다. 세부적으로 도시개발조합, 도시개발사업 시행방식, 토지상환채권, 환지처분 위주로 학습하는 것이 도움이 됩니다.

제1절 | 도시개발사업의 시행자

1 시행자의 지정

(1) 지정권자가 지정하는 사업시행자 · 16회 · 25회 · 27회 · 29회 · 33회

도시개발사업의 시행자는 다음의 자 중에서 지정권자가 지정한다(단, 도시개발구역의 전부를 환지방식으로 시행하는 경우에는 토지소유자나 조합을 시행자로 지정)(법 제11조 제1항, 영 제18조 제1항·제2항).

분 류	지정 시행자	
공공사업 시행자	국가나 지방자치단체	
	공공 기관	① 「한국토지주택공사법」에 따른 한국토지주택공사 ② 「한국수자원공사법」에 따른 한국수자원공사 ③ 「한국농어촌공사 및 농지관리기금법」에 따른 한국농어촌공사 ④ 「한국관광공사법」에 따른 한국관광공사 ⑤ 「한국철도공사법」에 따른 한국철도공사 ⑥ 「혁신도시 조성 및 발전에 관한 특별법」에 따른 매입공공기관
	정부 출연 기관	① 「국가철도공단법」에 따른 국가철도공단(역세권의 개발 및 이용에 관한 법률에 따른 역세권개발사업을 시행하는 경우에만 해당) ② 「제주특별자치도 설치 및 국제자유도시 조성을 위한 특별법」에 따른 제주국제자유도시개발센터(제주특별자치도에서 개발사업을 하는 경우에만 해당)
	「지방공기업법」에 따라 설립된 지방공사	

민간사업 시행자	① 도시개발구역의 토지소유자(공유수면 관리 및 매립에 관한 법률에 따라 면허를 받은 자를 해당 공유수면을 소유한 자로 보고 그 공유수면을 토지로 보며, 수용 또는 사용 방식의 경우에는 도시개발구역의 국공유지를 제외한 토지면적의 3분의 2 이상을 소유한 자) ② 도시개발구역의 토지소유자가 도시개발을 위하여 설립한 조합(도시개발사업의 전부를 환지방식으로 시행하는 경우에만 해당) ③ 「수도권정비계획법」에 따른 과밀억제권역에서 수도권 외의 지역으로 이전하는 법인 중 과밀억제권역의 사업기간 등 대통령령으로 정하는 요건에 해당하는 법인 ④ 「주택법」에 따라 등록한 자 중 도시개발사업을 시행할 능력이 있다고 인정되는 자로서 대통령령으로 정하는 요건에 해당하는 자(주택법에 따른 주택단지와 그에 수반되는 기반시설을 조성하는 경우에만 해당) ⑤ 「건설산업기본법」에 따른 토목공사업 또는 토목건축공사업의 면허를 받는 등 개발계획에 맞게 도시개발사업을 시행할 능력이 있다고 인정되는 자로서 대통령령으로 정하는 요건에 해당하는 자 ⑥ 「부동산개발업의 관리 및 육성에 관한 법률」에 따라 등록한 부동산개발업자로서 대통령령으로 정하는 요건에 해당하는 자 ⑦ 「부동산투자회사법」에 따라 설립된 자기관리부동산투자회사 또는 위탁관리부동산투자회사로서 대통령령으로 정하는 요건에 해당하는 자
공동출자 법인	도시개발사업을 시행할 목적으로 출자에 참여하여 설립한 법인으로서 대통령령으로 정하는 요건에 해당하는 법인(민간사업시행자 중 ②에 따른 조합은 제외)

(2) 전부 환지방식의 시행자 ·27회·30회·31회

① **원칙**: 도시개발구역의 전부를 환지방식으로 시행하는 경우에는 토지소유자나 조합을 시행자로 지정한다(법 제11조 제1항 단서).

② **예외**: 지정권자는 위 ①의 원칙에도 불구하고 다음의 어느 하나에 해당하는 사유가 있으면 지방자치단체등(지방자치단체, 한국토지주택공사, 지방공사, 신탁업자)을 시행자로 지정할 수 있다. 이 경우 도시개발사업을 시행하는 자가 시·도지사 또는 대도시 시장인 경우 국토교통부장관이 지정한다(법 제11조 제2항, 영 제20조 제1항).

> ㉠ 토지소유자나 조합이 대통령령으로 정하는 기간에 시행자 지정을 신청하지 아니한 경우 또는 지정권자가 신청된 내용이 위법하거나 부당하다고 인정한 경우
>
> ㉡ 지방자치단체의 장이 집행하는 공공시설에 관한 사업과 병행하여 시행할 필요가 있다고 인정한 경우
>
> ㉢ 도시개발구역의 국공유지를 제외한 토지면적의 2분의 1 이상에 해당하는 토지소유자 및 토지소유자 총수의 2분의 1 이상이 지방자치단체등의 시행에 동의한 경우

정리 **지방자치단체등**

1. 지방자치단체
2. 한국토지주택공사
3. 지방공사
4. 신탁업자
5. 국가 (×)

추가 **대통령령으로 정하는 기간**

개발계획의 수립·고시일부터 1년 이내를 말한다. 다만, 지정권자가 시행자 지정 신청기간의 연장이 불가피하다고 인정하여 6개월의 범위에서 연장한 경우에는 그 연장된 기간을 말한다(영 제20조 제2항).

(3) 시행자 변경 ·22회 ·25회 ·29회

지정권자는 다음의 어느 하나에 해당하는 경우에는 시행자를 변경할 수 있다(법 제11조 제8항, 영 제20조 제2항).

① 도시개발사업에 관한 실시계획의 인가를 받은 후 2년 이내에 사업을 착수하지 아니하는 경우
② 행정처분으로 시행자의 지정이나 실시계획의 인가가 취소된 경우
③ 시행자의 부도·파산, 그 밖에 이와 유사한 사유로 도시개발사업의 목적을 달성하기 어렵다고 인정되는 경우
④ 도시개발구역의 전부를 환지방식으로 시행하는 시행자가 도시개발구역 지정의 고시일부터 1년(단, 지정권자가 실시계획의 인가신청기간의 연장이 불가피하다고 인정하여 6개월의 범위에서 연장한 경우에는 그 연장된 기간) 이내에 도시개발사업에 관한 실시계획의 인가를 신청하지 아니하는 경우

(4) 규약 또는 시행규정의 작성 ·28회

① **민간시행자의 규약 작성** : 지정권자는 토지소유자 2인 이상이 도시개발사업을 시행하려고 할 때 또는 토지소유자가 민간사업시행자(수도권 외의 지역으로 이전하는 법인, 등록사업자, 건설사업자나 신탁업자, 부동산개발업자, 부동산투자회사)와 공동으로 도시개발사업을 시행하려고 할 때에는 도시개발사업에 관한 규약을 정하게 할 수 있다(법 제11조 제3항).

② **공공시행자의 시행규정 작성** : 지방자치단체등이 도시개발사업의 전부를 환지방식으로 시행하려고 할 때와 공공사업시행자가 도시개발사업의 일부를 환지방식으로 시행하려고 할 때에는 시행규정을 작성하여야 한다. 이 경우 공공기관, 정부출연기관, 지방공사는 대통령령으로 정하는 기준에 따라 사업관리에 필요한 비용의 책정에 관한 사항을 시행규정에 포함할 수 있다(법 제11조 제4항).

2 도시개발사업의 대행 및 위탁

(1) 도시개발사업의 대행 ·28회 ·29회 ·30회 ·34회

① 공공사업시행자는 도시개발사업을 효율적으로 시행하기 위하여 필요한 경우에는 대통령령으로 정하는 바에 따라 설계·분양 등 도시개발사업의 일부를 「주택법」에 따른 주택건설사업자 등으로 하여금 대행하게 할 수 있다(법 제11조 제11항).

추가 도시개발사업 규약 중 환지방식으로 시행하는 경우에만 포함되는 사항(영 제21조)
1. 토지평가협의회의 구성 및 운영
2. 환지계획 및 환지예정지의 지정
3. 보류지 및 체비지의 관리·처분
4. 청산(淸算)

추가 도시개발사업을 대행하게 할 수 있는 공공사업시행자
1. 국가나 지방자치단체
2. 공공기관
3. 정부출연기관
4. 지방공사

주택건설사업자 등에게 대행하게 할 수 있는 도시개발사업의 범위는 다음과 같다.
1. 실시설계
2. 부지조성공사
3. 기반시설공사
4. 조성된 토지의 분양

② 공공사업시행자는 도시개발사업을 대행하게 하려는 경우에는 다음의 사항을 공고하고 대행개발사업자를 경쟁입찰방식으로 선정하여야 한다(영 제25조의2 제2항).

> ㉠ 개발사업의 목적
> ㉡ 개발사업의 종류 및 개요
> ㉢ 개발사업의 시행기간
> ㉣ 대행개발사업자의 자격요건 및 제출서류
> ㉤ 대행개발사업자의 선정기준 및 방식

1. 공공시행자가 공공시행자 외의 출자자(이하 '민간참여자')와 공동출자법인을 설립하여 도시개발사업을 시행하고자 하는 경우에는 총사업비, 예상 수익률, 민간참여자와의 역할 분담 등이 포함된 사업계획을 마련하여야 한다. 이 경우 민간참여자의 이윤율을 적정 수준으로 제한하기 위하여 그 상한은 사업의 특성, 민간참여자의 기여 정도 등을 고려하여 대통령령으로 정한다.
2. 공공시행자는 위 1.에 따른 법인을 설립하려는 경우 공모의 방식으로 민간참여자를 선정하여야 한다. 다만, 민간참여자가 공공시행자에게 사업을 제안하는 등 대통령령으로 정하는 경우에는 공모가 아닌 다른 방식으로 민간참여자를 선정할 수 있다.
3. 공공시행자는 민간참여자와 위 1.에 따른 법인을 설립하기 전에 민간참여자와 사업시행을 위한 협약을 체결하여야 하며, 그 협약의 내용에는 다음의 사항이 모두 포함되어야 한다.
   ① 출자자 간 역할 분담 및 책임과 의무에 관한 사항
   ② 총사업비 및 자금조달계획에 관한 사항
   ③ 출자자 간 비용 분담 및 수익 배분에 관한 사항
   ④ 민간참여자의 이윤율에 관한 사항
   ⑤ 그 밖에 대통령령으로 정하는 사항

4. 공공시행자가 위 3.에 따른 협약을 체결하려는 경우에는 그 협약의 내용에 대하여 지정권자의 승인을 받아야 하며, 협약 체결을 승인한 지정권자는 국토교통부장관에게 그 내용을 보고하여야 한다. 다만, 지정권자가 위 1.에 따른 법인의 출자자인 경우에는 국토교통부장관의 승인을 받아야 한다.

5. 국토교통부장관은 위 4.에 따른 보고 내용이 위법하거나 보완이 필요하다고 인정하는 경우에는 법 제74조 제3항에 따른 전문기관의 적정성 검토를 거쳐 지정권자에게 협약 내용의 시정을 명할 수 있다.

6. 위 5.에 따라 시정명령을 받은 지정권자는 지체 없이 협약 체결의 승인을 취소하거나 협약 내용의 시정에 필요한 조치를 하여야 한다.

7. 위 1.부터 6.까지에서 규정한 사항 외에 이윤율 · 총사업비 산정방식, 민간 참여자의 선정, 협약의 내용, 협약 체결 절차 등에 관하여 필요한 사항은 대통령령으로 정한다.

(2) 도시개발사업 시행의 위탁(법 제12조) • 25회

① **공공시설 등의 위탁** : 시행자는 항만 · 철도, 그 밖에 대통령령으로 정하는 공공시설의 건설과 공유수면의 매립에 관한 업무를 대통령령으로 정하는 바에 따라 국가, 지방자치단체, 대통령령으로 정하는 공공기관 · 정부출연기관 또는 지방공사에 위탁하여 시행할 수 있다.

② **업무 등의 위탁** : 시행자는 도시개발사업을 위한 기초조사, 토지 매수 업무, 손실보상 업무, 주민 이주대책 사업 등을 대통령령으로 정하는 바에 따라 관할 지방자치단체, 대통령령으로 정하는 공공기관 · 정부출연기관 · 정부출자기관 또는 지방공사에 위탁할 수 있다. 다만, 정부출자기관에 주민 이주대책 사업을 위탁하는 경우에는 이주대책의 수립 · 실시 또는 이주정착금의 지급, 그 밖에 보상과 관련된 부대업무만을 위탁할 수 있다.

③ **위탁수수료의 지급** : 시행자가 업무를 위탁하여 시행하는 경우에는 국토교통부령으로 정하는 요율의 위탁수수료를 그 업무를 위탁받아 시행하는 자에게 지급하여야 한다.

④ **신탁개발** : 민간사업시행자(토지소유자, 조합, 이전법인, 등록사업자, 건설사업자)는 지정권자의 승인을 받아 「자본시장과 금융투자업에 관한 법률」에 따른 신탁업자와 대통령령으로 정하는 바에 따라 신탁계약을 체결하여 도시개발사업을 시행할 수 있다.

(1) 도시개발조합*의 설립

* 도시개발조합
도시개발구역의 토지소유자들이
도시개발사업을 위하여 설립한
조합

① **인 가** • 21회 • 25회 • 27회 • 29회 • 33회 • 34회

설립인가	조합을 설립하려면 도시개발구역의 토지소유자 7명 이상이 대통령령으로 정하는 사항을 포함한 정관을 작성하여 지정권자에게 조합 설립의 인가를 받아야 한다(법 제13조 제1항).
변경인가	㉠ 조합이 인가를 받은 사항을 변경하려면 지정권자로부터 변경인가를 받아야 한다(법 제13조 제2항 본문). ㉡ 대통령령으로 정하는 경미한 사항(주된 사무소의 소재지 변경, 공고방법의 변경)을 변경하려는 경우에는 신고하여야 한다(법 제13조 제2항 단서, 영 제30조).

추가 정관의 기재사항(영 제29조 제1항)
1. 도시개발사업의 명칭
2. 조합의 명칭
3. 사업목적
4. 도시개발구역의 면적
5. 사업의 범위 및 사업기간 등

② **설립인가 시 동의** • 15회 • 16회 • 18회 • 20회 • 22회 • 25회 • 27회 • 29회 • 31회 • 33회

㉠ 동의비율 : 조합 설립의 인가를 신청하려면 해당 도시개발구역의 토지면적의 3분의 2 이상에 해당하는 토지소유자와 그 구역의 토지소유자 총수의 2분의 1 이상의 동의를 받아야 한다(법 제13조 제3항).

㉡ 동의자 수 산정방법(법 제13조 제4항, 영 제31조)

ⓐ 도시개발구역의 토지면적을 산정하는 경우 : 국공유지를 포함하여 산정할 것

ⓑ 1필지의 토지소유권을 여럿이 공유하는 경우 : 다른 공유자의 동의를 받은 대표 공유자 1인을 해당 토지소유자로 볼 것(단, 집합건물의 소유 및 관리에 관한 법률에 따른 구분소유자는 각각을 토지소유자 1인으로 본다)

ⓒ 1인이 둘 이상 필지의 토지를 단독으로 소유한 경우 : 필지의 수에 관계없이 토지소유자를 1인으로 볼 것

ⓓ 둘 이상 필지의 토지를 소유한 공유자가 동일한 경우 : 공유자 여럿을 대표하는 1인을 토지소유자로 볼 것

ⓔ 공람·공고일 후에 「집합건물의 소유 및 관리에 관한 법률」에 따른 구분소유권을 분할하게 되어 토지소유자의 수가 증가하게 된 경우 : 공람·공고일 전의 토지소유자의 수를 기준으로 산정하고, 증가된 토지소유자의 수는 토지소유자 총수에 추가 산입하지 말 것

추가 동의순서 비교
국공유지를 제외한 전체 사유 토지면적 및 토지소유자에 대하여 동의요건 이상으로 동의를 받은 후에 그 토지면적 및 토지소유자의 수가 법적 동의요건에 미달하게 된 경우에는 국공유지 관리청의 동의를 받아야 한다.

ⓕ 토지소유자는 조합설립인가의 신청 전에 동의를 철회할 수 있다. 이 경우 그 토지소유자는 동의자 수에서 제외한다.

ⓖ 조합설립인가에 동의한 자로부터 토지를 취득한 자는 조합의 설립에 동의한 것으로 본다. 다만, 토지를 취득한 자가 조합설립인가 신청 전에 동의를 철회한 경우에는 그러하지 아니하다.

(2) 조합의 법적 성격 ·16회 ·21회 ·33회

① **법인** : 조합은 법인으로 한다(법 제15조 제1항).

② **설립등기** : 조합의 설립인가를 받은 조합의 대표자는 설립인가를 받은 날부터 30일 이내에 주된 사무소의 소재지에서 설립등기를 하면 성립한다(법 제15조 제2항, 영 제32조 제1항).

③ **준용** : 조합에 관하여 「도시개발법」으로 규정한 것 외에는 「민법」 중 사단법인에 관한 규정을 준용한다(법 제15조 제4항).

(3) 조합원 ·18회 ·22회 ·25회 ·31회 ·33회

① **자격** : 조합의 조합원은 도시개발구역의 토지소유자로 한다(법 제14조 제1항).

② **권리와 의무** : 조합원의 권리 및 의무는 다음과 같다(영 제32조 제2항).

권 리	㉠ 보유토지의 면적과 관계없는 평등한 의결권(단, 다른 조합원으로부터 해당 도시개발구역에 그가 가지고 있는 토지소유권 전부를 이전받은 조합원은 정관으로 정하는 바에 따라 본래의 의결권과는 별도로 그 토지소유권을 이전한 조합원의 의결권을 승계할 수 있다) ㉡ 공유토지는 공유자의 동의를 받은 대표공유자 1명만 의결권이 있으며, 「집합건물의 소유 및 관리에 관한 법률」에 따른 구분소유자는 구분소유자별로 의결권이 있다(영 제32조 제3항 본문). ㉢ 구역 지정을 위해 주민의 의견을 청취하기 위한 공람·공고일 후에 「집합건물의 소유 및 관리에 관한 법률」에 따른 구분소유권을 분할하여 구분소유권을 취득한 자는 의결권이 없다(영 제32조 제3항 단서).
의 무	정관에서 정한 조합의 운영 및 도시개발사업의 시행에 필요한 경비의 부담

③ **조합원의 경비부담**(법 제16조)

　　㉠ 조합은 그 사업에 필요한 비용을 조성하기 위하여 정관으로 정하는 바에 따라 조합원에게 경비를 부과·징수할 수 있다.

　　㉡ 부과금의 금액은 도시개발구역의 토지의 위치, 지목(地目), 면적, 이용 상황, 환경, 그 밖의 사항을 종합적으로 고려하여 정하여야 한다.

　　㉢ 조합은 그 조합원이 부과금의 납부를 게을리한 경우에는 정관으로 정하는 바에 따라 연체료를 부담시킬 수 있다.

　　㉣ 조합은 부과금이나 연체료를 체납하는 자가 있으면 특별자치도지사·시장·군수 또는 구청장에게 그 징수를 위탁할 수 있다.

　　㉤ 특별자치도지사·시장·군수 또는 구청장이 부과금이나 연체료의 징수를 위탁받으면 지방세 체납처분의 예에 따라 징수할 수 있다. 이 경우 조합은 특별자치도지사·시장·군수 또는 구청장이 징수한 금액의 100분의 4에 해당하는 금액을 해당 특별자치도·시·군 또는 구에 지급하여야 한다.

(4) 조합의 임원 ·16회 ·21회 ·22회 ·24회 ·27회 ·29회 ·34회

① **임원의 구성 및 직무**(영 제33조 제1항, 제34조)

구 성	직 무
조합장 1명	조합을 대표하고 그 사무를 총괄하며, 총회·대의원회 또는 이사회의 의장이 된다.
이 사	정관에서 정하는 바에 따라 조합장을 보좌하며, 조합의 사무를 분장(分掌)한다.
감 사	조합의 사무 및 재산상태와 회계에 관한 사항을 감사한다.

② **임원의 선임**

　　㉠ 조합의 임원은 의결권을 가진 조합원이어야 하고, 정관으로 정한 바에 따라 총회에서 선임한다(영 제33조 제2항).

　　㉡ 조합장 또는 이사의 자기를 위한 조합과의 계약이나 소송에 관하여는 감사가 조합을 대표한다(영 제34조 제4항).

③ **임원의 결격사유** : 다음의 어느 하나에 해당하는 자는 조합의 임원이 될 수 없다(법 제14조 제3항).

> ㉠ 피성년후견인, 피한정후견인 또는 미성년자
> ㉡ 파산선고를 받은 자로서 복권되지 아니한 자
> ㉢ 금고 이상의 형을 선고받고 그 집행이 끝나거나 집행을 받지 아니하기로 확정된 후 2년이 지나지 아니한 자 또는 그 형의 집행유예기간 중에 있는 자

> **⊕ 보충** **임원의 자격상실(법 제14조 제4항)**
>
> 조합의 임원으로 선임된 자가 결격사유에 해당하게 된 경우에는 그 다음 날부터 임원의 자격을 상실한다.

④ **임원의 겸직금지**

　　㉠ 조합의 임원은 그 조합의 다른 임원이나 직원을 겸할 수 없다(법 제14조 제2항).

　　㉡ 조합의 임원은 같은 목적의 사업을 하는 다른 조합의 임원 또는 직원을 겸할 수 없다(영 제34조 제5항).

(5) 총회 및 대의원회 · 18회 · 20회 · 22회 · 23회 · 29회 · 31회 · 34회

① **총회**(최고의결기관, 필수기관) : 다음의 사항은 총회의 의결을 거쳐야 한다(영 제35조).

> ㉠ 정관의 변경
> ㉡ 개발계획 및 실시계획의 수립 및 변경
> ㉢ 자금의 차입과 그 방법·이율 및 상환방법
> ㉣ 조합의 수지예산
> ㉤ 부과금의 금액 또는 징수방법
> ㉥ 환지계획의 작성
> ㉦ 환지예정지의 지정
> ㉧ 체비지 등의 처분방법
> ㉨ 조합임원의 선임
> ㉩ 조합의 합병 또는 해산에 관한 사항(단, 청산금의 징수·교부를 완료한 후에 조합을 해산하는 경우는 제외)
> ㉺ 그 밖에 정관에서 정하는 사항

② **대의원회**(의결기관, 임의기관)

    ㉠ **임의적** : 의결권을 가진 조합원의 수가 50인 이상인 조합은 총회의 권한을 대행하게 하기 위하여 대의원회를 둘 수 있다(영 제36조 제1항).

    ㉡ **대의원 수** : 대의원회에 두는 대의원의 수는 의결권을 가진 조합원 총수의 100분의 10 이상으로 하고, 대의원은 의결권을 가진 조합원 중에서 정관에서 정하는 바에 따라 선출한다(영 제36조 제2항).

    ㉢ **대의원회의 권한** : 대의원회는 총회의 의결사항 중 다음의 사항을 제외한 총회의 권한을 대행할 수 있다(영 제36조 제3항).

> ⓐ 정관의 변경
> ⓑ 개발계획의 수립 및 변경(개발계획의 경미한 변경 및 실시계획의 수립·변경은 제외)
> ⓒ 환지계획의 작성(환지계획의 경미한 변경은 제외)
> ⓓ 조합임원(조합장, 이사, 감사)의 선임
> ⓔ 조합의 합병 또는 해산에 관한 사항(단, 청산금의 징수·교부를 완료한 후에 조합을 해산하는 경우는 제외)

제2절   도시개발사업의 실시계획

1 실시계획의 작성 및 인가

(1) 실시계획의 작성 및 내용 · 19회 · 23회 · 25회 · 31회

① 시행자는 도시개발사업에 관한 실시계획을 작성하여야 한다. 이 경우 실시계획에는 지구단위계획이 포함되어야 한다(법 제17조 제1항).

② 실시계획은 개발계획에 맞게 작성하여야 한다(영 제38조 제1항).

③ 실시계획의 작성에 필요한 세부적인 사항은 국토교통부장관이 정한다(영 제38조 제3항).

④ 실시계획에는 사업 시행에 필요한 설계도서, 자금계획, 시행기간, 그 밖에 대통령령으로 정하는 사항과 서류를 명시하거나 첨부하여야 한다(법 제17조 제5항).

(2) 실시계획의 인가 ·19회 ·23회 ·25회 ·29회 ·31회

① 지정권자의 인가

㉠ 시행자(지정권자가 시행자인 경우는 제외)는 작성된 실시계획에 관하여 지정권자의 인가를 받아야 한다(법 제17조 제2항).

㉡ 인가를 받은 실시계획을 변경하거나 폐지하는 경우에도 지정권자의 인가를 받아야 한다(법 제17조 제4항 본문).

㉢ 국토교통부령으로 정하는 경미한 사항을 변경하는 경우에는 인가를 받지 않아도 된다(법 제17조 제4항 단서).

② 인가절차

㉠ **원칙**: 시행자가 실시계획의 인가를 받으려는 경우에는 실시계획 인가신청서에 국토교통부령으로 정하는 서류를 첨부하여 시장(대도시 시장은 제외)·군수 또는 구청장을 거쳐 지정권자에게 제출하여야 한다(영 제39조 본문).

㉡ **예외**: 국토교통부장관·특별자치도지사 또는 대도시 시장이 지정권자인 경우에는 국토교통부장관·특별자치도지사 또는 대도시 시장에게 직접 제출할 수 있다(영 제39조 단서).

㉢ **의견청취**: 지정권자가 실시계획을 작성하거나 인가하는 경우 국토교통부장관이 지정권자이면 시·도지사 또는 대도시 시장의 의견을, 시·도지사가 지정권자이면 시장(대도시 시장은 제외)·군수 또는 구청장의 의견을 미리 들어야 한다(법 제17조 제3항).

2 실시계획의 고시

(1) 고시 및 공람 ·29회

① 지정권자가 실시계획을 작성하거나 인가한 경우에는 이를 관보나 공보에 고시하고 시행자에게 관계 서류의 사본을 송부하며, 대도시 시장인 지정권자는 일반에게 관계 서류를 공람시켜야 하고, 대도시 시장이 아닌 지정권자는 해당 도시개발구역을 관할하는 시장(대도시 시장은 제외)·군수 또는 구청장에게 관계 서류의 사본을 보내야 한다(법 제18조 제1항 전단).

추가 국토교통부령으로 정하는 경미한 사항(규칙 제21조)
1. 사업시행지역의 변동이 없는 범위에서의 착오·누락 등에 따른 사업시행면적의 정정
2. 사업시행면적의 100분의 10의 범위에서의 면적의 감소
3. 사업비의 100분의 10의 범위에서의 사업비의 증감 등

추가 국토교통부령으로 정하는 서류(규칙 제20조)
1. 위치도: 축척 2만 5천분의 1, 5만분의 1
2. 계획평면도 및 개략설계도 등

② 지정권자인 특별자치도지사와 위 ①에 따라 관계 서류를 받은 시장(대도시 시장은 제외)·군수 또는 구청장은 이를 일반인에게 공람시켜야 한다(법 제18조 제1항 후단).

③ 지정권자가 실시계획을 작성하거나 인가한 경우에는 다음의 사항을 고시하여야 한다(영 제40조 제1항).

> ㉠ 사업의 명칭
> ㉡ 사업의 목적
> ㉢ 도시개발구역의 위치 및 면적
> ㉣ 시행자
> ㉤ 시행기간
> ㉥ 시행방식
> ㉦ 도시·군관리계획(지구단위계획을 포함)의 결정내용
> ㉧ 인가된 실시계획에 관한 도서의 공람기간 및 공람장소
> ㉨ 실시계획의 고시로 의제되는 인·허가등의 고시 또는 공고사항

④ 지정권자는 도시개발사업을 환지방식으로 시행하는 구역에 대하여는 위 ③의 고시내용 중 ㉠부터 ㉥까지의 사항과 토지조서를 관할 등기소에 통보·제출하여야 한다(영 제40조 제2항).

(2) 도시·군관리계획 결정·고시의 의제 ·19회 ·23회 ·31회

① 실시계획을 고시한 경우 그 고시된 내용 중 「국토의 계획 및 이용에 관한 법률」에 따라 도시·군관리계획(지구단위계획을 포함)으로 결정하여야 하는 사항은 같은 법에 따른 도시·군관리계획이 결정되어 고시된 것으로 본다(법 제18조 제2항 전단).

② 이 경우 종전에 도시·군관리계획으로 결정된 사항 중 고시 내용에 저촉*되는 사항은 고시된 내용으로 변경된 것으로 본다(법 제18조 제2항 후단).

(3) 지형도면의 고시

도시·군관리계획으로 결정·고시된 사항에 대한 「국토의 계획 및 이용에 관한 법률」의 도시·군관리계획에 관한 지형도면의 고시에 관하여는 도시개발사업의 시행기간에 할 수 있다(법 제18조 제3항).

＊저촉(抵觸)
법률이나 규칙 등에 위반되거나 거슬림

(4) 관련 인·허가등의 의제 ·19회 ·25회 ·29회 ·31회

① **의제사항** : 실시계획을 작성하거나 인가할 때 지정권자가 해당 실시계획에 대한 다음의 허가·승인·심사·인가·신고·면허·등록·협의·지정·해제 또는 처분 등(이하 '인·허가등')에 관하여 관계 행정기관의 장과 협의한 사항에 대하여는 해당 인·허가등을 받은 것으로 보며, 실시계획을 고시한 경우에는 관계 법률에 따른 인·허가등의 고시나 공고를 한 것으로 본다(법 제19조 제1항).

> ㉠ 「수도법」에 따른 수도사업의 인가, 전용상수도설치의 인가
> ㉡ 「하수도법」에 따른 공공하수도 공사시행의 허가
> ㉢ 「공유수면 관리 및 매립에 관한 법률」에 따른 공유수면의 점용·사용허가, 공유수면의 매립면허, 국가 등이 시행하는 매립의 협의 또는 승인 및 공유수면매립실시계획의 승인
> ㉣ 「하천법」에 따른 하천공사 시행의 허가, 하천의 점용허가 및 하천수의 사용허가
> ㉤ 「도로법」에 따른 도로공사 시행의 허가, 도로점용의 허가
> ㉥ 「농어촌정비법」에 따른 농업생산기반시설의 사용허가
> ㉦ 「농지법」에 따른 농지전용의 허가 또는 협의, 농지의 전용신고, 농지의 타용도 일시사용허가·협의 및 용도변경의 승인
> ㉧ 「산지관리법」에 따른 산지전용허가 및 산지전용신고, 산지일시사용허가·신고, 토석채취허가 및 「산림자원의 조성 및 관리에 관한 법률」에 따른 입목벌채 등의 허가·신고
> ㉨ 「초지법」에 따른 초지(草地) 전용의 허가
> ㉩ 「건축법」에 따른 허가, 신고, 허가·신고 사항의 변경, 가설건축물의 허가 또는 신고
> ㉪ 「주택법」에 따른 사업계획의 승인
> 〈이하 생략〉

② **서류제출** : 인·허가등의 의제를 받으려는 자는 실시계획의 인가를 신청하는 때에 해당 법률로 정하는 관계 서류를 함께 제출하여야 한다(법 제19조 제2항).

③ **사전협의** : 지정권자는 실시계획을 작성하거나 인가할 때 그 내용에 위 ①의 어느 하나에 해당하는 사항이 있으면 미리 관계 행정기관의 장과 협의하여야 한다. 이 경우 관계 행정기관의 장은 협의 요청을 받은 날부터 20일 이내에 의견을 제출하여야 하며, 그 기간 내에 의견을 제출하지 아니하면 협의한 것으로 본다(법 제19조 제3항, 영 제41조).

④ **협의회 구성** : 지정권자는 협의 과정에서 관계 행정기관 간에 이견이 있는 경우에 이를 조정하거나 협의를 신속하게 진행하기 위하여 필요하다고 인정하는 때에는 대통령령으로 정하는 바에 따라 관계 행정기관과 협의회를 구성하여 운영할 수 있다. 이 경우 관계 행정기관의 장은 소속 공무원을 이 협의회에 참석하게 하여야 한다(법 제19조 제4항).

3 공사의 감리

(1) 감리자 지정

① **지정** : 지정권자는 실시계획을 인가하였을 때에는 「건설기술 진흥법」에 따른 건설엔지니어링사업자를 도시개발사업의 공사에 대한 감리를 할 자로 지정하고 지도·감독하여야 한다. 다만, 시행자가 「건설기술 진흥법」에 해당하는 자인 경우에는 그러하지 아니하다(법 제20조 제1항).

② **비용지급** : 시행자는 감리자에게 국토교통부령으로 정하는 절차 등에 따라 공사감리비를 지급하여야 한다(법 제20조 제5항).

③ **책임범위** : 시행자와 감리자 간의 책임내용과 책임범위는 이 법으로 규정한 것 외에는 당사자 간의 계약으로 정한다(법 제20조 제7항).

(2) 감리자 업무

① **감리원의 배치** : 감리할 자로 지정받은 자(이하 '감리자')는 그에게 소속된 자를 대통령령으로 정하는 바에 따라 감리원으로 배치하고 다음의 업무를 수행하여야 한다(법 제20조 제2항).

> ㉠ 시공자가 설계도면과 시방서의 내용에 맞게 시공하는지의 확인
> ㉡ 시공자가 사용하는 자재가 관계 법령의 기준에 맞는 자재인지의 확인
> ㉢ 「건설기술 진흥법」에 따른 품질시험 실시 여부의 확인
> ㉣ 설계도서가 해당 지형 등에 적합한지의 확인
> ㉤ 설계변경에 관한 적정성의 확인
> ㉥ 시공계획·예정공정표 및 시공도면 등의 검토·확인
> ㉦ 품질관리의 적정성 확보, 재해의 예방, 시공상의 안전관리, 그 밖에 공사의 질적 향상을 위하여 필요한 사항의 확인

② **시정통지 및 보고**

　⊙ 감리자는 업무를 수행할 때 위반사항을 발견하면 지체 없이 시공자
　　와 시행자에게 위반사항을 시정할 것을 알리고 7일 이내에 지정권
　　자에게 그 내용을 보고하여야 한다(법 제20조 제3항).

　ⓒ 시공자와 시행자는 시정통지를 받은 경우 특별한 사유가 없으면 해당
　　공사를 중지하고 위반사항을 시정한 후 감리자의 확인을 받아야 한다.
　　이 경우 감리자의 시정통지에 이의가 있으면 즉시 공사를 중지하고
　　지정권자에게 서면으로 이의신청을 할 수 있다(법 제20조 제4항).

(3) 부실감리에 대한 조치

지정권자는 지정·배치된 감리자나 감리원(다른 법률에 따른 감리자나 그에게
소속된 감리원을 포함)이 그 업무를 수행하면서 고의나 중대한 과실로 감리
를 부실하게 하거나 관계 법령을 위반하여 감리를 함으로써 해당 시행자
또는 도시개발사업으로 조성된 토지·건축물 또는 공작물 등(이하 '조성토지
등')의 공급을 받은 자 등에게 피해를 입히는 등 도시개발사업의 공사가 부
실하게 된 경우에는 해당 감리자의 등록 또는 감리원의 면허, 그 밖에 자격
인정 등을 한 행정기관의 장에게 등록말소·면허취소·자격정지·영업정
지, 그 밖에 필요한 조치를 하도록 요청할 수 있다(법 제20조 제6항).

제3절 **도시개발사업의 시행**

1 사업시행방식

(1) 사업시행방식의 종류 ·16회 ·30회

① 도시개발사업은 시행자가 도시개발구역의 토지등을 수용 또는 사용하
　는 방식이나 환지방식 또는 이를 혼용하는 방식으로 시행할 수 있다(법
　제21조 제1항).

② 시행자는 도시개발구역으로 지정하려는 지역에 대하여 다음에서 정하
　는 바에 따라 도시개발사업의 시행방식을 정함을 원칙으로 하되, 사업
　의 용이성·규모 등을 고려하여 필요하면 국토교통부장관이 정하는 기
　준에 따라 도시개발사업의 시행방식을 정할 수 있다(영 제43조 제1항).

종 류	특 징
수용 또는 사용방식	계획적이고 체계적인 도시개발 등 집단적인 조성과 공급이 필요한 경우
환지방식	⊙ 대지로서의 효용증진과 공공시설의 정비를 위하여 토지의 교환·분할·합병, 그 밖의 구획변경, 지목 또는 형질의 변경이나 공공시설의 설치·변경이 필요한 경우 ⓒ 도시개발사업을 시행하는 지역의 지가가 인근의 다른 지역에 비하여 현저히 높아 수용 또는 사용방식으로 시행하는 것이 어려운 경우

종 류			특 징
혼용방식	정 의		도시개발구역으로 지정하려는 지역이 부분적으로 수용·사용방식 또는 환지방식의 요건에 해당하는 경우
	종 류	분할 혼용방식	수용 또는 사용방식이 적용되는 지역과 환지방식이 적용되는 지역을 사업시행지구별로 분할하여 시행하는 방식
		미분할 혼용방식	사업시행지구를 분할하지 아니하고 수용 또는 사용방식과 환지방식을 혼용하여 시행하는 방식

(2) 사업시행방식의 변경 ·30회 ·32회

지정권자는 도시개발구역지정 이후 다음의 어느 하나에 해당하는 경우에는 도시개발사업의 시행방식을 변경할 수 있다(법 제21조 제2항).

① 공공사업시행자가 도시개발사업의 시행방식을 수용 또는 사용방식 ⇨ 전부 환지방식으로 변경하는 경우

② 공공사업시행자가 도시개발사업의 시행방식을 혼용방식 ⇨ 전부 환지방식으로 변경하는 경우

③ 도시개발조합을 제외한 사업시행자가 도시개발사업의 시행방식을 수용 또는 사용방식 ⇨ 혼용방식으로 변경하는 경우

(3) 순환개발방식의 개발사업

① **순환개발방식**: 시행자는 도시개발사업을 원활하게 시행하기 위하여 도시개발구역의 내외에 새로 건설하는 주택 또는 이미 건설되어 있는 주택에 그 도시개발사업의 시행으로 철거되는 주택의 세입자 또는 소유자(주민 등의 의견을 듣기 위하여 공람한 날 또는 공청회의 개최에 관한 사항을 공고한 날 이전부터 도시개발구역의 주택에 실제로 거주하는 자에 한정한다. 이하 '세입자등')를 임시로 거주하게 하는 등의 방식으로 그 도시개발구역을 순차적으로 개발할 수 있다(법 제21조의2 제1항).

② **순환용주택의 사용·임대** : 시행자는 순환개발방식으로 도시개발사업을 시행하는 경우에는 「주택법」에도 불구하고 임시로 거주하는 주택(이하 '순환용주택')을 임시거주시설로 사용하거나 임대할 수 있다(법 제21조의2 제2항).

③ **순환용주택의 분양·임대** : 순환용주택에 거주하는 자가 도시개발사업이 완료된 후에도 순환용주택에 계속 거주하기를 희망하는 때에는 대통령령으로 정하는 바에 따라 이를 분양하거나 계속 임대할 수 있다. 이 경우 계속 거주하는 자가 환지 대상자이거나 이주대책 대상자인 경우에는 대통령령으로 정하는 바에 따라 환지 대상에서 제외하거나 이주대책을 수립한 것으로 본다(법 제21조의2 제3항).

(4) 세입자등을 위한 임대주택 건설용지의 공급 등(법 제21조의3)

① 시행자는 도시개발사업에 따른 세입자등의 주거안정 등을 위하여 주거 및 생활실태 조사와 주택수요 조사 결과를 고려하여 대통령령으로 정하는 바에 따라 임대주택 건설용지를 조성·공급하거나 임대주택을 건설·공급하여야 한다.

② 공공사업시행자 중 주택의 건설, 공급, 임대를 할 수 있는 자는 시행자가 요청하는 경우 도시개발사업의 시행으로 공급되는 임대주택 건설용지나 임대주택을 인수하여야 한다.

③ 임대주택 건설용지 또는 임대주택 인수의 절차와 방법 및 인수가격 결정의 기준 등은 대통령령으로 정한다.

④ 시행자가 도시개발구역에서 임대주택을 건설·공급하는 경우에 임차인의 자격, 선정방법, 임대보증금, 임대료 등에 관하여는 「민간임대주택에 관한 특별법」, 「공공주택 특별법」에도 불구하고 대통령령으로 정하는 범위에서 그 기준을 따로 정할 수 있다. 이 경우 행정청이 아닌 시행자는 미리 시장·군수·구청장의 승인을 받아야 한다.

2 수용 또는 사용방식에 의한 사업시행

(1) 토지등의 수용 또는 사용 ·16회 ·17회 ·26회 ·27회 ·30회 ·32회

① **수용주체** : 시행자는 도시개발사업에 필요한 토지등을 수용하거나 사용할 수 있다. 다만, 민간사업시행자는 동의를 받아야 한다(법 제22조 제1항).

② **민간사업시행자 수용 시 동의요건**(법 제22조 제1항)

동의요건	민간사업시행자는 사업대상 토지면적의 3분의 2 이상에 해당하는 토지를 소유하고 토지소유자 총수의 2분의 1 이상에 해당하는 자의 동의를 받아야 한다.
산정기준일	토지소유자의 동의요건 산정기준일은 도시개발구역지정 고시일을 기준으로 하며, 그 기준일 이후 시행자가 취득한 토지에 대하여는 동의요건에 필요한 토지소유자의 총수에 포함하고 이를 동의한 자의 수로 산정한다.

③ **토지 수용 시 관련 법률 준용**

    ㉠ 토지등의 수용 또는 사용에 관하여 이 법에 특별한 규정이 있는 경우 외에는 「공익사업을 위한 토지 등의 취득 및 보상에 관한 법률」을 준용한다(법 제22조 제2항).

    ㉡ 「공익사업을 위한 토지 등의 취득 및 보상에 관한 법률」을 준용할 때 수용 또는 사용의 대상이 되는 토지의 세부목록을 고시한 경우에는 「공익사업을 위한 토지 등의 취득 및 보상에 관한 법률」에 따른 사업인정 및 그 고시가 있었던 것으로 본다(법 제22조 제3항).

    ㉢ 재결신청은 「공익사업을 위한 토지 등의 취득 및 보상에 관한 법률」에도 불구하고 개발계획에서 정한 도시개발사업의 시행기간 종료일까지 하여야 한다(법 제22조 제3항).

> ● 참고 **이주대책수립(법 제24조)**
>
> 시행자는 「공익사업을 위한 토지 등의 취득 및 보상에 관한 법률」로 정하는 바에 따라 도시개발사업의 시행에 필요한 토지등의 제공으로 생활의 근거를 상실하게 되는 자에 관한 이주대책 등을 수립·시행하여야 한다.

추가 민간사업시행자

1. 토지소유자
2. 조합(전부 환지방식 사업 시행 시)
3. 과밀억제권역에서 수도권 외의 지역으로 이전하는 법인
4. 등록사업자
5. 토목공사 또는 토목건축공사업의 면허를 받은 자
6. 부동산개발업자
7. 부동산투자회사

정리 토지보상법의 사업인정 및 고시의제

1. 국토계획법 : 실시계획고시
2. 「도시개발법」 : 세부목록고시
3. 도시정비법 : 사업시행계획인가고시

---

(2) 토지상환채권 · 16회 · 17회 · 18회 · 20회 · 24회 · 26회 · 27회 · 30회 · 32회 · 33회

발행권자	시행자는 토지소유자가 원하면 토지등의 매수대금의 일부를 지급하기 위하여 해당 도시개발사업으로 조성되는 분양토지 또는 분양건축물 면적의 2분의 1을 초과하지 아니하는 범위에서 사업 시행으로 조성된 토지·건축물로 상환하는 토지상환채권을 발행할 수 있다(법 제23조 제1항 본문, 영 제45조).
지급보증	민간사업시행자는 대통령령으로 정하는 금융기관 등으로부터 지급보증을 받은 경우에만 이를 발행할 수 있다(법 제23조 제1항 단서).
지정권자 승인	시행자(지정권자가 시행자인 경우는 제외)는 토지상환채권을 발행하려면 토지상환채권의 발행계획을 작성하여 미리 지정권자의 승인을 받아야 한다(법 제23조 제2항).
발행이율	토지상환채권의 이율은 발행 당시의 은행의 예금금리 및 부동산 수급상황을 고려하여 발행자가 정한다(영 제49조 제1항).
발행방법	토지상환채권은 기명식(記名式) 증권*으로 한다(영 제49조 제2항).
이전과 대항력	① 토지상환채권의 발행자는 주된 사무소에 일정한 사항을 기재한 토지상환채권원부를 비치하여야 한다(영 제52조). ② 토지상환채권을 이전하는 경우 취득자는 그 성명과 주소를 토지상환채권원부에 기재하여 줄 것을 요청하여야 하며, 취득자의 성명과 주소가 토지상환채권에 기재되지 아니하면 취득자는 발행자 및 그 밖의 제3자에게 대항하지 못한다(영 제53조 제1항). ③ 토지상환채권을 질권*의 목적으로 하는 경우에는 질권자의 성명과 주소가 토지상환채권원부에 기재되지 아니하면 질권자는 발행자 및 그 밖의 제3자에게 대항하지 못한다(영 제53조 제2항).

(3) 선수금 · 17회 · 23회 · 26회 · 30회

① **목적** : 시행자는 조성토지등과 도시개발사업으로 조성되지 아니한 상태의 토지(이하 '원형지')를 공급받거나 이용하려는 자로부터 대통령령으로 정하는 바에 따라 해당 대금의 전부 또는 일부를 미리 받을 수 있다(법 제25조 제1항).

② **승인** : 시행자(지정권자가 시행자인 경우는 제외)는 해당 대금의 전부 또는 일부를 미리 받으려면 지정권자의 승인을 받아야 한다(법 제25조 제2항).

추가 대통령령으로 정하는 금융기관 등

「은행법」에 따른 은행, 「보험업법」에 따른 보험회사 및 「건설산업기본법」에 따른 공제조합을 말한다(영 제46조).

* 기명식 증권

증권면에 권리자의 성명이 표기되는 방법

└ 무기명 증권

증권면에 권리자의 성명이 표기되지 않는 방법

* 질권

채권자가 채권에 대한 담보로 받은 물건을 채무자가 돈을 갚을 때까지 간직하거나, 돈을 갚지 않을 때는 그 물건을 우선적으로 변제받을 수 있는 권리

추가 토지상환채권 발행계획에 포함되는 사항(영 제47조)

1. 시행자의 명칭
2. 토지상환채권의 발행총액
3. 토지상환채권의 이율
4. 토지상환채권의 발행가액 및 발행시기
5. 상환대상지역 또는 상환대상 토지의 용도
6. 토지가격의 추산방법
7. 보증기관 및 보증의 내용(민간시행자가 발행하는 경우에만 해당)

정리 **선수금을 받을 요건**

1. **공공적 시행자**
   사업 시행 토지면적의 10/100 이상의 토지에 대한 소유권을 확보할 것
2. **비공공적 시행자**
   ① 토지에 대한 소유권 확보
   ② 토지에 설정된 저당권 말소
   ③ 공사 진척률이 10/100 이상일 것
   ④ 보증서 등을 지정권자에게 제출할 것

③ **요건** : 선수금을 받으려는 시행자는 다음의 구분에 따른 요건을 갖추어 지정권자의 승인을 받아야 한다(영 제55조 제1항).

구 분	선수금을 받기 위한 요건
공공사업시행자	㉠ 개발계획을 수립·고시한 후에 사업시행 토지면적의 100분의 10 이상의 토지에 대한 소유권을 확보할 것(사용동의를 포함) ㉡ 실시계획인가를 받기 전에 선수금을 받으려는 경우에는 「환경영향평가법」에 따른 환경영향평가 및 「도시교통정비 촉진법」에 따른 교통영향평가를 실시하여 「국토의 계획 및 이용에 관한 법률」에 따른 기반시설 투자계획이 구체화된 경우로 한정
민간사업시행자	해당 도시개발구역에 대하여 실시계획인가를 받은 후 다음의 요건을 모두 갖출 것 ㉠ 공급하려는 토지에 대한 소유권을 확보하고, 해당 토지에 설정된 저당권을 말소하였을 것(단, 부득이한 사유로 토지소유권을 확보하지 못하였거나 저당권을 말소하지 못한 경우에는 시행자·토지소유자 및 저당권자가 공동약정서를 공증하여 제출) ㉡ 공급하려는 토지에 대한 도시개발사업의 공사 진척률이 100분의 10 이상일 것 ㉢ 공급계약의 불이행 시 선수금의 환불을 담보하기 위하여 보증서 등(국가를 당사자로 하는 계약에 관한 법률 시행령에 따른 지급보증서, 증권, 보증보험증권, 정기예금증서 및 수익증권 등)을 지정권자에게 제출할 것

④ **담보제공 제한** : 시행자는 공사완료 공고 전에 미리 토지를 공급하거나 시설물을 이용하게 한 후에는 그 토지를 담보로 제공하여서는 아니 된다(영 제55조 제2항).

(4) 원형지*의 공급과 개발 · 23회 · 25회 · 26회 · 27회 · 30회 · 32회 · 34회

* **원형지**
도시개발구역에서 도시개발사업으로 조성되지 아니한 상태의 토지를 말한다.

① **공급대상자** : 시행자는 도시를 자연친화적으로 개발하거나 복합적·입체적으로 개발하기 위하여 필요한 경우에는 미리 지정권자의 승인을 받아 다음의 어느 하나에 해당하는 자에게 원형지를 공급하여 개발하게 할 수 있다(법 제25조의2 제1항 전단).

㉠ 국가 또는 지방자치단체
㉡ 「공공기관의 운영에 관한 법률」에 따른 공공기관
㉢ 「지방공기업법」에 따라 설립된 지방공사
㉣ 국가나 지방자치단체 및 공공기관인 시행자가 복합개발 등을 위하여 실시한 공모에서 선정된 자
㉤ 원형지를 학교나 공장 등의 부지로 직접 사용하는 자

② **공급대상면적** : 공급될 수 있는 원형지의 면적은 도시개발구역 전체 토지면적의 3분의 1 이내로 한정한다(법 제25조의2 제1항 후단).

③ **공급계획**

작성	원형지를 공급하기 위하여 지정권자에게 승인 신청을 할 때에는 원형지의 공급계획을 작성하여 함께 제출하여야 한다. 작성된 공급계획을 변경하는 경우에도 같다(법 제25조의2 제2항).
내용	원형지 공급계획에는 원형지를 공급받아 개발하는 원형지개발자에 관한 사항과 원형지의 공급내용 등이 포함되어야 한다(법 제25조의2 제3항).
반영	시행자는 개발 방향과 승인내용 및 공급계획에 따라 원형지개발자와 공급 계약을 체결한 후 원형지개발자로부터 세부계획을 제출받아 이를 실시계획의 내용에 반영하여야 한다(법 제25조의2 제4항).

④ **조건부 승인** : 지정권자는 승인을 할 때에는 용적률 등 개발밀도, 토지 용도별 면적 및 배치, 교통처리계획 및 기반시설의 설치 등에 관한 이행조건을 붙일 수 있다(법 제25조의2 제5항).

⑤ **원형지의 매각제한**(법 제25조의2 제6항)

　㉠ 원칙 : 원형지개발자(국가 및 지방자치단체는 제외)는 10년의 범위에서 대통령령으로 정하는 기간 안에는 원형지를 매각할 수 없다.

　㉡ 예외

　　ⓐ 국가 및 지방자치단체는 대통령령으로 정하는 기간 안에도 원형지를 매각할 수 있다.

　　ⓑ 이주용 주택이나 공공·문화 시설 등 대통령령으로 정하는 경우(기반시설 용지, 임대주택 용지, 그 밖에 원형지개발자가 직접 조성하거나 운영하기 어려운 시설의 설치를 위한 용지로 원형지를 사용하는 경우)로서 미리 지정권자의 승인을 받은 경우에는 대통령령으로 정하는 기간 안에도 원형지를 매각할 수 있다(영 제55조의2 제4항).

⑥ **원형지 공급승인취소** : 지정권자는 다음의 어느 하나에 해당하는 경우에는 원형지 공급 승인을 취소하거나 시행자로 하여금 그 이행의 촉구, 원상회복 또는 손해배상의 청구, 원형지 공급계약의 해제 등 필요한 조치를 취할 것을 요구할 수 있다(법 제25조의2 제7항).

㉠ 시행자가 원형지의 공급계획대로 토지를 이용하지 아니하는 경우
㉡ 원형지개발자가 세부계획의 내용대로 사업을 시행하지 아니하는 경우
㉢ 시행자 또는 원형지개발자가 이행조건을 이행하지 아니하는 경우

---

⑦ **원형지 공급계약해제** : 시행자는 다음의 어느 하나에 해당하는 경우 대통령령으로 정하는 바에 따라 원형지 공급계약을 해제할 수 있다(법 제25조의2 제8항).

> ㉠ 원형지개발자가 세부계획에서 정한 착수기한 안에 공사에 착수하지 아니하는 경우
> ㉡ 원형지개발자가 공사 착수 후 세부계획에서 정한 사업기간을 넘겨 사업시행을 지연하는 경우
> ㉢ 공급받은 토지의 전부나 일부를 시행자의 동의 없이 제3자에게 매각하는 경우
> ㉣ 그 밖에 공급받은 토지를 세부계획에서 정한 목적대로 사용하지 아니하는 등 공급계약의 내용을 위반한 경우

⑧ **원형지개발자의 선정방법**(영 제55조의2 제6항)
  ㉠ 원칙 : 원형지개발자의 선정은 수의계약의 방법으로 한다.
  ㉡ 예외 : 학교나 공장 등의 부지로 직접 사용하는 자에 해당하는 원형지개발자의 선정은 경쟁입찰의 방식으로 하며, 경쟁입찰이 2회 이상 유찰된 경우에는 수의계약의 방법으로 할 수 있다.
⑨ **원형지의 공급가격** : 원형지 공급가격은 개발계획이 반영된 원형지의 감정가격에 시행자가 원형지에 설치한 기반시설 등의 공사비를 더한 금액을 기준으로 시행자와 원형지개발자가 협의하여 결정한다(영 제55조의2 제7항).

(5) 조성토지등의 공급 ·22회 ·24회 ·26회 ·30회

① **공급계획**(법 제26조)
  ㉠ 승인 : 시행자는 조성토지등을 공급하려고 할 때에는 조성토지등의 공급계획을 작성하여야 하며, 지정권자가 아닌 시행자는 작성한 조성토지등의 공급계획에 대하여 지정권자의 승인을 받아야 한다. 조성토지등의 공급계획을 변경하려는 경우에도 또한 같다.
  ㉡ 의견청취 : 지정권자가 조성토지등의 공급계획을 작성하거나 승인하는 경우 국토교통부장관이 지정권자이면 시·도지사 또는 대도시 시장의 의견을, 시·도지사가 지정권자이면 시장(대도시 시장은 제외)·군수 또는 구청장의 의견을 미리 들어야 한다.

ⓒ 공급계획 내용 : 시행자가 직접 건축물을 건축하여 사용하거나 공급하려고 계획한 토지가 있는 경우에는 그 현황을 조성토지등의 공급계획의 내용에 포함하여야 한다. 다만, 민간참여자가 직접 건축물을 건축하여 사용하거나 공급하려고 계획한 토지는 전체 조성토지 중 해당 민간참여자의 출자지분 범위 내에서만 조성토지등의 공급계획에 포함할 수 있다.

◆ 참고 조성토지등의 공급계획 내용(영 제56조)

1. 조성토지등의 공급계획에는 다음의 사항이 포함되어야 한다.
   ① 공급대상 조성토지등의 위치·면적 및 가격결정방법
   ② 공급대상자의 자격요건 및 선정방법
   ③ 공급의 시기·방법 및 조건
   ④ 조합을 제외한 민간사업시행자의 경우 토지소유 현황
   ⑤ 시행자(해당 도시개발사업의 시행을 목적으로 설립된 법인의 경우에는 출자자를 포함)가 직접 건축물을 건축하여 사용하거나 공급하려고 계획한 토지의 현황
   ⑥ 그 밖에 국토교통부령으로 정하는 사항
2. 조성토지등의 공급계획은 실시계획(지구단위계획을 포함)에 맞게 작성되어야 한다.

---

② **공급가격**

원 칙	조성토지등의 가격 평가는 감정가격으로 한다(영 제57조 제6항).
예 외	ⓒ 시행자는 학교, 폐기물처리시설, 임대주택, 그 밖에 대통령령으로 정하는 시설을 설치하기 위한 조성토지등과 이주단지의 조성을 위한 토지를 공급하는 경우에는 해당 토지의 가격을 「감정평가 및 감정평가사에 관한 법률」에 따른 감정평가법인등이 감정평가한 가격 이하로 정할 수 있다(법 제27조 제1항 본문). ⓒ 공공사업시행자에게 임대주택 건설용지를 공급하는 경우에는 해당 토지의 가격을 감정평가한 가격 이하로 정하여야 한다(법 제27조 제1항 단서).

1. 공공청사
2. 사회복지시설(단, 사회복지사업법에 따른 사회복지시설의 경우에는 유료시설을 제외한 시설로서 관할 지방자치단체의 장의 추천을 받은 경우로 한정)
3. 「국토의 계획 및 이용에 관한 법률 시행령」에 해당하는 공장(단, 해당 도시개발사업으로 이전되는 공장의 소유자가 설치하는 경우로 한정)
4. 임대주택
5. 「주택법」에 따른 국민주택규모 이하의 공동주택(단, 공공사업시행자가 국민주택 규모 이하의 공동주택을 건설하려는 자에게 공급하는 경우로 한정)
6. 「관광진흥법」에 따른 호텔업 시설(단, 공공사업시행자가 200실 이상의 객실을 갖춘 호텔의 부지로 토지를 공급하는 경우로 한정)
7. 그 밖에 「국토의 계획 및 이용에 관한 법률」에 따른 기반시설로서 국토교통부령으로 정하는 시설

③ **공급기준**(영 제57조 제1항)
  ㉠ 시행자는 조성토지등의 공급계획에 따라 조성토지등을 공급해야 한다.
  ㉡ 시행자는 「국토의 계획 및 이용에 관한 법률」에 따른 기반시설의 원활한 설치를 위하여 필요하면 공급대상자의 자격을 제한하거나 공급조건을 부여할 수 있다.

④ **공급방법**(영 제57조 제2항·제3항·제5항, 규칙 제23조)

원 칙	조성토지등의 공급은 경쟁입찰의 방법에 따른다.
추첨 방법	㉠ 「주택법」에 따른 국민주택규모 이하의 주택건설용지 ㉡ 「주택법」에 따른 공공택지 ㉢ 330m² 이하의 단독주택용지 및 공장용지 ㉣ 수의계약의 방법으로 조성토지를 공급하기로 하였으나 공급 신청량이 지정권자에게 제출한 조성토지등의 공급계획에서 계획된 면적을 초과하는 경우
수의 계약 방법	㉠ 학교용지, 공공청사용지 등 일반에게 분양할 수 없는 공공용지를 국가, 지방자치단체, 그 밖의 법령에 따라 해당 시설을 설치할 수 있는 자에게 공급하는 경우 ㉡ 고시한 실시계획에 따라 존치하는 시설물의 유지관리에 필요한 최소한의 토지를 공급하는 경우 ㉢ 토지상환채권에 의하여 토지를 상환하는 경우 ㉣ 경쟁입찰 또는 추첨의 결과 2회 이상 유찰된 경우 ㉤ 「공익사업을 위한 토지 등의 취득 및 보상에 관한 법률」에 따른 협의를 하여 그가 소유하는 도시개발구역 안의 조성토지등의 전부를 시행자에게 양도한 자에게 국토교통부령으로 정하는 기준에 따라 토지를 공급하는 경우

ⓑ 토지의 규모 및 형상, 입지조건 등에 비추어 토지이용가치가 현저히 낮은 토지로서, 인접 토지소유자 등에게 공급하는 것이 불가피하다고 시행자가 인정하는 경우

ⓢ 공공사업시행자가 도시개발구역에서 도시발전을 위하여 복합적이고 입체적인 개발이 필요하여 국토교통부령으로 정하는 절차와 방법에 따라 선정된 자에게 토지를 공급하는 경우

3 환지방식에 의한 사업시행

1. 환지계획

(1) 환지계획의 내용 ・16회 ・19회 ・23회 ・30회 ・32회

시행자는 도시개발사업의 전부 또는 일부를 환지방식으로 시행하려면 다음의 사항이 포함된 환지계획을 작성하여야 한다(법 제28조 제1항).

① 환지 설계
② 필지별로 된 환지 명세
③ 필지별과 권리별로 된 청산 대상 토지 명세
④ 체비지(替費地)* 또는 보류지(保留地)*의 명세
⑤ 입체환지*를 계획하는 경우에는 입체환지용 건축물의 명세와 입체환지에 따른 공급 방법·규모에 관한 사항
⑥ 그 밖에 국토교통부령으로 정하는 사항

> ◉ 참고 **평면환지(규칙 제27조 제2항 제1호)**
>
> 환지 전 토지에 대한 권리를 도시개발사업으로 조성되는 토지에 이전하는 방식
>
> | A | B | C |
> | E | | |
> | D | F | G |
>
> 〈환지 전〉
>
> →
>
> | A | B | C |
> | D | E | F / 공원 |
> | | | G / 체비지 |
>
> 〈환지 후〉
>
> □ 공공시설
> ▨ 체비지
>
> 보류지 = 체비지 + 공공시설

* 체비지
도시개발사업에 필요한 경비에 충당하는 토지

* 보류지
경비에 충당하거나 규약·정관·시행규정 또는 실시계획으로 정하는 목적을 위한 토지

* 입체환지
환지 전 토지나 건축물에 대한 권리를 도시개발사업으로 건설되는 구분건축물에 이전하는 방식(규칙 제27조 제2항 제2호)

〈환지계획수립〉
건축물지분
+
토지지분

(2) 적응환지계획의 작성

① **작성기준** ·15회 ·17회 ·19회

    ㉠ 환지계획은 종전의 토지와 환지의 위치·지목·면적·토질·수리(水利)·이용상황·환경, 그 밖의 사항을 종합적으로 고려하여 합리적으로 정하여야 한다(법 제28조 제2항).

    ㉡ 환지계획의 작성에 따른 환지계획의 기준, 보류지(체비지·공공시설용지)의 책정 기준 등에 관하여 필요한 사항은 국토교통부령으로 정할 수 있다(법 제28조 제5항).

② **토지부담률** ·17회 ·21회 ·22회 ·27회 ·34회

    ㉠ 산정기준 : 시행자는 면적식으로 환지계획을 수립한 경우에는 다음의 기준에 따라 환지계획구역 안의 토지소유자가 도시개발사업을 위하여 부담하는 토지의 비율(이하 '토지부담률')을 산정하여야 한다(규칙 제29조 제1항).

> ⓐ 공공시설용지의 면적을 명확히 파악하고, 환지 전후의 지가변동률 및 인근 토지의 가격을 고려하여 체비지를 책정함으로써 토지부담률을 적정하게 할 것
>
> ⓑ 기존 시가지·주택밀집지역 등 토지의 이용도가 높은 지역과 저지대·임야 등 토지의 이용도가 낮은 지역에 대하여는 토지부담률을 차등하여 산정하되, 사업시행 전부터 도로·상하수도 등 기반시설이 갖추어져 있는 주택지에 대하여는 토지부담률을 최소화할 것
>
> ⓒ 지목상 전·답·임야이나 사실상 형질변경 등으로 대지가 된 토지와 도로 등 공공시설을 지방자치단체에 기부채납 또는 무상귀속시킨 토지는 그에 상당하는 비용을 고려하여 토지부담률을 산정할 것

    ㉡ 한도(규칙 제29조 제2항)

원 칙	환지계획구역의 평균 토지부담률은 50%를 초과할 수 없다.
예 외	ⓐ 해당 환지계획구역의 특성을 고려하여 지정권자가 인정하는 경우에는 60%까지로 할 수 있다. ⓑ 환지계획구역의 토지소유자 총수의 3분의 2 이상이 동의하는 경우에는 60%를 초과하여 정할 수 있다.

추가 보류자의 책정 기준 등(규칙 제28조 제1항)

도시개발구역이 2 이상의 환지계획구역으로 구분되는 경우에는 환지계획구역별로 사업비 및 보류자를 책정하여야 한다.

ⓒ **산정방법** : 환지계획구역의 평균 토지부담률은 다음의 계산식에 따라 산정한다(규칙 제29조 제3항).

$$평균\ 토지부담률 = \frac{보류지\ 면적 - 시행자\ 토지면적}{환지계획구역\ 면적 - 시행자\ 토지면적} \times 100$$

➕ 시행자 토지면적 = 시행자에게 무상귀속되는 공공시설면적 + 시행자가 소유하는 토지(조합이 아닌 시행자가 환지로 지정받을 목적으로 소유한 토지는 제외)

ⓔ **변경금지** : 시행자는 사업시행 중 부득이한 경우를 제외하고는 토지소유자에게 부담을 주는 토지부담률의 변경을 하여서는 아니 된다(규칙 제29조 제4항).

ⓜ **제자리 환지** : 면적식으로 환지계획을 수립하는 경우에는 환지 전 토지의 위치에 환지를 지정한다. 다만, 토지소유자가 동의하거나 환지 전 토지가 보류지로 책정된 경우 또는 토지이용계획에 따라 필요한 경우에는 환지 전 토지와 다른 위치에 환지를 지정할 수 있다(규칙 제29조 제5항).

ⓗ **간선도로 설치** : 환지계획구역의 외부와 연결되는 환지계획구역 안의 도로로서 너비 25m 이상의 간선도로는 토지소유자가 도로의 부지를 부담하고, 관할 지방자치단체가 공사비를 보조하여 건설할 수 있다(규칙 제29조 제6항).

(3) 구체적 환지계획의 작성

① **환지부지정**(법 제30조) ・16회 ・21회 ・25회

신청·동의	토지소유자가 신청하거나 동의하면 해당 토지의 전부 또는 일부에 대하여 환지를 정하지 아니할 수 있다. 다만, 해당 토지에 관하여 임차권자등이 있는 경우에는 그 동의를 받아야 한다.
제외대상	시행자는 다음의 어느 하나에 해당하는 토지는 규약·정관 또는 시행규정으로 정하는 방법과 절차에 따라 환지를 정하지 아니할 토지에서 제외할 수 있다. ㉠ 환지예정지를 지정하기 전에 사용하는 토지 ㉡ 환지계획 인가에 따라 환지를 지정받기로 결정된 토지 ㉢ 종전과 같은 위치에 종전과 같은 용도로 환지를 계획하는 토지 ㉣ 토지소유자가 환지 제외를 신청한 토지의 면적 또는 평가액(토지평가협의회에서 정한 종전 토지의 평가액)이 모두 합하여 구역 전체의 토지(국유지·공유지는 제외) 면적 또는 평가액의 100분의 15 이상이 되는 경우로서 환지를 정하지 아니할 경우 사업시행이 곤란하다고 판단되는 토지 ㉤ 공람한 날 또는 공고한 날 이후에 토지의 양수계약을 체결한 토지(단, 양수일부터 3년이 지난 경우는 제외)

추가 과소 토지의 기준

과소 토지 여부의 판단은 권리면적(토지소유자가 환지계획에 따라 환지가 이루어질 경우 도시개발사업으로 조성되는 토지에서 받을 수 있는 토지의 면적)을 기준으로 한다(영 제62조 제1항).

추가 대통령령으로 정하는 기준

입체환지를 신청하는 자의 종전 소유 토지 및 건축물의 권리가액이 도시개발사업으로 조성되는 토지에 건축되는 구분건축물의 최소 공급가격의 100분의 70 이하인 경우를 말한다(영 제62조의2 제1항).

② **토지면적을 고려한 환지**(법 제31조 제1항) •16회 •21회 •32회

증환지	시행자는 토지면적의 규모를 조정할 특별한 필요가 있으면 면적이 작은 토지는 과소(過小) 토지가 되지 아니하도록 면적을 늘려 환지를 정하거나 환지 대상에서 제외할 수 있다.
감환지	시행자는 토지면적의 규모를 조정할 특별한 필요가 있으면 면적이 넓은 토지는 그 면적을 줄여서 환지를 정할 수 있지만, 환지 대상에서 제외할 수는 없다.

③ **입체환지** •16회

　㉠ **요건**(법 제32조 제1항)

원 칙	시행자는 도시개발사업을 원활히 시행하기 위하여 특히 필요한 경우에는 토지 또는 건축물 소유자의 신청을 받아 건축물의 일부와 그 건축물이 있는 토지의 공유지분을 부여할 수 있다.
제 외	토지 또는 건축물이 대통령령으로 정하는 기준 이하인 경우에는 시행자가 규약·정관 또는 시행규정으로 신청대상에서 제외할 수 있다.

　㉡ **통지 및 공고** : 입체환지의 경우 시행자는 환지계획 작성 전에 실시계획의 내용, 환지계획 기준, 환지 대상 필지 및 건축물의 명세, 환지신청기간 등 대통령령으로 정하는 사항을 토지소유자(건축물소유자를 포함)에게 통지하고 해당 지역에서 발행되는 일간신문에 공고하여야 한다(법 제32조 제3항).

　㉢ **신청기간** : 입체환지의 신청기간은 통지한 날부터 30일 이상 60일 이하로 하여야 한다. 다만, 시행자는 환지계획의 작성에 지장이 없다고 판단하는 경우에는 20일의 범위에서 그 신청기간을 연장할 수 있다(법 제32조 제4항).

　㉣ **신청** : 입체환지를 받으려는 토지소유자는 환지신청기간 이내에 대통령령으로 정하는 방법 및 절차에 따라 시행자에게 환지신청을 하여야 한다(법 제32조 제5항).

④ **입체환지에 따른 주택공급**(법 제32조의3)

기 준	시행자는 입체환지로 건설된 주택 등 건축물을 인가된 환지계획에 따라 환지신청자에게 공급하여야 한다. 이 경우 주택을 공급하는 경우에는 「주택법」에 따른 주택의 공급에 관한 기준을 적용하지 아니한다.
1주택 공급 원칙	입체환지로 주택을 공급하는 경우 환지계획의 내용은 다음의 기준에 따른다. 이 경우 주택의 수를 산정하기 위한 구체적인 기준은 대통령령으로 정한다. ㉠ 1세대 또는 1명이 하나 이상의 주택 또는 토지를 소유한 경우 1주택을 공급할 것 ㉡ 같은 세대에 속하지 아니하는 2명 이상이 1주택 또는 1토지를 공유한 경우에는 1주택만 공급할 것

주택 수만큼 공급	시행자는 다음의 어느 하나에 해당하는 토지소유자에 대하여는 소유한 주택의 수만큼 공급할 수 있다. ㉠ 「수도권정비계획법」에 따른 과밀억제권역에 위치하지 아니하는 도시개발구역의 토지소유자 ㉡ 근로자(공무원인 근로자를 포함) 숙소나 기숙사의 용도로 주택을 소유하고 있는 토지소유자 ㉢ 공공사업시행자
무주택 자에 대한 공급	입체환지로 주택을 공급하는 경우 주택을 소유하지 아니한 토지소유자에 대하여는 환지지정의 제한 기준일 현재 다음의 어느 하나에 해당하는 경우에만 주택을 공급할 수 있다. ㉠ 토지면적이 국토교통부장관이 정하는 규모 이상인 경우 ㉡ 종전 토지의 총권리가액(주택 외의 건축물이 있는 경우 그 건축물의 총권리가액을 포함)이 입체환지로 공급하는 공동주택 중 가장 작은 규모의 공동주택 공급예정가격 이상인 경우
일반 분양	시행자는 입체환지의 대상이 되는 용지에 건설된 건축물 중 공급대상자에게 공급하고 남은 건축물의 공급에 대하여는 규약·정관 또는 시행규정으로 정하는 목적을 위하여 체비지(건축물을 포함)로 정하거나 토지소유자 외의 자에게 분양할 수 있다.

⑤ **환지지정의 제한**(법 제32조의2) ・32회

㉠ 시행자는 주민 등의 의견청취를 위하여 공람 또는 공청회의 개최에 관한 사항을 공고한 날 또는 투기억제를 위하여 시행예정자의 요청에 따라 지정권자가 따로 정하는 날(이하 '기준일')의 다음 날부터 다음의 어느 하나에 해당하는 경우에는 국토교통부령으로 정하는 바에 따라 해당 토지 또는 건축물에 대하여 금전으로 청산하거나 환지지정을 제한할 수 있다.

> ⓐ 1필지의 토지가 여러 개의 필지로 분할되는 경우
> ⓑ 단독주택 또는 다가구주택이 다세대주택으로 전환되는 경우
> ⓒ 하나의 대지범위 안에 속하는 동일인 소유의 토지와 주택 등 건축물을 토지와 주택 등 건축물로 각각 분리하여 소유하는 경우
> ⓓ 나대지에 건축물을 새로 건축하거나 기존 건축물을 철거하고 다세대주택이나 그 밖의 「집합건물의 소유 및 관리에 관한 법률」에 따른 구분소유권의 대상이 되는 건물을 건축하여 토지 또는 건축물의 소유자가 증가되는 경우

㉡ 지정권자는 기준일을 따로 정하는 경우에는 기준일과 그 지정사유 등을 관보 또는 공보에 고시하여야 한다.

추가 수도권의 분류
(수도권정비계획법 제6조 제1항)
1. **과밀억제권역** : 인구와 산업이 지나치게 집중되었거나 집중될 우려가 있어 이전하거나 정비할 필요가 있는 지역
2. **성장관리권역** : 과밀억제권역으로부터 이전하는 인구와 산업을 계획적으로 유치하고 산업의 입지와 도시의 개발을 적정하게 관리할 필요가 있는 지역
3. **자연보전권역** : 한강 수계의 수질과 녹지 등 자연환경을 보전할 필요가 있는 지역

⑥ **공공시설의 용지 등에 관한 조치**(법 제33조)

공공시설 용지	「공익사업을 위한 토지 등의 취득 및 보상에 관한 법률」에 해당하는 공공시설의 용지에 대하여는 환지계획을 정할 때 그 위치·면적 등에 관하여 환지계획의 원칙적인 작성기준을 적용하지 아니할 수 있다.
종전의 공공시설	시행자가 도시개발사업의 시행으로 국가 또는 지방자치단체가 소유한 공공시설과 대체되는 공공시설을 설치하는 경우 종전의 공공시설의 전부 또는 일부의 용도가 폐지되거나 변경되어 사용하지 못하게 될 토지는 환지를 정하지 아니하며, 이를 다른 토지에 대한 환지의 대상으로 하여야 한다.

⑦ **보류지·체비지**(법 제34조) ·16회 ·19회 ·24회

ⓘ 시행자는 도시개발사업에 필요한 경비에 충당하거나 규약·정관·시행규정 또는 실시계획으로 정하는 목적을 위하여 일정한 토지를 환지로 정하지 아니하고 보류지로 정할 수 있으며, 그중 일부를 체비지로 정하여 도시개발사업에 필요한 경비에 충당할 수 있다.

ⓛ 특별자치도지사·시장·군수 또는 구청장은 「주택법」에 따른 공동주택의 건설을 촉진하기 위하여 필요하다고 인정하면 체비지 중 일부를 같은 지역에 집단으로 정하게 할 수 있다.

(4) 조성토지등의 가격평가 ·15회 ·19회 ·29회

① 시행자는 환지방식이 적용되는 도시개발구역에 있는 조성토지등의 가격을 평가할 때에는 토지평가협의회의 심의를 거쳐 결정하되, 그에 앞서 대통령령으로 정하는 공인평가기관이 평가하게 하여야 한다(법 제28조 제3항).

② 토지평가협의회의 구성 및 운영 등에 필요한 사항은 해당 규약·정관 또는 시행규정으로 정한다(법 제28조 제4항).

(5) 환지계획의 인가 ·16회 ·17회 ·19회 ·25회 ·29회 ·31회

① **인가권자**

ⓘ 행정청이 아닌 시행자가 환지계획을 작성한 경우에는 특별자치도지사·시장·군수 또는 구청장의 인가를 받아야 한다(법 제29조 제1항).

ⓛ 인가받은 내용을 변경하려는 경우에도 특별자치도지사·시장·군수 또는 구청장의 인가를 받아야 한다. 다만, 대통령령으로 정하는 경미한 사항을 변경하는 경우에는 그러하지 아니하다(법 제29조 제2항).

추가 대통령령으로 정하는 공인평가기관

감정평가법인등을 말한다(영 제59조).

추가 환지설계 시 토지 등의 평가액(규칙 제27조의2 제1항)

환지계획 시 적용되는 토지·건축물의 평가액은 최초 환지계획 인가 시를 기준으로 하여 정하고 변경할 수 없으며, 환지 후 토지·건축물의 평가액은 실시계획의 변경으로 평가요인이 변경된 경우에만 환지계획의 변경인가를 받아 변경할 수 있다.

> **➕ 보충** **대통령령으로 정하는 경미한 사항을 변경하는 경우(영 제60조 제1항)**
>
> 1. 종전 토지의 합필 또는 분필로 환지 명세가 변경되는 경우
> 2. 토지 또는 건축물 소유자(체비지인 경우에는 시행자 또는 체비지 매수자)의 동의에 따라 환지계획을 변경하는 경우(단, 다른 토지 또는 건축물 소유자에 대한 환지계획의 변경이 없는 경우로 한정)
> 3. 「공간정보의 구축 및 관리 등에 관한 법률」에 따른 지적측량의 결과를 반영하기 위하여 환지계획을 변경하는 경우
> 4. 환지로 지정된 토지나 건축물을 금전으로 청산하는 경우
> 5. 그 밖에 국토교통부령으로 정하는 경우

② **인가절차**

ⓐ **통지 및 공람** : 행정청이 아닌 시행자가 환지계획의 인가를 신청하려고 하거나 행정청인 시행자가 환지계획을 정하려고 하는 경우에는 토지소유자와 해당 토지에 대하여 임차권, 지상권, 그 밖에 사용하거나 수익할 권리를 가진 자(이하 '임차권자등')에게 환지계획의 기준 및 내용 등을 알리고 대통령령으로 정하는 바에 따라 관계 서류의 사본을 일반인에게 공람시켜야 한다. 다만, 대통령령으로 정하는 경미한 사항을 변경하는 경우에는 그러하지 아니하다(법 제29조 제3항).

ⓑ **의견서 제출** : 토지소유자나 임차권자등은 공람기간에 시행자에게 의견서를 제출할 수 있으며, 시행자는 그 의견이 타당하다고 인정하면 환지계획에 이를 반영하여야 한다(법 제29조 제4항).

ⓒ **첨부서류** : 행정청이 아닌 시행자가 환지계획 인가를 신청할 때에는 제출된 의견서를 첨부하여야 한다(법 제29조 제5항).

ⓓ **결과통보** : 시행자는 제출된 의견에 대하여 공람기일이 종료된 날부터 60일 이내에 그 의견을 제출한 자에게 환지계획에의 반영 여부에 관한 검토 결과를 통보하여야 한다(법 제29조 제6항).

2. 환지예정지

(1) 환지예정지의 지정대상(법 제35조 제1항) •20회 •24회

① 시행자는 도시개발사업의 시행을 위하여 필요하면 도시개발구역의 토지에 대하여 환지예정지를 지정할 수 있다.

> **추가** **대통령령으로 정하는 바에 따른 관계 서류의 공람**
> 시행자는 공람을 실시하려는 때에는 공람 장소·방법 등에 관한 사항을 인터넷 홈페이지 등을 이용하여 일반인에게 알리고 14일 이상 공람할 수 있게 하여야 한다(영 제61조 제2항).

> **정리** **환지계획 인가**
>
>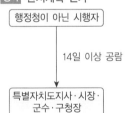

② 이 경우 종전의 토지에 대한 임차권자등이 있으면 해당 환지예정지에 대하여 해당 권리의 목적인 토지 또는 그 부분을 아울러 지정하여야 한다.

(2) 환지예정지의 지정절차

통지 및 공람	민간사업시행자가 환지예정지를 지정하려고 하는 경우에는 토지소유자와 임차권자등에게 알리고 관계 서류의 사본을 일반인에게 공람시켜야 한다(법 제35조 제2항, 제29조 제3항).
의견서 제출	토지소유자나 임차권자등은 공람기간에 시행자에게 의견서를 제출할 수 있으며, 시행자는 그 의견이 타당하다고 인정하면 환지예정지 지정에 이를 반영하여야 한다(법 제35조 제2항, 제29조 제4항).
지정통지	시행자가 환지예정지를 지정하려면 관계 토지소유자와 임차권자등에게 환지예정지의 위치·면적과 환지예정지 지정의 효력발생시기를 알려야 한다(법 제35조 제3항).

(3) 환지예정지의 지정효과(법 제36조) •15회 •17회 •20회 •24회 •25회 •30회 •32회

① **사용·수익권의 이전**
  ㉠ 환지예정지가 지정되면 종전의 토지의 소유자와 임차권자등은 환지예정지 지정의 효력발생일부터 환지처분이 공고되는 날까지 환지예정지나 해당 부분에 대하여 종전과 같은 내용의 권리를 행사할 수 있다.
  ㉡ 종전의 토지는 사용하거나 수익할 수 없다.

② **사용·수익개시일의 지정** : 시행자는 환지예정지를 지정한 경우에 해당 토지를 사용하거나 수익하는 데에 장애가 될 물건이 그 토지에 있거나 그 밖에 특별한 사유가 있으면 그 토지의 사용 또는 수익을 시작할 날을 따로 정할 수 있다.

③ **수인의 의무** : 환지예정지 지정의 효력이 발생하거나 그 토지의 사용 또는 수익을 시작하는 경우에 해당 환지예정지의 종전의 소유자 또는 임차권자등은 위 ① 또는 ②에서 규정하는 기간에 이를 사용하거나 수익할 수 없으며 위 ①에 따른 권리의 행사를 방해할 수 없다.

④ **체비지의 사용·수익·처분** : 시행자는 체비지의 용도로 환지예정지가 지정된 경우에는 도시개발사업에 드는 비용을 충당하기 위하여 이를 사용 또는 수익하게 하거나 처분할 수 있다.

⑤ **임차권자등의 권리조정** : 임차권등의 목적인 토지에 관하여 환지예정
지가 지정된 경우 임대료·지료(地料), 그 밖의 사용료 등의 증감(增減)
이나 권리의 포기 등에 관하여는 법 제48조(임대료 등의 증감청구)와 법
제49조(권리의 포기 등)를 준용한다.

(4) 환지예정지 지정 전 토지 사용(법 제36조의2)

① 공공사업시행자는 다음의 어느 하나에 해당하는 경우에는 환지예정지
를 지정하기 전이라도 실시계획 인가사항의 범위에서 토지 사용을 하
게 할 수 있다.

> ㉠ 순환개발을 위한 순환용주택을 건설하려는 경우
> ㉡ 「국방·군사시설 사업에 관한 법률」에 따른 국방·군사시설을 설치하려
> 는 경우
> ㉢ 주민 등의 의견청취를 위한 공고일 이전부터 「주택법」에 따라 등록한 주
> 택건설사업자가 주택건설을 목적으로 토지를 소유하고 있는 경우
> ㉣ 그 밖에 기반시설의 설치나 개발사업의 촉진에 필요한 경우 등 대통령령
> 으로 정하는 경우

② 위 ①의 ㉢ 또는 ㉣의 경우에는 다음 모두에 해당하는 경우에만 환지예
정지를 지정하기 전에 토지를 사용할 수 있다.

> ㉠ 사용하려는 토지의 면적이 구역 면적의 100분의 5 이상(최소 1만m² 이
> 상)이고 소유자가 동일할 것. 이 경우 국유지·공유지는 관리청과 상관
> 없이 같은 소유자로 본다.
> ㉡ 사용하려는 종전 토지가 실시계획 인가로 정한 하나 이상의 획지(劃地)
> 또는 가구(街區)의 경계를 모두 포함할 것
> ㉢ 사용하려는 토지의 면적 또는 평가액이 구역 내 동일소유자가 소유하고
> 있는 전체 토지의 면적 또는 평가액의 100분의 60 이하이거나 대통령령
> 으로 정하는 바에 따라 보증금을 예치할 것
> ㉣ 사용하려는 토지에 임차권자등이 있는 경우 임차권자등의 동의가 있을 것

③ 토지를 사용하는 자는 환지예정지를 지정하기 전까지 새로 조성되는
토지 또는 그 위에 건축되는 건축물을 공급 또는 분양하여서는 아니
된다.

④ 환지예정지를 지정하기 전에 토지를 사용하는 자는 환지계획에 따라야
한다.

추가 대통령령으로 정하는 경우
(영 제62조의4 제1항)
1. 토지소유자가 건축물을 신축
하여 해당 지역을 입체적으로
개발하려는 경우(단, 기존 건
축물이나 시설이 이전 또는 철
거된 토지로 한정)
2. 공원 등 기반시설을 설치하려
는 목적으로 토지를 소유하거
나 매입한 경우

(5) 사용·수익의 정지(법 제37조) ·15회 ·17회 ·32회

① 시행자는 환지를 정하지 아니하기로 결정된 토지소유자나 임차권자등에게 날짜를 정하여 그날부터 해당 토지 또는 해당 부분의 사용 또는 수익을 정지시킬 수 있다.

② 시행자가 사용 또는 수익을 정지하게 하려면 30일 이상의 기간을 두고 미리 해당 토지소유자 또는 임차권자등에게 알려야 한다.

(6) 장애물 등의 이전과 제거(법 제38조)

① **이전·제거사유**

㉠ 시행자는 환지예정지를 지정하거나 종전의 토지에 관한 사용 또는 수익을 정지시키는 경우나 대통령령으로 정하는 시설의 변경·폐지에 관한 공사를 시행하는 경우 필요하면 도시개발구역에 있는 건축물과 그 밖의 공작물이나 물건(이하 '건축물등') 및 죽목(竹木), 토석, 울타리 등의 장애물(이하 '장애물등')을 이전하거나 제거할 수 있다.

㉡ 이 경우 시행자(행정청이 아닌 시행자만 해당)는 미리 관할 특별자치도지사·시장·군수 또는 구청장의 허가를 받아야 한다.

② **조건부 허가** : 특별자치도지사·시장·군수 또는 구청장은 허가를 하는 경우에는 동절기 등 대통령령으로 정하는 시기에 점유자가 퇴거하지 아니한 주거용 건축물을 철거할 수 없도록 그 시기를 제한하거나 임시거주시설을 마련하는 등 점유자의 보호에 필요한 조치를 할 것을 조건으로 허가를 할 수 있다.

③ **사전통지** : 시행자가 건축물등과 장애물등을 이전하거나 제거하려고 하는 경우에는 그 소유자나 점유자에게 미리 알려야 한다. 다만, 소유자나 점유자를 알 수 없으면 대통령령으로 정하는 바에 따라 이를 공고하여야 한다.

④ **주거용 건축물의 사전통지** : 주거용으로 사용하고 있는 건축물을 이전하거나 철거하려고 하는 경우에는 이전하거나 철거하려는 날부터 늦어도 2개월 전에 통지를 하여야 한다. 다만, 건축물의 일부에 대하여 대통령령으로 정하는 경미한 이전 또는 철거를 하는 경우나 「국토의 계획 및 이용에 관한 법률」의 개발행위 허가규정을 위반한 건축물의 경우에는 그러하지 아니하다.

⑤ **손실보상금의 공탁** : 시행자는 건축물등과 장애물등을 이전 또는 제거하려고 할 경우 「공익사업을 위한 토지 등의 취득 및 보상에 관한 법률」에 따른 토지수용위원회의 손실보상금에 대한 재결이 있은 후 다음의 어느 하나에 해당하는 사유가 있으면 이전하거나 제거할 때까지 토지소재지의 공탁소에 보상금을 공탁할 수 있다.

> ㉠ 보상금을 받을 자가 받기를 거부하거나 받을 수 없을 때
> ㉡ 시행자의 과실 없이 보상금을 받을 자를 알 수 없을 때
> ㉢ 시행자가 관할 토지수용위원회에서 재결한 보상금액에 불복할 때
> ㉣ 압류나 가압류에 의하여 보상금의 지급이 금지되었을 때

⑥ **보상차액의 공탁** : 위 ⑤의 ㉢의 경우 시행자는 보상금을 받을 자에게 자기가 산정한 보상금을 지급하고 그 금액과 토지수용위원회가 재결한 보상금액과의 차액을 공탁하여야 한다. 이 경우 보상금을 받을 자는 그 불복절차가 끝날 때까지 공탁된 보상금을 받을 수 없다.

(7) 토지의 관리(법 제39조)

시행자의 관리	환지예정지의 지정이나 사용 또는 수익의 정지처분으로 이를 사용하거나 수익할 수 있는 자가 없게 된 토지 또는 해당 부분은 환지예정지의 지정일이나 사용 또는 수익의 정지처분이 있은 날부터 환지처분을 공고한 날까지 시행자가 관리한다.
표지의 설치	① 시행자는 환지예정지 또는 환지의 위치를 나타내려고 하는 경우에는 국토교통부령으로 정하는 표지를 설치할 수 있다. ② 누구든지 환지처분이 공고된 날까지는 시행자의 승낙 없이 설치된 표지를 이전하거나 훼손하여서는 아니 된다.

3. 환지처분

(1) 개 념

환지처분이란 도시개발사업시행자가 사업을 완료한 후 작성된 환지계획에 따라 종전의 토지와 그 토지에 관한 권리에 갈음하여 새로운 토지와 그 토지에 관한 권리를 교환하고 그 과정상 발생되는 과부족을 금전으로 청산하는 행정처분을 말한다.

(2) 환지처분 절차 ·18회 ·19회 ·28회 ·30회 ·33회

공사완료의 공고 및 공람	시행자는 환지방식으로 도시개발사업에 관한 공사를 끝낸 경우에는 지체 없이 이를 공고하고 공사 관계 서류를 14일 이상 일반에게 공람시켜야 한다(법 제40조 제1항, 영 제64조 제3항).
의견서 제출	도시개발구역의 토지소유자나 이해관계인은 공람기간에 시행자에게 의견서를 제출할 수 있으며, 의견서를 받은 시행자는 공사 결과와 실시계획 내용에 맞는지를 확인하여 필요한 조치를 하여야 한다(법 제40조 제2항).
준공검사 또는 공사완료	시행자는 공람기간에 의견서의 제출이 없거나 제출된 의견서에 따라 필요한 조치를 한 경우에는 지정권자에 의한 준공검사를 신청하거나 도시개발사업의 공사를 끝내야 한다(법 제40조 제3항).
환지처분 공고	① 시행자는 지정권자에 의한 준공검사를 받은 경우(지정권자가 시행자인 경우에는 공사완료 공고가 있는 때)에는 60일 이내에 환지처분을 하여야 한다(법 제40조 제4항). ② 시행자는 환지처분을 하려는 경우에는 환지계획에서 정한 사항을 토지소유자에게 알리고 대통령령으로 정하는 바에 따라 이를 공고하여야 한다(법 제40조 제5항).

추가 대통령령으로 정하는 공고 사항(영 제66조 제2항)

1. 사업의 명칭
2. 시행자
3. 시행기간
4. 환지처분일
5. 사업비 정산내역
6. 체비지 매각대금과 보조금, 그 밖에 사업비의 재원별 내역

(3) 환지처분 효과 ·17회 ·18회 ·19회 ·21회 ·24회 ·25회 ·26회 ·28회 ·29회 ·31회 ·33회

① 권리의 이전

원 칙	환지계획에서 정하여진 환지는 그 환지처분이 공고된 날의 다음 날부터 종전의 토지로 보며, 환지계획에서 환지를 정하지 아니한 종전의 토지에 있던 권리는 그 환지처분이 공고된 날이 끝나는 때에 소멸한다(법 제42조 제1항).
예 외	㉠ 행정상 처분이나 재판상의 처분으로서 종전의 토지에 전속(專屬)하는 것에 관하여는 영향을 미치지 아니한다(법 제42조 제2항). ㉡ 도시개발구역의 토지에 대한 지역권(地役權)은 환지처분에도 불구하고 종전의 토지에 존속한다. 다만, 도시개발사업의 시행으로 행사할 이익이 없어진 지역권은 환지처분이 공고된 날이 끝나는 때에 소멸한다(법 제42조 제3항).

② 입체환지처분(법 제42조 제4항)

㉠ 환지계획에 따라 환지처분을 받은 자는 환지처분이 공고된 날의 다음 날에 환지계획으로 정하는 바에 따라 건축물의 일부와 해당 건축물이 있는 토지의 공유지분을 취득한다.

㉡ 이 경우 종전의 토지에 대한 저당권은 환지처분이 공고된 날의 다음 날부터 해당 건축물의 일부와 해당 건축물이 있는 토지의 공유지분에 존재하는 것으로 본다.

③ **체비지·보류지의 취득 및 처분**

취득	① 체비지는 시행자가, 보류지는 환지계획에서 정한 자가 각각 환지처분이 공고된 날의 다음 날에 해당 소유권을 취득한다(법 제42조 제5항 본문).
	② 이미 처분된 체비지는 그 체비지를 매입한 자가 소유권이전등기를 마친 때에 소유권을 취득한다(법 제42조 제5항 단서).
처분	① 시행자는 체비지나 보류지를 규약·정관·시행규정 또는 실시계획으로 정하는 목적 및 방법에 따라 합리적으로 처분하거나 관리하여야 한다(법 제44조 제1항).
	② 행정청인 시행자가 체비지 또는 보류지를 관리하거나 처분하는 경우에는 국가나 지방자치단체의 재산처분에 관한 법률을 적용하지 아니한다(법 제44조 제2항).
	③ 학교, 폐기물처리시설, 그 밖에 대통령령으로 정하는 시설을 설치하기 위하여 조성토지등을 공급하는 경우 그 조성토지등의 공급가격에 관하여는 「감정평가 및 감정평가사에 관한 법률」에 따른 감정평가법인등이 감정평가한 가격 이하로 정할 수 있다(법 제44조 제3항).

4. 청산금 및 감가보상금

(1) 청산금 · 21회 · 23회 · 33회 · 34회

산정기준	환지를 정하거나 그 대상에서 제외한 경우 그 과부족분(過不足分)은 종전의 토지 및 환지의 위치·지목·면적·토질·수리·이용상황·환경, 그 밖의 사항을 종합적으로 고려하여 금전으로 청산하여야 한다(법 제41조 제1항).
청산금 결정	① 청산금은 환지처분을 하는 때에 결정하여야 한다(법 제41조 제2항).
	② 본인의 신청 또는 동의에 의한 환지부지정이나 과소 토지에 대한 환지부지정에 따라 환지대상에서 제외한 토지등에 대하여는 청산금을 교부하는 때에 청산금을 결정할 수 있다(법 제41조 제2항).
청산금 확정	청산금은 환지처분이 공고된 날의 다음 날에 확정된다(법 제42조 제6항).
청산금 징수·교부	시기	시행자는 환지처분이 공고된 후에 확정된 청산금을 징수하거나 교부하여야 한다. 다만, 환지를 정하지 아니하는 토지에 대하여는 환지처분 전이라도 청산금을 교부할 수 있다(법 제46조 제1항).
	분할	청산금은 일괄징수 또는 일괄교부가 원칙이지만, 청산금액에 규약·정관 또는 시행규정에서 정하는 이자율을 곱하여 산출된 금액의 이자를 붙여 분할징수하거나 분할교부할 수 있다(법 제46조 제2항).

정리 청산금

환지처분에 의한 적법한 원인으로 인하여 발생한 재산가치의 과부족분을 금전으로 정산한 금액을 말하며, 환지방식에서 인정하고 수용 또는 사용방식에서는 적용하지 않는다.
1. **징수** : 부당이득반환금 성격
2. **교부** : 손실보상금 성격

추가 청산금의 공탁

청산금을 받을 자가 주소 불분명 등의 이유로 청산금을 받을 수 없거나 받기를 거부하면 그 청산금을 공탁할 수 있다(법 제46조 제4항).

청산금 징수·교부	강제 징수	행정청인 시행자는 청산금을 내야 할 자가 이를 내지 아니하면 국세 또는 지방세 체납처분의 예에 따라 징수할 수 있으며, 행정청이 아닌 시행자는 특별자치도지사·시장·군수 또는 구청장에게 청산금의 징수를 위탁할 수 있다(법 제46조 제3항).
청산금 소멸시효		청산금을 받을 권리나 징수할 권리를 5년간 행사하지 아니하면 시효로 소멸한다(법 제47조).

(2) 감가보상금

① **개념**: 행정청인 시행자는 도시개발사업의 시행으로 사업 시행 후의 토지가액(價額)의 총액이 사업 시행 전의 토지가액의 총액보다 줄어든 경우에는 그 차액에 해당하는 감가보상금을 대통령령으로 정하는 기준에 따라 종전의 토지소유자나 임차권자등에게 지급하여야 한다(법 제45조).

② **산정방법**: 감가보상금으로 지급하여야 할 금액은 도시개발사업 시행 후의 토지가액의 총액과 시행 전의 토지가액의 총액과의 차액을 시행 전의 토지가액의 총액으로 나누어 얻은 수치에 종전의 토지 또는 그 토지에 대하여 수익할 수 있는 권리의 시행 전의 가액을 곱한 금액으로 한다(영 제67조).

$$감가보상금 = \left[\frac{(\text{시행 후의 토지가액의 총액} - \text{시행 전의 토지가액의 총액})}{\text{시행 전의 토지가액의 총액}} \right] \times 종전\ 토지가액$$

5. 임차권등의 권리조정

(1) 임대료 등의 증감청구 (법 제48조)

① 도시개발사업으로 임차권등의 목적인 토지 또는 지역권에 관한 승역지(承役地)의 이용이 증진되거나 방해를 받아 종전의 임대료·지료, 그 밖의 사용료 등이 불합리하게 되면 당사자는 계약 조건에도 불구하고 장래에 관하여 그 증감을 청구할 수 있다. 도시개발사업으로 건축물이 이전된 경우 그 임대료에 관하여도 또한 같다.

② 당사자는 해당 권리를 포기하거나 계약을 해지하여 그 의무를 지지 아니할 수 있다.

③ 환지처분이 공고된 날부터 60일이 지나면 임대료·지료, 그 밖의 사용료 등의 증감을 청구할 수 없다.

(2) 권리의 포기 등(법 제49조) · 15회

① 도시개발사업의 시행으로 지역권 또는 임차권등을 설정한 목적을 달성할 수 없게 되면 당사자는 해당 권리를 포기하거나 계약을 해지할 수 있다. 도시개발사업으로 건축물이 이전되어 그 임대의 목적을 달성할 수 없게 된 경우에도 또한 같다.

② 권리를 포기하거나 계약을 해지한 자는 그로 인한 손실을 보상하여 줄 것을 시행자에게 청구할 수 있다.

③ 손실을 보상한 시행자는 해당 토지 또는 건축물의 소유자 또는 그로 인하여 이익을 얻는 자에게 이를 구상(求償)할 수 있다.

④ 환지처분이 공고된 날부터 60일이 지나면 권리를 포기하거나 계약을 해지할 수 없다.

⑤ 손실보상에 관하여는 타인 토지의 출입 등에 관한 손실보상의 방법 및 절차 등에 관한 규정을 준용한다.

6. 환지등기

(1) 시행자의 촉탁·신청 등기

시행자는 환지처분이 공고되면 공고 후 14일 이내에 관할 등기소에 이를 알리고 토지와 건축물에 관한 등기를 촉탁하거나 신청하여야 한다(법 제43조 제1항).

(2) 다른 등기의 제한(법 제43조 제3항)

① **원칙** : 환지처분이 공고된 날부터 등기가 있는 때까지는 다른 등기를 할 수 없다.

② **예외** : 등기신청인이 확정일자가 있는 서류로 환지처분의 공고일 전에 등기원인(登記原因)이 생긴 것임을 증명하면 다른 등기를 할 수 있다.

4 준공검사 등

(1) 준공검사(법 제50조) · 27회

검사	시행자(지정권자가 시행자인 경우는 제외)가 도시개발사업의 공사를 끝낸 때에는 국토교통부령으로 정하는 바에 따라 공사완료보고서를 작성하여 지정권자의 준공검사를 받아야 한다.
시기	지정권자는 공사완료보고서를 받으면 지체 없이 준공검사를 하여야 한다. 이 경우 지정권자는 효율적인 준공검사를 위하여 필요하면 관계 행정기관·공공기관·연구기관, 그 밖의 전문기관 등에 의뢰하여 준공검사를 할 수 있다.
요청	지정권자는 공사완료보고서의 내용에 포함된 공공시설을 인수하거나 관리하게 될 국가기관·지방자치단체 또는 공공기관의 장 등에게 준공검사에 참여할 것을 요청할 수 있으며, 이를 요청받은 자는 특별한 사유가 없으면 요청에 따라야 한다.
부분적 검사	시행자는 도시개발사업을 효율적으로 시행하기 위하여 필요하면 해당 도시개발사업에 관한 공사가 전부 끝나기 전이라도 공사가 끝난 부분에 관하여 준공검사(지정권자가 시행자인 경우에는 시행자에 의한 공사완료 공고)를 받을 수 있다.

(2) 공사완료 공고(법 제51조)

① 지정권자는 준공검사를 한 결과 도시개발사업이 실시계획대로 끝났다고 인정되면 시행자에게 준공검사 증명서를 내어주고 공사완료 공고를 하여야 하며, 실시계획대로 끝나지 아니하였으면 지체 없이 보완 시공 등 필요한 조치를 하도록 명하여야 한다.

② 지정권자가 시행자인 경우 그 시행자는 도시개발사업의 공사를 완료한 때에는 공사완료 공고를 하여야 한다.

(3) 공사완료에 따른 관련 인·허가등의 의제(법 제52조)

① 준공검사를 하거나 공사완료 공고를 할 때 지정권자가 실시계획의 인가·고시규정에 따라 의제되는 인·허가등에 따른 준공검사·준공인가 등에 대하여 관계 행정기관의 장과 협의한 사항에 대하여는 그 준공검사·준공인가 등을 받은 것으로 본다.

② 시행자(지정권자인 시행자는 제외)가 준공검사·준공인가 등의 의제를 받으려면 준공검사를 신청할 때 해당 법률로 정하는 관계 서류를 함께 제출하여야 한다.

③ 지정권자는 준공검사를 하거나 공사완료 공고를 할 때 그 내용에 실시계획의 인가·고시규정에 따라 의제되는 인·허가등에 따른 준공검사·준공인가 등에 해당하는 사항이 있으면 미리 관계 행정기관의 장과 협의하여야 한다.

(4) 조성토지등의 준공 전 사용 · 19회 · 27회

준공검사 전 또는 공사완료 공고 전에는 조성토지등(체비지는 제외)을 사용할 수 없다. 다만, 사업 시행의 지장 여부를 확인받는 등 대통령령으로 정하는 바에 따라 지정권자로부터 사용허가를 받은 경우에는 그러하지 아니하다(법 제53조).

기출&예상 문제

도시개발법령상 환지방식에 의한 사업시행에서의 청산금에 관한 설명으로 **틀린** 것은? · 34회

① 시행자는 토지소유자의 동의에 따라 환지를 정하지 아니하는 토지에 대하여는 환지처분 전이라도 청산금을 교부할 수 있다.
② 토지소유자의 신청에 따라 환지대상에서 제외한 토지에 대하여는 청산금을 교부하는 때에 청산금을 결정할 수 없다.
③ 청산금을 받을 권리나 징수할 권리를 5년간 행사하지 아니하면 시효로 소멸한다.
④ 청산금은 대통령령으로 정하는 바에 따라 이자를 붙여 분할징수하거나 분할교부할 수 있다.
⑤ 행정청이 아닌 시행자가 군수에게 청산금의 징수를 위탁한 경우 그 시행자는 군수가 징수한 금액의 100분의 4에 해당하는 금액을 해당 군에 지급하여야 한다.

해설 토지소유자의 신청에 따라 환지대상에서 제외한 토지에 대하여는 청산금을 교부하는 때에 청산금을 결정할 수 있다.

정답 ②

04 | 비용부담 등

▌10개년 출제문항 수

25회	26회	27회	28회	29회
		1	1	1
30회	31회	32회	33회	34회
	1	1		

└→ 총 40문제 中 평균 약 0.5문제 출제

▌학습전략

이 CHAPTER는 비용부담, 비용조달 중 도시개발채권에 관한 내용 위주로 구성되어 있습니다. 출제 빈도는 높지 않은 부분이지만, 도시개발채권에서 출제가 많이 되었으며 앞으로도 출제가능성이 높기 때문에 이에 대한 학습대비가 필요합니다.

제1절 비용부담

1 비용부담 원칙

(1) 도시개발사업 비용

도시개발사업에 필요한 비용은 이 법이나 다른 법률에 특별한 규정이 있는 경우 외에는 시행자가 부담한다(법 제54조).

(2) 도시개발구역의 시설 설치 및 비용부담 · 31회

① **도시개발구역의 시설의 설치**(법 제55조 제1항)

ㄱ. 도로와 상하수도시설의 설치는 지방자치단체

ㄴ. 전기시설·가스공급시설 또는 지역 난방시설의 설치는 해당 지역에 전기·가스 또는 난방을 공급하는 자

ㄷ. 통신시설의 설치는 해당 지역에 통신서비스를 제공하는 자

② **시설의 설치비용**(법 제55조 제2항)

　㉠ 시설의 설치비용은 그 설치의무자가 이를 부담한다.

　㉡ 시설 중 도시개발구역 안의 전기시설을 사업시행자가 지중선로로 설치할 것을 요청하는 경우에는 전기를 공급하는 자와 지중에 설치할 것을 요청하는 자가 각각 2분의 1의 비율로 그 설치비용을 부담(전부 환지방식으로 도시개발사업을 시행하는 경우에는 전기시설을 공급하는 자가 3분의 2, 지중에 설치할 것을 요청하는 자가 3분의 1의 비율로 부담)한다.

③ **시설의 설치기한 및 설치범위**

　㉠ 시설의 설치는 특별한 사유가 없으면 준공검사 신청일(지정권자가 시행자인 경우에는 도시개발사업의 공사를 끝내는 날)까지 끝내야 한다(법 제55조 제3항).

　㉡ 시설의 종류별 설치범위는 대통령령으로 정한다(법 제55조 제4항).

　㉢ 대통령령으로 정하는 시설의 종류별 설치범위 중 지방자치단체의 설치의무범위에 속하지 아니하는 도로 또는 상하수도시설로서 시행자가 그 설치비용을 부담하려는 경우에는 시행자의 요청에 따라 지방자치단체가 그 도로 설치사업이나 상하수도 설치사업을 대행할 수 있다(법 제55조 제5항).

2 비용부담 특례

(1) 지방자치단체의 비용부담 ·27회

① **지정권자가 시행자인 경우**(법 제56조 제1항)

　㉠ 지정권자가 시행자인 경우 그 시행자는 그가 시행한 도시개발사업으로 이익을 얻는 시·도 또는 시·군·구가 있으면 대통령령으로 정하는 바에 따라 그 도시개발사업에 든 비용의 일부를 그 이익을 얻는 시·도 또는 시·군·구에 부담시킬 수 있다.

ⓛ 국토교통부장관은 행정안전부장관과 협의하여야 하고, 시·도지사 또는 대도시 시장은 관할 외의 시·군·구에 비용을 부담시키려면 그 시·군·구를 관할하는 시·도지사와 협의하여야 하며, 시·도지사 간 또는 대도시 시장과 시·도지사 간의 협의가 성립되지 아니하는 경우에는 행정안전부장관의 결정에 따른다.

② **시장·군수·구청장이 시행자인 경우**(법 제56조 제2항)

ⓖ 시장(대도시 시장은 제외)·군수 또는 구청장은 그가 시행한 도시개발사업으로 이익을 얻는 다른 지방자치단체가 있으면 대통령령으로 정하는 바에 따라 그 도시개발사업에 든 비용의 일부를 그 이익을 얻는 다른 지방자치단체와 협의하여 그 지방자치단체에 부담시킬 수 있다.

ⓛ 협의가 성립되지 아니하면 관할 시·도지사의 결정에 따르며, 그 시·군·구를 관할하는 시·도지사가 서로 다른 경우에는 행정안전부장관의 결정에 따른다.

(2) 공공시설 관리자의 비용부담(법 제57조 제2항) ·27회

① 시행자는 공동구(共同溝)를 설치하는 경우에는 다른 법률에 따라 그 공동구에 수용될 시설을 설치할 의무가 있는 자에게 공동구의 설치에 드는 비용을 부담시킬 수 있다.

② 공동구의 설치 방법·기준 및 절차와 비용의 부담 등에 관한 사항은 「국토의 계획 및 이용에 관한 법률」을 준용한다.

(3) 도시개발구역 밖의 기반시설의 설치비용(법 제58조)

① **비용부담** : 도시개발구역의 이용에 제공하기 위하여 대통령령으로 정하는 기반시설을 도시개발구역 밖의 지역에 설치하는 경우 지정권자는 비용부담계획이 포함된 개발계획에 따라 시행자에게 이를 설치하게 하거나 그 설치비용을 부담하게 할 수 있다.

② **비용지원** : 국가나 지방자치단체는 위 ①에 따라 시행자가 부담하는 비용을 제외한 나머지 설치비용을 지원할 수 있다. 이 경우 지원 규모나 지원 방법 등은 국토교통부장관이 관계 중앙행정기관의 장과 협의하여 정한다.

③ **추가시설 설치비용** : 지정권자는 비용부담계획에 포함되지 아니하는 기반시설을 실시계획의 변경 등으로 인하여 도시개발구역 밖에 추가로 설치하여야 하는 경우에는 그 비용을 대통령령으로 정하는 바에 따라 실시계획의 변경 등 기반시설의 추가 설치를 필요하게 한 자에게 부담시킬 수 있다.

④ **비용 일부 부담** : 지정권자는 시행자의 부담으로 도시개발구역 밖의 지역에 설치하는 기반시설로 이익을 얻는 지방자치단체 또는 공공시설의 관리자가 있으면 대통령령으로 정하는 바에 따라 그 기반시설의 설치에 드는 비용의 일부를 이익을 얻는 지방자치단체 또는 공공시설의 관리자에게 부담시킬 수 있다. 이 경우 지정권자는 해당 지방자치단체나 공공시설의 관리자 및 시행자와 협의하여야 한다.

⑤ **조정신청** : 지정권자로부터 기반시설의 설치비용을 부담하도록 통지를 받은 자(납부의무자)가 비용의 부담에 대하여 이견이 있는 경우에는 그 통지를 받은 날부터 20일 이내에 지정권자에게 이를 증명할 수 있는 자료를 첨부하여 조정을 신청할 수 있다. 이 경우 지정권자는 그 신청을 받은 날부터 15일 이내에 이를 심사하여 그 결과를 신청인에게 통지하여야 한다.

⑥ **가산금 징수** : 지정권자는 납부의무자가 기반시설의 설치비용을 납부기한까지 내지 아니하면 가산금을 징수한다.

⑦ **강제징수** : 지정권자는 납부의무자가 기반시설의 설치비용과 가산금을 납부기한까지 내지 아니하면 국세 또는 지방세 체납처분의 예에 따라 징수한다.

⑧ **추징·환급** : 지정권자는 납부의무자가 납부한 금액에서 과오납(過誤納)한 부분이 있으면 이를 조사하여 그 차액(差額)을 추징하거나 환급하여야 한다. 이 경우 과오납한 날의 다음 날부터 추징 또는 환급 결정을 하는 날까지의 기간에 대하여 「국세기본법」에서 정한 이자율에 따라 계산한 금액을 추징금 또는 환급금에 더하여야 한다.

(4) 보조 또는 융자 · 27회

도시개발사업의 시행에 드는 비용은 대통령령으로 정하는 바에 따라 그 비용의 전부 또는 일부를 국고에서 보조하거나 융자할 수 있다. 다만, 시행자가 행정청이면 전부를 보조하거나 융자할 수 있다(법 제59조).

3 도시개발특별회계의 설치

(1) 설치대상

시·도지사 또는 시장·군수(광역시에 있는 군의 군수는 제외)는 도시개발사업을 촉진하고 도시·군계획시설사업의 설치지원 등을 위하여 지방자치단체에 도시개발특별회계를 설치할 수 있다(법 제60조 제1항).

추가 **사업별 특별회계 설치**
국가나 지방자치단체등이 도시개발사업을 환지방식으로 시행하는 경우에는 회계의 구분을 위하여 사업별로 특별회계를 설치하여야 한다(법 제60조 제3항).

(2) 특별회계의 재원

특별회계는 다음의 재원으로 조성된다(법 제60조 제2항).

① 일반회계에서 전입된 금액
② 정부의 보조금
③ 개발이익 재투자를 위하여 납입된 금액
④ 도시개발채권의 발행으로 조성된 자금
⑤ 수익금 및 집행 잔액
⑥ 부과·징수된 과태료
⑦ 「수도권정비계획법」에 따라 시·도에 귀속되는 과밀부담금 중 해당 시·도의 조례로 정하는 비율의 금액
⑧ 「개발이익환수에 관한 법률」에 따라 지방자치단체에 귀속되는 개발부담금 중 해당 지방자치단체의 조례로 정하는 비율의 금액
⑨ 「국토의 계획 및 이용에 관한 법률」에 따른 수익금
⑩ 「지방세법」에 따라 부과·징수되는 재산세의 징수액 중 대통령령으로 정하는 비율의 금액
⑪ 차입금
⑫ 해당 특별회계자금의 융자회수금·이자수입금 및 그 밖의 수익금

(3) 특별회계의 운용(법 제61조)

① 특별회계는 다음의 용도로 사용한다.

㉠ 도시개발사업의 시행자에 대한 공사비의 보조 및 융자
㉡ 도시·군계획시설사업에 관한 보조 및 융자
㉢ 지방자치단체가 시행하는 대통령령으로 정하는 도시·군계획시설사업에 드는 비용
㉣ 도시개발채권의 원리금 상환

       ◎ 도시개발구역의 지정, 계획수립 및 제도발전을 위한 조사·연구비
       ◉ 차입금의 원리금 상환
       ◉ 특별회계의 조성·운용 및 관리를 위한 경비
       ◉ 그 밖에 대통령령으로 정하는 사항

② 국토교통부장관은 필요한 경우에는 지방자치단체의 장에게 특별회계
의 운용 상황을 보고하게 할 수 있다.

③ 특별회계의 설치·운용 및 관리에 필요한 사항은 대통령령으로 정하는
기준에 따라 해당 지방자치단체의 조례로 정한다.

제2절   도시개발채권

•21회 •24회 •27회 •28회 •29회 •32회

1 도시개발채권의 발행

(1) 발행절차

① **발행권자**: 지방자치단체의 장(시·도지사)은 도시개발사업 또는 도시·
군계획시설사업에 필요한 자금을 조달하기 위하여 도시개발채권을 발
행할 수 있다(법 제62조 제1항, 영 제82조 제1항).

② **승인권자**: 시·도지사는 도시개발채권을 발행하려는 경우에는 다음의
사항에 대하여 행정안전부장관의 승인을 받아야 한다(영 제82조 제2항).

       ㉠ 채권의 발행총액
       ㉡ 채권의 발행방법
       ㉢ 채권의 발행조건
       ㉣ 상환방법 및 절차
       ㉤ 그 밖에 채권의 발행에 필요한 사항

③ **소멸시효**: 도시개발채권의 소멸시효는 상환일부터 기산(起算)하여 원
금은 5년, 이자는 2년으로 한다(법 제62조 제3항).

> **추가 발행 시 공고사항**
> 시·도지사는 승인을 받은 후 도
> 시개발채권을 발행하려는 경우
> 에는 다음의 사항을 공고하여야
> 한다(영 제82조 제3항).
> 1. 채권의 발행총액
> 2. 채권의 발행기간
> 3. 채권의 이율
> 4. 원금상환의 방법 및 시기
> 5. 이자지급의 방법 및 시기

(2) 발행방법 등

발행방법	도시개발채권은 「주식·사채 등의 전자등록에 관한 법률」에 따라 전자등록하여 발행하거나 무기명으로 발행할 수 있으며, 발행방법에 필요한 세부적인 사항은 시·도의 조례로 정한다(영 제83조 제1항).
발행이율	도시개발채권의 이율은 채권의 발행 당시의 국채·공채 등의 금리와 특별회계의 상황 등을 고려하여 해당 시·도의 조례로 정한다(영 제83조 제2항).
상환기간	도시개발채권의 상환은 5년부터 10년까지의 범위에서 지방자치단체의 조례로 정한다(영 제83조 제3항).
사무취급기관	도시개발채권의 매출 및 상환업무의 사무취급기관은 해당 시·도지사가 지정하는 은행 또는 「자본시장과 금융투자업에 관한 법률」에 따라 설립된 한국예탁결제원으로 한다(영 제83조 제4항).
보관·제시	매입필증을 제출받는 자는 매입자로부터 제출받은 매입필증을 5년간 따로 보관하여야 하며, 지방자치단체의 장이나 도시개발채권 사무취급기관 그 밖에 관계 기관의 요구가 있는 때에는 이를 제시하여야 한다(규칙 제41조 제3항).

2 도시개발채권의 매입

(1) 의무적 매입대상자

다음의 어느 하나에 해당하는 자는 도시개발채권을 매입하여야 한다(법 제63조 제1항).

① 수용 또는 사용방식으로 시행하는 도시개발사업의 경우 공공사업시행자(국가나 지방자치단체, 공공기관, 정부출연기관, 지방공사)와 공사의 도급계약을 체결하는 자
② 공공사업시행자(국가나 지방자치단체, 공공기관, 정부출연기관, 지방공사) 외에 도시개발사업을 시행하는 자
③ 「국토의 계획 및 이용에 관한 법률」에 따른 허가를 받은 자 중 토지의 형질변경허가를 받은 자

추가 의무적 매입대상자 적용 시 포함 대상자

의무적 매입대상자를 적용할 때에는 다른 법률에 따라 실시계획인가 또는 「국토의 계획 및 이용에 관한 법률」의 개발행위허가가 의제되는 협의를 거친 자를 포함한다(법 제63조 제2항).

(2) 도시개발채권의 중도상환

도시개발채권은 다음의 어느 하나에 해당하는 경우를 제외하고는 중도에 상환할 수 없다(규칙 제38조 제1항).

① 도시개발채권의 매입사유가 된 허가 또는 인가가 매입자의 귀책사유 없이 취소된 경우
② 위 (1)의 ①에 해당하는 자의 귀책사유 없이 해당 도급계약이 취소된 경우
③ 도시개발채권의 매입의무자가 아닌 자가 착오로 도시개발채권을 매입한 경우
④ 도시개발채권의 매입의무자가 매입하여야 할 금액을 초과하여 도시개발채권을 매입한 경우

추가 **중도상환 신청**
중도에 상환을 받으려는 자는 도시개발채권 중도상환신청서에 지정권자·지방자치단체 또는 시행자가 발행하는 사실을 증명하는 서류를 첨부하여 도시개발채권 사무취급기관에 신청하여야 한다(규칙 제38조 제2항).

기출&예상 문제

도시개발법령상 도시개발채권에 관한 설명으로 옳은 것은?   • 32회

① 「국토의 계획 및 이용에 관한 법률」에 따른 공작물의 설치허가를 받은 자는 도시개발채권을 매입하여야 한다.
② 도시개발채권의 이율은 기획재정부장관이 국채·공채 등의 금리와 특별회계의 상황 등을 고려하여 정한다.
③ 도시개발채권을 발행하려는 시·도지사는 기획재정부장관의 승인을 받은 후 채권의 발행총액 등을 공고하여야 한다.
④ 도시개발채권의 상환기간은 5년보다 짧게 정할 수는 없다.
⑤ 도시개발사업을 공공기관이 시행하는 경우 해당 공공기관의 장은 시·도지사의 승인을 받아 도시개발채권을 발행할 수 있다.

해설 ① 「국토의 계획 및 이용에 관한 법률」에 따른 개발행위허가를 받은 자 중 토지의 형질변경허가를 받은 자는 도시개발채권을 매입하여야 한다.
② 도시개발채권의 이율은 채권의 발생 당시의 국채·공채 등의 금리와 특별회계의 상황 등을 고려하여 해당 시·도의 조례로 정한다.
③ 도시개발채권을 발행하려는 시·도지사는 행정안전부장관의 승인을 받은 후 채권의 발행총액 등을 공고하여야 한다.
⑤ 도시개발채권은 시·도의 조례로 정하는 바에 따라 시·도지사가 발행하며, 행정안전부장관의 승인을 받아야 한다.

정답 ④

05 | 보칙 및 벌칙

▌10개년 출제문항 수

25회	26회	27회	28회	29회

30회	31회	32회	33회	34회
		1		

└→ 총 40문제 中 평균 약 0.1문제 출제

▌학습전략

이 CHAPTER에서는 거의 출제가 안 되며, 행정형벌 내용만 최근에 출제되었기 때문에 기출 내용 위주로 학습하면 됩니다.

제1절 보 칙

1 타인 토지의 출입

(1) 출입의 절차(법 제64조)

① **출입주체** : 도시개발사업의 시행자는 도시개발구역의 지정, 도시개발사업에 관한 조사·측량 또는 사업의 시행을 위하여 필요하면 타인이 점유하는 토지에 출입하거나 타인의 토지를 재료를 쌓아두는 장소 또는 임시도로로 일시사용할 수 있으며, 특히 필요하면 장애물등을 변경하거나 제거할 수 있다.

② **출입허가** : 타인의 토지에 출입하려는 자는 특별자치도지사·시장·군수 또는 구청장의 허가를 받아야 하며(행정청이 아닌 도시개발사업의 시행자만 해당), 출입하려는 날의 3일 전에 그 토지의 소유자·점유자 또는 관리인에게 그 일시와 장소를 알려야 한다.

③ **동의** : 타인의 토지를 재료를 쌓아두는 장소 또는 임시도로로 일시사용하거나 장애물등을 변경하거나 제거하려는 자는 미리 그 토지의 소유자·점유자 또는 관리인의 동의를 받아야 한다.

④ **통지** : 토지나 장애물등의 소유자·점유자 또는 관리인이 현장에 없거나 주소 또는 거소(居所)를 알 수 없어 그 동의를 받을 수 없으면 관할 특별자치도지사·시장·군수 또는 구청장에게 알려야 한다. 다만, 행정청이 아닌 도시개발사업의 시행자는 관할 특별자치도지사·시장·군수 또는 구청장의 허가를 받아야 한다.

⑤ **일시사용 전 통지** : 토지를 일시사용하거나 장애물등을 변경하거나 제거하려는 자는 토지를 사용하려는 날이나 장애물등을 변경하거나 제거하려는 날의 3일 전까지 해당 토지나 장애물등의 소유자·점유자 또는 관리인에게 토지의 일시사용이나 장애물등의 변경 또는 제거에 관한 사항을 알려야 한다.

⑥ **출입제한** : 일출 전이나 일몰 후에는 해당 토지의 점유자의 승낙 없이 택지 또는 담장과 울타리로 둘러싸인 타인의 토지에 출입할 수 없다.

⑦ **수인의무** : 토지의 점유자는 정당한 사유 없이 시행자의 행위를 방해하거나 거절하지 못한다.

⑧ **증표제시의무** : 타인 토지의 출입 등의 행위를 하려는 자는 그 권한을 표시하는 증표와 허가증을 지니고 이를 관계인에게 내보여야 하며, 증표와 허가증에 필요한 사항은 국토교통부령으로 정한다.

(2) 손실보상

① **주체** : 장애물등의 이전과 제거 또는 타인 토지의 출입 등의 행위로 손실을 입은 자가 있으면 시행자가 그 손실을 보상하여야 한다(법 제65조 제1항).

② **협의** : 손실보상에 관하여는 그 손실을 보상할 자와 손실을 입은 자가 협의하여야 한다(법 제65조 제2항).

③ **재결신청** : 손실을 보상할 자나 손실을 입은 자는 협의가 성립되지 아니하거나 협의를 할 수 없으면 관할 토지수용위원회에 재결을 신청할 수 있다(법 제65조 제3항).

② 공공시설

(1) 공공시설의 귀속

① **공공사업시행자인 경우**(법 제66조 제1항)
  ㉠ 국가, 지방자치단체, 공공기관, 정부출연기관 및 지방공사인 시행자가 새로 공공시설을 설치하거나 기존의 공공시설에 대체되는 공공시설을 설치한 경우에는 「국유재산법」과 「공유재산 및 물품 관리법」 등에도 불구하고 종전의 공공시설은 시행자에게 무상으로 귀속된다.
  ㉡ 새로 설치된 공공시설은 그 시설을 관리할 행정청에 무상으로 귀속된다.

② **민간사업시행자인 경우**(법 제66조 제2항)
  ㉠ 민간시행자와 공동출자법인인 시행자가 새로 설치한 공공시설은 그 관리청에 무상으로 귀속된다.
  ㉡ 도시개발사업의 시행으로 용도가 폐지되는 행정청의 공공시설은 「국유재산법」과 「공유재산 및 물품 관리법」 등에도 불구하고 새로 설치한 공공시설의 설치비용에 상당하는 범위에서 시행자에게 무상으로 귀속시킬 수 있다.

③ **관리청의 의견청취**
  ㉠ 지정권자는 공공시설의 귀속에 관한 사항이 포함된 실시계획을 작성하거나 인가하려면 미리 그 공공시설의 관리청의 의견을 들어야 한다. 다만, 관리청이 지정되지 아니한 경우에는 관리청이 지정된 후 준공검사(지정권자가 시행자인 경우에는 공사 완료 공고)를 마치기 전에 관리청의 의견을 들어야 한다(법 제66조 제3항).
  ㉡ 지정권자가 관리청의 의견을 들어 실시계획을 작성하거나 인가한 경우 시행자는 실시계획에 포함된 공공시설의 점용 및 사용에 관하여 관계 법률에 따른 승인·허가 등을 받은 것으로 보아 도시개발사업을 할 수 있다. 이 경우 해당 공공시설의 점용 또는 사용에 따른 점용료 및 사용료는 면제된 것으로 본다(법 제66조 제4항).

(2) 공공시설의 관리

도시개발사업으로 도시개발구역에 설치된 공공시설은 준공 후 해당 공공시설의 관리청에 귀속될 때까지 이 법이나 다른 법률에 특별한 규정이 있는 경우 외에는 특별자치도지사·시장·군수 또는 구청장이 관리한다(법 제67조).

3 기 타

(1) 법률 등의 위반자에 대한 행정처분

지정권자나 시장(대도시 시장은 제외)·군수 또는 구청장은 일정한 위반행위를 한 자에 대하여 이 법에 따른 시행자 지정 또는 실시계획 인가 등을 취소하거나 공사의 중지, 건축물등이나 장애물등의 개축 또는 이전, 그 밖에 필요한 처분을 하거나 조치를 명할 수 있다(법 제75조).

(2) 청 문

지정권자나 특별자치도지사·시장(대도시 시장은 제외)·군수 또는 구청장은 법률 등의 위반자에 대하여 이 법에 따른 허가·지정·인가 또는 승인을 취소하려면 청문을 하여야 한다(법 제76조).

(3) 행정심판

이 법에 따라 시행자가 행한 처분에 불복하는 자는 「행정심판법」에 따라 행정심판을 제기할 수 있다. 다만, 행정청이 아닌 시행자가 한 처분에 관하여는 다른 법률에 특별한 규정이 있는 경우 외에는 지정권자에게 행정심판을 제기하여야 한다(법 제77조).

1 행정형벌

(1) 5년 이하의 징역이나 손실액의 3배 이상 5배 이하의 벌금 · 32회

① 보안관리 및 부동산투기 방지대책(법 제10조의2 제2항 또는 제3항)을 위반하여 미공개정보를 목적 외로 사용하거나 타인에게 제공 또는 누설한 자는 5년 이하의 징역 또는 그 위반행위로 얻은 재산상 이익 또는 회피한 손실액의 3배 이상 5배 이하에 상당하는 벌금에 처한다. 다만, 얻은 이익 또는 회피한 손실액이 없거나 산정하기 곤란한 경우 또는 그 위반행위로 얻은 재산상 이익의 5배에 해당하는 금액이 10억원 이하인 경우에는 벌금의 상한액을 10억원으로 한다(법 제79조의2 제1항).

② 위 ①의 위반행위로 얻은 이익 또는 회피한 손실액이 5억원 이상인 경우에는 위 ①의 징역을 다음의 구분에 따라 가중한다(법 제79조의2 제2항).

> ㉠ 이익 또는 회피한 손실액이 50억원 이상인 경우에는 무기 또는 5년 이상의 징역
> ㉡ 이익 또는 회피한 손실액이 5억원 이상 50억원 미만인 경우에는 3년 이상의 유기징역

③ 위 ① 또는 ②에 따라 징역에 처하는 경우에는 위 ①에 따른 벌금을 병과할 수 있다(법 제79조의2 제3항).

④ 위 ①의 죄를 범한 자 또는 그 정을 아는 제3자가 위 ①의 죄로 인하여 취득한 재물 또는 재산상의 이익은 몰수한다. 다만, 이를 몰수할 수 없을 때에는 그 가액을 추징한다(법 제79조의2 제4항).

(2) 3년 이하의 징역이나 3천만원 이하의 벌금(법 제80조)

① 법 제9조 제5항에 따른 허가를 받지 아니하고 행위를 한 자
② 부정한 방법으로 시행자의 지정을 받은 자
③ 부정한 방법으로 실시계획의 인가를 받은 자
④ 원형지 공급계획을 승인받지 아니하고 원형지를 공급하거나 부정한 방법으로 공급계획을 승인받은 자
⑤ 법 제25조의2 제6항을 위반하여 원형지를 매각한 자

(3) 2년 이하의 징역이나 2천만원 이하의 벌금(법 제81조)

① 실시계획의 인가를 받지 아니하고 사업을 시행한 자

② 조성토지등의 공급계획을 승인받지 아니하고 조성토지등을 공급한 자

③ 사용허가 없이 조성토지등을 사용한 자

(4) 1년 이하의 징역이나 1천만원 이하의 벌금(법 제82조)

① 고의나 과실로 감리업무를 게을리하여 위법한 도시개발사업의 공사를 시공함으로써 시행자 또는 조성토지등을 분양받은 자에게 손해를 입힌 자

② 법 제20조 제4항을 위반하여 시정통지를 받고도 계속하여 도시개발사업의 공사를 시공한 시공자 및 시행자

③ 시행자 지정 또는 실시계획의 인가 등의 취소, 공사의 중지, 건축물등이나 장애물등의 개축 또는 이전 등의 처분이나 조치명령을 위반한 자

(5) 양벌규정

법인의 대표자나 법인 또는 개인의 대리인, 사용인, 그 밖의 종업원이 그 법인 또는 개인의 업무에 관하여 위 **(2)**부터 **(4)**까지의 어느 하나에 해당하는 위반행위를 하면 그 행위자를 벌하는 외에 그 법인 또는 개인에게도 해당 조문의 벌금형을 과(科)한다. 다만, 법인 또는 개인이 그 위반행위를 방지하기 위하여 해당 업무에 관하여 상당한 주의와 감독을 게을리하지 아니한 경우에는 그러하지 아니하다(법 제83조).

2 과태료

(1) 1천만원 이하의 과태료(법 제85조 제1항)

① 도시개발구역의 지정을 위한 조사 또는 측량을 위한 행위를 거부하거나 방해한 자

② 허가 또는 동의를 받지 아니하고 타인 토지에의 출입 등의 행위를 한 자

③ 지정권자에 의한 조사·보고와 관련하여 검사를 거부·방해 또는 기피한 자

(2) 500만원 이하의 과태료(법 제85조 제2항)

① 조합이 도시개발사업이 아닌 다른 업무를 한 경우

② 토지의 관리 등(법 제39조 제3항)을 위반한 자

③ 환지처분(법 제40조 제5항)에 따른 통지를 하지 아니한 자

④ 타인 토지의 출입(법 제64조 제6항)을 위반하여 타인의 토지에 출입한 자

⑤ 관계 서류의 열람 및 보관 등(법 제72조 제4항)에 따른 관계 서류나 도면을 넘기지 아니한 자

⑥ 보고 및 검사 등(법 제74조 제1항)에 따른 보고를 하지 아니하거나 거짓된 보고를 한 자

⑦ 보고 및 검사 등(법 제74조 제1항)에 따른 자료의 제출을 하지 아니하거나 거짓된 자료를 제출한 자

기출&예상 문제

도시개발법령상 도시개발구역 지정권자가 속한 기관에 종사하는 자로부터 제공받은 미공개정보를 지정목적 외로 사용하여 1억 5천만원 상당의 재산상 이익을 얻은 자에게 벌금을 부과하는 경우 그 상한액은? •32회

① 1억 5천만원 　　　　　② 4억 5천만원

③ 5억원 　　　　　　　　④ 7억 5천만원

⑤ 10억원

해설 보안관리 및 부동산투기 방지대책을 위반하여 미공개정보를 목적 외로 사용하거나 타인에게 제공 또는 누설한 자는 5년 이하의 징역 또는 그 위반행위로 얻은 재산상 이익 또는 회피한 손실액의 3배 이상 5배 이하에 상당하는 벌금에 처한다. 다만, 얻은 이익 또는 회피한 손실액이 없거나 산정하기 곤란한 경우 또는 그 위반행위로 얻은 재산상 이익의 5배에 해당하는 금액이 10억원 이하인 경우에는 벌금의 상한액을 10억원으로 한다.

정답 ⑤

PART 2 기출지문 OX

1 한국토지주택공사는 도시개발구역을 지정할 수 있는 자이다. •32회　　　　　(O ｜ X)

2 해당 도시개발구역에 포함되는 주거지역의 면적이 전체 도시개발구역 지정면적의 100분의 50 이상인 지역은 도시개발구역으로 지정·고시된 이후에 개발계획을 수립할 수 있는 지역에 해당한다. •26회　　　　　(O ｜ X)

3 한국토지주택공사 사장이 20만m² 규모로 국가계획과 밀접한 관련이 있는 도시개발구역의 지정을 제안하는 경우에는 국토교통부장관이 도시개발구역을 지정할 수 있다. •33회
　　　　　(O ｜ X)

4 도시개발구역 지정면적의 100분의 30 이하인 생산녹지지역은 1만m² 이상인 경우 도시개발구역으로 지정할 수 있다. •29회　　　　　(O ｜ X)

5 도시개발구역이 지정·고시된 날부터 3년이 되는 날까지 개발계획을 수립·고시하지 아니하는 경우에는 그 3년이 되는 날의 다음 날에 해제된 것으로 본다. •31회　　(O ｜ X)

6 개발계획을 수립·고시한 날부터 3년이 되는 날까지 실시계획 인가를 신청하지 아니하는 경우에는 그 3년이 되는 날의 다음 날에 해제된 것으로 본다. 다만, 도시개발구역의 면적이 330만m² 이상인 경우에는 5년으로 한다. •31회　　　　　(O ｜ X)

7 토지의 합병은 도시개발구역에서 허가를 받아야 할 행위이다. •32회　　　(O ｜ X)

8 지정권자는 도시개발사업을 환지방식으로 시행하려고 개발계획을 수립할 때 시행자가 지방자치단체인 경우 토지소유자의 동의를 받아야 한다. •26회　　　　(O ｜ X)

정답　　**1** X 자이다 → 자가 아니다　**2** X 100분의 50 이상 → 100분의 30 이하　**3** X 20만m² → 30만m²　**4** O　**5** X 3년 → 2년　**6** O　**7** X 합병 → 분할　**8** X 동의를 받아야 한다 → 동의를 받을 필요가 없다

9 천재지변으로 인하여 도시개발사업을 긴급하게 할 필요가 있는 경우 국토교통부장관이 도시개발구역을 지정할 수 있다. •30회 (O | X)

10 도시개발법령상 지정권자가 '도시개발구역 전부를 환지방식으로 시행하는 도시개발사업'을 '지방자치단체의 장이 집행하는 공공시설에 관한 사업'과 병행하여 시행할 필요가 있다고 인정하는 경우, 국가를 이 도시개발사업의 시행자로 지정할 수 있다. •30회 (O | X)

11 「한국부동산원법」에 따른 한국부동산원은 도시개발사업 시행자로 지정될 수 있는 자에 해당한다. •33회 (O | X)

12 도시개발구역의 전부를 환지방식으로 시행하는 시행자가 도시개발구역 지정의 고시일로부터 3년 이내에 실시계획 인가를 신청하지 아니한 경우 도시개발구역 지정권자가 도시개발사업 시행자를 변경할 수 있다. •28회 (O | X)

13 「수도권정비계획법」에 따른 과밀억제권역에서 수도권 외의 지역으로 이전하는 법인은 도시개발사업의 시행자 중 「주택법」에 따른 주택건설사업자 등으로 하여금 도시개발사업의 일부를 대행하게 할 수 있는 자이다. •28회 (O | X)

14 실시설계, 기반시설공사, 부지조성공사, 조성된 토지의 분양은 도시개발사업의 시행자인 국가 또는 지방자치단체가 「주택법」에 따른 주택건설사업자등에게 대행하게 할 수 있는 도시개발사업의 범위에 해당한다. •30회 •34회 (O | X)

15 지정권자는 시행자가 도시개발사업에 관한 실시계획의 인가를 받은 후 2년 이내에 사업을 착수하지 아니하는 경우 시행자를 변경할 수 있다. •29회 (O | X)

정답 9 O   10 X 있다 → 없다   11 X 해당한다 → 해당하지 않는다   12 X 3년 → 1년
13 X 자이다 → 자가 아니다   14 O   15 O

⑯ 조합설립의 인가를 신청하려면 국공유지를 제외한 해당 도시개발구역의 토지면적의 3분의 2 이상에 해당하는 토지소유자와 그 구역의 토지소유자 총수의 2분의 1 이상의 동의를 받아야 한다.
•27회   (○ | X)

⑰ 도시개발사업 조합에서 주된 사무소의 소재지를 변경하려면 지정권자로부터 변경인가를 받아야 한다. •33회   (○ | X)

⑱ 조합은 도시개발사업 전부를 환지방식으로 시행하는 경우에 도시개발사업의 시행자가 될 수 있다.
•31회   (○ | X)

⑲ 환지예정지의 지정은 도시개발조합 총회의 의결사항 중 대의원회가 총회의 권한을 대행할 수 있는 사항이다. •31회   (○ | X)

⑳ 도시개발사업의 실시계획을 인가할 때 지정권자가 해당 실시계획에 대한 「하수도법」에 따른 공공하수도 공사시행의 허가에 관하여 관계 행정기관의 장과 협의한 때에는 해당 허가를 받은 것으로 본다. •29회   (○ | X)

㉑ 고시된 실시계획의 내용 중 「국토의 계획 및 이용에 관한 법률」에 따라 도시·군관리계획으로 결정하여야 하는 사항이 종전에 도시·군관리계획으로 결정된 사항에 저촉되면 종전에 도시·군관리계획으로 결정된 사항이 우선하여 적용된다. •31회   (○ | X)

㉒ 분할 혼용방식은 수용 또는 사용방식이 적용되는 지역과 환지방식이 적용되는 지역을 사업시행지구별로 분할하여 시행하는 방식이다. •30회   (○ | X)

정답   **16** X 제외한 → 포함한   **17** X 변경인가를 받아야 → 신고하여야   **18** ○   **19** ○   **20** ○
21 X 고시 내용에 저촉되는 사항은 고시된 내용으로 변경된 것으로 본다.   **22** ○

㉓ 수용 또는 사용의 방식에 따른 사업 시행에서 수용의 대상이 되는 토지의 세부목록을 고시한 경우에는 「공익사업을 위한 토지 등의 취득 및 보상에 관한 법률」에 따른 사업인정 및 그 고시가 있었던 것으로 본다. • 27회 (O | X)

㉔ 원형지를 공급받아 개발하는 지방공사는 원형지에 대한 공사완료 공고일부터 5년이 지난 시점이라면 해당 원형지를 매각할 수 있다. • 32회 (O | X)

㉕ 수용 또는 사용방식에 의한 조성토지등의 가격평가는 「감정평가 및 감정평가사에 관한 법률」에 따른 감정평가법인등이 평가한 감정가격으로 한다. • 26회 (O | X)

㉖ 토지 등의 수용 또는 사용의 방식에 따른 도시개발사업 시행자는 학교를 설치하기 위한 조성토지를 공급하는 경우 해당 토지의 가격을 「감정평가 및 감정평가사에 관한 법률」에 따른 감정평가법인등이 감정평가한 가격 이하로 정할 수 있다. • 26회 (O | X)

㉗ 지방자치단체 또는 공공기관이 시행자인 경우 토지상환채권을 발행할 수 없다. • 26회 • 32회 (O | X)

㉘ 토지상환채권의 발행규모는 그 토지상환채권으로 상환할 토지·건축물이 해당 도시개발사업으로 조성되는 분양토지 또는 분양건축물 면적의 2분의 1을 초과하지 아니하도록 하여야 한다. • 33회 (O | X)

㉙ 지방자치단체 또는 지방공사가 시행자인 경우 지급보증 없이 토지상환채권을 발행할 수 있다. • 30회 (O | X)

정답   23 ○   24 ○   25 ○   26 ○   27 X 없다 → 있다   28 ○   29 ○

㉚ 평면환지는 환지 전 토지에 대한 권리를 도시개발사업으로 조성되는 토지에 이전하는 방식을 말하고, 입체환지는 환지 전 토지나 건축물(무허가 건축물은 제외)에 대한 권리를 도시개발사업으로 건설되는 구분건축물에 이전하는 방식을 말한다. •27회 (O | X)

㉛ 환지설계 시 적용되는 토지·건축물의 평가액은 최초 환지계획인가 신청 시를 기준으로 하여 정하되, 환지계획의 변경인가를 받아 변경할 수 있다. •29회 (O | X)

㉜ 시행자는 토지면적의 규모를 조정할 특별한 필요가 있으면 면적이 넓은 토지는 그 면적을 줄여서 환지를 정하거나 환지대상에서 제외할 수 있다. •32회 (O | X)

㉝ 환지처분은 행정상 처분으로서 종전의 토지에 전속(專屬)하는 것에 관하여 영향을 미친다. •26회 (O | X)

㉞ 도시개발사업의 시행으로 행사할 이익이 없어진 지역권은 환지처분이 공고된 날의 다음 날이 끝나는 때에 소멸한다. •28회 (O | X)

㉟ 환지계획에는 필지별로 된 환지명세와 필지별과 권리별로 된 청산대상 토지명세가 포함되어야 한다. •30회 (O | X)

㊱ 시행자는 지정권자에 의한 준공검사를 받은 경우에는 90일 이내에 환지처분을 하여야 한다. •33회 (O | X)

정답 **30** O **31** X 평가 요인이 변경된 경우에만 변경할 수 있다. **32** X 있다 → 없다 **33** X 영향을 미친다 → 영향을 미치지 않는다 **34** X 공고된 날의 다음 날이 → 공고된 날이 **35** O **36** X 90일 → 60일

㊲ 행정청이 아닌 시행자가 인가받은 환지계획의 내용 중 종전 토지의 합필 또는 분필로 환지 명세가 변경되는 경우에는 변경인가를 받아야 한다. •31회 (O | X)

㊳ 도시개발사업의 준공검사 전에는 체비지를 사용할 수 없다. •27회 (O | X)

㊴ 도시개발채권의 상환은 2년부터 10년까지의 범위에서 지방자치단체의 조례로 정한다. •28회 (O | X)

㊵ 도시개발채권의 상환기간은 5년보다 짧게 정할 수는 없다. •32회 (O | X)

㊶ 도시개발채권의 매입의무자가 아닌 자가 착오로 도시개발채권을 매입한 경우에는 도시개 발채권을 중도에 상환할 수 있다. •29회 (O | X)

㊷ 도시개발사업에 관한 비용부담에 대해 대도시 시장과 시·도지사 간의 협의가 성립되지 아 니하는 경우에는 기획재정부장관의 결정에 따른다. •27회 (O | X)

㊸ 환지방식에 의한 사업시행에서 토지소유자의 신청에 따라 환지대상에서 제외한 토지에 대 하여는 청산금을 교부하는 때에 청산금을 결정할 수 없다. •34회 (O | X)

정답 **37** X 변경인가를 받아야 한다 → 변경인가를 받을 필요가 없다   **38** X 없다 → 있다
39 X 2년 → 5년   **40** O   **41** O   **42** X 기획재정부장관 → 행정안전부장관
43 X 없다 → 있다

인생에 있어서 가장 큰 기쁨은
'너는 그것을 할 수 없다'라고 세상 사람들이 말하는
그 일을 성취시키는 일이다.

– 월터 배젓(Walter Bagehot)

도시 및 주거환경정비법

최근 10개년 출제비중

15%

제34회 출제비중

15%

CHAPTER별 10개년 출제비중 & 출제키워드

CHAPTER	10개년 출제비중	BEST 출제키워드
01 총 칙	10%	정비기반시설, 공동이용시설, 토지등소유자
02 기본계획 수립 및 정비구역 지정	13.3%	기본계획 수립, 안전진단, 정비계획 입안, 허가대상 개발행위, 정비구역 지정
03 정비사업	70%	정비사업 시행방법, 시공자 선정, 조합설립, 사업시행계획, 관리처분계획
04 비용부담 등	6.7%	비용조달, 매각금지
05 정비사업전문관리업 및 감독	0%	–
06 보칙 및 벌칙	0%	–

* 여러 CHAPTER의 개념을 묻는 복합문제이거나, 법률이 개정 및 제정된 경우 분류 기준에 따라 수치가 달라질 수 있습니다.

제35회 시험 학습전략

「도시 및 주거환경정비법」은 부동산공법에서 6문제가 출제되며 수험생들이 어렵게 느끼는 PART이기 때문에 3개만 맞힌다는 생각으로 정복하여야 합니다. 특히, 출제 빈도가 높은 CHAPTER인 정비사업의 시행에 대해서는 기출내용을 바탕으로 광범위하게 학습할 필요가 있으며, 그 외 나머지 CHAPTER에서는 기본계획 수립, 정비구역 지정, 안전진단, 용어정의 등의 중요내용 위주로만 학습해 주시면 됩니다.

01 총 칙

10개년 출제문항 수

25회	26회	27회	28회	29회
		1	2	1

30회	31회	32회	33회	34회
		1		1

└→ 총 40문제 中 평균 약 0.6문제 출제

학습전략

총칙 부분은 법률의 제정 목적, 용어의 정의, 방향성을 제시하는 내용으로 구성되어 있고, 매년 1문제 정도가 출제되고 있습니다. 따라서 이 CHAPTER에서는 용어의 정의를 중점적으로 학습하여야 합니다.

제1절 개 념

1 제정 목적

「도시 및 주거환경정비법」은 도시기능의 회복이 필요하거나 주거환경이 불량한 지역을 계획적으로 정비하고 노후·불량건축물을 효율적으로 개량하기 위하여 필요한 사항을 규정함으로써 도시환경을 개선하고 주거생활의 질을 높이는 데 이바지함을 목적으로 한다(법 제1조).

2 개념도

■ 도시정비사업

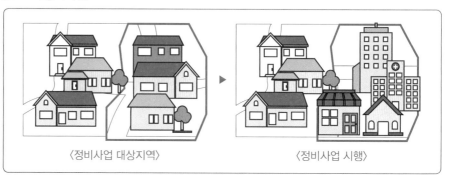

〈정비사업 대상지역〉 〈정비사업 시행〉

1 정비사업 종류별 용어의 정의

(1) 정비사업

'정비사업'이란 이 법에서 정한 절차에 따라 도시기능을 회복하기 위하여 정비구역에서 정비기반시설을 정비하거나 주택 등 건축물을 개량 또는 건설하는 주거환경개선사업, 재개발사업, 재건축사업을 말한다(법 제2조 제2호).

(2) 정비사업 종류(법 제2조 제2호) • 15회 • 17회 • 18회 • 23회 • 27회 • 32회

주거환경 개선사업		도시저소득 주민이 집단거주하는 지역으로서 정비기반시설이 극히 열악하고 노후·불량건축물이 과도하게 밀집한 지역의 주거환경을 개선하거나 단독주택 및 다세대주택이 밀집한 지역에서 정비기반시설과 공동이용시설 확충을 통하여 주거환경을 보전·정비·개량하기 위한 사업
재개발 사업		정비기반시설이 열악하고 노후·불량건축물이 밀집한 지역에서 주거환경을 개선하거나 상업지역·공업지역 등에서 도시기능의 회복 및 상권활성화 등을 위하여 도시환경을 개선하기 위한 사업
	공공 재개발 사업*	① 시장·군수등(특별자치시장, 특별자치도지사, 시장, 군수, 자치구의 구청장) 또는 토지주택공사등이 공공재개발사업시행자(주거환경개선사업의 시행자, 재개발사업의 시행자나 재개발사업의 대행자)일 것 ② 건설·공급되는 주택의 전체 세대수 또는 전체 연면적 중 토지등소유자 대상 분양분(지분형주택은 제외)을 제외한 나머지 주택의 세대수 또는 연면적의 100분의 20 이상 100분의 50 이하의 범위에서 대통령령으로 정하는 기준에 따라 특별시·광역시·특별자치시·도·특별자치도 또는 「지방자치법」에 따른 서울특별시·광역시 및 특별자치시를 제외한 인구 50만 이상 대도시(이하 '대도시')의 조례(이하 '시·도조례')로 정하는 비율 이상을 지분형주택, 「공공주택 특별법」에 따른 공공임대주택 또는 「민간임대주택에 관한 특별법」에 따른 공공지원민간임대주택으로 건설·공급할 것. 이 경우 주택 수 산정방법 및 주택 유형별 건설비율은 대통령령으로 정한다.
재건축 사업		정비기반시설은 양호하나 노후·불량건축물에 해당하는 공동주택이 밀집한 지역에서 주거환경을 개선하기 위한 사업

정리 정비사업의 정의

1. 주거환경개선사업
   기반시설 극히 열악 / 단독주택·다세대주택 밀집
2. 재개발사업
   기반시설 열악 / 상업지역·공업지역
3. 재건축사업
   기반시설 양호 / 공동주택 밀집

PART 3 01 총칙

* 공공재개발사업
①과 ② 요건 모두 갖추어 시행하는 재개발사업을 말한다.

<table>
<tr><td rowspan="1">재건축
사업</td><td>공공
재건축
사업*</td><td>① 시장·군수등 또는 토지주택공사등이 공공재건축사업시행자
(재건축사업의 시행자나 재건축사업의 대행자)일 것
② 종전의 용적률, 토지면적, 기반시설 현황 등을 고려하여 대통
령령으로 정하는 세대수 이상을 건설·공급할 것. 다만, 정비
구역의 지정권자가 「국토의 계획 및 이용에 관한 법률」에 따
른 도시·군기본계획, 토지이용 현황 등 대통령령으로 정하는
불가피한 사유로 해당하는 세대수를 충족할 수 없다고 인정
하는 경우에는 그러하지 아니하다.</td></tr>
</table>

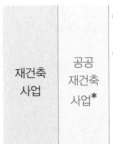

* 공공재건축사업

①과 ② 요건 모두 갖추어 시행하는 재건축사업을 말한다.

추가 대통령령으로 정하는 불가피한 사유(영 제1조의3 제2항)

1. 공공재건축사업을 추진하는 단지의 종전 세대수의 100분의 160에 해당하는 세대수를 건설·공급하는 경우 「국토의 계획 및 이용에 관한 법률」에 따른 도시·군기본계획에 부합하지 않게 되는 경우
2. 해당 토지 및 인근 토지의 이용 현황을 고려할 때 공공재건축사업을 추진하는 단지의 종전 세대수의 100분의 160에 해당하는 세대수를 건설·공급하기 어려운 부득이한 사정이 있는 경우
3. 정비구역지정권자는 위 1.~2.의 사유로 공공재건축사업을 추진하는 단지의 종전 세대수의 100분의 160에 해당하는 세대수를 충족할 수 없는지를 판단할 때에는 지방도시계획위원회의 심의를 거쳐야 한다.

2 정비사업 내용별 용어의 정의

(1) 노후·불량건축물(법 제2조 제3호) ·17회 ·23회

① 건축물이 훼손되거나 일부가 멸실되어 붕괴, 그 밖의 안전사고의 우려가 있는 건축물

② 내진성능이 확보되지 아니한 건축물 중 중대한 기능적 결함 또는 부실설계·시공으로 인한 구조적 결함 등이 있는 건축물로서 대통령령으로 정하는 건축물

> **◇ 참고** 대통령령으로 정하는 건축물(영 제2조 제1항)
>
> 건축물을 건축하거나 대수선할 당시 건축법령에 따른 지진에 대한 안전 여부 확인 대상이 아닌 건축물로서 다음의 어느 하나에 해당하는 건축물을 말한다.
> 1. 급수·배수·오수 설비 등의 설비 또는 지붕·외벽 등 마감의 노후화나 손상으로 그 기능을 유지하기 곤란할 것으로 우려되는 건축물
> 2. 안전진단기관이 실시한 안전진단 결과 건축물의 내구성·내하력(耐荷力) 등이 국토교통부장관이 정하여 고시하는 기준에 미치지 못할 것으로 예상되어 구조 안전의 확보가 곤란할 것으로 우려되는 건축물

③ 다음의 요건을 모두 충족하는 건축물로서 대통령령으로 정하는 바에 따라 시·도조례로 정하는 건축물

　㉠ 주변 토지의 이용상황 등에 비추어 주거환경이 불량한 곳에 위치할 것

　㉡ 건축물을 철거하고 새로운 건축물을 건설하는 경우 건설에 드는 비용과 비교하여 효용의 현저한 증가가 예상될 것

　㉢ 시·도조례로 정하는 건축물 중 다음의 어느 하나에 해당할 것(영 제2조 제2항)

ⓐ 「건축법」에 따라 해당 지방자치단체의 조례로 정하는 면적에 미치지 못하거나 「국토의 계획 및 이용에 관한 법률」에 따른 도시·군계획시설 등의 설치로 인하여 효용을 다할 수 없게 된 대지에 있는 건축물

ⓑ 공장의 매연·소음 등으로 인하여 위해를 초래할 우려가 있는 지역에 있는 건축물

ⓒ 해당 건축물을 준공일 기준으로 40년까지 사용하기 위하여 보수·보강하는 데 드는 비용이 철거 후 새로운 건축물을 건설하는 데 드는 비용보다 클 것으로 예상되는 건축물

추가 「건축법」에 따른 대지의 분할제한면적(건축법 시행령 제80조)
1. 주거지역 : 60m²
2. 상업지역 : 150m²
3. 공업지역 : 150m²
4. 녹지지역 : 200m²
5. 기타지역 : 60m²

④ 도시미관을 저해하거나 노후화된 건축물로서 대통령령으로 정하는 바에 따라 시·도조례로 정하는 건축물

> **참고** 대통령령으로 정하는 바에 따라 시·도조례로 정하는 건축물(영 제2조 제3항)
>
> 1. 준공된 후 20년 이상 30년 이하의 범위에서 시·도조례로 정하는 기간이 지난 건축물
> 2. 「국토의 계획 및 이용에 관한 법률」에 따른 도시·군기본계획의 경관에 관한 사항에 어긋나는 건축물

(2) 정비기반시설 VS 공동이용시설 · 15회 · 17회 · 23회 · 24회 · 28회 · 34회

정비기반 시설	도로·상하수도·구거(溝渠 : 도랑)·공원·공용주차장·공동구(국토의 계획 및 이용에 관한 법률에 따른 공동구), 그 밖에 주민의 생활에 필요한 열·가스 등의 공급시설로서 대통령령으로 정하는 시설(녹지, 하천, 공공공지, 광장, 소방용수시설, 비상대피시설, 가스공급시설, 지역난방시설)을 말한다(법 제2조 제4호).
공동이용 시설	주민이 공동으로 사용하는 놀이터·마을회관·공동작업장·구판장·세탁장·화장실 및 수도, 탁아소·어린이집·경로당 등 노유자시설을 말한다(법 제2조 제5호).

추가 정비기반시설
공항 (×)
학교 (×)

추가 공동이용시설
유치원 (×)
학교 (×)

(3) 대 지 · 15회 · 17회

정비사업으로 조성된 토지를 말한다(법 제2조 제6호).

(4) 정비구역

정비사업을 계획적으로 시행하기 위하여 지정·고시된 구역을 말한다(법 제2조 제1호).

(5) 주택단지

주택 및 부대시설·복리시설을 건설하거나 대지로 조성되는 일단의 토지로서 다음의 어느 하나에 해당하는 일단의 토지를 말한다(법 제2조 제7호).

① 「주택법」에 따른 사업계획승인을 받아 주택 및 부대시설·복리시설을 건설한 일단의 토지

② 위 ①에 따른 일단의 토지 중 「국토의 계획 및 이용에 관한 법률」에 따른 도시·군계획시설인 도로나 그 밖에 이와 유사한 시설로 분리되어 따로 관리되고 있는 각각의 토지

③ 위 ①에 따른 일단의 토지 둘 이상이 공동으로 관리되고 있는 경우 그 전체 토지

④ 재건축사업의 범위에 관한 특례(법 제67조)에 따라 분할된 토지 또는 분할되어 나가는 토지

⑤ 「건축법」에 따라 건축허가를 받아 아파트 또는 연립주택을 건설한 일단의 토지

(6) 사업시행자

정비사업을 시행하는 자를 말한다(법 제2조 제8호).

(7) 토지등소유자 · 15회 · 17회 · 20회 · 23회 · 25회

다음의 어느 하나에 해당하는 자를 말한다. 다만, 「자본시장과 금융투자업에 관한 법률」에 따른 신탁업자가 사업시행자로 지정된 경우 토지등소유자가 정비사업을 목적으로 신탁업자에게 신탁한 토지 또는 건축물에 대하여는 위탁자를 토지등소유자로 본다(법 제2조 제9호).

주거환경개선사업, 재개발사업	정비구역에 위치한 토지 또는 건축물의 소유자 또는 그 지상권자
재건축사업	정비구역에 위치한 건축물 및 그 부속토지의 소유자

(8) 토지주택공사등

「한국토지주택공사법」에 따라 설립된 한국토지주택공사 또는 「지방공기업법」에 따라 주택사업을 수행하기 위하여 설립된 지방공사를 말한다(법 제2조 제10호).

(9) 정관등

① 조합의 정관

② 사업시행자인 토지등소유자가 자치적으로 정한 규약

③ 시장·군수등, 토지주택공사등 또는 신탁업자가 작성한 시행규정

도시 및 주거환경정비법령상 정비기반시설에 해당하지 않는 것은? (단,
주거환경개선사업을 위하여 지정·고시된 정비구역이 아님) • 34회

① 녹지

② 공공공지

③ 공용주차장

④ 소방용수시설

⑤ 공동으로 사용하는 구판장

해설 공동으로 사용하는 구판장은 공동이용시설에 해당한다.

정답 ⑤

02 | 기본계획 수립 및 정비구역 지정

┃10개년 출제문항 수

25회	26회	27회	28회	29회
1	1	1	1	1
30회	31회	32회	33회	34회
2	1			

↳ 총 40문제 中 평균 약 0.8문제 출제

┃학습전략

기본계획 수립 및 정비구역 지정은 기본계획, 정비계획 입안, 정비구역 지정으로 구성되어 있습니다. 1~2문제 정도가 출제되는 CHAPTER로 기본계획 수립, 안전진단, 정비계획 입안, 허가대상 개발행위, 정비구역의 지정 및 해제 위주로 학습하는 것이 도움이 됩니다.

제1절 **도시·주거환경정비기본계획(기본계획)**

1 도시·주거환경정비 기본방침

국토교통부장관은 도시 및 주거환경을 개선하기 위하여 10년마다 다음의 사항을 포함한 기본방침을 정하고, 5년마다 타당성을 검토하여 그 결과를 기본방침에 반영하여야 한다(법 제3조).

① 도시 및 주거환경 정비를 위한 국가 정책 방향

② 도시·주거환경정비기본계획의 수립 방향

③ 노후·불량 주거지 조사 및 개선계획의 수립

④ 도시 및 주거환경 개선에 필요한 재정지원계획

⑤ 그 밖에 도시 및 주거환경 개선을 위하여 필요한 사항으로서 대통령령으로 정하는 사항

2 기본계획의 수립

(1) 수립권자 ·19회 ·22회 ·26회 ·27회 ·29회

원 칙	특별시장·광역시장·특별자치시장·특별자치도지사 또는 시장은 관할 구역에 대하여 도시·주거환경정비기본계획(이하 '기본계획')을 10년 단위로 수립하여야 한다(법 제4조 제1항 본문).
예 외	도지사가 대도시가 아닌 시로서 기본계획을 수립할 필요가 없다고 인정하는 시에 대하여는 기본계획을 수립하지 아니할 수 있다(법 제4조 제1항 단서).

(2) 타당성 검토 ·19회 ·26회 ·29회

특별시장·광역시장·특별자치시장·특별자치도지사 또는 시장(이하 '기본계획의 수립권자')은 기본계획에 대하여 5년마다 타당성을 검토하여 그 결과를 기본계획에 반영하여야 한다(법 제4조 제2항).

3 기본계획의 내용

(1) 기본계획의 포함사항 ·22회 ·29회

기본계획에는 다음의 사항이 포함되어야 한다(법 제5조 제1항).

① 정비사업의 기본방향
② 정비사업의 계획기간
③ 인구·건축물·토지이용·정비기반시설·지형 및 환경 등의 현황
④ 주거지 관리계획
⑤ 토지이용계획·정비기반시설계획·공동이용시설설치계획 및 교통계획
⑥ 녹지·조경·에너지공급·폐기물처리 등에 관한 환경계획
⑦ 사회복지시설 및 주민문화시설 등의 설치계획
⑧ 도시의 광역적 재정비를 위한 기본방향
⑨ 정비구역으로 지정할 예정인 구역(이하 '정비예정구역')의 개략적 범위
⑩ 단계별 정비사업 추진계획(정비예정구역별 정비계획의 수립시기가 포함되어야 한다)
⑪ 건폐율·용적률 등에 관한 건축물의 밀도계획
⑫ 세입자에 대한 주거안정대책
⑬ 그 밖에 주거환경 등을 개선하기 위하여 필요한 사항으로서 대통령령으로 정하는 사항

(2) 기본계획의 포함사항 중 생략사항 · 27회

기본계획의 수립권자는 기본계획에 다음의 사항을 포함하는 경우에는 위 **(1)**의 ⑨ 정비예정구역의 개략적 범위 및 ⑩ 단계별 정비사업 추진계획의 사항을 생략할 수 있다(법 제5조 제2항).

① 생활권의 설정, 생활권별 기반시설 설치계획 및 주택수급계획
② 생활권별 주거지의 정비·보전·관리의 방향

(3) 기본계획의 작성기준 · 19회 · 27회

기본계획의 작성기준 및 작성방법은 국토교통부장관이 정하여 고시한다 (법 제5조 제3항).

4 기본계획 수립절차

정리 수립·변경절차

수립권자
↓
공 람
14일
↓
의견청취
60일
↓
협 의
↓
심 의
↓
수립/고시
↓
보 고

(1) 의견청취(법 제6조) · 22회 · 26회 · 27회 · 29회 · 30회

① **주민의견청취**(공람) : 기본계획의 수립권자는 기본계획을 수립하거나 변경하려는 경우에는 14일 이상 주민에게 공람하여 의견을 들어야 하며, 제시된 의견이 타당하다고 인정되면 이를 기본계획에 반영하여야 한다.

② **지방의회 의견청취** : 기본계획의 수립권자는 공람과 함께 지방의회의 의견을 들어야 한다. 이 경우 지방의회는 기본계획의 수립권자가 기본계획을 통지한 날부터 60일 이내에 의견을 제시하여야 하며, 의견제시 없이 60일이 지난 경우 이의가 없는 것으로 본다.

③ **생략사유** : 대통령령으로 정하는 경미한 사항을 변경하는 경우에는 주민공람과 지방의회의 의견청취 절차를 거치지 아니할 수 있다.

> ➕ 보충 **대통령령으로 정하는 경미한 사항을 변경하는 경우(영 제6조 제4항)**
>
> 1. 정비기반시설의 규모를 확대하거나 그 면적을 10% 미만의 범위에서 축소하는 경우
> 2. 정비사업의 계획기간을 단축하는 경우
> 3. 공동이용시설에 대한 설치계획을 변경하는 경우
> 4. 사회복지시설 및 주민문화시설 등에 대한 설치계획을 변경하는 경우
> 5. 구체적으로 면적이 명시된 정비예정구역의 면적을 20% 미만의 범위에서 변경하는 경우

6. 단계별 정비사업 추진계획을 변경하는 경우
7. 건폐율 및 용적률을 각 20% 미만의 범위에서 변경하는 경우
8. 정비사업의 시행을 위하여 필요한 재원조달에 관한 사항을 변경하는 경우
9. 「국토의 계획 및 이용에 관한 법률」에 따른 도시·군기본계획의 변경에 따라 기본계획을 변경하는 경우

(2) 기본계획 확정(법 제7조 제1항) ·20회 ·27회

① 기본계획의 수립권자(특별시장·광역시장·특별자치시장·특별자치도지사 또는 대도시의 시장)는 기본계획을 수립하거나 변경하려면 관계 행정기관의 장과 협의한 후 「국토의 계획 및 이용에 관한 법률」에 따른 지방도시계획위원회의 심의를 거쳐서 직접 확정한다.

② 대통령령으로 정하는 경미한 사항을 변경하는 경우에는 관계 행정기관의 장과의 협의 및 지방도시계획위원회의 심의를 거치지 아니한다.

추가 대통령령으로 정하는 경미한 사항을 변경하는 경우
의견청취 시 경미한 사항과 동일하다.

(3) 기본계획 승인(법 제7조 제2항) ·20회 ·22회 ·26회 ·27회 ·29회

① 대도시의 시장이 아닌 시장은 기본계획을 수립하거나 변경하려면 도지사의 승인을 받아야 하며, 도지사가 이를 승인하려면 관계 행정기관의 장과 협의한 후 지방도시계획위원회의 심의를 거쳐야 한다.

② 대통령령으로 정하는 경미한 사항을 변경하는 경우에는 도지사의 승인을 받지 아니할 수 있다.

추가 대통령령으로 정하는 경미한 사항을 변경하는 경우
의견청취 시 경미한 사항과 동일하다.

(4) 고시 및 보고 ·19회 ·26회 ·30회

① **고시** : 기본계획의 수립권자는 기본계획을 수립하거나 변경한 때에는 지체 없이 이를 해당 지방자치단체의 공보에 고시하고 일반인이 열람할 수 있도록 하여야 한다(법 제7조 제3항).

② **보고** : 기본계획의 수립권자는 기본계획을 고시한 때에는 국토교통부령으로 정하는 방법 및 절차에 따라 국토교통부장관에게 보고하여야 한다(법 제7조 제4항).

1 정비계획의 입안권자 및 작성기준

(1) 정비계획 입안권자

정리 정비계획 입안권자
특별자치시장, 특별자치도지사,
시장, 군수 또는 구청장등

정비계획을 입안하는 특별자치시장, 특별자치도지사, 시장, 군수 또는 구청장등(이하 '정비계획의 입안권자')이 생활권의 설정, 생활권별 기반시설 설치계획 및 주택수급계획, 생활권별 주거지의 정비·보전·관리의 방향(법 제5조 제2항 각 호의 사항)을 포함하여 기본계획을 수립한 지역에서 정비계획을 입안하는 경우에는 그 정비구역을 포함한 해당 생활권에 대하여 세부계획을 입안할 수 있다(법 제9조 제3항).

(2) 정비계획 작성기준

정비계획의 작성기준 및 작성방법은 국토교통부장관이 정하여 고시한다(법 제9조 제4항).

2 정비계획의 내용

(1) 정비계획의 포함사항 ·18회 ·22회

추가 정비사업조합 조합원의
권리·의무 비교
정비계획에 포함되는 사항이 아
니고 조합정관에서 정하는 사항
이다.

① 정비계획에는 다음의 사항이 포함되어야 한다(법 제9조 제1항).

> ㉠ 정비사업의 명칭
> ㉡ 정비구역 및 그 면적
> ㉢ 토지등소유자별 분담금 추산액 및 산출근거
> ㉣ 도시·군계획시설의 설치에 관한 계획
> ㉤ 공동이용시설 설치계획
> ㉥ 건축물의 주용도·건폐율·용적률·높이에 관한 계획
> ㉦ 환경보전 및 재난방지에 관한 계획
> ㉧ 정비구역 주변의 교육환경 보호에 관한 계획
> ㉨ 세입자 주거대책
> ㉩ 정비사업시행 예정시기

ㅋ 정비사업을 통하여 공공지원민간임대주택을 공급하거나 주택임대관리업자에게 임대할 목적으로 주택을 위탁하려는 경우에는 다음의 사항(단, 다음 ⓑ와 ⓒ의 사항은 임대관리 위탁주택이 차지하는 비율이 100분의 20 이상, 임대기간이 8년 이상의 범위 등에서 대통령령으로 정하는 요건에 해당하는 경우로 한정)

ⓐ 공공지원민간임대주택 또는 임대관리 위탁주택에 관한 획지별 토지이용계획

ⓑ 주거·상업·업무 등의 기능을 결합하는 등 복합적인 토지이용을 증진시키기 위하여 필요한 건축물의 용도에 관한 계획

ⓒ 「국토의 계획 및 이용에 관한 법률」에 따른 주거지역을 세분 또는 변경하는 계획과 용적률에 관한 사항

ⓓ 그 밖에 공공지원민간임대주택 또는 임대관리 위탁주택의 원활한 공급 등을 위하여 대통령령으로 정하는 사항

ㅌ 「국토의 계획 및 이용에 관한 법률」의 지구단위계획의 내용(제52조 제1항)에 관한 계획(필요한 경우로 한정)

ㅍ 그 밖에 정비사업의 시행을 위하여 필요한 사항으로서 대통령령으로 정하는 사항

② 「국토의 계획 및 이용에 관한 법률」에 따른 주거지역을 세분 또는 변경하는 계획과 용적률에 관한 사항(위 ① ㅋ의 ⓒ)을 포함하는 정비계획은 기본계획에서 정하는 건폐율·용적률 등에 관한 건축물의 밀도계획에도 불구하고 달리 입안할 수 있다(법 제9조 제2항).

(2) 임대주택 및 주택규모별 건설비율(법 제10조)

① 정비계획의 입안권자는 주택수급의 안정과 저소득 주민의 입주기회 확대를 위하여 정비사업으로 건설하는 주택에 대하여 다음의 구분에 따른 범위에서 국토교통부장관이 정하여 고시하는 임대주택 및 주택규모별 건설비율 등을 정비계획에 반영하여야 한다.

ㄱ 「주택법」에 따른 국민주택규모의 주택이 전체 세대수의 100분의 90 이하에서 대통령령으로 정하는 범위

ㄴ 임대주택(공공임대주택 및 민간임대주택에 관한 특별법에 따른 민간임대주택)이 전체 세대수 또는 전체 연면적의 100분의 30 이하에서 대통령령으로 정하는 범위

② 사업시행자는 고시된 내용에 따라 주택을 건설하여야 한다.

추가 대통령령으로 정하는 사항
(영 제8조 제3항)
1. 건축물의 건축선에 관한 계획
2. 정비사업의 시행방법
3. 정비기반시설의 설치계획 등

(3) 기본계획 및 정비계획 수립 시 용적률 완화(법 제11조)

① 기본계획의 수립권자 또는 정비계획의 입안권자는 정비사업의 원활한 시행을 위하여 기본계획을 수립하거나 정비계획을 입안하려는 경우에는(기본계획 또는 정비계획을 변경하려는 경우에도 또한 같다)「국토의 계획 및 이용에 관한 법률」에 따른 주거지역에 대하여는 같은 법에 따라 조례로 정한 용적률에도 불구하고 같은 조 및 관계 법률에 따른 용적률의 상한까지 용적률을 정할 수 있다.

② 기본계획의 수립권자 또는 정비계획의 입안권자는 천재지변, 그 밖의 불가피한 사유로 건축물이 붕괴할 우려가 있어 긴급히 정비사업을 시행할 필요가 있다고 인정하는 경우에는 용도지역의 변경을 통해 용적률을 완화하여 기본계획을 수립하거나 정비계획을 입안할 수 있다. 이 경우 기본계획의 수립권자, 정비계획의 입안권자 및 정비구역의 지정권자는 용도지역의 변경을 이유로 기부채납을 요구하여서는 아니 된다.

③ 구청장등 또는 대도시의 시장이 아닌 시장은 정비계획을 입안하거나 변경입안하려는 경우 기본계획의 변경 또는 변경승인을 특별시장·광역시장·도지사에게 요청할 수 있다.

3 정비계획의 입안절차

(1) 재건축사업 정비계획 입안을 위한 안전진단

① **안전진단의 실시** ·19회 ·22회 ·25회 ·28회

  ㉠ 원칙 : 정비계획의 입안권자는 재건축사업 정비계획의 입안을 위하여 정비예정구역별 정비계획의 수립시기가 도래한 때에 안전진단을 실시하여야 한다(법 제12조 제1항).

  ㉡ 예외 : 정비계획의 입안권자는 위 ㉠에도 불구하고 다음의 어느 하나에 해당하는 경우에는 안전진단을 실시하여야 한다. 이 경우 정비계획의 입안권자는 안전진단에 드는 비용을 해당 안전진단의 실시를 요청하는 자에게 부담하게 할 수 있다(법 제12조 제2항).

ⓐ 정비계획의 입안을 제안하려는 자가 입안을 제안하기 전에 해당 정비예정구역에 위치한 건축물 및 그 부속토지의 소유자 10분의 1 이상의 동의를 받아 안전진단의 실시를 요청하는 경우
ⓑ 정비예정구역을 지정하지 아니한 지역에서 재건축사업을 하려는 자가 사업예정구역에 있는 건축물 및 그 부속토지의 소유자 10분의 1 이상의 동의를 받아 안전진단의 실시를 요청하는 경우
ⓒ 내진성능이 확보되지 아니한 건축물 중 중대한 기능적 결함 또는 부실 설계·시공으로 구조적 결함 등이 있는 건축물로서 대통령령으로 정하는 건축물의 소유자로서 재건축사업을 시행하려는 자가 해당 사업예정구역에 위치한 건축물 및 그 부속토지의 소유자 10분의 1 이상의 동의를 받아 안전진단의 실시를 요청하는 경우

② **안전진단의 대상** ·19회 ·21회 ·22회 ·28회

㉠ **대상** : 재건축사업의 안전진단은 주택단지의 건축물을 대상으로 한다. 다만, 다음에 해당하는 주택단지의 건축물인 경우에는 안전진단 대상에서 제외할 수 있다(법 제12조 제3항, 영 제10조 제3항).

ⓐ 정비계획의 입안권자가 천재지변 등으로 주택이 붕괴되어 신속히 재건축을 추진할 필요가 있다고 인정하는 것
ⓑ 주택의 구조안전상 사용금지가 필요하다고 정비계획의 입안권자가 인정하는 것
ⓒ 노후·불량건축물 수에 관한 기준을 충족한 경우 잔여 건축물
ⓓ 정비계획의 입안권자가 진입도로 등 기반시설 설치를 위하여 불가피하게 정비구역에 포함된 것으로 인정하는 건축물
ⓔ 「시설물의 안전 및 유지관리에 관한 특별법」의 시설물로서 지정받은 안전등급이 D(미흡) 또는 E(불량)인 건축물

추가 건축물 안전등급
A(우수), B(양호), C(보통), D(미흡), E(불량)

㉡ **실시 여부 통보** : 정비계획의 입안권자(특별자치시장, 특별자치도지사, 시장, 군수 또는 자치구의 구청장)는 안전진단의 요청이 있는 때에는 요청일부터 30일 이내에 국토교통부장관이 정하는 바에 따라 안전진단의 실시 여부를 결정하여 요청인에게 통보하여야 한다. 이 경우 정비계획의 입안권자는 안전진단 실시 여부를 결정하기 전에 단계별 정비사업 추진계획 등의 사유로 재건축사업의 시기를 조정할 필요가 있다고 인정하는 경우에는 안전진단의 실시시기를 조정할 수 있다(영 제10조 제1항).

ⓒ 실시 여부 결정·의뢰 : 정비계획의 입안권자는 현지조사 등을 통하여 해당 건축물의 구조안전성, 건축마감, 설비노후도 및 주거환경 적합성 등을 심사하여 안전진단의 실시 여부를 결정하여야 하며, 안전진단의 실시가 필요하다고 결정한 경우에는 다음에 해당하는 안전진단기관에 안전진단을 의뢰하여야 한다(법 제12조 제4항, 영 제10조 제4항).

> ⓐ 「과학기술분야 정부출연연구기관 등의 설립·운영 및 육성에 관한 법률」에 따른 한국건설기술연구원
> ⓑ 「시설물의 안전 및 유지관리에 관한 특별법」에 따른 안전진단전문기관
> ⓒ 「국토안전관리원법」에 따른 국토안전관리원

ⓔ 안전진단 결과보고서 : 안전진단을 의뢰받은 안전진단기관은 국토교통부장관이 정하여 고시하는 기준(건축물의 내진성능 확보를 위한 비용을 포함)에 따라 안전진단을 실시하여야 하며, 국토교통부령으로 정하는 방법 및 절차에 따라 안전진단 결과보고서를 작성하여 정비계획의 입안권자 및 안전진단의 실시를 요청한 자에게 제출하여야 한다(법 제12조 제5항, 영 제10조 제6항).

> ⓐ **구조안전성 평가** : 노후·불량건축물을 대상으로 구조적 또는 기능적 결함 등을 평가하는 안전진단
> ⓑ **구조안전성 및 주거환경 중심 평가** : 위 ⓐ 외의 노후·불량건축물을 대상으로 구조적·기능적 결함 등 구조안전성과 주거생활의 편리성 및 거주의 쾌적성 등 주거환경을 종합적으로 평가하는 안전진단

③ **입안 여부 결정** · 19회

ⓐ 정비계획의 입안권자는 안전진단의 결과와 도시계획 및 지역여건 등을 종합적으로 검토하여 정비계획의 입안 여부를 결정하여야 한다(법 제12조 제6항).

ⓑ 안전진단의 대상·기준·실시기관·지정절차 및 수수료 등에 필요한 사항은 대통령령으로 정한다(법 제12조 제7항).

④ **입안 여부 결정 후 결과보고서 제출** ·28회

  ㉠ **보고서 제출** : 정비계획의 입안권자(특별자치시장 및 특별자치도지사는 제외)는 정비계획의 입안 여부를 결정한 경우에는 지체 없이 특별시장·광역시장·도지사에게 결정내용과 해당 안전진단 결과보고서를 제출하여야 한다(법 제13조 제1항).

  ㉡ **안전진단결과 적정성 검토 의뢰** : 특별시장·광역시장·특별자치시장·도지사·특별자치도지사(이하 '시·도지사')는 필요한 경우 「국토안전관리원법」에 따른 국토안전관리원 또는 「과학기술분야 정부출연연구기관 등의 설립·운영 및 육성에 관한 법률」에 따른 한국건설기술연구원에 안전진단 결과의 적정성에 대한 검토를 의뢰할 수 있다(법 제13조 제2항).

  ㉢ **보고서 요청** : 국토교통부장관은 시·도지사에게 안전진단 결과보고서의 제출을 요청할 수 있으며, 필요한 경우 시·도지사에게 안전진단 결과의 적정성에 대한 검토를 요청할 수 있다(법 제13조 제3항).

  ㉣ **입안결정 취소요청** : 시·도지사는 검토결과에 따라 정비계획의 입안권자에게 정비계획 입안결정의 취소 등 필요한 조치를 요청할 수 있으며, 정비계획의 입안권자는 특별한 사유가 없으면 그 요청에 따라야 한다. 다만, 특별자치시장 및 특별자치도지사는 직접 정비계획의 입안결정의 취소 등 필요한 조치를 할 수 있다(법 제13조 제4항).

⑤ **재건축사업의 안전진단 재실시** : 시장·군수등은 정비구역이 지정·고시된 날부터 10년이 되는 날까지 사업시행계획인가를 받지 아니하고 다음의 어느 하나에 해당하는 경우에는 안전진단을 다시 실시하여야 한다(법 제131조).

> ㉠ 「재난 및 안전관리 기본법」에 따라 재난이 발생할 위험이 높거나 재난예방을 위하여 계속적으로 관리할 필요가 있다고 인정하여 특정관리대상지역으로 지정하는 경우
> ㉡ 「시설물의 안전 및 유지관리에 관한 특별법」에 따라 재해 및 재난 예방과 시설물의 안전성 확보 등을 위하여 정밀안전진단을 실시하는 경우
> ㉢ 「공동주택관리법」에 따라 공동주택의 구조안전에 중대한 하자가 있다고 인정하여 안전진단을 실시하는 경우

추가 **검토비용의 부담**
안전진단 결과의 적정성 여부에 따른 검토 비용은 적정성 여부에 대한 검토를 의뢰 또는 요청한 국토교통부장관 또는 시·도지사가 부담한다(영 제11조 제2항).

추가 **검토기간**
안전진단 결과의 적정성 여부에 따른 검토를 의뢰받은 기관은 적정성 여부에 따른 검토를 의뢰받은 날부터 60일 이내에 그 결과를 시·도지사에게 제출하여야 한다. 다만, 부득이한 경우에는 30일의 범위에서 한 차례만 연장할 수 있다(영 제11조 제3항).

(2) 입안의 제안

① **제안** : 토지등소유자(ⓜ의 경우에는 법 제26조 제1항 제1호 및 제27조 제1항 제1호에 따라 사업시행자가 되려는 자)는 다음의 어느 하나에 해당하는 경우에는 정비계획의 입안권자에게 정비계획의 입안을 제안할 수 있다 (법 제14조 제1항).

> ㉠ 단계별 정비사업 추진계획상 정비예정구역별 정비계획의 입안시기가 지났음에도 불구하고 정비계획이 입안되지 아니하거나 정비예정구역별 정비계획의 수립시기를 정하고 있지 아니한 경우
> ㉡ 토지등소유자가 토지주택공사등을 사업시행자로 지정 요청하려는 경우
> ㉢ 대도시가 아닌 시 또는 군으로서 시·도조례로 정하는 경우
> ㉣ 정비사업을 통하여 공공지원민간임대주택을 공급하거나 임대할 목적으로 주택을 주택임대관리업자에게 위탁하려는 경우로서 법 제9조 제1항 제10호 각 목을 포함하는 정비계획의 입안을 요청하려는 경우
> ㉤ 법 제26조 제1항 제1호 및 제27조 제1항 제1호에 따라 정비사업을 시행하려는 경우
> ㉥ 토지등소유자(조합이 설립된 경우에는 조합원)가 3분의 2 이상의 동의로 정비계획의 변경을 요청하는 경우. 다만, 법 제15조 제3항에 따른 경미한 사항을 변경하는 경우에는 토지등소유자의 동의절차를 거치지 아니한다.
> ㉦ 토지등소유자가 공공재개발사업 또는 공공재건축사업을 추진하려는 경우

② **동의** : 토지등소유자가 정비계획의 입안권자에게 정비계획의 입안을 제안하려는 경우 토지등소유자의 3분의 2 이하 및 토지면적 3분의 2 이하의 범위에서 시·도조례로 정하는 비율 이상의 동의를 받은 후 시·도조례로 정하는 제안서 서식에 정비계획도서, 계획설명서, 그 밖의 필요한 서류를 첨부하여 정비계획의 입안권자에게 제출하여야 한다(영 제12조 제1항).

③ **반영 여부 통보** : 정비계획의 입안권자는 제안이 있는 경우에는 제안일부터 60일 이내에 정비계획에의 반영 여부를 제안자에게 통보하여야 한다. 다만, 부득이한 사정이 있는 경우에는 한 차례만 30일을 연장할 수 있다(영 제12조 제2항).

(3) 정비계획 입안을 위한 의견청취 · 22회

① **주민 의견청취** : 정비계획의 입안권자는 정비계획을 입안하거나 변경하려면 주민에게 서면으로 통보한 후 주민설명회 및 30일 이상 주민에게 공람하여 의견을 들어야 하며, 제시된 의견이 타당하다고 인정되면 이를 정비계획에 반영하여야 한다(법 제15조 제1항).

추가 입안에 활용
정비계획의 입안권자는 제안을 정비계획에 반영하는 경우에는 제안서에 첨부된 정비계획도서와 계획설명서를 정비계획의 입안에 활용할 수 있다(영 제12조 제3항).

② **지방의회 의견청취** : 정비계획의 입안권자는 주민공람과 함께 지방의회의 의견을 들어야 한다. 이 경우 지방의회는 정비계획의 입안권자가 정비계획을 통지한 날부터 60일 이내에 의견을 제시하여야 하며, 의견제시 없이 60일이 지난 경우 이의가 없는 것으로 본다(법 제15조 제2항).

③ **의견청취 생략** : 대통령령으로 정하는 경미한 사항을 변경하는 경우에는 주민에 대한 서면통보, 주민설명회, 주민공람 및 지방의회의 의견청취 절차를 거치지 아니할 수 있다(법 제15조 제3항).

> ✅ **참고** **대통령령으로 정하는 경미한 사항을 변경하는 경우(영 제13조 제4항)**
>
> 1. 정비구역의 면적을 10% 미만의 범위에서 변경하는 경우(정비구역을 분할, 통합 또는 결합하는 경우를 제외)
> 2. 토지등소유자별 분담금 추산액 및 산출근거를 변경하는 경우
> 3. 정비기반시설의 위치를 변경하는 경우와 정비기반시설 규모를 10% 미만의 범위에서 변경하는 경우
> 4. 공동이용시설 설치계획을 변경하는 경우
> 5. 재난방지에 관한 계획을 변경하는 경우
> 6. 정비사업시행 예정시기를 3년의 범위에서 조정하는 경우
> 7. 「건축법 시행령」 [별표 1] 각 호의 용도범위에서 건축물의 주용도(해당 건축물의 가장 넓은 바닥면적을 차지하는 용도)를 변경하는 경우
> 8. 건축물의 건폐율 또는 용적률을 축소하거나 10% 미만의 범위에서 확대하는 경우
> 9. 건축물의 최고 높이를 변경하는 경우
> 10. 용적률을 완화하여 변경하는 경우
> 11. 「국토의 계획 및 이용에 관한 법률」에 따른 도시·군기본계획, 도시·군관리계획 또는 기본계획의 변경에 따라 정비계획을 변경하는 경우
> 12. 「도시교통정비 촉진법」에 따른 교통영향평가 등 관계 법령에 의한 심의결과에 따른 변경인 경우

④ **관리청 의견청취** : 정비계획의 입안권자는 정비기반시설 및 국유·공유재산의 귀속 및 처분에 관한 사항이 포함된 정비계획을 입안하려면 미리 해당 정비기반시설 및 국유·공유재산의 관리청의 의견을 들어야 한다(법 제15조 제4항).

1 정비구역의 지정절차

(1) 정비구역 지정권자 · 20회 · 30회

정리 정비구역의 지정권자
특별시장·광역시장·특별자치시장·특별자치도지사·시장 또는 군수

특별시장·광역시장·특별자치시장·특별자치도지사·시장 또는 군수(광역시의 군수는 제외)는 기본계획에 적합한 범위에서 노후·불량건축물이 밀집하는 등 대통령령으로 정하는 요건에 해당하는 구역에 대하여 정비계획을 결정하여 정비구역을 지정(변경지정을 포함)할 수 있다(법 제8조 제1항).

① 천재지변, 「재난 및 안전관리 기본법」 또는 「시설물의 안전 및 유지관리에 관한 특별법」에 따른 사용제한·사용금지, 그 밖의 불가피한 사유로 긴급하게 정비사업을 시행할 필요가 있다고 인정하는 경우(법 제26조 제1항 제1호 및 제27조 제1항 제1호)에는 기본계획을 수립하거나 변경하지 아니하고 정비구역을 지정할 수 있다(법 제8조 제2항).

② 정비구역의 지정권자는 정비구역의 진입로 설치를 위하여 필요한 경우에는 진입로 지역과 그 인접지역을 포함하여 정비구역을 지정할 수 있다(법 제8조 제3항).

(2) 지정권자의 정비계획 입안

정리 정비계획 입안권자
특별자치시장, 특별자치도지사, 시장, 군수 또는 구청장등

① 정비구역의 지정권자는 정비구역 지정을 위하여 직접 정비계획을 입안할 수 있다(법 제8조 제4항).

> **⊕ 보충 지정권자가 정비계획을 입안하는 경우의 조치**
>
> 1. 특별시장·광역시장·특별자치시장·특별자치도지사·시장·군수 또는 자치구의 구청장은 [별표 1](정비계획의 입안대상지역)의 요건에 해당하는 지역에 대하여 정비계획을 입안할 수 있다(영 제7조 제1항).
> 2. 특별시장·광역시장·특별자치시장·특별자치도지사·시장·군수 또는 자치구의 구청장은 정비계획을 입안하는 경우에는 다음의 사항을 조사하여 [별표 1](정비계획의 입안대상지역)의 요건에 적합한지 여부를 확인하여야 하며, 정비계획의 입안 내용을 변경하려는 경우에는 변경내용에 해당하는 사항을 조사·확인하여야 한다(영 제7조 제2항).

① 주민 또는 산업의 현황
② 토지 및 건축물의 이용과 소유현황
③ 도시·군계획시설 및 정비기반시설의 설치현황
④ 정비구역 및 주변지역의 교통상황
⑤ 토지 및 건축물의 가격과 임대차현황
⑥ 정비사업의 시행계획 및 시행방법 등에 대한 주민의 의견
⑦ 그 밖에 시·도조례로 정하는 사항

② 자치구의 구청장 또는 광역시의 군수는 정비계획을 입안하여 특별시장·광역시장에게 정비구역 지정을 신청하여야 한다. 이 경우 지방의회의 의견을 첨부하여야 한다(법 제8조 제5항).

정리 **구청장등**
자치구의 구청장 또는 광역시의 군수

(3) 지방도시계획위원회의 심의

정비구역의 지정권자는 정비구역을 지정하거나 변경지정하려면 지방도시계획위원회의 심의를 거쳐야 한다. 다만, 경미한 사항을 변경하는 경우에는 지방도시계획위원회의 심의를 거치지 아니할 수 있다(법 제16조 제1항).

(4) 지정고시

정비구역의 지정권자는 정비구역을 지정(변경지정을 포함)하거나 정비계획을 결정(변경결정을 포함)한 때에는 정비계획을 포함한 정비구역 지정의 내용을 해당 지방자치단체의 공보에 고시하여야 한다. 이 경우 지형도면 고시 등에 대하여는 「토지이용규제 기본법」 제8조에 따른다(법 제16조 제2항).

(5) 보고 및 열람

정비구역의 지정권자는 정비계획을 포함한 정비구역을 지정·고시한 때에는 국토교통부령으로 정하는 방법 및 절차에 따라 국토교통부장관에게 그 지정의 내용을 보고하여야 하며, 관계 서류를 일반인이 열람할 수 있도록 하여야 한다(법 제16조 제3항).

2 정비구역의 지정효과 및 방법

(1) 정비구역 지정·고시의 효과(법 제17조)

① 정비구역의 지정·고시가 있는 경우 해당 정비구역 및 정비계획 중「국토의 계획 및 이용에 관한 법률」의 지구단위계획(법 제52조 제1항)의 어느 하나에 해당하는 사항은 지구단위계획구역 및 지구단위계획으로 결정·고시된 것으로 본다.

② 「국토의 계획 및 이용에 관한 법률」에 따른 지구단위계획구역에 대하여 정비계획(법 제9조 제1항)의 사항을 모두 포함한 지구단위계획을 결정·고시(변경 결정·고시하는 경우를 포함)하는 경우 해당 지구단위계획구역은 정비구역으로 지정·고시된 것으로 본다.

③ 정비계획을 통한 토지의 효율적 활용을 위하여「국토의 계획 및 이용에 관한 법률」에 따른 건폐율·용적률 등의 완화규정은 정비계획에 준용한다. 이 경우 '지구단위계획구역'은 '정비구역'으로, '지구단위계획'은 '정비계획'으로 본다.

④ 용적률이 완화되는 경우로서 사업시행자가 정비구역에 있는 대지의 가액 일부에 해당하는 금액을 현금으로 납부한 경우에는 대통령령으로 정하는 공공시설 또는 기반시설(이하 '공공시설등')의 부지를 제공하거나 공공시설등을 설치하여 제공한 것으로 본다.

(2) 정비구역의 분할·통합 및 결합(법 제18조)

① 정비구역의 지정권자는 정비사업의 효율적인 추진 또는 도시의 경관보호를 위하여 필요하다고 인정하는 경우에는 다음의 방법에 따라 정비구역을 지정할 수 있다.

> ㉠ 하나의 정비구역을 둘 이상의 정비구역으로 분할
> ㉡ 서로 연접한 정비구역을 하나의 정비구역으로 통합
> ㉢ 서로 연접하지 아니한 둘 이상의 구역 또는 정비구역을 하나의 정비구역으로 결합

② 정비구역을 분할·통합하거나 서로 떨어진 구역을 하나의 정비구역으로 결합하여 지정하려는 경우 시행 방법과 절차에 관한 세부사항은 시·도조례로 정한다.

제4절 정비구역에서의 행위제한

1 허가대상 개발행위

(1) 원 칙 ·20회 ·21회 ·25회 ·30회

① 정비구역에서 다음의 어느 하나에 해당하는 행위를 하려는 자는 시장·군수등의 허가를 받아야 한다. 허가받은 사항을 변경하려는 때에도 또한 같다(법 제19조 제1항, 영 제15조 제1항).

건축물의 건축	「건축법」에 따른 건축물(가설건축물을 포함)의 건축, 용도변경
공작물의 설치	인공을 가하여 제작한 시설물(건축법에 따른 건축물을 제외)의 설치
토지의 형질변경	절토(땅깎기)·성토(흙쌓기)·정지(땅고르기)·포장 등의 방법으로 토지의 형상을 변경하는 행위, 토지의 굴착 또는 공유수면의 매립
토석의 채취	흙·모래·자갈·바위 등의 토석을 채취하는 행위
토지분할	—
물건을 쌓아 놓는 행위	이동이 쉽지 아니한 물건을 1개월 이상 쌓아놓는 행위
죽목의 벌채 및 식재	—

② 시장·군수등은 개발행위에 대한 허가를 하려는 경우로서 사업시행자가 있는 경우에는 미리 그 사업시행자의 의견을 들어야 한다(영 제15조 제2항).

(2) 예 외 ·22회

다음의 어느 하나에 해당하는 행위는 원칙에도 불구하고 허가를 받지 아니하고 할 수 있다(법 제19조 제2항).

> ① 재해복구 또는 재난수습에 필요한 응급조치를 위한 행위
> ② 기존 건축물의 붕괴 등 안전사고의 우려가 있는 경우 해당 건축물에 대한 안전조치를 위한 행위
> ③ 그 밖에 대통령령으로 정하는 행위로서 「국토의 계획 및 이용에 관한 법률」에 따른 개발행위허가의 대상이 아닌 것

> **⊕ 보충** 대통령령으로 정하는 행위(영 제15조 제3항)
>
> 1. 농림수산물의 생산에 직접 이용되는 것으로서 국토교통부령으로 정하는 간이공작물(비닐하우스, 양잠장,* 고추·잎담배·김 등 농림수산물의 건조장, 버섯재배사, 종묘배양장, 퇴비장, 탈곡장 등)의 설치
> 2. 경작을 위한 토지의 형질변경
> 3. 정비구역의 개발에 지장을 주지 아니하고 자연경관을 손상하지 아니하는 범위에서의 토석의 채취
> 4. 정비구역에 존치하기로 결정된 대지에 물건을 쌓아놓는 행위
> 5. 관상용 죽목의 임시식재(경작지에서의 임시식재는 제외)

2 기득권 보호 및 조치

(1) 기득권 보호 ·20회

① 허가를 받아야 하는 행위로서 정비구역의 지정 및 고시 당시 이미 관계 법령에 따라 행위허가를 받았거나 허가를 받을 필요가 없는 행위에 관하여 그 공사 또는 사업에 착수한 자는 대통령령으로 정하는 바에 따라 시장·군수등에게 신고한 후 이를 계속 시행할 수 있다(법 제19조 제3항).

② 신고하여야 하는 자는 정비구역이 지정·고시된 날부터 30일 이내에 그 공사 또는 사업의 진행상황과 시행계획을 첨부하여 관할 시장·군수등에게 신고하여야 한다(영 제15조 제4항).

(2) 위반자에 대한 조치

① 시장·군수등은 위반한 자에게 원상회복을 명할 수 있다(법 제19조 제4항 전단).

② 원상회복을 명령을 받은 자가 그 의무를 이행하지 아니하는 때에는 시장·군수등은 「행정대집행법」에 따라 대집행할 수 있다(법 제19조 제4항 후단).

3 다른 법률과의 관계 및 개발행위 제한

(1) 준용 및 의제 · 20회

① **규정준용** : 정비구역 안의 허가에 관하여 이 법에 규정된 사항을 제외하고는 「국토의 계획 및 이용에 관한 법률」 제57조부터 제60조까지 및 제62조(개발행위허가의 절차, 개발행위허가의 기준, 개발행위에 대한 도시계획위원회의 심의, 개발행위허가의 이행보증 등 및 준공검사)를 준용한다(법 제19조 제5항).

② **허가의제** : 정비구역 안에서 허가를 받은 경우에는 「국토의 계획 및 이용에 관한 법률」에 따라 개발행위 허가를 받은 것으로 본다(법 제19조 제6항).

(2) 개발행위의 제한 · 30회

① **행위제한** : 국토교통부장관, 시·도지사, 시장, 군수 또는 구청장(자치구의 구청장)은 비경제적인 건축행위 및 투기 수요의 유입을 막기 위하여 기본계획을 공람 중인 정비예정구역 또는 정비계획을 수립 중인 지역에 대하여 3년 이내의 기간(1년의 범위에서 한 차례만 연장할 수 있다)을 정하여 대통령령으로 정하는 방법과 절차에 따라 다음의 행위를 제한할 수 있다(법 제19조 제7항).

> ㉠ 건축물의 건축
> ㉡ 토지의 분할

② **조합원 모집제한** : 정비예정구역 또는 정비구역(이하 '정비구역등')에서는 「주택법」에 따른 지역주택조합의 조합원을 모집해서는 아니 된다(법 제19조 제8항).

정리 개발행위허가의 제한
1. 제한권자
   국토교통부장관, 시·도지사, 시장, 군수 또는 구청장
2. 제한기간
   3년 이내(1회 1년 범위 연장)
3. 제한절차
   ① 제한 시 미리 고시
   ② 도시계획위원회의 심의

제5절　정비구역등의 해제

1 정비구역등의 의무해제 및 직권해제

(1) 정비구역등의 의무해제 · 24회

① 정비구역의 지정권자는 다음의 어느 하나에 해당하는 경우에는 정비구역등을 해제하여야 한다(법 제20조 제1항).

> ㉠ 정비예정구역에 대하여 기본계획에서 정한 정비구역 지정 예정일부터 3년이 되는 날까지 특별자치시장, 특별자치도지사, 시장 또는 군수가 정비구역을 지정하지 아니하거나 구청장등이 정비구역의 지정을 신청하지 아니하는 경우
> ㉡ 재개발사업·재건축사업(조합이 시행하는 경우로 한정)이 다음의 어느 하나에 해당하는 경우
> 　ⓐ 토지등소유자가 정비구역으로 지정·고시된 날부터 2년이 되는 날까지 조합설립추진위원회의 승인을 신청하지 아니하는 경우
> 　ⓑ 토지등소유자가 정비구역으로 지정·고시된 날부터 3년이 되는 날까지 조합설립인가를 신청하지 아니하는 경우(추진위원회를 구성하지 아니하는 경우로 한정)
> 　ⓒ 추진위원회가 추진위원회 승인일부터 2년이 되는 날까지 조합설립인가를 신청하지 아니하는 경우
> 　ⓓ 조합이 조합설립인가를 받은 날부터 3년이 되는 날까지 사업시행계획인가를 신청하지 아니하는 경우
> ㉢ 토지등소유자가 시행하는 재개발사업으로서 토지등소유자가 정비구역으로 지정·고시된 날부터 5년이 되는 날까지 사업시행계획인가를 신청하지 아니하는 경우

② 구청장등은 위 ①의 정비구역등의 해제사유에 해당하는 경우에는 특별시장·광역시장에게 정비구역등의 해제를 요청하여야 한다(법 제20조 제2항).

(2) 정비구역등의 직권해제

① 정비구역의 지정권자는 다음의 어느 하나에 해당하는 경우 지방도시계획위원회의 심의를 거쳐 정비구역등을 해제할 수 있다. 이 경우 다음 ㉠ 및 ㉡에 따른 구체적인 기준 등에 필요한 사항은 시·도조례로 정한다(법 제21조 제1항).

> ㉠ 정비사업의 시행으로 토지등소유자에게 과도한 부담이 발생할 것으로 예상되는 경우
> ㉡ 정비구역등의 추진 상황으로 보아 지정 목적을 달성할 수 없다고 인정되는 경우
> ㉢ 토지등소유자의 100분의 30 이상이 정비구역등(추진위원회가 구성되지 아니한 구역으로 한정)의 해제를 요청하는 경우
> ㉣ 현지개량방법(법 제23조 제1항 제1호에 따른 방법)으로 시행 중인 주거환경개선사업의 정비구역이 지정·고시된 날부터 10년 이상 지나고, 추진 상황으로 보아 지정 목적을 달성할 수 없다고 인정되는 경우로서 토지등소유자의 과반수가 정비구역의 해제에 동의하는 경우
> ㉤ 추진위원회 구성 또는 조합 설립에 동의한 토지등소유자의 2분의 1 이상 3분의 2 이하의 범위에서 시·도조례로 정하는 비율 이상의 동의로 정비구역의 해제를 요청하는 경우(사업시행계획인가를 신청하지 아니한 경우로 한정)
> ㉥ 추진위원회가 구성되거나 조합이 설립된 정비구역에서 토지등소유자 과반수의 동의로 정비구역의 해제를 요청하는 경우(사업시행계획인가를 신청하지 아니한 경우로 한정)

② 정비구역등을 해제하여 추진위원회 구성승인 또는 조합설립인가가 취소되는 경우 정비구역의 지정권자는 해당 추진위원회 또는 조합이 사용한 비용의 일부를 대통령령으로 정하는 범위에서 시·도조례로 정하는 바에 따라 보조할 수 있다(법 제21조 제3항).

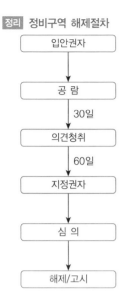

정리 정비구역 해제절차

입안권자

↓

공 람

30일

의견청취

60일

지정권자

↓

심 의

↓

해제/고시

2 정비구역등의 해제요청 절차

(1) 의견청취

① **주민 의견청취** : 특별자치시장, 특별자치도지사, 시장, 군수 또는 구청장등이 다음의 어느 하나에 해당하는 경우에는 30일 이상 주민에게 공람하여 의견을 들어야 한다(법 제20조 제3항).

> ㉠ 정비구역등을 해제하는 경우
> ㉡ 정비구역등의 해제를 요청하는 경우

② **지방의회 의견청취** : 특별자치시장, 특별자치도지사, 시장, 군수 또는 구청장등은 주민공람을 하는 경우에는 지방의회의 의견을 들어야 한다. 이 경우 지방의회는 특별자치시장, 특별자치도지사, 시장, 군수 또는 구청장등이 정비구역등의 해제에 관한 계획을 통지한 날부터 60일 이내에 의견을 제시하여야 하며, 의견제시 없이 60일이 지난 경우 이의가 없는 것으로 본다(법 제20조 제4항).

(2) 도시계획위원회의 심의

① 정비구역의 지정권자는 정비구역등의 해제를 요청받거나 정비구역등을 해제하려면 지방도시계획위원회의 심의를 거쳐야 한다(법 제20조 제5항 본문).

② 「도시재정비 촉진을 위한 특별법」에 따른 재정비촉진지구에서는 도시재정비위원회의 심의를 거쳐 정비구역등을 해제하여야 한다(법 제20조 제5항 단서).

(3) 해제의무기간 연장

정비구역의 지정권자는 다음의 어느 하나에 해당하는 경우에는 정비구역등의 해제사유[위 **1** (1) ①의 ㉠～㉢까지의 규정]에 따른 해당 기간을 2년의 범위에서 연장하여 정비구역등을 해제하지 아니할 수 있다(법 제20조 제6항).

① 정비구역등의 토지등소유자(조합을 설립한 경우에는 조합원)가 100분의 30 이상의 동의로 정비구역등의 해제사유[위 **1** (1) ①의 ㉠～㉢까지의 규정]에 따른 해당 기간이 도래하기 전까지 연장을 요청하는 경우

② 정비사업의 추진 상황으로 보아 주거환경의 계획적 정비 등을 위하여 정비구역등의 존치가 필요하다고 인정하는 경우

(4) 고시·통보 및 열람

정비구역의 지정권자는 정비구역등을 해제하는 경우에는 그 사실을 해당 지방자치단체의 공보에 고시하고 국토교통부장관에게 통보하여야 하며, 관계 서류를 일반인이 열람할 수 있도록 하여야 한다(법 제20조 제7항).

(5) 도시재생선도지역 지정 요청

정비구역등이 해제된 경우 정비구역의 지정권자는 해제된 정비구역등을 「도시재생 활성화 및 지원에 관한 특별법」에 따른 도시재생선도지역으로 지정하도록 국토교통부장관에게 요청할 수 있다(법 제21조의2).

3 정비구역등의 해제효과

(1) 용도지역 등의 환원

정비구역등이 해제된 경우에는 정비계획으로 변경된 용도지역, 정비기반 시설 등은 정비구역 지정 이전의 상태로 환원된 것으로 본다. 다만, 위 **1** **(2)** ①의 ㉣의 경우 정비구역의 지정권자는 정비기반시설의 설치 등 해당 정비사업의 추진 상황에 따라 환원되는 범위를 제한할 수 있다(법 제22조 제1항).

(2) 주거환경개선사업구역의 지정

정비구역등(재개발사업 및 재건축사업을 시행하려는 경우로 한정)이 해제된 경 우 정비구역의 지정권자는 해제된 정비구역등을 법 제23조 제1항 제1호의 방법(현지개량방법)으로 시행하는 주거환경개선구역(주거환경개선사업을 시 행하는 정비구역)으로 지정할 수 있다. 이 경우 주거환경개선구역으로 지정 된 구역은 기본계획에 반영된 것으로 본다(법 제22조 제2항).

(3) 해제·고시된 경우

정비구역등이 해제·고시된 경우 추진위원회 구성승인 또는 조합설립인가 는 취소된 것으로 보고, 시장·군수등은 해당 지방자치단체의 공보에 그 내 용을 고시하여야 한다(법 제22조 제3항).

도시 및 주거환경정비법령상 도시·주거환경정비기본계획의 수립 및 정비구역의 지정에 관한 설명으로 **틀린** 것은? • 30회

① 기본계획의 수립권자는 기본계획을 수립하려는 경우에는 14일 이상 주민에게 공람하여 의견을 들어야 한다.

② 기본계획의 수립권자는 기본계획을 수립한 때에는 지체 없이 이를 해당 지방자치단체의 공보에 고시하고 일반인이 열람할 수 있도록 하여야 한다.

③ 정비구역의 지정권자는 정비구역의 진입로 설치를 위하여 필요한 경우에는 진입로 지역과 그 인접지역을 포함하여 정비구역을 지정할 수 있다.

④ 정비구역에서는 「주택법」에 따른 지역주택조합의 조합원을 모집해서는 아니 된다.

⑤ 정비구역에서 이동이 쉽지 아니한 물건을 14일 동안 쌓아두기 위해서는 시장·군수등의 허가를 받아야 한다.

> **해설** 정비구역에서 이동이 쉽지 아니한 물건을 1개월 이상 쌓아놓는 행위를 하려는 자는 시장·군수등의 허가를 받아야 한다. 허가받은 사항을 변경하려는 때에도 또한 같다.
>
> 정답 ⑤

03 정비사업

10개년 출제문항 수

25회	26회	27회	28회	29회
5	5	4	3	4

30회	31회	32회	33회	34회
3	5	4	5	4

↳ 총 40문제 中 평균 약 4.2문제 출제

학습전략

이 CHAPTER는 정비사업의 시행방법, 정비사업시행자, 정비사업조합, 관리처분계획, 공사완료 등으로 구성되어 있습니다. 출제 빈도는 「도시 및 주거환경정비법」에서 가장 높은 단원으로 4~5문제 정도 꾸준히 출제되고 있으며, 주로 정비사업의 시행방법과 관리처분계획이 출제 비율이 높고, 사업시행자도 많이 출제되고 있습니다. 세부적으로 정비사업조합, 추진위원회, 정비사업시행 위주로 학습하는 것이 도움이 됩니다.

제1절 | 정비사업의 시행방법

• 20회 • 28회 • 29회 • 30회

정비사업	시행방법	
주거환경 개선사업	주거환경개선사업은 다음의 어느 하나에 해당하는 방법 또는 이를 혼용하는 방법으로 한다(법 제23조 제1항).	
	① 사업시행자가 정비구역에서 정비기반시설 및 공동이용시설을 새로 설치하거나 확대하고 토지등소유자가 스스로 주택을 보전·정비하거나 개량하는 방법	현지개량방법
	② 사업시행자가 정비구역의 전부 또는 일부를 수용하여 주택을 건설한 후 토지등소유자에게 우선 공급하거나 대지를 토지등소유자 또는 토지등소유자 외의 자에게 공급하는 방법	수용방법
	③ 사업시행자가 환지로 공급하는 방법	환지방법
	④ 사업시행자가 정비구역에서 인가받은 관리처분계획에 따라 주택 및 부대시설·복리시설을 건설하여 공급하는 방법	관리처분방법
재개발사업	정비구역에서 인가받은 관리처분계획에 따라 건축물을 건설하여 공급하거나 환지로 공급하는 방법으로 한다(법 제23조 제2항).	관리처분방법, 환지방법
재건축사업	정비구역에서 인가받은 관리처분계획에 따라 주택, 부대시설·복리시설 및 오피스텔을 건설하여 공급하는 방법으로 한다(단, 주택단지에 있지 아니하는 건축물의 경우에는 지형여건·주변의 환경으로 보아 사업 시행상 불가피한 경우로서 정비구역으로 보는 사업에 한정)(법 제23조 제3항).	관리처분방법

재건축사업의 오피스텔 건설(법 제23조 제4항)

1. 오피스텔을 건설하여 공급하는 경우에는 「국토의 계획 및 이용에 관한 법률」에 따른 준주거지역 및 상업지역에서만 건설할 수 있다.
2. 오피스텔의 연면적은 전체 건축물 연면적의 100분의 30 이하이어야 한다.

제2절 | **정비사업의 시행자* 및 시공자***

1 주거환경개선사업의 시행자

(1) 시행자 – 시장·군수등, 토지주택공사등, 공익법인

(2) 시행방법에 따른 시행자 · 16회 · 19회 · 26회 · 28회 · 32회

현지개량방법	시장·군수등이 직접 시행하되, 토지주택공사등을 사업시행자로 지정하여 시행하게 하려는 경우에는 정비계획에 따른 공람공고일 현재 토지등소유자의 과반수의 동의를 받아야 한다(법 제24조 제1항).

수용방법, 환지방법, 관리처분방법	① 시장·군수등이 직접 시행할 수 있다(법 제24조 제2항).
	 ② 시장·군수등이 다음의 어느 하나에 해당하는 자를 사업시행자로 지정하여 시행하게 할 수 있다.
	  ㉠ 토지주택공사등
	  ㉡ 주거환경개선사업을 시행하기 위하여 국가, 지방자치단체, 토지주택공사등 또는 「공공기관의 운영에 관한 법률」에 따른 공공기관이 총지분의 100분의 50을 초과하는 출자로 설립한 법인
	 ③ 시장·군수등이 위 ②에 해당하는 자와 다음의 어느 하나에 해당하는 자를 공동시행자로 지정하여 시행하게 할 수 있다.
	  ㉠ 「건설산업기본법」에 따른 건설업자
	  ㉡ 「주택법」에 따라 건설업자로 보는 등록사업자
	 ④ 이 방법에 따라 시행하려는 경우 동의요건(법 제24조 제3항)
	  ㉠ 정비계획에 따른 공람공고일 현재 해당 정비예정구역의 토지 또는 건축물의 소유자 또는 지상권자의 3분의 2 이상의 동의와 세입자 세대수의 과반수의 동의를 각각 받아야 한다.
	  ㉡ 세입자의 세대수가 토지등소유자의 2분의 1 이하인 경우 등 대통령령으로 정하는 사유가 있는 경우에는 세입자의 동의절차를 거치지 아니할 수 있다.

정리 정비사업의 시행자
1. 주거환경개선사업 : 시장·군수등, 토지주택공사등, 공익법인
2. 재개발사업 : 조합 또는 토지등소유자(20인 미만)
3. 재건축사업 : 조합

(3) 동의 없이 시행할 수 있는 경우(법 제24조 제4항)

① 시장·군수등은 천재지변, 그 밖의 불가피한 사유로 건축물이 붕괴할 우려가 있어 긴급히 정비사업을 시행할 필요가 있다고 인정하는 경우에는 위 (2)에도 불구하고 토지등소유자 및 세입자의 동의 없이 자신이 직접 시행하거나 토지주택공사등을 사업시행자로 지정하여 시행하게 할 수 있다.

② 시장·군수등은 지체 없이 토지등소유자에게 긴급한 정비사업의 시행 사유·방법 및 시기 등을 통보하여야 한다.

2 재개발사업·재건축사업의 시행자

(1) 재개발사업·재건축사업의 원칙적 시행자(법 제25조) ·16회·18회·26회·32회

정비사업		사업시행자
재개발 사업	조 합	① 조합이 시행하는 방법 ② 조합이 조합원의 과반수의 동의를 받아 시장·군수등, 토지주택공사등, 건설업자, 등록사업자 또는 대통령령으로 정하는 요건을 갖춘 자와 공동으로 시행하는 방법
	토지등소유자 (20인 미만)	① 토지등소유자가 시행하는 방법 ② 토지등소유자가 토지등소유자의 과반수의 동의를 받아 시장·군수등, 토지주택공사등, 건설업자, 등록사업자 또는 는 대통령령으로 정하는 요건을 갖춘 자와 공동으로 시행하는 방법
재건축 사업	조 합	① 조합이 시행하는 방법 ② 조합이 조합원의 과반수의 동의를 받아 시장·군수등, 토지주택공사등, 건설업자 또는 등록사업자와 공동으로 시행하는 방법

추가 **대통령령으로 정하는 요건을 갖춘 자**(영 제19조)
신탁업자, 한국부동산원

(2) 재개발사업·재건축사업의 공공시행자(법 제26조) ·16회·26회·30회·32회

① 시장·군수등은 재개발사업 및 재건축사업이 다음의 어느 하나에 해당하는 때에는 위 (1)의 원칙에도 불구하고 직접 정비사업을 시행하거나 토지주택공사등(토지주택공사등이 건설업자 또는 등록사업자와 공동으로 시행하는 경우를 포함)을 사업시행자로 지정하여 정비사업을 시행하게 할 수 있다.

○ 천재지변, 「재난 및 안전관리 기본법」 또는 「시설물의 안전 및 유지관리에 관한 특별법」에 따른 사용제한·사용금지, 그 밖의 불가피한 사유로 긴급하게 정비사업을 시행할 필요가 있다고 인정하는 때

○ 고시된 정비계획에서 정한 정비사업시행 예정일부터 2년 이내에 사업시행계획인가를 신청하지 아니하거나 사업시행계획인가를 신청한 내용이 위법 또는 부당하다고 인정하는 때(재건축사업의 경우는 제외)

○ 추진위원회가 시장·군수등의 구성승인을 받은 날부터 3년 이내에 조합설립인가를 신청하지 아니하거나 조합이 조합설립인가를 받은 날부터 3년 이내에 사업시행계획인가를 신청하지 아니한 때

○ 지방자치단체의 장이 시행하는 「국토의 계획 및 이용에 관한 법률」에 따른 도시·군계획사업과 병행하여 정비사업을 시행할 필요가 있다고 인정하는 때

○ 순환정비방식으로 정비사업을 시행할 필요가 있다고 인정하는 때

○ 사업시행계획인가가 취소된 때

○ 해당 정비구역의 국·공유지 면적 또는 국·공유지와 토지주택공사등이 소유한 토지를 합한 면적이 전체 토지면적의 2분의 1 이상으로서 토지등소유자의 과반수가 시장·군수등 또는 토지주택공사등을 사업시행자로 지정하는 것에 동의하는 때

○ 해당 정비구역의 토지면적 2분의 1 이상의 토지소유자와 토지등소유자의 3분의 2 이상에 해당하는 자가 시장·군수등 또는 토지주택공사등을 사업시행자로 지정할 것을 요청하는 때. 이 경우 토지등소유자가 정비계획의 입안을 제안한 경우 입안제안에 동의한 토지등소유자는 토지주택공사등의 사업시행자 지정에 동의한 것으로 본다. 다만, 사업시행자의 지정 요청 전에 시장·군수등 및 주민대표회의에 사업시행자의 지정에 대한 반대의 의사표시를 한 토지등소유자의 경우에는 그러하지 아니하다.

② 시장·군수등은 직접 정비사업을 시행하거나 토지주택공사등을 사업시행자로 지정하는 때에는 정비사업 시행구역 등 토지등소유자에게 알릴 필요가 있는 사항으로서 대통령령으로 정하는 사항을 해당 지방자치단체의 공보에 고시하여야 한다. 다만, 위 ①의 ○의 경우에는 토지등소유자에게 지체 없이 정비사업의 시행 사유·시기 및 방법 등을 통보하여야 한다.

③ 시장·군수등이 직접 정비사업을 시행하거나 토지주택공사등을 사업시행자로 지정·고시한 때에는 그 고시일 다음 날에 추진위원회의 구성승인 또는 조합설립인가가 취소된 것으로 본다. 이 경우 시장·군수등은 해당 지방자치단체의 공보에 해당 내용을 고시하여야 한다.

(3) 재개발사업·재건축사업의 지정개발자

① **지정개발자** : 시장·군수등은 재개발사업 및 재건축사업이 다음의 어느 하나에 해당하는 때에는 토지등소유자, 「사회기반시설에 대한 민간투자법」에 따른 민관합동법인 또는 신탁업자로서 대통령령으로 정하는 요건을 갖춘 자(이하 '지정개발자')를 사업시행자로 지정하여 정비사업을 시행하게 할 수 있다(법 제27조 제1항).

> ㉠ 천재지변, 「재난 및 안전관리 기본법」 또는 「시설물의 안전 및 유지관리에 관한 특별법」에 따른 사용제한·사용금지, 그 밖의 불가피한 사유로 긴급하게 정비사업을 시행할 필요가 있다고 인정하는 때
> ㉡ 고시된 정비계획에서 정한 정비사업시행 예정일부터 2년 이내에 사업시행계획인가를 신청하지 아니하거나 사업시행계획인가를 신청한 내용이 위법 또는 부당하다고 인정하는 때(재건축사업의 경우는 제외)
> ㉢ 재개발사업 및 재건축사업의 조합설립을 위한 동의요건 이상에 해당하는 자가 신탁업자를 사업시행자로 지정하는 것에 동의하는 때

② **고시** : 시장·군수등은 지정개발자를 사업시행자로 지정하는 때에는 정비사업 시행구역 등 토지등소유자에게 알릴 필요가 있는 사항으로서 대통령령으로 정하는 사항을 해당 지방자치단체의 공보에 고시하여야 한다. 다만, 위 ①의 ㉠의 경우에는 토지등소유자에게 지체 없이 정비사업의 시행 사유·시기 및 방법 등을 통보하여야 한다(법 제27조 제2항).

③ **제공** : 신탁업자는 위 ①의 ㉢에 따른 사업시행자 지정에 필요한 동의를 받기 전에 다음에 관한 사항을 토지등소유자에게 제공하여야 한다(법 제27조 제3항).

> ㉠ 토지등소유자별 분담금 추산액 및 산출근거
> ㉡ 그 밖에 추정분담금의 산출 등과 관련하여 시·도조례로 정하는 사항

④ **취소** : 시장·군수등이 지정개발자를 사업시행자로 지정·고시한 때에는 그 고시일 다음 날에 추진위원회의 구성승인 또는 조합설립인가가 취소된 것으로 본다. 이 경우 시장·군수등은 해당 지방자치단체의 공보에 해당 내용을 고시하여야 한다(법 제27조 제5항).

⑤ **표준계약서 사용의 권장** : 국토교통부장관은 신탁업자와 토지등소유자 상호 간의 공정한 계약의 체결을 위하여 대통령령으로 정하는 바에 따라 표준계약서 및 표준시행규정을 마련하여 그 사용을 권장할 수 있다(법 제27조 제6항).

(4) 재개발사업·재건축사업의 대행자 · 22회

① **대행사유** : 시장·군수등은 다음의 어느 하나에 해당하는 경우에는 해당 조합 또는 토지등소유자를 대신하여 직접 정비사업을 시행하거나 토지주택공사등 또는 지정개발자에게 해당 조합 또는 토지등소유자를 대신하여 정비사업을 시행하게 할 수 있다(법 제28조 제1항).

> ㉠ 장기간 정비사업이 지연되거나 권리관계에 관한 분쟁 등으로 해당 조합 또는 토지등소유자가 시행하는 정비사업을 계속 추진하기 어렵다고 인정하는 경우
> ㉡ 토지등소유자(조합을 설립한 경우에는 조합원)의 과반수 동의로 요청하는 경우

② **사업대행개시결정**
  ㉠ 시장·군수등은 정비사업을 직접 시행하거나 지정개발자 또는 토지주택공사등에게 정비사업을 대행하도록 결정(이하 '사업대행개시결정')한 경우에는 해당 지방자치단체의 공보등에 고시하여야 한다(영 제22조 제1항).
  ㉡ 시장·군수등은 토지등소유자 및 사업시행자에게 고시한 내용을 통지하여야 한다(영 제22조 제2항).

③ **사업대행의 방법**
  ㉠ 대행기간 : 사업대행자는 정비사업을 대행하는 경우 사업대행개시결정 고시를 한 날의 다음 날부터 사업대행완료를 고시하는 날까지 자기의 이름 및 사업시행자의 계산으로 사업시행자의 업무를 집행하고 재산을 관리한다. 이 경우 법 또는 법에 따른 명령이나 정관등으로 정하는 바에 따라 사업시행자가 행하거나 사업시행자에 대하여 행하여진 처분·절차 그 밖의 행위는 사업대행자가 행하거나 사업대행자에 대하여 행하여진 것으로 본다(영 제22조 제3항).
  ㉡ 승인 : 시장·군수등이 아닌 사업대행자는 재산의 처분, 자금의 차입 그 밖에 사업시행자에게 재산상 부담을 주는 행위를 하려는 때에는 미리 시장·군수등의 승인을 받아야 한다(영 제22조 제4항).
  ㉢ 의무 : 사업대행자는 대행 업무를 하는 경우 선량한 관리자로서의 주의의무를 다하여야 하며, 필요한 때에는 사업시행자에게 협조를 요청할 수 있고, 사업시행자는 특별한 사유가 없는 한 이에 응하여야 한다(영 제22조 제5항).

추가 사업대행자
정비사업을 대행하는 시장·군수등, 토지주택공사등 또는 지정개발자

ㄹ 권리 : 사업대행자는 사업시행자에게 청구할 수 있는 보수 또는 비용의 상환에 대한 권리로써 사업시행자에게 귀속될 대지 또는 건축물을 압류할 수 있다(법 제28조 제2항).

④ **사업대행의 완료**(영 제23조)

ㄱ 사업대행자는 사업대행의 원인이 된 사유가 없어지거나 등기를 완료한 때에는 사업대행을 완료하여야 한다. 이 경우 시장·군수등이 아닌 사업대행자는 미리 시장·군수등에게 사업대행을 완료할 뜻을 보고하여야 한다.

ㄴ 시장·군수등은 사업대행을 완료한 때에는 정비사업의 종류 및 명칭 등의 사항과 사업대행완료일을 해당 지방자치단체의 공보등에 고시하고, 토지등소유자 및 사업시행자에게 각각 통지하여야 한다.

ㄷ 사업대행자는 사업대행완료의 고시가 있은 때에는 지체 없이 사업시행자에게 업무를 인계하여야 하며, 사업시행자는 정당한 사유가 없는 한 이를 인수하여야 한다.

ㄹ 인계·인수가 완료된 때에는 사업대행자가 정비사업을 대행할 때 취득하거나 부담한 권리와 의무는 사업시행자에게 승계된다.

ㅁ 사업대행자는 사업대행의 완료 후 사업시행자에게 보수 또는 비용의 상환을 청구할 때에 그 보수 또는 비용을 지출한 날 이후의 이자를 청구할 수 있다.

3 계약의 방법 및 시공자 선정

(1) 계약방법

① 추진위원장 또는 사업시행자(청산인을 포함)는 이 법 또는 다른 법령에 특별한 규정이 있는 경우를 제외하고는 계약(공사, 용역, 물품구매 및 제조 등을 포함)을 체결하려면 일반경쟁에 부쳐야 한다. 다만, 계약규모, 재난의 발생 등 대통령령으로 정하는 경우에는 입찰 참가자를 지명(指名)하여 경쟁에 부치거나 수의계약(隨意契約)으로 할 수 있다(법 제29조 제1항).

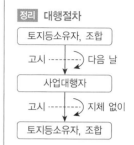

정리 대행절차

토지등소유자, 조합
고시 ----→ 다음 날
사업대행자
고시 ----→ 지체 없이
토지등소유자, 조합

② 일반경쟁의 방법으로 계약을 체결하는 경우로서 대통령령으로 정하는 규모를 초과하는 계약은 「전자조달의 이용 및 촉진에 관한 법률」의 국가종합전자조달시스템(이하 '전자조달시스템')을 이용하여야 한다(법 제29조 제2항).

③ 계약을 체결하는 경우 계약의 방법 및 절차 등에 필요한 사항은 국토교통부장관이 정하여 고시한다(법 제29조 제3항).

(2) 시공자 선정 ·16회 ·22회 ·26회

① 조합은 조합설립인가를 받은 후 조합총회에서 경쟁입찰 또는 수의계약(2회 이상 경쟁입찰이 유찰된 경우로 한정)의 방법으로 건설업자 또는 등록사업자를 시공자로 선정하여야 한다. 다만, 대통령령으로 정하는 규모 이하의 정비사업은 조합총회에서 정관으로 정하는 바에 따라 선정할 수 있다(법 제29조 제4항).

추가 **대통령령으로 정하는 규모 이하의 정비사업**
조합원이 100인 이하인 정비사업(영 제24조 제4항)

② 토지등소유자가 재개발사업을 시행하는 경우에는 사업시행계획인가를 받은 후 규약에 따라 건설업자 또는 등록사업자를 시공자로 선정하여야 한다(법 제29조 제5항).

③ 시장·군수등이 직접 정비사업을 시행하거나 토지주택공사등 또는 지정개발자를 사업시행자로 지정한 경우 사업시행자는 사업시행자 지정·고시 후 경쟁입찰 또는 수의계약의 방법으로 건설업자 또는 등록사업자를 시공자로 선정하여야 한다(법 제29조 제6항).

④ 시공자를 선정하거나 관리처분방법(법 제23조 제1항 제4호의 방법)으로 시행하는 주거환경개선사업의 사업시행자가 시공자를 선정하는 경우 주민대표회의 또는 토지등소유자 전체회의는 대통령령으로 정하는 경쟁입찰 또는 수의계약(2회 이상 경쟁입찰이 유찰된 경우로 한정)의 방법으로 시공자를 추천할 수 있다(법 제29조 제7항).

⑤ 주민대표회의 또는 토지등소유자 전체회의가 시공자를 추천한 경우 사업시행자는 추천받은 자를 시공자로 선정하여야 한다. 이 경우 시공자와의 계약에 관해서는 「지방자치단체를 당사자로 하는 계약에 관한 법률」 또는 「공공기관의 운영에 관한 법률」를 적용하지 아니한다(법 제29조 제8항).

⑥ 사업시행자(사업대행자를 포함)는 선정된 시공자와 공사에 관한 계약을 체결할 때에는 기존 건축물의 철거 공사(석면안전관리법에 따른 석면 조사·해체·제거를 포함)에 관한 사항을 포함시켜야 한다(법 제29조 제9항).

(3) 공사비 검증 요청 등

재개발사업·재건축사업의 사업시행자(시장·군수등 또는 토지주택공사등이 단독 또는 공동으로 정비사업을 시행하는 경우는 제외)는 시공자와 계약 체결 후 다음의 어느 하나에 해당하는 때에는 정비사업 지원기구에 공사비 검증을 요청하여야 한다(법 제29조의2 제1항).

① 토지등소유자 또는 조합원 5분의 1 이상이 사업시행자에게 검증 의뢰를 요청하는 경우
② 공사비의 증액 비율(당초 계약금액 대비 누적 증액 규모의 비율로서 생산자물가상승률은 제외)이 다음의 어느 하나에 해당하는 경우

> ㉠ 사업시행계획인가 이전에 시공자를 선정한 경우 : 100분의 10 이상
> ㉡ 사업시행계획인가 이후에 시공자를 선정한 경우 : 100분의 5 이상

③ 위 ① 또는 ②에 따른 공사비 검증이 완료된 이후 공사비의 증액 비율(검증 당시 계약금액 대비 누적 증액 규모의 비율로서 생산자물가상승률은 제외)이 100분의 3 이상인 경우

(4) 임대사업자의 선정(법 제30조)

① 사업시행자는 공공지원민간임대주택을 원활히 공급하기 위하여 국토교통부장관이 정하는 경쟁입찰의 방법 또는 수의계약(2회 이상 경쟁입찰이 유찰된 경우와 공공재개발사업을 통해 건설·공급되는 공공지원민간임대주택을 국가가 출자·설립한 법인 등 대통령령으로 정한 자에게 매각하는 경우로 한정)의 방법으로 「민간임대주택에 관한 특별법」에 따른 임대사업자를 선정할 수 있다.
② 임대사업자의 선정절차 등에 필요한 사항은 국토교통부장관이 정하여 고시할 수 있다.

1 조합설립추진위원회

(1) 추진위원회의 구성·승인 ·16회 ·18회 ·26회 ·32회

① 구 성

㉠ 조합을 설립하려는 경우에는 정비구역 지정·고시 후 다음의 사항에 대하여 **토지등소유자 과반수의 동의**를 받아 조합설립을 위한 추진위원회를 구성하여 국토교통부령으로 정하는 방법과 절차에 따라 시장·군수등의 승인을 받아야 한다(법 제31조 제1항).

> ⓐ 추진위원회 위원장(이하 '추진위원장')을 포함한 5명 이상의 추진위원회 위원(이하 '추진위원')
> ⓑ 추진위원회의 운영규정

㉡ 추진위원회는 추진위원회를 대표하는 추진위원장 1명과 감사를 두어야 한다(법 제33조 제1항).

② **동의** : 추진위원회의 구성에 동의한 토지등소유자(이하 '추진위원회 동의자')는 조합의 설립에 동의한 것으로 본다. 다만, 조합설립인가를 신청하기 전에 시장·군수등 및 추진위원회에 조합설립에 대한 반대의 의사표시를 한 추진위원회 동의자의 경우에는 그러하지 아니하다(법 제31조 제2항).

③ **공공지원의 특례** : 정비사업에 대하여 공공지원을 하려는 경우에는 추진위원회를 구성하지 아니할 수 있다. 이 경우 조합설립 방법 및 절차 등에 필요한 사항은 대통령령으로 정한다(법 제31조 제4항).

(2) 추진위원회의 기능

① **추진위원회의 업무**(법 제32조 제1항) ·18회 ·23회

㉠ 정비사업전문관리업자의 선정 및 변경

㉡ 설계자의 선정 및 변경

㉢ 개략적인 정비사업 시행계획서의 작성

㉣ 조합설립인가를 받기 위한 준비업무

㉤ 그 밖에 조합설립을 추진하기 위하여 대통령령으로 정하는 업무

추가 **추진위원장의 업무대행**

토지등소유자는 추진위원회의 운영규정에 따라 추진위원회에 추진위원의 교체 및 해임을 요구할 수 있으며, 추진위원장이 사임, 해임, 임기만료, 그 밖에 불가피한 사유 등으로 직무를 수행할 수 없는 때부터 6개월 이상 선임되지 아니한 경우에는 시장·군수등은 시·도조례로 정하는 바에 따라 변호사·회계사·기술사 등으로서 대통령령으로 정하는 요건을 갖춘 자를 전문조합관리인으로 선정하여 추진위원장의 업무를 대행하게 할 수 있다(법 제33조 제3항).

추가 **대통령령으로 정하는 업무** (영 제26조)

1. 추진위원회 운영규정의 작성
2. 토지등소유자의 동의서의 접수
3. 조합의 설립을 위한 창립총회의 개최
4. 조합 정관의 초안 작성
5. 그 밖에 추진위원회 운영규정으로 정하는 업무

② **정비사업전문관리업자의 선정** : 추진위원회가 정비사업전문관리업자를 선정하려는 경우에는 추진위원회 승인을 받은 후 경쟁입찰 또는 수의계약(2회 이상 경쟁입찰이 유찰된 경우로 한정)의 방법으로 선정하여야 한다(법 제32조 제2항).

③ **창립총회 개최의무**

추가 창립총회 개최

추진위원회는 조합설립인가 시 동의요건에 따른 동의를 받은 후 조합설립인가를 신청하기 전에 법 제32조 제3항에 따라 창립총회를 개최하여야 한다(영 제27조 제1항).

개 최	추진위원회는 조합설립인가를 신청하기 전에 대통령령으로 정하는 방법 및 절차에 따라 조합설립을 위한 창립총회를 개최하여야 한다(법 제32조 제3항).
통 지	추진위원회(추진위원회를 구성하지 아니하는 경우에는 조합설립을 추진하는 토지등소유자의 대표자)는 창립총회 14일 전까지 회의목적·안건·일시·장소·참석자격 및 구비사항 등을 인터넷 홈페이지를 통하여 공개하고, 토지등소유자에게 등기우편으로 발송·통지하여야 한다(영 제27조 제2항).
소 집	창립총회는 추진위원장(추진위원회를 구성하지 아니하는 경우에는 토지등소유자의 대표자)의 직권 또는 토지등소유자 5분의 1 이상의 요구로 추진위원장이 소집한다. 다만, 토지등소유자 5분의 1 이상의 소집요구에도 불구하고 추진위원장이 2주 이상 소집요구에 응하지 아니하는 경우 소집요구한 자의 대표가 소집할 수 있다(영 제27조 제3항).
업 무	창립총회에서는 다음의 업무를 처리한다(영 제27조 제4항). ㉠ 조합 정관의 확정 ㉡ 조합임원의 선임 ㉢ 대의원의 선임 ㉣ 그 밖에 필요한 사항으로서 사전에 통지한 사항
의사결정	창립총회의 의사결정은 토지등소유자(재건축사업의 경우 조합설립에 동의한 토지등소유자로 한정)의 과반수 출석과 출석한 토지등소유자 과반수 찬성으로 결의한다. 다만, 조합임원 및 대의원의 선임은 확정된 정관에서 정하는 바에 따라 선출한다(영 제27조 제5항).

④ **토지등소유자의 동의** : 추진위원회가 수행하는 업무의 내용이 토지등소유자의 비용부담을 수반하거나 권리·의무에 변동을 발생시키는 경우로서 대통령령으로 정하는 사항에 대하여는 그 업무를 수행하기 전에 대통령령으로 정하는 비율 이상의 토지등소유자의 동의를 받아야 한다(법 제32조 제4항).

(3) 추진위원회의 운영(법 제34조) • 33회

① **운영규정** : 국토교통부장관은 추진위원회의 공정한 운영을 위하여 다음의 사항을 포함한 추진위원회의 운영규정을 정하여 고시하여야 한다.

추가 조합설립추진위원회가 운영에 필요한 사항 중 추진위원회 구성에 동의한 토지등소유자에게 등기우편으로 통지하여야 하는 사항(영 제29조 제1항 단서)

1. 조합설립에 대한 동의철회(반대의 의사표시를 포함) 및 방법
2. 조합설립 동의서에 포함되는 사항으로서 정비사업비의 분담기준 등

㉠ 추진위원의 선임방법 및 변경
㉡ 추진위원의 권리·의무
㉢ 추진위원회의 업무범위
㉣ 추진위원회의 운영방법
㉤ 토지등소유자의 운영경비 납부
㉥ 추진위원회 운영자금의 차입
㉦ 그 밖에 추진위원회의 운영에 필요한 사항으로서 대통령령으로 정하는 사항

② **경비납부** : 추진위원회는 운영규정에 따라 운영하여야 하며, 토지등소유자는 운영에 필요한 경비를 운영규정에 따라 납부하여야 한다.

③ **포괄승계** : 추진위원회는 수행한 업무를 총회에 보고하여야 하며, 그 업무와 관련된 권리·의무는 조합이 포괄승계한다.

④ **관련 서류의 인계** : 추진위원회는 사용경비를 기재한 회계장부 및 관계 서류를 조합설립인가일부터 30일 이내에 조합에 인계하여야 한다.

2 조 합

정리 조합의 의무적 설립

1. 주거환경개선사업 (×)
2. 재개발사업 (△)
3. 재건축사업 (○)

(1) 조합설립의무(법 제35조 제1항) · 27회

① 시장·군수등, 토지주택공사등 또는 지정개발자가 아닌 자가 정비사업을 시행하려는 경우에는 토지등소유자로 구성된 조합을 설립하여야 한다.

② 토지등소유자가 20인 미만인 경우에 토지등소유자가 재개발사업을 시행하려는 경우에는 조합을 설립하지 아니할 수 있다.

(2) 조합설립인가

① **설립인가 시 동의요건** · 21회 · 24회 · 25회 · 27회 · 29회 · 31회

재개발 사업	재개발사업의 추진위원회(추진위원회를 구성하지 아니하는 경우에는 토지등소유자)가 조합을 설립하려면 토지등소유자의 4분의 3 이상 및 토지면적의 2분의 1 이상의 토지소유자의 동의를 받아 시장·군수등의 인가를 받아야 한다(법 제35조 제2항).

재건축 사업	주택단지인 경우	재건축사업의 추진위원회(추진위원회를 구성하지 아니하는 경우에는 토지등소유자)가 조합을 설립하려는 때에는 주택단지의 공동주택의 각 동(복리시설의 경우에는 주택단지의 복리시설 전체를 하나의 동으로 본다)별 구분소유자의 과반수 동의와 주택단지의 전체 구분소유자의 4분의 3 이상 및 토지면적의 4분의 3 이상의 토지소유자의 동의를 받아 정관등을 첨부하여 시장·군수등의 인가를 받아야 한다(법 제35조 제3항).
	주택단지가 아닌 경우	주택단지가 아닌 지역이 정비구역에 포함된 때에는 주택단지가 아닌 지역의 토지 또는 건축물 소유자의 4분의 3 이상 및 토지면적의 3분의 2 이상의 토지소유자의 동의를 받아야 한다(법 제35조 제4항).

② **변경인가 시 동의요건**(법 제35조 제5항)

　㉠ 설립된 조합이 인가받은 사항을 변경하고자 하는 때에는 총회에서 조합원의 3분의 2 이상의 찬성으로 의결하고, 다음의 사항을 첨부하여 시장·군수등의 인가를 받아야 한다.

> ⓐ 정관
> ⓑ 정비사업비와 관련된 자료 등 국토교통부령으로 정하는 서류
> ⓒ 그 밖에 시·도조례로 정하는 서류

　㉡ 대통령령으로 정하는 경미한 사항을 변경하려는 때에는 총회의 의결 없이 시장·군수등에게 신고하고 변경할 수 있다.

> **◆참고** **대통령령으로 정하는 경미한 사항 변경(영 제31조)**
>
> 1. 착오·오기 또는 누락임이 명백한 사항
> 2. 조합의 명칭 및 주된 사무소의 소재지와 조합장의 성명 및 주소(조합장의 변경이 없는 경우로 한정)
> 3. 토지 또는 건축물의 매매 등으로 조합원의 권리가 이전된 경우의 조합원의 교체 또는 신규가입
> 4. 조합임원 또는 대의원의 변경(총회의 의결 또는 대의원회의 의결을 거친 경우로 한정)
> 5. 건설되는 건축물의 설계 개요의 변경
> 6. 정비사업비의 변경
> 7. 현금청산으로 인하여 정관에서 정하는 바에 따라 조합원이 변경되는 경우
> 8. 정비구역 또는 정비계획의 변경에 따라 변경되어야 하는 사항(단, 정비구역 면적이 10% 이상의 범위에서 변경되는 경우는 제외)

추가 **경미한 사항 변경 시 시장·군수등에게 신고한 경우**

1. 시장·군수등은 신고를 받은 날부터 20일 이내에 신고수리 여부를 신고인에게 통지하여야 한다(법 제35조 제6항).
2. 시장·군수등이 기간 내에 신고수리 여부 또는 민원 처리 관련 법령에 따른 처리기간의 연장을 신고인에게 통지하지 아니하면 그 기간이 끝난 날의 다음 날에 신고를 수리한 것으로 본다(법 제35조 제7항).

③ **사업주체의 의제** : 조합이 정비사업을 시행하는 경우 「주택법」을 적용할 때에는 조합을 같은 법에 따른 사업주체로 보며, 조합설립인가일부터 같은 법에 따른 주택건설사업 등의 등록을 한 것으로 본다(법 제35조 제8항).

④ **토지소유자에게 제공** : 추진위원회는 조합설립에 필요한 동의를 받기 전에 추정분담금 등 대통령령으로 정하는 정보를 토지등소유자에게 제공하여야 한다(법 제35조 제10항).

(3) 토지등소유자의 동의방법

① **동의방법**(법 제36조) • 24회

　㉠ 다음에 대한 동의(동의한 사항의 철회 또는 반대의 의사표시를 포함)는 서면동의서에 토지등소유자가 성명을 적고 지장(指章)을 날인하는 방법으로 하며, 주민등록증, 여권 등 신원을 확인할 수 있는 신분증명서의 사본을 첨부하여야 한다.

> ⓐ 정비구역등 해제의 연장을 요청하는 경우
> ⓑ 정비구역의 해제에 동의하는 경우
> ⓒ 주거환경개선사업의 시행자를 토지주택공사등으로 지정하는 경우
> ⓓ 토지등소유자가 재개발사업을 시행하려는 경우
> ⓔ 재개발사업 · 재건축사업의 공공시행자 또는 지정개발자를 지정하는 경우
> ⓕ 조합설립을 위한 추진위원회를 구성하는 경우
> ⓖ 추진위원회의 업무가 토지등소유자의 비용부담을 수반하거나 권리 · 의무에 변동을 가져오는 경우
> ⓗ 조합을 설립하는 경우
> ⓘ 주민대표회의를 구성하는 경우
> ⓙ 사업시행계획인가를 신청하는 경우
> ⓚ 사업시행자가 사업시행계획서를 작성하려는 경우

　㉡ 토지등소유자가 해외에 장기체류하거나 법인인 경우 등 불가피한 사유가 있다고 시장 · 군수등이 인정하는 경우에는 토지등소유자의 인감도장을 찍은 서면동의서에 해당 인감증명서를 첨부하는 방법으로 할 수 있다.

추가 **대통령령으로 정하는 정보**
(영 제32조)
1. 토지등소유자별 분담금 추산액 및 산출근거
2. 그 밖에 추정분담금의 산출 등과 관련하여 시 · 도조례로 정하는 정보

ⓒ 서면동의서를 작성하는 경우 조합설립추진위원회의 승인 및 조합설립인가에 해당하는 때에는 시장·군수등이 대통령령으로 정하는 방법에 따라 검인(檢印)한 서면동의서를 사용하여야 하며, 검인을 받지 아니한 서면동의서는 그 효력이 발생하지 아니한다.

② **동의자 수 산정방법**(영 제33조 제1항) ·17회 ·23회 ·25회

ㄱ 주거환경개선사업, 재개발사업의 경우에는 다음의 기준에 의할 것

> ⓐ 1필지의 토지 또는 하나의 건축물을 여럿이서 공유할 때에는 그 여럿을 대표하는 1인을 토지등소유자로 산정할 것
> ⓑ 토지에 지상권이 설정되어 있는 경우 토지의 소유자와 해당 토지의 지상권자를 대표하는 1인을 토지등소유자로 산정할 것
> ⓒ 1인이 다수 필지의 토지 또는 다수의 건축물을 소유하고 있는 경우에는 필지나 건축물의 수에 관계없이 토지등소유자를 1인으로 산정할 것
> ⓓ 둘 이상의 토지 또는 건축물을 소유한 공유자가 동일한 경우에는 그 공유자 여럿을 대표하는 1인을 토지등소유자로 산정할 것

ㄴ 재건축사업의 경우에는 다음의 기준에 따를 것

> ⓐ 소유권 또는 구분소유권을 여럿이서 공유하는 경우에는 그 여럿을 대표하는 1인을 토지등소유자로 산정할 것
> ⓑ 1인이 둘 이상의 소유권 또는 구분소유권을 소유하고 있는 경우에는 소유권 또는 구분소유권의 수에 관계없이 토지등소유자를 1인으로 산정할 것
> ⓒ 둘 이상의 소유권 또는 구분소유권을 소유한 공유자가 동일한 경우에는 그 공유자 여럿을 대표하는 1인을 토지등소유자로 할 것

ㄷ 추진위원회의 구성 또는 조합의 설립에 동의한 자로부터 토지 또는 건축물을 취득한 자는 추진위원회의 구성 또는 조합의 설립에 동의한 것으로 볼 것

ㄹ 토지등기부등본·건물등기부등본·토지대장 및 건축물관리대장에 소유자로 등재될 당시 주민등록번호의 기록이 없고 기록된 주소가 현재 주소와 다른 경우로서 소재가 확인되지 아니한 자는 토지등소유자의 수 또는 공유자 수에서 제외할 것

ㅁ 국·공유지에 대해서는 그 재산관리청 각각을 토지등소유자로 산정할 것

추가 예외적인 철회시기

본문 ③의 ㉠에도 불구하고 다음의 동의는 최초로 동의한 날부터 30일까지만 철회할 수 있다. 다만, 다음 2.의 동의는 최초로 동의한 날부터 30일이 지나지 아니한 경우에도 조합설립을 위한 창립총회 후에는 철회할 수 없다(영 제33조 제2항 제2호).
1. 정비구역의 해제에 대한 동의
2. 조합설립에 대한 동의(동의 후 동의서의 포함사항이 변경되지 아니한 경우로 한정)

③ **동의철회 또는 반대의사표시** ·21회

㉠ 동의의 철회 또는 반대의사의 표시는 해당 동의에 따른 인·허가 등을 신청하기 전까지 할 수 있다(영 제33조 제2항 제1호).

㉡ 동의를 철회하거나 반대의 의사표시를 하려는 토지등소유자는 철회서에 토지등소유자가 성명을 적고 지장(指章)을 날인한 후 주민등록증 및 여권 등 신원을 확인할 수 있는 신분증명서 사본을 첨부하여 동의의 상대방 및 시장·군수등에게 내용증명의 방법으로 발송하여야 한다. 이 경우 시장·군수등이 철회서를 받은 때에는 지체 없이 동의의 상대방에게 철회서가 접수된 사실을 통지하여야 한다(영 제33조 제3항).

㉢ 동의의 철회나 반대의 의사표시는 철회서가 동의의 상대방에게 도달한 때 또는 시장·군수등이 동의의 상대방에게 철회서가 접수된 사실을 통지한 때 중 빠른 때에 효력이 발생한다(영 제33조 제4항).

④ **토지등소유자가 시행하는 재개발사업에서의 토지등소유자의 동의자 수 산정에 관한 특례**

㉠ 정비구역 지정·고시(변경지정·고시는 제외) 이후 토지등소유자가 재개발사업을 시행하는 경우 토지등소유자의 동의자 수를 산정하는 기준일은 다음의 구분에 따른다(법 제36조의2 제1항).

> ⓐ 정비계획의 변경을 제안하는 경우 : 정비구역 지정·고시가 있는 날
> ⓑ 사업시행계획인가를 신청하는 경우 : 사업시행계획인가를 신청하기 직전의 정비구역 변경지정·고시가 있는 날(정비구역 변경지정이 없거나 정비구역 지정·고시 후에 정비사업을 목적으로 취득한 토지 또는 건축물에 대해서는 정비구역 지정·고시가 있는 날)

㉡ 토지등소유자의 동의자 수를 산정함에 있어 산정기준일 이후 1명의 토지등소유자로부터 토지 또는 건축물의 소유권이나 지상권을 양수하여 여러 명이 소유하게 된 때에는 그 여러 명을 대표하는 1명을 토지등소유자로 본다(법 제36조의2 제2항).

⑤ **토지등소유자의 동의서 재사용의 특례**

㉠ 조합설립인가(변경인가를 포함)를 받은 후에 동의서 위조, 동의 철회, 동의율 미달 또는 동의자 수 산정방법에 관한 하자 등으로 다툼이 있는 경우로서 다음의 어느 하나에 해당하는 때에는 동의서의 유효성에 다툼이 없는 토지등소유자의 동의서를 다시 사용할 수 있다(법 제37조 제1항).

> ⓐ 조합설립인가의 무효 또는 취소소송 중에 일부 동의서를 추가 또는
> 보완하여 조합설립변경인가를 신청하는 때
> ⓑ 법원의 판결로 조합설립인가의 무효 또는 취소가 확정되어 조합설립
> 인가를 다시 신청하는 때

ⓒ 조합(위 ⊙의 ⓑ의 경우에는 추진위원회)이 토지등소유자의 동의서를
다시 사용하려면 토지등소유자에게 기존 동의서를 다시 사용할 수
있다는 취지와 반대 의사표시의 절차 및 방법을 설명·고지하여야
한다(법 제37조 제2항 제1호).

ⓒ 토지등소유자의 동의서 재사용의 요건(정비사업의 내용 및 정비계획
의 변경범위 등을 포함), 방법 및 절차 등에 필요한 사항은 대통령령
으로 정한다(법 제37조 제3항).

추가 **추진위원회가 토지등소유 자의 동의서를 다시 사용할 경우 의 요건**(법 제37조 제2항 제2호)
1. 조합설립인가의 무효 또는 취 소가 확정된 조합과 새롭게 설 립하려는 조합이 추진하려는 정비사업의 목적과 방식이 동 일할 것
2. 조합설립인가의 무효 또는 취 소가 확정된 날부터 3년의 범 위에서 대통령령으로 정하는 기간 내에 새로운 조합을 설 립하기 위한 창립총회를 개최 할 것

(4) 조합의 법인격 등 · 26회 · 30회

① **법적 성격** : 조합은 법인으로 한다(법 제38조 제1항).

② **성립시기** : 조합은 조합설립인가를 받은 날부터 30일 이내에 주된 사
무소의 소재지에서 대통령령으로 정하는 사항을 등기하는 때에 성립한
다(법 제38조 제2항).

> **✔ 참고** **조합의 등기사항**(영 제36조)
>
> 1. 설립목적
> 2. 조합의 명칭
> 3. 주된 사무소의 소재지
> 4. 설립인가일
> 5. 임원의 성명 및 주소
> 6. 임원의 대표권을 제한하는 경우에는 그 내용
> 7. 전문조합관리인을 선정한 경우에는 그 성명 및 주소

③ **조합명칭** : 조합은 명칭에 '정비사업조합'이라는 문자를 사용하여야 한
다(법 제38조 제3항).

④ **민법준용** : 조합에 관하여는 이 법에 규정된 사항을 제외하고는 「민법」
중 사단법인에 관한 규정을 준용한다(법 제49조).

(5) 조합원(법 제39조) ・18회 ・25회

① **조합원의 자격** : 정비사업의 조합원(사업시행자가 신탁업자인 경우에는 위탁자)은 토지등소유자(재건축사업의 경우에는 재건축사업에 동의한 자만 해당)로 하되, 다음의 어느 하나에 해당하는 때에는 그 여러 명을 대표하는 1명을 조합원으로 본다.

> ㉠ 토지 또는 건축물의 소유권과 지상권이 여러 명의 공유에 속하는 때
> ㉡ 여러 명의 토지등소유자가 1세대에 속하는 때. 이 경우 동일한 세대별 주민등록표상에 등재되어 있지 아니한 배우자 및 미혼인 19세 미만의 직계비속은 1세대로 보며, 1세대로 구성된 여러 명의 토지등소유자가 조합설립인가 후 세대를 분리하여 동일한 세대에 속하지 아니하는 때에도 이혼 및 19세 이상 자녀의 분가(세대별 주민등록을 달리하고, 실거주지를 분가한 경우로 한정)를 제외하고는 1세대로 본다.
> ㉢ 조합설립인가(조합설립인가 전에 신탁업자를 사업시행자로 지정한 경우에는 사업시행자의 지정) 후 1명의 토지등소유자로부터 토지 또는 건축물의 소유권이나 지상권을 양수하여 여러 명이 소유하게 된 때

② **조합원의 지위양도**

㉠ 「주택법」에 따른 투기과열지구로 지정된 지역에서 재건축사업을 시행하는 경우에는 조합설립인가 후, 재개발사업을 시행하는 경우에는 관리처분계획의 인가 후 해당 정비사업의 건축물 또는 토지를 양수(매매・증여, 그 밖의 권리의 변동을 수반하는 모든 행위를 포함하되, 상속・이혼으로 인한 양도・양수의 경우는 제외)한 자는 조합원이 될 수 없다.

㉡ 양도인이 다음의 어느 하나에 해당하는 경우 그 양도인으로부터 그 건축물 또는 토지를 양수한 자는 조합원이 될 수 있다.

> ⓐ 세대원(세대주가 포함된 세대의 구성원)의 근무상 또는 생업상의 사정이나 질병치료(의료법에 따른 의료기관의 장이 1년 이상의 치료나 요양이 필요하다고 인정하는 경우로 한정)・취학・결혼으로 세대원이 모두 해당 사업구역에 위치하지 아니한 특별시・광역시・특별자치시・특별자치도・시 또는 군으로 이전하는 경우
> ⓑ 상속으로 취득한 주택으로 세대원 모두 이전하는 경우
> ⓒ 세대원 모두 해외로 이주하거나 세대원 모두 2년 이상 해외에 체류하려는 경우
> ⓓ 1세대 1주택자로서 양도하는 주택에 대한 소유기간 및 거주기간이 대통령령으로 정하는 기간 이상인 경우

정리 조합원 자격

1. 재개발사업
   동의 불문하고 자동 조합원
2. 재건축사업
   동의한 자만 조합원

정리 투기과열지구에서 조합원의 지위양도 금지시기

1. 재건축사업
   조합설립인가 후
2. 재개발사업
   관리처분계획인가 후

추가 대통령령으로 정하는 기간

본문의 ⓓ에서 말하는 기간이란 다음의 구분에 따른 기간을 말한다. 이 경우 소유자가 피상속인으로부터 주택을 상속받아 소유권을 취득한 경우에는 피상속인의 주택의 소유기간 및 거주기간을 합산한다(영 제37조 제1항).

1. 소유기간 : 10년
2. 거주기간 : 5년(주민등록법에 따른 주민등록표를 기준으로 하며, 소유자가 거주하지 아니하고 소유자의 배우자나 직계존비속이 해당 주택에 거주한 경우에는 그 기간을 합산)

ⓔ 지분형주택을 공급받기 위하여 건축물 또는 토지를 토지주택공사등과 공유하려는 경우

ⓕ 공공임대주택, 「공공주택 특별법」에 따른 공공분양주택의 공급 및 대통령령으로 정하는 사업을 목적으로 건축물 또는 토지를 양수하려는 공공재개발사업 시행자에게 양도하려는 경우

ⓖ 그 밖에 불가피한 사정으로 양도하는 경우로서 대통령령으로 정하는 경우

ⓒ 손실보상 : 사업시행자는 당해 정비사업의 건축물 또는 토지를 양수한 자로서 조합원의 자격을 취득할 수 없는 경우 정비사업의 토지, 건축물 또는 그 밖의 권리를 취득한 자에게 법 제73조를 준용하여 손실보상을 하여야 한다.

(6) 조합의 임원

① **조합임원의 조직** ·20회 ·27회 ·33회

㉠ **임원조건** : 조합은 조합원으로서 정비구역에 위치한 건축물 또는 토지(재건축사업의 경우에는 건축물과 그 부속토지)를 소유한 자[하나의 건축물 또는 토지의 소유권을 다른 사람과 공유한 경우에는 가장 많은 지분을 소유(2인 이상의 공유자가 가장 많은 지분을 소유한 경우를 포함)한 경우로 한정] 중 다음의 어느 하나의 요건을 갖춘 조합장 1명과 이사, 감사를 임원으로 둔다. 이 경우 조합장은 선임일부터 관리처분계획인가를 받을 때까지는 해당 정비구역에서 거주하여야 한다(법 제41조 제1항).

ⓐ 정비구역에 위치한 건축물 또는 토지를 5년 이상 소유할 것
ⓑ 정비구역에서 거주하고 있는 자로서 선임일 직전 3년 동안 정비구역에서 1년 이상 거주할 것

㉡ **임원의 수** : 조합에 두는 이사의 수는 3명 이상으로 하고, 감사의 수는 1명 이상 3명 이하로 한다. 다만, 토지등소유자의 수가 100인을 초과하는 경우에는 이사의 수를 5명 이상으로 한다(영 제40조).

㉢ **임원선출의 위탁** : 조합은 총회 의결을 거쳐 조합임원의 선출에 관한 선거관리를 「선거관리위원회법」에 따라 선거관리위원회에 위탁할 수 있다(법 제41조 제3항).

㉣ **임원의 임기** : 조합임원의 임기는 3년 이하의 범위에서 정관으로 정하되, 연임할 수 있다(법 제41조 제4항).

추가 **전문조합관리인의 선정**

1. 시장·군수등은 본문 ①의 ⑩ 단서에 따른 전문조합관리인의 선정이 필요하다고 인정하거나 조합원(추진위원회의 경우에는 토지등소유자) 3분의 1 이상이 전문조합관리인의 선정을 요청하면 공개모집을 통하여 전문조합관리인을 선정할 수 있다. 이 경우 조합 또는 추진위원회의 의견을 들어야 한다(영 제41조 제2항).
2. 전문조합관리인의 임기는 3년으로 한다(영 제41조 제4항).

⑩ 임원의 선출방법 : 조합임원의 선출방법 등은 정관으로 정한다. 다만, 시장·군수등은 다음의 어느 하나에 해당하는 경우 시·도조례로 정하는 바에 따라 변호사·회계사·기술사 등으로서 대통령령으로 정하는 요건을 갖춘 자를 전문조합관리인으로 선정하여 조합임원의 업무를 대행하게 할 수 있다(법 제41조 제5항).

> ⓐ 조합임원이 사임, 해임, 임기만료, 그 밖에 불가피한 사유 등으로 직무를 수행할 수 없는 때부터 6개월 이상 선임되지 아니한 경우
> ⓑ 총회에서 조합원 과반수의 출석과 출석 조합원 과반수의 동의로 전문조합관리인의 선정을 요청하는 경우

② **조합임원의 직무**(법 제42조) ·18회 ·20회 ·23회 ·26회 ·30회 ·33회

ㄱ 조합장은 조합을 대표하고, 그 사무를 총괄하며, 총회 또는 대의원회의 의장이 된다.

ㄴ 조합장이 대의원회의 의장이 되는 경우에는 대의원으로 본다.

ㄷ 조합장 또는 이사가 자기를 위하여 조합과 계약이나 소송을 할 때에는 감사가 조합을 대표한다.

ㄹ 조합임원은 같은 목적의 정비사업을 하는 다른 조합의 임원 또는 직원을 겸할 수 없다.

③ **조합임원의 결격사유 및 해임**(법 제43조) ·20회 ·23회 ·24회 ·26회 ·33회 ·34회

ㄱ 결격사유 : 다음의 어느 하나에 해당하는 자는 조합임원 또는 전문조합관리인이 될 수 없다.

> ⓐ 미성년자·피성년후견인 또는 피한정후견인
> ⓑ 파산선고를 받고 복권되지 아니한 자
> ⓒ 금고 이상의 실형을 선고받고 그 집행이 종료(종료된 것으로 보는 경우를 포함)되거나 집행이 면제된 날부터 2년이 지나지 아니한 자
> ⓓ 금고 이상의 형의 집행유예를 받고 그 유예기간 중에 있는 자
> ⓔ 이 법을 위반하여 벌금 100만원 이상의 형을 선고받고 10년이 지나지 아니한 자
> ⓕ 조합설립 인가권자에 해당하는 지방자치단체의 장, 지방의회의원 또는 그 배우자·직계존속·직계비속

ㄴ 퇴임 : 조합임원이 다음의 어느 하나에 해당하는 경우에는 당연 퇴임한다.

ⓐ 조합임원이 결격사유(위 ㉠의 ⓐ~ⓕ에 해당하게 되거나 선임 당시 그에 해당하는 자이었음이 밝혀진 경우
ⓑ 조합임원이 자격요건을 갖추지 못한 경우

ⓒ **퇴임 전 행위의 효력** : 퇴임된 임원이 퇴임 전에 관여한 행위는 그 효력을 잃지 아니한다.

ⓔ **임원의 해임** : 조합임원은 조합원 10분의 1 이상의 요구로 소집된 총회에서 조합원 과반수의 출석과 출석 조합원 과반수의 동의를 받아 해임할 수 있다. 이 경우 요구자 대표로 선출된 자가 해임 총회의 소집 및 진행을 할 때에는 조합장의 권한을 대행한다.

ⓜ **전문조합관리인의 선정효과** : 시장·군수등이 전문조합관리인을 선정한 경우 전문조합관리인이 업무를 대행할 임원은 당연 퇴임한다.

(7) 정관의 작성 및 변경 •25회 •26회 •28회 •29회 •30회 •34회

① **정관의 기재사항** : 조합의 정관에는 다음의 사항이 포함되어야 한다(법 제40조 제1항).

> **➕보충** **정관으로 정하는 사항**
>
> 1. 조합의 명칭 및 사무소의 소재지
> 2. 조합원의 자격
> 3. 조합원의 제명·탈퇴 및 교체
> 4. 정비구역의 위치 및 면적
> 5. 조합임원의 수 및 업무의 범위
> 6. 조합임원의 권리·의무·보수·선임방법·변경 및 해임
> 7. 대의원의 수, 선임방법, 선임절차 및 대의원회의 의결방법
> 8. 조합의 비용부담 및 조합의 회계
> 9. 정비사업의 시행연도 및 시행방법
> 10. 총회의 소집 절차·시기 및 의결방법
> 11. 총회의 개최 및 조합원의 총회소집 요구
> 12. 분양신청을 하지 아니한 자(법 제73조 제3항)에 따른 이자 지급
> 13. 정비사업비의 부담 시기 및 절차
> 14. 정비사업이 종결된 때의 청산절차
> 15. 청산금의 징수·지급의 방법 및 절차
> 16. 시공자·설계자의 선정 및 계약서에 포함될 내용
> 17. 정관의 변경절차

추가 경미한 사항을 변경하는 경우

1. 대통령령으로 정하는 경미한 사항을 변경하려는 때에는 이 법 또는 정관으로 정하는 방법에 따라 변경하고 시장·군수등에게 신고하여야 한다(법 제40조 제4항).
2. 시장·군수등은 신고를 받은 날부터 20일 이내에 신고수리 여부를 신고인에게 통지하여야 한다(법 제40조 제5항).

② **표준정관** : 시·도지사는 정관의 기재사항이 포함된 표준정관을 작성하여 보급할 수 있다(법 제40조 제2항).

③ **정관의 변경** : 조합이 정관을 변경하려는 경우에는 총회를 개최하여 조합원 과반수의 찬성으로 시장·군수등의 인가를 받아야 한다. 다만, 다음의 경우에는 조합원 3분의 2 이상의 찬성으로 한다(법 제40조 제3항).

> ㉠ 조합원의 자격
> ㉡ 조합원의 제명·탈퇴 및 교체
> ㉢ 정비구역의 위치 및 면적
> ㉣ 조합의 비용부담 및 조합의 회계
> ㉤ 정비사업비의 부담 시기 및 절차
> ㉥ 시공자·설계자의 선정 및 계약서에 포함될 내용

(8) 총회개최 및 의결사항

① **총회의 소집**(법 제44조) ·30회 ·34회

㉠ 조합에는 조합원으로 구성되는 총회를 둔다.

㉡ 총회는 조합장이 직권으로 소집하거나 조합원 5분의 1 이상(정관의 기재사항 중 조합임원의 권리·의무·보수·선임방법·변경 및 해임에 관한 사항을 변경하기 위한 총회의 경우는 10분의 1 이상) 또는 대의원 3분의 2 이상의 요구로 조합장이 소집하며, 조합원 또는 대의원의 요구로 총회를 소집하는 경우 조합은 소집을 요구하는 자가 본인인지 여부를 대통령령으로 정하는 기준에 따라 정관으로 정하는 방법으로 확인하여야 한다.

㉢ 조합임원의 사임, 해임 또는 임기만료 후 6개월 이상 조합임원이 선임되지 아니한 경우에는 시장·군수등이 조합임원 선출을 위한 총회를 소집할 수 있다.

㉣ 총회를 소집하려는 자는 총회가 개최되기 7일 전까지 회의 목적·안건·일시 및 장소와 서면의결권의 행사기간 및 장소 등 서면의결권 행사에 필요한 사항을 정하여 조합원에게 통지하여야 한다.

㉤ 총회의 소집 절차·시기 등에 필요한 사항은 정관으로 정한다.

② **총회의 의결사항** ·25회

ⓐ 다음의 사항은 총회의 의결을 거쳐야 한다(법 제45조 제1항).

> ⓐ 정관의 변경(경미한 사항의 변경은 이 법 또는 정관에서 총회의결사항으로 정한 경우로 한정)
> ⓑ 자금의 차입과 그 방법·이자율 및 상환방법
> ⓒ 정비사업비의 세부 항목별 사용계획이 포함된 예산안 및 예산의 사용내역
> ⓓ 예산으로 정한 사항 외에 조합원에게 부담이 되는 계약
> ⓔ 시공자·설계자 및 감정평가법인등(시장·군수등이 선정·계약하는 감정평가법인등은 제외)의 선정 및 변경. 다만, 감정평가법인등 선정 및 변경은 총회의 의결을 거쳐 시장·군수등에게 위탁할 수 있다.
> ⓕ 정비사업전문관리업자의 선정 및 변경
> ⓖ 조합임원의 선임 및 해임
> ⓗ 정비사업비의 조합원별 분담내역
> ⓘ 법 제52조에 따른 사업시행계획서의 작성 및 변경(정비사업의 중지 또는 폐지에 관한 사항을 포함하며, 경미한 변경은 제외)
> ⓙ 관리처분계획의 수립 및 변경(경미한 변경은 제외)
> ⓚ 조합의 해산과 조합 해산 시의 회계보고
> ⓛ 청산금의 징수·지급(분할징수·분할지급을 포함)
> ⓜ 시행자가 부과하는 부과금(법 제93조)에 따른 비용의 금액 및 징수방법

ⓑ 위 ⓐ의 사항 중 이 법 또는 정관에 따라 조합원의 동의가 필요한 사항은 총회에 상정하여야 한다(법 제45조 제2항).

③ **총회의 의결정족수** ·27회

ⓐ 총회의 의결은 이 법 또는 정관에 다른 규정이 없으면 조합원 과반수의 출석과 출석 조합원의 과반수 찬성으로 한다(법 제45조 제3항).

ⓑ 사업시행계획서의 작성 및 변경, 관리처분계획의 수립 및 변경의 경우에는 조합원 과반수의 찬성으로 의결한다. 다만, 정비사업비가 100분의 10(생산자물가상승률분, 분양신청을 하지 아니한 자에 따른 손실보상금액은 제외) 이상 늘어나는 경우에는 조합원 3분의 2 이상의 찬성으로 의결하여야 한다(법 제45조 제4항).

④ **의결권 행사방법**

㉠ 조합원은 서면으로 의결권을 행사하거나 다음의 어느 하나에 해당하는 경우에는 대리인을 통하여 의결권을 행사할 수 있다. 서면으로 의결권을 행사하는 경우에는 정족수를 산정할 때에 출석한 것으로 본다(법 제45조 제5항).

> ⓐ 조합원이 권한을 행사할 수 없어 배우자, 직계존비속 또는 형제자매 중에서 성년자를 대리인으로 정하여 위임장을 제출하는 경우
> ⓑ 해외에 거주하는 조합원이 대리인을 지정하는 경우
> ⓒ 법인인 토지등소유자가 대리인을 지정하는 경우. 이 경우 법인의 대리인은 조합임원 또는 대의원으로 선임될 수 있다.

㉡ 조합은 서면의결권을 행사하는 자가 본인인지를 확인하여야 한다(법 제45조 제6항).

⑤ **총회의 소집절차** · 24회

㉠ 총회의 의결은 조합원의 100분의 10 이상이 직접 출석(대리인을 통하여 의결권을 행사하는 경우 직접 출석한 것으로 본다)하여야 한다. 다만, 시공자의 선정을 의결하는 총회의 경우에는 조합원의 과반수가 직접 출석하여야 하고, 창립총회, 시공사 선정 취소를 위한 총회, 사업시행계획서의 작성 및 변경, 관리처분계획의 수립 및 변경을 의결하는 총회 등 대통령령으로 정하는 총회의 경우에는 조합원의 100분의 20 이상이 직접 출석하여야 한다(법 제45조 제7항).

㉡ 「재난 및 안전관리 기본법」에 따른 재난의 발생 등 대통령령으로 정하는 사유가 발생하여 시장·군수등이 조합원의 직접 출석이 어렵다고 인정하는 경우에는 전자적 방법(전자문서 및 전자거래 기본법에 따른 정보처리시스템을 사용하거나 그 밖의 정보통신기술을 이용하는 방법)으로 의결권을 행사할 수 있다. 이 경우 정족수를 산정할 때에는 직접 출석한 것으로 본다(법 제45조 제8항).

㉢ 총회의 의결방법, 서면의결권 행사 및 본인확인방법 등에 필요한 사항은 정관으로 정한다(법 제45조 제9항).

(9) 대의원회

① **설치조건** · 24회 · 25회

㉠ 조합원의 수가 100명 이상인 조합은 대의원회를 두어야 한다(법 제46조 제1항).

ⓒ 대의원회는 조합원의 10분의 1 이상으로 구성한다. 다만, 조합원의 10분의 1이 100명을 넘는 경우에는 조합원의 10분의 1의 범위에서 100명 이상으로 구성할 수 있다(법 제46조 제2항).

② **자격 및 권한** • 20회 • 23회 • 25회 • 27회 • 32회 • 33회 • 34회

ⓐ 대의원은 조합원 중에서 선출한다(영 제44조 제1항).

ⓑ 조합장이 아닌 조합임원은 대의원이 될 수 없다(법 제46조 제3항).

ⓒ 대의원회는 총회의 의결사항 중 대통령령으로 정하는 사항 외에는 총회의 권한을 대행할 수 있다(법 제46조 제4항).

⊕ 보충 | 대의원회가 총회의 권한을 대행할 수 없는 사항(영 제43조)

1. 정관의 변경에 관한 사항(경미한 사항의 변경은 법 또는 정관에서 총회의결 사항으로 정한 경우로 한정)
2. 자금의 차입과 그 방법·이자율 및 상환방법에 관한 사항
3. 예산으로 정한 사항 외에 조합원에게 부담이 되는 계약에 관한 사항
4. 시공자·설계자 또는 감정평가법인등(시장·군수등이 선정·계약하는 감정 평가법인등은 제외)의 선정 및 변경에 관한 사항
5. 정비사업전문관리업자의 선정 및 변경에 관한 사항
6. 조합임원의 선임 및 해임과 대의원의 선임 및 해임에 관한 사항. 다만, 정관 으로 정하는 바에 따라 임기 중 궐위된 재(조합장은 제외)를 보궐선임하는 경우를 제외한다.
7. 사업시행계획서의 작성 및 변경에 관한 사항(정비사업의 중지 또는 폐지에 관한 사항을 포함하며, 경미한 변경은 제외)
8. 관리처분계획의 수립 및 변경에 관한 사항(경미한 변경은 제외)
9. 총회에 상정하여야 하는 사항
10. 조합의 합병 또는 해산에 관한 사항(단, 사업완료로 인한 해산의 경우는 제외)
11. 건설되는 건축물의 설계 개요의 변경에 관한 사항
12. 정비사업비의 변경에 관한 사항

---

③ **소집 및 의결**

ⓐ 대의원회의 소집은 집회 7일 전까지 그 회의의 목적·안건·일시 및 장소를 기재한 서면을 대의원에게 통지하는 방법에 따른다. 이 경 우 정관으로 정하는 바에 따라 대의원회의 소집내용을 공고하여야 한다(영 제44조 제7항).

ⓑ 대의원회는 재적대의원 과반수의 출석과 출석대의원 과반수의 찬 성으로 의결한다. 다만, 그 이상의 범위에서 정관으로 달리 정하는 경우에는 그에 따른다(영 제44조 제8항).

ⓒ 특정한 대의원의 이해와 관련된 사항에 대해서는 그 대의원은 의결 권을 행사할 수 없다(영 제44조 제10항).

3 주민대표회의 및 토지등소유자 전체회의

(1) 주민대표회의 ·31회 ·32회

① **구성의무** : 토지등소유자가 시장·군수등 또는 토지주택공사등의 사업 시행을 원하는 경우에는 정비구역 지정·고시 후 주민대표기구(이하 '주민대표회의')를 구성하여야 한다(법 제47조 제1항).

② **구성원 및 동의**

ㄱ 주민대표회의는 위원장을 포함하여 5명 이상 25명 이하로 구성한다(법 제47조 제2항).

ㄴ 주민대표회의에는 위원장과 부위원장 각 1명과 1명 이상 3명 이하의 감사를 둔다(영 제45조 제1항).

ㄷ 주민대표회의는 토지등소유자의 과반수의 동의를 받아 구성하며, 국토교통부령으로 정하는 방법 및 절차에 따라 시장·군수등의 승인을 받아야 한다(법 제47조 제3항).

ㄹ 주민대표회의의 구성에 동의한 자는 사업시행자의 지정에 동의한 것으로 본다. 다만, 사업시행자의 지정 요청 전에 시장·군수등 및 주민대표회의에 사업시행자의 지정에 대한 반대의 의사표시를 한 토지등소유자의 경우에는 그러하지 아니하다(법 제47조 제4항).

③ **의견제시** : 주민대표회의 또는 세입자(상가세입자를 포함)는 사업시행자가 다음의 사항에 관하여 시행규정을 정하는 때에 의견을 제시할 수 있다. 이 경우 사업시행자는 주민대표회의 또는 세입자의 의견을 반영하기 위하여 노력하여야 한다(법 제47조 제5항).

> ㄱ 건축물의 철거
> ㄴ 주민의 이주(세입자의 퇴거에 관한 사항을 포함)
> ㄷ 토지 및 건축물의 보상(세입자에 대한 주거이전비 등 보상에 관한 사항을 포함)
> ㄹ 정비사업비의 부담
> ㅁ 세입자에 대한 임대주택의 공급 및 입주자격
> ㅂ 그 밖에 정비사업의 시행을 위하여 필요한 사항으로서 대통령령으로 정하는 사항

④ **운영방법**

ㄱ 주민대표회의의 운영, 비용부담, 위원의 선임 방법 및 절차 등에 필요한 사항은 대통령령으로 정한다(법 제47조 제6항).

ⓛ 시장·군수등 또는 토지주택공사등은 주민대표회의의 운영에 필요한 경비의 일부를 해당 정비사업비에서 지원할 수 있다(영 제45조 제3항).

(2) 토지등소유자 전체회의

① **의결사항** : 사업시행자로 지정된 신탁업자는 다음의 사항에 관하여 해당 정비사업의 토지등소유자(재건축사업의 경우에는 신탁업자를 사업시행자로 지정하는 것에 동의한 토지등소유자) 전원으로 구성되는 회의(이하 '토지등소유자 전체회의')의 의결을 거쳐야 한다(법 제48조 제1항).

> ㉠ 시행규정의 확정 및 변경
> ㉡ 정비사업비의 사용 및 변경
> ㉢ 정비사업전문관리업자와의 계약 등 토지등소유자의 부담이 될 계약
> ㉣ 시공자의 선정 및 변경
> ㉤ 정비사업비의 토지등소유자별 분담내역
> ㉥ 자금의 차입과 그 방법·이자율 및 상환방법
> ㉦ 사업시행계획서의 작성 및 변경(정비사업의 중지 또는 폐지에 관한 사항을 포함하며, 경미한 변경은 제외)
> ㉧ 관리처분계획의 수립 및 변경(경미한 변경은 제외)
> ㉨ 청산금의 징수·지급(분할징수·분할지급을 포함)과 조합 해산 시의 회계보고
> ㉩ 시행자가 부과하는 부과금(법 제93조)에 따른 비용의 금액 및 징수방법

② **회의소집** : 토지등소유자 전체회의는 사업시행자가 직권으로 소집하거나 토지등소유자 5분의 1 이상의 요구로 사업시행자가 소집한다(법 제48조 제2항).

제4절   사업시행계획

1 사업시행계획서 작성 및 동의

(1) 사업시행계획서의 작성 ・22회 ・25회 ・31회
사업시행자는 정비계획에 따라 다음의 사항을 포함하는 사업시행계획서를 작성하여야 한다(법 제52조 제1항).

① 토지이용계획(건축물배치계획을 포함)

② 정비기반시설 및 공동이용시설의 설치계획

③ 임시거주시설을 포함한 주민이주대책

④ 세입자의 주거 및 이주 대책

⑤ 사업시행기간 동안 정비구역 내 가로등 설치, 폐쇄회로 텔레비전 설치 등 범죄예방대책

⑥ 임대주택의 건설계획(재건축사업의 경우는 제외)

⑦ 국민주택규모 주택의 건설계획(주거환경개선사업의 경우는 제외)

⑧ 공공지원민간임대주택 또는 임대관리 위탁주택의 건설계획(필요한 경우로 한정)

⑨ 건축물의 높이 및 용적률 등에 관한 건축계획

⑩ 정비사업의 시행과정에서 발생하는 폐기물의 처리계획

⑪ 교육시설의 교육환경 보호에 관한 계획(정비구역부터 200m 이내에 교육시설이 설치되어 있는 경우로 한정)

⑫ 정비사업비

⑬ 그 밖에 사업시행을 위한 사항으로서 대통령령으로 정하는 바에 따라 시·도조례로 정하는 사항

(2) 사업시행계획의 동의 · 20회

시행자	동의요건
조합인 시행자	사업시행자(시장·군수등 또는 토지주택공사등은 제외)는 사업시행계획인가를 신청하기 전에 미리 총회의 의결을 거쳐야 하며, 인가받은 사항을 변경하거나 정비사업을 중지 또는 폐지하려는 경우에도 또한 같다. 다만, 경미한 사항의 변경은 총회의 의결을 필요로 하지 아니한다(법 제50조 제5항).
토지등소유자인 시행자	토지등소유자가 재개발사업을 시행하려는 경우에는 사업시행계획인가를 신청하기 전에 사업시행계획서에 대하여 토지등소유자의 4분의 3 이상 및 토지면적의 2분의 1 이상의 토지소유자의 동의를 받아야 한다. 다만, 인가받은 사항을 변경하려는 경우에는 규약으로 정하는 바에 따라 토지등소유자의 과반수의 동의를 받아야 하며, 경미한 사항의 변경인 경우에는 토지등소유자의 동의를 필요로 하지 아니한다(법 제50조 제6항).
지정개발자인 시행자	지정개발자가 정비사업을 시행하려는 경우에는 사업시행계획인가를 신청하기 전에 토지등소유자의 과반수의 동의 및 토지면적의 2분의 1 이상의 토지소유자의 동의를 받아야 한다. 다만, 경미한 사항의 변경인 경우에는 토지등소유자의 동의를 필요로 하지 아니한다(법 제50조 제7항).

1. 시장·군수등은 재개발사업의 사업시행계획인가를 하는 경우 해당 정비사업의 사업시행자가 지정개발자(지정개발자가 토지등소유자인 경우로 한정)인 때에는 정비사업비의 100분의 20의 범위에서 시·도조례로 정하는 금액을 예치하게 할 수 있다.
2. 예치금은 청산금의 지급이 완료된 때에 반환한다.

2 사업시행계획인가

(1) 인가절차 · 25회

① **인가신청**: 사업시행자(공동시행의 경우를 포함하되, 사업시행자가 시장·군수등인 경우는 제외)는 정비사업을 시행하려는 경우에는 사업시행계획서에 정관등과 그 밖에 국토교통부령으로 정하는 서류를 첨부하여 시장·군수등에게 제출하고 사업시행계획인가를 받아야 하고, 인가받은 사항을 변경하거나 정비사업을 중지 또는 폐지하려는 경우에도 또한 같다. 다만, 대통령령으로 정하는 경미한 사항을 변경하려는 때에는 시장·군수등에게 신고하여야 한다(법 제50조 제1항).

┌─ 보충 ─ 대통령령으로 정하는 경미한 사항 변경(영 제46조)

1. 정비사업비를 10%의 범위에서 변경하거나 관리처분계획의 인가에 따라 변경하는 때. 다만, 「주택법」에 따른 국민주택을 건설하는 사업인 경우에는 「주택도시기금법」에 따른 주택도시기금의 지원금액이 증가되지 아니하는 경우만 해당한다.
2. 건축물이 아닌 부대시설·복리시설의 설치규모를 확대하는 때(위치가 변경되는 경우는 제외)
3. 대지면적을 10%의 범위에서 변경하는 때
4. 세대수와 세대당 주거전용면적을 변경하지 않고 세대당 주거전용면적의 10%의 범위에서 세대 내부구조의 위치 또는 면적을 변경하는 때
5. 내장재료 또는 외장재료를 변경하는 때
6. 사업시행계획인가의 조건으로 부과된 사항의 이행에 따라 변경하는 때
7. 건축물의 설계와 용도별 위치를 변경하지 아니하는 범위에서 건축물의 배치 및 주택단지 안의 도로선형을 변경하는 때
8. 사업시행자의 명칭 또는 사무소 소재지를 변경하는 때
9. 정비구역 또는 정비계획의 변경에 따라 사업시행계획서를 변경하는 때
10. 조합설립변경인가에 따라 사업시행계획서를 변경하는 때
11. 그 밖에 시·도조례로 정하는 사항을 변경하는 때

정리 사업시행계획 인가권자

시장·군수등

추가 신고수리 여부 통지

1. 시장·군수등은 신고를 받은 날부터 20일 이내에 신고수리 여부를 신고인에게 통지하여야 한다(법 제50조 제2항).
2. 시장·군수등이 위 1.에서 정한 기간 내에 신고수리 여부 또는 민원 처리 관련 법령에 따른 처리기간의 연장을 신고인에게 통지하지 아니하면 그 기간이 끝난 날의 다음 날에 신고를 수리한 것으로 본다(법 제50조 제3항).

② **통보** : 시장·군수등은 특별한 사유가 없으면 사업시행계획서의 제출이 있은 날부터 60일 이내에 인가 여부를 결정하여 사업시행자에게 통보하여야 한다(법 제50조 제4항).

③ **공람** : 시장·군수등은 사업시행계획인가를 하거나 사업시행계획서를 작성하려는 경우에는 대통령령으로 정하는 방법 및 절차에 따라 관계 서류의 사본을 14일 이상 일반인이 공람할 수 있게 하여야 한다. 다만, 경미한 사항을 변경하려는 경우에는 그러하지 아니하다(법 제56조 제1항).

④ **의견제출** : 토지등소유자 또는 조합원, 그 밖에 정비사업과 관련하여 이해관계를 가지는 자는 공람기간 이내에 시장·군수등에게 서면으로 의견을 제출할 수 있다(법 제56조 제2항).

⑤ **의견채택** : 시장·군수등은 제출된 의견을 심사하여 채택할 필요가 있다고 인정하는 때에는 이를 채택하고, 그러하지 아니한 경우에는 의견을 제출한 자에게 그 사유를 알려주어야 한다(법 제56조 제3항).

⑥ **인가고시** : 시장·군수등은 사업시행계획인가(시장·군수등이 사업시행계획서를 작성한 경우를 포함)를 하거나 정비사업을 변경·중지 또는 폐지하는 경우에는 국토교통부령으로 정하는 방법 및 절차에 따라 그 내용을 해당 지방자치단체의 공보에 고시하여야 한다. 다만, 경미한 사항을 변경하려는 경우에는 그러하지 아니하다(법 제50조 제9항).

(2) 사업시행계획인가의 특례(법 제58조) ·25회

① 사업시행자는 일부 건축물의 존치 또는 리모델링에 관한 내용이 포함된 사업시행계획서를 작성하여 사업시행계획인가를 신청할 수 있다.

② 시장·군수등은 존치 또는 리모델링하는 건축물 및 건축물이 있는 토지가 「주택법」 및 「건축법」에 따른 다음의 건축 관련 기준에 적합하지 아니하더라도 대통령령으로 정하는 기준에 따라 사업시행계획인가를 할 수 있다.

> ㉠ 「주택법」에 따른 주택단지의 범위
> ㉡ 「주택법」에 따른 부대시설 및 복리시설의 설치기준
> ㉢ 「건축법」에 따른 대지와 도로의 관계
> ㉣ 「건축법」에 따른 건축선의 지정
> ㉤ 「건축법」에 따른 일조 등의 확보를 위한 건축물의 높이제한

추가 **교육감·교육장과 협의**

1. 시장·군수등은 사업시행계획인가(시장·군수등이 사업시행계획서를 작성한 경우를 포함)를 하려는 경우 정비구역부터 200m 이내에 교육시설이 설치되어 있는 때에는 해당 지방자치단체의 교육감 또는 교육장과 협의하여야 하며, 인가받은 사항을 변경하는 경우에도 또한 같다(법 제57조 제5항).
2. 시장·군수등은 천재지변이나 그 밖의 불가피한 사유로 긴급히 정비사업을 시행할 필요가 있다고 인정하는 때에는 관계 행정기관의 장 및 교육감 또는 교육장과 협의를 마치기 전에 사업시행계획인가를 할 수 있다(법 제57조 제6항).

③ 사업시행자가 사업시행계획서를 작성하려는 경우에는 존치 또는 리모 델링하는 건축물 소유자의 동의(집합건물의 소유 및 관리에 관한 법률에 따른 구분소유자가 있는 경우에는 구분소유자의 3분의 2 이상의 동의와 해당 건축물 연면적의 3분의 2 이상의 구분소유자의 동의)를 받아야 한다. 다만, 정비계획에서 존치 또는 리모델링하는 것으로 계획된 경우에는 그러하 지 아니한다.

(3) 기반시설의 기부채납 기준(법 제51조)

① 시장·군수등은 사업시행계획을 인가하는 경우 사업시행자가 제출하는 사업시행계획에 해당 정비사업과 직접적으로 관련이 없거나 과도한 정 비기반시설의 기부채납을 요구하여서는 아니 된다.

② 국토교통부장관은 정비기반시설의 기부채납과 관련하여 다음의 사항 이 포함된 운영기준을 작성하여 고시할 수 있다.

> ㉠ 정비기반시설의 기부채납 부담의 원칙 및 수준
> ㉡ 정비기반시설의 설치기준 등

③ 시장·군수등은 위 ②에 따른 운영기준의 범위에서 지역여건 또는 사업 의 특성 등을 고려하여 따로 기준을 정할 수 있으며, 이 경우 사전에 국토교통부장관에게 보고하여야 한다.

(4) 정비구역의 범죄 등의 예방(법 제130조)

① 시장·군수등은 사업시행계획인가를 한 경우 그 사실을 관할 경찰서장 및 관할 소방서장에게 통보하여야 한다.

② 시장·군수등은 사업시행계획인가를 한 경우 정비구역 내 주민 안전 등 을 위하여 다음의 사항을 관할 시·도경찰청장 또는 경찰서장에게 요청 할 수 있다.

> ㉠ 순찰 강화
> ㉡ 순찰초소의 설치 등 범죄 예방을 위하여 필요한 시설의 설치 및 관리
> ㉢ 그 밖에 주민의 안전을 위하여 필요하다고 인정하는 사항

③ 시장·군수등은 사업시행계획인가를 한 경우 정비구역 내 주민 안전 등 을 위하여 관할 시·도 소방본부장 또는 소방서장에게 화재예방 순찰을 강화하도록 요청할 수 있다.

(5) 다른 법률의 인가·허가등의 의제

① 인·허가등의 의제 : 사업시행자가 사업시행계획인가를 받은 때(시장·군수등이 직접 정비사업을 시행하는 경우에는 사업시행계획서를 작성한 때)에는 다음의 인가·허가·승인·신고·등록·협의·동의·심사·지정 또는 해제(이하 '인·허가등')가 있는 것으로 보며, 사업시행계획인가의 고시가 있은 때에는 다음의 관계 법률에 따른 인·허가등의 고시·공고 등이 있은 것으로 본다(법 제57조 제1항).

> **✓ 참고** 인·허가등의 의제
>
> 1. 「주택법」에 따른 사업계획의 승인
> 2. 「공공주택 특별법」에 따른 주택건설사업계획의 승인
> 3. 「건축법」에 따른 건축허가, 가설건축물의 건축허가 또는 축조신고 및 건축협의
> 4. 「도로법」에 따른 도로관리청이 아닌 자에 대한 도로공사 시행의 허가 및 도로의 점용 허가
> 5. 「사방사업법」에 따른 사방지의 지정해제
> 6. 「농지법」에 따른 농지전용의 허가·협의 및 농지전용신고
> 7. 「산지관리법」에 따른 산지전용허가 및 산지전용신고, 산지일시사용허가·신고와 「산림자원의 조성 및 관리에 관한 법률」에 따른 입목벌채 등의 허가·신고 및 「산림보호법」에 따른 산림보호구역에서의 행위의 허가(단, 산림자원의 조성 및 관리에 관한 법률에 따른 채종림·시험림과 산림보호법에 따른 산림유전자원보호구역의 경우는 제외)
> 8. 「하천법」에 따른 하천공사 시행의 허가 및 하천공사실시계획의 인가, 하천의 점용허가 및 하천수의 사용허가
> 9. 「수도법」에 따른 일반수도사업의 인가 및 전용상수도 또는 전용공업용수도 설치의 인가
> 10. 「하수도법」에 따른 공공하수도사업의 허가 및 개인하수처리시설의 설치신고
> 11. 「공간정보의 구축 및 관리 등에 관한 법률」에 따른 지도 등의 간행 심사
> 12. 「유통산업발전법」에 따른 대규모점포 등의 등록
> 13. 「국유재산법」에 따른 사용허가(재개발사업으로 한정)
> 14. 「공유재산 및 물품 관리법」에 따른 사용·수익허가(재개발사업으로 한정)
> 15. 「공간정보의 구축 및 관리 등에 관한 법률」에 따른 사업의 착수·변경의 신고
> 16. 「국토의 계획 및 이용에 관한 법률」에 따른 도시·군계획시설 사업시행자의 지정 및 실시계획의 인가
> 17. 「전기안전관리법」에 따른 자가용전기설비의 공사계획의 인가 및 신고
> 18. 「소방시설 설치 및 관리에 관한 법률」에 따른 건축허가 등의 동의, 「위험물안전관리법」에 따른 제조소 등의 설치의 허가(제조소 등은 공장건축물 또는 그 부속시설과 관계있는 것으로 한정)
> 19. 「도시공원 및 녹지 등에 관한 법률」에 따른 공원조성계획의 결정

② **공장이 포함된 구역에 대한 특례** : 사업시행자가 공장이 포함된 구역에 대하여 재개발사업의 사업시행계획인가를 받은 때에는 위 ①에 따른 인·허가등 외에 다음의 인·허가등이 있은 것으로 보며, 사업시행계획인가를 고시한 때에는 다음의 관계 법률에 따른 인·허가 등의 고시·공고 등이 있은 것으로 본다(법 제57조 제2항).

> ㉠ 「산업집적활성화 및 공장설립에 관한 법률」에 따른 공장설립 등의 승인 및 공장설립 등의 완료신고
> ㉡ 「폐기물관리법」에 따른 폐기물처리시설의 설치승인 또는 설치신고(변경승인 또는 변경신고를 포함)
> ㉢ 「대기환경보전법」, 「물환경보전법」 및 「소음·진동관리법」에 따른 배출시설설치의 허가 및 신고
> ㉣ 「총포·도검·화약류 등의 안전관리에 관한 법률」에 따른 화약류저장소 설치의 허가

③ **관계 서류 제출** : 사업시행자는 정비사업에 대하여 인·허가등의 의제를 받으려는 경우에는 사업시행계획인가를 신청하는 때에 해당 법률에서 정하는 관계 서류를 함께 제출하여야 한다. 다만, 사업시행계획인가를 신청한 때에 시공자가 선정되어 있지 아니하여 관계 서류를 제출할 수 없거나 사업시행계획인가를 하는 경우에는 시장·군수등이 정하는 기한까지 제출할 수 있다(법 제57조 제3항).

④ **수수료 등 면제** : 인·허가등을 받은 것으로 보는 경우에는 관계 법률 또는 시·도조례에 따라 해당 인·허가등의 대가로 부과되는 수수료와 해당 국·공유지의 사용 또는 점용에 따른 사용료 또는 점용료를 면제한다(법 제57조 제7항).

(6) 시행규정의 작성 · 33회

시장·군수등, 토지주택공사등 또는 신탁업자가 단독으로 정비사업을 시행하는 경우 다음의 사항을 포함하는 시행규정을 작성하여야 한다(법 제53조).

> ① 정비사업의 종류 및 명칭
> ② 정비사업의 시행연도 및 시행방법
> ③ 비용부담 및 회계
> ④ 토지등소유자의 권리·의무
> ⑤ 정비기반시설 및 공동이용시설의 부담
> ⑥ 공고·공람 및 통지의 방법

⑦ 토지 및 건축물에 관한 권리의 평가방법
⑧ 관리처분계획 및 청산(분할징수 또는 납입에 관한 사항을 포함). 다만, 수용의 방법으로 시행하는 경우는 제외한다.
⑨ 시행규정의 변경
⑩ 사업시행계획서의 변경
⑪ 토지등소유자 전체회의(신탁업자가 사업시행자인 경우로 한정)
⑫ 그 밖에 시·도조례로 정하는 사항

3 재건축사업 등의 용적률 완화 및 국민주택규모 주택 건설

(1) 재건축사업 등의 용적률 완화

① **용적률 완화** : 사업시행자는 다음의 어느 하나에 해당하는 정비사업(도시재정비 촉진을 위한 특별법에 따른 재정비촉진지구에서 시행되는 재개발사업 및 재건축사업은 제외)을 시행하는 경우 정비계획으로 정하여진 용적률에도 불구하고 지방도시계획위원회의 심의를 거쳐 「국토의 계획 및 이용에 관한 법률」 제78조 및 관계 법률에 따른 용적률의 상한(이하 '법적상한용적률')까지 건축할 수 있다(법 제54조 제1항).

> ㉠ 「수도권정비계획법」에 따른 과밀억제권역에서 시행하는 재개발사업 및 재건축사업(국토의 계획 및 이용에 관한 법률에 따른 주거지역 및 대통령령으로 정하는 공업지역으로 한정)
> ㉡ 위 ㉠ 외의 경우 시·도조례로 정하는 지역에서 시행하는 재개발사업 및 재건축사업

② **허용세대수 제한특례** : 사업시행자가 정비계획으로 정하여진 용적률을 초과하여 건축하려는 경우에는 「국토의 계획 및 이용에 관한 법률」에 따라 특별시·광역시·특별자치시·특별자치도·시 또는 군의 조례로 정한 용적률 제한 및 정비계획으로 정한 허용세대수의 제한을 받지 아니한다(법 제54조 제2항).

③ **용적률 상한** : 용적률의 상한은 다음의 어느 하나에 해당하여 건축행위가 제한되는 경우 건축이 가능한 용적률을 말한다(법 제54조 제3항).

- ㉠ 「국토의 계획 및 이용에 관한 법률」에 따른 건축물의 층수제한
- ㉡ 「건축법」에 따른 높이제한
- ㉢ 「건축법」에 따른 일조 등의 확보를 위한 건축물의 높이제한
- ㉣ 「공항시설법」에 따른 장애물 제한표면구역 내 건축물의 높이제한
- ㉤ 「군사기지 및 군사시설 보호법」에 따른 비행안전구역 내 건축물의 높이제한
- ㉥ 「문화재보호법」에 따른 건설공사 시 문화재 보호를 위한 건축제한
- ㉦ 「자연유산의 보존 및 활용에 관한 법률」에 따른 건설공사 시 천연기념물 등의 보호를 위한 건축제한
- ㉧ 그 밖에 시장·군수등이 건축 관계 법률의 건축제한으로 용적률의 완화가 불가능하다고 근거를 제시하고, 지방도시계획위원회 또는 「건축법」에 따라 시·도에 두는 건축위원회가 심의를 거쳐 용적률 완화가 불가능하다고 인정한 경우

(2) 국민주택규모 주택 건설비율

사업시행자는 법적상한용적률에서 정비계획으로 정하여진 용적률을 뺀 용적률(이하 '초과용적률')의 다음에 따른 비율에 해당하는 면적에 국민주택규모 주택을 건설하여야 한다. 다만, 천재지변 등 불가피한 사유(법 제24조 제4항, 제26조 제1항 제1호 및 제27조 제1항 제1호)에 따른 정비사업을 시행하는 경우에는 그러하지 아니하다(법 제54조 제4항).

정비사업의 종류		주택 건설비율	
과밀억제권에서 시행	재건축사업	초과용적률의 100분의 30 이상 100분의 50 이하	시·도조례로 정하는 비율
	재개발사업	초과용적률의 100분의 50 이상 100분의 75 이하	
과밀억제권역 외의 지역에서 시행	재건축사업	초과용적률의 100분의 50 이하	
	재개발사업	초과용적률의 100분의 75 이하	

(3) 국민주택규모 주택의 공급 및 인수(법 제55조) ·33회

공급	사업시행자는 건설한 국민주택규모 주택을 국토교통부장관, 시·도지사, 시장, 군수, 구청장 또는 토지주택공사등(이하 '인수자')에 공급하여야 한다.
공급 가격	국민주택규모 주택의 공급가격은 「공공주택 특별법」에 따라 국토교통부장관이 고시하는 공공건설임대주택의 표준건축비로 하며, 부속 토지는 인수자에게 기부채납한 것으로 본다.
사전 협의	사업시행자는 정비계획상 용적률을 초과하여 건축하려는 경우에는 사업시행계획인가를 신청하기 전에 미리 국민주택규모 주택에 관한 사항을 인수자와 협의하여 사업시행계획서에 반영하여야 한다.

추가 선정방법

사업시행자는 인수자에게 공급해야 하는 국민주택규모 주택을 공개추첨의 방법으로 선정해야 한다(영 제48조 제1항).

추가 우선 인수(영 제48조 제2항)

1. 선정된 국민주택규모 주택을 공급하는 경우에는 시·도지사, 시장·군수·구청장 순으로 우선하여 인수할 수 있다.
2. 시·도지사 및 시장·군수·구청장이 국민주택규모 주택을 인수할 수 없는 경우에는 시·도지사는 국토교통부장관에게 인수자 지정을 요청해야 한다.

활용	국민주택규모 주택의 인수를 위한 절차와 방법 등에 필요한 사항은 대통령령으로 정할 수 있으며, 인수된 국민주택규모 주택은 대통령령으로 정하는 장기공공임대주택으로 활용하여야 한다. 다만, 토지등소유자의 부담 완화 등 대통령령으로 정하는 요건에 해당하는 경우에는 인수된 국민주택규모 주택을 장기공공임대주택이 아닌 임대주택으로 활용할 수 있다.
부속 토지 인수	임대주택의 인수자는 임대의무기간에 따라 감정평가액의 100분의 50 이하의 범위에서 대통령령으로 정하는 가격으로 부속 토지를 인수하여야 한다.

제5절 정비사업 시행을 위한 조치

1 순환정비방식의 정비사업

(1) 순환정비사업

사업시행자는 정비구역의 안과 밖에 새로 건설한 주택 또는 이미 건설되어 있는 주택의 경우 그 정비사업의 시행으로 철거되는 주택의 소유자 또는 세입자(정비구역에서 실제 거주하는 자로 한정)를 임시로 거주하게 하는 등 그 정비구역을 순차적으로 정비하여 주택의 소유자 또는 세입자의 이주대책을 수립하여야 한다(법 제59조 제1항).

(2) 순환용주택*

* 순환용주택
순환정비방식으로 정비사업을 시행하는 경우에 임시로 거주하는 주택을 말한다.

① **공급** : 사업시행자는 위 **(1)**에 따른 방식으로 정비사업을 시행하는 경우에는 임시로 거주하는 주택(이하 '순환용주택')을 「주택법」에도 불구하고 임시거주시설로 사용하거나 임대할 수 있으며, 대통령령으로 정하는 방법과 절차에 따라 토지주택공사등이 보유한 공공임대주택을 순환용주택으로 우선 공급할 것을 요청할 수 있다(법 제59조 제2항).

② **처분** : 사업시행자는 순환용주택에 거주하는 자가 정비사업이 완료된 후에도 순환용주택에 계속 거주하기를 희망하는 때에는 대통령령으로 정하는 바에 따라 분양하거나 계속 임대할 수 있다. 이 경우 사업시행자가 소유하는 순환용주택은 인가받은 관리처분계획에 따라 토지등소유자에게 처분된 것으로 본다(법 제59조 제3항).

2 임시거주·상가시설의 설치

(1) 임시거주시설 설치 ·19회 ·20회 ·22회 ·25회 ·28회

① **설치의무**

㉠ 사업시행자는 주거환경개선사업 및 재개발사업의 시행으로 철거되는 주택의 소유자 또는 세입자에게 해당 정비구역 안과 밖에 위치한 임대주택 등의 시설에 임시로 거주하게 하거나 주택자금의 융자를 알선하는 등 임시거주에 상응하는 조치를 하여야 한다(법 제61조 제1항).

㉡ 사업시행자는 임시거주시설의 설치 등을 위하여 필요한 때에는 국가·지방자치단체, 그 밖의 공공단체 또는 개인의 시설이나 토지를 일시사용할 수 있다(법 제61조 제2항).

② **국·공유지의 무상사용** : 국가 또는 지방자치단체는 사업시행자로부터 임시거주시설에 필요한 건축물이나 토지의 사용신청을 받은 때에는 대통령령으로 정하는 사유가 없으면 이를 거절하지 못한다. 이 경우 사용료 또는 대부료는 면제한다(법 제61조 제3항).

> **⊕ 보충** 대통령령으로 정하는 사유(영 제53조)
>
> 1. 임시거주시설의 설치를 위하여 필요한 건축물이나 토지에 대하여 제3자와 이미 매매계약을 체결한 경우
> 2. 사용신청 이전에 임시거주시설의 설치를 위하여 필요한 건축물이나 토지에 대한 사용계획이 확정된 경우
> 3. 제3자에게 이미 임시거주시설의 설치를 위하여 필요한 건축물이나 토지에 대한 사용허가를 한 경우

③ **원상회복** : 사업시행자는 정비사업의 공사를 완료한 때에는 완료한 날부터 30일 이내에 임시거주시설을 철거하고, 사용한 건축물이나 토지를 원상회복하여야 한다(법 제61조 제4항).

(2) 임시상가 설치 ·25회

재개발사업의 사업시행자는 사업시행으로 이주하는 상가세입자가 사용할 수 있도록 정비구역 또는 정비구역 인근에 임시상가를 설치할 수 있다(법 제61조 제5항).

(3) 임시거주시설·임시상가의 설치 등에 따른 손실보상(법 제62조)

① **협의** : 사업시행자는 공공단체(지방자치단체는 제외) 또는 개인의 시설이나 토지를 일시사용함으로써 손실을 입은 자가 있는 경우에는 손실을 보상하여야 하며, 손실을 보상하는 경우에는 손실을 입은 자와 협의하여야 한다.

② **재결신청** : 사업시행자 또는 손실을 입은 자는 손실보상에 관한 협의가 성립되지 아니하거나 협의할 수 없는 경우에는 「공익사업을 위한 토지 등의 취득 및 보상에 관한 법률」에 따라 설치되는 관할 토지수용위원회에 재결을 신청할 수 있다.

③ **준용** : 손실보상은 이 법에 규정된 사항을 제외하고는 「공익사업을 위한 토지 등의 취득 및 보상에 관한 법률」을 준용한다.

3 토지 등의 수용 또는 사용

(1) 수용 또는 사용의 주체

사업시행자는 정비구역에서 정비사업(재건축사업의 경우에는 법 제26조 제1항 제1호 및 제27조 제1항 제1호에 해당하는 사업으로 한정)을 시행하기 위하여 「공익사업을 위한 토지 등의 취득 및 보상에 관한 법률」에 따른 토지·물건 또는 그 밖의 권리를 취득하거나 사용할 수 있다(법 제63조).

(2) 「공익사업을 위한 토지 등의 취득 및 보상에 관한 법률」의 준용(법 제65조)

원 칙	정비구역에서 정비사업의 시행을 위한 토지 또는 건축물의 소유권과 그 밖의 권리에 대한 수용 또는 사용은 이 법에 규정된 사항을 제외하고는 「공익사업을 위한 토지 등의 취득 및 보상에 관한 법률」을 준용한다. 다만, 정비사업의 시행에 따른 손실보상의 기준 및 절차는 대통령령으로 정할 수 있다.
사업인정 및 고시의 의제	「공익사업을 위한 토지 등의 취득 및 보상에 관한 법률」을 준용하는 경우 사업시행계획인가 고시(시장·군수등이 직접 정비사업을 시행하는 경우에는 사업시행계획서의 고시)가 있은 때에는 사업인정 및 그 고시가 있은 것으로 본다.
재결신청 기간	수용 또는 사용에 대한 재결의 신청은 「공익사업을 위한 토지 등의 취득 및 보상에 관한 법률」에도 불구하고 사업시행계획인가(사업시행계획변경인가를 포함)를 할 때 정한 사업시행기간 이내에 하여야 한다.
현물보상	대지 또는 건축물을 현물보상하는 경우에는 「공익사업을 위한 토지 등의 취득 및 보상에 관한 법률」에도 불구하고 준공인가 이후에도 할 수 있다.

추가 법 제26조 제1항 제1호 및 제27조 제1항 제1호에 해당하는 사업

천재지변, 「재난 및 안전관리 기본법」 또는 「시설물의 안전 및 유지관리에 관한 특별법」에 따른 사용제한·사용금지, 그 밖의 불가피한 사유로 긴급하게 정비사업을 시행할 필요가 있다고 인정하는 사업

정리 토지보상법의 사업인정

1. **국토계획법** : 실시계획의 고시
2. 「**도시개발법**」 : 세부목록의 고시
3. **도시정비법** : 사업시행계획인가의 고시
4. 「**주택법**」 : 사업계획승인

(3) 재건축사업에서의 매도청구(법 제64조)

① 재건축사업의 사업시행자는 사업시행계획인가의 고시가 있은 날부터 30일 이내에 다음의 자에게 조합설립 또는 사업시행자의 지정에 관한 동의 여부를 회답할 것을 서면으로 촉구하여야 한다.

> ㉠ 조합설립에 동의하지 아니한 자
> ㉡ 시장·군수등, 토지주택공사등 또는 신탁업자의 사업시행자 지정에 동의하지 아니한 자

② 위 ①의 촉구를 받은 토지등소유자는 촉구를 받은 날부터 2개월 이내에 회답하여야 한다.

③ 2개월 이내에 회답하지 아니한 경우 그 토지등소유자는 조합설립 또는 사업시행자의 지정에 동의하지 아니하겠다는 뜻을 회답한 것으로 본다.

④ 2개월 이내의 회답기간이 지나면 사업시행자는 그 기간이 만료된 때부터 2개월 이내에 조합설립 또는 사업시행자 지정에 동의하지 아니하겠다는 뜻을 회답한 토지등소유자와 건축물 또는 토지만 소유한 자에게 건축물 또는 토지의 소유권과 그 밖의 권리를 매도할 것을 청구할 수 있다.

4 특 례

(1) 용적률에 관한 특례 등

① 사업시행자가 다음의 어느 하나에 해당하는 경우에는 「국토의 계획 및 이용에 관한 법률」에도 불구하고 해당 정비구역에 적용되는 용적률의 100분의 125 이하의 범위에서 대통령령으로 정하는 바에 따라 특별시·광역시·특별자치시·특별자치도·시 또는 군의 조례로 용적률을 완화하여 정할 수 있다(법 제66조 제1항).

> ㉠ 대통령령으로 정하는 손실보상의 기준 이상으로 세입자에게 주거이전비를 지급하거나 영업의 폐지 또는 휴업에 따른 손실을 보상하는 경우
> ㉡ 손실보상에 더하여 임대주택을 추가로 건설하거나 임대상가를 건설하는 등 추가적인 세입자 손실보상 대책을 수립하여 시행하는 경우

② 정비구역이 역세권 등 대통령령으로 정하는 요건에 해당하는 경우(법 제24조 제4항, 제26조 제1항 제1호 및 제27조 제1항 제1호에 따른 정비사업을 시행하는 경우는 제외)에는 법 제11조, 법 제54조 및 「국토의 계획 및 이용에 관한 법률」 제78조에도 불구하고 다음의 어느 하나에 따라 용적률을 완화하여 적용할 수 있다(법 제66조 제2항).

> ㉠ 지방도시계획위원회의 심의를 거쳐 법적상한용적률의 100분의 120까지 완화
> ㉡ 용도지역의 변경을 통하여 용적률을 완화하여 정비계획을 수립(변경수립을 포함)한 후 변경된 용도지역의 법적상한용적률까지 완화

③ 사업시행자는 위 ②에 따라 완화된 용적률에서 정비계획으로 정하여진 용적률을 뺀 용적률의 100분의 75 이하로서 대통령령으로 정하는 바에 따라 시·도조례로 정하는 비율에 해당하는 면적에 국민주택규모 주택을 건설하여 인수자에게 공급하여야 한다. 이 경우 국민주택규모 주택의 공급 및 인수방법에 관하여는 법 제55조를 준용한다(법 제66조 제3항).

④ 위 ③에도 불구하고 인수자는 사업시행자로부터 공급받은 주택 중 대통령령으로 정하는 비율에 해당하는 주택에 대해서는 「공공주택 특별법」 제48조에 따라 분양할 수 있다. 이 경우 해당 주택의 공급가격은 「주택법」 제57조 제4항에 따라 국토교통부장관이 고시하는 건축비로 하며, 부속 토지의 가격은 감정평가액의 100분의 50 이상의 범위에서 대통령령으로 정한다(법 제66조 제4항).

⑤ 위 ③ 및 ④에서 규정한 사항 외에 국민주택규모 주택의 인수 절차 및 활용에 필요한 사항은 대통령령으로 정할 수 있다(법 제66조 제5항).

(2) 재건축사업의 범위에 관한 특례

① **면적미달 시 분할청구**: 사업시행자 또는 추진위원회는 다음의 어느 하나에 해당하는 경우에는 그 주택단지 안의 일부 토지에 대하여 「건축법」에도 불구하고 분할하려는 토지면적이 같은 조에서 정하고 있는 면적에 미달되더라도 토지분할을 청구할 수 있다(법 제67조 제1항).

> ㉠ 「주택법」에 따라 사업계획승인을 받아 건설한 둘 이상의 건축물이 있는 주택단지에 재건축사업을 하는 경우
> ㉡ 조합설립의 동의요건을 충족시키기 위하여 필요한 경우

② **토지분할 협의**

㉠ 사업시행자 또는 추진위원회는 토지분할 청구를 하는 때에는 토지분할의 대상이 되는 토지 및 그 위의 건축물과 관련된 토지등소유자와 협의하여야 한다(법 제67조 제2항).

㉡ 사업시행자 또는 추진위원회는 토지분할의 협의가 성립되지 아니한 경우에는 법원에 토지분할을 청구할 수 있다(법 제67조 제3항).

③ **조합설립인가 · 사업시행계획인가 특례** : 시장 · 군수등은 토지분할이 청구된 경우에 분할되어 나가는 토지 및 그 위의 건축물이 다음의 요건을 충족하는 때에는 토지분할이 완료되지 아니하여 위 ①의 동의요건에 미달되더라도 「건축법」에 따라 특별자치시 · 특별자치도 · 시 · 군 · 구(자치구)에 설치하는 건축위원회의 심의를 거쳐 조합설립인가와 사업시행계획인가를 할 수 있다(법 제67조 제4항).

> ㉠ 해당 토지 및 건축물과 관련된 토지등소유자의 수가 전체의 10분의 1 이하일 것
> ㉡ 분할되어 나가는 토지 위의 건축물이 분할선상에 위치하지 아니할 것
> ㉢ 그 밖에 사업시행계획인가를 위하여 대통령령으로 정하는 요건에 해당할 것

(3) 주거환경개선사업의 특례 · 19회

① **국민주택채권 매입면제** : 주거환경개선사업에 따른 건축허가를 받은 때와 부동산등기(소유권 보존등기 또는 이전등기로 한정)를 하는 때에는 「주택도시기금법」의 국민주택채권의 매입에 관한 규정을 적용하지 아니한다(법 제68조 제1항).

② **도시 · 군계획시설 설치기준** : 주거환경개선구역에서 「국토의 계획 및 이용에 관한 법률」에 따른 도시 · 군계획시설의 결정 · 구조 및 설치의 기준 등에 필요한 사항은 국토교통부령으로 정하는 바에 따른다(법 제68조 제2항).

③ **「건축법」 적용의 특례** : 사업시행자는 주거환경개선구역에서 다음의 어느 하나에 해당하는 사항은 시 · 도조례로 정하는 바에 따라 기준을 따로 정할 수 있다(법 제68조 제3항).

> ㉠ 「건축법」에 따른 대지와 도로의 관계(소방활동에 지장이 없는 경우로 한정)
> ㉡ 「건축법」에 따른 건축물의 높이 제한(사업시행자가 공동주택을 건설·공급하는 경우로 한정)

④ **다른 법령의 적용 및 배제**(법 제69조)

　㉠ 주거환경개선구역은 해당 정비구역의 지정·고시가 있은 날부터 「국토의 계획 및 이용에 관한 법률」에 따라 주거지역을 세분하여 정하는 지역 중 대통령령으로 정하는 지역으로 결정·고시된 것으로 본다. 다만, 다음의 어느 하나에 해당하는 경우에는 그러하지 아니하다.

> ⓐ 해당 정비구역이 「개발제한구역의 지정 및 관리에 관한 특별조치법」에 따라 결정된 개발제한구역인 경우
> ⓑ 시장·군수등이 주거환경개선사업을 위하여 필요하다고 인정하여 해당 정비구역의 일부분을 종전 용도지역으로 그대로 유지하거나 동일 면적의 범위에서 위치를 변경하는 내용으로 정비계획을 수립한 경우
> ⓒ 시장·군수등이 주거지역을 세분 또는 변경하는 계획과 용적률에 관한 사항을 포함하는 정비계획을 수립한 경우

　㉡ 정비사업과 관련된 환지에 관하여는 「도시개발법」 제28조부터 제49조까지의 규정을 준용한다. 이 경우 같은 법 제41조 제2항 본문에 따른 '환지처분을 하는 때'는 '사업시행계획인가를 하는 때'로 본다.

　㉢ 주거환경개선사업의 경우에는 「공익사업을 위한 토지 등의 취득 및 보상에 관한 법률」 제78조 제4항(이주대책의 내용 및 비용)을 적용하지 아니하며, 「주택법」을 적용할 때에는 이 법에 따른 사업시행자(토지주택공사등이 공동사업시행자인 경우에는 토지주택공사등을 말한다)는 「주택법」에 따른 사업주체로 본다.

　㉣ 공공재개발사업 시행자 또는 공공재건축사업 시행자는 공공재개발사업 또는 공공재건축사업을 시행하는 경우 「건설기술 진흥법」 등 관계 법령에도 불구하고 대통령령으로 정하는 바에 따라 건설사업관리기술인의 배치기준을 별도로 정할 수 있다.

5 소유자의 확인이 곤란한 건축물 등에 대한 처분

(1) 공고 및 공탁

사업시행자는 다음에서 정하는 날 현재 건축물 또는 토지의 소유자의 소재확인이 현저히 곤란한 때에는 전국적으로 배포되는 둘 이상의 일간신문에 2회 이상 공고하고, 공고한 날부터 30일 이상이 지난 때에는 그 소유자의 해당 건축물 또는 토지의 감정평가액에 해당하는 금액을 법원에 공탁하고 정비사업을 시행할 수 있다(법 제71조 제1항).

① 조합이 사업시행자가 되는 경우에는 조합설립인가일
② 토지등소유자가 시행하는 재개발사업의 경우에는 사업시행계획인가일
③ 시장·군수등, 토지주택공사등이 정비사업을 시행하는 경우에는 고시일
④ 지정개발자를 사업시행자로 지정하는 경우에는 고시일

(2) 조합원 공동소유인 토지 · 19회

① 재건축사업을 시행하는 경우 조합설립인가일 현재 조합원 전체의 공동소유인 토지 또는 건축물은 조합 소유의 토지 또는 건축물로 본다(법 제71조 제2항).
② 조합 소유로 보는 토지 또는 건축물의 처분에 관한 사항은 관리처분계획에 명시하여야 한다(법 제71조 제3항).

1 분양공고 및 분양신청

(1) 분양통지 및 공고(법 제72조 제1항) ·30회 ·34회

① **분양통지** : 사업시행자는 사업시행계획인가의 고시가 있은 날(사업시행계획인가 이후 시공자를 선정한 경우에는 시공자와 계약을 체결한 날)부터 120일 이내에 다음의 사항을 토지등소유자에게 통지한다.

> ㉠ 분양대상자별 종전의 토지 또는 건축물의 명세 및 사업시행계획인가의 고시가 있은 날을 기준으로 한 가격(사업시행계획인가 전에 철거된 건축물은 시장·군수등에게 허가를 받은 날을 기준으로 한 가격)
> ㉡ 분양대상자별 분담금의 추산액
> ㉢ 분양신청기간
> ㉣ 그 밖에 대통령령으로 정하는 다음의 사항
>   ⓐ 사업시행인가의 내용
>   ⓑ 정비사업의 종류·명칭 및 정비구역의 위치·면적
>   ⓒ 분양신청기간 및 장소
>   ⓓ 분양대상 대지 또는 건축물의 내역
>   ⓔ 분양신청자격
>   ⓕ 분양신청방법
>   ⓖ 분양을 신청하지 아니한 자에 대한 조치
>   ⓗ 분양신청서

② **분양공고** : 통지 후 분양의 대상이 되는 대지 또는 건축물의 내역 등 대통령령으로 정하는 사항을 해당 지역에서 발간되는 일간신문에 공고하여야 한다. 다만, 토지등소유자 1인이 시행하는 재개발사업의 경우에는 그러하지 아니하다.

⊕ 보충 대통령령으로 정하는 사항 – 분양공고에 포함될 사항(영 제59조 제1항)

1. 사업시행인가의 내용
2. 정비사업의 종류·명칭 및 정비구역의 위치·면적
3. 분양신청기간 및 장소
4. 분양대상 대지 또는 건축물의 내역
5. 분양신청자격
6. 분양신청방법

정리 분양통지

1. 분양신청 전에 토지등소유자에게 통지해서 앞으로 부담해야 하는 분담금을 알 수 있도록 충분히 기회를 제공한 후에 분양신청을 하도록 한다.
2. 분담금
　= 조합원분양가 – 권리가액
3. 권리가액
　= 감정평가액 × 비례율

7. 토지등소유자 외의 권리자의 권리신고방법
8. 분양을 신청하지 아니한 자에 대한 조치
9. 그 밖에 시·도조례로 정하는 사항

(2) 분양신청

① **분양신청기간** ·21회 ·32회

㉠ 분양신청기간은 통지한 날부터 30일 이상 60일 이내로 하여야 한다. 다만, 사업시행자는 관리처분계획의 수립에 지장이 없다고 판단하는 경우에는 분양신청기간을 20일의 범위에서 한 차례만 연장할 수 있다(법 제72조 제2항).

㉡ 대지 또는 건축물에 대한 분양을 받으려는 토지등소유자는 분양신청기간에 대통령령으로 정하는 방법 및 절차에 따라 사업시행자에게 대지 또는 건축물에 대한 분양신청을 하여야 한다(법 제72조 제3항).

㉢ 사업시행자는 분양신청기간 종료 후 사업시행계획인가의 변경(경미한 사항의 변경은 제외)으로 세대수 또는 주택규모가 달라지는 경우 분양공고 등의 절차를 다시 거칠 수 있다(법 제72조 제4항).

② **분양신청조건**

㉠ 사업시행자는 정관등으로 정하고 있거나 총회의 의결을 거친 경우 분양신청을 하지 아니한 자, 분양신청기간 종료 이전에 분양신청을 철회한 토지등소유자에게 분양신청을 다시 하게 할 수 있다(법 제72조 제5항).

㉡ 투기과열지구의 정비사업에서 관리처분계획에 따라 분양대상자 및 그 세대에 속한 자는 분양대상자 선정일(조합원 분양분의 분양대상자는 최초 관리처분계획 인가일)부터 5년 이내에는 투기과열지구에서 분양신청을 할 수 없다. 다만, 상속, 결혼, 이혼으로 조합원 자격을 취득한 경우에는 분양신청을 할 수 있다(법 제72조 제6항).

㉢ 공공재개발사업 시행자는 건축물 또는 토지를 양수하려는 경우 무분별한 분양신청을 방지하기 위하여 분양공고 시 양수대상이 되는 건축물 또는 토지의 조건을 함께 공고하여야 한다(법 제72조 제7항).

③ **분양신청방법**

　㉠ 분양신청을 하려는 자는 분양신청서에 소유권의 내역을 분명하게 적고, 그 소유의 토지 및 건축물에 관한 등기부등본 또는 환지예정지증명원을 첨부하여 사업시행자에게 제출하여야 한다. 이 경우 우편의 방법으로 분양신청을 하는 때에는 분양신청기간 내에 발송된 것임을 증명할 수 있는 우편으로 하여야 한다(영 제59조 제3항).

　㉡ 재개발사업의 경우 토지등소유자가 정비사업에 제공되는 종전의 토지 또는 건축물에 따라 분양받을 수 있는 것 외에 공사비 등 사업시행에 필요한 비용의 일부를 부담하고 그 대지 및 건축물(주택을 제외)을 분양받으려는 때에는 분양신청을 하는 때에 그 의사를 분명히 하고, 법 제72조 제1항 제1호[위 (1) ①의 ㉠]에 따른 가격의 10%에 상당하는 금액을 사업시행자에게 납입하여야 한다. 이 경우 그 금액은 납입하였으나 비용부담액을 정하여진 시기에 납입하지 아니한 자는 그 납입한 금액의 비율에 해당하는 만큼의 대지 및 건축물(주택을 제외)만 분양을 받을 수 있다(영 제59조 제4항).

추가 법 제72조 제1항 제1호
분양대상자별 종전의 토지 또는 건축물의 명세 및 사업시행계획인가의 고시가 있은 날을 기준으로 한 가격

　㉢ 분양신청서를 받은 사업시행자는 「전자정부법」에 따른 행정정보의 공동이용을 통하여 첨부서류를 확인할 수 있는 경우에는 그 확인으로 첨부서류를 갈음하여야 한다(영 제59조 제5항).

④ **분양신청을 하지 아니한 자 등에 대한 조치**(법 제73조) • 33회

　㉠ 사업시행자는 관리처분계획이 인가·고시된 다음 날부터 90일 이내에 다음에서 정하는 자와 토지, 건축물 또는 그 밖의 권리의 손실보상에 관한 협의를 하여야 한다. 다만, 사업시행자는 분양신청기간 종료일의 다음 날부터 협의를 시작할 수 있다.

> ⓐ 분양신청을 하지 아니한 자
> ⓑ 분양신청기간 종료 이전에 분양신청을 철회한 자
> ⓒ 분양대상자 선정일부터 5년 이내에는 투기과열지구에서 분양신청을 할 수 없는 자
> ⓓ 인가된 관리처분계획에 따라 분양대상에서 제외된 자

　㉡ 사업시행자는 협의가 성립되지 아니하면 그 기간의 만료일 다음 날부터 60일 이내에 수용재결을 신청하거나 매도청구소송을 제기하여야 한다.

ⓒ 사업시행자는 기간을 넘겨서 수용재결을 신청하거나 매도청구소송을 제기한 경우에는 해당 토지등소유자에게 지연일수(遲延日數)에 따른 이자를 지급하여야 한다. 이 경우 이자는 100분의 15 이하의 범위에서 대통령령으로 정하는 이율을 적용하여 산정한다.

2 관리처분계획

1. 관리처분계획의 수립

(1) 관리처분계획의 내용 · 21회 · 22회 · 29회

① 사업시행자는 분양신청기간이 종료된 때에는 분양신청의 현황을 기초로 다음의 사항이 포함된 관리처분계획을 수립하여 시장·군수등의 인가를 받아야 하며, 관리처분계획을 변경·중지 또는 폐지하려는 경우에도 또한 같다. 다만, 대통령령으로 정하는 경미한 사항을 변경하려는 경우에는 시장·군수등에게 신고하여야 한다(법 제74조 제1항).

> ㉠ 분양설계
> ㉡ 분양대상자의 주소 및 성명
> ㉢ 분양대상자별 분양예정인 대지 또는 건축물의 추산액(임대관리 위탁주택에 관한 내용을 포함)
> ㉣ 다음에 해당하는 보류지 등의 명세와 추산액 및 처분방법. 다만, 다음 ⓑ의 경우에는 선정된 임대사업자의 성명 및 주소(법인인 경우에는 법인의 명칭 및 소재지와 대표자의 성명 및 주소)를 포함한다.
>   ⓐ 일반 분양분
>   ⓑ 공공지원민간임대주택
>   ⓒ 임대주택
>   ⓓ 그 밖에 부대시설·복리시설 등
> ㉤ 분양대상자별 종전의 토지 또는 건축물 명세 및 사업시행계획인가 고시가 있은 날을 기준으로 한 가격(사업시행계획인가 전에 철거된 건축물은 시장·군수등에게 허가를 받은 날을 기준으로 한 가격)
> ㉥ 정비사업비의 추산액(재건축사업의 경우에는 재건축초과이익 환수에 관한 법률에 따른 재건축부담금에 관한 사항을 포함) 및 그에 따른 조합원 분담규모 및 분담시기
> ㉦ 분양대상자의 종전 토지 또는 건축물에 관한 소유권 외의 권리명세
> ㉧ 세입자별 손실보상을 위한 권리명세 및 그 평가액
> ㉨ 그 밖에 정비사업과 관련한 권리 등에 관하여 대통령령으로 정하는 사항

추가 **대통령령으로 정하는 경미한 사항을 변경하려는 경우**(영 제61조)

1. 계산착오·오기·누락 등에 따른 조서의 단순정정인 경우(불이익을 받는 자가 없는 경우에만 해당)
2. 정관 및 사업시행계획인가의 변경에 따라 관리처분계획을 변경하는 경우
3. 매도청구에 대한 판결에 따라 관리처분계획을 변경하는 경우
4. 권리·의무의 변동이 있는 경우로서 분양설계의 변경을 수반하지 아니하는 경우
5. 주택분양에 관한 권리를 포기하는 토지등소유자에 대한 임대주택의 공급에 따라 관리처분계획을 변경하는 경우
6. 「민간임대주택에 관한 특별법」에 따른 임대사업자의 주소(법인인 경우에는 법인의 소재지와 대표자의 성명 및 주소)를 변경하는 경우

② 시장·군수등은 신고를 받은 날부터 20일 이내에 신고수리 여부를 신고인에게 통지하여야 한다(법 제74조 제2항).

③ 시장·군수등이 20일 이내에 신고수리 여부 또는 민원 처리 관련 법령에 따른 처리기간의 연장을 신고인에게 통지하지 아니하면 그 기간(민원 처리 관련 법령에 따라 처리기간이 연장 또는 재연장된 경우에는 해당 처리기간)이 끝난 날의 다음 날에 신고를 수리한 것으로 본다(법 제74조 제3항).

④ 조합은 관리처분계획의 수립 및 변경의 사항을 의결하기 위한 총회의 개최일부터 1개월 전에 위 ①의 ㉢부터 ㉣까지의 규정에 해당하는 사항을 각 조합원에게 문서로 통지하여야 한다(법 제74조 제5항).

(2) 관리처분계획 작성 시 재산평가방법

정비사업에서 분양대상별 분양예정인 대지 또는 건축물의 추산액·분양대상자별 종전의 토지 또는 건축물 명세 및 사업시행계획인가 고시가 있은 날을 기준으로 한 가격 및 세입자별 손실보상을 위한 권리명세 및 그 평가액에 따라 재산 또는 권리를 평가할 때에는 다음의 방법에 따른다(법 제74조 제4항).

① 「감정평가 및 감정평가사에 관한 법률」에 따른 감정평가법인등 중 다음의 구분에 따른 감정평가법인등이 평가한 금액을 산술평균하여 산정한다. 다만, 관리처분계획을 변경·중지 또는 폐지하려는 경우 분양예정 대상인 대지 또는 건축물의 추산액과 종전의 토지 또는 건축물의 가격은 사업시행자 및 토지등소유자 전원이 합의하여 산정할 수 있다.

주거환경개선사업 또는 재개발사업	시장·군수등이 선정·계약한 2인 이상의 감정평가법인등
재건축사업	시장·군수등이 선정·계약한 1인 이상의 감정평가법인등과 조합총회의 의결로 선정·계약한 1인 이상의 감정평가법인등

② 시장·군수등은 감정평가법인등을 선정·계약하는 경우 감정평가법인등의 업무수행능력, 소속 감정평가사의 수, 감정평가 실적, 법규 준수 여부, 평가계획의 적정성 등을 고려하여 객관적이고 투명한 절차에 따라 선정하여야 한다. 이 경우 감정평가법인등의 선정·절차 및 방법 등에 필요한 사항은 시·도조례로 정한다.

③ 사업시행자는 감정평가를 하려는 경우 시장·군수등에게 감정평가법인 등의 선정·계약을 요청하고 감정평가에 필요한 비용을 미리 예치하여야 한다. 시장·군수등은 감정평가가 끝난 경우 예치된 금액에서 감정평가 비용을 직접 지급한 후 나머지 비용을 사업시행자와 정산하여야 한다.

(3) 사업시행계획인가 및 관리처분계획인가의 시기 조정(법 제75조)

① 특별시장·광역시장 또는 도지사는 정비사업의 시행으로 정비구역 주변 지역에 주택이 현저하게 부족하거나 주택시장이 불안정하게 되는 등 특별시·광역시 또는 도의 조례로 정하는 사유가 발생하는 경우에는 「주거기본법」에 따른 시·도 주거정책심의위원회의 심의를 거쳐 사업시행계획인가 또는 관리처분계획인가의 시기를 조정하도록 해당 시장, 군수 또는 구청장에게 요청할 수 있다. 이 경우 요청을 받은 시장, 군수 또는 구청장은 특별한 사유가 없으면 그 요청에 따라야 하며, 사업시행계획인가 또는 관리처분계획인가의 조정시기는 인가를 신청한 날부터 1년을 넘을 수 없다.

② 특별자치시장 및 특별자치도지사는 정비사업의 시행으로 정비구역 주변 지역에 주택이 현저하게 부족하거나 주택시장이 불안정하게 되는 등 특별자치시 및 특별자치도의 조례로 정하는 사유가 발생하는 경우에는 「주거기본법」에 따른 시·도 주거정책심의위원회의 심의를 거쳐 사업시행계획인가 또는 관리처분계획인가의 시기를 조정할 수 있다. 이 경우 사업시행계획인가 또는 관리처분계획인가의 조정시기는 인가를 신청한 날부터 1년을 넘을 수 없다.

③ 사업시행계획인가 또는 관리처분계획인가의 시기 조정의 방법 및 절차 등에 필요한 사항은 특별시·광역시·특별자치시·도 또는 특별자치도의 조례로 정한다.

(4) 관리처분계획의 수립기준(법 제76조 제1항) •16회 •17회 •22회 •23회 •28회 •32회

① **작성기준**

ㄱ 종전의 토지 또는 건축물의 면적·이용 상황·환경, 그 밖의 사항을 종합적으로 고려하여 대지 또는 건축물이 균형 있게 분양신청자에게 배분되고 합리적으로 이용되도록 한다.

ⓛ 지나치게 좁거나 넓은 토지 또는 건축물은 넓히거나 좁혀 대지 또는 건축물이 적정 규모가 되도록 한다.

ⓒ 너무 좁은 토지 또는 건축물이나 정비구역 지정 후 분할된 토지를 취득한 자에게는 현금으로 청산할 수 있다.

ⓔ 재해 또는 위생상의 위해를 방지하기 위하여 토지의 규모를 조정할 특별한 필요가 있는 때에는 너무 좁은 토지를 넓혀 토지를 갈음하여 보상을 하거나 건축물의 일부와 그 건축물이 있는 대지의 공유지분을 교부할 수 있다.

ⓜ 분양설계에 관한 계획은 분양신청기간이 만료하는 날을 기준으로 하여 수립한다.

② **주택공급기준**

ⓖ 원칙 : 1세대 또는 1명이 하나 이상의 주택 또는 토지를 소유한 경우 1주택을 공급하고, 같은 세대에 속하지 아니하는 2명 이상이 1주택 또는 1토지를 공유한 경우에는 1주택만 공급한다.

ⓛ 예외 : 다음의 경우에는 다음의 방법에 따라 주택을 공급할 수 있다.

조례로 주택공급	2명 이상이 1토지를 공유한 경우로서 시·도조례로 주택공급을 따로 정하고 있는 경우에는 시·도조례로 정하는 바에 따라 주택을 공급할 수 있다.
2주택 공급	분양대상자별 종전의 토지 또는 건축물 명세 및 사업시행계획인가 고시가 있은 날을 기준으로 한 가격(법 제74조 제1항 제5호)에 따른 가격의 범위 또는 종전 주택의 주거전용면적의 범위에서 2주택을 공급할 수 있고, 이 중 1주택은 주거전용면적을 60m² 이하로 한다.
3주택까지 공급	과밀억제권역에 위치한 재건축사업의 경우에는 토지등소유자가 소유한 주택 수의 범위에서 3주택까지 공급할 수 있다. 다만, 투기과열지구 또는 조정대상지역에서 최초 사업시행계획인가를 신청하는 재건축사업의 경우에는 그러하지 아니하다.
소유한 주택 수만큼 공급	ⓐ 과밀억제권역에 위치하지 아니한 재건축사업의 토지등소유자(단, 투기과열지구 또는 주택법에 따라 지정된 조정대상지역에서 최초 사업시행계획인가를 신청하는 재건축사업의 토지등소유자는 제외) ⓑ 근로자(공무원인 근로자를 포함) 숙소, 기숙사 용도로 주택을 소유하고 있는 토지등소유자 ⓒ 국가, 지방자치단체 및 토지주택공사등 ⓓ 「지방자치분권 및 지역균형발전에 관한 특별법」에 따른 공공기관 지방이전 및 혁신도시 활성화를 위한 시책 등에 따라 이전하는 공공기관이 소유한 주택을 양수한 자

추가 **2주택 공급 시 단서조항**
60m² 이하로 공급받은 1주택은 이전고시일 다음 날부터 3년이 지나기 전에는 주택을 전매(매매·증여나 그 밖에 권리의 변동을 수반하는 모든 행위를 포함하되 상속의 경우는 제외)하거나 전매를 알선할 수 없다.

추가 **단서조항**
본문 표 ⓐ의 단서에도 불구하고 과밀억제권역 외의 조정대상지역 또는 투기과열지구에서 조정대상지역 또는 투기과열지구로 지정되기 전에 1명의 토지등소유자로부터 토지 또는 건축물의 소유권을 양수하여 여러 명이 소유하게 된 경우에는 양도인과 양수인에게 각각 1주택을 공급할 수 있다.

(5) 주택 등 건축물을 분양받을 권리의 산정 기준일(법 제77조) ·23회

① 정비사업을 통하여 분양받을 건축물이 다음의 어느 하나에 해당하는 경우에는 정비구역지정·고시가 있는 날 또는 시·도지사가 투기를 억제하기 위하여 기본계획 수립 후 정비구역 지정·고시 전에 따로 정하는 날(이하 '기준일')의 다음 날을 기준으로 건축물을 분양받을 권리를 산정한다.

> ㉠ 1필지의 토지가 여러 개의 필지로 분할되는 경우
> ㉡ 단독주택 또는 다가구주택이 다세대주택으로 전환되는 경우
> ㉢ 하나의 대지 범위에 속하는 동일인 소유의 토지와 주택 등 건축물을 토지와 주택 등 건축물로 각각 분리하여 소유하는 경우
> ㉣ 나대지에 건축물을 새로 건축하거나 기존 건축물을 철거하고 다세대주택, 그 밖의 공동주택을 건축하여 토지등소유자의 수가 증가하는 경우

② 시·도지사는 위 ①에 따라 기준일을 따로 정하는 경우에는 기준일·지정사유·건축물을 분양받을 권리의 산정 기준 등을 해당 지방자치단체의 공보에 고시하여야 한다.

2. 관리처분계획의 인가

(1) 공람 및 의견청취(법 제78조 제1항)

① 사업시행자는 관리처분계획인가를 신청하기 전에 관계 서류의 사본을 30일 이상 토지등소유자에게 공람하게 하고 의견을 들어야 한다.

② 대통령령으로 정하는 경미한 사항을 변경하려는 경우에는 토지등소유자의 공람 및 의견청취 절차를 거치지 아니할 수 있다.

(2) 인가 여부의 통보 및 고시 ·27회

① **통보** : 시장·군수등은 사업시행자의 관리처분계획인가의 신청이 있은 날부터 30일 이내에 인가 여부를 결정하여 사업시행자에게 통보하여야 한다. 다만, 시장·군수등은 관리처분계획의 타당성 검증을 요청하는 경우에는 관리처분계획인가의 신청을 받은 날부터 60일 이내에 인가 여부를 결정하여 사업시행자에게 통지하여야 한다(법 제78조 제2항).

② **타당성 검증 요청** : 시장·군수등은 다음의 어느 하나에 해당하는 경우에는 대통령령으로 정하는 공공기관에 관리처분계획의 타당성 검증을 요청하여야 한다. 이 경우 시장·군수등은 타당성 검증 비용을 사업시행자에게 부담하게 할 수 있다(법 제78조 제3항, 영 제64조 제2항·제3항).

> **추가** 대통령령으로 정하는 공공기관(영 제64조 제1항)
> 1. 토지주택공사등
> 2. 한국부동산원

③ **고시** : 시장·군수등이 관리처분계획을 인가하는 때에는 그 내용을 해당 지방자치단체의 공보에 고시하여야 한다(법 제78조 제4항).

④ **통지** : 사업시행자는 공람을 실시하려거나 시장·군수등의 고시가 있은 때에는 대통령령으로 정하는 방법과 절차에 따라 토지등소유자에게는 공람계획을 통지하고, 분양신청을 한 자에게는 관리처분계획인가의 내용 등을 통지하여야 한다(법 제78조 제5항).

(3) 준 용

공람·의견청취 및 고시 및 통지에 관한 규정은 시장·군수등이 직접 관리처분계획을 수립하는 경우에 준용한다(법 제78조 제6항).

3. 관리처분계획에 따른 처분

(1) 관리처분의 방법 및 기준 ·21회 ·22회 ·27회

① **주거환경개선사업과 재개발사업의 경우**(영 제63조 제1항)

ㄱ 시·도조례로 분양주택의 규모를 제한하는 경우에는 그 규모 이하로 주택을 공급할 것

ㄴ 1개의 건축물의 대지는 1필지의 토지가 되도록 정할 것. 다만, 주택단지의 경우에는 그러하지 아니하다.

ㄷ 정비구역의 토지등소유자(지상권자는 제외)에게 분양할 것(단, 공동주택을 분양하는 경우 시·도조례로 정하는 금액·규모·취득 시기 또는 유형에 대한 기준에 부합하지 아니하는 토지등소유자는 시·도조례로 정하는 바에 따라 분양대상에서 제외)

② 1필지의 대지 및 그 대지에 건축된 건축물(보류지로 정하거나 조합원 외의 자에게 분양하는 부분은 제외)을 2인 이상에게 분양하는 때에는 기존의 토지 및 건축물의 가격(사업시행방식이 전환된 경우에는 환지 예정지의 권리가액)과 영 제59조 제4항 및 제62조 제3호에 따라 토지등소유자가 부담하는 비용(재개발사업의 경우에만 해당)의 비율에 따라 분양할 것

⑩ 분양대상자가 공동으로 취득하게 되는 건축물의 공용부분은 각 권리자의 공유로 하되, 해당 공용부분에 대한 각 권리자의 지분비율은 그가 취득하게 되는 부분의 위치 및 바닥면적 등의 사항을 고려하여 정할 것

ⓑ 1필지의 대지 위에 2인 이상에게 분양될 건축물이 설치된 경우에는 건축물의 분양면적의 비율에 따라 그 대지소유권이 주어지도록 할 것(주택과 그 밖의 용도의 건축물이 함께 설치된 경우에는 건축물의 용도 및 규모 등을 고려하여 대지지분이 합리적으로 배분될 수 있도록 한다). 이 경우 토지의 소유관계는 공유로 한다.

ⓢ 주택 및 부대시설·복리시설의 공급순위는 기존의 토지 또는 건축물의 가격을 고려하여 정할 것. 이 경우 그 구체적인 기준은 시·도 조례로 정할 수 있다.

② **재건축사업의 경우** : 관리처분은 다음의 방법에 따른다. 다만, 조합이 조합원 전원의 동의를 받아 그 기준을 따로 정하는 경우에는 그에 따른다(영 제63조 제2항).

> ⊙ 분양대상자가 공동으로 취득하게 되는 건축물의 공용부분은 각 권리자의 공유로 하되, 해당 공용부분에 대한 각 권리자의 지분비율은 그가 취득하게 되는 부분의 위치 및 바닥면적 등의 사항을 고려하여 정할 것
> ⓛ 1필지의 대지 위에 2인 이상에게 분양될 건축물이 설치된 경우에는 건축물의 분양면적의 비율에 따라 그 대지소유권이 주어지도록 할 것(주택과 그 밖의 용도의 건축물이 함께 설치된 경우에는 건축물의 용도 및 규모 등을 고려하여 대지지분이 합리적으로 배분될 수 있도록 한다). 이 경우 토지의 소유관계는 공유로 한다.
> ⓒ 부대시설·복리시설(부속토지를 포함)의 소유자에게는 부대시설·복리시설을 공급할 것. 다만, 다음의 어느 하나에 해당하는 경우에는 1주택을 공급할 수 있다.

ⓐ 새로운 부대시설·복리시설을 건설하지 아니하는 경우로서 기존 부대시설·복리시설의 가액이 분양주택 중 최소분양단위규모의 추산액에 정관등으로 정하는 비율(정관등으로 정하지 아니하는 경우에는 1로 한다)을 곱한 가액보다 클 것
ⓑ 기존 부대시설·복리시설의 가액에서 새로 공급받는 부대시설·복리시설의 추산액을 뺀 금액이 분양주택 중 최소분양단위규모의 추산액에 정관등으로 정하는 비율을 곱한 가액보다 클 것
ⓒ 새로 건설한 부대시설·복리시설 중 최소분양단위규모의 추산액이 분양주택 중 최소분양단위규모의 추산액보다 클 것

(2) 조성된 대지 등의 처분 ·21회 ·28회 ·31회

① 정비사업의 시행으로 조성된 대지 및 건축물은 관리처분계획에 따라 처분 또는 관리하여야 한다(법 제79조 제1항).
② 사업시행자는 정비사업의 시행으로 건설된 건축물을 인가받은 관리처분계획에 따라 토지등소유자에게 공급하여야 한다(법 제79조 제2항).
③ 사업시행자(대지를 공급받아 주택을 건설하는 자를 포함)는 정비구역에 주택을 건설하는 경우에는 입주자 모집 조건·방법·절차, 입주금(계약금·중도금 및 잔금을 말한다)의 납부 방법·시기·절차, 주택공급 방법·절차 등에 관하여 「주택법」에도 불구하고 대통령령으로 정하는 범위에서 시장·군수등의 승인을 받아 따로 정할 수 있다(법 제79조 제3항).

(3) 잔여분에 대한 처리 ·28회 ·31회

① 사업시행자는 분양신청을 받은 후 잔여분이 있는 경우에는 정관등 또는 사업시행계획으로 정하는 목적을 위하여 그 잔여분을 보류지(건축물을 포함)로 정하거나 조합원 또는 토지등소유자 이외의 자에게 분양할 수 있다. 이 경우 분양공고와 분양신청절차 등에 필요한 사항은 대통령령으로 정한다(법 제79조 제4항).
② 사업시행자는 공급대상자에게 주택을 공급하고 남은 주택을 공급대상자 외의 자에게 공급할 수 있다(법 제79조 제7항).

(4) 임대주택 인수의무 ·25회 ·28회 ·31회 ·34회

① 국토교통부장관, 시·도지사, 시장, 군수, 구청장 또는 토지주택공사등은 조합이 요청하는 경우 재개발사업의 시행으로 건설된 임대주택을 인수하여야 한다. 이 경우 재개발임대주택의 인수 절차 및 방법, 인수가격 등에 필요한 사항은 대통령령으로 정한다(법 제79조 제5항).

② 조합이 재개발사업의 시행으로 건설된 임대주택(이하 '재개발임대주택')의 인수를 요청하는 경우 시·도지사 또는 시장, 군수, 구청장이 우선하여 인수하여야 하며, 시·도지사 또는 시장, 군수, 구청장이 예산·관리인력의 부족 등 부득이한 사정으로 인수하기 어려운 경우에는 국토교통부장관에게 토지주택공사등을 인수자로 지정할 것을 요청할 수 있다(영 제68조 제1항).

③ 사업시행자는 정비사업의 시행으로 임대주택을 건설하는 경우에는 임차인의 자격·선정방법·임대보증금·임대료 등 임대조건에 관한 기준 및 무주택 세대주에게 우선 매각하도록 하는 기준 등에 관하여 「민간임대주택에 관한 특별법」 제42조 및 제44조, 「공공주택 특별법」 제48조, 제49조 및 제50조의3에도 불구하고 대통령령으로 정하는 범위에서 시장·군수등의 승인을 받아 따로 정할 수 있다. 다만, 재개발임대주택으로서 최초의 임차인 선정이 아닌 경우에는 대통령령으로 정하는 범위에서 인수자가 따로 정한다(법 제79조 제6항).

④ 국토교통부장관, 시·도지사, 시장, 군수, 구청장 또는 토지주택공사등은 정비구역에 세입자와 대통령령으로 정하는 면적 이하의 토지 또는 주택을 소유한 자의 요청이 있는 경우에는 인수한 임대주택의 일부를 「주택법」에 따른 토지임대부 분양주택*으로 전환하여 공급하여야 한다(법 제80조 제2항).

4. 관리처분계획 고시효과

(1) 건축물 등의 사용·수익의 중지 ·22회 ·27회

종전의 토지 또는 건축물의 소유자·지상권자·전세권자·임차권자 등 권리자는 관리처분계획인가의 고시가 있는 때에는 이전고시가 있는 날까지 종전의 토지 또는 건축물을 사용하거나 수익할 수 없다. 다만, 다음의 어느 하나에 해당하는 경우에는 그러하지 아니하다(법 제81조 제1항).

> ① 사업시행자의 동의를 받은 경우
> ② 「공익사업을 위한 토지 등의 취득 및 보상에 관한 법률」에 따른 손실보상이 완료되지 아니한 경우

추가 대통령령으로 정하는 면적 이하의 토지 또는 주택을 소유한 자(영 제71조 제1항)
1. 면적이 90m² 미만의 토지를 소유한 자로서 건축물을 소유하지 아니한 자
2. 바닥면적이 40m² 미만의 사실상 주거를 위하여 사용하는 건축물을 소유한 자로서 토지를 소유하지 아니한 자

*** 토지임대부 분양주택**
해당 토지의 소유권은 임대주택 건설사업시행자가 가지고 있지만, 주택의 소유권은 주택을 분양받은 사람이 가지고 있는 형태의 분양주택을 말한다.

(2) 건축물의 철거 ·16회 ·27회

① **원칙** : 사업시행자는 관리처분계획인가를 받은 후 기존의 건축물을 철거하여야 한다(법 제81조 제2항).

② **예외** : 사업시행자는 다음의 어느 하나에 해당하는 경우에는 위 ①에도 불구하고 기존 건축물 소유자의 동의 및 시장·군수등의 허가를 받아 해당 건축물을 철거할 수 있다. 이 경우 건축물의 철거는 토지등소유자로서의 권리·의무에 영향을 주지 아니한다(법 제81조 제3항).

> ㉠ 「재난 및 안전관리 기본법」·「주택법」·「건축법」 등 관계 법령에서 정하는 기존 건축물의 붕괴 등 안전사고의 우려가 있는 경우
> ㉡ 폐공가(廢空家)의 밀집으로 범죄발생의 우려가 있는 경우

③ **철거시기 제한** : 시장·군수등은 사업시행자가 위 ①에 따라 기존의 건축물을 철거하거나 철거를 위하여 점유자를 퇴거시키려는 경우 다음의 어느 하나에 해당하는 시기에는 건축물을 철거하거나 점유자를 퇴거시키는 것을 제한할 수 있다(법 제81조 제4항).

> ㉠ 일출 전과 일몰 후
> ㉡ 호우, 대설, 폭풍해일, 지진해일, 태풍, 강풍, 풍랑, 한파 등으로 해당 지역에 중대한 재해발생이 예상되어 기상청장이 「기상법」에 따라 특보를 발표한 때
> ㉢ 「재난 및 안전관리 기본법」에 따른 재난이 발생한 때
> ㉣ 위 ㉠부터 ㉢까지의 규정에 준하는 시기로 시장·군수등이 인정하는 시기

(3) 시공보증(법 제82조)

① 조합이 정비사업의 시행을 위하여 시장·군수등 또는 토지주택공사등이 아닌 자를 시공자로 선정(공동사업시행자가 시공하는 경우를 포함)한 경우 그 시공자는 공사의 시공보증(시공자가 공사의 계약상 의무를 이행하지 못하거나 의무이행을 하지 아니할 경우 보증기관에서 시공자를 대신하여 계약이행의무를 부담하거나 총공사금액의 100분의 50 이하 대통령령으로 정하는 비율 이상의 범위에서 사업시행자가 정하는 금액을 납부할 것을 보증하는 것을 말한다)을 위하여 국토교통부령으로 정하는 기관의 시공보증서를 조합에 제출하여야 한다.

② 시장·군수등은 「건축법」에 따른 착공신고를 받는 경우에는 위 ①에 따른 시공보증서의 제출 여부를 확인하여야 한다.

3 지분형주택 등의 공급

(1) 공 급

① 사업시행자가 토지주택공사등인 경우에는 분양대상자와 사업시행자가 공동소유하는 방식으로 주택(이하 '지분형주택*'을 공급할 수 있다. 이 경우 공급되는 지분형주택의 규모, 공동 소유기간 및 분양대상자 등 필요한 사항은 대통령령으로 정한다(법 제80조 제1항).

② 지분형주택의 공급방법·절차, 지분 취득비율, 지분 사용료 및 지분 취득가격 등에 관하여 필요한 사항은 사업시행자가 따로 정한다(영 제70조 제2항).

* **지분형주택**
토지주택공사등 공공기관이 건설·임대하는 주택을 분양대상자가 초기에 분양가의 20~40%만 내고 입주한 후 20~30년에 걸쳐 나머지 지분을 분할 취득하여 소유하는 방식을 말한다.

(2) 규모 및 공동소유기간 · 32회

① 지분형주택의 규모는 주거전용면적 $60m^2$ 이하인 주택으로 한정한다(영 제70조 제1항 제1호).

② 지분형주택의 공동소유기간은 소유권을 취득한 날부터 10년의 범위에서 사업시행자가 정하는 기간으로 한다(영 제70조 제1항 제2호).

(3) 지분형주택의 분양대상자

다음의 요건을 모두 충족하는 자로 한다(영 제70조 제1항 제3호).

① 분양대상자별 종전의 토지 또는 건축물 명세 및 사업시행계획인가 고시가 있은 날을 기준으로 한 가격(법 제74조 제1항 제5호)에 따라 산정한 종전에 소유하였던 토지 또는 건축물의 가격이 주택의 분양가격 이하에 해당하는 사람

② 세대주로서 정비계획의 공람 공고일 당시 해당 정비구역에 2년 이상 실제 거주한 사람

③ 정비사업의 시행으로 철거되는 주택 외 다른 주택을 소유하지 아니한 사람

1 정비사업의 준공인가 ·19회 ·21회 ·29회 ·31회

(1) 준공검사

준공인가 신청	시장·군수등이 아닌 사업시행자가 정비사업 공사를 완료한 때에는 대통령령으로 정하는 방법 및 절차에 따라 시장·군수등의 준공인가를 받아야 한다(법 제83조 제1항).
준공검사	준공인가신청을 받은 시장·군수등은 지체 없이 준공검사를 실시하여야 한다. 이 경우 시장·군수등은 효율적인 준공검사를 위하여 필요한 때에는 관계 행정기관·공공기관·연구기관, 그 밖의 전문기관 또는 단체에게 준공검사의 실시를 의뢰할 수 있다(법 제83조 제2항).

(2) 준공인가 및 공사완료고시

준공인가	시장·군수등은 준공검사를 실시한 결과 정비사업이 인가받은 사업시행계획대로 완료되었다고 인정되는 때에는 준공인가를 하고 공사의 완료를 해당 지방자치단체의 공보에 고시하여야 한다(법 제83조 제3항).
공사완료 고시	시장·군수등은 직접 시행하는 정비사업에 관한 공사가 완료된 때에는 그 완료를 해당 지방자치단체의 공보에 고시하여야 한다(법 제83조 제4항).

(3) 준공인가 전 사용허가

① 시장·군수등은 준공인가를 하기 전이라도 완공된 건축물이 사용에 지장이 없는 등 대통령령으로 정하는 기준에 적합한 경우에는 입주예정자가 완공된 건축물을 사용할 수 있도록 사업시행자에게 허가할 수 있다. 다만, 시장·군수등이 사업시행자인 경우에는 허가를 받지 아니하고 입주예정자가 완공된 건축물을 사용하게 할 수 있다(법 제83조 제5항).

> **⊘ 참고 대통령령으로 정하는 기준(영 제75조 제1항)**
>
> 1. 완공된 건축물에 전기·수도·난방 및 상·하수도 시설 등이 갖추어져 있어 해당 건축물을 사용하는 데 지장이 없을 것
> 2. 완공된 건축물이 관리처분계획에 적합할 것
> 3. 입주자가 공사에 따른 차량통행·소음·분진 등의 위해로부터 안전할 것

② 시장·군수등은 사용허가를 하는 때에는 동별·세대별 또는 구획별로 사용허가를 할 수 있다(영 제75조 제3항).

추가 준공인가

1. 사업시행자(공동시행자인 경우를 포함)가 토지주택공사인 경우로서 「한국토지주택공사법」 및 같은 법 시행령에 따라 준공인가 처리결과를 시장·군수등에게 통보한 경우에는 국토교통부령으로 정하는 준공인가신청서를 시장·군수등에게 제출하지 아니한다(영 제74조 제1항 단서).
2. 사업시행자는 위 1.에 따라 자체적으로 처리한 준공인가결과를 시장·군수등에게 통보한 때 또는 준공인가증을 교부받은 때에는 그 사실을 분양대상자에게 지체 없이 통지하여야 한다(영 제74조 제3항).

(4) 준공인가 등에 따른 정비구역의 해제(법 제84조)

① 정비구역의 지정은 준공인가의 고시가 있은 날(관리처분계획을 수립하는 경우에는 이전고시가 있은 때)의 다음 날에 해제된 것으로 본다. 이 경우 지방자치단체는 해당 지역을 「국토의 계획 및 이용에 관한 법률」에 따른 지구단위계획으로 관리하여야 한다.

② 정비구역의 해제는 조합의 존속에 영향을 주지 아니한다.

(5) 조합의 해산(법 제86조의2)

① 조합장은 이전고시가 있은 날부터 1년 이내에 조합 해산을 위한 총회를 소집하여야 한다.

② 조합장이 기간 내에 총회를 소집하지 아니한 경우 조합원 5분의 1 이상의 요구로 소집된 총회에서 조합원 과반수의 출석과 출석 조합원 과반수의 동의를 받아 해산을 의결할 수 있다. 이 경우 요구자 대표로 선출된 자가 조합 해산을 위한 총회의 소집 및 진행을 할 때에는 조합장의 권한을 대행한다.

③ 시장·군수등은 조합이 정당한 사유 없이 해산을 의결하지 아니하는 경우에는 조합설립인가를 취소할 수 있다.

④ 해산하는 조합에 청산인이 될 자가 없는 경우에는 「민법」에도 불구하고 시장·군수등은 법원에 청산인의 선임을 청구할 수 있다.

2 공사완료에 따른 관련 인·허가등의 의제

(1) 준공검사등의 의제

① 준공인가를 하거나 공사완료를 고시하는 경우 시장·군수등이 의제되는 인·허가등에 따른 준공검사·준공인가·사용검사·사용승인 등(이하 '준공검사·인가등')에 관하여 관계 행정기관의 장과 협의한 사항은 해당 준공검사·인가등을 받은 것으로 본다(법 제85조 제1항).

② 시장·군수등이 아닌 사업시행자는 준공검사·인가등의 의제를 받으려는 경우에는 준공인가를 신청하는 때에 해당 법률에서 정하는 관계 서류를 함께 제출하여야 한다(법 제85조 제2항).

(2) 협 의

① 시장·군수등은 준공인가를 하거나 공사완료를 고시하는 경우 그 내용에 의제되는 인·허가등에 따른 준공검사·인가등에 해당하는 사항이 있은 때에는 미리 관계 행정기관의 장과 협의하여야 한다(법 제85조 제3항).

② 관계 행정기관의 장은 협의를 요청받은 날부터 10일 이내에 의견을 제출하여야 한다(법 제85조 제4항).

③ 관계 행정기관의 장이 10일(민원 처리에 관한 법률에 따라 회신기간을 연장한 경우에는 그 연장된 기간) 내에 의견을 제출하지 아니하면 협의가 이루어진 것으로 본다(법 제85조 제5항).

3 소유권 이전고시 등

(1) 소유권 이전절차 · 27회 · 31회

사업시행자는 공사완료 고시가 있은 때에는 지체 없이 ① 대지확정측량을 하고 ② 토지의 분할절차를 거쳐 ③ 관리처분계획에서 정한 사항을 분양받을 자에게 통지하고 ④ 대지 또는 건축물의 소유권을 이전하여야 한다. 다만, 정비사업의 효율적인 추진을 위하여 필요한 경우에는 해당 정비사업에 관한 공사가 전부 완료되기 전이라도 완공된 부분은 준공인가를 받아 대지 또는 건축물별로 분양받을 자에게 소유권을 이전할 수 있다(법 제86조 제1항).

(2) 소유권 이전고시와 소유권 취득 · 21회 · 29회

사업시행자는 대지 및 건축물의 소유권을 이전하려는 때에는 그 내용을 해당 지방자치단체의 공보에 고시한 후 시장·군수등에게 보고하여야 한다. 이 경우 대지 또는 건축물을 분양받을 자는 고시가 있은 날의 다음 날에 그 대지 또는 건축물의 소유권을 취득한다(법 제86조 제2항).

(3) 대지 및 건축물에 대한 권리의 확정 · 21회

① **지상권 등의 권리이전** : 대지 또는 건축물을 분양받을 자에게 소유권을 이전한 경우 종전의 토지 또는 건축물에 설정된 지상권·전세권·저당권·임차권·가등기담보권·가압류 등 등기된 권리 및 「주택임대차보호법」의 요건을 갖춘 임차권은 소유권을 이전받은 대지 또는 건축물에 설정된 것으로 본다(법 제87조 제1항).

정리 소유권 이전의 절차

대지확정측량

↓

토지의 분할

↓

분양받을 자에게 통지

↓

소유권 이전

② 환지 등의 의제
　㉠ 취득하는 대지 또는 건축물 중 토지등소유자에게 분양하는 대지 또는 건축물은 「도시개발법」에 따라 행하여진 환지로 본다(법 제87조 제2항).
　㉡ 보류지와 일반에게 분양하는 대지 또는 건축물은 「도시개발법」에 따른 보류지 또는 체비지로 본다(법 제87조 제3항).

(4) 등기절차 및 권리변동의 제한(법 제88조) · 31회

① 사업시행자는 이전고시가 있은 때에는 지체 없이 대지 및 건축물에 관한 등기를 지방법원지원 또는 등기소에 촉탁 또는 신청하여야 한다.
② 등기에 필요한 사항은 대법원규칙으로 정한다.
③ 정비사업에 관하여 이전고시가 있은 날부터 위 ①에 따른 등기가 있을 때까지는 저당권 등의 다른 등기를 하지 못한다.

4 청산금

(1) 대상자

① **원칙** : 대지 또는 건축물을 분양받은 자가 종전에 소유하고 있던 토지 또는 건축물의 가격과 분양받은 대지 또는 건축물의 가격 사이에 차이가 있는 경우 사업시행자는 이전고시가 있은 후에 그 차액에 상당하는 금액(이하 '청산금')을 분양받은 자로부터 징수하거나 분양받은 자에게 지급하여야 한다(법 제89조 제1항).
② **예외** : 위 ①에도 불구하고 사업시행자는 정관등에서 분할징수 및 분할지급을 정하고 있거나 총회의 의결을 거쳐 따로 정한 경우에는 관리처분계획인가 후부터 이전고시가 있은 날까지 일정 기간별로 분할징수하거나 분할지급할 수 있다(법 제89조 제2항).

(2) 청산금의 징수 및 지급방법

산정기준	사업시행자는 종전에 소유하고 있던 토지 또는 건축물의 가격과 분양받은 대지 또는 건축물의 가격을 평가하는 경우 그 토지 또는 건축물의 규모·위치·용도·이용 상황·정비사업비 등을 참작하여 평가하여야 한다(법 제89조 제3항).
강제징수 및 징수위탁	시장·군수등인 사업시행자는 청산금을 납부할 자가 이를 납부하지 아니하는 경우 지방세 체납처분의 예에 따라 징수(분할징수를 포함)할 수 있으며, 시장·군수등이 아닌 사업시행자는 시장·군수등에게 청산금의 징수를 위탁할 수 있다(법 제90조 제1항).
청산금 공탁	청산금을 지급받을 자가 받을 수 없거나 받기를 거부한 때에는 사업시행자는 그 청산금을 공탁할 수 있다(법 제90조 제2항).
청산금 소멸시효	청산금을 지급(분할지급을 포함)받을 권리 또는 이를 징수할 권리는 이전고시일의 다음 날부터 5년간 행사하지 아니하면 소멸한다(법 제90조 제3항).

(3) 저당권의 물상대위*

정비구역에 있는 토지 또는 건축물에 저당권을 설정한 권리자는 사업시행자가 저당권이 설정된 토지 또는 건축물의 소유자에게 청산금을 지급하기 전에 압류절차를 거쳐 저당권을 행사할 수 있다(법 제91조).

> **기출&예상 문제**
>
> 도시 및 주거환경정비법령상 조합의 임원에 관한 설명으로 틀린 것은?
> * 34회
>
> ① 조합임원의 임기만료 후 6개월 이상 조합임원이 선임되지 아니한 경우에는 시장·군수등이 조합임원 선출을 위한 총회를 소집할 수 있다.
> ② 조합임원이 결격사유에 해당하게 되어 당연 퇴임한 경우 그가 퇴임 전에 관여한 행위는 그 효력을 잃는다.
> ③ 총회에서 요청하여 시장·군수등이 전문조합관리인을 선정한 경우 전문조합관리인이 업무를 대행할 임원은 당연 퇴임한다.
> ④ 조합장이 아닌 조합임원은 대의원이 될 수 없다.
> ⑤ 대의원회는 임기 중 궐위된 조합장을 보궐 선임할 수 없다.
>
> **해설** ② 조합임원이 결격사유에 해당하게 되어 당연 퇴임한 경우 그가 퇴임 전에 관여한 행위는 그 효력을 잃지 않는다.
> ① 법 제44조 제3항
>
> **정답** ②

물상대위(物上代位)
담보물권의 목적물이 매각, 임대, 멸실, 파손 등에 의해 금전이나 기타의 물건으로 목적물 소유자에게 귀속하게 되는 경우에, 담보권자가 우선 변제를 받을 수 있는 권리를 말한다.
예 담보 주택이 불에 탔을 경우 담보권자는 화재보험금을 우선적으로 수령할 수 있다.

04 | 비용부담 등

▌학습전략

이 CHAPTER는 비용부담, 비용조달, 공공재개발사업 및 공공재건축사업에 관한 내용 위주로 구성되어 있습니다. 출제 빈도는 높지 않은 단원이기 때문에 기출 내용만 간단하게 정리하면 됩니다.

제1절 **비용의 부담 및 조달**

1 비용부담

(1) 원칙(법 제92조) · 33회

① 정비사업비는 이 법 또는 다른 법령에 특별한 규정이 있는 경우를 제외하고는 사업시행자가 부담한다.

② 시장·군수등은 시장·군수등이 아닌 사업시행자가 시행하는 정비사업의 정비계획에 따라 설치되는 다음의 시설에 대하여는 그 건설에 드는 비용의 전부 또는 일부를 부담할 수 있다.

> ㉠ 도시·군계획시설 중 대통령령으로 정하는 주요 정비기반시설 및 공동이용시설(도로, 상·하수도, 공원, 공용주차장, 공동구, 녹지, 하천, 공공공지, 광장)
> ㉡ 임시거주시설

정리 비용부담
1. 원칙 : 사업시행자
2. 예외 : 시장·군수등

(2) 관리자의 비용부담(법 제94조)

정비기반시설 관리자	시장·군수등은 자신이 시행하는 정비사업으로 현저한 이익을 받는 정비기반시설의 관리자가 있는 경우에는 대통령령으로 정하는 방법 및 절차에 따라 해당 정비사업비의 일부를 그 정비기반시설의 관리자와 협의하여 그 관리자에게 부담시킬 수 있다.
공동구 설치의무자	사업시행자는 정비사업을 시행하는 지역에 전기·가스 등의 공급시설을 설치하기 위하여 공동구를 설치하는 경우에는 다른 법령에 따라 그 공동구에 수용될 시설을 설치할 의무가 있는 자에게 공동구의 설치에 드는 비용을 부담시킬 수 있다.

(3) 보조 및 융자(법 제95조) · 30회 · 32회

① 국가 또는 시·도는 시장, 군수, 구청장 또는 토지주택공사등이 시행하는 정비사업에 관한 기초조사 및 정비사업의 시행에 필요한 시설로서 대통령령으로 정하는 정비기반시설, 임시거주시설 및 주거환경개선사업에 따른 공동이용시설의 건설에 드는 비용의 일부를 보조하거나 융자할 수 있다. 이 경우 국가 또는 시·도는 다음의 어느 하나에 해당하는 사업에 우선적으로 보조하거나 융자할 수 있다.

> ㉠ 시장·군수등 또는 토지주택공사등이 다음의 어느 하나에 해당하는 지역에서 시행하는 주거환경개선사업
>   ⓐ 법 제20조 및 제21조에 따라 해제된 정비구역등
>   ⓑ 「도시재정비 촉진을 위한 특별법」에 따라 재정비촉진지구가 해제된 지역
> ㉡ 국가 또는 지방자치단체가 도시영세민을 이주시켜 형성된 낙후지역으로서 대통령령으로 정하는 지역에서 시장·군수등 또는 토지주택공사등이 단독으로 시행하는 재개발사업

② 시장·군수등은 사업시행자가 토지주택공사등인 주거환경개선사업과 관련하여 정비기반시설 및 공동이용시설, 임시거주시설을 건설하는 경우 건설에 드는 비용의 전부 또는 일부를 토지주택공사등에게 보조하여야 한다.

③ 국가 또는 지방자치단체는 시장·군수등이 아닌 사업시행자가 시행하는 정비사업에 드는 비용의 일부를 보조 또는 융자하거나 융자를 알선할 수 있다.

추가 공동구 설치 및 관리비용

1. 사업시행자로부터 공동구의 설치비용 부담금의 납부통지를 받은 공동구점용예정자는 공동구의 설치공사가 착수되기 전에 부담금액의 3분의 1 이상을 납부하여야 한다(규칙 제16조 제4항).
2. 공동구는 시장·군수등이 관리한다(규칙 제17조 제1항).
3. 시장·군수등은 공동구 관리비용(유지·수선비를 말하며, 조명·배수·통풍·방수·개축·재축·그 밖의 시설비 및 인건비를 포함)의 일부를 그 공동구를 점용하는 자에게 부담시킬 수 있으며, 그 부담비율은 점용면적비율을 고려하여 시장·군수등이 정한다(규칙 제17조 제2항).
4. 공동구 관리비용은 연도별로 산출하여 부과한다(규칙 제17조 제3항).
5. 공동구 관리비용의 납입기한은 매년 3월 31일까지로 하며, 시장·군수등은 납입기한 1개월 전까지 납입통지서를 발부하여야 한다. 다만, 필요한 경우에는 2회로 분할하여 납부하게 할 수 있으며 이 경우 분할금의 납입기한은 3월 31일과 9월 30일로 한다(규칙 제17조 제4항).

④ 국가 또는 지방자치단체는 위 ① 및 ②에 따라 정비사업에 필요한 비용을 보조 또는 융자하는 경우 순환정비방식의 정비사업에 우선적으로 지원할 수 있다. 이 경우 순환정비방식의 정비사업의 원활한 시행을 위하여 국가 또는 지방자치단체는 다음의 비용 일부를 보조 또는 융자할 수 있다.

> ㉠ 순환용주택의 건설비
> ㉡ 순환용주택의 단열보완 및 창호교체 등 에너지 성능 향상과 효율개선을 위한 리모델링 비용
> ㉢ 공가(空家)관리비

⑤ 국가는 다음의 어느 하나에 해당하는 비용의 전부 또는 일부를 지방자치단체 또는 토지주택공사등에 보조 또는 융자할 수 있다.

> ㉠ 토지주택공사등이 보유한 공공임대주택을 순환용주택으로 조합에게 제공하는 경우 그 건설비 및 공가관리비 등의 비용
> ㉡ 시·도지사, 시장, 군수, 구청장 또는 토지주택공사등이 재개발임대주택을 인수하는 경우 그 인수비용

⑥ 국가 또는 지방자치단체는 토지임대부 분양주택을 공급받는 자에게 해당 공급비용의 전부 또는 일부를 보조 또는 융자할 수 있다.

2 비용의 조달

(1) 부과금 및 연체료의 부과·징수

① 사업시행자는 토지등소유자로부터 비용과 정비사업의 시행과정에서 발생한 수입의 차액을 부과금으로 부과·징수할 수 있다(법 제93조 제1항).

② 사업시행자는 토지등소유자가 부과금의 납부를 게을리한 때에는 연체료를 부과·징수할 수 있다(법 제93조 제2항).

③ 부과금 및 연체료의 부과·징수에 필요한 사항은 정관등으로 정한다(법 제93조 제3항).

(2) 부과·징수 위탁 ·21회

① 시장·군수등이 아닌 사업시행자는 부과금 또는 연체료를 체납하는 자가 있는 때에는 시장·군수등에게 그 부과·징수를 위탁할 수 있다(법 제93조 제4항).

② 시장·군수등은 부과·징수를 위탁받은 경우에는 지방세 체납처분의 예에 따라 부과·징수할 수 있다. 이 경우 사업시행자는 징수한 금액의 100분의 4에 해당하는 금액을 해당 시장·군수등에게 교부하여야 한다 (법 제93조 제5항).

제2절   정비기반시설 및 국·공유재산

1 정비기반시설의 설치 및 토지 등의 귀속

(1) 정비기반시설의 설치

사업시행자는 관할 지방자치단체의 장과의 협의를 거쳐 정비구역에 정비기반시설(주거환경개선사업의 경우에는 공동이용시설을 포함)을 설치하여야 한다(법 제96조).

(2) 정비기반시설 및 토지 등의 귀속

① **시장·군수등 또는 토지주택공사등인 시행자** : 시장·군수등 또는 토지주택공사등이 정비사업의 시행으로 새로 정비기반시설을 설치하거나 기존의 정비기반시설을 대체하는 정비기반시설을 설치한 경우에는 「국유재산법」 및 「공유재산 및 물품 관리법」에도 불구하고 종래의 정비기반시설은 사업시행자에게 무상으로 귀속되고, 새로 설치된 정비기반시설은 그 시설을 관리할 국가 또는 지방자치단체에 무상으로 귀속된다(법 제97조 제1항).

② **시장·군수등 또는 토지주택공사등이 아닌 사업시행자** : 시장·군수등 또는 토지주택공사등이 아닌 사업시행자가 정비사업의 시행으로 새로 설치한 정비기반시설은 그 시설을 관리할 국가 또는 지방자치단체에 무상으로 귀속되고, 정비사업의 시행으로 용도가 폐지되는 국가 또는 지방자치단체 소유의 정비기반시설은 사업시행자가 새로 설치한 정비기반시설의 설치비용에 상당하는 범위에서 그에게 무상으로 양도된다(법 제97조 제2항).

③ **관리청의 의견청취** : 시장·군수등은 정비기반시설의 귀속 및 양도에 관한 사항이 포함된 정비사업을 시행하거나 그 시행을 인가하려는 경우에는 미리 그 관리청의 의견을 들어야 한다. 인가받은 사항을 변경하려는 경우에도 또한 같다(법 제97조 제4항).

④ **귀속시기** : 사업시행자는 관리청에 귀속될 정비기반시설과 사업시행자에게 귀속 또는 양도될 재산의 종류와 세목을 정비사업의 준공 전에 관리청에 통지하여야 하며, 해당 정비기반시설은 그 정비사업이 준공인가되어 관리청에 준공인가 통지를 한 때에 국가 또는 지방자치단체에 귀속되거나 사업시행자에게 귀속 또는 양도된 것으로 본다(법 제97조 제5항).

⑤ **등기원인 증명서류** : 정비기반시설에 대한 등기의 경우 정비사업의 시행인가서와 준공인가서(시장·군수등이 직접 정비사업을 시행하는 경우에는 사업시행계획인가의 고시와 공사완료의 고시)는 「부동산등기법」에 따른 등기원인을 증명하는 서류를 갈음한다(법 제97조 제6항).

⑥ **대부료 면제** : 정비사업의 시행으로 용도가 폐지되는 국가 또는 지방자치단체 소유의 정비기반시설의 경우 정비사업의 시행기간 동안 해당 시설의 대부료는 면제된다(법 제97조 제7항).

2 국·공유재산의 처분

(1) 관리청과의 협의

① 시장·군수등은 인가하려는 사업시행계획 또는 직접 작성하는 사업시행계획서에 국유·공유재산의 처분에 관한 내용이 포함되어 있는 때에는 미리 관리청과 협의하여야 한다. 이 경우 관리청이 불분명한 재산 중 도로·구거(도랑) 등은 국토교통부장관을, 하천은 환경부장관을, 그 외의 재산은 기획재정부장관을 관리청으로 본다(법 제98조 제1항).

② 협의를 받은 관리청은 20일 이내에 의견을 제시하여야 한다(법 제98조 제2항).

(2) 국·공유재산의 우선매각 · 32회

① **매각금지** : 정비구역의 국유·공유재산은 정비사업 외의 목적으로 매각되거나 양도될 수 없다(법 제98조 제3항).

② **수의계약** : 정비구역의 국유·공유재산은 「국유재산법」 또는 「공유재산 및 물품 관리법」에 따른 국유재산종합계획 또는 공유재산관리계획과 「국유재산법」 및 「공유재산 및 물품 관리법」에 따른 계약의 방법에도 불구하고 사업시행자 또는 점유자 및 사용자에게 다른 사람에 우선하여 수의계약으로 매각 또는 임대될 수 있다(법 제98조 제4항).

③ **용도폐지 의제** : 다른 사람에 우선하여 매각 또는 임대될 수 있는 국유·공유재산은 「국유재산법」, 「공유재산 및 물품 관리법」 및 그 밖에 국·공유지의 관리와 처분에 관한 관계 법령에도 불구하고 사업시행계획인가의 고시가 있은 날부터 종전의 용도가 폐지된 것으로 본다(법 제98조 제5항).

④ **국·공유지의 평가** : 정비사업을 목적으로 우선하여 매각하는 국·공유지는 사업시행계획인가의 고시가 있은 날을 기준으로 평가하며, 주거환경개선사업의 경우 매각가격은 평가금액의 100분의 80으로 한다. 다만, 사업시행계획인가의 고시가 있은 날부터 3년 이내에 매매계약을 체결하지 아니한 국·공유지는 「국유재산법」 또는 「공유재산 및 물품 관리법」에서 정한다(법 제98조 제6항).

제3절 공공재개발사업 및 공공재건축사업

1 공공재개발사업

(1) 공공재개발사업의 예정구역의 지정·고시(법 제101조의2)

① 정비구역의 지정권자는 비경제적인 건축행위 및 투기 수요의 유입을 방지하고, 합리적인 사업계획을 수립하기 위하여 공공재개발사업을 추진하려는 구역을 공공재개발사업 예정구역으로 지정할 수 있다. 이 경우 공공재개발사업 예정구역의 지정·고시에 관한 절차는 정비구역 지정절차(법 제16조)를 준용한다.

② 정비계획의 입안권자 또는 토지주택공사등은 정비구역의 지정권자에게 공공재개발사업 예정구역의 지정을 신청할 수 있다. 이 경우 토지주택공사등은 정비계획의 입안권자를 통하여 신청하여야 한다.

> **추가 지방도시계획위원회 심의 완료**
> 지방도시계획위원회는 정비계획의 입안권자가 정비구역의 지정권자에게 공공재개발사업 예정구역 지정의 신청이 있는 경우 신청일부터 30일 이내에 심의를 완료해야 한다. 다만, 30일 이내에 심의를 완료할 수 없는 정당한 사유가 있다고 판단되는 경우에는 심의기간을 30일의 범위에서 한 차례 연장할 수 있다(영 제80조의2 제3항).

③ 공공재개발사업 예정구역에서 개발행위 제한(법 제19조 제7항)에 해당하는 행위 또는 조합원 모집제한(제8항)의 행위를 하려는 자는 시장·군수등의 허가를 받아야 한다. 허가받은 사항을 변경하려는 때에도 또한 같다.

④ 공공재개발사업 예정구역 내에 분양받을 건축물이 분양받을 권리의 기준일(법 제77조 제1항)에 해당하는 경우에는 그 규정에도 불구하고 공공재개발사업 예정구역 지정·고시가 있은 날 또는 시·도지사가 투기를 억제하기 위하여 공공재개발사업 예정구역 지정·고시 전에 따로 정하는 날의 다음 날을 기준으로 건축물을 분양받을 권리를 산정한다. 이 경우 시·도지사가 건축물을 분양받을 권리일을 따로 정하는 경우에는 고시의무(법 제77조 제2항)를 준용한다.

⑤ 정비구역의 지정권자는 공공재개발사업 예정구역이 지정·고시된 날부터 2년이 되는 날까지 공공재개발사업 예정구역이 공공재개발사업을 위한 정비구역으로 지정되지 아니하거나, 공공재개발사업 시행자가 지정되지 아니하면 그 2년이 되는 날의 다음 날에 공공재개발사업 예정구역 지정을 해제하여야 한다. 다만, 정비구역의 지정권자는 1회에 한하여 1년의 범위에서 공공재개발사업 예정구역의 지정을 연장할 수 있다.

⑥ 공공재개발사업 예정구역의 지정과 지정 신청에 필요한 사항 및 그 절차는 대통령령으로 정한다.

(2) 공공재개발사업을 위한 정비구역 지정 등(법 제101조의3)

① 정비구역의 지정권자는 기본계획을 수립하거나 변경하지 아니하고 공공재개발사업을 위한 정비계획을 결정하여 정비구역을 지정할 수 있다.

② 정비계획의 입안권자는 공공재개발사업의 추진을 전제로 정비계획을 작성하여 정비구역의 지정권자에게 공공재개발사업을 위한 정비구역의 지정을 신청할 수 있다. 이 경우 공공재개발사업을 시행하려는 공공재개발사업 시행자는 정비계획의 입안권자에게 공공재개발사업을 위한 정비계획의 수립을 제안할 수 있다.

③ 정비계획의 지정권자는 공공재개발사업을 위한 정비구역을 지정·고시한 날부터 1년이 되는 날까지 공공재개발사업 시행자가 지정되지 아니하면 그 1년이 되는 날의 다음 날에 공공재개발사업을 위한 정비구역의 지정을 해제하여야 한다. 다만, 정비구역의 지정권자는 1회에 한하여 1년의 범위에서 공공재개발사업을 위한 정비구역의 지정을 연장할 수 있다.

(3) 공공재개발사업 예정구역 및 공공재개발사업·공공재건축사업을 위한 정비구역 지정을 위한 특례(법 제101조의4)

① 지방도시계획위원회 또는 도시재정비위원회는 공공재개발사업 예정구역 또는 공공재개발사업·공공재건축사업을 위한 정비구역의 지정에 필요한 사항을 심의하기 위하여 분과위원회를 둘 수 있다. 이 경우 분과위원회의 심의는 지방도시계획위원회 또는 도시재정비위원회의 심의로 본다.

② 정비구역의 지정권자가 공공재개발사업 또는 공공재건축사업을 위한 정비구역의 지정·변경을 고시한 때에는 기본계획의 수립·변경, 「도시재정비 촉진을 위한 특별법」에 따른 재정비촉진지구의 지정·변경 및 재정비촉진계획의 결정·변경이 고시된 것으로 본다.

(4) 공공재개발사업에서의 용적률 완화 및 주택 건설비율 등(법 제101조의5)

① 공공재개발사업 시행자는 공공재개발사업(도시재정비촉진을 위한 특별법에 따른 재정비촉진지구에서 시행되는 공공재개발사업을 포함)을 시행하는 경우 「국토의 계획 및 이용에 관한 법률」의 용도지역에서의 용적률(제78조) 및 조례에도 불구하고 지방도시계획위원회 및 도시재정비위원회의 심의를 거쳐 법적상한용적률의 100분의 120(이하 '법적상한초과용적률')까지 건축할 수 있다.

② 공공재개발사업 시행자는 법적상한초과용적률에서 정비계획으로 정하여진 용적률을 뺀 용적률의 100분의 20 이상 100분의 70 이하로서 시·도조례로 정하는 비율에 해당하는 면적에 국민주택규모 주택을 건설하여 인수자에게 공급하여야 한다. 다만, 법 제24조 제4항, 제26조 제1항 제1호 및 제27조 제1항 제1호에 따른 정비사업을 시행하는 경우에는 그러하지 아니한다.

2 공공재건축사업

(1) 공공재건축사업에서의 용적률 완화

① 공공재건축사업을 위한 정비구역에 대해서는 해당 정비구역의 지정·고시가 있는 날부터 「국토의 계획 및 이용에 관한 법률」에 따라 주거지역을 세분하여 정하는 지역 중 대통령령으로 정하는 지역으로 결정·고시된 것으로 보아 해당 지역에 적용되는 용적률 상한까지 용적률을 정할 수 있다. 다만, 다음의 어느 하나에 해당하는 경우에는 그러하지 아니하다(법 제101조의6 제1항).

> ㉠ 해당 정비구역이 「개발제한구역의 지정 및 관리에 관한 특별조치법」에 따라 결정된 개발제한구역인 경우
> ㉡ 시장·군수등이 공공재건축사업을 위하여 필요하다고 인정하여 해당 정비구역의 일부분을 종전 용도지역으로 그대로 유지하거나 동일면적의 범위에서 위치를 변경하는 내용으로 정비계획을 수립한 경우
> ㉢ 시장·군수등이 「국토의 계획 및 이용에 관한 법률」에 따른 주거지역을 세분 또는 변경하는 계획과 용적률에 관한 사항(법 제9조 제1항 제10호 다목)을 포함하는 정비계획을 수립한 경우

② 공공재건축사업 시행자는 공공재건축사업(도시재정비 촉진을 위한 특별법에 따른 재정비촉진지구에서 시행되는 공공재건축사업을 포함)을 시행하는 경우 위 ①에 따라 완화된 용적률에서 정비계획으로 정하여진 용적률을 뺀 용적률의 100분의 40 이상 100분의 70 이하로서 주택증가 규모, 공공재건축사업을 위한 정비구역의 재정적 여건 등을 고려하여 시·도조례로 정하는 비율에 해당하는 면적에 국민주택규모 주택을 건설하여 인수자에게 공급하여야 한다(법 제101조의6 제2항).

(2) 국민주택규모 주택의 공급가격

위 **(1)**의 ②에 따른 주택의 공급가격은 「공공주택 특별법」에 따라 국토교통부장관이 고시하는 공공건설임대주택의 표준건축비로 하고, 다음 ④의 단서에 따라 분양을 목적으로 인수한 주택의 공급가격은 「주택법」에 따라 국토교통부장관이 고시하는 기본형건축비로 한다. 이 경우 부속 토지는 인수자에게 기부채납한 것으로 본다(법 제101조의6 제3항).

(3) 국민주택규모 주택의 공급 및 인수방법

① 위 **(1)**의 ②에 따른 국민주택규모 주택의 공급 및 인수방법에 관하여는 국민주택규모 주택의 공급 및 인수(법 제55조)를 준용한다. 다만, 인수자는 공공재건축사업 시행자로부터 공급받은 주택 중 대통령령으로 정하는 비율에 해당하는 주택에 대해서는 「공공주택 특별법」에 따라 분양할 수 있다(법 제101조의6 제4항).

② 분양주택의 인수자는 감정평가액의 100분의 50 이상의 범위에서 대통령령으로 정하는 가격으로 부속 토지를 인수하여야 한다(법 제101조의6 제5항).

기출&예상 문제

도시 및 주거환경정비법령상 비용의 부담 등에 관한 설명으로 **틀린** 것은?

• 30회

① 정비사업비는 「도시 및 주거환경정비법」 또는 다른 법령에 특별한 규정이 있는 경우를 제외하고는 사업시행자가 부담한다.
② 지방자치단체는 시장·군수등이 아닌 사업시행자가 시행하는 정비사업에 드는 비용에 대한 융자를 알선할 수는 있으나 직접적으로 보조할 수는 없다.
③ 정비구역의 국유·공유재산은 사업시행자 또는 점유자 및 사용자에게 다른 사람에 우선하여 수의계약으로 매각될 수 있다.
④ 시장·군수등이 아닌 사업시행자는 부과금 또는 연체료를 체납하는 자가 있는 때에는 시장·군수등에게 그 부과·징수를 위탁할 수 있다.
⑤ 사업시행자는 정비사업을 시행하는 지역에 전기·가스 등의 공급시설을 설치하기 위하여 공동구를 설치하는 경우에는 다른 법령에 따라 그 공동구에 수용될 시설을 설치할 의무가 있는 자에게 공동구의 설치에 드는 비용을 부담시킬 수 있다.

해설 국가 또는 지방자치단체는 시장·군수등이 아닌 사업시행자가 시행하는 정비사업에 드는 비용의 일부를 보조 또는 융자하거나 융자를 알선할 수 있다.

정답 ②

---

05 | 정비사업전문관리업 및 감독

05
정비사업전문관리업 및 감독

▌10개년 출제문항 수

25회	26회	27회	28회	29회

30회	31회	32회	33회	34회

↳ 최근 10개년 출제문항이 없는 CHAPTER입니다.

▌학습전략

이 CHAPTER에서는 거의 출제가 안 되며, 정비사업전문관리업의 업무제한 위주로 확인하면 됩니다.

제1절 정비사업전문관리업

1 정비사업전문관리업의 등록

(1) 등록대상

다음의 사항을 추진위원회 또는 사업시행자로부터 위탁받거나 이와 관련한 자문을 하려는 자는 대통령령으로 정하는 자본·기술인력 등의 기준을 갖춰 시·도지사에게 등록 또는 변경(대통령령으로 정하는 경미한 사항의 변경은 제외)등록하여야 한다. 다만, 주택의 건설 등 정비사업 관련 업무를 하는 공공기관 등으로 대통령령으로 정하는 기관의 경우에는 그러하지 아니하다(법 제102조 제1항).

> ① 조합설립의 동의 및 정비사업의 동의에 관한 업무의 대행
> ② 조합설립인가의 신청에 관한 업무의 대행
> ③ 사업성 검토 및 정비사업의 시행계획서의 작성
> ④ 설계자 및 시공자 선정에 관한 업무의 지원
> ⑤ 사업시행계획인가의 신청에 관한 업무의 대행
> ⑥ 관리처분계획의 수립에 관한 업무의 대행

⑦ 시장·군수등이 정비사업전문관리업자를 선정한 경우에는 추진위원회 설립에 필요한 다음의 업무
  ㉠ 동의서 제출의 접수
  ㉡ 운영규정 작성 지원
  ㉢ 그 밖에 시·도조례로 정하는 사항

(2) 등록보고

시·도지사는 정비사업전문관리업의 등록 또는 변경등록한 현황, 정비사업전문관리업의 등록취소 또는 업무정지를 명한 현황을 국토교통부령으로 정하는 방법 및 절차에 따라 국토교통부장관에게 보고하여야 한다(법 제102조 제3항).

(3) 결격사유 등(법 제105조)

① **결격사유** : 다음의 어느 하나에 해당하는 자는 정비사업전문관리업의 등록을 신청할 수 없으며, 정비사업전문관리업자의 업무를 대표 또는 보조하는 임직원이 될 수 없다.

㉠ 미성년자(대표 또는 임원이 되는 경우로 한정)·피성년후견인 또는 피한정후견인
㉡ 파산선고를 받은 자로서 복권되지 아니한 자
㉢ 정비사업의 시행과 관련한 범죄행위로 인하여 금고 이상의 실형의 선고를 받고 그 집행이 종료(종료된 것으로 보는 경우를 포함)되거나 집행이 면제된 날부터 2년이 지나지 아니한 자
㉣ 정비사업의 시행과 관련한 범죄행위로 인하여 금고 이상의 형의 집행유예를 받고 그 유예기간 중에 있는 자
㉤ 이 법을 위반하여 벌금형 이상의 선고를 받고 2년이 지나지 아니한 자
㉥ 등록이 취소된 후 2년이 지나지 아니한 자(법인인 경우 그 대표자)
㉦ 법인의 업무를 대표 또는 보조하는 임직원 중 위 ㉠부터 ㉥까지 중 어느 하나에 해당하는 자가 있는 법인

② **당연 퇴직** : 정비사업전문관리업자의 업무를 대표 또는 보조하는 임직원이 결격사유의 어느 하나에 해당하게 되거나 선임 당시 그에 해당하였던 자로 밝혀진 때에는 당연 퇴직한다.

③ **퇴직 전 효력의 유지** : 퇴직된 임직원이 퇴직 전에 관여한 행위는 효력을 잃지 아니한다.

2 정비사업전문관리업의 등록취소

(1) 등록취소 등의 사유

시·도지사는 정비사업전문관리업자가 다음의 어느 하나에 해당하는 때에는 그 등록을 취소하거나 1년 이내의 기간을 정하여 업무의 전부 또는 일부의 정지를 명할 수 있다. 다만, 다음 ①·④·⑧ 및 ⑨에 해당하는 때에는 그 등록을 취소하여야 한다(법 제106조 제1항).

① 거짓, 그 밖의 부정한 방법으로 등록을 한 때
② 등록기준에 미달하게 된 때
③ 추진위원회, 사업시행자 또는 시장·군수등의 위탁이나 자문에 관한 계약 없이 법 제102조 제1항에 따른 업무를 수행한 때
④ 법 제102조 제1항에 따른 업무를 직접 수행하지 아니한 때
⑤ 고의 또는 과실로 조합에게 계약금액(정비사업전문관리업자가 조합과 체결한 총계약금액)의 3분의 1 이상의 재산상 손실을 끼친 때
⑥ 보고·자료제출을 하지 아니하거나 거짓으로 한 때 또는 조사·검사를 거부·방해 또는 기피한 때
⑦ 보고·자료제출을 하지 아니하거나 거짓으로 한 때 또는 조사를 거부·방해 또는 기피한 때
⑧ 최근 3년간 2회 이상의 업무정지처분을 받은 자로서 그 정지처분을 받은 기간이 합산하여 12개월을 초과한 때
⑨ 다른 사람에게 자기의 성명 또는 상호를 사용하여 이 법에서 정한 업무를 수행하게 하거나 등록증을 대여한 때
⑩ 이 법을 위반하여 벌금형 이상의 선고를 받은 경우(법인의 경우에는 그 소속 임직원을 포함)
⑪ 그 밖에 이 법 또는 이 법에 따른 명령이나 처분을 위반한 때

(2) 등록취소 등에 관한 내용

① **기준** : 등록의 취소 및 업무의 정지처분에 관한 기준은 대통령령으로 정한다(법 제106조 제2항).
② **통지** : 등록취소처분 등을 받은 정비사업전문관리업자와 등록취소처분 등을 명한 시·도지사는 추진위원회 또는 사업시행자에게 해당 내용을 지체 없이 통지하여야 한다(법 제106조 제3항).

(3) 사업의 시행 및 정지

① **사업의 계속 시행** : 정비사업전문관리업자는 등록취소처분 등을 받기 전에 계약을 체결한 업무는 계속하여 수행할 수 있다. 이 경우 정비사업전문관리업자는 해당 업무를 완료할 때까지는 정비사업전문관리업자로 본다(법 제106조 제4항).

② **사업의 정지** : 정비사업전문관리업자는 다음의 어느 하나에 해당하는 경우에는 업무를 계속하여 수행할 수 없다(법 제106조 제5항).

> ㉠ 사업시행자가 통지를 받거나 처분사실을 안 날부터 3개월 이내에 총회 또는 대의원회의 의결을 거쳐 해당 업무계약을 해지한 경우
> ㉡ 정비사업전문관리업자가 등록취소처분 등을 받은 날부터 3개월 이내에 사업시행자로부터 업무의 계속 수행에 대하여 동의를 받지 못한 경우. 이 경우 사업시행자가 동의를 하려는 때에는 총회 또는 대의원회의 의결을 거쳐야 한다.
> ㉢ 위 **(1)** 등록취소 등의 사유 외의 부분 단서에 따라 등록이 취소된 경우

3 정비사업전문관리업자에 관한 내용

(1) 정비사업전문관리업자의 업무제한

정비사업전문관리업자는 동일한 정비사업에 대하여 다음의 업무를 병행하여 수행할 수 없다(법 제103조).

> ① 건축물의 철거
> ② 정비사업의 설계
> ③ 정비사업의 시공
> ④ 정비사업의 회계감사
> ⑤ 그 밖에 정비사업의 공정한 질서유지에 필요하다고 인정하여 대통령령으로 정하는 업무

(2) 정비사업전문관리업자와 위탁자와의 관계

정비사업전문관리업자에게 업무를 위탁하거나 자문을 요청한 자와 정비사업전문관리업자의 관계에 관하여 이 법에 규정된 사항을 제외하고는 「민법」 중 위임에 관한 규정을 준용한다(법 제104조).

(3) 정비사업전문관리업자에 대한 조사(법 제107조)

① 국토교통부장관 또는 시·도지사는 다음의 어느 하나에 해당하는 경우 정비사업전문관리업자에 대하여 그 업무에 관한 사항을 보고하게 하거나 자료의 제출, 그 밖의 필요한 명령을 할 수 있으며, 소속 공무원에게 영업소 등에 출입하여 장부·서류 등을 조사 또는 검사하게 할 수 있다.

> ㉠ 등록요건 또는 결격사유 등 이 법에서 정한 사항의 위반 여부를 확인할 필요가 있는 경우
> ㉡ 정비사업전문관리업자와 토지등소유자, 조합원, 그 밖에 정비사업과 관련한 이해관계인 사이에 분쟁이 발생한 경우
> ㉢ 그 밖에 시·도조례로 정하는 경우

② 출입·검사 등을 하는 공무원은 권한을 표시하는 증표를 지니고 관계인에게 내보여야 한다.

③ 국토교통부장관 또는 시·도지사가 정비사업전문관리업자에게 위 ①에 따른 업무에 관한 사항의 보고, 자료의 제출을 하게 하거나, 소속 공무원에게 조사 또는 검사하게 하려는 경우에는 「행정조사기본법」에 따라 사전통지를 하여야 한다.

④ 업무에 관한 사항의 보고 또는 자료의 제출 명령을 받은 정비사업전문관리업자는 그 명령을 받은 날부터 15일 이내에 이를 보고 또는 제출(전자문서를 이용한 보고 또는 제출을 포함)하여야 한다.

⑤ 국토교통부장관 또는 시·도지사는 위 ①에 따른 업무에 관한 사항의 보고, 자료의 제출, 조사 또는 검사 등이 완료된 날부터 30일 이내에 그 결과를 통지하여야 한다.

(4) 정비사업전문관리업 정보의 종합관리(법 제108조)

① 국토교통부장관은 정비사업전문관리업자의 자본금·사업실적·경영실태 등에 관한 정보를 종합적이고 체계적으로 관리하고 시·도지사, 시장, 군수, 구청장, 추진위원회 또는 사업시행자 등에게 제공하기 위하여 정비사업전문관리업 정보종합체계를 구축·운영할 수 있다.

② 정비사업전문관리업 정보종합체계의 구축·운영에 필요한 사항은 국토교통부령으로 정한다.

1 자료제출

(1) 정비사업의 추진실적 보고

시·도지사는 국토교통부령으로 정하는 방법 및 절차에 따라 정비사업의 추진실적을 분기별로 국토교통부장관에게, 시장, 군수 또는 구청장은 시·도조례로 정하는 바에 따라 정비사업의 추진실적을 특별시장·광역시장 또는 도지사에게 보고하여야 한다(법 제111조 제1항).

(2) 보고·자료제출의 명령

국토교통부장관, 시·도지사, 시장, 군수 또는 구청장은 정비사업의 원활한 시행을 감독하기 위하여 필요한 경우로서 다음의 어느 하나에 해당하는 때에는 추진위원회·사업시행자·정비사업전문관리업자·설계자 및 시공자 등 이 법에 따른 업무를 하는 자에게 그 업무에 관한 사항을 보고하게 하거나 자료의 제출, 그 밖의 필요한 명령을 할 수 있으며, 소속 공무원에게 영업소 등에 출입하여 장부·서류 등을 조사 또는 검사하게 할 수 있다(법 제111조 제2항).

> ① 이 법의 위반 여부를 확인할 필요가 있는 경우
> ② 토지등소유자, 조합원, 그 밖에 정비사업과 관련한 이해관계인 사이에 분쟁이 발생된 경우
> ③ 그 밖에 시·도조례로 정하는 경우

(3) 자금차입의 신고

추진위원회 또는 사업시행자(시장·군수등과 토지주택공사등은 제외)는 자금을 차입한 때에는 대통령령으로 정하는 바에 따라 자금을 대여한 상대방, 차입액, 이자율 및 상환방법 등의 사항을 시장·군수등에게 신고하여야 한다(법 제111조의2).

2 회계감사 및 감독 등

(1) 회계감사(법 제112조)

① 시장·군수등 또는 토지주택공사등이 아닌 사업시행자 또는 추진위원회는 다음의 어느 하나에 해당하는 경우에는 다음의 구분에 따른 기간 이내에 「주식회사 등의 외부감사에 관한 법률」에 따른 감사인의 회계감사를 받기 위하여 시장·군수등에게 회계감사기관의 선정·계약을 요청하여야 하며, 그 감사결과를 회계감사가 종료된 날부터 15일 이내에 시장·군수등 및 해당 조합에 보고하고 조합원이 공람할 수 있도록 하여야 한다. 다만, 지정개발자가 사업시행자인 경우에는 다음 ㉠에 해당하는 경우는 제외한다.

> ㉠ 추진위원회에서 사업시행자로 인계되기 전까지 납부 또는 지출된 금액과 계약 등으로 지출될 것이 확정된 금액의 합이 대통령령으로 정한 금액 이상인 경우 : 추진위원회에서 사업시행자로 인계되기 전 7일 이내
> ㉡ 사업시행계획인가 고시일 전까지 납부 또는 지출된 금액이 대통령령으로 정하는 금액 이상인 경우 : 사업시행계획인가의 고시일부터 20일 이내
> ㉢ 준공인가 신청일까지 납부 또는 지출된 금액이 대통령령으로 정하는 금액 이상인 경우 : 준공인가의 신청일부터 7일 이내
> ㉣ 토지등소유자 또는 조합원 5분의 1 이상이 사업시행자에게 회계감사를 요청하는 경우 : 다음 ④에 따른 절차를 고려한 상당한 기간 이내

② 시장·군수등은 위 ①에 따른 요청이 있는 경우 즉시 회계감사기관을 선정하여 회계감사가 이루어지도록 하여야 한다.

③ 회계감사기관을 선정·계약한 경우 시장·군수등은 공정한 회계감사를 위하여 선정된 회계감사기관을 감독하여야 하며, 필요한 처분이나 조치를 명할 수 있다.

④ 사업시행자 또는 추진위원회는 위 ①에 따라 회계감사기관의 선정·계약을 요청하려는 경우 시장·군수등에게 회계감사에 필요한 비용을 미리 예치하여야 한다. 시장·군수등은 회계감사가 끝난 경우 예치된 금액에서 회계감사비용을 직접 지급한 후 나머지 비용은 사업시행자와 정산하여야 한다.

(2) 감독(법 제113조)

① 정비사업의 시행이 이 법 또는 이 법에 따른 명령·처분이나 사업시행계획서 또는 관리처분계획에 위반되었다고 인정되는 때에는 정비사업의 적정한 시행을 위하여 필요한 범위에서 국토교통부장관은 시·도지사, 시장, 군수, 구청장, 추진위원회, 주민대표회의, 사업시행자 또는 정비사업전문관리업자에게, 특별시장, 광역시장 또는 도지사는 시장, 군수, 구청장, 추진위원회, 주민대표회의, 사업시행자 또는 정비사업전문관리업자에게, 시장·군수등은 추진위원회, 주민대표회의, 사업시행자 또는 정비사업전문관리업자에게 처분의 취소·변경 또는 정지, 공사의 중지·변경, 임원의 개선 권고, 그 밖의 필요한 조치를 취할 수 있다.

② 국토교통부장관, 시·도지사, 시장, 군수 또는 구청장은 이 법에 따른 정비사업의 원활한 시행을 위하여 관계 공무원 및 전문가로 구성된 점검반을 구성하여 정비사업 현장조사를 통하여 분쟁의 조정, 위법사항의 시정요구 등 필요한 조치를 할 수 있다. 이 경우 관할 지방자치단체의 장과 조합 등은 대통령령으로 정하는 자료의 제공 등 점검반의 활동에 적극 협조하여야 한다.

(3) 시공자 선정 취소 명령 또는 과징금(법 제113조의2)

① 시·도지사(해당 정비사업을 관할하는 시·도지사)는 건설업자 또는 등록사업자가 다음의 어느 하나에 해당하는 경우 사업시행자에게 건설업자 또는 등록사업자의 해당 정비사업에 대한 시공자 선정을 취소할 것을 명하거나 그 건설업자 또는 등록사업자에게 사업시행자와 시공자 사이의 계약서상 공사비의 100분의 20 이하에 해당하는 금액의 범위에서 과징금을 부과할 수 있다. 이 경우 시공자 선정 취소의 명을 받은 사업시행자는 시공자 선정을 취소하여야 한다.

> ㉠ 건설업자 또는 등록사업자가 조합임원 등의 선임·선정 및 계약 체결 시 행위제한(법 제132조 제1항 또는 제2항)을 위반한 경우
> ㉡ 건설업자 또는 등록사업자가 건설업자의 관리·감독 의무(법 제132조의2)를 위반하여 관리·감독 등 필요한 조치를 하지 아니한 경우로서 용역업체의 임직원(건설업자 또는 등록사업자가 고용한 개인을 포함)이 조합임원 등의 선임·선정 및 계약 체결 시 행위제한(법 제132조 제1항)을 위반한 경우

② 과징금을 부과하는 위반행위의 종류와 위반 정도 등에 따른 과징금의 금액 등에 필요한 사항은 대통령령으로 정한다.

③ 시·도지사는 과징금의 부과처분을 받은 자가 납부기한까지 과징금을 내지 아니하면 「지방행정제재·부과금의 징수 등에 관한 법률」에 따라 징수한다.

(4) 건설업자 및 등록사업자의 입찰참가 제한(법 제113조의3)

① 시·도지사는 위 (3)의 ①의 어느 하나에 해당하는 건설업자 또는 등록사업자에 대해서는 2년 이내의 범위에서 대통령령으로 정하는 기간 동안 정비사업의 입찰참가를 제한할 수 있다.

② 시·도지사는 건설업자 또는 등록사업자에 대한 정비사업의 입찰참가를 제한하려는 경우에는 대통령령으로 정하는 바에 따라 대상, 기간, 사유, 그 밖의 입찰참가 제한과 관련된 내용을 공개하고, 관할 구역의 시장, 군수 또는 구청장 및 사업시행자에게 통보하여야 한다. 이 경우 통보를 받은 사업시행자는 해당 건설업자 또는 등록사업자의 입찰참가 자격을 제한하여야 한다.

③ 사업시행자는 입찰참가를 제한받은 건설업자 또는 등록사업자와 계약(수의계약을 포함)을 체결해서는 아니 된다.

3 정비사업 지원기구 및 교육실시

(1) 정비사업 지원기구

국토교통부장관 또는 시·도지사는 다음의 업무를 수행하기 위하여 정비사업 지원기구를 설치할 수 있다. 이 경우 국토교통부장관은 「한국부동산원법」에 따른 한국부동산원 또는 「한국토지주택공사법」에 따라 설립된 한국토지주택공사에, 시·도지사는 「지방공기업법」에 따라 주택사업을 수행하기 위하여 설립된 지방공사에 정비사업 지원기구의 업무를 대행하게 할 수 있다(법 제114조).

① 정비사업 상담지원업무
② 정비사업전문관리제도의 지원
③ 전문조합관리인의 교육 및 운영지원
④ 소규모 영세사업장 등의 사업시행계획 및 관리처분계획 수립지원
⑤ 정비사업을 통한 공공지원민간임대주택 공급업무지원

⑥ 공사비 검증 업무
⑦ 공공재개발사업 및 공공재건축사업의 지원
⑧ 그 밖에 국토교통부장관이 정하는 업무

(2) 교육의 실시

국토교통부장관, 시·도지사, 시장, 군수 또는 구청장은 추진위원장 및 감사, 조합임원, 전문조합관리인, 정비사업전문관리업자의 대표자 및 기술인력, 토지등소유자 등에 대하여 대통령령으로 정하는 바에 따라 교육을 실시할 수 있다(법 제115조).

4 도시분쟁조정위원회

(1) 도시분쟁조정위원회 설치(법 제116조 제1항)

① 정비사업의 시행으로 발생한 분쟁을 조정하기 위하여 정비구역이 지정된 특별자치시, 특별자치도, 또는 시·군·구(자치구)에 도시분쟁조정위원회를 둔다.
② 시장·군수등을 당사자로 하여 발생한 정비사업의 시행과 관련된 분쟁 등의 조정을 위하여 필요한 경우에는 시·도에 조정위원회를 둘 수 있다.

(2) 도시분쟁조정위원회의 구성과 자격

① 조정위원회는 부시장·부지사·부구청장 또는 부군수를 위원장으로 한 10명 이내의 위원으로 구성한다(법 제116조 제2항).
② 조정위원회 위원은 정비사업에 대한 학식과 경험이 풍부한 사람으로서 다음의 어느 하나에 해당하는 사람 중에서 시장·군수등이 임명 또는 위촉한다. 이 경우 다음 ㉠, ㉢ 및 ㉣에 해당하는 사람이 각 2명 이상 포함되어야 한다(법 제116조 제3항).

㉠ 해당 특별자치시, 특별자치도 또는 시·군·구에서 정비사업 관련 업무에 종사하는 5급 이상 공무원
㉡ 대학이나 연구기관에서 부교수 이상 또는 이에 상당하는 직에 재직하고 있는 사람
㉢ 판사, 검사 또는 변호사의 직에 5년 이상 재직한 사람
㉣ 건축사, 감정평가사, 공인회계사로서 5년 이상 종사한 사람
㉤ 그 밖에 정비사업에 전문적 지식을 갖춘 사람으로서 시·도조례로 정하는 자

③ 조정위원회에는 위원 3명으로 구성된 분과위원회를 두며, 분과위원회에는 위 ②의 ㉠ 및 ㉢에 해당하는 사람이 각 1명 이상 포함되어야 한다(법 제116조 제4항).

(3) 도시분쟁조정위원회의 조정

① 조정위원회는 정비사업의 시행과 관련하여 다음의 어느 하나에 해당하는 분쟁 사항을 심사·조정한다. 다만, 「주택법」, 「공익사업을 위한 토지 등의 취득 및 보상에 관한 법률」, 그 밖의 관계 법률에 따라 설치된 위원회의 심사대상에 포함되는 사항은 제외할 수 있다(법 제117조 제1항).

> ㉠ 매도청구권 행사 시 감정가액에 대한 분쟁
> ㉡ 공동주택 평형 배정방법에 대한 분쟁
> ㉢ 그 밖에 대통령령으로 정하는 분쟁

② 시장·군수등은 다음의 어느 하나에 해당하는 경우 조정위원회를 개최할 수 있으며, 조정위원회는 조정신청을 받은 날(다음 ㉡의 경우 조정위원회를 처음 개최한 날)부터 60일 이내에 조정절차를 마쳐야 한다. 다만, 조정기간 내에 조정절차를 마칠 수 없는 정당한 사유가 있다고 판단되는 경우에는 조정위원회의 의결로 그 기간을 한 차례만 연장할 수 있으며 그 기간은 30일 이내로 한다(법 제117조 제2항).

> ㉠ 분쟁당사자가 정비사업의 시행으로 인하여 발생한 분쟁의 조정을 신청하는 경우
> ㉡ 시장·군수등이 조정위원회의 조정이 필요하다고 인정하는 경우

③ 조정위원회의 위원장은 조정위원회의 심사에 앞서 분과위원회에서 사전 심사를 담당하게 할 수 있다. 다만, 분과위원회의 위원 전원이 일치된 의견으로 조정위원회의 심사가 필요없다고 인정하는 경우에는 조정위원회에 회부하지 아니하고 분과위원회의 심사로 조정절차를 마칠 수 있다(법 제117조 제3항).

④ 조정위원회 또는 분과위원회는 조정절차를 마친 경우 조정안을 작성하여 지체 없이 각 당사자에게 제시하여야 한다. 이 경우 조정안을 제시받은 각 당사자는 제시받은 날부터 15일 이내에 수락 여부를 조정위원회 또는 분과위원회에 통보하여야 한다(법 제117조 제4항).

⑤ 당사자가 조정안을 수락한 경우 조정위원회는 즉시 조정서를 작성한 후, 위원장 및 각 당사자는 조정서에 서명·날인하여야 한다(법 제117조 제5항).

(4) 협의체의 운영(법 제117조의2)

① 시장·군수등은 정비사업과 관련하여 발생하는 문제를 협의하기 위하여 조정위원회의 조정신청을 받기 전에 사업시행자, 관계 공무원 및 전문가, 그 밖에 이해관계가 있는 자 등으로 구성된 협의체를 구성·운영할 수 있다.
② 특별시장·광역시장 또는 도지사는 협의체의 구성·운영에 드는 비용의 전부 또는 일부를 보조할 수 있다.
③ 협의체의 구성·운영 시기, 협의 대상·방법 및 비용 보조 등에 관하여 필요한 사항은 시·도조례로 정한다.

5 정비사업의 공공지원

(1) 시장·군수등의 공공지원 및 위탁

시장·군수등은 정비사업의 투명성 강화 및 효율성 제고를 위하여 시·도조례로 정하는 정비사업에 대하여 사업시행 과정을 공공지원하거나 토지주택공사등, 신탁업자, 「주택도시기금법」에 따른 주택도시보증공사 또는 이 법 정비사업전문관리업의 등록(법 제102조 제1항) 각 호 외의 부분 단서에 따라 대통령령으로 정하는 기관에 공공지원을 위탁할 수 있다(법 제118조 제1항).

(2) 공공관리의 업무

정비사업을 공공지원하는 시장·군수등 및 공공지원을 위탁받은 자(이하 '위탁지원자')는 다음의 업무를 수행한다(법 제118조 제2항).

> ① 추진위원회 또는 주민대표회의 구성
> ② 정비사업전문관리업자의 선정(위탁지원자는 선정을 위한 지원으로 한정)
> ③ 설계자 및 시공자 선정방법 등
> ④ 세입자의 주거 및 이주대책(이주 거부에 따른 협의대책을 포함) 수립
> ⑤ 관리처분계획 수립
> ⑥ 그 밖에 시·도조례로 정하는 사항

(3) 정비사업관리시스템의 구축(법 제119조)

① 국토교통부장관 또는 시·도지사는 정비사업의 효율적이고 투명한 관리를 위하여 정비사업관리시스템을 구축하여 운영할 수 있다.

② 국토교통부장관은 시·도지사에게 정비사업관리시스템의 구축 등에 필요한 자료의 제출 등 협조를 요청할 수 있다. 이 경우 자료의 제출 등 협조를 요청받은 시·도지사는 정당한 사유가 없으면 이에 따라야 한다.

③ 정비사업관리시스템의 운영방법 등에 필요한 사항은 국토교통부령 또는 시·도조례로 정한다.

6 청 문

국토교통부장관, 시·도지사, 시장, 군수 또는 구청장은 다음의 어느 하나에 해당하는 처분을 하려는 경우에는 청문을 하여야 한다(법 제121조).

① 조합설립인가의 취소
② 정비사업전문관리업의 등록취소
③ 추진위원회 승인의 취소, 조합설립인가의 취소, 사업시행계획인가의 취소 또는 관리처분계획인가의 취소
④ 시공자 선정 취소 또는 과징금 부과
⑤ 입찰참가 제한

06 보칙 및 벌칙

▮ 학습전략

이 CHAPTER에서는 거의 출제가 안 되며, 행정형벌 내용 위주로 학습하
면 됩니다.

제1절 보 칙

1 토지등소유자의 설명의무

토지등소유자는 자신이 소유하는 정비구역 내 토지 또는 건축물에 대하여 매
매·전세·임대차 또는 지상권 설정 등 부동산 거래를 위한 계약을 체결하는
경우 다음의 사항을 거래상대방에게 설명·고지하고, 거래계약서에 기재 후
서명·날인하여야 한다(법 제122조 제1항).

① 해당 정비사업의 추진단계
② 퇴거예정시기(건축물의 경우 철거예정시기를 포함)
③ 법 제19조에 따른 행위제한
④ 법 제39조에 따른 조합원의 자격
⑤ 법 제70조 제5항에 따른 계약기간
⑥ 법 제77조에 따른 주택 등 건축물을 분양받을 권리의 산정 기준일
⑦ 그 밖에 거래상대방의 권리·의무에 중대한 영향을 미치는 사항으로서 대통령령
   으로 정하는 사항

2 재개발사업 등의 시행방식의 전환

(1) 시행방식의 전환

시장·군수등은 사업대행자를 지정하거나 토지등소유자의 5분의 4 이상의 요구가 있어 재개발사업의 시행방식의 전환이 필요하다고 인정하는 경우에는 정비사업이 완료되기 전이라도 대통령령으로 정하는 범위에서 정비구역의 전부 또는 일부에 대하여 시행방식의 전환을 승인할 수 있다(법 제123조 제1항).

(2) 시행방식의 전환절차

① **전환동의** : 사업시행자는 시행방식을 전환하기 위하여 관리처분계획을 변경하려는 경우 토지면적의 3분의 2 이상의 토지소유자의 동의와 토지등소유자의 5분의 4 이상의 동의를 받아야 하며, 변경절차에 관하여는 관리처분계획 변경에 관한 규정을 준용한다(법 제123조 제2항).

② **공사완료 고시** : 사업시행자는 정비구역의 일부에 대하여 시행방식을 전환하려는 경우에 재개발사업이 완료된 부분은 준공인가를 거쳐 해당 지방자치단체의 공보에 공사완료의 고시를 하여야 하며, 전환하려는 부분은 이 법에서 정하고 있는 절차에 따라 시행방식을 전환하여야 한다(법 제123조 제3항).

③ **고시효과** : 공사완료의 고시를 한 때에는 「공간정보의 구축 및 관리 등에 관한 법률」에도 불구하고 관리처분계획의 내용에 따라 소유권 이전이 된 것으로 본다(법 제123조 제4항).

3 도시·주거환경정비기금의 설치

(1) 정비기금의 설치

기본계획을 수립하거나 승인하는 특별시장·광역시장·특별자치시장·도지사·특별자치도지사 또는 시장은 정비사업의 원활한 수행을 위하여 도시·주거환경정비기금을 설치하여야 한다. 다만, 기본계획을 수립하지 아니하는 시장 및 군수도 필요한 경우에는 정비기금을 설치할 수 있다(법 제126조 제1항).

추가 주거환경개선사업의 전환동의

사업시행자는 정비계획이 수립된 주거환경개선사업을 인가받은 관리처분계획에 따라 주택 및 부대시설·복리시설을 건설하여 공급하는 시행방법으로 변경하려는 경우에는 토지등소유자의 3분의 2 이상의 동의를 받아야 한다(법 제123조 제5항).

(2) 정비기금의 재원조성

정비기금은 다음의 어느 하나에 해당하는 금액을 재원으로 조성한다(법 제 126조 제2항).

> ① 사업시행자가 현금으로 납부한 금액
> ② 시·도지사, 시장, 군수 또는 구청장에게 공급된 주택의 임대보증금 및 임대료
> ③ 부담금 및 정비사업으로 발생한 「개발이익 환수에 관한 법률」에 따른 개발부 담금 중 지방자치단체 귀속분의 일부
> ④ 정비구역(재건축구역은 제외) 안의 국·공유지 매각대금 중 대통령령으로 정 하는 일정 비율 이상의 금액
> ⑤ 법 제113조의2에 따른 과징금
> ⑥ 「재건축초과이익 환수에 관한 법률」에 따른 재건축부담금 중 같은 법에 따른 지방자치단체 귀속분
> ⑦ 「지방세법」에 따라 부과·징수되는 지방소비세 또는 같은 법에 따라 부과· 징수되는 재산세 중 대통령령으로 정하는 일정 비율 이상의 금액
> ⑧ 그 밖에 시·도조례로 정하는 재원

(3) 정비기금의 사용제한

정비기금은 다음의 어느 하나의 용도 이외의 목적으로 사용하여서는 아니 된다(법 제126조 제3항).

> ① 이 법에 따른 정비사업으로서 다음의 어느 하나에 해당하는 사항
> ㉠ 기본계획의 수립
> ㉡ 안전진단 및 정비계획의 수립
> ㉢ 추진위원회의 운영자금 대여
> ㉣ 그 밖에 이 법과 시·도조례로 정하는 사항
> ② 임대주택의 건설·관리
> ③ 임차인의 주거안정지원
> ④ 「재건축초과이익 환수에 관한 법률」에 따른 재건축부담금의 부과·징수
> ⑤ 주택개량의 지원
> ⑥ 정비구역등이 해제된 지역에서의 정비기반시설의 설치지원
> ⑦ 「빈집 및 소규모주택 정비에 관한 특례법」에 따른 빈집정비사업 및 소규모주 택정비사업에 대한 지원
> ⑧ 「주택법」에 따른 증축형 리모델링의 안전진단지원
> ⑨ 신고포상금의 지급

벌 칙

1 행정형벌

(1) 5년 이하의 징역 또는 5천만원 이하의 벌금(법 제135조)

① 법 제36조에 따른 토지등소유자의 서면동의서를 위조한 자

② 법 제132조 제1항 각 호의 어느 하나를 위반하여 금품, 향응 또는 그 밖의 재산상 이익을 제공하거나 제공의사를 표시하거나 제공을 약속하는 행위를 하거나 제공을 받거나 제공의사 표시를 승낙한 자

(2) 3년 이하의 징역 또는 3천만원 이하의 벌금(법 제136조)

① 법 제29조 제1항에 따른 계약의 방법을 위반하여 계약을 체결한 추진위원장, 전문조합관리인 또는 조합임원(조합의 청산인 및 토지등소유자가 시행하는 재개발사업의 경우에는 그 대표자, 지정개발자가 사업시행자인 경우 그 대표자)

② 법 제29조 제4항부터 제8항까지의 규정을 위반하여 시공자를 선정한 자 및 시공자로 선정된 자

③ 법 제29조 제9항을 위반하여 시공자와 공사에 관한 계약을 체결한 자

④ 법 제31조 제1항에 따른 시장·군수등의 추진위원회 승인을 받지 아니하고 정비사업전문관리업자를 선정한 자

⑤ 법 제32조 제2항에 따른 계약의 방법을 위반하여 정비사업전문관리업자를 선정한 추진위원장(전문조합관리인을 포함)

⑥ 법 제36조에 따른 토지등소유자의 서면동의서를 매도하거나 매수한 자

⑦ 거짓 또는 부정한 방법으로 법 제39조 제2항을 위반하여 조합원 자격을 취득한 자와 조합원 자격을 취득하게 하여준 토지등소유자 및 조합의 임직원(전문조합관리인을 포함)

⑧ 법 제39조 제2항을 회피하여 법 제72조에 따른 분양주택을 이전 또는 공급받을 목적으로 건축물 또는 토지의 양도·양수 사실을 은폐한 자

⑨ 법 제76조 제1항 제7호 라목 단서를 위반하여 주택을 전매하거나 전매를 알선한 자

(3) 2년 이하의 징역 또는 2천만원 이하의 벌금(법 제137조)

① 법 제12조 제5항에 따른 안전진단 결과보고서를 거짓으로 작성한 자

② 법 제19조 제1항을 위반하여 허가 또는 변경허가를 받지 아니하거나 거짓, 그 밖의 부정한 방법으로 허가 또는 변경허가를 받아 행위를 한 자

③ 법 제31조 제1항 또는 제47조 제3항을 위반하여 추진위원회 또는 주민대표회의의 승인을 받지 아니하고 법 제32조 제1항 각 호의 업무를 수행하거나 주민대표회의를 구성·운영한 자

④ 법 제31조 제1항 또는 제47조 제3항에 따라 승인받은 추진위원회 또는 주민대표회의가 구성되어 있음에도 불구하고 임의로 추진위원회 또는 주민대표회의를 구성하여 이 법에 따른 정비사업을 추진한 자

⑤ 법 제35조에 따라 조합이 설립되었는데도 불구하고 추진위원회를 계속 운영한 자

⑥ 법 제45조에 따른 총회의 의결을 거치지 아니하고 같은 조 제1항 각 호의 사업(같은 항 제13호 중 정관으로 정하는 사항은 제외)을 임의로 추진한 조합임원(전문조합관리인을 포함)

⑦ 법 제50조에 따른 사업시행계획인가를 받지 아니하고 정비사업을 시행한 자와 같은 사업시행계획서를 위반하여 건축물을 건축한 자

⑧ 법 제74조에 따른 관리처분계획인가를 받지 아니하고 제86조에 따른 이전을 한 자

⑨ 법 제102조 제1항을 위반하여 등록을 하지 아니하고 이 법에 따른 정비사업을 위탁받은 자 또는 거짓, 그 밖의 부정한 방법으로 등록을 한 정비사업전문관리업자

⑩ 법 제106조 제1항 각 호 외의 부분 단서에 따라 등록이 취소되었음에도 불구하고 영업을 하는 자

⑪ 법 제113조 제1항부터 제3항까지의 규정에 따른 처분의 취소·변경 또는 정지, 그 공사의 중지 및 변경에 관한 명령을 받고도 이를 따르지 아니한 추진위원회, 사업시행자, 주민대표회의 및 정비사업전문관리업자

⑫ 법 제124조 제1항에 따른 서류 및 관련 자료를 거짓으로 공개한 추진위원장 또는 조합임원(토지등소유자가 시행하는 재개발사업의 경우 그 대표자)

⑬ 법 제124조 제4항에 따른 열람·복사 요청에 허위의 사실이 포함된 자료를 열람·복사해 준 추진위원장 또는 조합임원(토지등소유자가 시행하는 재개발사업의 경우 그 대표자)

(4) 1년 이하의 징역 또는 1천만원 이하의 벌금(법 제138조 제1항)

① 법 제19조 제8항을 위반하여 「주택법」 제2조 제11호 가목에 따른 지역주택조합의 조합원을 모집한 자

② 법 제34조 제4항을 위반하여 추진위원회의 회계장부 및 관계 서류를 조합에 인계하지 아니한 추진위원장(전문조합관리인을 포함)

③ 법 제83조 제1항에 따른 준공인가를 받지 아니하고 건축물 등을 사용한 자와 같은 조 제5항 본문에 따라 시장·군수등의 사용허가를 받지 아니하고 건축물을 사용한 자

④ 다른 사람에게 자기의 성명 또는 상호를 사용하여 이 법에서 정한 업무를 수행하게 하거나 등록증을 대여한 정비사업전문관리업자

⑤ 법 제102조 제1항 각 호에 따른 업무를 다른 용역업체 및 그 직원에게 수행하도록 한 정비사업전문관리업자

⑥ 법 제112조 제1항에 따른 회계감사를 요청하지 아니한 추진위원장, 전문조합관리인 또는 조합임원(토지등소유자가 시행하는 재개발사업 또는 법 제27조에 따라 지정개발자가 시행하는 정비사업의 경우에는 그 대표자)

⑦ 법 제124조 제1항을 위반하여 정비사업시행과 관련한 서류 및 자료를 인터넷과 그 밖의 방법을 병행하여 공개하지 아니하거나 같은 조 제4항을 위반하여 조합원 또는 토지등소유자의 열람·복사 요청을 따르지 아니하는 추진위원장, 전문조합관리인 또는 조합임원(조합의 청산인 및 토지등소유자가 시행하는 재개발사업의 경우에는 그 대표자, 법 제27조에 따른 지정개발자가 사업시행자인 경우 그 대표자)

⑧ 법 제125조 제1항을 위반하여 속기록 등을 만들지 아니하거나 관련 자료를 청산 시까지 보관하지 아니한 추진위원장, 전문조합관리인 또는 조합임원(조합의 청산인 및 토지등소유자가 시행하는 재개발사업의 경우에는 그 대표자, 법 제27조에 따른 지정개발자가 사업시행자인 경우 그 대표자)

(5) 5천만원 이하의 벌금

건설업자 또는 등록사업자가 법 제132조의2에 따른 조치를 소홀히 하여 용역업체의 임직원이 법 제132조 제1항 각 호의 어느 하나를 위반한 경우 그 건설업자 또는 등록사업자는 5천만원 이하의 벌금에 처한다(법 제138조 제2항).

2 과태료

(1) 1천만원 이하의 과태료(법 제140조 제1항)

① 법 제113조 제2항에 따른 점검반의 현장조사를 거부·기피 또는 방해한 자

② 법 제132조 제2항을 위반하여 법 제29조에 따른 계약의 체결과 관련하여 시공과 관련 없는 사항을 제안한 자

③ 법 제132조의3 제1항을 위반하여 사실과 다른 정보 또는 부풀려진 정보를 제공하거나, 사실을 숨기거나 축소하여 정보를 제공한 자

(2) 500만원 이하의 과태료(법 제140조 제2항)

① 법 제29조 제2항을 위반하여 전자조달시스템을 이용하지 아니하고 계약을 체결한 자

② 법 제78조 제5항 또는 제86조 제1항에 따른 통지를 게을리한 자

③ 법 제107조 제1항 및 제111조 제2항에 따른 보고 또는 자료의 제출을 게을리한 자

④ 법 제111조의2를 위반하여 자금차입에 관한 사항을 신고하지 아니하거나 거짓으로 신고한 자

⑤ 법 제125조 제2항에 따른 관계 서류의 인계를 게을리한 자

(3) 부과권자

과태료는 대통령령으로 정하는 방법 및 절차에 따라 국토교통부장관, 시·도지사, 시장, 군수 또는 구청장이 부과·징수한다(법 제140조 제3항).

PART 3 기출지문 OX

1 주거환경개선사업은 도시저소득 주민이 집단거주하는 지역으로서 정비기반시설이 극히 열악하고 노후·불량건축물이 과도하게 밀집한 지역의 주거환경을 개선하거나 단독주택 및 다세대주택이 밀집한 지역에서 정비기반시설과 공동이용시설 확충을 통하여 주거환경을 보전·정비·개량하기 위한 사업을 말한다. •27회 •32회 (O | X)

2 공동작업장은 정비기반시설에 해당한다. •28회 (O | X)

3 유치원은 주민이 공동으로 사용하는 시설로서 공동이용시설에 해당한다. •29회 (O | X)

4 구체적으로 명시된 정비예정구역 면적의 25%를 변경하는 경우 도시·주거환경정비기본계획을 변경할 때 지방의회의 의견청취를 생략할 수 있다. •30회 (O | X)

5 기본계획에 대하여는 3년마다 그 타당성 여부를 검토하여 그 결과를 기본계획에 반영하여야 한다. •29회 (O | X)

6 기본계획에 생활권별 기반시설 설치계획이 포함된 경우에는 기본계획에 포함되어야 할 사항 중 주거지관리계획이 생략될 수 있다. •27회 (O | X)

7 정비계획의 입안권자(특별자치시장 및 특별자치도지사는 제외한다)는 정비계획의 입안 여부를 결정한 경우에는 지체 없이 국토교통부장관에게 결정내용과 해당 안전진단 결과보고서를 제출하여야 한다. •28회 (O | X)

8 정비구역에서 이동이 쉽지 아니한 물건을 14일 동안 쌓아두기 위해서는 시장·군수등의 허가를 받아야 한다. •30회 (O | X)

정답   1 O   2 X 정비기반시설 → 공동이용시설   3 X 해당한다 → 해당하지 않는다   4 X 25% → 20% 미만   5 X 3년 → 5년   6 X 주거지관리계획 → 정비예정구역의 개략적 범위와 단계별 정비사업추진계획   7 X 국토교통부장관 → 특별시장·광역시장·도지사   8 X 14일 동안 → 1개월 이상

⑨ 주거환경개선사업은 사업시행자가 정비구역에서 인가받은 관리처분계획에 따라 주택, 부대시설·복리시설 및 오피스텔을 건설하여 공급하는 방법이다. ·29회 (O | X)

⑩ 해당 정비구역의 국·공유지 면적이 전체 토지면적의 3분의 1 이상으로서 토지등소유자의 과반수가 군수의 직접 시행에 동의하는 때에는 군수가 직접 재개발사업을 시행할 수 있다. ·26회 (O | X)

⑪ 토지등소유자가 사업을 시행하는 경우에는 경쟁입찰의 방법으로 시공자를 선정해야 한다. ·26회 (O | X)

⑫ 조합의 정관에는 정비구역의 위치 및 면적이 포함되어야 한다. ·30회 (O | X)

⑬ 재개발사업의 추진위원회가 조합을 설립하려면 토지등소유자의 4분의 3 이상 및 토지면적의 3분의 2 이상의 토지소유자의 동의를 받아 일정한 서류를 첨부하여 시장·군수등의 인가를 받아야 한다. ·29회 ·31회 (O | X)

⑭ 재건축사업의 추진위원회가 조합을 설립하고자 하는 경우에 주택단지가 아닌 지역이 정비구역에 포함된 때에는 주택단지가 아닌 지역 안의 토지 또는 건축물 소유자의 4분의 3 이상 및 토지면적의 3분의 2 이상의 토지소유자의 동의를 얻어야 한다. ·31회 (O | X)

⑮ 조합이 정관의 기재사항 중 조합원의 자격에 관한 사항을 변경하려는 경우에는 총회를 개최하여 조합원 과반수의 찬성으로 시장·군수등의 인가를 받아야 한다. ·29회 (O | X)

정답 **9** X 주거환경개선사업 → 재건축사업   **10** X 3분의 1 이상 → 2분의 1 이상   **11** X 경쟁입찰의 방법 → 규약   **12** O   **13** X 3분의 2 이상 → 2분의 1 이상   **14** O   **15** X 과반수 → 3분의 2 이상

16 대의원회 법정 의결정족수의 완화는 조합의 정관으로 정할 수 없다. •28회 (O | X)

17 정관의 기재사항 중 조합임원의 권리·의무·보수·선임방법·변경 및 해임에 관한 사항을 변경하기 위한 총회의 경우는 10분의 1 이상의 요구로 조합장이 소집한다. •30회 (O | X)

18 총회를 소집하려는 자는 총회가 개최되기 15일 전까지 회의 목적·안건·일시 및 장소를 정하여 조합원에게 통지하여야 한다. •30회 (O | X)

19 조합총회의 의결사항 중 사업완료로 인한 조합의 해산은 대의원회가 대행할 수 없다. •32회 (O | X)

20 상가세입자는 사업시행자가 건축물의 철거의 사항에 관하여 시행규정을 정하는 때에 의견을 제시할 수 없다. •31회 (O | X)

21 조합임원이 결격사유에 해당하게 되어 당연 퇴임한 경우 그가 퇴임 전에 관여한 행위는 그 효력을 잃는다. •34회 (O | X)

22 추진위원회의 구성에 동의한 토지등소유자는 조합의 설립에 동의한 것으로 본다. •26회 (O | X)

23 조합장이 아닌 조합임원은 대의원이 될 수 있다. •33회 (O | X)

24 주민대표회의는 토지등소유자의 과반수의 동의를 받아 구성하며, 위원장과 부위원장 각 1명과 1명 이상 3명 이하의 감사를 둔다. •32회 (O | X)

정답   **16** O   **17** O   **18** X 15일 → 7일   **19** X 없다 → 있다   **20** X 없다 → 있다
21 X 잃는다 → 잃지 않는다   **22** O   **23** X 있다 → 없다   **24** O

㉕ 세입자의 주거 및 이주 대책은 재건축사업의 사업시행자가 작성하여야 하는 사업시행계획에 포함되어야 하는 사항이 아니다. •31회 (O | X)

㉖ 분양대상자별 분담금의 추산액은 분양공고에 포함되어야 할 사항으로 명시되지 않는다. •30회 (O | X)

㉗ 계산착오·오기·누락 등에 따른 조서의 단순정정인 경우로서 불이익을 받는 자가 있는 경우로 변경하고자 할 때 시장·군수등의 인가를 받지 않고, 신고하여야 한다. •29회 (O | X)

㉘ 조합이 재개발임대주택의 인수를 요청하는 경우 국토교통부장관이 우선하여 인수하여야 한다. •31회 (O | X)

㉙ 사업시행자는 정비사업의 시행으로 임대주택을 건설하는 경우 공급대상자에게 주택을 공급하고 남은 주택에 대하여 공급대상자 외의 자에게 공급할 수 있다. •28회 (O | X)

㉚ 사업시행자는 폐공가의 밀집으로 범죄발생의 우려가 있는 경우 기존 건축물의 소유자의 동의 및 시장·군수등의 허가를 얻어 해당 건축물을 철거할 수 있다. •27회 (O | X)

㉛ 지분형주택의 규모는 주거전용면적 $60m^2$ 이하인 주택으로 한정한다. •32회 (O | X)

㉜ 준공인가에 따라 정비구역의 지정이 해제되면 조합도 해산된 것으로 본다. •29회 •31회 (O | X)

> 정답 **25** X 사항이 아니다 → 사항이다 **26** O **27** X 있는 경우 → 없는 경우 **28** X 국토교통부장관이 → 시·도지사 또는 시장·군수·구청장이 **29** O **30** O **31** O **32** X 조합의 존속에 영향을 주지 아니한다.

33 정비사업에 관하여 소유권의 이전고시가 있은 날부터는 대지 및 건축물에 관한 등기가 없더라도 저당권의 다른 등기를 할 수 있다. · 31회 (O | X)

34 청산금을 징수할 권리는 소유권 이전의 고시일로부터 5년간 이를 행사하지 아니하면 소멸한다. · 26회 (O | X)

35 분양신청을 하지 아니한 토지등소유자가 있는 경우 사업시행자는 관리처분계획의 인가·고시된 다음 날부터 90일 이내에 그 자와 토지, 건축물 또는 그 밖의 권리의 손실보상에 관한 협의를 하여야 한다. · 33회 (O | X)

36 지방자치단체는 시장·군수등이 아닌 사업시행자가 시행하는 정비사업에 드는 비용에 대한 융자를 알선할 수는 있으나, 직접적으로 보조할 수는 없다. · 30회 (O | X)

37 정비구역의 국유·공유재산은 정비사업 외의 목적으로 매각되거나 양도될 수 없다. · 32회 (O | X)

38 정비계획의 입안권자가 정비구역의 지정권자에게 공공재개발사업 예정구역 지정을 신청한 경우 지방도시계획위원회는 신청일부터 30일 이내에 심의를 완료해야 한다. 다만, 30일 이내에 심의를 완료할 수 없는 정당한 사유가 있다고 판단되는 경우에는 심의기간을 30일의 범위에서 한 차례 연장할 수 있다. · 제32회 (O | X)

정답 **33** X 등기가 있을 때까지는 저당권 등의 다른 등기를 하지 못한다.   **34** X 고시일로부터 → 고시일의 다음 날부터
35 O   **36** X 비용의 일부를 보조 또는 융자하거나 융자를 알선할 수 있다.   **37** O   **38** O

memo

2024 공인중개사 2차 기본서 부동산공법

발 행 일	2024년 1월 7일 초판
편 저 자	오시훈
펴 낸 이	양형남
펴 낸 곳	(주)에듀윌
등록번호	제25100-2002-000052호
주 소	08378 서울특별시 구로구 디지털로34길 55
	코오롱싸이언스밸리 2차 3층

www.eduwill.net

대표전화 1600-6700

여러분의 작은 소리
에듀윌은 크게 듣겠습니다.

본 교재에 대한 여러분의 목소리를 들려주세요.
공부하시면서 어려웠던 점, 궁금한 점,
칭찬하고 싶은 점, 개선할 점, 어떤 것이라도 좋습니다.

에듀윌은 여러분께서 나누어 주신 의견을
통해 끊임없이 발전하고 있습니다.

에듀윌 직영학원에서
합격을 수강하세요

언제나 전문 학습 매니저와 상담이 가능한 안내데스크

고품질 영상 및 음향 장비를 갖춘 최고의 강의실

재충전을 위한 카페 분위기의 아늑한 휴게실

에듀윌의 상징 노란색의 환한 학원 입구

에듀윌 직영학원 대표전화

공인중개사 학원　02)815-0600

주택관리사 학원　02)815-3388

전기기사 학원　02)6268-1400

부동산아카데미　02)6736-0600

공무원 학원　02)6328-0600

경찰 학원　02)6332-0600

소방 학원　02)6337-0600

편입 학원　02)6419-0600

세무사·회계사 학원　02)6010-0600

취업아카데미　02)6486-0600

공인중개사학원
바로가기

에듀윌 공인중개사 동문회 9가지 특권

1. 에듀윌 공인중개사 합격자 모임

2. 동문회 인맥북

믿고 의지할 수 있는
동문들을 한 손에!

3. 동문 중개업소 홍보물 지원

4. 동문회와 함께하는 사회공헌활동

5. 동문회 사이트

전국구 동문 인맥
네트워크!
dongmun.eduwill.net

6. 동문회 소식지 무료 구독

7. 최대 규모의 동문회 커뮤니티

8. 창업 사무소 지원 센터

상위1% 고소득을 위한
**동문회 전임
자문교수**

김진희 교수

우수 동문 선정
**부동산 사무소
언론홍보 지원**

업계 최고
**전문가 초청
성공특강**

9. 취업/창업 코칭 센터

합격 후 취업 성공
**부동산 중개법인
취업연계**

전국 인맥 네트워크
**동문선배 사무소
취업연계**

선배 동문
**성공 노하우
실무포럼**

※ 본 특권은 회원별로 상이하며, 예고 없이 변경될 수 있습니다.

에듀윌 공인중개사 동문회 | dongmun.eduwill.net
문의 | 1600-6700

에듀윌 부동산 아카데미 강의 듣기

성공 창업의 필수 코스
부동산 창업 CEO 과정

1 튼튼 창업 기초

- 창업 입지 컨설팅
- 중개사무 문서작성
- 성공 개업 실무TIP

2 중개업 필수 실무

- 온라인 마케팅
- 세금 실무
- 토지/상가 실무
- 재개발/재건축

3 실전 Level-Up

- 계약서작성 실습
- 중개영업 실무
- 사고방지 민법실무
- 빌딩 중개 실무

4 부동산 투자

- 시장 분석
- 투자 정책

부동산으로 성공하는
컨설팅 전문가 3대 특별 과정

마케팅 마스터

- 데이터 분석
- 블로그 마케팅
- 유튜브 마케팅
- 실습 샘플 파일 제공

디벨로퍼 마스터

- 부동산 개발 사업
- 유형별 절차와 특징
- 토지 확보 및 환경 분석
- 사업성 검토

빅데이터 마스터

- QGIS 프로그램 이해
- 공공데이터 분석 및 활용
- 컨설팅 리포트 작성
- 토지 상권 분석

경매의 神과 함께 '중개'에서
'경매'로 수수료 업그레이드

- 공인중개사를 위한 경매 실무
- 투자 및 중개업 분야 확장
- 고수들만 아는 돈 되는 특수 물권
- 이론(기본) - 이론(심화) - 임장 3단계 과정
- 경매 정보 사이트 무료 이용

실전 경매의 神
안성선
이주왕
장석태

에듀윌 부동산 아카데미 | uland.eduwill.net

문의 | 온라인 강의 1600-6700, 학원 강의 02)6736-0600

꿈을 현실로 만드는
에듀윌

DREAM

공무원 교육
- 선호도 1위, 신뢰도 1위! 브랜드만족도 1위!
- 합격자 수 2,100% 폭등시킨 독한 커리큘럼

자격증 교육
- 8년간 아무도 깨지 못한 기록 합격자 수 1위
- 가장 많은 합격자를 배출한 최고의 합격 시스템

직영학원
- 직영학원 수 1위, 수강생 규모 1위!
- 표준화된 커리큘럼과 호텔급 시설 자랑하는 전국 27개 학원

종합출판
- 온라인서점 베스트셀러 1위!
- 출제위원급 전문 교수진이 직접 집필한 합격 교재

어학 교육
- 토익 베스트셀러 1위
- 토익 동영상 강의 무료 제공
- 업계 최초 '토익 공식' 추천 AI 앱 서비스

콘텐츠 제휴 · B2B 교육
- 고객 맞춤형 위탁 교육 서비스 제공
- 기업, 기관, 대학 등 각 단체에 최적화된 고객 맞춤형 교육 및 제휴 서비스

부동산 아카데미
- 부동산 실무 교육 1위!
- 상위 1% 고소득 창업/취업 비법
- 부동산 실전 재테크 성공 비법

공기업 · 대기업 취업 교육
- 취업 교육 1위!
- 공기업 NCS, 대기업 직무적성, 자소서, 면접

학점은행제
- 99%의 과목이수율
- 15년 연속 교육부 평가 인정 기관 선정

대학 편입
- 편입 교육 1위!
- 업계 유일 500% 환급 상품 서비스

국비무료 교육
- '5년우수훈련기관' 선정
- K-디지털, 4차 산업 등 특화 훈련과정

에듀윌 교육서비스   **공무원 교육** 9급공무원/7급공무원/경찰공무원/소방공무원/계리직공무원/기술직공무원/군무원   **자격증 교육** 공인중개사/주택관리사/감정평가사/노무사/전기기사/경비지도사/검정고시/소방설비기사/소방시설관리사/사회복지사1급/건축기사/토목기사/직업상담사/전기기능사/산업안전기사/위험물산업기사/위험물기능사/도로교통사고감정사/유통관리사/물류관리사/행정사/한국사능력검정/한경TESAT/매경TEST/KBS한국어능력시험·실용글쓰기/IT자격증/국제무역사/무역영어   **어학 교육** 토익 교재/토익 동영상 강의/인공지능 토익 앱   **세무/회계** 회계사/세무사/전산세무회계/ERP정보관리사/재경관리사   **대학 편입** 편입 교재/편입 영어·수학/경찰대/의치대/편입 컨설팅·면접   **공기업·대기업 취업 교육** 공기업 NCS·전공·상식/대기업 직무적성/자소서·면접   **직영학원** 공무원학원/경찰학원/소방학원/공인중개사 학원/주택관리사 학원/전기기사학원/세무사·회계사 학원/편입학원/취업아카데미   **종합출판** 공무원·자격증 수험교재 및 단행본   **학점은행제** 교육부 평가인정기관 원격평생교육원(사회복지사2급/경영학/CPA)/교육부 평가인정기관 원격 사회교육원(사회복지사2급/심리학)   **콘텐츠 제휴·B2B 교육** 교육 콘텐츠 제휴/기업 맞춤 자격증 교육/대학 취업역량 강화 교육   **부동산 아카데미** 부동산 창업CEO과정/실전 경매 과정/디벨로퍼과정   **국비무료 교육 (국비교육원)** 전기기능사/전기(산업)기사/소방설비(산업)기사/IT(빅데이터)/자바프로그램/파이썬)/게임그래픽/3D프린터/실내건축디자인/웹퍼블리셔/그래픽디자인/영상편집(유튜브)디자인/온라인 쇼핑몰광고 및 제작(쿠팡, 스마트스토어)/전산세무회계/컴퓨터활용능력/ITQ/GTQ/직업상담사

교육문의 **1600-6700**   www.eduwill.net

업계 최초 대통령상 3관왕,
정부기관상 19관왕 달성!

2010 대통령상 2019 대통령상 2019 대통령상

대한민국 브랜드대상　국무총리상　문화체육관광부　농림축산식품부　과학기술정보통신부　여성가족부장관상
국무총리상　　　　　　　　　장관상　　　　장관상　　　　장관상

서울특별시장상　과학기술부장관상　정보통신부장관상　산업자원부장관상　고용노동부장관상　미래창조과학부장관상　법무부장관상

- **2004**
  서울특별시장상 우수벤처기업 대상

- **2006**
  부총리 겸 과학기술부장관 표창 국가 과학 기술 발전 유공

- **2007**
  정보통신부장관상 디지털콘텐츠 대상
  산업자원부장관 표창 대한민국 e비즈니스대상

- **2010**
  대통령 표창 대한민국 IT 이노베이션 대상

- **2013**
  고용노동부장관 표창 일자리 창출 공로

- **2014**
  미래창조과학부장관 표창 ICT Innovation 대상

- **2015**
  법무부장관 표창 사회공헌 유공

- **2017**
  여성가족부장관상 사회공헌 유공
  2016 합격자 수 최고 기록 KRI 한국기록원 공식 인증

- **2018**
  2017 합격자 수 최고 기록 KRI 한국기록원 공식 인증

- **2019**
  대통령 표창 범죄예방대상
  대통령 표창 일자리 창출 유공
  과학기술정보통신부장관상 대한민국 ICT 대상

- **2020**
  국무총리상 대한민국 브랜드대상
  2019 합격자 수 최고 기록 KRI 한국기록원 공식 인증

- **2021**
  고용노동부장관상 일·생활 균형 우수 기업 공모전 대상
  문화체육관광부장관 표창 근로자휴가지원사업 우수 참여 기업
  농림축산식품부장관상 대한민국 사회공헌 대상
  문화체육관광부장관 표창 여가친화기업 인증 우수 기업

- **2022**
  국무총리 표창 일자리 창출 유공
  농림축산식품부장관상 대한민국 ESG 대상

에듀윌 공인중개사 기본서

2차 부동산공법 上

에듀윌이 합격자 수 1위인 이유

베스트셀러 **1위**

합격률 **4.5배**

브랜드만족도 **1위**

KRI 한국기록원 2016, 2017, 2019년 공인중개사 최다 합격자 배출 공식 인증 (2024년 현재까지 업계 최고 기록)

YES24 수험서 자격증 공인중개사 기본서 베스트셀러 1위 (2023년 2월 월별 베스트)

2020년 공인중개사 접수인원 대비 합격률 한국산업인력공단 12.8%, 에듀윌 57.8% (에듀윌 직영학원 2차 합격생 기준)

2023 대한민국 브랜드만족도 공인중개사 교육 1위 (한경비즈니스)

고객의 꿈, 직원의 꿈, 지역사회의 꿈을 실현한다

펴낸곳 (주)에듀윌   **펴낸이** 양형남   **출판총괄** 오용철   **에듀윌 대표번호** 1600-6700

주소 서울시 구로구 디지털로 34길 55 코오롱싸이언스밸리 2차 3층   **등록번호** 제25100-2002-000052호

협의 없는 무단 복제는 법으로 금지되어 있습니다.

에듀윌 도서몰
book.eduwill.net

- 부가학습자료 및 정오표: 에듀윌 도서몰 > 도서자료실
- 교재 문의: 에듀윌 도서몰 > 문의하기 > 교재(내용, 출간) / 주문 및 배송

에듀윌 공인중개사 기본서

2024

기본서

2차 부동산공법 下

오시훈 편저

에듀윌 합격자 모임 실제 현장
서울 강남 코엑스

**합격자 수가
선택의 기준이다!**

eduwill

2024

에듀윌 공인중개사

기본서 2차

부동산공법 下

건축법

최근 10개년 출제비중

17.5%

제34회 출제비중

17.5%

CHAPTER별 10개년 출제비중 & 출제키워드

CHAPTER	10개년 출제비중	BEST 출제키워드
01 총 칙	25.7%	건축, 대수선, 「건축법」 제외대상, 건축분쟁조정위원회
02 건축물의 건축	28.7%	건축허가, 사전결정신청, 허가권자, 건축신고
03 건축물의 대지와 도로	11.4%	공개공지등의 확보, 대지조경, 건축선
04 건축물의 구조 및 재료	11.4%	구조안전확인서류
05 지역 및 지구 안의 건축물	10%	바닥면적 산정방법, 용적률 산정, 층수, 일조 등의 확보를 위한 높이제한
06 특별건축구역 · 건축협정 및 결합건축	11.4%	특별건축구역, 건축협정, 결합건축
07 보칙 및 벌칙	1.4%	이행강제금

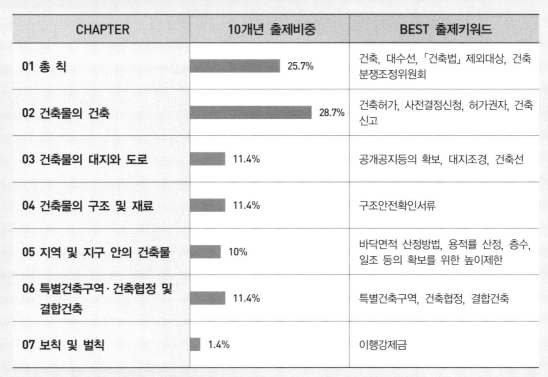

* 여러 CHAPTER의 개념을 묻는 복합문제이거나, 법률이 개정 및 제정된 경우 분류 기준에 따라 수치가 달라질 수 있습니다.

제35회 시험 학습전략

「건축법」은 부동산공법에서 7문제가 출제되는 비중이 높은 PART이기 때문에 반드시 4개 이상은 맞힌다는 생각으로 정복하여야 합니다. 특히, 출제 빈도가 높은 CHAPTER인 총칙, 건축물의 건축, 지역 및 지구 안의 건축물, 건축물의 대지와 도로는 기출내용을 바탕으로 광범위하게 학습하시고, 그 외 나머지 CHAPTER는 중요내용 위주로만 학습해 주시면 됩니다.

01 | 총 칙

▌10개년 출제문항 수

25회	26회	27회	28회	29회
1	2	2	3	1

30회	31회	32회	33회	34회
3	2	3	1	

↳ 총 40문제 中 평균 약 1.8문제 출제

▌학습전략

총칙 부분은 법률의 제정 목적, 용어의 정의, 「건축법」 적용에 대한 내용으로 구성되어 있습니다. 매년 2~3문제 정도가 출제되는 매우 중요한 CHAPTER입니다. 따라서 이 CHAPTER에서는 용어의 정의를 중심으로 꼭 학습하여야 합니다.

제1절 | 총 설

1 「건축법」

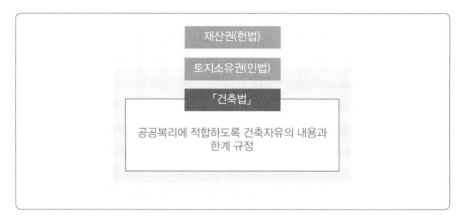

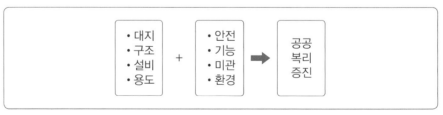

2 제정 목적

「건축법」은 건축물의 대지·구조·설비 기준 및 용도 등을 정하여 건축물의 안전·기능·환경 및 미관을 향상시킴으로써 공공복리의 증진에 이바지하는 것을 목적으로 한다(법 제1조).

제2절 **용어의 정의**

1 대지와 도로에 관한 용어(법 제2조 제1항)

(1) 대지(垈地)

① **원칙** : 「공간정보의 구축 및 관리 등에 관한 법률」에 따라 각 필지(筆地)로 나눈 토지를 말한다(1필지 1대지).

② **예외** : 대통령령으로 정하는 토지는 둘 이상의 필지를 하나의 대지로 하거나 하나 이상의 필지의 일부를 하나의 대지로 할 수 있다.

> **⊘참고 대통령령으로 정하는 대지의 범위(영 제3조)**
>
> 1. 둘 이상의 필지를 하나의 대지로 할 수 있는 토지
>   ① 하나의 건축물을 두 필지 이상에 걸쳐 건축하는 경우 : 그 건축물이 건축되는 각 필지의 토지를 합한 토지
>   ② 「공간정보의 구축 및 관리 등에 관한 법률」에 따라 합병이 불가능한 경우 중 다음의 어느 하나에 해당하는 경우 : 그 합병이 불가능한 필지의 토지를 합한 토지(단, 토지의 소유자가 서로 다르거나 소유권 외의 권리관계가 서로 다른 경우는 제외)
>   ㉠ 각 필지의 지번부여지역(地番附與地域)이 서로 다른 경우
>   ㉡ 각 필지의 도면의 축척이 다른 경우
>   ㉢ 서로 인접하고 있는 필지로서 각 필지의 지반(地盤)이 연속되지 아니한 경우
>   ③ 「국토의 계획 및 이용에 관한 법률」에 따른 도시·군계획시설에 해당하는 건축물을 건축하는 경우 : 그 도시·군계획시설이 설치되는 일단(一團)의 토지
>   ④ 「주택법」에 따른 사업계획승인을 받아 주택과 그 부대시설 및 복리시설을 건축하는 경우 : 같은 법에 따른 주택단지

⑤ 도로의 지표 아래에 건축하는 건축물의 경우 : 특별시장·광역시장·특별자치시장·특별자치도지사·시장·군수 또는 구청장(자치구의 구청장)이 그 건축물이 건축되는 토지로 정하는 토지

⑥ 사용승인을 신청할 때 둘 이상의 필지를 하나의 필지로 합칠 것을 조건으로 건축허가를 하는 경우 : 그 필지가 합쳐지는 토지(단, 토지의 소유자가 서로 다른 경우는 제외)

2. 하나 이상의 필지의 일부를 하나의 대지로 할 수 있는 토지

① 하나 이상의 필지의 일부에 대하여 도시·군계획시설이 결정·고시된 경우 : 그 결정·고시된 부분의 토지

② 하나 이상의 필지의 일부에 대하여 「농지법」에 따른 농지전용허가를 받은 경우 : 그 허가받은 부분의 토지

③ 하나 이상의 필지의 일부에 대하여 「산지관리법」에 따른 산지전용허가를 받은 경우 : 그 허가받은 부분의 토지

④ 하나 이상의 필지의 일부에 대하여 「국토의 계획 및 이용에 관한 법률」에 따른 개발행위허가를 받은 경우 : 그 허가받은 부분의 토지

⑤ 사용승인을 신청할 때 필지를 나눌 것을 조건으로 건축허가를 하는 경우 : 그 필지가 나누어지는 토지

(2) 도 로 · 28회

① **정의** : 보행과 자동차 통행이 가능한 너비 4m 이상의 도로(지형적으로 자동차 통행이 불가능한 경우와 막다른 도로의 경우에는 대통령령으로 정하는 구조와 너비의 도로)로서 다음의 어느 하나에 해당하는 도로나 그 예정도로를 말한다.

> ㉠ 「국토의 계획 및 이용에 관한 법률」, 「도로법」, 「사도법」, 그 밖의 관계 법령에 따라 신설 또는 변경에 관한 고시가 된 도로
> ㉡ 건축허가 또는 신고 시에 시·도지사(특별시장·광역시장·특별자치시장·도지사·특별자치도지사) 또는 시장·군수·구청장(자치구의 구청장)이 위치를 지정하여 공고한 도로

② **막다른 도로** : 막다른 도로의 구조와 너비는 막다른 도로가 도로에 해당하는지 여부를 판단하는 기준이 된다.

막다른 도로의 길이	해당 도로의 소요너비
10m 미만	2m 이상
10m 이상 35m 미만	3m 이상
35m 이상	6m 이상 (도시지역이 아닌 읍·면 지역은 4m 이상)

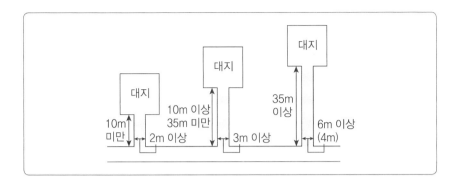

2 건축물에 관한 용어(법 제2조 제1항)

(1) 주요구조부 · 24회 · 27회

정 의	내력벽(耐力壁), 기둥, 바닥, 보, 지붕틀 및 주계단(主階段)을 말한다.
제 외	사이 기둥, 최하층 바닥, 작은 보, 차양, 옥외 계단, 그 밖에 이와 유사한 것으로 건축물의 구조상 중요하지 아니한 부분은 제외한다.

(2) 건축물

① 토지에 정착(定着)하는 공작물 중 지붕과 기둥 또는 벽이 있는 것과 이에 딸린 시설물(담장, 대문 등)을 말한다.

② 지하나 고가(高架)의 공작물에 설치하는 사무소·공연장·점포·차고·창고, 그 밖에 대통령령으로 정하는 것을 말한다.

(3) 고층건축물 · 28회 · 31회

층수가 30층 이상이거나 높이가 120m 이상인 건축물을 말한다.

> **⊕ 보충** 초고층 건축물(영 제2조 제15호)
>
> 층수가 50층 이상이거나 높이가 200m 이상인 건축물을 말한다.

정리 주요구조부

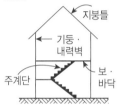

암기 지하 또는 고가

점·차·창·공·사

추가 준초고층 건축물(영 제2조 제15호의2)

고층건축물 중 초고층 건축물이 아닌 것을 말한다.

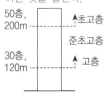

(4) 다중이용 건축물(영 제2조 제17호) ·26회 ·29회

다음의 어느 하나에 해당하는 건축물을 말한다.

① 다음의 어느 하나에 해당하는 용도로 쓰는 바닥면적의 합계가 5천m² 이상인 건축물

> ㉠ 문화 및 집회시설(동물원 및 식물원은 제외)
> ㉡ 종교시설
> ㉢ 판매시설
> ㉣ 운수시설 중 여객용 시설
> ㉤ 의료시설 중 종합병원
> ㉥ 숙박시설 중 관광숙박시설

② 16층 이상인 건축물

> **◆ 참고   준다중이용 건축물(영 제2조 제17호의2)**
>
> 다중이용 건축물 외의 건축물로서 다음의 어느 하나에 해당하는 용도로 쓰는 바닥면적의 합계가 1천m² 이상인 건축물을 말한다.
> 1. 문화 및 집회시설(동물원 및 식물원은 제외)
> 2. 종교시설
> 3. 판매시설
> 4. 운수시설 중 여객용 시설
> 5. 의료시설 중 종합병원
> 6. 교육연구시설
> 7. 노유자시설
> 8. 운동시설
> 9. 숙박시설 중 관광숙박시설
> 10. 위락시설
> 11. 관광 휴게시설
> 12. 장례시설

(5) 특수구조 건축물(영 제2조 제18호) ·32회

① 한쪽 끝은 고정되고 다른 끝은 지지(支持)되지 아니한 구조로 된 보·차양 등이 외벽(외벽이 없는 경우에는 외곽 기둥)의 중심선으로부터 3m 이상 돌출된 건축물

② 기둥과 기둥 사이의 거리*가 20m 이상인 건축물

③ 특수한 설계·시공·공법 등이 필요한 건축물로서 국토교통부장관이 정하여 고시하는 구조로 된 건축물

＊ 기둥과 기둥 사이의 거리
기둥의 중심선 사이의 거리를 말하며, 기둥이 없는 경우에는 내력벽과 내력벽의 중심선 사이의 거리를 말한다.

> **참고** **특수구조 건축물의 특례(법 제6조의2)**

건축물의 구조, 재료, 형식, 공법 등이 특수구조 건축물인 경우에는 규정[제4조
(건축위원회), 제4조의2(건축위원회의 건축 심의 등)부터 제4조의8(사무국)까
지, 제5조(적용의 완화)부터 제9조(다른 법령의 배제)까지, 제11조(건축허가),
제14조(건축신고), 제19조(용도변경), 제21조(착공신고 등)부터 제25조(건축물
의 공사감리)까지, 제40조(대지의 안전 등), 제41조(토지 굴착 부분에 대한 조
치 등), 제48조(구조내력 등), 제48조의2(건축물 내진등급의 설정), 제49조(건
축물의 피난시설 및 용도제한 등), 제50조(건축물의 내화구조와 방화벽), 제50
조의2(고층건축물의 피난 및 안전관리), 제51조(방화지구 안의 건축물), 제52
조(건축물의 마감재료 등), 제52조의2(실내건축), 제52조의4(건축자재의 품질
관리 등), 제53조(지하층), 제62조(건축설비기준 등)부터 제64조(승강기)까지,
제65조의2(지능형건축물의 인증), 제67조(관계전문기술자), 제68조(기술적
기준) 및 제84조(면적·높이 및 층수의 산정)]을 적용할 때 대통령령으로 정하
는 바에 따라 강화 또는 변경하여 적용할 수 있다.

> **추가** **특수구조 건축물의 특례**
> 대지의 조경에 관한 규정은 변경
> 하여 적용할 수 없다.

(6) 건축설비

건축물에 설치하는 전기·전화 설비, 초고속 정보통신 설비, 지능형 홈네트
워크 설비, 가스·급수·배수(配水)·배수(排水)·환기·난방·냉방·소화(消
火)·배연(排煙) 및 오물처리의 설비, 굴뚝, 승강기, 피뢰침, 국기 게양대,
공동시청 안테나, 유선방송 수신시설, 우편함, 저수조(貯水槽), 방범시설,
그 밖에 국토교통부령으로 정하는 설비를 말한다.

(7) 지하층 ·20회 ·23회

건축물의 바닥이 지표면 아래에 있는 층으로서 바닥에서 지표면까지 평균
높이가 해당 층 높이의 2분의 1 이상인 것을 말한다.

(8) 거 실

건축물 안에서 거주, 집무, 작업, 집회, 오락, 그 밖에 이와 유사한 목적을
위하여 사용되는 방을 말한다.

(9) 리모델링

건축물의 노후화를 억제하거나 기능 향상 등을 위하여 대수선하거나 건축
물의 일부를 증축 또는 개축하는 행위를 말한다.

> **정리** **지하층**
>
>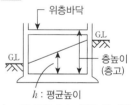
>
> h : 평균높이
> 1. 지하층은 층수 산정 시 제외
> 2. 지하층의 바닥면적
>   ① 연면적 산정 시 포함
>   ② 용적률 산정 시 연면적에
>   서는 제외

(10) 발코니(영 제2조 제14호)

① 건축물의 내부와 외부를 연결하는 완충공간으로서 전망이나 휴식 등의 목적으로 건축물 외벽에 접하여 부가적(附加的)으로 설치되는 공간을 말한다.

② 주택에 설치되는 발코니로서 국토교통부장관이 정하는 기준에 적합한 발코니는 필요에 따라 거실·침실·창고 등의 용도로 사용할 수 있다.

(11) 특별건축구역

조화롭고 창의적인 건축물의 건축을 통하여 도시경관의 창출, 건설기술 수준향상 및 건축 관련 제도개선을 도모하기 위하여 이 법 또는 관계 법령에 따라 일부 규정을 적용하지 아니하거나 완화 또는 통합하여 적용할 수 있도록 특별히 지정하는 구역을 말한다.

(12) 설계도서 · 28회

건축물의 건축등에 관한 공사용 도면, 구조 계산서, 시방서(示方書), 그 밖에 국토교통부령으로 정하는 공사에 필요한 서류를 말한다.

(13) 건축관계자

추가 **건축물의 유지·관리**
건축물의 소유자나 관리자가 사용승인된 건축물의 대지·구조·설비 및 용도 등을 지속적으로 유지하기 위하여 건축물이 멸실될 때까지 관리하는 행위를 말한다.

① **건축주** : 건축물의 건축·대수선·용도변경, 건축설비의 설치 또는 공작물의 축조(이하 '건축물의 건축등')에 관한 공사를 발주하거나 현장관리인을 두어 스스로 그 공사를 하는 자를 말한다.

② **설계자** : 자기의 책임(보조자의 도움을 받는 경우를 포함)으로 설계도서를 작성하고 그 설계도서에서 의도하는 바를 해설하며, 지도하고 자문에 응하는 자를 말한다.

③ **공사시공자** : 「건설산업기본법」에 따른 건설공사를 하는 자를 말한다.

④ **공사감리자** : 자기의 책임(보조자의 도움을 받는 경우를 포함)으로 이 법으로 정하는 바에 따라 건축물, 건축설비 또는 공작물이 설계도서의 내용대로 시공되는지를 확인하고, 품질관리·공사관리·안전관리 등에 대하여 지도·감독하는 자를 말한다.

추가 **관계전문기술자**
건축물의 구조·설비 등 건축물과 관련된 전문기술자격을 보유하고 설계와 공사감리에 참여하여 설계자 및 공사감리자와 협력하는 자를 말한다.

3 건축 및 대수선에 관한 용어(법 제2조 제1항)

(1) 건 축 ·18회 ·20회 ·23회 ·25회 ·31회

① **정의** : 건축물을 신축·증축·개축·재축(再築)하거나 건축물을 이전하는 것을 말한다.

② **건축행위**(영 제2조)

신 축	㉠ 건축물이 없는 대지(기존 건축물이 해체되거나 멸실된 대지를 포함)에 새로 건축물을 축조하는 것을 말한다. ㉡ 부속건축물(같은 대지에서 주된 건축물과 분리된 부속용도의 건축물로서 주된 건축물을 이용 또는 관리하는 데에 필요한 건축물)만 있는 대지에 새로 주된 건축물을 축조하는 것도 신축이며, 개축 또는 재축하는 것은 제외한다.
증 축	기존 건축물이 있는 대지에서 건축물의 건축면적, 연면적, 층수 또는 높이를 늘리는 것을 말한다.
개 축	기존 건축물의 전부 또는 일부(내력벽, 기둥, 보, 지붕틀 중 셋 이상이 포함되는 경우)를 해체하고 그 대지에 종전과 같은 규모의 범위에서 건축물을 다시 축조하는 것을 말한다.

재 축	건축물이 천재지변이나 그 밖의 재해(災害)로 멸실된 경우 그 대지에 다음의 요건을 모두 갖추어 다시 축조하는 것을 말한다.
	 ㉠ 연면적 합계는 종전 규모 이하로 할 것
	 ㉡ 동(棟)수, 층수 및 높이는 다음의 어느 하나에 해당할 것
	    ⓐ 동수, 층수 및 높이가 모두 종전 규모 이하일 것
	    ⓑ 동수, 층수 또는 높이의 어느 하나가 종전 규모를 초과하는 경우에는 해당 동수, 층수 및 높이가 「건축법」, 영 또는 건축조례에 모두 적합할 것

이 전	건축물의 주요구조부를 해체하지 아니하고 같은 대지의 다른 위치로 옮기는 것을 말한다.

(2) 대수선 ·16회 ·20회 ·28회

① 건축물의 기둥, 보, 내력벽, 주계단 등의 구조나 외부 형태를 수선·변경하거나 증설하는 것으로서 대통령령으로 정하는 것을 말한다.

② 다음의 어느 하나에 해당하는 것으로서 증축·개축 또는 재축에 해당하지 아니하는 것을 말한다(영 제3조의2).

> ㉠ 내력벽을 증설 또는 해체하거나 그 벽면적을 30㎡ 이상 수선 또는 변경하는 것
> ㉡ 기둥을 증설 또는 해체하거나 세 개 이상 수선 또는 변경하는 것
> ㉢ 보를 증설 또는 해체하거나 세 개 이상 수선 또는 변경하는 것
> ㉣ 지붕틀(한옥의 경우에는 지붕틀의 범위에서 서까래는 제외)을 증설 또는 해체하거나 세 개 이상 수선 또는 변경하는 것

추가 결합건축

용적률을 개별 대지마다 적용하지 아니하고, 2개 이상의 대지를 대상으로 통합적용하여 건축물을 건축하는 것을 말한다.

추가 지붕틀

한옥의 경우에는 지붕틀 범위에서 서까래를 제외한다.

정리 개축 VS 재축

1. 개축(改築) : 본인 스스로 인위적으로 해체하는 것
2. 재축(再築) : 천재지변 등과 같이 자연재해로 멸실된 것

정리 대수선

대 상	증설 해체	수선 변경
지붕틀(3개 이상)	×	○
보(3개 이상)	×	○
기둥(3개 이상)	×	○
내력벽(30㎡ 이상)	×	○
외벽 마감재료 (30㎡ 이상)	×	○
방화벽 방화구획 (개수 및 면적)	×	×
주계단 피난계단 특별피난계단 (개수 및 면적)	×	×
가구(세대) 간 경계벽 (개수 및 면적)	×	×

ⓜ 방화벽 또는 방화구획을 위한 바닥 또는 벽을 증설 또는 해체하거나 수선 또는 변경하는 것

ⓗ 주계단·피난계단 또는 특별피난계단을 증설 또는 해체하거나 수선 또는 변경하는 것

ⓢ 다가구주택의 가구 간 경계벽 또는 다세대주택의 세대 간 경계벽을 증설 또는 해체하거나 수선 또는 변경하는 것

ⓞ 건축물의 외벽에 사용하는 마감재료를 증설 또는 해체하거나 벽면적 30m² 이상 수선 또는 변경하는 것

④ 용도별 건축물의 종류(법 제2조 제2항, 영 제3조의5 [별표 1])

• 15회 • 17회 • 19회 • 33회

▪▪ [별표 1] 용도별 건축물의 종류(영 제3조의5 관련)

용 도	건축물의 종류

1. 단독주택	단독주택[단독주택의 형태를 갖춘 가정어린이집·공동생활가정·지역아동센터·공동육아나눔터(아이돌봄 지원법에 따른 공동육아나눔터를 말한다. 이하 같다)·작은도서관(도서관법에 따른 작은도서관을 말하며, 해당 주택의 1층에 설치한 경우만 해당한다. 이하 같다) 및 노인복지시설(노인복지주택은 제외)을 포함]
	① **단독주택**
	② **다중주택** : 다음의 요건을 모두 갖춘 주택을 말한다.
	  ㉠ 학생 또는 직장인 등 여러 사람이 장기간 거주할 수 있는 구조로 되어 있는 것
	  ㉡ 독립된 주거의 형태를 갖추지 않은 것(각 실별로 욕실은 설치할 수 있으나, 취사시설은 설치하지 않은 것을 말한다)
	  ㉢ 1개 동의 주택으로 쓰이는 바닥면적(부설 주차장 면적은 제외)의 합계가 660m² 이하이고 주택으로 쓰는 층수(지하층은 제외)가 3개 층 이하일 것. 다만, 1층의 전부 또는 일부를 필로티 구조로 하여 주차장으로 사용하고 나머지 부분을 주택(주거 목적으로 한정) 외의 용도로 쓰는 경우에는 해당 층을 주택의 층수에서 제외한다.
	  ㉣ 적정한 주거환경을 조성하기 위하여 건축조례로 정하는 실별 최소 면적, 창문의 설치 및 크기 등의 기준에 적합할 것
	③ **다가구주택** : 다음의 요건을 모두 갖춘 주택으로서 공동주택에 해당하지 아니하는 것을 말한다.
	  ㉠ 주택으로 쓰는 층수(지하층은 제외)가 3개 층 이하일 것. 다만, 1층의 전부 또는 일부를 필로티 구조로 하여 주차장으로 사용하고 나머지 부분을 주택(주거 목적으로 한정) 외의 용도로 쓰는 경우에는 해당 층을 주택의 층수에서 제외한다.
	  ㉡ 1개 동의 주택으로 쓰이는 바닥면적(부설 주차장 면적은 제외)의 합계가 660m² 이하일 것
	  ㉢ 19세대(대지 내 동별 세대수를 합한 세대수를 말한다) 이하가 거주할 수 있을 것
	④ **공관**

2. 공동주택	공동주택[공동주택의 형태를 갖춘 가정어린이집·공동생활가정·지역아동센터·공동육아나눔터·작은도서관·노인복지시설(노인복지주택은 제외) 및 주택법 시행령에 따른 도시형 생활주택 중 소형 주택을 포함]. 다만, 아파트나 연립주택에서 층수를 산정할 때 1층 전부를 필로티 구조로 하여 주차장으로 사용하는 경우에는 필로티 부분을 층수에서 제외하고, 다세대주택에서 층수를 산정할 때 1층의 전부 또는 일부를 필로티 구조로 하여 주차장으로 사용하고 나머지 부분을 주택(주거 목적으로 한정) 외의 용도로 쓰는 경우에는 해당 층을 주택의 층수에서 제외한다. 다음의 ①부터 ④까지의 규정에서 층수를 산정할 때 지하층을 주택의 층수에서 제외한다. ① **아파트** : 주택으로 쓰는 층수가 5개 층 이상인 주택 ② **연립주택** : 주택으로 쓰는 1개 동의 바닥면적(2개 이상의 동을 지하주차장으로 연결하는 경우에는 각각의 동으로 본다) 합계가 660m²를 초과하고, 층수가 4개 층 이하인 주택 ③ **다세대주택** : 주택으로 쓰는 1개 동의 바닥면적 합계가 660m² 이하이고, 층수가 4개 층 이하인 주택(2개 이상의 동을 지하주차장으로 연결하는 경우에는 각각의 동으로 본다) ④ **기숙사** : 다음의 어느 하나에 해당하는 건축물로서 공간의 구성과 규모 등에 관하여 국토교통부장관이 정하여 고시하는 기준에 적합한 것. 다만, 구분소유된 개별 실(室)은 제외한다. 　㉠ 일반기숙사 : 학교 또는 공장 등의 학생 또는 종업원 등을 위하여 사용하는 것으로서 해당 기숙사의 공동취사시설 이용 세대수가 전체 세대수(건축물의 일부를 기숙사로 사용하는 경우에는 기숙사로 사용하는 세대수로 한다. 이하 같다)의 50% 이상인 것(교육기본법 제27조 제2항에 따른 학생복지주택을 포함) 　㉡ 임대형기숙사 : 「공공주택 특별법」 제4조에 따른 공공주택사업자 또는 「민간임대주택에 관한 특별법」 제2조 제7호에 따른 임대사업자가 임대사업에 사용하는 것으로서 임대 목적으로 제공하는 실이 20실 이상이고 해당 기숙사의 공동취사시설 이용 세대수가 전체 세대수의 50% 이상인 것
3. 제1종 　근린생활시설	① 식품·잡화·의류·완구·서적·건축자재·의약품·의료기기 등 일용품을 판매하는 소매점으로서 같은 건축물(하나의 대지에 두 동 이상의 건축물이 있는 경우에는 이를 같은 건축물로 본다. 이하 같다)에 해당 용도로 쓰는 바닥면적의 합계가 1,000m² 미만인 것 ② 휴게음식점, 제과점 등 음료·차(茶)·음식·빵·떡·과자 등을 조리하거나 제조하여 판매하는 시설(4. 제2종 근린생활시설 중 ⑯ 또는 17. 공장에 해당하는 것은 제외)로서 같은 건축물에 해당 용도로 쓰는 바닥면적의 합계가 300m² 미만인 것 ③ 이용원, 미용원, 목욕장, 세탁소 등 사람의 위생관리나 의류 등을 세탁·수선하는 시설(세탁소의 경우 공장에 부설되는 것과 대기환경보전법, 물환경보전법 또는 소음·진동관리법에 따른 배출시설의 설치 허가 또는 신고의 대상인 것은 제외) ④ 의원, 치과의원, 한의원, 침술원, 접골원(接骨院), 조산원, 안마원, 산후조리원 등 주민의 진료·치료 등을 위한 시설

3. 제1종 근린생활시설	⑤ 탁구장, 체육도장으로서 같은 건축물에 해당 용도로 쓰는 바닥면적의 합계가 500m² 미만인 것 ⑥ 지역자치센터, 파출소, 지구대, 소방서, 우체국, 방송국, 보건소, 공공도서관, 건강보험공단 사무소 등 주민의 편의를 위하여 공공업무를 수행하는 시설로서 같은 건축물에 해당 용도로 쓰는 바닥면적의 합계가 1,000m² 미만인 것 ⑦ **마을회관**, 마을공동작업소, 마을공동구판장, 공중화장실, 대피소, 지역아동센터(단독주택과 공동주택에 해당하는 것은 제외) 등 주민이 공동으로 이용하는 시설 ⑧ 변전소, 도시가스배관시설, 통신용 시설(해당 용도로 쓰는 바닥면적의 합계가 1,000m² 미만인 것에 한정), 정수장, 양수장 등 주민의 생활에 필요한 에너지공급·통신서비스제공이나 급수·배수와 관련된 시설 ⑨ 금융업소, 사무소, **부동산중개사무소**, 결혼상담소 등 소개업소, 출판사 등 일반업무시설로서 같은 건축물에 해당 용도로 쓰는 **바닥면적의 합계가 30m² 미만인 것** ⑩ 전기자동차 충전소(해당 용도로 쓰는 바닥면적의 합계가 1,000m² 미만인 것으로 한정) ⑪ 동물병원, 동물미용실, 「동물보호법」에 따른 동물위탁관리업을 위한 시설로서 같은 건축물에 해당 용도로 쓰는 바닥면적의 합계가 300m² 미만인 것
4. 제2종 근린생활시설	① 공연장(극장, 영화관, 연예장, 음악당, 서커스장, 비디오물감상실, 비디오물소극장, 그 밖에 이와 비슷한 것을 말한다. 이하 같다)으로서 같은 건축물에 해당 용도로 쓰는 바닥면적의 합계가 500m² 미만인 것 ② 종교집회장[교회, 성당, 사찰, 기도원, 수도원, 수녀원, 제실(祭室), 사당, 그 밖에 이와 비슷한 것을 말한다. 이하 같다]으로서 같은 건축물에 해당 용도로 쓰는 바닥면적의 합계가 500m² 미만인 것 ③ **자동차영업소로서 같은 건축물에 해당 용도로 쓰는 바닥면적의 합계가 1,000m² 미만인 것** ④ 서점(제1종 근린생활시설에 해당하지 않는 것) ⑤ 총포판매소 ⑥ 사진관, 표구점 ⑦ 청소년게임제공업소, 복합유통게임제공업소, 인터넷컴퓨터게임시설제공업소, 가상현실체험 제공업소, 그 밖에 이와 비슷한 게임 및 체험 관련 시설로서 같은 건축물에 해당 용도로 쓰는 바닥면적의 합계가 500m² 미만인 것 ⑧ 휴게음식점, 제과점 등 음료·차(茶)·음식·빵·떡·과자 등을 조리하거나 제조하여 판매하는 시설(다음의 ⑯ 또는 17. 공장에 해당하는 것은 제외)로서 같은 건축물에 해당 용도로 쓰는 바닥면적의 합계가 300m² 이상인 것 ⑨ 일반음식점 ⑩ 장의사, 동물병원, 동물미용실, 「동물보호법」 제32조 제1항 제6호에 따른 동물위탁관리업을 위한 시설, 그 밖에 이와 유사한 것(제1종 근린생활시설에 해당하는 것은 제외)

	⑪ 학원(자동차학원·무도학원 및 정보통신기술을 활용하여 원격으로 교습하는 것은 제외), 교습소(자동차교습·무도교습 및 정보통신기술을 활용하여 원격으로 교습하는 것은 제외), 직업훈련소(운전·정비 관련 직업훈련소는 제외)로서 같은 건축물에 해당 용도로 쓰는 바닥면적의 합계가 500m² 미만인 것
	⑫ 독서실, 기원
	⑬ 테니스장, 체력단련장, 에어로빅장, 볼링장, 당구장, 실내낚시터, 골프연습장, 놀이형시설(관광진흥법에 따른 기타유원시설업의 시설을 말한다. 이하 같다) 등 주민의 체육 활동을 위한 시설(3. 제1종 근린생활시설 중 ⑤의 시설은 제외)로서 같은 건축물에 해당 용도로 쓰는 바닥면적의 합계가 500m² 미만인 것
	⑭ 금융업소, 사무소, 부동산중개사무소, 결혼상담소 등 소개업소, 출판사 등 일반업무시설로서 같은 건축물에 해당 용도로 쓰는 바닥면적의 합계가 500m² 미만인 것(제1종 근린생활시설에 해당하는 것은 제외)
	⑮ 다중생활시설(다중이용업소의 안전관리에 관한 특별법에 따른 다중이용업 중 고시원업의 시설로서 국토교통부장관이 고시하는 기준과 그 기준에 위배되지 않는 범위에서 적정한 주거환경을 조성하기 위하여 건축조례로 정하는 실별 최소면적, 창문의 설치 및 크기 등의 기준에 적합한 것을 말한다. 이하 같다)로서 같은 건축물에 해당 용도로 쓰는 바닥면적의 합계가 500m² 미만인 것
	⑯ 제조업소, 수리점 등 물품의 제조·가공·수리 등을 위한 시설로서 같은 건축물에 해당 용도로 쓰는 바닥면적의 합계가 500m² 미만이고, 다음의 요건 중 어느 하나에 해당하는 것 ⊙ 「대기환경보전법」, 「물환경보전법」 또는 「소음·진동관리법」에 따른 배출시설의 설치 허가 또는 신고의 대상이 아닌 것 ⓛ 「물환경보전법」에 따른 폐수배출시설의 설치 허가 또는 신고의 대상 시설로서 발생되는 폐수를 전량 위탁처리하는 것
	⑰ 단란주점으로서 같은 건축물에 해당 용도로 쓰는 바닥면적의 합계가 150m² 미만인 것
	⑱ 안마시술소, 노래연습장
5. 문화 및 집회시설	① 공연장으로서 제2종 근린생활시설에 해당하지 아니하는 것 ② 집회장(예식장·공회당·회의장·마권 장외 발매소·마권 전화 투표소, 그 밖에 이와 비슷한 것을 말함)으로서 제2종 근린생활시설에 해당하지 아니하는 것 ③ 관람장(경마장, 경륜장, 경정장, 자동차 경기장, 그 밖에 이와 비슷한 것과 체육관 및 운동장으로서 관람석의 바닥면적의 합계가 1,000m² 이상인 것을 말함) ④ 전시장(박물관, 미술관, 과학관, 문화관, 체험관, 기념관, 산업전시장, 박람회장, 그 밖에 이와 비슷한 것을 말함) ⑤ 동·식물원(동물원, 식물원, 수족관, 그 밖에 이와 비슷한 것을 말함)
6. 종교시설	① 종교집회장으로서 제2종 근린생활시설에 해당하지 아니하는 것 ② 종교집회장(제2종 근린생활시설에 해당하지 아니하는 것)에 설치하는 봉안당

7. 판매시설	① 도매시장(농수산물유통 및 가격안정에 관한 법률에 따른 농수산물도매시장, 농수산물공판장, 그 밖에 이와 비슷한 것을 말하며, 그 안에 있는 근린생활시설을 포함) ② 소매시장(유통산업발전법에 따른 대규모 점포, 그 밖에 이와 비슷한 것을 말하며, 그 안에 있는 근린생활시설을 포함) ③ 상점(상점 안에 있는 근린생활시설을 포함)으로서 다음의 요건 중 어느 하나에 해당하는 것 　㉠ 3. 제1종 근린생활시설 중 ①에 해당하는 용도(서점은 제외)로서 제1종 근린생활시설에 해당하지 아니하는 것 　㉡ 「게임산업진흥에 관한 법률」에 따른 청소년게임제공업의 시설, 일반게임제공업의 시설, 인터넷컴퓨터게임시설제공업의 시설 및 복합유통게임제공업의 시설로서 제2종 근린생활시설에 해당하지 아니하는 것
8. 운수시설	① 여객자동차터미널 ② 철도시설 ③ 공항시설 ④ 항만시설 ⑤ 그 밖에 위 ①부터 ④까지의 규정에 따른 시설과 비슷한 시설
9. 의료시설	① 병원(종합병원, 병원, 치과병원, 한방병원, 정신병원 및 요양병원을 말함) ② 격리병원(전염병원, 마약진료소, 그 밖에 이와 비슷한 것을 말함)
10. 교육연구시설	교육연구시설(제2종 근린생활시설에 해당하는 것은 제외) ① 학교(유치원·초등학교·중학교·고등학교·전문대학·대학·대학교, 그 밖에 이에 준하는 각종 학교를 말함) ② 교육원(연수원, 그 밖에 이와 비슷한 것을 포함) ③ 직업훈련소(운전 및 정비 관련 직업훈련소는 제외) ④ 학원(자동차학원·무도학원 및 정보통신기술을 활용하여 원격으로 교습하는 것은 제외), 교습소(자동차교습·무도교습 및 정보통신기술을 활용하여 원격으로 교습하는 것은 제외) ⑤ 연구소(연구소에 준하는 시험소와 계측계량소를 포함) ⑥ 도서관
11. 노유자시설	① 아동 관련 시설(어린이집, 아동복지시설, 그 밖에 이와 비슷한 것으로서 단독주택, 공동주택 및 제1종 근린생활시설에 해당하지 아니하는 것을 말함) ② 노인복지시설(단독주택과 공동주택에 해당하지 아니하는 것을 말함) ③ 그 밖에 다른 용도로 분류되지 아니한 사회복지시설 및 근로복지시설
12. 수련시설	① 생활권 수련시설(청소년활동 진흥법에 따른 청소년수련관, 청소년문화의 집, 청소년특화시설, 그 밖에 이와 비슷한 것을 말함) ② 자연권 수련시설(청소년활동 진흥법에 따른 청소년수련원·청소년야영장, 그 밖에 이와 비슷한 것을 말함) ③ 「청소년활동 진흥법」에 따른 유스호스텔 ④ 「관광진흥법」에 따른 야영장 시설로서 29. 야영장 시설에 해당하지 아니하는 시설

13. 운동시설	① 탁구장, 체육도장, 테니스장, 체력단련장, 에어로빅장, 볼링장, 당구장, 실내낚시터, 골프연습장, 놀이형시설, 그 밖에 이와 비슷한 것으로서 제1종 근린생활시설 및 제2종 근린생활시설에 해당하지 아니하는 것 ② 체육관으로서 관람석이 없거나 관람석의 바닥면적이 $1,000m^2$ 미만인 것 ③ 운동장(육상장, 구기장, 볼링장, 수영장, 스케이트장, 롤러스케이트장, 승마장, 사격장, 궁도장, 골프장 등과 이에 딸린 건축물을 말함)으로서 관람석이 없거나 관람석의 바닥면적이 $1,000m^2$ 미만인 것
14. 업무시설	① **공공업무시설** : 국가 또는 지방자치단체의 청사와 외국공관의 건축물로서 제1종 근린생활시설에 해당하지 아니하는 것 ② **일반업무시설** : 다음의 요건을 갖춘 업무시설을 말한다. 　㉠ 금융업소, 사무소, 결혼상담소 등 소개업소, 출판사, 신문사, 그 밖에 이와 비슷한 것으로서 제1종 근린생할시설 및 제2종 근린생활시설에 해당하지 않는 것 　㉡ 오피스텔(업무를 주로 하며, 분양하거나 임대하는 구획 중 일부의 구획에서 숙식을 할 수 있도록 한 건축물로서 국토교통부장관이 고시하는 기준에 적합한 것을 말함)
15. 숙박시설	① 일반숙박시설 및 생활숙박시설(공중위생관리법에 따라 숙박업 신고를 해야 하는 시설로서 국토교통부장관이 정하여 고시하는 요건을 갖춘 시설을 말함) ② 관광숙박시설(관광호텔, 수상관광호텔, 한국전통호텔, 가족호텔, 호스텔, 소형호텔, 의료관광호텔 및 휴양 콘도미니엄) ③ 다중생활시설(4. 제2종 근린생활시설에 해당하지 아니하는 것을 말함) ④ 그 밖에 위 ①부터 ③까지의 시설과 비슷한 것
16. 위락시설	① 단란주점으로서 4. 제2종 근린생활시설에 해당하지 아니하는 것 ② 유흥주점이나 그 밖에 이와 비슷한 것 ③ 「관광진흥법」에 따른 유원시설업의 시설, 그 밖에 이와 비슷한 시설(4. 제2종 근린생활시설과 13. 운동시설에 해당하는 것은 제외) ④ 무도장, 무도학원 ⑤ 카지노영업소
17. 공 장	물품의 제조·가공(염색·도장·표백·재봉·건조·인쇄 등을 포함) 또는 수리에 계속적으로 이용되는 건축물로서 제1종 근린생활시설, 제2종 근린생활시설, 위험물저장 및 처리시설, 자동차 관련 시설, 자원순환 관련 시설 등으로 따로 분류되지 아니한 것
18. 창고시설	위험물 저장 및 처리시설 또는 그 부속용도에 해당하는 것은 제외 ① 창고(물품저장시설로서 물류정책기본법에 따른 일반창고와 냉장 및 냉동창고를 포함) ② 하역장 ③ 「물류시설의 개발 및 운영에 관한 법률」에 따른 물류터미널 ④ 집배송 시설

19. 위험물 저장 및 처리시설	「위험물안전관리법」, 「석유 및 석유대체연료 사업법」, 「도시가스사업법」, 「고압가스 안전관리법」, 「액화석유가스의 안전관리 및 사업법」, 「총포·도검·화약류 등 단속법」, 「화학물질관리법」 등에 따라 설치 또는 영업의 허가를 받아야 하는 건축물로서 다음의 어느 하나에 해당하는 것(다만, 자가난방, 자가발전, 그 밖에 이와 비슷한 목적으로 쓰는 저장시설은 제외) ① 주유소(기계식 세차설비를 포함) 및 석유판매소 ② 액화석유가스 충전소·판매소·저장소(기계식 세차설비를 포함) ③ 위험물 제조소·저장소·취급소 ④ 액화가스 취급소·판매소 ⑤ 유독물 보관·저장·판매시설 ⑥ 고압가스 충전소·판매소·저장소 ⑦ 도료류 판매소 ⑧ 도시가스 제조시설 ⑨ 화약류 저장소 ⑩ 그 밖에 위 ①부터 ⑨까지의 시설과 비슷한 것
20. 자동차 관련 시설(건설기계 관련 시설 포함)	① 주차장 ② 세차장 ③ 폐차장 ④ 검사장 ⑤ 매매장 ⑥ 정비공장 ⑦ 운전학원·정비학원(운전 및 정비 관련 직업훈련시설을 포함) ⑧ 「여객자동차 운수사업법」·「화물자동차 운수사업법」 및 「건설기계관리법」에 따른 차고 및 주기장 ⑨ 전기자동차 충전소로서 제1종 근린생활시설에 해당하지 않는 것
21. 동물 및 식물 관련 시설	① 축사(양잠·양봉·양어·양돈·양계·곤충사육 시설 및 부화장 등을 포함) ② 가축시설(가축용 운동시설, 인공수정센터, 관리사, 가축용 창고, 가축시장, 동물검역소, 실험동물사육시설, 그 밖에 이와 비슷한 것을 말함) ③ 도축장 ④ 도계장 ⑤ 작물재배사 ⑥ 종묘배양시설 ⑦ 화초 및 분재 등의 온실 ⑧ 동물 또는 식물과 관련된 위 ①부터 ⑦까지의 시설과 비슷한 것(동·식물원은 제외)
22. 자원순환 관련 시설	① 하수 등 처리시설 ② 고물상 ③ 폐기물재활용시설 ④ 폐기물처분시설 ⑤ 폐기물감량화시설

23. 교정시설	제1종 근린생활시설에 해당하는 것은 제외 ① 교정시설(보호감호소, 구치소 및 교도소를 말함) ② 갱생보호시설, 그 밖에 범죄자의 갱생·보육·교육·보건 등의 용도로 쓰는 시설 ③ 소년원 및 소년분류심사원
23의2. 국방· 군사시설	제1종 근린생활시설에 해당하는 것은 제외 「국방·군사시설 사업에 관한 법률」에 따른 국방·군사시설
24. 방송통신시설	제1종 근린생활시설에 해당하는 것은 제외 ① 방송국(방송프로그램제작시설 및 송신·수신·중계시설을 포함) ② 전신전화국 ③ 촬영소 ④ 통신용 시설 ⑤ 데이터센터 ⑥ 그 밖에 위 ①부터 ⑤까지의 시설과 비슷한 것
25. 발전시설	발전소(집단에너지공급시설을 포함)로 사용되는 건축물로서 제1종 근린생활시설에 해당하지 아니하는 것
26. 묘지 관련 시설	① 화장시설 ② 봉안당(종교시설에 해당하는 것은 제외) ③ 묘지와 자연장지에 부수되는 건축물 ④ 동물화장시설, 동물건조장시설 및 동물전용의 납골시설
27. 관광휴게시설	① 야외음악당 ② 야외극장 ③ 어린이회관 ④ 관망탑 ⑤ 휴게소 ⑥ 공원·유원지 또는 관광지에 부수되는 시설
28. 장례시설	① 장례식장[의료시설의 부수시설(의료법에 따른 의료기관의 종류에 따른 시설을 말함)에 해당하는 것은 제외] ② 동물전용의 장례식장
29. 야영장 시설	「관광진흥법」에 따른 야영장 시설로서 관리동, 화장실, 샤워실, 대피소, 취사시설 등의 용도로 쓰는 바닥면적의 합계가 300m² 미만인 것

1 신고대상 공작물 ·27회 ·30회

대지를 조성하기 위한 옹벽, 굴뚝, 광고탑, 고가수조(高架水槽), 지하대피호, 그 밖에 이와 유사한 것으로서 다음의 공작물을 축조하려는 자는 특별자치시장·특별자치도지사 또는 시장·군수·구청장에게 신고하여야 한다(법 제83조 제1항, 영 제118조 제1항).

추가 허가권자
특별자치시장·특별자치도지사
또는 시장·군수·구청장

신고 규모	신고대상 공작물의 종류
높이 2m를 넘는	옹벽 또는 담장
높이 4m를 넘는	장식탑, 기념탑, 첨탑, 광고탑, 광고판, 그 밖에 이와 비슷한 것
높이 5m를 넘는	태양에너지를 이용하는 발전설비와 그 밖에 이와 비슷한 것
높이 6m를 넘는	굴뚝, 골프연습장 등의 운동시설을 위한 철탑, 주거지역·상업지역에 설치하는 통신용 철탑, 그 밖에 이와 비슷한 것
높이 8m를 넘는	고가수조나 그 밖에 이와 비슷한 것
높이 8m 이하 (위험을 방지하기 위한 난간의 높이는 제외)	기계식 주차장 및 철골조립식 주차장(바닥면이 조립식이 아닌 것을 포함)으로서 외벽이 없는 것
바닥면적 30m²를 넘는	지하대피호
기 타	① 건축조례로 정하는 제조시설, 저장시설(시멘트사일로를 포함), 유희시설, 그 밖에 이와 비슷한 것 ② 건축물의 구조에 심대한 영향을 줄 수 있는 중량물로서 건축조례로 정하는 것

2 「건축법」의 적용 여부

(1) 「건축법」 전부를 적용하지 않는 건축물(법 제3조 제1항)

·15회 ·22회 ·26회 ·28회 ·30회

① 「문화재보호법」에 따른 지정문화재나 임시지정문화재 또는 「자연유산의 보존 및 활용에 관한 법률」에 따라 지정된 명승이나 임시지정명승
② 철도나 궤도의 선로부지에 있는 다음의 시설

○ ㉠ 운전보안시설
○ ㉡ 철도선로의 위나 아래를 가로지르는 보행시설
○ ㉢ 플랫폼
○ ㉣ 해당 철도 또는 궤도사업용 급수(給水)·급탄(給炭) 및 급유(給油)시설

③ 고속도로 통행료 징수시설
④ 컨테이너를 이용한 간이창고(산업집적활성화 및 공장설립에 관한 법률에 따른 공장의 용도로만 사용되는 건축물의 대지 안에 설치하는 것으로서 이동이 쉬운 것만 해당)
⑤ 「하천법」에 따른 하천구역 내의 수문조작실

(2) 「건축법」 일부를 적용하지 않는 지역 · 22회

「국토의 계획 및 이용에 관한 법률」에 따른 도시지역 및 지구단위계획구역 외의 지역으로서 동이나 읍(동이나 읍에 속하는 섬의 경우에는 인구가 500명 이상인 경우만 해당)이 아닌 지역은 다음의 건축법 일부 규정을 적용하지 아니한다(법 제3조 제2항).

① 대지와 도로의 관계(제44조)
② 도로의 지정·폐지 또는 변경(제45조)
③ 건축선의 지정(제46조)
④ 건축선에 따른 건축제한(제47조)
⑤ 방화지구 안의 건축물(제51조)
⑥ 대지의 분할제한(제57조)

정리 「건축법」 제한적 적용지역

지구단위계획구역(×)
⊕ 도시지역(×)
⊕ 동·읍(×)
⊕ 인구 500명 이상인 섬(×)

3 「건축법」의 적용완화

(1) 완화절차(법 제5조) · 15회

① 건축주, 설계자, 공사시공자 또는 공사감리자(이하 '건축관계자')는 업무를 수행할 때 이 법을 적용하는 것이 매우 불합리하다고 인정되는 대지나 건축물로서 대통령령으로 정하는 것에 대하여는 이 법의 기준을 완화하여 적용할 것을 허가권자에게 요청할 수 있다.
② 요청을 받은 허가권자는 건축위원회의 심의를 거쳐 완화 여부와 적용범위를 결정하고 그 결과를 신청인에게 알려야 한다.
③ 요청 및 결정의 절차와 그 밖에 필요한 사항은 해당 지방자치단체의 조례로 정한다.

정리 적용완화의 절차

| 적용의 완화 신청 |
| 건축관계자 |

↓

| 적용의 완화 여부 심의 |
| 건축위원회 |

↓

| 완화 여부·범위 결정 및 통보 |
| 허가권자 |

추가 수면 위에 건축하는 건축물 등 대지의 범위를 설정하기 곤란한 경우

법 제48조의2(건축물 내진등급의 설정)는 허가권자에게 완화적용을 요청할 수 없는 기준이다.

(2) 완화적용대상(영 제6조 제1항) · 32회

① 수면 위에 건축하는 건축물 등 대지의 범위를 설정하기 곤란한 경우 : 법 제40조(대지의 안전 등), 제41조(토지 굴착 부분에 대한 조치 등), 제42조(대지의 조경), 제43조(공개공지등의 확보), 제44조(대지와 도로의 관계), 제45조(도로의 지정·폐지 또는 변경), 제46조(건축선의 지정), 제47조(건축선에 따른 건축제한), 제55조(건축물의 건폐율), 제56조(건축물의 용적률), 제57조(대지의 분할제한), 제60조(건축물의 높이제한) 및 제61조(일조 등의 확보를 위한 건축물의 높이제한)에 따른 기준

② 거실이 없는 통신시설 및 기계·설비시설인 경우 : 법 제44조부터 제46조까지의 규정에 따른 기준

③ 31층 이상인 건축물(건축물 전부가 공동주택의 용도로 쓰이는 경우는 제외)과 발전소, 제철소, 「산업집적활성화 및 공장설립에 관한 법률 시행령」[별표 1의2] 제2호 마목에 따라 산업통상자원부령으로 정하는 업종의 제조시설, 운동시설 등 특수 용도의 건축물인 경우 : 법 제43조, 제49조부터 제52조까지, 제62조, 제64조, 제67조 및 제68조에 따른 기준

④ 전통사찰, 전통한옥 등 전통문화의 보존을 위하여 시·도의 건축조례로 정하는 지역의 건축물인 경우 : 법 제2조 제1항 제11호, 제44조, 제46조 및 제60조 제3항에 따른 기준

⑤ 경사진 대지에 계단식으로 건축하는 공동주택으로서 지면에서 직접 각 세대가 있는 층으로의 출입이 가능하고, 위층 세대가 아래층 세대의 지붕을 정원 등으로 활용하는 것이 가능한 형태의 건축물과 초고층 건축물인 경우 : 법 제55조에 따른 기준

제4절 건축위원회 및 전문위원회

1 건축위원회

(1) 심의사항

국토교통부장관, 시·도지사 및 시장·군수·구청장은 다음의 사항을 조사·심의·조정 또는 재정(이하 '심의등')하기 위하여 각각 건축위원회를 두어야 한다(법 제4조 제1항).

① 이 법과 조례의 제정·개정 및 시행에 관한 중요사항
② 건축물의 건축등과 관련된 분쟁의 조정 또는 재정에 관한 사항. 다만, 시·도 지사 및 시장·군수·구청장이 두는 건축위원회는 제외한다.
③ 건축물의 건축등과 관련된 민원에 관한 사항(단, 국토교통부장관이 두는 건축위원회는 제외)
④ 건축물의 건축 또는 대수선에 관한 사항
⑤ 다른 법령에서 건축위원회의 심의를 받도록 규정한 사항

(2) 전문위원회 설치 운영 · 30회

① 국토교통부장관, 시·도지사 및 시장·군수·구청장은 건축위원회의 심의등을 효율적으로 수행하기 위하여 필요하면 자신이 설치하는 건축위원회에 다음의 전문위원회를 두어 운영할 수 있다(법 제4조 제2항).

㉠ 건축분쟁전문위원회(국토교통부에 설치하는 건축위원회에 한정)
㉡ 건축민원전문위원회(시·도 및 시·군·구에 설치하는 건축위원회에 한정)
㉢ 건축계획·건축구조·건축설비 등 분야별 전문위원회

② 전문위원회는 건축위원회가 정하는 사항에 대하여 심의등을 한다(법 제4조 제3항).
③ 전문위원회의 심의등을 거친 사항은 건축위원회의 심의등을 거친 것으로 본다(법 제4조 제4항).

(3) 중앙건축위원회

국토교통부에 두는 건축위원회(이하 '중앙건축위원회')는 다음의 사항을 조사·심의·조정 또는 재정(이하 '심의등')한다(영 제5조 제1항).

① 표준설계도서의 인정에 관한 사항
② 건축물의 건축·대수선·용도변경, 건축설비의 설치 또는 공작물의 축조(이하 '건축물의 건축등')와 관련된 분쟁의 조정 또는 재정에 관한 사항
③ 법과 이 영의 제정·개정 및 시행에 관한 중요사항
④ 다른 법령에서 중앙건축위원회의 심의를 받도록 한 경우 해당 법령에서 규정한 심의사항
⑤ 그 밖에 국토교통부장관이 중앙건축위원회의 심의가 필요하다고 인정하여 회의에 부치는 사항

추가 **중앙건축위원회 구성**
위원장 및 부위원장 각 1명을 포함하여 70명 이내의 위원으로 구성한다(영 제5조 제3항).

(4) 지방건축위원회

시·도(특별시·광역시·특별자치시·도·특별자치도) 및 시·군·구(자치구)에 두는 건축위원회(이하 '지방건축위원회')는 다음의 사항에 대한 심의등을 한다(영 제5조의5 제1항).

추가 **지방건축위원회 구성**
위원장 및 부위원장 각 1명을 포함하여 25명 이상 150명 이하의 위원으로 성별을 고려하여 구성한다(영 제5조의5 제3항).

① 건축선(建築線)의 지정에 관한 사항
② 법 또는 이 영에 따른 조례(해당 지방자치단체의 장이 발의하는 조례만 해당)의 제정·개정 및 시행에 관한 중요사항
③ 다중이용 건축물 및 특수구조 건축물의 구조안전에 관한 사항
④ 다른 법령에서 지방건축위원회의 심의를 받도록 한 경우 해당 법령에서 규정한 심의사항
⑤ 시·도지사(특별시장·광역시장·특별자치시장·도지사 또는 특별자치도지사) 및 시장·군수·구청장이 도시 및 건축 환경의 체계적인 관리를 위하여 필요하다고 인정하여 지정·공고한 지역에서 건축조례로 정하는 건축물의 건축등에 관한 것으로서 시·도지사 및 시장·군수·구청장이 지방건축위원회의 심의가 필요하다고 인정한 사항(심의사항은 시·도지사 및 시장·군수·구청장이 건축계획, 구조 및 설비 등에 대해 심의기준을 정하여 공고한 사항으로 한정)

2 건축분쟁전문위원회 ·17회 ·28회 ·32회

(1) 설치 목적

건축등과 관련된 다음의 분쟁(건설산업기본법에 따른 조정의 대상이 되는 분쟁은 제외)의 조정(調停)* 및 재정(裁定)*을 하기 위하여 국토교통부에 건축분쟁전문위원회(이하 '분쟁위원회')를 둔다(법 제88조 제1항).

* 조정
대립되는 둘 사이의 분쟁을 중간에서 조절하여 타협할 수 있도록 화해시킴

* 재정
어떤 일의 옳고 그름을 판단하여 결정함

정리 **분쟁대상자 (×)**
• 건축허가권자
• 건축지도원
• 건축신고수리자

① 건축관계자와 해당 건축물의 건축등으로 피해를 입은 인근주민 간의 분쟁
② 관계전문기술자와 인근주민 간의 분쟁
③ 건축관계자와 관계전문기술자 간의 분쟁
④ 건축관계자 간의 분쟁
⑤ 인근주민 간의 분쟁
⑥ 관계전문기술자 간의 분쟁
⑦ 그 밖에 대통령령으로 정하는 사항

(2) 구성

① 분쟁위원회는 위원장과 부위원장 각 1명을 포함한 15명 이내의 위원으로 구성한다(법 제89조 제1항).

② 분쟁위원회의 위원은 건축이나 법률에 관한 학식과 경험이 풍부한 자로서 다음의 어느 하나에 해당하는 자 중에서 국토교통부장관이 임명하거나 위촉한다. 이 경우 다음 ⓒ에 해당하는 자가 2명 이상 포함되어야 한다(법 제89조 제2항).

> ㉠ 3급 상당 이상의 공무원으로 1년 이상 재직한 자
> ㉡ 「고등교육법」에 따른 대학에서 건축공학이나 법률학을 가르치는 조교수 이상의 직(職)에 3년 이상 재직한 자
> ㉢ 판사, 검사 또는 변호사의 직에 6년 이상 재직한 자
> ㉣ 「국가기술자격법」에 따른 건축분야 기술사 또는 「건축사법」에 따라 건축사사무소개설신고를 하고 건축사로 6년 이상 종사한 자
> ㉤ 건설공사나 건설업에 대한 학식과 경험이 풍부한 자로서 그 분야에 15년 이상 종사한 자

③ 공무원이 아닌 위원의 임기는 3년으로 하되, 연임할 수 있으며, 보궐위원의 임기는 전임자의 남은 임기로 한다(법 제89조 제5항).

④ 분쟁위원회의 회의는 재적위원 과반수의 출석으로 열고 출석위원 과반수의 찬성으로 의결한다(법 제89조 제6항).

(3) 조정위원회와 재정위원회(법 제94조)

① 조정은 3명의 위원으로 구성되는 조정위원회에서 하고, 재정은 5명의 위원으로 구성되는 재정위원회에서 한다.

② 조정위원회의 위원과 재정위원회의 위원은 사건마다 분쟁위원회의 위원 중에서 위원장이 지명한다. 이 경우 재정위원회에는 판사, 검사 또는 변호사의 직에 6년 이상 재직한 자에 해당하는 위원이 1명 이상 포함되어야 한다.

③ 조정위원회와 재정위원회의 회의는 구성원 전원의 출석으로 열고 과반수의 찬성으로 의결한다.

(4) 조정등의 신청

① 건축물의 건축등과 관련된 분쟁의 조정 또는 재정(이하 '조정등')을 신청하려는 자는 분쟁위원회에 조정등의 신청서를 제출하여야 한다(법 제92조 제1항).

추가 위촉

분쟁위원회의 위원장과 부위원장은 위원 중에서 국토교통부장관이 위촉한다(법 제89조 제4항).

② 조정신청은 해당 사건의 당사자 중 1명 이상이 하며, 재정신청은 해당 사건 당사자 간의 합의로 한다. 다만, 분쟁위원회는 조정신청을 받으면 해당 사건의 모든 당사자에게 조정신청이 접수된 사실을 알려야 한다 (법 제92조 제2항).

③ 분쟁위원회는 당사자의 조정신청을 받으면 60일 이내에, 재정신청을 받으면 120일 이내에 절차를 마쳐야 한다. 다만, 부득이한 사정이 있으면 분쟁위원회의 의결로 기간을 연장할 수 있다(법 제92조 제3항).

④ 시·도지사 또는 시장·군수·구청장은 위해 방지를 위하여 긴급한 상황이거나 그 밖에 특별한 사유가 없으면 조정등의 신청이 있다는 이유만으로 해당 공사를 중지하게 하여서는 아니 된다(법 제93조 제3항).

(5) 조정효력(법 제96조)

① 조정위원회는 조정안을 작성하면 지체 없이 각 당사자에게 조정안을 제시하여야 한다.

② 조정안을 제시받은 당사자는 제시를 받은 날부터 15일 이내에 수락 여부를 조정위원회에 알려야 한다.

③ 조정위원회는 당사자가 조정안을 수락하면 즉시 조정서를 작성하여야 하며, 조정위원과 각 당사자는 이에 기명날인하여야 한다.

④ 당사자가 조정안을 수락하고 조정서에 기명날인하면 조정서의 내용은 재판상 화해와 동일한 효력을 갖는다. 다만, 당사자가 임의로 처분할 수 없는 사항에 관한 것은 그러하지 아니하다.

(6) 재정효력 등

① 재정위원회가 재정을 한 경우 재정 문서의 정본이 당사자에게 송달된 날부터 60일 이내에 당사자 양쪽이나 어느 한쪽으로부터 그 재정의 대상인 건축물의 건축등의 분쟁을 원인으로 하는 소송이 제기되지 아니하거나 그 소송이 철회되면 그 재정 내용은 재판상 화해와 동일한 효력을 갖는다. 다만, 당사자가 임의로 처분할 수 없는 사항에 관한 것은 그러하지 아니하다(법 제99조).

② 당사자가 재정에 불복하여 소송을 제기한 경우 시효의 중단과 제소기간을 산정할 때에는 재정신청을 재판상의 청구로 본다(법 제100조).

③ 분쟁위원회는 재정신청이 된 사건을 조정에 회부하는 것이 적합하다고 인정하면 직권으로 직접 조정할 수 있다(법 제101조).

(7) 비용부담(법 제102조)

① 분쟁의 조정등을 위한 감정·진단·시험 등에 드는 비용은 당사자 간의 합의로 정하는 비율에 따라 당사자가 부담하여야 한다. 다만, 당사자 간에 비용부담에 대하여 합의가 되지 아니하면 조정위원회나 재정위원회에서 부담비율을 정한다.

② 조정위원회나 재정위원회는 필요하다고 인정하면 대통령령으로 정하는 바에 따라 당사자에게 비용을 예치하게 할 수 있다.

3 건축민원전문위원회 · 30회

(1) 설치 목적

건축민원전문위원회는 건축물의 건축등과 관련된 다음의 민원[허가권자(특별시장·광역시장·특별자치시장·특별자치도지사 또는 시장·군수·구청장)의 처분이 완료되기 전의 것으로 한정하며, 이하 '질의민원'이라 한다]을 심의하며, 시·도지사가 설치하는 건축민원전문위원회(이하 '광역지방건축민원전문위원회')와 시장·군수·구청장이 설치하는 건축민원전문위원회(이하 '기초지방건축민원전문위원회')로 구분한다(법 제4조의4 제1항).

> ① 건축법령의 운영 및 집행에 관한 민원
> ② 건축물의 건축등과 복합된 사항으로서 법 제11조 제5항 각 호에 해당하는 법률 규정의 운영 및 집행에 관한 민원
> ③ 그 밖에 대통령령으로 정하는 민원

(2) 업 무

① 광역지방건축민원전문위원회는 허가권자나 도지사(이하 '허가권자등')의 건축허가나 사전승인에 대한 질의민원을 심의하고, 기초지방건축민원전문위원회는 시장(행정시의 시장을 포함)·군수·구청장의 건축허가 또는 건축신고와 관련한 질의민원을 심의한다(법 제4조의4 제2항).

② 건축민원전문위원회의 구성·회의·운영, 그 밖에 필요한 사항은 해당 지방자치단체의 조례로 정한다(법 제4조의4 제3항).

(3) 질의민원 심의의 신청(법 제4조의5)

① 건축물의 건축등과 관련된 질의민원의 심의를 신청하려는 자는 관할 건축민원전문위원회에 심의신청서를 제출하여야 한다.

② 심의를 신청하고자 하는 자는 다음의 사항을 기재하여 문서로 신청하여야 한다. 다만, 문서에 의할 수 없는 특별한 사정이 있는 경우에는 구술로 신청할 수 있다.

> ㉠ 신청인의 이름과 주소
> ㉡ 신청의 취지·이유와 민원신청의 원인이 된 사실내용
> ㉢ 그 밖에 행정기관의 명칭 등 대통령령으로 정하는 사항

③ 건축민원전문위원회는 신청인의 질의민원을 받으면 15일 이내에 심의절차를 마쳐야 한다. 다만, 사정이 있으면 건축민원전문위원회의 의결로 15일 이내의 범위에서 기간을 연장할 수 있다.

(4) 심의를 위한 조사 및 의견청취(법 제4조의6)

① 건축민원전문위원회는 심의에 필요하다고 인정하면 위원 또는 사무국의 소속 공무원에게 관계 서류를 열람하게 하거나 관계 사업장에 출입하여 조사하게 할 수 있다.

② 건축민원전문위원회는 필요하다고 인정하면 신청인, 허가권자의 업무담당자, 이해관계자 또는 참고인을 위원회에 출석하게 하여 의견을 들을 수 있다.

③ 민원의 심의신청을 받은 건축민원전문위원회는 심의기간 내에 심의하여 심의결정서를 작성하여야 한다.

(5) 의견의 제시(법 제4조의7)

① 건축민원전문위원회는 질의민원에 대하여 관계 법령, 관계 행정기관의 유권해석, 유사판례와 현장여건 등을 충분히 검토하여 심의의견을 제시할 수 있다.

② 건축민원전문위원회는 민원심의의 결정내용을 지체 없이 신청인 및 해당 허가권자등에게 통지하여야 한다.

③ 심의 결정내용을 통지받은 허가권자등은 이를 존중하여야 하며, 통지받은 날부터 10일 이내에 그 처리결과를 해당 건축민원전문위원회에 통보하여야 한다.

④ 심의 결정내용을 시장·군수·구청장이 이행하지 아니하는 경우에는 해당 민원인은 시장·군수·구청장이 통보한 처리결과를 첨부하여 광역지방건축민원전문위원회에 심의를 신청할 수 있다.

⑤ 처리결과를 통보받은 건축민원전문위원회는 신청인에게 그 내용을 지체 없이 통보하여야 한다.

기출&예상 문제

건축법령상 용어에 관한 설명으로 옳은 것은? • 31회

① 건축물을 이전하는 것은 '건축'에 해당한다.

② '고층건축물'에 해당하려면 건축물의 층수가 30층 이상이고 높이가 120m 이상이어야 한다.

③ 건축물이 천재지변으로 멸실된 경우 그 대지에 종전 규모보다 연면적의 합계를 늘려 건축물을 다시 축조하는 것은 '재축'에 해당한다.

④ 건축물의 내력벽을 해체하여 같은 대지의 다른 위치로 옮기는 것은 '이전'에 해당한다.

⑤ 기존 건축물이 있는 대지에서 건축물의 내력벽을 증설하여 건축면적을 늘리는 것은 '대수선'에 해당한다.

해설 ② 고층건축물에 해당하려면 건축물의 층수가 30층 이상이거나 높이가 120m 이상이어야 한다.

③ 건축물이 천재지변으로 멸실된 경우 그 대지에 종전 규모보다 연면적의 합계를 늘려 건축물을 다시 축조하는 것은 신축에 해당한다.

④ 건축물의 내력벽을 해체하지 않고 같은 대지의 다른 위치로 옮기는 것은 이전에 해당한다.

⑤ 기존 건축물이 있는 대지에서 건축물의 내력벽을 증설하여 건축면적을 늘리는 것은 증축에 해당한다.

정답 ①

02 | 건축물의 건축

▌10개년 출제문항 수

25회	26회	27회	28회	29회
2	1	1	3	2

30회	31회	32회	33회	34회
3	2	3	2	1

└→ 총 40문제 中 평균 약 2문제 출제

▌학습전략

건축물의 건축은 건축허가, 건축신고, 가설건축물, 건축물의 건축절차로 내용이 구성되어 있습니다. 매년 2문제가 출제되는 비중이 높은 CHAPTER이며, 건축허가와 건축신고를 중점적으로 학습하여야 합니다.

제1절 **건축허가**

정리 건축허가권자
1. 원칙 : 특별자치시장·특별자치도지사 또는 시장·군수·구청장
2. 예외 : 특별시장·광역시장
3. 사전승인 : 도지사
※ 도지사는 허가권자가 아님

1 건축허가권자 • 17회 • 19회 • 21회 • 22회 • 23회 • 24회 • 25회 • 31회

(1) 원칙 – 특별자치시장·특별자치도지사 또는 시장·군수·구청장

건축물을 건축하거나 대수선하려는 자는 특별자치시장·특별자치도지사 또는 시장·군수·구청장의 허가를 받아야 한다(법 제11조 제1항 본문).

(2) 예외 – 특별시장·광역시장

층수가 21층 이상이거나 연면적의 합계가 10만m² 이상인 건축물의 건축(연면적의 10분의 3 이상을 증축하여 층수가 21층 이상으로 되거나 연면적의 합계가 10만m² 이상으로 되는 경우를 포함)을 특별시나 광역시에 건축하려면 특별시장이나 광역시장의 허가를 받아야 한다. 다만, 다음의 어느 하나에 해당하는 건축물의 건축은 제외한다(법 제11조 제1항 단서, 영 제8조 제1항).

① 공장
② 창고
③ 지방건축위원회의 심의를 거친 건축물(특별시 또는 광역시의 건축조례로 정하는 바에 따라 해당 지방건축위원회의 심의사항으로 할 수 있는 건축물에 한정하며, 초고층 건축물은 제외)

(3) 도지사의 사전승인

시장·군수는 다음의 어느 하나에 해당하는 건축물의 건축을 허가하려면 미리 건축계획서와 국토교통부령으로 정하는 건축물의 용도, 규모 및 형태가 표시된 기본설계도서를 첨부하여 도지사의 승인을 받아야 한다(법 제11조 제2항, 영 제8조).

> ① 층수가 21층 이상이거나 연면적의 합계가 10만m² 이상으로 건축하는 건축물(연면적의 10분의 3 이상을 증축하여 층수가 21층 이상으로 되거나 연면적의 합계가 10만m² 이상으로 되는 경우를 포함). 다만, 공장, 창고, 지방건축위원회의 심의를 거친 건축물은 제외한다.
> ② 자연환경이나 수질을 보호하기 위하여 도지사가 지정·공고한 구역에 건축하는 3층 이상 또는 연면적의 합계가 1천m² 이상인 건축물로서 위락시설과 숙박시설 등 대통령령으로 정하는 용도에 해당하는 건축물
> ③ 주거환경이나 교육환경 등 주변 환경을 보호하기 위하여 필요하다고 인정하여 도지사가 지정·공고한 구역에 건축하는 위락시설 및 숙박시설에 해당하는 건축물

2 건축허가신청 전 필요사항

(1) 건축주와의 계약

① 건축관계자는 건축물이 설계도서에 따라 이 법과 이 법에 따른 명령이나 처분, 그 밖의 관계 법령에 맞게 건축되도록 업무를 성실히 수행하여야 하며, 서로 위법하거나 부당한 일을 하도록 강요하거나 이와 관련하여 어떠한 불이익도 주어서는 아니 된다(법 제15조 제1항).

② 건축관계자 간의 책임에 관한 내용과 그 범위는 이 법에서 규정한 것 외에는 건축주와 설계자, 건축주와 공사시공자, 건축주와 공사감리자 간의 계약으로 정한다(법 제15조 제2항).

(2) 대지의 소유권 확보 ·28회

건축허가를 받으려는 자는 해당 대지의 소유권을 확보하여야 한다. 다만, 다음의 어느 하나에 해당하는 경우에는 그러하지 아니하다(법 제11조 제11항).

> **추가** 사전승인대상에서 제외되는 건축물
> 본문 **(3)**의 ①에서 도시환경, 광역교통 등을 고려하여 해당 도의 조례로 정하는 건축물은 사전승인대상에서 제외한다.

> **추가** 대통령령으로 정하는 용도에 해당하는 건축물(영 제8조 제3항)
> 1. 공동주택
> 2. 제2종 근린생활시설(일반음식점만 해당)
> 3. 업무시설(일반업무시설만 해당)
> 4. 숙박시설
> 5. 위락시설

① 건축주가 대지의 소유권을 확보하지 못하였으나 그 대지를 사용할 수 있는 권원을 확보한 경우(단, 분양을 목적으로 하는 공동주택은 제외)

② 건축주가 건축물의 노후화 또는 구조안전 문제 등 대통령령으로 정하는 사유로 건축물을 신축·개축·재축 및 리모델링을 하기 위하여 건축물 및 해당 대지의 공유자 수의 100분의 80 이상의 동의를 얻고 동의한 공유자의 지분 합계가 전체 지분의 100분의 80 이상인 경우

③ 건축주가 건축허가를 받아 주택과 주택 외의 시설을 동일 건축물로 건축하기 위하여 「주택법」 제21조를 준용한 대지 소유 등의 권리관계를 증명한 경우(단, 주택법 제15조 제1항 각 호 외의 부분 본문에 따른 대통령령으로 정하는 호수 이상으로 건설·공급하는 경우에 한정)

④ 건축하려는 대지에 포함된 국유지 또는 공유지에 대하여 허가권자가 해당 토지의 관리청이 해당 토지를 건축주에게 매각하거나 양여할 것을 확인한 경우

⑤ 건축주가 집합건물의 공용부분을 변경하기 위하여 「집합건물의 소유 및 관리에 관한 법률」 제15조 제1항에 따른 결의가 있었음을 증명한 경우

⑥ 건축주가 집합건물을 재건축하기 위하여 「집합건물의 소유 및 관리에 관한 법률」 제47조에 따른 결의가 있었음을 증명한 경우

(3) 건축물의 설계

추가 건축사의 설계대상
1. 건축허가대상
2. 건축신고대상
3. 리모델링대상

① 건축허가를 받아야 하거나 건축신고를 하여야 하는 건축물 또는 「주택법」에 따른 리모델링을 하는 건축물의 건축등을 위한 설계는 건축사가 아니면 할 수 없다. 다만, 다음의 어느 하나에 해당하는 경우에는 그러하지 아니하다(법 제23조 제1항).

> ㉠ 바닥면적의 합계가 85m² 미만인 증축·개축 또는 재축
> ㉡ 연면적이 200m² 미만이고 층수가 3층 미만인 건축물의 대수선
> ㉢ 그 밖에 건축물의 특수성과 용도 등을 고려하여 대통령령으로 정하는 건축물의 건축등

② 설계자는 건축물이 이 법과 이 법에 따른 명령이나 처분, 그 밖의 관계 법령에 맞고 안전·기능 및 미관에 지장이 없도록 설계하여야 하며, 국토교통부장관이 정하여 고시하는 설계도서 작성기준에 따라 설계도서를 작성하여야 한다. 다만, 해당 건축물의 공법(工法) 등이 특수한 경우로서 국토교통부령으로 정하는 바에 따라 건축위원회의 심의를 거친 때에는 그러하지 아니하다(법 제23조 제2항).

③ 설계도서를 작성한 설계자는 설계가 이 법과 이 법에 따른 명령이나 처분, 그 밖의 관계 법령에 맞게 작성되었는지를 확인한 후 설계도서에 서명날인하여야 한다(법 제23조 제3항).

(4) 사전결정신청* · 20회 · 25회 · 28회 · 30회 · 33회

대 상	건축허가대상 건축물을 건축하려는 자는 건축허가를 신청하기 전에 허가권자에게 그 건축물의 건축에 관한 다음의 사항에 대한 사전결정을 신청할 수 있다(법 제10조 제1항). ① 해당 대지에 건축하는 것이 이 법이나 관계 법령에서 허용되는지 여부 ② 이 법 또는 관계 법령에 따른 건축기준 및 건축제한, 그 완화에 관한 사항 등을 고려하여 해당 대지에 건축 가능한 건축물의 규모 ③ 건축허가를 받기 위하여 신청자가 고려하여야 할 사항
동시신청	사전결정을 신청하는 자(이하 '사전결정신청자')는 건축위원회 심의와 「도시교통정비 촉진법」에 따른 교통영향평가서의 검토를 동시에 신청할 수 있다(법 제10조 제2항).
협 의	허가권자는 사전결정이 신청된 건축물의 대지면적이 「환경영향평가법」에 따른 소규모 환경영향평가 대상사업인 경우 환경부장관이나 지방환경관서의 장과 소규모 환경영향평가에 관한 협의를 하여야 한다(법 제10조 제3항).
사전결정 통지	허가권자는 신청을 받으면 입지, 건축물의 규모, 용도 등을 사전결정한 후 사전결정일부터 7일 이내에 사전결정신청자에게 알려야 한다(법 제10조 제4항, 규칙 제5조 제1항).
통지효과	① 사전결정 통지를 받은 경우에는 다음의 허가를 받거나 신고 또는 협의를 한 것으로 본다(법 제10조 제6항). 　㉠ 「국토의 계획 및 이용에 관한 법률」에 따른 개발행위허가 　㉡ 「산지관리법」에 따른 산지전용허가와 산지전용신고, 산지일시사용허가·신고(단, 보전산지인 경우에는 도시지역만 해당) 　㉢ 「농지법」에 따른 농지전용허가·신고 및 협의 　㉣ 「하천법」에 따른 하천점용허가 ② 허가권자는 위 ①의 어느 하나에 해당되는 내용이 포함된 사전결정을 하려면 미리 관계 행정기관의 장과 협의하여야 하며, 협의를 요청받은 관계 행정기관의 장은 요청받은 날부터 15일 이내에 의견을 제출하여야 한다(법 제10조 제7항).
효력상실	사전결정신청자는 사전결정을 통지받은 날부터 2년 이내에 건축허가를 신청하여야 하며, 이 기간에 건축허가를 신청하지 아니하면 사전결정의 효력이 상실된다(법 제10조 제9항).

＊ 사전결정신청
허가신청 후 해당 대지가 관계 법령 검토과정에서 건축주의 설계 안대로 건축할 수 없는 것으로 확인되면 건축주는 토지구입비용, 건축설계비용 등 피해발생이 우려되기 때문에 이것을 미연에 방지하기 위한 제도이다.

정리 사전결정(임의)
1. 대 상
　건축허가대상 건축물
2. 시 기
　건축허가를 신청하기 전
3. 교통 및 환경
　① 교통영향평가서의 검토
　② 환경영향평가에 관한 협의
4. 의제(법령)
　국토, 산지, 농지, 하천
5. 협의기간
　15일 이내
6. 신청기간
　2년 이내 건축허가 신청

3 건축허가절차

(1) 허가신청서 제출(법 제11조 제3항)

① 허가를 받으려는 자는 허가신청서에 국토교통부령으로 정하는 설계도서와 인가·허가등의 의제(제5항)에 따른 허가 등을 받거나 신고를 하기 위하여 관계 법령에서 제출하도록 의무화하고 있는 신청서 및 구비서류를 첨부하여 허가권자에게 제출하여야 한다.

② 국토교통부장관이 관계 행정기관의 장과 협의하여 국토교통부령으로 정하는 신청서 및 구비서류는 착공신고 전까지 제출할 수 있다.

(2) 건축허가서 발급

허가권자는 건축허가를 하였으면 국토교통부령으로 정하는 바에 따라 허가서를 신청인에게 발급하여야 한다(영 제9조 제2항).

(3) 건축허가의 거부·취소·제한

① **건축허가의 거부**(법 제11조 제4항) ·17회 ·22회

㉠ 허가권자는 건축허가를 하고자 하는 때에 「건축기본법」에 따른 한국건축규정의 준수 여부를 확인하여야 한다.

㉡ 허가권자는 다음의 어느 하나에 해당하는 경우에는 이 법이나 다른 법률에도 불구하고 건축위원회의 심의를 거쳐 건축허가를 하지 아니할 수 있다.

> ⓐ 위락시설이나 숙박시설에 해당하는 건축물의 건축을 허가하는 경우 해당 대지에 건축하려는 건축물의 용도·규모 또는 형태가 주거환경이나 교육환경 등 주변 환경을 고려할 때 부적합하다고 인정되는 경우
> ⓑ 「국토의 계획 및 이용에 관한 법률」에 따른 방재지구 및 「자연재해대책법」에 따른 자연재해위험개선지구 등 상습적으로 침수되거나 침수가 우려되는 지역에 건축하려는 건축물에 대하여 지하층 등 일부 공간을 주거용으로 사용하거나 거실을 설치하는 것이 부적합하다고 인정되는 경우

② **건축허가의 취소** ·17회 ·19회

허가권자는 허가를 받은 자가 다음의 어느 하나에 해당하면 허가를 취소하여야 한다. 다만, 다음 ㉠에 해당하는 경우로서 정당한 사유가 있다고 인정되면 1년의 범위에서 공사의 착수기간을 연장할 수 있다(법 제11조 제7항).

> ㉠ 허가를 받은 날부터 2년 이내에 공사에 착수하지 아니한 경우
>
> ㉡ 허가를 받은 날로부터 착공기간 이내에 공사에 착수하였으나 공사의 완료가 불가능하다고 인정되는 경우
>
> ㉢ 착공신고 전에 경매 또는 공매 등으로 건축주가 대지의 소유권을 상실한 때부터 6개월이 지난 이후 공사의 착수가 불가능하다고 판단되는 경우

추가 허가를 받은 날부터 2년

「산업집적활성화 및 공장설립에 관한 법률」에 따라 공장의 신설·증설 또는 업종변경의 승인을 받은 공장은 3년

③ **건축허가 및 착공제한** · 17회 · 18회 · 19회 · 21회 · 22회 · 23회 · 24회 · 26회 · 31회 · 32회

제한권자	국토교통부장관	국토교통부장관은 국토관리를 위하여 특히 필요하다고 인정하거나 주무부장관이 국방, 「국가유산기본법」에 따른 국가유산의 보존, 환경보전 또는 국민경제를 위하여 특히 필요하다고 인정하여 요청하면 허가권자의 건축허가나 허가를 받은 건축물의 착공을 제한할 수 있다(법 제18조 제1항).
	특별시장 광역시장 도지사	㉠ 특별시장·광역시장·도지사는 지역계획이나 도시·군계획에 특히 필요하다고 인정하면 시장·군수·구청장의 건축허가나 허가를 받은 건축물의 착공을 제한할 수 있다(법 제18조 제2항). ㉡ 특별시장·광역시장·도지사는 위 ㉠에 따라 시장·군수·구청장의 건축허가나 건축물의 착공을 제한한 경우 즉시 국토교통부장관에게 보고하여야 하며, 보고를 받은 국토교통부장관은 제한 내용이 지나치다고 인정하면 해제를 명할 수 있다(법 제18조 제6항).
제한절차		㉠ 국토교통부장관이나 시·도지사는 건축허가나 건축허가를 받은 건축물의 착공을 제한하려는 경우에는 「토지이용규제 기본법」에 따라 주민의견을 청취한 후 건축위원회의 심의를 거쳐야 한다(법 제18조 제3항). ㉡ 국토교통부장관이나 특별시장·광역시장·도지사는 건축허가나 건축물의 착공을 제한하는 경우 제한 목적·기간, 대상 건축물의 용도와 대상 구역의 위치·면적·경계 등을 상세하게 정하여 허가권자에게 통보하여야 하며, 통보를 받은 허가권자는 지체 없이 이를 공고하여야 한다(법 제18조 제5항).
제한기간		건축허가나 건축물의 착공을 제한하는 경우 제한기간은 2년 이내로 한다. 다만, 1회에 한하여 1년 이내의 범위에서 제한기간을 연장할 수 있다(법 제18조 제4항).

정리 제한 보고절차

4 신고대상 건축물 및 공용건축물

(1) 건축신고 · 17회 · 22회 · 23회 · 24회 · 25회 · 29회 · 32회

① **신고대상 건축물** : 허가대상 건축물이라 하더라도 다음의 어느 하나에 해당하는 경우에는 미리 특별자치시장·특별자치도지사 또는 시장·군수·구청장에게 국토교통부령으로 정하는 바에 따라 신고를 하면 건축허가를 받은 것으로 본다(법 제14조 제1항).

> **⊕ 보충 신고대상 건축물(법 제14조 제1항, 영 제11조)**
>
> 1. 바닥면적의 합계가 85m² 이내의 증축·개축 또는 재축(단, 3층 이상 건축물인 경우에는 증축·개축 또는 재축하려는 부분의 바닥면적의 합계가 건축물 연면적의 10분의 1 이내인 경우로 한정)
> 2. 「국토의 계획 및 이용에 관한 법률」에 따른 관리지역, 농림지역 또는 자연환경보전지역에서 연면적이 200m² 미만이고 3층 미만인 건축물의 건축(단, 다음의 어느 하나에 해당하는 구역에서의 건축은 제외)
>   ① 지구단위계획구역
>   ② 「국토의 계획 및 이용에 관한 법률」에 따라 지정된 방재지구(防災地區)
>   ③ 「급경사지 재해예방에 관한 법률」에 따라 지정된 붕괴위험지역
> 3. 연면적이 200m² 미만이고 3층 미만인 건축물의 대수선
> 4. 주요구조부의 해체가 없는 등 다음의 어느 하나에 해당하는 대수선
>   ① 내력벽의 면적을 30m² 이상 수선하는 것
>   ② 기둥을 세 개 이상 수선하는 것
>   ③ 보를 세 개 이상 수선하는 것
>   ④ 지붕틀을 세 개 이상 수선하는 것
>   ⑤ 방화벽 또는 방화구획을 위한 바닥 또는 벽을 수선하는 것
>   ⑥ 주계단·피난계단 또는 특별피난계단을 수선하는 것
> 5. 그 밖에 소규모 건축물로서 다음의 어느 하나에 해당하는 건축물의 건축
>   ① 연면적의 합계가 100m² 이하인 건축물
>   ② 건축물의 높이를 3m 이하의 범위에서 증축하는 건축물
>   ③ 표준설계도서에 따라 건축하는 건축물로서 그 용도 및 규모가 주위환경이나 미관에 지장이 없다고 인정하여 건축조례로 정하는 건축물
>   ④ 「국토의 계획 및 이용에 관한 법률」에 따른 공업지역, 지구단위계획구역(산업·유통형만 해당) 및 「산업입지 및 개발에 관한 법률」에 따른 산업단지에서 건축하는 2층 이하인 건축물로서 연면적 합계 500m² 이하인 공장(제조업소 등 물품의 제조·가공을 위한 시설을 포함)
>   ⑤ 농업이나 수산업을 경영하기 위하여 읍·면지역(특별자치시장·특별자치도지사·시장·군수가 지역계획 또는 도시·군계획에 지장이 있다고 지정·공고한 구역은 제외)에서 건축하는 연면적 200m² 이하의 창고 및 연면적 400m² 이하의 축사, 작물재배사(作物栽培舍), 종묘배양시설, 화초 및 분재 등의 온실

정리 건축신고대상

면적	바닥면적 합계 85m² 이내의 증축·개축·재축
	연면적의 합계가 100m² 이하인 건축물
높이	높이 3m 이하의 증축
대수선	수선 ○	무조건 대수선
	수선 ×	연면적 200m² 미만이고 3층 미만
공장	공업지역	연면적 합계 500m² 이하로서 2층 이하
	지구단위계획구역	
	산업단지	

② **통지** : 특별자치시장·특별자치도지사 또는 시장·군수·구청장은 신고를 받은 날부터 5일 이내에 신고수리 여부 또는 민원 처리 관련 법령에 따른 처리기간의 연장 여부를 신고인에게 통지하여야 한다. 다만, 이 법 또는 다른 법령에 따라 심의, 동의, 협의, 확인 등이 필요한 경우에는 20일 이내에 통지하여야 한다(법 제14조 제3항).

③ **실효** : 신고를 한 자가 신고일부터 1년 이내에 공사에 착수하지 아니하면 그 신고의 효력은 없어진다. 다만, 건축주의 요청에 따라 허가권자가 정당한 사유가 있다고 인정하면 1년의 범위에서 착수기한을 연장할 수 있다(법 제14조 제5항).

(2) 공용건축물에 대한 특례 ·22회 ·30회

① **협 의**

　　㉠ 국가나 지방자치단체는 건축물을 건축·대수선·용도변경하거나 가설건축물을 건축하거나 공작물을 축조하려는 경우에는 대통령령으로 정하는 바에 따라 미리 건축물의 소재지를 관할하는 허가권자와 협의하여야 한다(법 제29조 제1항).

　　㉡ 국가나 지방자치단체가 건축물의 소재지를 관할하는 허가권자와 협의한 경우에는 허가를 받았거나 신고한 것으로 본다(법 제29조 제2항).

② **구분지상권 설정** : 국가나 지방자치단체가 소유한 대지의 지상 또는 지하 여유공간에 구분지상권을 설정하여 주민편의시설 등 대통령령으로 정하는 시설을 설치하고자 하는 경우 허가권자는 구분지상권자를 건축주로 보고 구분지상권이 설정된 부분을 대지로 보아 건축허가를 할 수 있다. 이 경우 구분지상권 설정의 대상 및 범위, 기간 등은 「국유재산법」 및 「공유재산 및 물품 관리법」에 적합하여야 한다(법 제29조 제4항).

> **➕보충** **주민편의시설 등 대통령령으로 정하는 시설(영 제22조 제4항)**
>
> 1. 제1종 근린생활시설
> 2. 제2종 근린생활시설(총포판매소, 장의사, 다중생활시설, 제조업소, 단란주점, 안마시술소 및 노래연습장은 제외)
> 3. 문화 및 집회시설(공연장 및 전시장으로 한정)
> 4. 의료시설
> 5. 교육연구시설
> 6. 노유자시설
> 7. 운동시설
> 8. 업무시설(오피스텔은 제외)

5 가설건축물

(1) 허가대상 가설건축물 ·21회

① 도시·군계획시설 및 도시·군계획시설예정지에서 가설건축물을 건축하려는 자는 특별자치시장·특별자치도지사 또는 시장·군수·구청장의 허가를 받아야 한다(법 제20조 제1항).

② 특별자치시장·특별자치도지사 또는 시장·군수·구청장은 해당 가설건축물의 건축이 다음의 어느 하나에 해당하는 경우가 아니면 허가를 하여야 한다(법 제20조 제2항).

> ㉠「국토의 계획 및 이용에 관한 법률」 제64조(개발행위허가)에 위배되는 경우
> ㉡ 4층 이상인 경우
> ㉢ 구조, 존치기간, 설치목적 및 다른 시설 설치 필요성 등에 관하여 대통령령으로 정하는 기준의 범위에서 조례로 정하는 바에 따르지 아니한 경우(영 제15조 제1항)
> ⓐ 철근콘크리트조(RC) 또는 철골철근콘크리트조(SRC)가 아닐 것
> ⓑ 존치기간은 3년 이내일 것. 다만, 도시·군계획사업이 시행될 때까지 그 기간을 연장할 수 있다.
> ⓒ 전기·수도·가스 등 새로운 간선 공급설비의 설치를 필요로 하지 아니할 것
> ⓓ 공동주택·판매시설·운수시설 등으로서 분양을 목적으로 건축하는 건축물이 아닐 것
> ㉣ 그 밖에 이 법 또는 다른 법령에 따른 제한규정을 위반하는 경우

(2) 신고대상 가설건축물 ·28회 ·31회

① 허가대상 가설건축물 외에 재해복구, 흥행, 전람회, 공사용 가설건축물 등 대통령령으로 정하는 용도의 가설건축물을 축조하려는 자는 대통령령으로 정하는 존치기간, 설치기준 및 절차에 따라 특별자치시장·특별자치도지사 또는 시장·군수·구청장에게 신고한 후 착공하여야 한다(법 제20조 제3항).

정리 허가대상 가설건축물

대상	기준
RC, SRC	×
존치기간 3년 이내	○
3층 이하	○
간선 공급설비 설치	×
공동주택으로 분양 목적	×
국토계획법에 적합 (개발행위허가)	○

⊕ 보충 **대통령령으로 정하는 용도의 가설건축물(영 제15조 제5항)**

1. 재해가 발생한 구역 또는 그 인접구역으로서 특별자치시장·특별자치도지사 또는 시장·군수·구청장이 지정하는 구역에서 일시사용을 위하여 건축하는 것
2. 특별자치시장·특별자치도지사 또는 시장·군수·구청장이 도시미관이나 교통소통에 지장이 없다고 인정하는 가설흥행장, 가설전람회장, 농·수·축산물 직거래용 가설점포, 그 밖에 이와 비슷한 것
3. 공사에 필요한 규모의 공사용 가설건축물 및 공작물
4. 전시를 위한 견본주택이나 그 밖에 이와 비슷한 것
5. 특별자치시장·특별자치도지사 또는 시장·군수·구청장이 도로변 등의 미관정비를 위하여 지정·공고하는 구역에서 축조하는 가설점포(물건 등의 판매를 목적으로 하는 것)로서 안전·방화 및 위생에 지장이 없는 것
6. 조립식 구조로 된 경비용으로 쓰는 가설건축물로서 연면적이 10m² 이하인 것
7. 조립식 경량구조로 된 외벽이 없는 임시 자동차 차고
8. 컨테이너 또는 이와 비슷한 것으로 된 가설건축물로서 임시사무실·임시창고 또는 임시숙소로 사용되는 것(건축물의 옥상에 축조하는 것은 제외)
9. 도시지역 중 주거지역·상업지역 또는 공업지역에 설치하는 농업·어업용 비닐하우스로서 연면적이 100m² 이상인 것
10. 연면적이 100m² 이상인 간이축사용, 가축분뇨처리용, 가축운동용, 가축의 비가림용 비닐하우스 또는 천막(벽 또는 지붕이 합성수지 재질로 된 것과 지붕 면적의 2분의 1 이하가 합성강판으로 된 것을 포함)구조 건축물
11. 농업·어업용 고정식 온실 및 간이작업장, 가축양육실
12. 물품저장용, 간이포장용, 간이수선작업용 등으로 쓰기 위하여 공장 또는 창고시설에 설치하거나 인접 대지에 설치하는 천막(벽 또는 지붕이 합성수지 재질로 된 것을 포함), 그 밖에 이와 비슷한 것
13. 유원지, 종합휴양업 사업지역 등에서 한시적인 관광·문화행사 등을 목적으로 천막 또는 경량구조로 설치하는 것
14. 야외전시시설 및 촬영시설
15. 야외흡연실 용도로 쓰는 가설건축물로서 연면적이 50m² 이하인 것
16. 그 밖에 위 1.부터 14.까지의 규정에 해당하는 것과 비슷한 것으로서 건축조례로 정하는 건축물

정리 중요 수치 신고대상

대 상	기 준
조립식 경비실	연면적 10m² 이하
농·어업용 비닐하우스(녹지지역 제외)	연면적 100m² 이상

② 신고해야 하는 가설건축물의 존치기간은 3년 이내로 하며, 존치기간의 연장이 필요한 경우에는 횟수별 3년의 범위에서 위 ①의 가설건축물별로 건축조례로 정하는 횟수만큼 존치기간을 연장할 수 있다. 다만, 공사용 가설건축물 및 공작물의 경우에는 해당 공사의 완료일까지의 기간으로 한다(영 제15조 제7항).

③ 가설건축물의 건축허가를 받거나 축조신고를 하려는 자는 국토교통부령으로 정하는 가설건축물 건축허가신청서 또는 가설건축물 축조신고서에 관계 서류를 첨부하여 특별자치시장·특별자치도지사 또는 시장·군수·구청장에게 제출하여야 한다. 다만, 건축물의 건축허가를 신청할 때 건축물의 건축에 관한 사항과 함께 공사용 가설건축물의 건축에 관한 사항을 제출한 경우에는 가설건축물 축조신고서의 제출을 생략한다(영 제15조 제8항).

(3) 가설건축물의 존치기간 연장

① 특별자치시장·특별자치도지사 또는 시장·군수·구청장은 가설건축물의 존치기간 만료일 30일 전까지 해당 가설건축물의 건축주에게 다음의 사항을 알려야 한다(영 제15조의2 제1항).

> ㉠ 존치기간 만료일
> ㉡ 존치기간 연장 가능 여부
> ㉢ 존치기간이 연장될 수 있다는 사실(공장에 설치한 가설건축물에 한정)

② 존치기간을 연장하려는 가설건축물의 건축주는 다음의 구분에 따라 특별자치시장·특별자치도지사 또는 시장·군수·구청장에게 허가를 신청하거나 신고하여야 한다(영 제15조의2 제2항).

대 상	연장기간
허가대상 가설건축물	존치기간 만료일 14일 전까지 허가신청
신고대상 가설건축물	존치기간 만료일 7일 전까지 신고

(4) 가설건축물의 관리 및 협의

① 특별자치시장·특별자치도지사 또는 시장·군수·구청장은 가설건축물의 건축을 허가하거나 축조신고를 받은 경우 국토교통부령으로 정하는 바에 따라 가설건축물대장에 이를 기재하여 관리하여야 한다(법 제20조 제6항).

② 가설건축물의 건축허가 신청 또는 축조신고를 받은 때에는 다른 법령에 따른 제한 규정에 대하여 확인이 필요한 경우 관계 행정기관의 장과 미리 협의하여야 하고, 협의 요청을 받은 관계 행정기관의 장은 요청을 받은 날부터 15일 이내에 의견을 제출하여야 한다. 이 경우 관계 행정기관의 장이 협의 요청을 받은 날부터 15일 이내에 의견을 제출하지 아니하면 협의가 이루어진 것으로 본다(법 제20조 제7항).

제2절 허가에 따른 의제사항 및 변경사항

1 허가(신고)에 따른 인·허가등의 의제사항

(1) 의제사항 · 20회 · 23회 · 25회 · 31회

건축허가를 받으면 다음의 허가 등을 받거나 신고를 한 것으로 보며, 공장
건축물의 경우에는 「산업집적활성화 및 공장설립에 관한 법률」에 따라 관
련 법률의 인·허가등이나 허가등을 받은 것으로 본다(법 제11조 제5항).

> ⊕ 보충   건축허가·신고 의제사항
>
> 1. 공사용 가설건축물의 축조신고
> 2. 공작물의 축조신고
> 3. 「국토의 계획 및 이용에 관한 법률」에 따른 개발행위허가
> 4. 「국토의 계획 및 이용에 관한 법률」에 따른 시행자의 지정과 실시계획의 인가
> 5. 「산지관리법」에 따른 산지전용허가와 산지전용신고, 산지일시사용허가·신
>   고(단, 보전산지인 경우에는 도시지역만 해당)
> 6. 「사도법」에 따른 사도(私道)개설허가
> 7. 「농지법」에 따른 농지전용허가·신고 및 협의
> 8. 「도로법」에 따른 도로관리청이 아닌 자에 대한 도로공사 시행의 허가, 도로
>   와 다른 시설의 연결 허가
> 9. 「도로법」에 따른 도로의 점용허가
> 10. 「하천법」에 따른 하천점용 등의 허가
> 11. 「하수도법」에 따른 배수설비(配水設備)의 설치신고
> 12. 「하수도법」에 따른 개인하수처리시설의 설치신고
> 13. 「수도법」에 따라 수도사업자가 지방자치단체인 경우 그 지방자치단체가 정
>   한 조례에 따른 상수도 공급신청
> 14. 「전기안전관리법」에 따른 자가용전기설비 공사계획의 인가 또는 신고
> 15. 「물환경보전법」에 따른 수질오염물질 배출시설 설치의 허가나 신고
> 16. 「대기환경보전법」에 따른 대기오염물질 배출시설설치의 허가나 신고
> 17. 「소음·진동관리법」에 따른 소음·진동 배출시설 설치의 허가나 신고
> 18. 「가축분뇨의 관리 및 이용에 관한 법률」에 따른 배출시설 설치허가나 신고
> 19. 「자연공원법」에 따른 행위허가
> 20. 「도시공원 및 녹지 등에 관한 법률」에 따른 도시공원의 점용허가
> 21. 「토양환경보전법」에 따른 특정토양오염관리대상시설의 신고
> 22. 「수산자원관리법」에 따른 행위의 허가
> 23. 「초지법」에 따른 초지전용의 허가 및 신고

(2) 협의기간(법 제11조 제6항)

① 허가권자는 위 (1)의 어느 하나에 해당하는 사항이 다른 행정기관의 권한에 속하면 그 행정기관의 장과 미리 협의하여야 하며, 협의 요청을 받은 관계 행정기관의 장은 요청을 받은 날부터 15일 이내에 의견을 제출하여야 한다.

② 관계 행정기관의 장은 처리기준이 아닌 사유를 이유로 협의를 거부할 수 없고, 협의 요청을 받은 날부터 15일 이내에 의견을 제출하지 아니하면 협의가 이루어진 것으로 본다.

2 허가와 신고사항의 변경

(1) 재허가 및 재신고 ·23회 ·31회 ·32회

건축주가 허가를 받았거나 신고한 사항을 변경하려면 변경하기 전에 다음의 구분에 따라 허가권자의 허가를 받거나 특별자치시장·특별자치도지사 또는 시장·군수·구청장에게 신고하여야 한다. 다만, 대통령령으로 정하는 경미한 사항의 변경은 그러하지 아니하다(법 제16조 제1항, 영 제12조 제1항).

추가 대통령령으로 정하는 경미한 사항의 변경
신축·증축·개축·재축·이전·대수선 또는 용도변경에 해당하지 아니하는 변경을 말한다(영 제12조 제2항).

> ① 바닥면적의 합계가 $85m^2$를 초과하는 부분에 대한 신축·증축·개축에 해당하는 변경인 경우에는 허가를 받고, 그 밖의 경우에는 신고할 것
> ② 신고로써 허가를 갈음하는 건축물에 대하여는 변경 후 건축물의 연면적을 각각 신고로써 허가를 갈음할 수 있는 규모에서 변경하는 경우에는 위 ①에도 불구하고 신고할 것
> ③ 건축주·설계자·공사시공자 또는 공사감리자를 변경하는 경우에는 신고할 것

(2) 일괄신고대상

허가나 신고사항 중 대통령령으로 정하는 사항의 변경은 사용승인을 신청할 때 허가권자에게 일괄하여 신고할 수 있다(법 제16조 제2항).

1. 건축물의 동수나 층수를 변경하지 아니하면서 변경되는 부분의 바닥면적의 합계가 50m² 이하인 경우로서 다음의 요건을 모두 갖춘 경우
   ① 변경되는 부분의 높이가 1m 이하이거나 전체 높이의 10분의 1 이하일 것
   ② 허가를 받거나 신고를 하고 건축 중인 부분의 위치 변경범위가 1m 이내일 것
   ③ 법 제14조 제1항에 따라 신고를 하면 법 제11조에 따른 건축허가를 받은 것으로 보는 규모에서 건축허가를 받아야 하는 규모로의 변경이 아닐 것
2. 건축물의 동수나 층수를 변경하지 아니하면서 변경되는 부분이 연면적 합계의 10분의 1 이하인 경우(연면적이 5천m² 이상인 건축물은 각 층의 바닥면적이 50m² 이하의 범위에서 변경되는 경우만 해당)
3. 대수선에 해당하는 경우
4. 건축물의 층수를 변경하지 아니하면서 변경되는 부분의 높이가 1m 이하이거나 전체 높이의 10분의 1 이하인 경우(단, 변경되는 부분이 위 1. 본문, 2. 본문 및 다음 5. 본문에 따른 범위의 변경인 경우만 해당)
5. 허가를 받거나 신고를 하고 건축 중인 부분의 위치가 1m 이내에서 변경되는 경우(단, 변경되는 부분이 위 1. 본문, 2. 본문 및 4. 본문에 따른 범위의 변경인 경우만 해당)

제3절 건축공사절차

1 착공신고 등

(1) 착공신고 대상

건축허가를 받거나 신고를 한 건축물의 공사를 착수하려는 건축주는 국토교통부령으로 정하는 바에 따라 허가권자에게 공사계획을 신고하여야 한다(법 제21조 제1항).

(2) 착공신고 방법

① 공사계획을 신고하거나 변경신고를 하는 경우 해당 공사감리자(공사감리자를 지정한 경우만 해당)와 공사시공자가 신고서에 함께 서명하여야 한다(법 제21조 제2항).

② 허가권자는 신고를 받은 날부터 3일 이내에 신고수리 여부 또는 민원 처리 관련 법령에 따른 처리기간의 연장 여부를 신고인에게 통지하여 야 한다(법 제21조 제3항).

③ 허가권자가 정한 기간 내에 신고수리 여부 또는 민원 처리 관련 법령에 따른 처리기간의 연장 여부를 신고인에게 통지하지 아니하면 그 기간 이 끝난 날의 다음 날에 신고를 수리한 것으로 본다(법 제21조 제4항).

④ 건축주는 「건설산업기본법」을 위반하여 건축물의 공사를 하거나 하게 할 수 없다(법 제21조 제5항).

(3) 건축공사현장 안전관리예치금 · 18회 · 30회

① 대상조건

㉠ 건축허가를 받은 자는 건축물의 건축공사를 중단하고 장기간 공사 현장을 방치할 경우 공사현장의 미관 개선과 안전관리 등 필요한 조치를 하여야 한다(법 제13조 제1항).

㉡ 허가권자는 연면적이 1천m² 이상인 건축물로서 해당 지방자치단체 의 조례로 정하는 건축물에 대하여는 착공신고를 하는 건축주(한국 토지주택공사법에 따른 한국토지주택공사 또는 지방공기업법에 따라 건 축사업을 수행하기 위하여 설립된 지방공사는 제외)에게 장기간 건축물 의 공사현장이 방치되는 것에 대비하여 미리 미관 개선과 안전관리 에 필요한 비용(대통령령으로 정하는 보증서를 포함하며, 이하 '예치금')을 건축공사비의 1%의 범위에서 예치하게 할 수 있다(법 제13조 제2항).

② 예치금 반환

㉠ 허가권자가 예치금을 반환할 때에는 대통령령으로 정하는 이율로 산정한 이자를 포함하여 반환하여야 한다. 다만, 보증서를 예치한 경우에는 그러하지 아니하다(법 제13조 제3항).

㉡ 예치금의 산정·예치 방법, 반환 등에 관하여 필요한 사항은 해당 지방자치단체의 조례로 정한다(법 제13조 제4항).

③ 개선명령 및 행정대집행

㉠ 허가권자는 공사현장이 방치되어 도시미관을 저해하고 안전을 위해 한다고 판단되면 건축허가를 받은 자에게 건축물 공사현장의 미관과 안전관리를 위한 다음의 개선을 명할 수 있다(법 제13조 제5항).

정리 건축공사 안전관리예치금
1. 대 상
  연면적 1천m² 이상 건축물
2. 예치금
  건축공사비의 1% 범위

추가 연면적 1천m² 이상 건축물
「주택도시기금법」에 따른 주택도 시보증공사가 분양보증을 한 건 축물, 「건축물의 분양에 관한 법 률」에 따른 분양보증이나 신탁계 약을 체결한 건축물은 제외한다.

ⓐ 안전울타리 설치 등 안전조치

ⓑ 공사재개 또는 해체 등 정비

ⓛ 허가권자는 개선명령을 받은 자가 개선을 하지 아니하면 「행정대집행법」으로 정하는 바에 따라 대집행을 할 수 있다. 이 경우 건축주가 예치한 예치금을 행정대집행에 필요한 비용에 사용할 수 있으며, 행정대집행에 필요한 비용이 이미 납부한 예치금보다 많을 때에는 「행정대집행법」에 따라 그 차액을 추가로 징수할 수 있다(법 제13조 제6항).

④ **고지 후 조치** : 허가권자는 방치되는 공사현장의 안전관리를 위하여 긴급한 필요가 있다고 인정하는 경우에는 착공신고 이후 건축 중에 공사가 중단된 건축물로서 공사중단기간이 2년을 경과한 경우에는 건축주에게 서면으로 알린 후 예치금을 사용하여 공사현장의 미관과 안전관리 개선을 위한 대통령령으로 정하는 조치를 할 수 있다(법 제13조 제7항).

> **참고** 대통령령으로 정하는 조치(영 제10조의2 제3항)
>
> 1. 공사현장 안전울타리의 설치
> 2. 대지 및 건축물의 붕괴 방지 조치
> 3. 공사현장의 미관 개선을 위한 조경 또는 시설물 등의 설치
> 4. 그 밖에 공사현장의 미관 개선 또는 대지 및 건축물에 대한 안전관리 개선 조치가 필요하여 건축조례로 정하는 사항

(4) 건축물 안전영향평가 · 33회

① **안전영향평가 대상** : 허가권자는 초고층 건축물 등 다음의 주요 건축물에 대하여 건축허가를 하기 전에 건축물의 구조, 지반 및 풍환경(風環境) 등이 건축물의 구조안전과 인접 대지의 안전에 미치는 영향 등을 평가하는 건축물 안전영향평가를 안전영향평가기관에 의뢰하여 실시하여야 한다(법 제13조의2 제1항, 영 제10조의3 제1항).

> ㉠ 초고층 건축물
> ㉡ 다음의 요건을 모두 충족하는 건축물
>   ⓐ 연면적(하나의 대지에 둘 이상의 건축물을 건축하는 경우에는 각각의 건축물의 연면적)이 10만m² 이상일 것
>   ⓑ 16층 이상일 것

② **안전영향평가 실시**

　㉠ 안전영향평가기관은 국토교통부장관이 「공공기관의 운영에 관한 법률」에 따른 공공기관으로서 건축 관련 업무를 수행하는 기관 중에서 지정하여 고시한다(법 제13조의2 제2항).

　㉡ 안전영향평가 결과는 건축위원회의 심의를 거쳐 확정한다. 이 경우 건축위원회의 심의를 받아야 하는 건축물은 건축위원회 심의에 안전영향평가 결과를 포함하여 심의할 수 있다(법 제13조의2 제3항).

　㉢ 안전영향평가 대상 건축물의 건축주는 건축허가 신청 시 제출하여야 하는 도서에 안전영향평가 결과를 반영하여야 하며, 건축물의 계획상 반영이 곤란하다고 판단되는 경우에는 그 근거 자료를 첨부하여 허가권자에게 건축위원회의 재심의를 요청할 수 있다(법 제13조의2 제4항).

　㉣ 안전영향평가의 검토 항목과 건축주의 안전영향평가 의뢰, 평가비용 납부 및 처리절차 등 그 밖에 필요한 사항은 대통령령으로 정한다(법 제13조의2 제5항).

　㉤ 허가권자는 심의 결과 및 안전영향평가 내용을 국토교통부령으로 정하는 방법에 따라 즉시 공개하여야 한다(법 제13조의2 제6항).

　㉥ 안전영향평가를 실시하여야 하는 건축물이 다른 법률에 따라 구조안전과 인접 대지의 안전에 미치는 영향 등을 평가받은 경우에는 안전영향평가의 해당 항목을 평가받은 것으로 본다(법 제13조의2 제7항).

2 건축시공

(1) 공사시공자의 업무

① 공사시공자는 계약대로 성실하게 공사를 수행하여야 하며, 이 법과 이 법에 따른 명령이나 처분, 그 밖의 관계 법령에 맞게 건축물을 건축하여 건축주에게 인도하여야 한다(법 제24조 제1항).

② 공사시공자는 건축물(건축허가나 용도변경허가 대상인 것만 해당)의 공사현장에 설계도서를 갖추어 두어야 한다(법 제24조 제2항).

③ 공사시공자는 공사를 하는 데에 필요하다고 인정하거나 공사감리자로부터 상세시공도면을 작성하도록 요청을 받으면 상세시공도면을 작성하여 공사감리자의 확인을 받아야 하며, 이에 따라 공사를 하여야 한다(법 제24조 제4항).

④ 공사시공자는 건축허가나 용도변경허가가 필요한 건축물의 건축공사를 착수한 경우에는 해당 건축공사의 현장에 국토교통부령으로 정하는 바에 따라 건축허가 표지판을 설치하여야 한다(법 제24조 제5항).

⑤ 공동주택, 종합병원, 관광숙박시설 등 대통령령으로 정하는 용도 및 규모의 건축물의 공사시공자는 건축주, 공사감리자 및 허가권자가 설계도서에 따라 적정하게 공사되었는지를 확인할 수 있도록 공사의 공정이 대통령령으로 정하는 진도에 다다른 때마다 사진 및 동영상을 촬영하고 보관하여야 한다. 이 경우 촬영 및 보관 등 그 밖에 필요한 사항은 국토교통부령으로 정한다(법 제24조 제7항).

(2) 설계변경의 요청

공사시공자는 설계도서가 이 법과 이 법에 따른 명령이나 처분, 그 밖의 관계 법령에 맞지 아니하거나 공사의 여건상 불합리하다고 인정되면 건축주와 공사감리자의 동의를 받아 서면으로 설계자에게 설계를 변경하도록 요청할 수 있다. 이 경우 설계자는 정당한 사유가 없으면 요청에 따라야 한다(법 제24조 제3항).

(3) 설계와 시공의 허용오차

대지의 측량(공간정보의 구축 및 관리 등에 관한 법률에 따른 지적측량은 제외)이나 건축물의 건축 과정에서 부득이하게 발생하는 오차는 이 법을 적용할 때 국토교통부령으로 정하는 범위에서 허용한다(법 제26조).

추가 **현장관리인 지정**
건축물의 건축주는 공사현장의 공정 및 안전을 관리하기 위하여 건설기술인 1명을 현장관리인으로 지정하여야 한다. 이 경우 현장관리인은 국토교통부령으로 정하는 바에 따라 공정 및 안전 관리 업무를 수행하여야 하며, 건축주의 승낙을 받지 아니하고는 정당한 사유 없이 그 공사 현장을 이탈하여서는 아니 된다(법 제24조 제6항).

PART 4

02 건축물의 건축

① **대지 관련 건축기준의 허용오차**(규칙 제20조 [별표 5])

항 목	허용되는 오차의 범위
건축선의 후퇴거리	3% 이내
인접대지경계선과의 거리	3% 이내
인접건축물과의 거리	3% 이내
건폐율	0.5% 이내(건축면적 5m²를 초과할 수 없다)
용적률	1% 이내(연면적 30m²를 초과할 수 없다)

② **건축물 관련 건축기준의 허용오차**(규칙 제20조 [별표 5])

항 목	허용되는 오차의 범위
건축물 높이	2% 이내(1m를 초과할 수 없다)
평면 길이	2% 이내(건축물 전체 길이는 1m를 초과할 수 없고, 벽으로 구획된 각 실의 경우에는 10cm를 초과할 수 없다)
출구 너비	2% 이내
반자 높이	2% 이내
벽체 두께	3% 이내
바닥판 두께	3% 이내

3 건축물의 공사감리

(1) 공사감리자의 지정

① **원칙** : 건축주는 대통령령으로 정하는 용도·규모 및 구조의 건축물을 건축하는 경우 건축사나 대통령령으로 정하는 자를 공사감리자(공사시공자 본인 및 독점규제 및 공정거래에 관한 법률에 따른 계열회사는 제외)로 지정하여 공사감리를 하게 하여야 한다(법 제25조 제1항, 영 제19조 제1항).

감리자	대상 건축물
건축사	⊙ 건축허가를 받아야 하는 건축물(건축신고대상 건축물은 제외)을 건축하는 경우 ⓒ 건축물을 리모델링하는 경우
건설엔지니어링사업자 또는 건축사	다중이용 건축물을 건축하는 경우

추가 다중이용 건축물을 건축하는 경우
1. 건설엔지니어링사업자 : 공사시공자 본인이거나 「독점규제 및 공정거래에 관한 법률」에 따른 계열회사인 건설엔지니어링사업자는 제외
2. 건축사 : 건설사업관리기술인을 배치하는 경우만 해당

② **예외** : 위 ①에도 불구하고 「건설산업기본법」 제41조 제1항 각 호에 해당하지 아니하는 소규모 건축물로서 건축주가 직접 시공하는 건축물 및 주택으로 사용하는 건축물 중 대통령령으로 정하는 건축물의 경우에는 대통령령으로 정하는 바에 따라 허가권자가 해당 건축물의 설계에 참여하지 아니한 자 중에서 공사감리자를 지정하여야 한다. 다만, 다음의 어느 하나에 해당하는 건축물의 건축주가 국토교통부령으로 정하는 바에 따라 허가권자에게 신청하는 경우에는 해당 건축물을 설계한 자를 공사감리자로 지정할 수 있다(법 제25조 제2항).

> ㉠ 「건설기술 진흥법」에 따른 신기술 중 대통령령으로 정하는 신기술을 보유한 자가 그 신기술을 적용하여 설계한 건축물
> ㉡ 「건축서비스산업 진흥법」에 따른 역량 있는 건축사로서 대통령령으로 정하는 건축사가 설계한 건축물
> ㉢ 설계공모를 통하여 설계한 건축물

(2) 공사감리자의 업무(영 제19조 제9항)

① 공사시공자가 설계도서에 따라 적합하게 시공하는지 여부의 확인

② 공사시공자가 사용하는 건축자재가 관계 법령에 따른 기준에 적합한 건축자재인지 여부의 확인

③ 그 밖에 공사감리에 관한 사항으로서 국토교통부령으로 정하는 사항

(3) 건축사보의 상주감리(영 제19조 제5항)

① 공사감리자는 수시로 또는 필요할 때 공사현장에서 감리업무를 수행해야 하며, 다음의 건축공사를 감리하는 경우에는 「건축사법」에 따른 건축사보 중 건축 분야의 건축사보 한 명 이상을 전체 공사기간 동안, 토목·전기 또는 기계 분야의 건축사보 한 명 이상을 각 분야별 해당 공사기간 동안 각각 공사현장에서 감리업무를 수행하게 해야 한다.

> ㉠ 바닥면적의 합계가 5천m² 이상인 건축공사(단, 축사 또는 작물재배사의 건축공사는 제외)
> ㉡ 연속된 5개 층(지하층을 포함) 이상으로서 바닥면적의 합계가 3천m² 이상인 건축공사
> ㉢ 아파트 건축공사
> ㉣ 준다중이용 건축물 건축공사

02 건축물의 건축

추가 「건축사법」의 건축사보
「기술사법」에 따른 기술사사무소 또는 「건축사법」의 건설엔지니어링사업자 등에 소속되어 있는 사람으로서 「국가기술자격법」에 따른 해당 분야 기술계 자격을 취득한 사람과 「건설기술 진흥법 시행령」에 따른 건설사업관리를 수행할 자격이 있는 사람을 포함한다.

② 건축사보는 해당 분야의 건축공사의 설계·시공·시험·검사·공사감독 또는 감리업무 등에 2년 이상 종사한 경력이 있는 사람이어야 한다.

(4) 위반사항 발견 시 조치사항

① 공사감리자는 공사감리를 할 때 이 법과 이 법에 따른 명령이나 처분, 그 밖의 관계 법령에 위반된 사항을 발견하거나 공사시공자가 설계도서대로 공사를 하지 아니하면 이를 건축주에게 알린 후 공사시공자에게 시정하거나 재시공하도록 요청하여야 하며, 공사시공자가 시정이나 재시공 요청에 따르지 아니하면 서면으로 그 건축공사를 중지하도록 요청할 수 있다. 이 경우 공사중지를 요청받은 공사시공자는 정당한 사유가 없으면 즉시 공사를 중지하여야 한다(법 제25조 제3항).

② 공사감리자는 공사시공자가 시정이나 재시공 요청을 받은 후 이에 따르지 아니하거나 공사중지 요청을 받고도 공사를 계속하면 국토교통부령으로 정하는 바에 따라 이를 허가권자에게 보고하여야 한다(법 제25조 제4항).

③ 건축주나 공사시공자는 위반사항에 대한 시정이나 재시공을 요청하거나 위반사항을 허가권자에게 보고한 공사감리자에게 이를 이유로 공사감리자의 지정을 취소하거나 보수의 지급을 거부하거나 지연시키는 등 불이익을 주어서는 아니 된다(법 제25조 제7항).

(5) 상세시공도면의 작성요청 ·31회

연면적의 합계가 5천m² 이상인 건축공사의 공사감리자는 필요하다고 인정하면 공사시공자에게 상세시공도면을 작성하도록 요청할 수 있다(법 제25조 제5항, 영 제19조 제4항).

(6) 감리보고서 작성(법 제25조 제6항)

① 공사감리자는 국토교통부령으로 정하는 바에 따라 감리일지를 기록·유지하여야 하고, 공사의 공정(工程)이 대통령령으로 정하는 진도에 다다른 경우에는 감리중간보고서를, 공사를 완료한 경우에는 감리완료보고서를 국토교통부령으로 정하는 바에 따라 각각 작성하여 건축주에게 제출하여야 한다.

② 건축주는 감리중간보고서는 제출받은 때, 감리완료보고서는 건축물의 사용승인을 신청할 때 허가권자에게 제출하여야 한다.

(7) 감리비용

① 건축주가 공사감리자를 지정하거나 허가권자가 공사감리자를 지정하는 건축물의 건축주는 착공신고를 하는 때에 감리비용이 명시된 감리계약서를 허가권자에게 제출하여야 하고, 사용승인을 신청하는 때에는 감리용역 계약내용에 따라 감리비용을 지급하여야 한다. 이 경우 허가권자는 감리계약서에 따라 감리비용이 지급되었는지를 확인한 후 사용승인을 하여야 한다(법 제25조 제11항).

② 허가권자는 허가권자가 공사감리자를 지정하는 경우의 감리비용에 관한 기준을 해당 지방자치단체의 조례로 정할 수 있다(법 제25조 제14항).

제4절 사용승인 및 용도변경

1 사용승인 ·20회

(1) 사용승인 신청

건축주가 허가를 받았거나 신고를 한 건축물의 건축공사를 완료(하나의 대지에 둘 이상의 건축물을 건축하는 경우 동별 공사를 완료한 경우를 포함)한 후 그 건축물을 사용하려면 공사감리자가 작성한 감리완료보고서(공사감리자를 지정한 경우만 해당)와 국토교통부령으로 정하는 공사완료도서를 첨부하여 허가권자에게 사용승인을 신청하여야 한다(법 제22조 제1항).

(2) 사용승인서의 교부

허가권자는 사용승인신청을 받은 경우 그 신청서를 받은 날부터 7일 이내에 다음의 사항에 대한 검사를 실시하고, 검사에 합격된 건축물에 대하여는 사용승인서를 내주어야 한다. 다만, 해당 지방자치단체의 조례로 정하는 건축물은 사용승인을 위한 검사를 실시하지 아니하고 사용승인서를 내줄 수 있다(법 제22조 제2항, 규칙 제16조 제3항).

① 사용승인을 신청한 건축물이 이 법에 따라 허가 또는 신고한 설계도서대로 시공되었는지의 여부
② 감리완료보고서, 공사완료도서 등의 서류 및 도서가 적합하게 작성되었는지의 여부

(3) 임시사용승인

신 청	건축주는 사용승인서를 받기 전에 공사가 완료된 부분에 대한 임시사용의 승인을 받으려는 경우에는 국토교통부령으로 정하는 바에 따라 임시사용승인신청서를 허가권자에게 제출(전자문서에 의한 제출을 포함)하여야 한다(영 제17조 제2항).
조건부 승인	허가권자는 신청서를 접수한 경우에는 공사가 완료된 부분이 기준에 적합한 경우에만 임시사용을 승인할 수 있으며, 식수 등 조경에 필요한 조치를 하기에 부적합한 시기에 건축공사가 완료된 건축물은 허가권자가 지정하는 시기까지 식수(植樹) 등 조경에 필요한 조치를 할 것을 조건으로 임시사용을 승인할 수 있다(영 제17조 제3항).
승인기간	임시사용승인의 기간은 2년 이내로 한다. 다만, 허가권자는 대형 건축물 또는 암반공사 등으로 인하여 공사기간이 긴 건축물에 대하여는 그 기간을 연장할 수 있다(영 제17조 제4항).

(4) 건축물의 사용

건축주는 사용승인을 받은 후가 아니면 건축물을 사용하거나 사용하게 할수 없다. 다만, 다음의 어느 하나에 해당하는 경우에는 그러하지 아니하다(법 제22조 제3항).

① 허가권자가 법령이 정한 기간 내에 사용승인서를 교부하지 아니한 경우
② 사용승인서를 교부받기 전에 공사가 완료된 부분이 건폐율, 용적률, 설비, 피난·방화 등 국토교통부령으로 정하는 기준에 적합한 경우로서 기간을 정하여 대통령령으로 정하는 바에 따라 임시로 사용의 승인을 한 경우

추가 법령이 정한 기간 내
사용승인신청을 받은 경우 그 신청서를 받은 날부터 7일 이내

(5) 사용승인의 효과

건축주가 사용승인을 받은 경우에는 다음에 따른 사용승인·준공검사 또는 등록신청 등을 받거나 한 것으로 보며, 공장건축물의 경우에는 「산업집적활성화 및 공장설립에 관한 법률」에 따라 관련 법률의 검사 등을 받은 것으로 본다(법 제22조 제4항).

① 「하수도법」에 따른 배수설비(排水設備)의 준공검사 및 개인하수처리시설의 준공검사
② 「공간정보의 구축 및 관리 등에 관한 법률」에 따른 지적공부(地籍公簿)의 변동사항 등록신청
③ 「승강기 안전관리법」에 따른 승강기 설치검사
④ 「에너지이용 합리화법」에 따른 보일러 설치검사
⑤ 「전기안전관리법」에 따른 전기설비의 사용전검사

⑥ 「정보통신공사업법」에 따른 정보통신공사의 사용전검사

⑦ 「도로법」에 따른 도로점용 공사의 준공확인

⑧ 「국토의 계획 및 이용에 관한 법률」에 따른 개발행위의 준공검사

⑨ 「국토의 계획 및 이용에 관한 법률」에 따른 도시·군계획시설사업의 준공검사

⑩ 「물환경보전법」에 따른 수질오염물질 배출시설의 가동개시의 신고

⑪ 「대기환경보전법」에 따른 대기오염물질 배출시설의 가동개시의 신고

2 용도변경 · 17회 · 20회 · 22회 · 23회 · 24회 · 25회 · 29회 · 31회 · 34회

(1) 용도변경의 목적

① 용도변경이란 사용승인을 받은 건축물의 용도를 필요에 의하여 다른 용도로 변경하는 행위를 말한다.

② 건축물의 용도변경은 변경하려는 용도의 건축기준에 맞게 하여야 한다 (법 제19조 제1항).

(2) 건축물 용도변경과 관련한 시설군(施設群)과 세부용도(영 제14조 제5항)

시설군	건축물의 세부용도	허 가	신 고
① 자동차 관련 시설군	자동차 관련 시설		
② 산업 등 시설군	공장 / 위험물저장 및 처리시설 / 자원순환 관련 시설 / 운수시설 / 창고시설 / 묘지 관련 시설 / 장례시설		
③ 전기통신시설군	방송통신시설 / 발전시설		
④ 문화 및 집회시설군	문화 및 집회시설 / 종교시설 / 위락시설 / 관광휴게시설		
⑤ 영업시설군	운동시설 / 판매시설 / 제2종 근린생활시설 중 다중생활시설 / 숙박시설		
⑥ 교육 및 복지시설군	노유자시설 / 의료시설 / 교육연구시설 / 수련시설 / 야영장시설		
⑦ 근린생활시설군	제1종 근린생활시설 / 제2종 근린생활시설(다중생활시설은 제외)		
⑧ 주거업무시설군	단독주택 / 공동주택 / 업무시설 / 교정시설 / 국방·군사시설		
⑨ 그 밖의 시설군	동물 및 식물 관련 시설		

정리 상위군

각 용도별 번호가 용도변경하려는 건축물이 속하는 시설군보다 작은 시설군을 말한다.

정리 하위군

각 용도별 번호가 용도변경하려는 건축물이 속하는 시설군보다 큰 시설군을 말한다.

(3) 용도변경에 따른 대상

사용승인을 받은 건축물의 용도를 변경하려는 자는 다음의 구분에 따라 국토교통부령으로 정하는 바에 따라 특별자치시장·특별자치도지사 또는 시장·군수·구청장의 허가를 받거나 신고 또는 건축물대장 기재내용의 변경을 신청하여야 한다(법 제19조 제2항·제3항).

허가대상		각 시설군에 속하는 건축물의 용도를 상위군에 해당하는 용도로 변경하는 경우
신고대상		각 시설군에 속하는 건축물의 용도를 하위군에 해당하는 용도로 변경하는 경우
건축물대장 기재내용 변경신청 대상	변경신청 ○	같은 시설군 안에서 용도를 변경하려는 자
	변경신청 ✕	① 같은 시설군 중 같은 용도에 속하는 건축물 상호 간의 용도변경 ② 「국토의 계획 및 이용에 관한 법률」이나 그 밖의 관계 법령에서 정하는 용도제한에 적합한 범위에서 제1종 근린생활시설과 제2종 근린생활시설 상호 간의 용도변경

(4) 용도변경 시 건축기준의 준용

① **사용승인** : 허가나 신고 대상인 경우로서 용도변경하려는 부분의 바닥면적의 합계가 $100m^2$ 이상인 경우의 사용승인에 관하여는 건축물의 사용승인에 관한 규정(법 제22조)을 준용한다. 다만, 용도변경하려는 부분의 바닥면적의 합계가 $500m^2$ 미만으로서 대수선에 해당되는 공사를 수반하지 아니하는 경우에는 그러하지 아니하다(법 제19조 제5항).

② **건축사 설계** : 허가대상인 경우로서 용도변경하려는 부분의 바닥면적의 합계가 $500m^2$ 이상인 용도변경(대통령령으로 정하는 경우는 제외)의 설계에 관하여는 건축사가 설계를 하여야 하는 규정(법 제23조)을 준용한다(법 제19조 제6항).

(5) 복수 용도의 인정(법 제19조의2)

① 건축주는 건축물의 용도를 복수로 하여 건축허가, 건축신고 및 용도변경 허가·신고 또는 건축물대장 기재내용의 변경신청을 할 수 있다.

② 허가권자는 신청한 복수의 용도가 이 법 및 관계 법령에서 정한 건축기준과 입지기준 등에 모두 적합한 경우에 한정하여 국토교통부령으로 정하는 바에 따라 복수 용도를 허용할 수 있다.

3 건축행정 등

(1) 건축행정 전산화(법 제31조)

① 국토교통부장관은 이 법에 따른 건축행정 관련 업무를 전산처리하기 위하여 종합적인 계획을 수립·시행할 수 있다.

② 허가권자는 신청서, 신고서, 첨부서류, 통지, 보고 등을 디스켓, 디스크 또는 정보통신망 등으로 제출하게 할 수 있다.

(2) 건축허가 업무 등의 전산처리 등

① 허가권자는 건축허가 업무 등의 효율적인 처리를 위하여 국토교통부령으로 정하는 바에 따라 전자정보처리시스템을 이용하여 이 법에 규정된 업무를 처리할 수 있다(법 제32조 제1항).

② 전자정보처리시스템에 따라 처리된 자료(이하 '전산자료')를 이용하려는 자는 대통령령으로 정하는 바에 따라 관계 중앙행정기관의 장의 심사를 거쳐 다음의 구분에 따라 국토교통부장관, 시·도지사 또는 시장·군수·구청장의 승인을 받아야 한다. 다만, 지방자치단체의 장이 승인을 신청하는 경우에는 관계 중앙행정기관의 장의 심사를 받지 아니한다(법 제32조 제2항).

전산자료	승인권자
전국 단위의 전산자료	국토교통부장관
시·도(특별시·광역시·특별자치시·도·특별자치도) 단위의 전산자료	시·도지사
시·군 또는 구(자치구) 단위의 전산자료	시장·군수·구청장

③ 국토교통부장관, 시·도지사 또는 시장·군수·구청장이 위 ②에 따른 승인신청을 받은 경우에는 건축허가 업무 등의 효율적인 처리에 지장이 없고 대통령령으로 정하는 건축주 등의 개인정보 보호기준을 위반하지 아니한다고 인정되는 경우에만 승인할 수 있다. 이 경우 용도를 한정하여 승인할 수 있다(법 제32조 제3항).

> **추가** 소유 정보 신청
> 건축물의 소유자가 본인 소유의 건축물에 대한 소유 정보를 신청하거나 건축물의 소유자가 사망하여 그 상속인이 피상속인의 건축물에 대한 소유 정보를 신청하는 경우에는 승인 및 심사를 받지 아니할 수 있다(법 제32조 제4항).

4 건축물의 유지와 관리

(1) 건축지도원

① **건축지도원 지정** : 특별자치시장·특별자치도지사 또는 시장·군수·구청장은 이 법 또는 이 법에 따른 명령이나 처분에 위반되는 건축물의 발생을 예방하고 건축물을 적법하게 유지·관리하도록 지도하기 위하여 대통령령으로 정하는 바에 따라 건축지도원을 지정할 수 있다(법 제37조 제1항).

② **건축지도원의 업무**(영 제24조 제2항)

　㉠ 건축신고를 하고 건축 중에 있는 건축물의 시공 지도와 위법 시공 여부의 확인·지도 및 단속

　㉡ 건축물의 대지, 높이 및 형태, 구조 안전 및 화재 안전, 건축설비 등이 법령 등에 적합하게 유지·관리되고 있는지의 확인·지도 및 단속

　㉢ 허가를 받지 아니하거나 신고를 하지 아니하고 건축하거나 용도변경한 건축물의 단속

(2) 건축물대장 · 32회

① 특별자치시장·특별자치도지사 또는 시장·군수·구청장은 건축물의 소유·이용 및 유지·관리 상태를 확인하거나 건축정책의 기초 자료로 활용하기 위하여 다음의 어느 하나에 해당하면 건축물대장에 건축물과 그 대지의 현황 및 국토교통부령으로 정하는 건축물의 구조내력(構造耐力)에 관한 정보를 적어서 보관하고 이를 지속적으로 정비하여야 한다(법 제38조 제1항, 영 제25조).

> ㉠ 사용승인서를 내준 경우
> ㉡ 건축허가대상 건축물(신고대상 건축물을 포함) 외의 건축물의 공사를 끝낸 후 기재를 요청한 경우
> ㉢ 「집합건물의 소유 및 관리에 관한 법률」에 따른 건축물대장의 신규등록 및 변경등록의 신청이 있는 경우
> ㉣ 법 시행일 전에 법령등에 적합하게 건축되고 유지·관리된 건축물의 소유자가 그 건축물의 건축물관리대장이나 그 밖에 이와 비슷한 공부(公簿)를 건축물대장에 옮겨 적을 것을 신청한 경우

추가 대통령령으로 정하는 건축지도원의 지정

건축지도원은 특별자치시장·특별자치도지사 또는 시장·군수·구청장이 특별자치시·특별자치도 또는 시·군·구에 근무하는 건축직렬의 공무원과 건축에 관한 학식이 풍부한 자로서 건축조례로 정하는 자격을 갖춘 자 중에서 지정한다(영 제24조 제1항).

② 특별자치시장·특별자치도지사 또는 시장·군수·구청장은 건축물대장의 작성·보관 및 정비를 위하여 필요한 자료나 정보의 제공을 중앙행정기관의 장 또는 지방자치단체의 장에게 요청할 수 있다. 이 경우 자료나 정보의 제공을 요청받은 기관의 장은 특별한 사유가 없으면 그 요청에 따라야 한다(법 제38조 제2항).

(3) 등기촉탁 · 16회

특별자치시장·특별자치도지사 또는 시장·군수·구청장은 다음의 어느 하나에 해당하는 사유로 건축물대장의 기재 내용이 변경되는 경우(다음 ②의 경우 신규등록은 제외) 관할 등기소에 그 등기를 촉탁하여야 한다. 이 경우 다음 ①과 ④의 등기촉탁은 지방자치단체가 자기를 위하여 하는 등기로 본다(법 제39조 제1항).

① 지번이나 행정구역의 명칭이 변경된 경우
② 사용승인을 받은 건축물로서 사용승인 내용 중 건축물의 면적·구조·용도 및 층수가 변경된 경우
③ 「건축물관리법」에 따라 건축물을 해체한 경우
④ 「건축물관리법」에 따른 건축물의 멸실 후 멸실신고를 한 경우

기출&예상 문제

甲은 A도 B군에서 숙박시설로 사용승인을 받은 바닥면적의 합계가 3천㎡인 건축물의 용도를 변경하려고 한다. 건축법령상 이에 관한 설명으로 틀린 것은?

· 31회

① 의료시설로 용도를 변경하려는 경우에는 용도변경 신고를 하여야 한다.
② 종교시설로 용도를 변경하려는 경우에는 용도변경 허가를 받아야 한다.
③ 甲이 바닥면적의 합계 1천㎡의 부분에 대해서만 업무시설로 용도를 변경하는 경우에는 사용승인을 받지 않아도 된다.
④ A도지사는 도시·군계획에 특히 필요하다고 인정하면 B군수의 용도변경 허가를 제한할 수 있다.
⑤ B군수는 甲이 판매시설과 위락시설의 복수 용도로 용도변경 신청을 한 경우 지방건축위원회의 심의를 거쳐 이를 허용할 수 있다.

해설 신고대상 중 바닥면적의 합계가 100㎡ 이상은 사용승인에 관한 규정을 적용하게 되므로 甲이 바닥면적의 합계 1천㎡의 부분에 대해서만 숙박시설에서 업무시설로 용도를 변경하는 경우에도 신고대상이므로 사용승인을 받아야 된다.

정답 ③

03 | 건축물의 대지와 도로

❚ 10개년 출제문항 수

25회	26회	27회	28회	29회
2	1	2		

30회	31회	32회	33회	34회
	1			2

└→ 총 40문제 中 평균 약 0.8문제 출제

❚ 학습전략

이 CHAPTER는 대지, 조경, 공개공지등의 확보, 도로, 건축선의 내용으로 구성되어 있습니다. 매년 1문제 정도가 출제되고 있으며, 특히 대지의 조경과 공개공지등의 확보에서 많이 출제되고 있으므로 그 내용을 중심으로 학습하여야 합니다.

제1절 ┃ 대지 및 공개공지등

1 건축물의 대지

(1) 대지의 안전 등(법 제40조) ·22회 ·23회 ·25회

① **대지의 높이** : 대지는 인접한 도로면보다 낮아서는 아니 된다. 다만, 대지의 배수에 지장이 없거나 건축물의 용도상 방습(防濕)의 필요가 없는 경우에는 인접한 도로면보다 낮아도 된다.

② **지반개량** : 습한 토지, 물이 나올 우려가 많은 토지, 쓰레기, 그 밖에 이와 유사한 것으로 매립된 토지에 건축물을 건축하는 경우에는 성토(盛土), 지반 개량 등 필요한 조치를 하여야 한다.

③ **배수시설** : 대지에는 빗물과 오수를 배출하거나 처리하기 위하여 필요한 하수관, 하수구, 저수탱크, 그 밖에 이와 유사한 시설을 하여야 한다.

④ **옹벽설치** : 손궤(損潰 : 무너져 내림)의 우려가 있는 토지에 대지를 조성하려면 국토교통부령으로 정하는 바에 따라 옹벽을 설치하거나 그 밖에 필요한 조치를 하여야 한다.

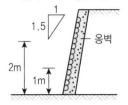
(2) 대지의 조경(법 제42조 제1항) • 22회 • 23회 • 25회 • 27회 • 31회

① **원칙** : 면적이 200m² 이상인 대지에 건축을 하는 건축주는 용도지역 및 건축물의 규모에 따라 해당 지방자치단체의 조례로 정하는 기준에 따라 대지에 조경이나 그 밖에 필요한 조치를 하여야 한다.

② **예외** : 조경이 필요하지 아니한 건축물로서 대통령령으로 정하는 건축물에 대하여는 조경 등의 조치를 하지 아니할 수 있다.

PART 4

03 건축물의 대지와 도로

10. 다음의 어느 하나에 해당하는 건축물 중 건축조례로 정하는 건축물
　　① 「관광진흥법」에 따른 관광지 또는 관광단지에 설치하는 관광시설
　　② 「관광진흥법 시행령」에 따른 전문휴양업의 시설 또는 종합휴양업의 시설
　　③ 「국토의 계획 및 이용에 관한 법률 시행령」에 따른 관광·휴양형 지구단
　　　위계획구역에 설치하는 관광시설
　　④ 「체육시설의 설치·이용에 관한 법률 시행령」에 따른 골프장

(3) 옥상 조경(영 제27조 제3항)

① 건축물의 옥상에 국토교통부장관이 고시하는 기준에 따라 조경이나 그 밖에 필요한 조치를 하는 경우에는 옥상부분 조경면적의 3분의 2에 해당하는 면적을 대지의 조경면적으로 산정할 수 있다.

② 조경면적으로 산정하는 면적은 조경면적의 100분의 50을 초과할 수 없다.

2 공개공지등의 확보 ·22회 ·23회 ·24회 ·25회 ·26회 ·27회 ·34회

(1) 설치대상 지역

다음의 어느 하나에 해당하는 지역의 환경을 쾌적하게 조성하기 위하여 대통령령으로 정하는 용도와 규모의 건축물은 일반이 사용할 수 있도록 대통령령으로 정하는 기준에 따라 소규모 휴식시설 등의 공개공지(空地 : 공터) 또는 공개공간(이하 '공개공지등')을 설치하여야 한다(법 제43조 제1항).

① 일반주거지역, 준주거지역
② 상업지역
③ 준공업지역
④ 특별자치시장·특별자치도지사 또는 시장·군수·구청장이 도시화의 가능성이 크거나 노후 산업단지의 정비가 필요하다고 인정하여 지정·공고하는 지역

(2) 설치대상 건축물

다음의 어느 하나에 해당하는 건축물의 대지에는 공개공지등을 설치해야 한다. 이 경우 공개공지는 필로티의 구조로 설치할 수 있다(영 제27조의2 제1항).

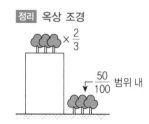

정리 옥상 조경

$\times \dfrac{2}{3}$

$\dfrac{50}{100}$ 범위 내

정리 공개공지등

소규모 휴식시설 등 공개공지 또는 공개공간

① 문화 및 집회시설, 종교시설, 판매시설(농수산물 유통 및 가격안정에 관한 법률에 따른 농수산물유통시설은 제외), 운수시설(여객용 시설만 해당), 업무시설 및 숙박시설로서 해당 용도로 쓰는 바닥면적의 합계가 5천m² 이상인 건축물

② 그 밖에 다중이 이용하는 시설로서 건축조례로 정하는 건축물

(3) 설치면적 및 기준

설치면적	공개공지등의 면적은 대지면적의 100분의 10 이하의 범위에서 건축조례로 정한다. 이 경우 조경면적과 「매장문화재 보호 및 조사에 관한 법률」에 따른 매장문화재의 현지보존 조치 면적을 공개공지등의 면적으로 할 수 있다(영 제27조의2 제2항).
설치기준	공개공지등을 설치할 때에는 모든 사람들이 환경친화적으로 편리하게 이용할 수 있도록 긴 의자 또는 조경시설 등 건축조례로 정하는 시설을 설치해야 한다(영 제27조의2 제3항).

(4) 기준의 완화적용

① 건축물에 공개공지등을 설치하는 경우에는 법 제43조 제2항(건축물의 건폐율·용적률·높이제한의 완화)에 따라 다음의 범위에서 대지면적에 대한 공개공지등 면적 비율에 따라 법 제56조(용적률) 및 제60조(건축물의 높이제한)를 완화하여 적용한다. 다만, 다음의 범위에서 건축조례로 정한 기준이 완화 비율보다 큰 경우에는 해당 건축조례로 정하는 바에 따른다(영 제27조의2 제4항).

정리 완화적용범위

1. 「건축법」
건폐율, 용적률, 건축물 높이제한

2. 시행령
용적률, 건축물 높이제한

> ㉠ 건축물의 용적률은 해당 지역에 적용하는 용적률의 1.2배 이하
> ㉡ 건축물의 높이제한은 해당 건축물에 적용하는 높이기준의 1.2배 이하

② 공개공지등의 설치대상이 아닌 건축물(주택법에 따른 사업계획승인 대상인 공동주택 중 주택 외의 시설과 주택을 동일 건축물로 건축하는 것 외의 공동주택은 제외)의 대지에 법 제43조 제4항, 이 조 제2항 및 제3항에 적합한 공개공지를 설치하는 경우에는 건축기준 완화규정을 준용한다(영 제27조의2 제5항).

(5) 공개공지등의 활용

공개공지등에는 연간 60일 이내의 기간 동안 건축조례로 정하는 바에 따라 주민들을 위한 문화행사를 열거나 판촉활동을 할 수 있다. 다만, 울타리를 설치하는 등 공중이 해당 공개공지등을 이용하는 데 지장을 주는 행위를 해서는 아니 된다(영 제27조의2 제6항).

1 도 로

(1) 도로*의 지정·폐지 또는 변경(법 제45조)

① 허가권자는 도로의 위치를 지정·공고하려면 국토교통부령으로 정하는 바에 따라 그 도로에 대한 이해관계인의 동의를 받아야 한다. 다만, 다음의 어느 하나에 해당하면 이해관계인의 동의를 받지 아니하고 건축위원회의 심의를 거쳐 도로를 지정할 수 있다.

> ㉠ 허가권자가 이해관계인이 해외에 거주하는 등의 사유로 이해관계인의 동의를 받기가 곤란하다고 인정하는 경우
> ㉡ 주민이 오랫동안 통행로로 이용하고 있는 사실상의 통로로서 해당 지방자치단체의 조례로 정하는 것인 경우

② 허가권자는 위 ①에 따라 지정한 도로를 폐지하거나 변경하려면 그 도로에 대한 이해관계인의 동의를 받아야 한다. 그 도로에 편입된 토지의 소유자, 건축주 등이 허가권자에게 위 ①에 따라 지정된 도로의 폐지나 변경을 신청하는 경우에도 또한 같다.

③ 허가권자는 도로를 지정하거나 변경하면 국토교통부령으로 정하는 바에 따라 도로관리대장에 이를 적어서 관리하여야 한다.

(2) 대지와 도로의 관계 ·22회 ·23회 ·25회

원 칙	일반	건축물의 대지는 2m 이상이 도로(자동차만의 통행에 사용되는 도로는 제외)에 접하여야 한다(법 제44조 제1항 본문).
	강화	연면적의 합계가 2천m²(공장인 경우에는 3천m²) 이상인 건축물의 대지는 너비 6m 이상의 도로에 4m 이상 접하여야 한다(영 제28조 제2항).
예 외		다음의 어느 하나에 해당하면 그러하지 아니하다(법 제44조 제1항 단서). ① 해당 건축물의 출입에 지장이 없다고 인정되는 경우 ② 건축물의 주변에 광장, 공원, 유원지, 그 밖에 관계 법령에 따라 건축이 금지되고 공중의 통행에 지장이 없는 공지로서 허가권자가 인정한 공지가 있는 경우 ③ 「농지법」에 따른 농막을 건축하는 경우

*도 로
보행과 자동차 통행이 가능한 너비 4m 이상의 도로(지형적으로 자동차 통행이 불가능한 경우와 막다른 도로의 경우에는 대통령령으로 정하는 구조와 너비의 도로)나 그 예정도로를 말한다(법 제2조 제1항 제11호).

추가 강화적용 시 건축물
축사, 작물재배사, 그 밖에 이와 비슷한 건축물로서 건축조례로 정하는 규모의 건축물은 제외한다.

■▪ 대지와 도로와의 관계

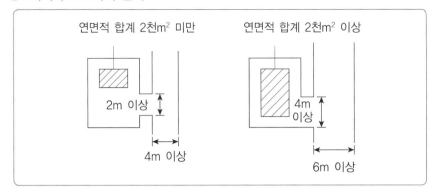

연면적 합계 2천m² 미만

2m 이상
4m 이상

연면적 합계 2천m² 이상

4m 이상
6m 이상

2 건축선

(1) 건축선*의 지정방법 ·21회 ·25회 ·34회

① **원칙** : 도로와 접한 부분에 건축물을 건축할 수 있는 선(이하 '건축선')은 대지와 도로의 경계선으로 한다(법 제46조 제1항 본문).

② **예외**

㉠ 소요너비에 못 미치는 너비의 도로(법 제46조 제1항 단서)

도로 양쪽에 대지가 있는 경우	소요너비에 못 미치는 너비의 도로인 경우에는 그 중심선으로부터 그 소요너비의 2분의 1의 수평거리만큼 물러난 선을 건축선으로 한다.
도로의 반대쪽에 경사지 등이 있는 경우	소요너비에 못 미치는 너비의 도로인 경우에는 그 도로의 반대쪽에 경사지, 하천, 철도, 선로부지, 그 밖에 이와 유사한 것이 있는 경우에는 그 경사지 등이 있는 쪽의 도로경계선에서 소요너비에 해당하는 수평거리의 선을 건축선으로 한다.

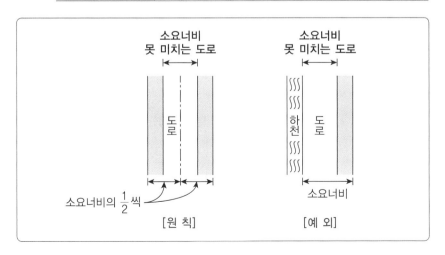

소요너비 못 미치는 도로

도로

소요너비의 $\frac{1}{2}$씩

[원칙]

소요너비 못 미치는 도로

하천 도로

소요너비

[예외]

* 건축선(建築線)
대지와 도로의 경계선으로 인접 대지경계선과 함께 대지의 범위를 결정하는 경계선으로서, 이러한 건축선의 지정목적은 ① 도시의 미관과 ② 기존 도로의 확장을 예비하는 목적이 있다.

PART 4

03 건축물의 대지와 도로

ⓛ 도로모퉁이의 건축선(가각전제) : 너비 8m 미만인 도로의 모퉁이에 위치한 대지의 도로모퉁이 부분의 건축선은 그 대지에 접한 도로경계선의 교차점으로부터 도로경계선에 따라 다음의 표에 따른 거리를 각각 후퇴한 두 점을 연결한 선으로 한다(영 제31조 제1항).

도로의 교차각	해당 도로의 너비		교차되는 도로의 너비
	6m 이상 8m 미만	4m 이상 6m 미만	
90° 미만	4m	3m	6m 이상 8m 미만
	3m	2m	4m 이상 6m 미만
90° 이상 120° 미만	3m	2m	6m 이상 8m 미만
	2m	2m	4m 이상 6m 미만

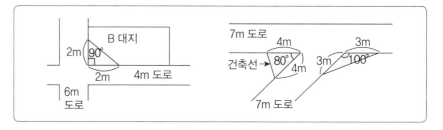

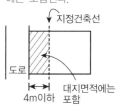

ⓒ 지정건축선

ⓐ 특별자치시장·특별자치도지사 또는 시장·군수·구청장은 시가지 안에서 건축물의 위치나 환경을 정비하기 위하여 필요하다고 인정하면 도시지역에는 4m 이하의 범위에서 건축선을 따로 지정할 수 있다(법 제46조 제2항, 영 제31조 제2항).

ⓑ 특별자치시장·특별자치도지사 또는 시장·군수·구청장은 위 ⓐ에 따라 건축선을 지정하려면 미리 그 내용을 해당 지방자치단체의 공보(公報), 일간신문 또는 인터넷 홈페이지 등에 30일 이상 공고하여야 하며, 공고한 내용에 대하여 의견이 있는 자는 공고기간에 특별자치시장·특별자치도지사 또는 시장·군수·구청장에게 의견을 제출(전자문서에 의한 제출을 포함)할 수 있다(영 제31조 제3항).

ⓒ 특별자치시장·특별자치도지사 또는 시장·군수·구청장은 건축선을 지정하면 지체 없이 이를 고시하여야 한다(법 제46조 제3항).

(2) 건축선에 따른 건축제한(법 제47조) ·22회 ·23회 ·25회

① 건축물과 담장은 건축선의 수직면(垂直面)을 넘어서는 아니 된다. 다만, 지표(地表) 아래 부분은 그러하지 아니하다(법 제47조 제1항).

② 도로면으로부터 높이 4.5m 이하에 있는 출입구, 창문, 그 밖에 이와 유사한 구조물은 열고 닫을 때 건축선의 수직면을 넘지 아니하는 구조로 하여야 한다(법 제47조 제2항).

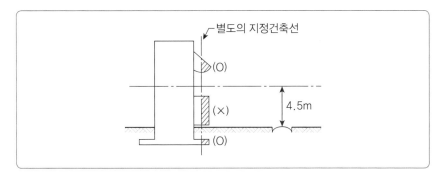

기출&예상 **문제**

건축법령상 대지에 공개공지 또는 공개공간을 설치하여야 하는 건축물은?
(단, 건축물의 용도로 쓰는 바닥면적의 합계는 5천 제곱미터 이상이며, 건축법령상 특례 및 조례는 고려하지 않음)   ·34회

① 일반주거지역에 있는 초등학교
② 준주거지역에 있는 「농수산물 유통 및 가격안정에 관한 법률」에 따른 농수산물유통시설
③ 일반상업지역에 있는 관망탑
④ 자연녹지지역에 있는 「청소년활동진흥법」에 따른 유스호스텔
⑤ 준공업지역에 있는 여객용 운수시설

해설 ① 초등학교는 교육연구시설에 해당하고, 교육연구시설은 공개공지등을 설치하여야 하는 건축물에 해당하지 않는다.
② 판매시설은 공개공지등을 설치하여야 하는 건축물에 해당하지만, 판매시설 중 「농수산물 유통 및 가격안정에 관한 법률」에 따른 농수산물유통시설은 공개공지등을 설치하여야 하는 건축물에 해당하지 않는다.
③ 관망탑은 관광휴게시설에 해당하고, 관광휴게시설은 공개공지등을 설치하여야 하는 건축물에 해당하지 않는다.
④ 「청소년활동진흥법」에 따른 유스호스텔은 수련시설에 해당하고, 수련시설은 공개공지등을 설치하여야 하는 건축물에 해당하지 않는다.

정답 ⑤

04 | 건축물의 구조 및 재료

▌10개년 출제문항 수

25회	26회	27회	28회	29회
	2	1		2
30회	31회	32회	33회	34회
			1	2

└▶ 총 40문제 中 평균 약 0.8문제 출제

▌학습전략

이 CHAPTER는 건축물의 구조, 건축물의 재료에 대한 내용으로 구성되어 있습니다. 최근에 출제가 거의 되지 않는 CHAPTER이기 때문에 기출문제에 관련되는 내용만 학습하면 됩니다.

제1절 | 건축물의 구조

1 구조안전

(1) 구조내력 등(법 제48조)

① 건축물은 고정하중, 적재하중(積載荷重), 적설하중(積雪荷重), 풍압(風壓), 지진, 그 밖의 진동 및 충격 등에 대하여 안전한 구조를 가져야 한다.

② 건축물을 건축하거나 대수선하는 경우에는 대통령령으로 정하는 바에 따라 구조의 안전을 확인하여야 한다.

③ 지방자치단체의 장은 구조안전 확인대상 건축물에 대하여 허가 등을 하는 경우 내진(耐震)성능 확보 여부를 확인하여야 한다.

(2) 구조안전 확인 ·19회 ·29회 ·34회

① **구조안전 확인 건축물**: 건축물을 건축하거나 대수선하는 경우 해당 건축물의 설계자는 국토교통부령으로 정하는 구조기준 등에 따라 그 구조의 안전을 확인하여야 한다(영 제32조 제1항).

② **구조안전 확인서류의 제출** : 위 ①에 따라 구조안전을 확인한 건축물 중 다음의 어느 하나에 해당하는 건축물의 건축주는 해당 건축물의 설계자로부터 구조안전의 확인서류를 받아 착공신고를 하는 때에 그 확인서류를 허가권자에게 제출하여야 한다. 다만, 표준설계도서에 따라 건축하는 건축물은 제외한다(영 제32조 제2항).

> ㉠ 층수가 2층(주요구조부인 기둥과 보를 설치하는 건축물로서 그 기둥과 보가 목재인 목구조 건축물의 경우에는 3층) 이상인 건축물
> ㉡ 연면적이 200m²(목구조 건축물의 경우에는 500m²) 이상인 건축물(단, 창고, 축사, 작물재배사는 제외)
> ㉢ 높이가 13m 이상인 건축물
> ㉣ 처마높이가 9m 이상인 건축물
> ㉤ 기둥과 기둥 사이의 거리가 10m 이상인 건축물
> ㉥ 건축물의 용도 및 규모를 고려한 중요도가 높은 건축물로서 국토교통부령으로 정하는 건축물
> ㉦ 국가적 문화유산으로 보존할 가치가 있는 건축물로서 국토교통부령으로 정하는 것
> ㉧ 한쪽 끝은 고정되고 다른 끝은 지지(支持)되지 아니한 구조로 된 보·차양 등이 외벽(외벽이 없는 경우에는 외곽 기둥)의 중심선으로부터 3m 이상 돌출된 건축물 및 특수한 설계·시공·공법 등이 필요한 건축물로서 국토교통부장관이 정하여 고시하는 구조로 된 건축물
> ㉨ 단독주택 및 공동주택

(3) 건축구조기술사와의 협력대상 건축물

다음의 어느 하나에 해당하는 건축물의 설계자는 해당 건축물에 대한 구조의 안전을 확인하는 경우에는 건축구조기술사의 협력을 받아야 한다(영 제91조의3 제1항).

> ① 6층 이상인 건축물
> ② 특수구조 건축물
> ③ 다중이용 건축물
> ④ 준다중이용 건축물
> ⑤ 3층 이상의 필로티형식 건축물
> ⑥ 지진구역의 건축물[위 **(2)** ②의 ㉥]에 해당하는 건축물 중 국토교통부령으로 정하는 건축물

정리 구조안전 확인대상	
층 수	2층 이상
연면적	200m² 이상
높 이	13m 이상
처마높이	9m 이상
경 간	10m 이상
건축물	중요도 높은
문화유산	국토부령으로 정함
캔틸레바	3m 이상
공 법	특수한 설계·시공

추가 특수구조 건축물(영제2조 제18호)
1. 한쪽 끝은 고정되고 다른 끝은 지지(支持)되지 아니한 구조로 된 보·차양 등이 외벽(외벽이 없는 경우에는 외곽 기둥)의 중심선으로부터 3m 이상 돌출된 건축물
2. 기둥과 기둥 사이의 거리(기둥의 중심선 사이의 거리를 말하며, 기둥이 없는 경우에는 내력벽과 내력벽의 중심선 사이의 거리)가 20m 이상인 건축물
3. 특수한 설계·시공·공법 등이 필요한 건축물로서 국토교통부장관이 정하여 고시하는 구조로 된 건축물

(4) 건축물 내진등급의 설정(법 제48조의2)

① 국토교통부장관은 지진으로부터 건축물의 구조안전을 확보하기 위하여 건축물의 용도, 규모 및 설계구조의 중요도에 따라 내진등급(耐震等級)을 설정하여야 한다.

② 내진등급을 설정하기 위한 내진등급기준 등 필요한 사항은 국토교통부령으로 정한다.

(5) 건축물의 내진능력 공개(법 제48조의3)

① 다음의 어느 하나에 해당하는 건축물을 건축하고자 하는 자는 사용승인을 받는 즉시 건축물이 지진 발생 시에 견딜 수 있는 능력(이하 '내진능력')을 공개하여야 한다. 다만, 구조안전 확인대상 건축물이 아니거나 내진능력 산정이 곤란한 건축물로서 대통령령으로 정하는 건축물은 공개하지 아니한다.

> ㉠ 층수가 2층(주요구조부인 기둥과 보를 설치하는 건축물로서 그 기둥과 보가 목재인 목구조 건축물의 경우에는 3층) 이상인 건축물
> ㉡ 연면적이 200m²(목구조 건축물의 경우에는 500m²) 이상인 건축물
> ㉢ 그 밖에 건축물의 규모와 중요도를 고려하여 대통령령으로 정하는 건축물

② 내진능력의 산정기준과 공개방법 등 세부사항은 국토교통부령으로 정한다.

2 건축물의 피난시설

(1) 직통계단의 설치

① **직통계단까지의 보행거리**(영 제34조 제1항)

원 칙	건축물의 피난층 외의 층에서는 피난층 또는 지상으로 통하는 직통계단(경사로를 포함)을 거실의 각 부분으로부터 계단(거실로부터 가장 가까운 거리에 있는 1개소의 계단)에 이르는 보행거리가 30m 이하가 되도록 설치해야 한다.

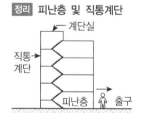

정리 피난층 및 직통계단

1. 피난층
   직접 지상에 통하는 출입구가 있는 층
2. 직통계단
   계단실만을 통해 피난층에 이르는 계단

예 외	㉠ 건축물(지하층에 설치하는 것으로서 바닥면적의 합계가 300m² 이상인 공연장·집회장·관람장 및 전시장은 제외)의 주요구조부가 내화구조 또는 불연재료로 된 건축물은 그 보행거리가 50m(층수가 16층 이상인 공동주택의 경우 16층 이상인 층에 대해서는 40m) 이하가 되도록 설치할 수 있다. ㉡ 자동화 생산시설에 스프링클러 등 자동식 소화설비를 설치한 공장으로서 국토교통부령으로 정하는 공장인 경우에는 그 보행거리가 75m(무인화 공장인 경우에는 100m) 이하가 되도록 설치할 수 있다.

② **직통계단을 2개소 이상 설치** : 피난층 외의 층이 다음의 어느 하나에 해당하는 용도 및 규모의 건축물에는 국토교통부령으로 정하는 기준에 따라 피난층 또는 지상으로 통하는 직통계단을 2개소 이상 설치하여야 한다(영 제34조 제2항).

> ㉠ 제2종 근린생활시설 중 공연장·종교집회장, 문화 및 집회시설(전시장 및 동·식물원은 제외), 종교시설, 위락시설 중 주점영업 또는 장례시설의 용도로 쓰는 층으로서 그 층에서 해당 용도로 쓰는 바닥면적의 합계가 200m²(제2종 근린생활시설 중 공연장·종교집회장은 각각 300m²) 이상인 것
>
> ㉡ 단독주택 중 다중주택·다가구주택, 제1종 근린생활시설 중 정신과의원(입원실이 있는 경우로 한정), 제2종 근린생활시설 중 인터넷컴퓨터게임시설제공업소(해당 용도로 쓰는 바닥면적의 합계가 300m² 이상인 경우만 해당)·학원·독서실, 판매시설, 운수시설(여객용 시설만 해당), 의료시설(입원실이 없는 치과병원은 제외), 교육연구시설 중 학원, 노유자시설 중 아동 관련 시설·노인복지시설·장애인 거주시설(장애인복지법에 따른 장애인 거주시설 중 국토교통부령으로 정하는 시설) 및 「장애인복지법」에 따른 장애인 의료재활시설(이하 '장애인 의료재활시설'), 수련시설 중 유스호스텔 또는 숙박시설의 용도로 쓰는 3층 이상의 층으로서 그 층의 해당 용도로 쓰는 거실의 바닥면적의 합계가 200m² 이상인 것
>
> ㉢ 공동주택(층당 4세대 이하인 것은 제외) 또는 업무시설 중 오피스텔의 용도로 쓰는 층으로서 그 층의 해당 용도로 쓰는 거실의 바닥면적의 합계가 300m² 이상인 것
>
> ㉣ 위 ㉠부터 ㉢까지의 용도로 쓰지 아니하는 3층 이상의 층으로서 그 층 거실의 바닥면적의 합계가 400m² 이상인 것
>
> ㉤ 지하층으로서 그 층 거실의 바닥면적의 합계가 200m² 이상인 것

(2) 피난계단의 설치(영 제35조)

직통계단 유형	설치되는 피난계단
5층 이상 또는 지하 2층 이하인 층에 설치하는 직통계단(단, 건축물의 주요구조부가 내화구조 또는 불연재료로 되어 있는 경우로서 다음의 어느 하나에 해당하는 경우에는 제외) ① 5층 이상인 층의 바닥면적의 합계가 200m² 이하인 경우 ② 5층 이상인 층의 바닥면적 200m² 이내마다 방화구획이 되어 있는 경우	피난계단 또는 특별피난계단
건축물(갓복도식 공동주택은 제외)의 11층(공동주택의 경우에는 16층) 이상인 층(바닥면적이 400m² 미만인 층은 제외) 또는 지하 3층 이하인 층(바닥면적이 400m² 미만인 층은 제외)으로부터 피난층 또는 지상으로 통하는 직통계단	특별피난계단
건축물의 5층 이상인 층으로서 문화 및 집회시설 중 전시장 또는 동·식물원, 판매시설, 운수시설(여객용 시설만 해당), 운동시설, 위락시설, 관광휴게시설(다중이 이용하는 시설만 해당) 또는 수련시설 중 생활권 수련시설의 용도로 쓰는 층에는 직통계단 외에 그 층의 해당 용도로 쓰는 바닥면적의 합계가 2천m²를 넘는 경우	그 넘는 2천m² 이내마다 1개소의 피난계단 또는 특별피난계단을 설치

추가 5층 이상 또는 지하 2층 이하인 층에 설치하는 직통계단

판매시설의 용도로 쓰는 층으로부터의 직통계단은 그중 1개소 이상을 특별피난계단으로 설치하여야 한다(영 제35조 제3항).

(3) 옥외 피난계단의 설치

건축물의 3층 이상인 층(피난층은 제외)으로서 다음의 어느 하나에 해당하는 용도로 쓰는 층에는 직통계단 외에 그 층으로부터 지상으로 통하는 옥외 피난계단을 따로 설치하여야 한다(영 제36조).

> ① 제2종 근린생활시설 중 공연장(해당 용도로 쓰는 바닥면적의 합계가 300m² 이상인 경우만 해당), 문화 및 집회시설 중 공연장이나 위락시설 중 주점영업의 용도로 쓰는 층으로서 그 층 거실의 바닥면적의 합계가 300m² 이상인 것
> ② 문화 및 집회시설 중 집회장의 용도로 쓰는 층으로서 그 층 거실의 바닥면적의 합계가 1천m² 이상인 것

정리 옥외 피난계단

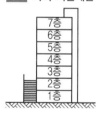

3층 이상의 바닥면적 합이
1. 300m² 이상의 공연장, 주점
2. 1,000m² 이상인 집회장인 경우

(4) 피난안전구역(영 제34조 제3항·제4항) · 27회

초고층 건축물	피난층 또는 지상으로 통하는 직통계단과 직접 연결되는 피난안전구역*을 지상층으로부터 최대 30개 층마다 1개소 이상 설치하여야 한다.
준초고층 건축물	피난층 또는 지상으로 통하는 직통계단과 직접 연결되는 피난안전구역을 해당 건축물 전체 층수의 2분의 1에 해당하는 층으로부터 상하 5개 층 이내에 1개소 이상 설치하여야 한다. 다만, 국토교통부령으로 정하는 기준에 따라 피난층 또는 지상으로 통하는 직통계단을 설치하는 경우에는 그러하지 아니하다.

* 피난안전구역
건축물의 피난·안전을 위하여 건축물 중간층에 설치하는 대피공간을 말한다.

(5) 건축물 바깥쪽으로의 출구 설치 · 34회

다음의 어느 하나에 해당하는 건축물에는 국토교통부령으로 정하는 기준에 따라 그 건축물로부터 바깥쪽으로 나가는 출구를 설치하여야 한다 (영 제39조 제1항).

① 제2종 근린생활시설 중 공연장·종교집회장·인터넷컴퓨터게임시설제공업소 (해당 용도로 쓰는 바닥면적의 합계가 각각 300m² 이상인 경우만 해당)
② 문화 및 집회시설(전시장 및 동·식물원은 제외)
③ 종교시설
④ 판매시설
⑤ 업무시설 중 국가 또는 지방자치단체의 청사
⑥ 위락시설
⑦ 연면적이 5천m² 이상인 창고시설
⑧ 교육연구시설 중 학교
⑨ 장례시설
⑩ 승강기를 설치하여야 하는 건축물

(6) 옥상광장 등의 설치(영 제40조) · 22회

설치요소	설치대상
난 간	옥상광장 또는 2층 이상인 층에 있는 노대(露臺) 등의 주위에는 높이 1.2m 이상의 난간을 설치하여야 한다. 다만, 그 노대 등에 출입할 수 없는 구조인 경우에는 그러하지 아니하다.
옥상광장	5층 이상인 층이 제2종 근린생활시설 중 공연장·종교집회장·인터넷컴퓨터게임시설제공업소(해당 용도로 쓰는 바닥면적의 합계가 각각 300m² 이상인 경우만 해당), 문화 및 집회시설(전시장 및 동·식물원은 제외), 종교시설, 판매시설, 위락시설 중 주점영업 또는 장례시설의 용도로 쓰는 경우에는 피난 용도로 쓸 수 있는 광장을 옥상에 설치하여야 한다.
비상문자동개폐장치*	다음의 어느 하나에 해당하는 건축물은 옥상으로 통하는 출입문에 「소방시설 설치 및 관리에 관한 법률」에 따른 성능인증 및 제품검사를 받은 비상문자동개폐장치를 설치해야 한다. ① 피난 용도로 쓸 수 있는 광장을 옥상에 설치해야 하는 건축물 ② 다중이용 건축물 ③ 연면적 1천m² 이상인 공동주택
헬리포트나 대피공간	층수가 11층 이상인 건축물로서 11층 이상인 층의 바닥면적의 합계가 1만m² 이상인 건축물의 옥상에는 다음의 구분에 따른 공간을 확보하여야 한다. ① **건축물의 지붕을 평지붕으로 하는 경우** : 헬리포트를 설치하거나 헬리콥터를 통하여 인명 등을 구조할 수 있는 공간 ② **건축물의 지붕을 경사지붕으로 하는 경우** : 경사지붕 아래에 설치하는 대피공간

정리 옥상광장 설치

문화 및 집회시설, 도매·소매시장, 상점, 장례시설, 주점 / 5층 이상 / 옥상광장 1.2m 이상

* 비상문자동개폐장치

화재 등 비상시에 소방시스템과 연동되어 잠김 상태가 자동으로 풀리는 장치를 말한다.

추가 대피공간 설치기준

헬리포트를 설치하거나 헬리콥터를 통하여 인명 등을 구조할 수 있는 공간 및 경사지붕 아래에 설치하는 대피공간의 설치기준은 국토교통부령으로 정한다(영 제40조 제5항).

(7) 대지 안의 피난 및 소화에 필요한 통로 설치(영 제41조) · 33회

① 건축물의 대지 안에는 그 건축물 바깥쪽으로 통하는 주된 출구와 지상으로 통하는 피난계단 및 특별피난계단으로부터 도로 또는 공지(공원, 광장, 그 밖에 이와 비슷한 것으로서 피난 및 소화를 위하여 해당 대지의 출입에 지장이 없는 것)로 통하는 통로를 다음의 기준에 따라 설치하여야 한다.

ㄱ 통로의 너비는 다음의 구분에 따른 기준에 따라 확보할 것

단독주택	유효 너비 0.9m 이상
바닥면적의 합계가 500m² 이상인 문화 및 집회시설, 종교시설, 의료시설, 위락시설 또는 장례시설	유효 너비 3m 이상
그 밖의 용도로 쓰는 건축물	유효 너비 1.5m 이상

ㄴ 필로티 내 통로의 길이가 2m 이상인 경우에는 피난 및 소화활동에 장애가 발생하지 아니하도록 자동차 진입억제용 말뚝 등 통로 보호시설을 설치하거나 통로에 단차(段差)를 둘 것

② 위 ①에도 불구하고 다중이용 건축물, 준다중이용 건축물 또는 층수가 11층 이상인 건축물이 건축되는 대지에는 그 안의 모든 다중이용 건축물, 준다중이용 건축물 또는 층수가 11층 이상인 건축물에 「소방기본법」에 따른 소방자동차의 접근이 가능한 통로를 설치하여야 한다. 다만, 모든 다중이용 건축물, 준다중이용 건축물 또는 층수가 11층 이상인 건축물이 소방자동차의 접근이 가능한 도로 또는 공지에 직접 접하여 건축되는 경우로서 소방자동차가 도로 또는 공지에서 직접 소방활동이 가능한 경우에는 그러하지 아니하다.

3 건축물의 용도제한

(1) 소음방지용 경계벽 및 바닥 설치(영 제53조) · 26회

① **소음방지용 경계벽** : 다음의 어느 하나에 해당하는 건축물의 경계벽은 국토교통부령으로 정하는 기준에 따라 설치해야 한다.

> ㄱ 단독주택 중 다가구주택의 각 가구 간 또는 공동주택(기숙사는 제외)의 각 세대 간 경계벽(거실·침실 등의 용도로 쓰지 아니하는 발코니 부분은 제외)
> ㄴ 공동주택 중 기숙사의 침실, 의료시설의 병실, 교육연구시설 중 학교의 교실 또는 숙박시설의 객실 간 경계벽

ⓒ 제1종 근린생활시설 중 산후조리원의 다음의 어느 하나에 해당하는 경계벽
    ⓐ 임산부실 간 경계벽
    ⓑ 신생아실 간 경계벽
    ⓒ 임산부실과 신생아실 간 경계벽
ⓔ 제2종 근린생활시설 중 다중생활시설의 호실 간 경계벽
ⓜ 노유자시설 중 「노인복지법」에 따른 노인복지주택의 각 세대 간 경계벽
ⓗ 노유자시설 중 노인요양시설의 호실 간 경계벽

② **소음방지용 바닥** : 다음의 어느 하나에 해당하는 건축물의 층간바닥(화장실의 바닥은 제외)은 국토교통부령으로 정하는 기준에 따라 설치해야 한다.

ⓠ 단독주택 중 다가구주택
ⓛ 공동주택(주택법에 따른 주택건설사업계획승인 대상은 제외)
ⓒ 업무시설 중 오피스텔
ⓔ 제2종 근린생활시설 중 다중생활시설
ⓜ 숙박시설 중 다중생활시설

(2) 건축물의 범죄예방 · 29회

① 국토교통부장관은 범죄를 예방하고 안전한 생활환경을 조성하기 위하여 건축물, 건축설비 및 대지에 관한 범죄예방 기준을 정하여 고시할 수 있다(법 제53조의2 제1항).

② 대통령령으로 정하는 다음의 건축물은 범죄예방 기준에 따라 건축하여야 한다(법 제53조의2 제2항, 영 제63조의6).

ⓠ 다가구주택, 아파트, 연립주택 및 다세대주택
ⓛ 제1종 근린생활시설 중 일용품을 판매하는 소매점
ⓒ 제2종 근린생활시설 중 다중생활시설
ⓔ 문화 및 집회시설(동·식물원은 제외)
ⓜ 교육연구시설(연구소 및 도서관은 제외)
ⓗ 노유자시설
ⓢ 수련시설
ⓞ 업무시설 중 오피스텔
ⓩ 숙박시설 중 다중생활시설

(3) 방화지구 안의 건축물

① 「국토의 계획 및 이용에 관한 법률」에 따른 방화지구 안에서는 건축물의 주요구조부와 지붕·외벽을 내화구조*로 하여야 한다. 다만, 다음의 경우에는 그러하지 아니하다(법 제51조 제1항, 영 제58조).

> ㉠ 연면적 30m² 미만인 단층 부속건축물로서 외벽 및 처마면이 내화구조 또는 불연재료로 된 것
> ㉡ 도매시장의 용도로 쓰는 건축물로서 그 주요구조부가 불연재료로 된 것

② 방화지구 안의 공작물로서 간판, 광고탑, 그 밖에 대통령령으로 정하는 공작물 중 건축물의 지붕 위에 설치하는 공작물이나 높이 3m 이상의 공작물은 주요부를 불연(不燃)재료로 하여야 한다(법 제51조 제2항).

③ 방화지구 안의 지붕·방화문 및 인접대지경계선에 접하는 외벽은 국토교통부령으로 정하는 구조 및 재료로 하여야 한다(법 제51조 제3항).

제2절 │ 건축물의 재료 및 설비

1 건축물의 재료

(1) 건축물의 마감재료 등(법 제52조)

① 대통령령으로 정하는 용도 및 규모의 건축물의 벽, 반자, 지붕(반자가 없는 경우에 한정) 등 내부의 마감재료는 방화에 지장이 없는 재료로 하되, 「실내공기질 관리법」에 따른 실내공기질 유지기준 및 권고기준을 고려하고 관계 중앙행정기관의 장과 협의하여 국토교통부령으로 정하는 기준에 따른 것이어야 한다.

② 대통령령으로 정하는 건축물의 외벽에 사용하는 마감재료(두 가지 이상의 재료로 제작된 자재의 경우 각 재료를 포함)는 방화에 지장이 없는 재료로 하여야 한다. 이 경우 마감재료의 기준은 국토교통부령으로 정한다.

③ 욕실, 화장실, 목욕장 등의 바닥 마감재료는 미끄럼을 방지할 수 있도록 국토교통부령으로 정하는 기준에 적합하여야 한다.

④ 대통령령으로 정하는 용도 및 규모에 해당하는 건축물 외벽에 설치되는 창호(窓戸)는 방화에 지장이 없도록 인접 대지와의 이격거리를 고려하여 방화성능 등이 국토교통부령으로 정하는 기준에 적합하여야 한다.

(2) 실내건축 ·26회

다음에 해당하는 건축물의 실내건축은 방화에 지장이 없고 사용자의 안전에 문제가 없는 구조 및 재료로 시공하여야 한다(법 제52조의2 제1항, 영 제61조의2, 규칙 제26조의5 제1항 제1호).

건축물	실내건축의 구조·시공방법
다중이용 건축물 및 「건축물의 분양에 관한 법률」에 따른 건축물	① 실내에 설치하는 칸막이는 피난에 지장이 없고, 구조적으로 안전할 것 ② 실내에 설치하는 벽, 천장, 바닥 및 반자틀(노출된 경우에 한정)은 방화에 지장이 없는 재료를 사용할 것 ③ 바닥 마감재료는 미끄럼을 방지할 수 있는 재료를 사용할 것 ④ 실내에 설치하는 난간, 창호 및 출입문은 방화에 지장이 없고, 구조적으로 안전할 것 ⑤ 실내에 설치하는 전기·가스·급수·배수·환기시설은 누수·누전 등 안전사고가 없는 재료를 사용하고, 구조적으로 안전할 것 ⑥ 실내의 돌출부 등에는 충돌, 끼임 등 안전사고를 방지할 수 있는 완충재료를 사용할 것

(3) 방화문의 구분(영 제64조)

구 분	기 준
60분+ 방화문	연기 및 불꽃을 차단할 수 있는 시간이 60분 이상이고, 열을 차단할 수 있는 시간이 30분 이상인 방화문
60분 방화문	연기 및 불꽃을 차단할 수 있는 시간이 60분 이상인 방화문
30분 방화문	연기 및 불꽃을 차단할 수 있는 시간이 30분 이상 60분 미만인 방화문

2 건축설비

(1) 승강기 설치

① **승용 승강기** : 건축주는 6층 이상으로서 연면적이 2천m² 이상인 건축물(대통령령으로 정하는 건축물은 제외)을 건축하려면 승강기를 설치하여야 한다. 이 경우 승강기의 규모 및 구조는 국토교통부령으로 정한다(법 제64조 제1항).

② **비상용 승강기** : 높이 31m를 초과하는 건축물에는 위 ①에 따른 승강기뿐만 아니라 다음에 따른 대수 이상의 비상용 승강기를 추가로 설치하여야 한다. 다만, 승용 승강기를 비상용 승강기의 구조로 하는 경우에는 그러하지 아니하다(법 제64조 제2항, 영 제90조 제1항).

추가 대통령령으로 정하는 건축물

층수가 6층인 건축물로서 각 층 거실의 바닥면적 300m² 이내마다 1개소 이상의 직통계단을 설치한 건축물을 말한다(영 제89조).

추가 비상용 승강기

2대 이상의 비상용 승강기를 설치하는 경우에는 화재가 났을 때 소화에 지장이 없도록 일정한 간격을 두고 설치하여야 한다(영 제90조 제2항).

높이 31m를 넘는 각 층의 바닥면적 중 최대 바닥면적이 1천500m² 이하인 건축물	1대 이상
높이 31m를 넘는 각 층의 바닥면적 중 최대 바닥면적이 1천500m²를 넘는 건축물	1대에 1천500m²를 넘는 3천m² 이내마다 1대씩 더한 대수 이상

③ **피난용 승강기** : 고층건축물에는 건축물에 설치하는 승용승강기 중 1대 이상을 대통령령으로 정하는 바에 따라 피난용 승강기로 설치하여야 한다(법 제64조 제3항).

(2) 지능형건축물의 인증

① 국토교통부장관은 지능형건축물(Intelligent Building)의 건축을 활성화하기 위하여 지능형건축물 인증제도를 실시한다(법 제65조의2 제1항).

② 국토교통부장관은 지능형건축물의 인증을 위하여 인증기관을 지정할 수 있다(법 제65조의2 제2항).

③ 지능형건축물의 인증을 받으려는 자는 인증기관에 인증을 신청하여야 한다(법 제65조의2 제3항).

④ 허가권자는 지능형건축물로 인증을 받은 건축물에 대하여 조경설치면적을 100분의 85까지 완화하여 적용할 수 있으며, 용적률 및 건축물의 높이를 100분의 115의 범위에서 완화하여 적용할 수 있다(법 제65조의2 제6항).

기출&예상 문제

건축법령상 건축허가를 받은 건축물의 착공신고 시 허가권자에 대하여 구조안전 확인서류의 제출이 필요한 대상 건축물의 기준으로 옳은 것을 모두 고른 것은? (단, 표준설계도서에 따라 건축하는 건축물이 아니며, 건축법령상 특례는 고려하지 않음) • 34회

ㄱ 건축물의 높이 : 13미터 이상
ㄴ 건축물의 처마높이 : 7미터 이상
ㄷ 건축물의 기둥과 기둥 사이의 거리 : 10미터 이상

① ㄱ
② ㄴ
③ ㄱ, ㄷ
④ ㄴ, ㄷ
⑤ ㄱ, ㄴ, ㄷ

해설 ㄴ 건축물의 처마높이 : 9미터 이상

정답 ③

---

05 | 지역 및 지구 안의 건축물

■ 10개년 출제문항 수

25회	26회	27회	28회	29회
2	1			1
30회	31회	32회	33회	34회
	1		1	1

↳ 총 40문제 中 평균 약 0.7문제 출제

■ 학습전략

이 CHAPTER는 대지가 걸치는 경우, 건축물의 면적과 높이 산정, 높이제한에 관한 내용으로 구성되어 있습니다. 매년 1문제 정도가 출제되고 있으며, 건폐율과 용적률 계산문제, 건축물의 높이제한, 바닥면적 산정방법을 중심으로 학습하여야 합니다.

제1절 건축물과 대지의 제한

1 대지가 지역·지구 또는 구역에 걸치는 경우

(1) 원 칙

대지가 이 법이나 다른 법률에 따른 지역·지구(녹지지역과 방화지구는 제외) 또는 구역에 걸치는 경우에는 대통령령으로 정하는 바에 따라 그 건축물과 대지의 전부에 대하여 대지의 과반(過半)이 속하는 지역·지구 또는 구역 안의 건축물 및 대지 등에 관한 이 법의 규정을 적용한다(법 제54조 제1항).

(2) 특 례 · 19회 · 22회 · 26회

건축물이 방화지구에 걸치는 경우	원 칙	하나의 건축물이 방화지구와 그 밖의 구역에 걸치는 경우에는 그 전부에 대하여 방화지구 안의 건축물에 관한 이 법의 규정을 적용한다(법 제54조 제2항 본문).
	예 외	건축물의 방화지구에 속한 부분과 그 밖의 구역에 속한 부분의 경계가 방화벽으로 구획되는 경우 그 밖의 구역에 있는 부분에 대하여는 그러하지 아니하다(법 제54조 제2항 단서).
대지가 녹지지역 등에 걸치는 경우		대지가 녹지지역과 그 밖의 지역·지구 또는 구역에 걸치는 경우에는 각 지역·지구 또는 구역 안의 건축물과 대지에 관한 이 법의 규정을 적용한다. 다만, 녹지지역 안의 건축물이 방화지구에 걸치는 경우에는 방화지구의 규정에 따른다(법 제54조 제3항).

정리 **대지가 지역 등에 걸친 경우**

경관지구 ◀▶ 지구 미지정

대지

주거지역

상업지역

대지의 과반이 넘는 주거지역 및 지구 미지정의 규정을 적용한다.

정리 **하나의 건축물이 방화지구와 그 밖의 구역에 걸치는 경우**

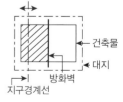

방화지구 방화지구 밖의 지구

건축물

대지

방화벽

지구경계선

∴▨ 방화지구 안의 규정을 적용

2 건폐율 및 용적률 제한

(1) 건폐율(법 제55조) · 15회 · 18회 · 23회

① 대지면적에 대한 건축면적(대지에 건축물이 둘 이상 있는 경우에는 이들 건 축면적의 합계로 한다)의 비율의 최대한도는 「국토의 계획 및 이용에 관한 법률」에 따른 건폐율의 기준에 따른다.

② 「건축법」에서 「국토의 계획 및 이용에 관한 법률」에 따른 건폐율의 기 준을 완화하거나 강화하여 적용하도록 규정한 경우에는 그에 따른다.

(2) 용적률(법 제56조) · 15회 · 16회 · 18회 · 20회 · 22회 · 23회 · 24회 · 34회

① 대지면적에 대한 연면적(대지에 건축물이 둘 이상 있는 경우에는 이들 연면 적의 합계로 한다)의 비율의 최대한도는 「국토의 계획 및 이용에 관한 법률」에 따른 용적률의 기준에 따른다.

② 「건축법」에서 「국토의 계획 및 이용에 관한 법률」에 따른 용적률의 기 준을 완화하거나 강화하여 적용하도록 규정한 경우에는 그에 따른다.

3 대지의 분할제한 · 15회 · 23회 · 24회

(1) 용도지역별 최소 대지분할면적

건축물이 있는 대지는 다음에 해당하는 규모 이상의 범위에서 해당 지방자 치단체의 조례로 정하는 면적에 못 미치게 분할할 수 없다(법 제57조 제1항, 영 제80조).

용도지역	최소 면적
주거지역	60m² 이상
상업지역	150m² 이상
공업지역	150m² 이상
녹지지역	200m² 이상
그 밖의 지역	60m² 이상

(2) 대지분할 제한기준

건축물이 있는 대지는 다음의 기준에 못 미치게 분할할 수 없다(법 제57조 제2항).

> ① 대지와 도로의 관계
> ② 건축물의 건폐율
> ③ 건축물의 용적률
> ④ 대지 안의 공지
> ⑤ 건축물의 높이제한
> ⑥ 일조 등의 확보를 위한 건축물의 높이제한

4 대지 안의 공지

건축물을 건축하는 경우에는 「국토의 계획 및 이용에 관한 법률」에 따른 용도 지역·용도지구, 건축물의 용도 및 규모 등에 따라 건축선 및 인접대지경계선*으로부터 6m 이내의 범위에서 대통령령으로 정하는 바에 따라 해당 지방자치단체의 조례로 정하는 거리 이상을 띄워야 한다(법 제58조).

> **✓ 참고** **대지의 공지 기준(영 제80조의2 [별표 2])**
>
> 1. 건축선으로부터 건축물까지 띄어야 하는 거리
>
> | 대상 건축물 | 건축조례에서 정하는 건축기준 |
> | --- | --- |
> | 가. 해당 용도로 쓰는 바닥면적의 합계가 500m² 이상인 공장(전용공업지역, 일반공업지역 또는 산업입지 및 개발에 관한 법률에 따른 산업단지에 건축하는 공장은 제외)으로서 건축조례로 정하는 건축물 | • 준공업지역 : 1.5m 이상 6m 이하
• 준공업지역 외의 지역 : 3m 이상 6m 이하 |
> | 나. 해당 용도로 쓰는 바닥면적의 합계가 500m² 이상인 창고(전용공업지역, 일반공업지역 또는 산업입지 및 개발에 관한 법률에 따른 산업단지에 건축하는 창고는 제외)로서 건축조례로 정하는 건축물 | • 준공업지역 : 1.5m 이상 6m 이하
• 준공업지역 외의 지역 : 3m 이상 6m 이하 |

* 인접대지경계선
대지와 대지 사이에 공원, 철도, 하천, 광장, 공공공지, 녹지, 그 밖에 건축이 허용되지 아니하는 공지가 있는 경우에는 그 반대편의 경계선을 말한다(영 제80조의2).

대상 건축물	건축조례에서 정하는 건축기준
다. 해당 용도로 쓰는 바닥면적의 합계가 1,000m² 이상인 판매시설, 숙박시설(일반숙박시설은 제외), 문화 및 집회시설(전시장 및 동·식물원은 제외) 및 종교시설	• 3m 이상 6m 이하
라. 다중이 이용하는 건축물로서 건축조례로 정하는 건축물	• 3m 이상 6m 이하
마. 공동주택	• 아파트 : 2m 이상 6m 이하 • 연립주택 : 2m 이상 5m 이하 • 다세대주택 : 1m 이상 4m 이하
바. 그 밖에 건축조례로 정하는 건축물	• 1m 이상 6m 이하(한옥의 경우에는 처마선 2m 이하, 외벽선 1m 이상 2m 이하)

2. 인접대지경계선으로부터 건축물까지 띄어야 하는 거리

대상 건축물	건축조례에서 정하는 건축기준
가. 전용주거지역에 건축하는 건축물(공동주택은 제외)	• 1m 이상 6m 이하(한옥의 경우에는 처마선 2m 이하, 외벽선 1m 이상 2m 이하)
나. 해당 용도로 쓰는 바닥면적의 합계가 500m² 이상인 공장(전용공업지역, 일반공업지역 또는 산업입지 및 개발에 관한 법률에 따른 산업단지에 건축하는 공장은 제외)으로서 건축조례로 정하는 건축물	• 준공업지역 : 1m 이상 6m 이하 • 준공업지역 외의 지역 : 1.5m 이상 6m 이하
다. 상업지역이 아닌 지역에 건축하는 건축물로서 해당 용도로 쓰는 바닥면적의 합계가 1,000m² 이상인 판매시설, 숙박시설(일반숙박시설은 제외), 문화 및 집회시설(전시장 및 동·식물원은 제외) 및 종교시설	• 1.5m 이상 6m 이하
라. 다중이 이용하는 건축물(상업지역에 건축하는 건축물로서 스프링클러나 그 밖에 이와 비슷한 자동식 소화설비를 설치한 건축물은 제외)로서 건축조례로 정하는 건축물	• 1.5m 이상 6m 이하

마. 공동주택(상업지역에 건축하는 공동주택으로서 스프링클러나 그 밖에 이와 비슷한 자동식 소화설비를 설치한 공동주택은 제외)	• 아파트 : 2m 이상 6m 이하 • 연립주택 : 1.5m 이상 5m 이하 • 다세대주택 : 0.5m 이상 4m 이하
바. 그 밖에 건축조례로 정하는 건축물	• 0.5m 이상 6m 이하(한옥의 경우에는 처마선 2m 이하, 외벽선 1m 이상 2m 이하)

제2절 면적 산정방법

1 대지면적

(1) 원 칙

대지면적이란 대지의 수평투영면적으로 한다(영 제119조 제1항 제1호 본문).

(2) 예 외

다음의 어느 하나에 해당하는 면적은 제외한다(영 제119조 제1항 제1호 단서).

법 제46조 제1항 단서에 따라 대지에 건축선이 정하여진 경우	그 건축선과 도로 사이의 대지면적
대지에 도시·군계획시설인 도로·공원 등이 있는 경우	그 도시·군계획시설에 포함되는 대지(국토의 계획 및 이용에 관한 법률에 따라 건축물 또는 공작물을 설치하는 도시·군계획시설의 부지는 제외)면적

2 건축면적 · 17회 · 33회

(1) 건축면적 산정기준

① 건축물의 외벽(외벽이 없는 경우에는 외곽 부분의 기둥)의 중심선으로 둘러싸인 부분의 수평투영면적으로 한다(영 제119조 제1항 제2호).

② 다음 건축물의 건축면적은 국토교통부령으로 정하는 바에 따라 산정한다.

정리 대지면적

도로경계선   대지경계선

대지

수평투영면적
(대지면적)

수평투영폭

수평투영길이

> ㉠ 태양열을 주된 에너지원으로 이용하는 주택의 건축면적은 건축물의 외벽 중 내측 내력벽의 중심선을 기준
> ㉡ 창고 또는 공장 중 물품을 입출고하는 부위의 상부에 한쪽 끝은 고정되고 다른 쪽 끝은 지지되지 않는 구조로 설치된 돌출차양
> ㉢ 단열재를 구조체의 외기 측에 설치하는 단열공법으로 건축된 건축물의 건축면적은 건축물의 외벽 중 내측 내력벽의 중심선을 기준

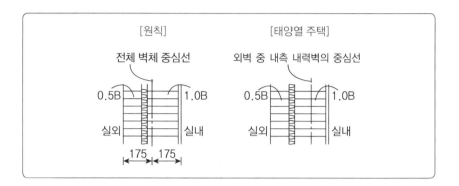

(2) 별도의 산정기준

처마, 차양, 부연(附椽), 그 밖에 이와 비슷한 것으로서 그 외벽의 중심선으로부터 수평거리 1m 이상 돌출된 부분이 있는 건축물의 건축면적은 그 돌출된 끝부분으로부터 다음의 구분에 따른 수평거리를 후퇴한 선으로 둘러싸인 부분의 수평투영면적으로 한다(영 제119조 제1항 제2호 가목).

「전통사찰의 보존 및 지원에 관한 법률」에 따른 전통사찰	4m 이하의 범위에서	
사료 투여, 가축 이동 및 가축 분뇨 유출 방지 등을 위하여 처마, 차양, 부연, 그 밖에 이와 비슷한 것이 설치된 축사	3m 이하의 범위에서	
한 옥		외벽의 중심선까지의 거리
「환경친화적 자동차의 개발 및 보급 촉진에 관한 법률 시행령」에 따른 충전시설의 설치를 목적으로 처마, 차양, 부연, 그 밖에 이와 비슷한 것이 설치된 공동주택	2m 이하의 범위에서	
「신에너지 및 재생에너지 개발·이용·보급 촉진법」에 따른 신·재생에너지 설비(신·재생에너지를 생산하거나 이용하기 위한 것만 해당)를 설치하기 위하여 처마, 차양, 부연, 그 밖에 이와 비슷한 것이 설치된 건축물로서 「녹색건축물 조성 지원법」에 따른 제로에너지건축물 인증을 받은 건축물		

「환경친화적 자동차의 개발 및 보급 촉진에 관한 법률」의 수소연료공급시설을 설치하기 위하여 처마, 차양, 부연 그 밖에 이와 비슷한 것이 설치된 주유소, 액화석유가스 충전소 또는 고압가스 충전소	2m 이하의 범위에서	외벽의 중심선까지의 거리
그 밖의 건축물	1m	

(3) 건축면적에 산입하지 않는 부분(영 제119조 제1항 제2호 다목)

① 지표면으로부터 1m 이하에 있는 부분(창고 중 물품을 입출고하기 위하여 차량을 접안시키는 부분의 경우에는 지표면으로부터 1.5m 이하에 있는 부분)

② 「다중이용업소의 안전관리에 관한 특별법 시행령」에 따라 기존의 다중이용업소(2004년 5월 29일 이전의 것만 해당)의 비상구에 연결하여 설치하는 폭 2m 이하의 옥외 피난계단(기존 건축물에 옥외 피난계단을 설치함으로써 건폐율의 기준에 적합하지 아니하게 된 경우만 해당)

③ 건축물 지상층에 일반인이나 차량이 통행할 수 있도록 설치한 보행통로나 차량통로

④ 지하주차장의 경사로

⑤ 건축물 지하층의 출입구 상부(출입구 너비에 상당하는 규모의 부분)

⑥ 생활폐기물 보관시설(음식물쓰레기, 의류 등의 수거시설)

⑦ 「영유아보육법」에 따른 어린이집(2005년 1월 29일 이전에 설치된 것만 해당)의 비상구에 연결하여 설치하는 폭 2m 이하의 영유아용 대피용 미끄럼대 또는 비상계단(기존 건축물에 영유아용 대피용 미끄럼대 또는 비상계단을 설치함으로써 건폐율 기준에 적합하지 아니하게 된 경우만 해당)

⑧ 「장애인·노인·임산부 등의 편의증진 보장에 관한 법률 시행령」[별표 2]의 기준에 따라 설치하는 장애인용 승강기, 장애인용 에스컬레이터, 휠체어리프트 또는 경사로

⑨ 「가축전염병 예방법」에 따른 소독설비를 갖추기 위하여 가축사육시설(2015년 4월 27일 전에 건축되거나 설치된 가축사육시설로 한정)에서 설치하는 시설

⑩ 「매장문화재 보호 및 조사에 관한 법률」에 따른 현지보존 및 이전보존을 위하여 매장문화재 보호 및 전시에 전용되는 부분

⑪ 「가축분뇨의 관리 및 이용에 관한 법률」에 따른 처리시설(법률 제12516호 가축분뇨의 관리 및 이용에 관한 법률 일부개정법률 부칙 제9조에 해당하는 배출시설의 처리시설로 한정)

⑫ 「영유아보육법」에 따른 설치기준에 따라 직통계단 1개소를 갈음하여 건축물의 외부에 설치하는 비상계단(같은 조에 따른 어린이집이 2011년 4월 6일 이전에 설치된 경우로서 기존 건축물에 비상계단을 설치함으로써 건폐율 기준에 적합하지 않게 된 경우만 해당)

3 바닥면적 ·21회 ·24회 ·29회 ·31회 ·33회

(1) 바닥면적 산정기준(영 제119조 제1항 제3호)

① 건축물의 각 층 또는 그 일부로서 벽, 기둥, 그 밖에 이와 비슷한 구획의 중심선으로 둘러싸인 부분의 수평투영면적으로 한다.

② 벽·기둥의 구획이 없는 건축물은 그 지붕 끝부분으로부터 수평거리 1m를 후퇴한 선으로 둘러싸인 수평투영면적으로 한다.

③ 건축물의 노대 등의 바닥은 난간 등의 설치 여부에 관계없이 노대 등의 면적(외벽의 중심선으로부터 노대 등의 끝부분까지의 면적)에서 노대 등이 접한 가장 긴 외벽에 접한 길이에 1.5m를 곱한 값을 뺀 면적을 바닥면적에 산입한다.

④ 단열재를 구조체의 외기 측에 설치하는 단열공법으로 건축된 건축물의 경우에는 단열재가 설치된 외벽 중 내측 내력벽의 중심선을 기준으로 산정한 면적을 바닥면적으로 한다.

⑤ 영 제46조 제4항 제3호에 따른 대피공간의 바닥면적은 건축물의 각 층 또는 그 일부로서 벽의 내부선으로 둘러싸인 부분의 수평투영면적으로 한다.

(2) 바닥면적에 산입하지 않는 부분

① 필로티나 그 밖에 이와 비슷한 구조(벽면적의 2분의 1 이상이 그 층의 바닥면에서 위층 바닥 아래면까지 공간으로 된 것만 해당)의 부분은 그 부분이 공중의 통행이나 차량의 통행 또는 주차에 전용되는 경우와 공동주택의 경우에는 바닥면적에 산입하지 아니한다.

② 승강기탑(옥상 출입용 승강장을 포함), 계단탑, 장식탑, 다락[층고(層高)가 1.5m(경사진 형태의 지붕인 경우에는 1.8m) 이하인 것만 해당], 건축물의 내부에 설치하는 냉방설비 배기장치 전용 설치공간(각 세대나 실별로 외부 공기에 직접 닿는 곳에 설치하는 경우로서 1m² 이하로 한정), 건축물의 외부 또는 내부에 설치하는 굴뚝, 더스트슈트, 설비덕트, 그 밖에 이와

1. 벽 등의 구획이 없는 건축물

2. 노대 등 바닥면적 산정

일반적인 노대
=(a × b) − (a × 1.5)

비슷한 것과 옥상·옥외 또는 지하에 설치하는 물탱크, 기름탱크, 냉각탑, 정화조, 도시가스 정압기, 그 밖에 이와 비슷한 것을 설치하기 위한 구조물과 건축물 간에 화물의 이동에 이용되는 컨베이어벨트만을 설치하기 위한 구조물은 바닥면적에 산입하지 않는다.

③ 공동주택으로서 지상층에 설치한 기계실, 전기실, 어린이놀이터, 조경시설 및 생활폐기물 보관시설의 면적은 바닥면적에 산입하지 않는다.

④ 「다중이용업소의 안전관리에 관한 특별법 시행령」에 따라 기존의 다중이용업소(2004년 5월 29일 이전의 것만 해당)의 비상구에 연결하여 설치하는 폭 1.5m 이하의 옥외 피난계단(기존 건축물에 옥외 피난계단을 설치함으로써 용적률에 적합하지 아니하게 된 경우만 해당)은 바닥면적에 산입하지 아니한다.

⑤ 건축물을 리모델링하는 경우로서 미관 향상, 열의 손실 방지 등을 위하여 외벽에 부가하여 마감재 등을 설치하는 부분은 바닥면적에 산입하지 아니한다.

⑥ 「영유아보육법」에 따른 어린이집(2005년 1월 29일 이전에 설치된 것만 해당)의 비상구에 연결하여 설치하는 폭 2m 이하의 영유아용 대피용 미끄럼대 또는 비상계단의 면적은 바닥면적(기존 건축물에 영유아용 대피용 미끄럼대 또는 비상계단을 설치함으로써 용적률 기준에 적합하지 아니하게 된 경우만 해당)에 산입하지 아니한다.

⑦ 「장애인·노인·임산부 등의 편의증진 보장에 관한 법률 시행령」에 따라 설치하는 장애인용 승강기, 장애인용 에스컬레이터, 휠체어리프트 또는 경사로는 바닥면적에 산입하지 아니한다.

⑧ 「가축전염병 예방법」에 따른 소독설비를 갖추기 위하여 같은 호에 따른 가축사육시설(2015년 4월 27일 전에 건축되거나 설치된 가축사육시설로 한정)에서 설치하는 시설은 바닥면적에 산입하지 아니한다.

⑨ 「매장문화재 보호 및 조사에 관한 법률」에 따른 현지보존 및 이전보존을 위하여 매장문화재 보호 및 전시에 전용되는 부분은 바닥면적에 산입하지 아니한다.

⑩ 「영유아보육법」에 따른 설치기준에 따라 직통계단 1개소를 갈음하여 건축물의 외부에 설치하는 비상계단의 면적은 바닥면적(어린이집이 2011년 4월 6일 이전에 설치된 경우로서 기존 건축물에 비상계단을 설치함으로써 용적률 기준에 적합하지 않게 된 경우만 해당)에 산입하지 않는다.

⑪ 지하주차장의 경사로(지상층에서 지하 1층으로 내려가는 부분으로 한정)는 바닥면적에 산입하지 않는다.

⑫ 영 제46조 제5항 제3호 또는 제4호에 따른 구조 또는 시설(해당 세대 밖으로 대피할 수 있는 구조 또는 시설만 해당)을 같은 조 제4항에 따른 대피공간에 설치하는 경우 또는 같은 조 제5항 제4호에 따른 대체시설을 발코니(발코니의 외부에 접하는 경우를 포함)에 설치하는 경우에는 해당 구조 또는 시설이 설치되는 대피공간 또는 발코니의 면적 중 다음의 구분에 따른 면적까지를 바닥면적에 산입하지 않는다.

> ㉠ 인접세대와 공동으로 설치하는 경우 : 4m²
> ㉡ 각 세대별로 설치하는 경우 : 3m²

4 연면적

(1) 원 칙

연면적이란 지하층을 포함하여 하나의 건축물의 각 층의 바닥면적의 합계를 말한다(영 제119조 제1항 제4호).

(2) 용적률 산정 시 연면적에서 제외되는 면적

• 16회 • 17회 • 22회 • 23회 • 24회 • 31회 • 33회

① 지하층의 면적

② 지상층의 주차용(해당 건축물의 부속용도인 경우만 해당)으로 쓰는 면적

③ 초고층 건축물과 준초고층 건축물에 설치하는 피난안전구역의 면적

④ 건축물의 경사지붕 아래에 설치하는 대피공간의 면적

1 건축물의 높이산정

(1) 층수(영 제119조 제1항 제9호) •17회 •21회 •23회 •24회 •31회 •33회

① 층의 구분이 명확하지 아니한 건축물은 그 건축물의 높이 4m마다 하나
의 층으로 보고 그 층수를 산정한다.

② 건축물이 부분에 따라 그 층수가 다른 경우에는 그중 가장 많은 층수를
그 건축물의 층수로 본다.

③ 지하층은 건축물의 층수에 산입하지 아니한다.

④ 승강기탑(옥상 출입용 승강장을 포함), 계단탑, 망루, 장식탑, 옥탑, 그
밖에 이와 비슷한 건축물의 옥상 부분으로서 그 수평투영면적의 합계
가 해당 건축물 건축면적의 8분의 1(주택법에 따른 사업계획승인 대상인
공동주택 중 세대별 전용면적이 85m² 이하인 경우에는 6분의 1) 이하인 것
은 건축물의 층수에 산입하지 아니한다.

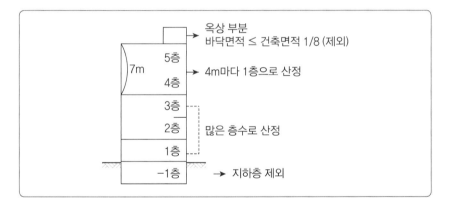

(2) 건축물 높이(영 제119조 제1항 제5호) •17회 •31회

① **원 칙**

㉠ 건축물 높이는 지표면으로부터 그 건축물의 상단까지의 높이로 한다.

㉡ 건축물의 1층 전체에 필로티(건축물을 사용하기 위한 경비실, 계단실,
승강기실, 그 밖에 이와 비슷한 것을 포함)가 설치되어 있는 경우에는
법 제60조(건축물의 높이제한) 및 법 제61조 제2항(일조 등 확보를 위
한 건축물의 높이제한)을 적용할 때 필로티의 층고를 제외한 높이로
한다.

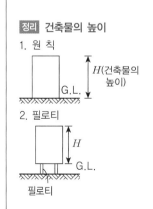

정리 **건축물의 높이**

PART 4

05 지역 및 지구 안의 건축물

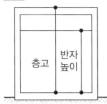

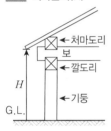

＊ 가로구역(街路區域)
도로로 둘러싸인 일단(一團)의 지역을 말한다.

➕ **보충** **층고(영 제119조 제1항 제8호)**

방의 바닥구조체 윗면으로부터 위층 바닥구조체의 윗면까지의 높이로 한다. 다만, 한 방에서 층의 높이가 다른 부분이 있는 경우에는 그 각 부분 높이에 따른 면적에 따라 가중평균한 높이로 한다.

② **특 례**
ㄱ 건축물의 옥상에 설치되는 승강기탑·계단탑·망루·장식탑·옥탑 등으로서 그 수평투영면적의 합계가 해당 건축물 건축면적의 8분의 1(주택법에 따른 사업계획승인 대상인 공동주택 중 세대별 전용면적이 85m² 이하인 경우에는 6분의 1) 이하인 경우로서 그 부분의 높이가 12m를 넘는 경우에는 그 넘는 부분만 해당 건축물의 높이에 산입한다.
ㄴ 지붕마루장식·굴뚝·방화벽의 옥상돌출부나 그 밖에 이와 비슷한 옥상돌출물과 난간벽(그 벽면적의 2분의 1 이상이 공간으로 되어 있는 것만 해당)은 그 건축물의 높이에 산입하지 아니한다.

③ **그 외 높이**
ㄱ 처마높이 : 지표면으로부터 건축물의 지붕틀 또는 이와 비슷한 수평재를 지지하는 벽·깔도리 또는 기둥의 상단까지의 높이로 한다.
ㄴ 반자높이 : 방의 바닥면으로부터 반자까지의 높이로 한다. 다만, 한 방에서 반자높이가 다른 부분이 있는 경우에는 그 각 부분의 반자면적에 따라 가중평균한 높이로 한다.

2 **가로구역에서의 높이제한** ·18회 ·19회 ·25회 ·26회

(1) 지정권자

허가권자는 가로구역＊을 단위로 하여 다음의 사항을 고려하여 건축물의 높이를 지정·공고할 수 있다. 다만, 특별자치시장·특별자치도지사 또는 시장·군수·구청장은 가로구역의 높이를 완화하여 적용할 필요가 있다고 판단되는 대지에 대하여는 대통령령으로 정하는 바에 따라 건축위원회의 심의를 거쳐 높이를 완화하여 적용할 수 있다(법 제60조 제1항, 영 제82조 제1항).

① 도시·군관리계획 등의 토지이용계획
② 해당 가로구역이 접하는 도로의 너비
③ 해당 가로구역의 상·하수도 등 간선시설의 수용능력
④ 도시미관 및 경관계획
⑤ 해당 도시의 장래 발전계획

(2) 지정방법

① 허가권자는 가로구역별 건축물의 높이를 지정하려면 지방건축위원회의 심의를 거쳐야 한다. 이 경우 주민의 의견청취 절차 등은 「토지이용규제 기본법」에 따른다(영 제82조 제2항).

② 허가권자는 일조(日照)·통풍 등 주변 환경 및 도시미관에 미치는 영향이 크지 않다고 인정하는 경우에는 건축위원회의 심의를 거쳐 이 법 및 다른 법률에 따른 가로구역의 높이 완화에 관한 규정을 중첩하여 적용할 수 있다(법 제60조 제4항).

③ 특별시장이나 광역시장은 도시의 관리를 위하여 필요하면 가로구역별 건축물의 높이를 특별시나 광역시의 조례로 정할 수 있다(법 제60조 제2항).

④ 허가권자는 같은 가로구역에서 건축물의 용도 및 형태에 따라 건축물의 높이를 다르게 정할 수 있다(영 제82조 제3항).

3 일조 등의 확보를 위한 높이제한 ·15회 ·19회 ·25회 ·26회

(1) 전용주거지역·일반주거지역 안의 건축물

① **원칙**(정북방향으로의 높이제한)

㉠ 전용주거지역과 일반주거지역 안에서 건축하는 건축물의 높이는 일조 등의 확보를 위하여 정북방향(正北方向)의 인접대지경계선으로부터 다음의 범위에서 건축조례로 정하는 거리 이상을 띄어 건축하여야 한다(법 제61조 제1항, 영 제86조 제1항).

건축물 높이	띄우는 거리
높이 10m 이하인 부분	인접대지경계선으로부터 1.5m 이상
높이 10m를 초과하는 부분	인접대지경계선으로부터 해당 건축물 각 부분 높이의 2분의 1 이상

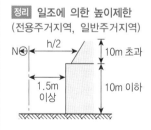

정리 일조에 의한 높이제한
(전용주거지역, 일반주거지역)

추가 대통령령으로 정하는 구역
1. 「국토의 계획 및 이용에 관한 법률」에 따른 지구단위계획 구역, 경관지구
2. 「경관법」에 따른 중점경관관리구역
3. 특별가로구역
4. 도시미관 향상을 위하여 허가권자가 지정·공고하는 구역

ⓛ 다음의 어느 하나에 해당하는 경우에는 위 ㉠을 적용하지 아니한다 (영 제86조 제2항).

> ⓐ 대통령령으로 정하는 구역 안의 대지 상호 간에 건축하는 건축물로서 해당 대지가 너비 20m 이상의 도로(자동차·보행자·자전거 전용도로를 포함하며, 도로에 공공공지, 녹지, 광장, 그 밖에 건축미관에 지장이 없는 도시·군계획시설이 접한 경우 해당 시설을 포함)에 접한 경우
> ⓑ 건축협정구역 안에서 대지 상호 간에 건축하는 건축물(건축협정에 일정 거리 이상을 띄어 건축하는 내용이 포함된 경우만 해당)의 경우
> ⓒ 건축물의 정북방향의 인접 대지가 전용주거지역이나 일반주거지역이 아닌 용도지역에 해당하는 경우

② **예외**(정남방향으로의 높이제한) : 다음의 어느 하나에 해당하면 위 ①에도 불구하고 건축물의 높이를 정남(正南)방향의 인접대지경계선으로부터의 거리에 따라 대통령령으로 정하는 높이 이하로 할 수 있다(법 제61조 제3항).

> ㉠ 「택지개발촉진법」에 따른 택지개발지구인 경우
> ㉡ 「주택법」에 따른 대지조성사업지구인 경우
> ㉢ 「지역 개발 및 지원에 관한 법률」에 따른 지역개발사업구역인 경우
> ㉣ 「산업입지 및 개발에 관한 법률」에 따른 국가산업단지, 일반산업단지, 도시첨단산업단지 및 농공단지인 경우
> ㉤ 「도시개발법」에 따른 도시개발구역인 경우
> ㉥ 「도시 및 주거환경정비법」에 따른 정비구역인 경우
> ㉦ 정북방향으로 도로, 공원, 하천 등 건축이 금지된 공지에 접하는 대지인 경우
> ㉧ 정북방향으로 접하고 있는 대지의 소유자와 합의한 경우나 그 밖에 대통령령으로 정하는 경우

(2) 공동주택에 대한 일조권 높이제한

다음의 어느 하나에 해당하는 공동주택(일반상업지역과 중심상업지역에 건축하는 것은 제외)은 채광(採光) 등의 확보를 위하여 대통령령으로 정하는 높이 이하로 하여야 한다(법 제61조 제2항).

① 인접대지경계선 등의 방향으로 채광을 위한 창문 등을 두는 경우
② 하나의 대지에 두 동(棟) 이상을 건축하는 경우

공동주택은 다음의 기준을 충족해야 한다. 다만, 채광을 위한 창문 등이 있는 벽면에서 직각 방향으로 인접대지경계선까지의 수평거리가 1m 이상으로서 건축조례로 정하는 거리 이상인 다세대주택은 다음 1.을 적용하지 않는다.

1. 건축물(기숙사는 제외)의 각 부분의 높이는 그 부분으로부터 채광을 위한 창문 등이 있는 벽면에서 직각 방향으로 인접 대지경계선까지의 수평거리의 2배(근린상업지역 또는 준주거지역의 건축물은 4배) 이하로 할 것

2. 같은 대지에서 두 동(棟) 이상의 건축물이 서로 마주보고 있는 경우(한 동의 건축물 각 부분이 서로 마주보고 있는 경우를 포함)에 건축물 각 부분 사이의 거리는 다음의 거리 이상을 띄어 건축할 것. 다만, 그 대지의 모든 세대가 동지(冬至)를 기준으로 9시에서 15시 사이에 2시간 이상을 계속하여 일조(日照)를 확보할 수 있는 거리 이상으로 할 수 있다.

    ① 채광을 위한 창문 등이 있는 벽면으로부터 직각방향으로 건축물 각 부분 높이의 0.5배(도시형 생활주택의 경우에는 0.25배) 이상의 범위에서 건축조례로 정하는 거리 이상

    ② 위 ①에도 불구하고 서로 마주보는 건축물 중 높은 건축물(높은 건축물을 중심으로 마주보는 두 동의 축이 시계방향으로 정동에서 정서방향인 경우만 해당)의 주된 개구부(거실과 주된 침실이 있는 부분의 개구부)의 방향이 낮은 건축물을 향하는 경우에는 10m 이상으로서 낮은 건축물 각 부분의 높이의 0.5배(도시형 생활주택의 경우에는 0.25배) 이상의 범위에서 건축조례로 정하는 거리 이상

    ③ 위 ①에도 불구하고 건축물과 부대시설 또는 복리시설이 서로 마주보고 있는 경우에는 부대시설 또는 복리시설 각 부분 높이의 1배 이상

    ④ 채광창(창넓이가 0.5m² 이상인 창)이 없는 벽면과 측벽이 마주보는 경우에는 8m 이상

    ⑤ 측벽과 측벽이 마주보는 경우[마주보는 측벽 중 하나의 측벽에 채광을 위한 창문 등이 설치되어 있지 아니한 바닥면적 3m² 이하의 발코니(출입을 위한 개구부를 포함)를 설치하는 경우를 포함]에는 4m 이상

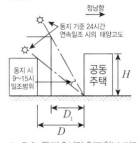

정리 공동주택 일조권 높이제한

1. D ≥ 동지 2시간 일조확보 거리
2. D1 ≥ 0.5H(채광창의 직각 방향)
3. D ≥ 8m(채광창이 없는 부분과 측벽)
4. D ≥ 4m(측벽과 측벽)

(3) 적용의 특례

① 2층 이하로서 높이가 8m 이하인 건축물에는 해당 지방자치단체의 조례로 정하는 바에 따라 위 **(1)**부터 **(2)**까지의 규정을 적용하지 아니할 수 있다(법 제61조 제4항).

② 특별자치시장·특별자치도지사 또는 시장·군수·구청장은 건축물의 높이를 고시하려면 국토교통부령으로 정하는 바에 따라 미리 해당 지역주민의 의견을 들어야 한다(영 제86조 제5항).

건축법령상 건축물의 면적 등의 산정방법에 관한 설명으로 틀린 것은?
(단, 건축법령상 특례는 고려하지 않음) • 33회

① 공동주택으로서 지상층에 설치한 조경시설의 면적은 바닥면적에 산입하지 않는다.

② 지하주차장의 경사로의 면적은 건축면적에 산입한다.

③ 태양열을 주된 에너지원으로 이용하는 주택의 건축면적은 건축물의 외벽 중 내측 내력벽의 중심선을 기준으로 한다.

④ 용적률을 산정할 때에는 지하층의 면적은 연면적에 산입하지 않는다.

⑤ 층의 구분이 명확하지 아니한 건축물의 높이는 4m마다 하나의 층으로 보고 그 층수를 산정한다.

해설 ② 지하주차장의 경사로의 면적은 건축면적에 산입하지 않는다.

① 공동주택으로서 지상층에 설치한 기계실, 전기실, 어린이놀이터, 조경시설 및 생활폐기물 보관시설의 면적은 바닥면적에 산입하지 않는다.

③ 태양열을 주된 에너지원으로 이용하는 주택의 건축면적과 단열재를 구조체의 외기 측에 설치하는 단열공법으로 건축된 건축물의 건축면적은 건축물의 외벽 중 내측 내력벽의 중심선을 기준으로 한다.

④ 연면적은 하나의 건축물 각 층의 바닥면적의 합계로 하되, 용적률을 산정할 때에는 다음에 해당하는 면적은 제외한다.

> 1. 지하층의 면적
> 2. 지상층의 주차용(해당 건축물의 부속용도인 경우만 해당)으로 쓰는 면적
> 3. 초고층 건축물과 준초고층 건축물에 설치하는 피난안전구역의 면적
> 4. 건축물의 경사지붕 아래에 설치하는 대피공간의 면적

⑤ 지하층은 건축물의 층수에 산입하지 아니하고, 층의 구분이 명확하지 아니한 건축물은 그 건축물의 높이 4m마다 하나의 층으로 보고 그 층수를 산정하며, 건축물이 부분에 따라 그 층수가 다른 경우에는 그중 가장 많은 층수를 그 건축물의 층수로 본다.

정답 ②

06 | 특별건축구역 · 건축협정 및 결합건축

▌10개년 출제문항 수

25회	26회	27회	28회	29회
		1	1	

30회	31회	32회	33회	34회
1	1	1	2	1

↳ 총 40문제 中 평균 약 0.8문제 출제

▌학습전략

이 CHAPTER는 특별건축구역, 건축협정, 결합건축에 대한 내용으로 구성되어 있습니다. 매년 1문제 정도가 출제되므로 건축협정과 특별건축구역을 위주로 학습하면 도움이 됩니다.

제1절 특별건축구역

• 19회 • 32회 • 33회

1 특별건축구역의 지정

(1) 원칙

국토교통부장관 또는 시·도지사는 다음의 구분에 따라 도시나 지역의 일부가 특별건축구역*으로 특례 적용이 필요하다고 인정하는 경우에는 특별건축구역을 지정할 수 있다(법 제69조 제1항, 영 제105조 제3항).

국토교통부장관이 지정하는 경우	① 국가가 국제행사 등을 개최하는 도시 또는 지역의 사업구역 ② 관계 법령에 따른 국가정책사업으로서 대통령령으로 정하는 사업구역
시·도지사가 지정하는 경우	① 지방자치단체가 국제행사 등을 개최하는 도시 또는 지역의 사업구역 ② 관계 법령에 따른 도시개발·도시재정비 및 건축문화 진흥사업으로서 건축물 또는 공간환경을 조성하기 위하여 대통령령으로 정하는 사업구역 ③ 건축문화 진흥을 위하여 국토교통부령으로 정하는 건축물 또는 공간환경을 조성하는 지역

* 특별건축구역

조화롭고 창의적인 건축물의 건축을 통하여 도시경관의 창출, 건설기술 수준향상 및 건축 관련 제도 개선을 도모하기 위하여 이 법 또는 관계 법령에 따라 일부 규정을 적용하지 아니하거나 완화 또는 통합하여 적용할 수 있도록 특별히 지정하는 구역을 말한다(법 제2조 제1항 제18호).

추가 국방부장관과 협의

국토교통부장관 또는 시·도지사는 특별건축구역으로 지정하고자 하는 지역이 「군사기지 및 군사시설 보호법」에 따른 군사기지 및 군사시설보호구역에 해당하는 경우에는 국방부장관과 사전에 협의하여야 한다(법 제69조 제3항).

시·도지사가 지정하는 경우	④ 주거, 상업, 업무 등 다양한 기능을 결합하는 복합적인 토지 이용을 증진시킬 필요가 있는 지역으로서 다음의 요건을 모두 갖춘 지역 ⓐ 도시지역일 것 ⓑ 「국토의 계획 및 이용에 관한 법률 시행령」에 따른 용도지역 안에서의 건축제한 적용을 배제할 필요가 있을 것 ⑤ 그 밖에 도시경관의 창출, 건설기술 수준향상 및 건축 관련 제도 개선을 도모하기 위하여 특별건축구역으로 지정할 필요가 있다고 시·도지사가 인정하는 도시 또는 지역

> **참고** **대통령령으로 정하는 사업구역(영 제105조 제1항·제2항)**
>
> 1. 국토교통부장관이 지정하는 경우
>   ① 「신행정수도 후속대책을 위한 연기·공주지역 행정중심복합도시 건설을 위한 특별법」에 따른 행정중심복합도시의 사업구역
>   ② 「혁신도시 조성 및 발전에 관한 특별법」에 따른 혁신도시의 사업구역
>   ③ 「경제자유구역의 지정 및 운영에 관한 특별법」에 따라 지정된 경제자유구역
>   ④ 「택지개발촉진법」에 따른 택지개발사업구역
>   ⑤ 「공공주택 특별법」에 따른 공공주택지구
>   ⑥ 「도시개발법」에 따른 도시개발구역
>   ⑦ 「아시아문화중심도시 조성에 관한 특별법」에 따른 국립아시아문화전당 건설사업구역
>   ⑧ 「국토의 계획 및 이용에 관한 법률」에 따른 지구단위계획구역 중 현상설계(懸賞設計) 등에 따른 창의적 개발을 위한 특별계획구역
> 2. 시·도지사가 지정하는 경우
>   ① 「경제자유구역의 지정 및 운영에 관한 특별법」에 따라 지정된 경제자유구역
>   ② 「택지개발촉진법」에 따른 택지개발사업구역
>   ③ 「도시 및 주거환경정비법」에 따른 정비구역
>   ④ 「도시개발법」에 따른 도시개발구역
>   ⑤ 「도시재정비 촉진을 위한 특별법」에 따른 재정비촉진구역
>   ⑥ 「제주특별자치도 설치 및 국제자유도시 조성을 위한 특별법」에 따른 국제자유도시의 사업구역
>   ⑦ 「국토의 계획 및 이용에 관한 법률」에 따른 지구단위계획구역 중 현상설계(懸賞設計) 등에 따른 창의적 개발을 위한 특별계획구역
>   ⑧ 「관광진흥법」에 따른 관광지, 관광단지 또는 관광특구
>   ⑨ 「지역문화진흥법」에 따른 문화지구

(2) 예 외

다음의 어느 하나에 해당하는 지역·구역 등에 대하여는 특별건축구역으로 지정할 수 없다(법 제69조 제2항).

① 「개발제한구역의 지정 및 관리에 관한 특별조치법」에 따른 개발제한구역
② 「자연공원법」에 따른 자연공원
③ 「도로법」에 따른 접도구역
④ 「산지관리법」에 따른 보전산지

2 특별건축구역의 지정절차

(1) 지정신청

중앙행정기관의 장, 사업구역을 관할하는 시·도지사 또는 시장·군수·구청장은 특별건축구역의 지정이 필요한 경우에는 다음의 자료를 갖추어 중앙행정기관의 장 또는 시·도지사는 국토교통부장관에게, 시장·군수·구청장은 특별시장·광역시장·도지사에게 각각 특별건축구역의 지정을 신청할 수 있다(법 제71조 제1항).

추가 지정신청기관
중앙행정기관의 장, 사업구역을 관할하는 시·도지사 또는 시장·군수·구청장

① 특별건축구역의 위치·범위 및 면적 등에 관한 사항
② 특별건축구역의 지정목적 및 필요성
③ 특별건축구역 내 건축물의 규모 및 용도 등에 관한 사항
④ 특별건축구역의 도시·군관리계획에 관한 사항. 이 경우 도시·군관리계획의 세부내용은 대통령령으로 정한다.
⑤ 건축물의 설계, 공사감리 및 건축시공 등의 발주방법 등에 관한 사항
⑥ 특별건축구역 전부 또는 일부를 대상으로 통합하여 적용하는 미술작품, 부설주차장, 공원 등의 시설에 대한 운영관리계획서. 이 경우 운영관리계획서의 작성방법, 서식, 내용 등에 관한 사항은 국토교통부령으로 정한다.
⑦ 그 밖에 특별건축구역의 지정에 필요한 대통령령으로 정하는 사항

(2) 지정제안

① 지정신청기관 외의 자는 위 (1)의 자료를 갖추어 사업구역을 관할하는 시·도지사에게 특별건축구역의 지정을 제안할 수 있다(법 제71조 제2항).
② 특별건축구역 지정 제안의 방법 및 절차 등에 관하여 필요한 사항은 대통령령으로 정한다(법 제71조 제3항).

(3) 심 의

국토교통부장관 또는 특별시장·광역시장·도지사는 지정신청이 접수된 경우에는 특별건축구역 지정의 필요성, 타당성 및 공공성 등과 피난·방재 등의 사항을 검토하고, 지정 여부를 결정하기 위하여 지정신청을 받은 날부터 30일 이내에 국토교통부장관이 지정신청을 받은 경우에는 국토교통부장관이 두는 건축위원회(이하 '중앙건축위원회'), 특별시장·광역시장·도지사가 지정신청을 받은 경우에는 각각 특별시장·광역시장·도지사가 두는 건축위원회의 심의를 거쳐야 한다(법 제71조 제4항).

(4) 조정 및 직권지정

① 국토교통부장관 또는 특별시장·광역시장·도지사는 각각 중앙건축위원회 또는 특별시장·광역시장·도지사가 두는 건축위원회의 심의 결과를 고려하여 필요한 경우 특별건축구역의 범위, 도시·군관리계획 등에 관한 사항을 조정할 수 있다(법 제71조 제5항).

② 국토교통부장관 또는 시·도지사는 필요한 경우 직권으로 특별건축구역을 지정할 수 있다. 이 경우 위 **(1)**의 자료에 따라 특별건축구역 지정의 필요성, 타당성 및 공공성 등과 피난·방재 등의 사항을 검토하고 각각 중앙건축위원회 또는 시·도지사가 두는 건축위원회의 심의를 거쳐야 한다(법 제71조 제6항).

(5) 고시 및 송부

① 국토교통부장관 또는 시·도지사는 특별건축구역을 지정하거나 변경·해제하는 경우에는 대통령령으로 정하는 바에 따라 주요 내용을 관보(시·도지사는 공보)에 고시하고, 국토교통부장관 또는 특별시장·광역시장·도지사는 지정신청기관에 관계 서류의 사본을 송부하여야 한다(법 제71조 제7항).

② 관계 서류의 사본을 받은 지정신청기관은 관계 서류에 도시·군관리계획의 결정사항이 포함되어 있는 경우에는 「국토의 계획 및 이용에 관한 법률」에 따라 지형도면의 승인신청 등 필요한 조치를 취하여야 한다(법 제71조 제8항).

추가 **변경지정**
지정신청기관은 특별건축구역 지정 이후 변경이 있는 경우 변경지정을 받아야 한다. 이 경우 변경지정을 받아야 하는 변경의 범위, 변경지정의 절차 등 필요한 사항은 대통령령으로 정한다(법 제71조 제9항).

(6) 지정해제

국토교통부장관 또는 시·도지사는 다음의 어느 하나에 해당하는 경우에는 특별건축구역의 전부 또는 일부에 대하여 지정을 해제할 수 있다. 이 경우 국토교통부장관 또는 특별시장·광역시장·도지사는 지정신청기관의 의견을 청취하여야 한다(법 제71조 제10항).

① 지정신청기관의 요청이 있는 경우
② 거짓이나 그 밖의 부정한 방법으로 지정을 받은 경우
③ 특별건축구역 지정일부터 5년 이내에 특별건축구역 지정목적에 부합하는 건축물의 착공이 이루어지지 아니하는 경우
④ 특별건축구역 지정요건 등을 위반하였으나 시정이 불가능한 경우

(7) 지정효과

특별건축구역을 지정하거나 변경한 경우에는 「국토의 계획 및 이용에 관한 법률」에 따른 도시·군관리계획의 결정(용도지역·지구·구역의 지정 및 변경은 제외)이 있는 것으로 본다(법 제71조 제11항).

3 특별건축구역 내 건축물의 심의 등

(1) 특별건축구역에서 건축할 수 있는 건축물

특별건축구역에서 건축기준 등의 특례사항을 적용하여 건축할 수 있는 건축물은 다음의 어느 하나에 해당되어야 한다(법 제70조).

① 국가 또는 지방자치단체가 건축하는 건축물
② 「공공기관의 운영에 관한 법률」에 따른 공공기관 중 대통령령으로 정하는 공공기관이 건축하는 건축물
③ 그 밖에 대통령령으로 정하는 용도·규모의 건축물로서 도시경관의 창출, 건설기술 수준향상 및 건축 관련 제도개선을 위하여 특례 적용이 필요하다고 허가권자가 인정하는 건축물

(2) 건축허가 신청 및 심의

① 특별건축구역에서 건축기준 등의 특례사항을 적용하여 건축허가를 신청하고자 하는 자(이하 '허가신청자')는 다음의 사항이 포함된 특례적용계획서를 첨부하여 해당 허가권자에게 건축허가를 신청하여야 한다. 이 경우 특례적용계획서의 작성방법 및 제출서류 등은 국토교통부령으로 정한다(법 제72조 제1항).

> ㉠ 기준을 완화하여 적용할 것을 요청하는 사항
> ㉡ 특별건축구역의 지정요건에 관한 사항
> ㉢ 법 제73조 제1항의 적용배제 특례를 적용한 사유 및 예상효과 등
> ㉣ 법 제73조 제2항의 완화적용 특례의 동등 이상의 성능에 대한 증빙내용
> ㉤ 건축물의 공사 및 유지·관리 등에 관한 계획

② 건축허가는 해당 건축물이 특별건축구역의 지정목적에 적합한지의 여부와 특례적용계획서 등 해당 사항에 대하여 시·도지사 및 시장·군수·구청장이 설치하는 건축위원회(이하 '지방건축위원회'라 한다)의 심의를 거쳐야 한다(법 제72조 제2항).

③ 허가신청자는 건축허가 시 「도시교통정비 촉진법」에 따른 교통영향평가서의 검토를 동시에 진행하고자 하는 경우에는 교통영향평가서에 관한 서류를 첨부하여 허가권자에게 심의를 신청할 수 있다(법 제72조 제3항).

④ 교통영향평가서에 대하여 지방건축위원회에서 통합심의한 경우에는 「도시교통정비 촉진법」에 따른 교통영향평가서의 심의를 한 것으로 본다(법 제72조 제4항).

추가 변경심의

심의된 내용에 대하여 대통령령으로 정하는 변경사항이 발생한 경우에는 지방건축위원회의 변경심의를 받아야 한다(법 제72조 제5항).

(3) 관계 법령의 적용 특례(법 제73조)

① 특별건축구역에 건축하는 건축물에 대하여는 다음을 적용하지 아니할 수 있다.

> ㉠ 대지의 조경(법 제42조)
> ㉡ 건축물의 건폐율(법 제55조)
> ㉢ 건축물의 용적률(법 제56조)
> ㉣ 대지 안의 공지(법 제58조)
> ㉤ 건축물의 높이제한(법 제60조)
> ㉥ 일조 등의 확보를 위한 건축물의 높이제한(법 제61조)
> ㉦ 「주택법」 제35조(주택건설기준 등) 중 대통령령으로 정하는 규정

② 특별건축구역에 건축하는 건축물이 법 제49조, 제50조, 제50조의2, 제51조부터 제53조까지, 제62조 및 제64조와 「녹색건축물 조성 지원법」 제15조에 해당할 때에는 해당 규정에서 요구하는 기준 또는 성능 등을 다른 방법으로 대신할 수 있는 것으로 지방건축위원회가 인정하는 경우에만 해당 규정의 전부 또는 일부를 완화하여 적용할 수 있다.

③ 「소방시설 설치·유지 및 안전관리에 관한 법률」 제9조와 제11조에서 요구하는 기준 또는 성능 등을 대통령령으로 정하는 절차·심의방법 등에 따라 다른 방법으로 대신할 수 있는 경우 전부 또는 일부를 완화하여 적용할 수 있다.

(4) 통합적용계획의 수립 및 시행(법 제74조)

① 특별건축구역에서는 다음의 관계 법령의 규정에 대하여는 개별 건축물마다 적용하지 아니하고 특별건축구역 전부 또는 일부를 대상으로 통합하여 적용할 수 있다.

> ㉠ 「문화예술진흥법」에 따른 건축물에 대한 미술작품의 설치
> ㉡ 「주차장법」에 따른 부설주차장의 설치
> ㉢ 「도시공원 및 녹지 등에 관한 법률」에 따른 공원의 설치

② 지정신청기관은 관계 법령의 규정을 통합하여 적용하려는 경우에는 특별건축구역 전부 또는 일부에 대하여 미술작품, 부설주차장, 공원 등에 대한 수요를 개별법으로 정한 기준 이상으로 산정하여 파악하고 이용자의 편의성, 쾌적성 및 안전 등을 고려한 통합적용계획을 수립하여야 한다.

③ 지정신청기관이 통합적용계획을 수립하는 때에는 해당 구역을 관할하는 허가권자와 협의하여야 하며, 협의요청을 받은 허가권자는 요청받은 날부터 20일 이내에 지정신청기관에게 의견을 제출하여야 한다.

④ 지정신청기관은 도시·군관리계획의 변경을 수반하는 통합적용계획이 수립된 때에는 관련 서류를 「국토의 계획 및 이용에 관한 법률」에 따른 도시·군관리계획 결정권자에게 송부하여야 하며, 이 경우 해당 도시·군관리계획 결정권자는 특별한 사유가 없으면 도시·군관리계획의 변경에 필요한 조치를 취하여야 한다.

4 특별가로구역

(1) 특별가로구역의 지정(법 제77조의2)

① 국토교통부장관 및 허가권자는 도로에 인접한 건축물의 건축을 통한 조화로운 도시경관의 창출을 위하여 이 법 및 관계 법령에 따라 일부 규정을 적용하지 아니하거나 완화하여 적용할 수 있도록 다음의 어느 하나에 해당하는 지구 또는 구역에서 대통령령으로 정하는 도로에 접한 대지의 일정 구역을 특별가로구역으로 지정할 수 있다.

> ㉠ 경관지구
> ㉡ 지구단위계획구역 중 미관유지를 위하여 필요하다고 인정하는 구역

② 국토교통부장관 및 허가권자는 특별가로구역을 지정하려는 경우에는 다음의 자료를 갖추어 국토교통부장관 또는 허가권자가 두는 건축위원회의 심의를 거쳐야 한다.

> ㉠ 특별가로구역의 위치·범위 및 면적 등에 관한 사항
> ㉡ 특별가로구역의 지정목적 및 필요성
> ㉢ 특별가로구역 내 건축물의 규모 및 용도 등에 관한 사항

③ 국토교통부장관 및 허가권자는 특별가로구역을 지정하거나 변경·해제하는 경우에는 국토교통부령으로 정하는 바에 따라 이를 지역 주민에게 알려야 한다.

(2) 특별가로구역의 관리 및 건축물의 건축기준 적용 특례 등(법 제77조의3)

① 국토교통부장관 및 허가권자는 특별가로구역을 효율적으로 관리하기 위하여 국토교통부령으로 정하는 바에 따라 위 **(1)** ②의 ㉠~㉢의 지정 내용을 작성하여 관리하여야 한다.

② 특별가로구역의 변경절차 및 해제, 특별가로구역 내 건축물에 관한 건축기준의 적용 등에 관하여는 법 제71조 제9항·제10항(각 호 외의 부분 후단은 제외), 제72조 제1항부터 제5항까지, 제73조 제1항(제77조의2 제1항 제3호에 해당하는 경우에는 제55조 및 제56조는 제외)·제2항, 제75조 제1항 및 제77조 제1항을 준용한다.

③ 특별가로구역 안의 건축물에 대하여 국토교통부장관 또는 허가권자가 배치기준을 따로 정하는 경우에는 법 제46조 및 「민법」 제242조를 적용하지 아니한다.

• 27회 • 28회 • 31회

1 건축협정의 체결

(1) 건축협정* 대상자 및 대상지역

① 토지 또는 건축물의 소유자, 지상권자 등 대통령령으로 정하는 자(이하 '소유자등')는 전원의 합의로 다음의 어느 하나에 해당하는 지역 또는 구역에서 건축물의 건축·대수선 또는 리모델링에 관한 협정(이하 '건축협정')을 체결할 수 있다(법 제77조의4 제1항).

> ㉠ 「국토의 계획 및 이용에 관한 법률」에 따라 지정된 지구단위계획구역
> ㉡ 「도시 및 주거환경정비법」에 따른 주거환경개선사업을 시행하기 위하여 지정·고시된 정비구역
> ㉢ 「도시재정비 촉진을 위한 특별법」에 따른 존치지역
> ㉣ 「도시재생 활성화 및 지원에 관한 특별법」에 따른 도시재생활성화지역
> ㉤ 그 밖에 시·도지사 및 시장·군수·구청장이 도시 및 주거환경개선이 필요하다고 인정하여 해당 지방자치단체의 조례로 정하는 구역

② 위 ①의 지역 또는 구역에서 둘 이상의 토지를 소유한 자가 1인인 경우에도 그 토지소유자는 해당 토지의 구역을 건축협정 대상지역으로 하는 건축협정을 정할 수 있다. 이 경우 그 토지소유자 1인을 건축협정 체결자로 본다(법 제77조의4 제2항).

(2) 건축협정 체결 시 내용

① 소유자등은 건축협정을 체결(토지소유자 1인이 건축협정을 정하는 경우를 포함)하는 경우에는 다음의 사항을 준수하여야 한다(법 제77조의4 제3항).

> ㉠ 이 법 및 관계 법령을 위반하지 아니할 것
> ㉡ 「국토의 계획 및 이용에 관한 법률」에 따른 도시·군관리계획 및 건축물의 건축·대수선 또는 리모델링에 관한 계획을 위반하지 아니할 것

---

* 건축협정

일정한 구역 내의 토지 및 건축물의 소유권자와 사용권자가 건축물의 대지, 위치, 구조, 형태, 용도, 건축설비 따위에 관한 기준을 정하는 협정으로 주택지의 환경이나 상점가의 편리성을 증진하고 유지하기 위하여 이루어진다.

추가 건축협정인가권자
시·도지사 및 시장·군수·구청장

PART 4

06 특별건축구역·건축협정 및 결합건축

② 건축협정은 다음의 사항을 포함하여야 한다(법 제77조의4 제4항).

> ㉠ 건축물의 건축·대수선 또는 리모델링에 관한 사항
> ㉡ 건축물의 위치·용도·형태 및 부대시설에 관하여 대통령령으로 정하는 사항

추가 **대통령령으로 정하는 사항**
(영 제110조의3 제2항)
1. 건축선
2. 건축물 및 건축설비의 위치
3. 건축물의 용도, 높이 및 층수
4. 건축물의 지붕 및 외벽의 형태
5. 건폐율 및 용적률
6. 담장, 대문, 조경, 주차장 등 부대시설의 위치 및 형태
7. 차양시설, 차면시설 등 건축물에 부착하는 시설물의 형태
8. 맞벽 건축의 구조 및 형태
9. 그 밖에 건축물의 위치, 용도, 형태 또는 부대시설에 관하여 건축조례로 정하는 사항

③ 소유자등이 건축협정을 체결하는 경우에는 건축협정서를 작성하여야 하며, 건축협정서에는 다음의 사항이 명시되어야 한다(법 제77조의4 제5항).

> ㉠ 건축협정의 명칭
> ㉡ 건축협정 대상지역의 위치 및 범위
> ㉢ 건축협정의 목적
> ㉣ 건축협정의 내용
> ㉤ 건축협정을 체결하는 자(이하 '협정체결자')의 성명, 주소 및 생년월일(법인, 법인 아닌 사단이나 재단 및 외국인의 경우에는 부동산등기법 제49조에 따라 부여된 등록번호)
> ㉥ 건축협정운영회가 구성되어 있는 경우에는 그 명칭, 대표자 성명, 주소 및 생년월일
> ㉦ 건축협정의 유효기간
> ㉧ 건축협정 위반 시 제재에 관한 사항
> ㉨ 그 밖에 건축협정에 필요한 사항으로서 해당 지방자치단체의 조례로 정하는 사항

④ 시·도지사가 필요하다고 인정하여 조례로 구역을 정하려는 때에는 해당 시장·군수·구청장의 의견을 들어야 한다(법 제77조의4 제6항).

(3) 건축협정운영회의 설립(법 제77조의5)

① 협정체결자는 건축협정서 작성 및 건축협정 관리 등을 위하여 필요한 경우 협정체결자 간의 자율적 기구로서 운영회(이하 '건축협정운영회')를 설립할 수 있다.

② 건축협정운영회를 설립하려면 협정체결자 과반수의 동의를 받아 건축협정운영회의 대표자를 선임하고, 국토교통부령으로 정하는 바에 따라 건축협정인가권자에게 신고하여야 한다. 다만, 건축협정인가 신청 시 건축협정운영회에 관한 사항을 포함한 경우에는 그러하지 아니하다.

2 건축협정의 인가 및 변경

(1) 건축협정의 인가(법 제77조의6)

① 협정체결자 또는 건축협정운영회의 대표자는 건축협정서를 작성하여
국토교통부령으로 정하는 바에 따라 해당 건축협정인가권자의 인가를
받아야 한다. 이 경우 인가신청을 받은 건축협정인가권자는 인가를 하
기 전에 건축협정인가권자가 두는 건축위원회의 심의를 거쳐야 한다.

② 건축협정 체결대상 토지가 둘 이상의 특별자치시 또는 시·군·구에 걸
치는 경우 건축협정 체결대상 토지면적의 과반(過半)이 속하는 건축협
정인가권자에게 인가를 신청할 수 있다. 이 경우 인가 신청을 받은 건
축협정인가권자는 건축협정을 인가하기 전에 다른 특별자치시장 또는
시장·군수·구청장과 협의하여야 한다.

③ 건축협정인가권자는 건축협정을 인가하였을 때에는 국토교통부령으로
정하는 바에 따라 그 내용을 공고하여야 한다.

(2) 건축협정의 변경

협정체결자 또는 건축협정운영회의 대표자는 인가받은 사항을 변경하려면
국토교통부령으로 정하는 바에 따라 변경인가를 받아야 한다. 다만, 대통
령령으로 정하는 경미한 사항을 변경하는 경우에는 그러하지 아니하다(법
제77조의7 제1항).

(3) 건축협정의 관리

건축협정인가권자는 건축협정을 인가하거나 변경인가하였을 때에는 국토
교통부령으로 정하는 바에 따라 건축협정 관리대장을 작성하여 관리하여
야 한다(법 제77조의8).

(4) 건축협정의 폐지

협정체결자 또는 건축협정운영회의 대표자는 건축협정을 폐지하려는 경우
에는 협정체결자 과반수의 동의를 받아 국토교통부령으로 정하는 바에 따
라 건축협정인가권자의 인가를 받아야 한다. 다만, 법 제77조의13에 따른
특례를 적용하여 착공신고를 한 경우에는 대통령령으로 정하는 기간이 지
난 후에 건축협정의 폐지 인가를 신청할 수 있다(법 제77조의9 제1항).

추가 **국토교통부령으로 정하는
바에 따른 인가·변경인가 공고**
건축협정인가권자는 건축협정을
인가하거나 변경인가한 때에는
해당 지방자치단체의 공보에 공
고하여야 하며, 건축협정서 등 관
계 서류를 건축협정 유효기간 만
료일까지 해당 특별자치시·특
별자치도 또는 시·군·구에 비치
하여 열람할 수 있도록 하여야 한
다(규칙 제38조의9 제3항).

추가 **대통령령으로 정하는 기간**
착공신고를 한 날부터 20년을 말
한다(영 제110조의4 제1항).

(5) 건축협정의 효력 및 승계(법 제77조의10)

① 건축협정이 체결된 지역 또는 구역(이하 '건축협정구역')에서 건축물의 건축·대수선 또는 리모델링을 하거나 그 밖에 대통령령으로 정하는 행위를 하려는 소유자등은 인가·변경인가된 건축협정에 따라야 한다.

② 건축협정이 공고된 후 건축협정구역에 있는 토지나 건축물 등에 관한 권리를 협정체결자인 소유자등으로부터 이전받거나 설정받은 자는 협정체결자로서의 지위를 승계한다. 다만, 건축협정에서 달리 정한 경우에는 그에 따른다.

3 건축협정에 따른 특례 · 28회 · 34회

(1) 맞벽건축의 특례

① 건축협정을 체결하여 둘 이상의 건축물 벽을 맞벽으로 하여 건축하려는 경우 맞벽으로 건축하려는 자는 공동으로 건축허가를 신청할 수 있다(법 제77조의13 제1항).

② 법 제17조(건축허가 등의 수수료), 제21조(착공신고 등), 제22조(건축물의 사용승인) 및 제25조(건축물의 공사감리)에 관하여는 개별 건축물마다 적용하지 아니하고 허가를 신청한 건축물 전부 또는 일부를 대상으로 통합하여 적용할 수 있다(법 제77조의13 제2항).

(2) 통합적용의 특례

① 건축협정의 인가를 받은 건축협정구역에서 연접한 대지에 대하여는 다음의 관계 법령의 규정을 개별 건축물마다 적용하지 아니하고 건축협정구역의 전부 또는 일부를 대상으로 통합하여 적용할 수 있다(법 제77조의13 제3항).

> ㉠ 대지의 조경
> ㉡ 대지와 도로와의 관계
> ㉢ 지하층의 설치
> ㉣ 건폐율
> ㉤ 「주차장법」에 따른 부설주차장의 설치
> ㉥ 「하수도법」에 따른 개인하수처리시설의 설치

② 위 ①에 따라 관계 법령의 규정을 적용하려는 경우에는 건축협정구역 전부 또는 일부에 대하여 조경 및 부설주차장에 대한 기준을 이 법 및 「주차장법」에서 정한 기준 이상으로 산정하여 적용하여야 한다(법 제77 조의13 제4항).

(3) 완화적용의 특례(법 제77조의13 제6항)

① 건축협정구역에 건축하는 건축물에 대하여는 대지의 조경, 건축물의 건폐율, 건축물의 용적률, 대지 안의 공지, 건축물의 높이제한 및 일조 등의 확보를 위한 건축물의 높이제한과 「주택법」 주택건설기준 등을 대통령령으로 정하는 바에 따라 완화하여 적용할 수 있다.

② 완화적용 기준 중 건축물의 용적률을 완화하여 적용하는 경우에는 건축위원회의 심의와 「국토의 계획 및 이용에 관한 법률」에 따른 지방도 시계획위원회의 심의를 통합하여 거쳐야 한다.

4 건축협정 집중구역 지정 등

(1) 지 정

건축협정인가권자는 건축협정의 효율적인 체결을 통한 도시의 기능 및 미 관의 증진을 위하여 법 제77조의4 제1항(건축협정 체결대상 지역)에 해당하 는 지역 및 구역의 전체 또는 일부를 건축협정 집중구역으로 지정할 수 있 다(법 제77조의14 제1항).

(2) 심 의

건축협정인가권자는 건축협정 집중구역을 지정하는 경우에는 미리 다음의 사항에 대하여 건축협정인가권자가 두는 건축위원회의 심의를 거쳐야 한 다(법 제77조의14 제2항).

① 건축협정 집중구역의 위치, 범위 및 면적 등에 관한 사항
② 건축협정 집중구역의 지정목적 및 필요성
③ 건축협정 집중구역에서 건축협정인가권자가 도시의 기능 및 미관 증진을 위 하여 세부적으로 규정하는 사항
④ 건축협정 집중구역에서 건축협정의 특례 적용에 관하여 세부적으로 규정하 는 사항

> **추가** 둘 이상 건축물의 경계벽 을 공유하여 건축
> 건축협정을 체결하여 둘 이상 건 축물의 경계벽을 전체 또는 일부 를 공유하여 건축하는 경우에는 본문 **3**의 **(1)**과 **(2)**의 특례를 적 용하며, 해당 대지를 하나의 대지 로 보아 이 법의 기준을 개별 건축 물마다 적용하지 아니하고 허가 를 신청한 건축물의 전부 또는 일 부를 대상으로 통합하여 적용할 수 있다(법 제77조의13 제5항).

> **추가** 심의 생략
> 건축협정 집중구역 내의 건축협정 이 심의내용에 부합하는 경우에는 건축위원회의 심의를 생략할 수 있다(법 제77조의14 제4항).

1 결합건축의 개념

(1) 정 의

결합건축이란 용적률을 개별 대지마다 적용하지 아니하고, 2개 이상의 대지를 대상으로 통합적용하여 건축물을 건축하는 것을 말한다(법 제2조 제1항 제8호의2).

(2) 결합건축 대상지(법 제77조의15) · 33회

① 다음의 어느 하나에 해당하는 지역에서 대지 간의 최단거리가 100m 이내의 범위에서 대통령령으로 정하는 범위에 있는 2개의 대지의 건축주가 서로 합의한 경우 2개의 대지를 대상으로 결합건축을 할 수 있다.

> ㉠ 「국토의 계획 및 이용에 관한 법률」에 따라 지정된 상업지역
> ㉡ 「역세권의 개발 및 이용에 관한 법률」에 따라 지정된 역세권개발구역
> ㉢ 「도시 및 주거환경정비법」에 따른 정비구역 중 주거환경개선사업의 시행을 위한 구역
> ㉣ 건축협정구역, 특별건축구역, 리모델링활성화구역
> ㉤ 「도시재생활성화 및 지원에 관한 특별법」에 따른 도시재생활성화지역
> ㉥ 「한옥 등 건축자산의 진흥에 관한 법률」에 따른 건축자산진흥구역

② 다음의 어느 하나에 해당하는 경우에는 위 ①의 어느 하나에 해당하는 지역에서 대통령령으로 정하는 범위에 있는 3개 이상 대지의 건축주 등이 서로 합의한 경우 3개 이상의 대지를 대상으로 결합건축을 할 수 있다.

> ㉠ 국가·지방자치단체 또는 「공공기관의 운영에 관한 법률」에 따른 공공기관이 소유 또는 관리하는 건축물과 결합건축하는 경우
> ㉡ 「빈집 및 소규모주택 정비에 관한 특례법」에 따른 빈집 또는 「건축물관리법」에 따른 빈 건축물을 철거하여 그 대지에 공원, 광장 등 대통령령으로 정하는 시설을 설치하는 경우
> ㉢ 그 밖에 대통령령으로 정하는 건축물과 결합건축하는 경우

③ 도시경관의 형성, 기반시설 부족 등의 사유로 해당 지방자치단체의 조례로 정하는 지역 안에서는 결합건축을 할 수 없다.

④ 결합건축을 하려는 2개 이상의 대지를 소유한 자가 1명인 경우는 법 제77조의4 제2항(건축협정의 체결)을 준용한다.

2 결합건축의 절차 및 관리

(1) 결합건축의 절차(법 제77조의16)

① 결합건축을 하고자 하는 건축주는 건축허가를 신청하는 때에는 다음의 사항을 명시한 결합건축협정서를 첨부하여야 하며 국토교통부령으로 정하는 도서를 제출하여야 한다.

> ○ 결합건축 대상 대지의 위치 및 용도지역
> ○ 결합건축협정서를 체결하는 자(이하 '결합건축협정체결자')의 성명, 주소 및 생년월일(법인, 법인 아닌 사단이나 재단 및 외국인의 경우에는 부동산등기법에 따라 부여된 등록번호)
> ○ 「국토의 계획 및 이용에 관한 법률」에 따라 조례로 정한 용적률과 결합건축으로 조정되어 적용되는 대지별 용적률
> ○ 결합건축 대상 대지별 건축계획서

② 허가권자는 「국토의 계획 및 이용에 관한 법률」에 따른 도시·군계획사업에 편입된 대지가 있는 경우에는 결합건축을 포함한 건축허가를 아니할 수 있다.

③ 허가권자는 건축허가를 하기 전에 건축위원회의 심의를 거쳐야 한다. 다만, 결합건축으로 조정되어 적용되는 대지별 용적률이 「국토의 계획 및 이용에 관한 법률」에 따라 해당 대지에 적용되는 도시계획조례의 용적률의 100분의 20을 초과하는 경우에는 대통령령으로 정하는 바에 따라 건축위원회 심의와 도시계획위원회 심의를 공동으로 하여 거쳐야 한다.

(2) 결합건축의 관리(법 제77조의17)

① 허가권자는 결합건축을 포함하여 건축허가를 한 경우 국토교통부령으로 정하는 바에 따라 그 내용을 공고하고, 결합건축 관리대장을 작성하여 관리하여야 한다.

② 허가권자는 법 제77조의15 제1항(2개의 대지의 건축주가 서로 합의한 경우)에 따른 결합건축과 관련된 건축물의 사용승인 신청이 있는 경우 해당 결합건축협정서상의 다른 대지에서 착공신고 또는 대통령령으로 정하는 조치가 이행되었는지를 확인한 후 사용승인을 하여야 한다.

③ 허가권자는 결합건축을 허용한 경우 건축물대장에 국토교통부령으로 정하는 바에 따라 결합건축에 관한 내용을 명시하여야 한다.

④ 결합건축협정서에 따른 협정체결 유지기간은 최소 30년으로 한다. 다만, 결합건축협정서의 용적률 기준을 종전대로 환원하여 신축·개축·재축하는 경우에는 그러하지 아니한다.

⑤ 결합건축협정서를 폐지하려는 경우에는 결합건축협정체결자 전원이 동의하여 허가권자에게 신고하여야 하며, 허가권자는 용적률을 이전받은 건축물이 멸실된 것을 확인한 후 결합건축의 폐지를 수리하여야 한다. 이 경우 결합건축 폐지에 관하여는 위 ① 및 ③을 준용한다.

건축법령상 건축협정에 관한 설명으로 옳은 것은? (단, 조례는 고려하지 않음)

• 31회

① 해당 지역의 토지 또는 건축물의 소유자 전원이 합의하면 지상권자가 반대하는 경우에도 건축협정을 체결할 수 있다.

② 건축협정 체결대상 토지가 둘 이상의 시·군·구에 걸치는 경우에는 관할 시·도지사에게 건축협정의 인가를 받아야 한다.

③ 협정체결자는 인가받은 건축협정을 변경하려면 협정체결자 과반수의 동의를 받아 건축협정인가권자에게 신고하여야 한다.

④ 건축협정을 폐지하려면 협정체결자 전원의 동의를 받아 건축협정인가권자의 인가를 받아야 한다.

⑤ 건축협정에서 달리 정하지 않는 한, 건축협정이 공고된 후에 건축협정구역에 있는 토지에 관한 권리를 협정체결자로부터 이전받은 자도 건축협정에 따라야 한다.

해설 ① 해당 지역의 토지 또는 건축물의 소유자, 지상권자 전원이 합의를 해야 건축협정의 체결이 가능하며, 지상권자가 반대하면 체결이 불가능하다.

② 건축협정 체결대상 토지가 둘 이상의 특별자치시 또는 시·군·구에 걸치는 경우에는 건축협정 체결대상 토지면적의 과반(過半)이 속하는 건축협정인가권자에게 인가를 신청할 수 있다.

③ 협정체결자 또는 건축협정운영회의 대표자는 인가받은 사항을 변경하려면 국토교통부령으로 정하는 바에 따라 변경인가를 받아야 한다.

④ 협정체결자 또는 건축협정운영회의 대표자는 건축협정을 폐지하려는 경우에는 협정체결자 과반수의 동의를 받아 국토교통부령으로 정하는 바에 따라 건축협정인가권자의 인가를 받아야 한다.

정답 ⑤

07 | 보칙 및 벌칙

┃10개년 출제문항 수

25회	26회	27회	28회	29회
				1

30회	31회	32회	33회	34회

└→ 총 40문제 中 평균 약 0.1문제 출제

┃학습전략

이 CHAPTER는 보칙·벌칙에 대한 내용으로 구성되어 있지만, 거의 출제가 되지 않으므로 이행강제금 위주로 학습하면 됩니다.

제1절 보 칙

1 감 독

(1) 조치명령

① 국토교통부장관은 시·도지사 또는 시장·군수·구청장이 한 명령이나 처분이 이 법이나 이 법에 따른 명령이나 처분 또는 조례에 위반되거나 부당하다고 인정하면 그 명령 또는 처분의 취소·변경, 그 밖에 필요한 조치를 명할 수 있다(법 제78조 제1항).

② 특별시장·광역시장·도지사는 시장·군수·구청장이 한 명령이나 처분이 이 법 또는 이 법에 따른 명령이나 처분 또는 조례에 위반되거나 부당하다고 인정하면 그 명령이나 처분의 취소·변경, 그 밖에 필요한 조치를 명할 수 있다(법 제78조 제2항).

(2) 보고 및 조치

① 시·도지사 또는 시장·군수·구청장이 필요한 조치명령을 받으면 그 시정 결과를 국토교통부장관에게 지체 없이 보고하여야 하며, 시장·군수·구청장이 필요한 조치명령을 받으면 그 시정 결과를 특별시장·광역시장·도지사에게 지체 없이 보고하여야 한다(법 제78조 제3항).

② 국토교통부장관 및 시·도지사는 건축허가의 적법한 운영, 위법 건축물의 관리 실태 등 건축행정의 건실한 운영을 지도·점검하기 위하여 국토교통부령으로 정하는 바에 따라 매년 지도·점검 계획을 수립·시행하여야 한다(법 제78조 제4항).

③ 국토교통부장관 및 시·도지사는 건축위원회의 심의방법 또는 결과가 이 법 또는 이 법에 따른 명령이나 처분 또는 조례에 위반되거나 부당하다고 인정하면 그 심의방법 또는 결과의 취소·변경, 그 밖에 필요한 조치를 할 수 있다. 이 경우 심의에 관한 조사·시정명령 및 변경절차 등에 관하여는 대통령령으로 정한다(법 제78조 제5항).

2 위반 건축물 등에 대한 조치 등

(1) 허가·승인의 취소 및 시정명령

허가권자는 이 법 또는 이 법에 따른 명령이나 처분에 위반되는 대지나 건축물에 대하여 이 법에 따른 허가 또는 승인을 취소하거나 그 건축물의 건축주·공사시공자·현장관리인·소유자·관리자 또는 점유자(이하 '건축주 등')에게 공사의 중지를 명하거나 상당한 기간을 정하여 그 건축물의 해체·개축·증축·수선·용도변경·사용금지·사용제한, 그 밖에 필요한 조치를 명할 수 있다(법 제79조 제1항).

(2) 영업허가 등의 금지요청

① 허가권자는 허가나 승인이 취소된 건축물 또는 시정명령을 받고 이행하지 아니한 건축물에 대하여는 다른 법령에 따른 영업이나 그 밖의 행위를 허가·면허·인가·등록·지정 등을 하지 아니하도록 요청할 수 있다. 다만, 허가권자가 기간을 정하여 그 사용 또는 영업, 그 밖의 행위를 허용한 주택과 대통령령으로 정하는 경우에는 그러하지 아니하다(법 제79조 제2항).

② 요청을 받은 자는 특별한 이유가 없으면 요청에 따라야 한다(법 제79조 제3항).

(3) 위반내용 적시 및 실태파악

① 허가권자는 위 (1)에 따른 시정명령을 하는 경우 국토교통부령으로 정하는 바에 따라 건축물대장에 위반내용을 적어야 한다(법 제79조 제4항).

② 허가권자는 이 법 또는 이 법에 따른 명령이나 처분에 위반되는 대지나 건축물에 대한 실태를 파악하기 위하여 조사를 할 수 있다(법 제79조 제5항).

③ 이행강제금 ・16회 ・29회

(1) 이행강제금의 목적

이행강제금은 종전의 과태료나 벌금이 가지는 일회성 처분에 대하여 보다 더 강한 처분을 하기 위하여 이행할 때까지 계속하여 부과·징수함으로써 「건축법」 위반자에게 심리적 압박을 통한 행정상 실효성을 확보하기 위한 제도이다.

(2) 이행강제금의 부과

① **원칙** : 허가권자는 시정명령을 받은 후 시정기간 내에 시정명령을 이행하지 아니한 건축주등에 대하여는 그 시정명령의 이행에 필요한 상당한 이행기한을 정하여 그 기한까지 시정명령을 이행하지 아니하면 다음의 이행강제금을 부과한다(법 제80조 제1항 본문).

㉠ 건축물이 건폐율이나 용적률을 초과하여 건축된 경우 또는 허가를 받지 아니하거나 신고를 하지 아니하고 건축된 경우	「지방세법」에 따라 해당 건축물에 적용되는 1m²의 시가표준액의 100분의 50에 해당하는 금액에 위반면적을 곱한 금액 이하의 범위에서 위반 내용에 따라 다음의 구분에 따른 비율을 곱한 금액(영 제115조의3 제1항) ⓐ 건폐율을 초과하여 건축한 경우 : 100분의 80 ⓑ 용적률을 초과하여 건축한 경우 : 100분의 90 ⓒ 허가를 받지 아니하고 건축한 경우 : 100분의 100 ⓓ 신고를 하지 아니하고 건축한 경우 : 100분의 70
㉡ 그 외의 위반 건축물에 해당하는 경우	「지방세법」에 따라 그 건축물에 적용되는 시가표준액에 해당하는 금액의 100분의 10의 범위에서 위반내용에 따라 대통령령으로 정하는 금액

② **예외** : 연면적(공동주택의 경우에는 세대면적을 기준)이 60m² 이하인 주거용 건축물과 위 ①의 ㉡ 중 주거용 건축물로서 다음의 경우에는 위 ①의 어느 하나에 해당하는 금액의 2분의 1의 범위에서 해당 지방자치단체의 조례로 정하는 금액을 부과한다(법 제80조 제1항 단서, 영 제115조의2 제1항).

추가 이행강제금의 가중
허가권자는 영리목적을 위한 위반이나 상습적 위반 등 대통령령으로 정하는 경우에 본문 **(2)**의 ① 원칙에 따른 금액을 100분의 100의 범위에서 해당 지방자치단체의 조례로 정하는 바에 따라 가중하여야 한다(법 제80조 제2항).

> ⊙ 사용승인을 받지 아니하고 건축물을 사용한 경우
> ⓛ 대지의 조경에 관한 사항을 위반한 경우
> ⓒ 건축물의 높이제한을 위반한 경우
> ⓔ 일조 등의 확보를 위한 건축물의 높이제한을 위반한 경우
> ⓜ 그 밖에 법 또는 법에 따른 명령이나 처분을 위반한 경우로서 건축조례
>   로 정하는 경우

(3) 부과절차

사전계고	허가권자는 이행강제금을 부과하기 전에 이행강제금을 부과·징수한다는 뜻을 미리 문서로써 계고(戒告)*하여야 한다(법 제80조 제3항).
요식행위	허가권자는 이행강제금을 부과하는 경우 금액, 부과사유, 납부기한, 수납기관, 이의제기 방법 및 이의제기 기관 등을 구체적으로 밝힌 문서로 하여야 한다(법 제80조 제4항).
부과횟수	허가권자는 최초의 시정명령이 있었던 날을 기준으로 하여 1년에 2회 이내의 범위에서 해당 지방자치단체의 조례로 정하는 횟수만큼 그 시정명령이 이행될 때까지 반복하여 이행강제금을 부과·징수할 수 있다(법 제80조 제5항).
부과중지	허가권자는 시정명령을 받은 자가 이를 이행하면 새로운 이행강제금의 부과를 즉시 중지하되, 이미 부과된 이행강제금은 징수하여야 한다(법 제80조 제6항).
강제징수	허가권자는 이행강제금 부과처분을 받은 자가 이행강제금을 납부기한까지 내지 아니하면 「지방행정제재·부과금의 징수 등에 관한 법률」에 따라 징수한다(법 제80조 제7항).

(4) 이행강제금 부과에 관한 특례

허가권자는 이행강제금을 다음에서 정하는 바에 따라 감경할 수 있다. 다만, 지방자치단체의 조례로 정하는 기간까지 위반내용을 시정하지 아니한 경우는 제외한다(법 제80조의2 제1항).

> ① 축사 등 농업용·어업용 시설로서 500m²(수도권정비계획법에 따른 수도권 외의 지역에서는 1천m²) 이하인 경우는 5분의 1을 감경
> ② 그 밖에 위반 동기, 위반 범위 및 위반 시기 등을 고려하여 대통령령으로 정하는 경우(가중 부과하는 경우는 제외)에는 2분의 1의 범위에서 대통령령으로 정하는 비율을 감경

PART 4

* 계고
대집행 전에 대집행 사실을 문서로 알리는 것

07 보칙 및 벌칙

1 행정형벌

(1) 10년 이하의 징역 등(법 제106조)

① 다음의 규정을 위반하여 설계·시공·공사감리 및 유지·관리와 건축자재의 제조 및 유통을 함으로써 건축물이 부실하게 되어 착공 후「건설산업기본법」에 따른 하자담보책임기간에 건축물의 기초와 주요구조부에 중대한 손괴를 일으켜 일반인을 위험에 처하게 한 설계자·감리자·시공자·제조업자·유통업자·관계전문기술자 및 건축주는 10년 이하의 징역에 처한다.

> ㉠ 건축물의 설계(법 제23조)
> ㉡ 건축시공(법 제24조 제1항)
> ㉢ 건축물의 공사감리(법 제25조 제3항)
> ㉣ 건축자재의 제조 및 유통관리(법 제52조의3 제1항)
> ㉤ 건축자재등의 품질인정(법 제52조의5 제2항)

② 위 ①의 죄를 범하여 사람을 죽거나 다치게 한 자는 무기징역이나 3년 이상의 징역에 처한다.

(2) 5년 이하의 징역이나 금고 또는 5억원 이하의 벌금 등(법 제107조)

① 업무상 과실로 위 (1)의 ①의 죄를 범한 자는 5년 이하의 징역이나 금고 또는 5억원 이하의 벌금에 처한다.

② 업무상 과실로 위 (1)의 ②의 죄를 범한 자는 10년 이하의 징역이나 금고 또는 10억원 이하의 벌금에 처한다.

(3) 3년 이하의 징역이나 5억원 이하의 벌금(법 제108조 제1항)

① 도시지역에서 법 제11조 제1항, 제19조 제1항 및 제2항, 제47조, 제55조, 제56조, 제58조, 제60조, 제61조 또는 제77조의10을 위반하여 건축물을 건축하거나 대수선 또는 용도변경을 한 건축주 및 공사시공자

② 법 제52조 제1항 및 제2항에 따른 방화에 지장이 없는 재료를 사용하지 아니한 공사시공자 또는 그 재료 사용에 책임이 있는 설계자나 공사감리자

③ 법 제52조의3 제1항을 위반한 건축자재의 제조업자 및 유통업자

추가 병과(併科)
본문 (3)의 경우 징역과 벌금은 병과할 수 있다(법 제108조 제2항).

④ 법 제52조의4 제1항을 위반하여 품질관리서를 제출하지 아니하거나 거짓으로 제출한 제조업자, 유통업자, 공사시공자 및 공사감리자

⑤ 법 제52조의5 제1항을 위반하여 품질인정기준에 적합하지 아니함에도 품질인정을 한 자

(4) 2년 이하의 징역이나 2억원 이하의 벌금(법 제109조)

① 법 제27조 제2항에 따른 보고를 거짓으로 한 자

② 법 제87조의2 제1항 제1호에 따른 보고·확인·검토·심사 및 점검을 거짓으로 한 자

(5) 2년 이하의 징역 또는 1억원 이하의 벌금(법 제110조)

① 도시지역 밖에서 법 제11조 제1항, 제19조 제1항 및 제2항, 제47조, 제55조, 제56조, 제58조, 제60조, 제61조, 제77조의10을 위반하여 건축물을 건축하거나 대수선 또는 용도변경을 한 건축주 및 공사시공자

② 법 제13조 제5항을 위반한 건축주 및 공사시공자

③ 법 제16조(변경허가 사항만 해당), 제21조 제5항, 제22조 제3항 또는 제25조 제7항을 위반한 건축주 및 공사시공자

④ 법 제20조 제1항에 따른 허가를 받지 아니하거나 법 제83조에 따른 신고를 하지 아니하고 가설건축물을 건축하거나 공작물을 축조한 건축주 및 공사시공자

⑤ 다음의 어느 하나에 해당하는 자

> ㉠ 법 제25조 제1항을 위반하여 공사감리자를 지정하지 아니하고 공사를 하게 한 자
> ㉡ 법 제25조 제1항을 위반하여 공사시공자 본인 및 계열회사를 공사감리자로 지정한 자

⑥ 법 제25조 제3항을 위반하여 공사감리자로부터 시정 요청이나 재시공 요청을 받고 이에 따르지 아니하거나 공사중지의 요청을 받고도 공사를 계속한 공사시공자

⑦ 법 제25조 제6항을 위반하여 정당한 사유 없이 감리중간보고서나 감리완료보고서를 제출하지 아니하거나 거짓으로 작성하여 제출한 자

⑧ 법 제27조 제2항을 위반하여 현장조사·검사 및 확인 대행 업무를 한 자

⑨ 법 제40조 제4항을 위반한 건축주 및 공사시공자

⑩ 법 제43조 제1항, 제49조, 제50조, 제51조, 제53조, 제58조, 제61조 제1항·제2항 또는 제64조를 위반한 건축주, 설계자, 공사시공자 또는 공사감리자

⑪ 법 제48조를 위반한 설계자, 공사감리자, 공사시공자 및 법 제67조에 따른 관계전문기술자

⑫ 법 제50조의2 제1항을 위반한 설계자, 공사감리자 및 공사시공자

⑬ 법 제48조의4를 위반한 건축주, 설계자, 공사감리자, 공사시공자 및 법 제67조에 따른 관계전문기술자

⑭ 법 제62조를 위반한 설계자, 공사감리자, 공사시공자 및 법 제67조에 따른 관계전문기술자

(6) 5천만원 이하의 벌금(법 제111조)

① 법 제14조, 제16조(변경신고 사항만 해당), 제20조 제3항, 제21조 제1항, 제22조 제1항 또는 제83조 제1항에 따른 신고 또는 신청을 하지 아니하거나 거짓으로 신고하거나 신청한 자

② 법 제24조 제3항을 위반하여 설계 변경을 요청받고도 정당한 사유 없이 따르지 아니한 설계자

③ 법 제24조 제4항을 위반하여 공사감리자로부터 상세시공도면을 작성하도록 요청받고도 이를 작성하지 아니하거나 시공도면에 따라 공사하지 아니한 자

④ 법 제24조 제6항을 위반하여 현장관리인을 지정하지 아니하거나 착공신고서에 이를 거짓으로 기재한 자

⑤ 법 제28조 제1항을 위반한 공사시공자

⑥ 법 제41조나 제42조를 위반한 건축주 및 공사시공자

⑦ 법 제43조 제4항을 위반하여 공개공지등의 활용을 저해하는 행위를 한 자

⑧ 법 제52조의2를 위반하여 실내건축을 한 건축주 및 공사시공자

⑨ 법 제52조의4 제5항을 위반하여 건축자재에 대한 정보를 표시하지 아니하거나 거짓으로 표시한 자

2 행정질서벌(과태료)

(1) 200만원 이하의 과태료(법 제113조 제1항)

① 법 제19조 제3항에 따른 건축물대장 기재내용의 변경을 신청하지 아니한 자

② 법 제24조 제2항을 위반하여 공사현장에 설계도서를 갖추어 두지 아니한 자

③ 법 제24조 제5항을 위반하여 건축허가 표지판을 설치하지 아니한 자

④ 법 제52조의3 제2항 및 제52조의6 제4항에 따른 점검을 거부·방해 또는 기피한 자

⑤ 법 제48조의3 제1항 본문에 따른 공개를 하지 아니한 자

(2) 100만원 이하의 과태료(법 제113조 제2항)

① 법 제25조 제4항을 위반하여 보고를 하지 아니한 공사감리자

② 법 제27조 제2항에 따른 보고를 하지 아니한 자

③ 법 제77조 제2항을 위반하여 모니터링에 필요한 사항에 협조하지 아니한 건축주, 소유자 또는 관리자

④ 법 제83조 제2항에 따른 보고를 하지 아니한 자

⑤ 법 제87조 제1항에 따른 자료의 제출 또는 보고를 하지 아니하거나 거짓 자료를 제출하거나 거짓 보고를 한 자

(3) 50만원 이하의 과태료

법 제24조 제6항을 위반하여 공정 및 안전 관리 업무를 수행하지 아니하거나 공사현장을 이탈한 현장관리인에게는 50만원 이하의 과태료를 부과한다(법 제113조 제3항).

(4) 과태료의 부과권자

과태료는 대통령령으로 정하는 바에 따라 국토교통부장관, 시·도지사 또는 시장·군수·구청장이 부과·징수한다(법 제113조 제4항).

건축법령상 이행강제금을 산정하기 위하여 위반 내용에 따라 곱하는 비율을 높은 순서대로 나열한 것은? (단, 조례는 고려하지 않음) • 29회

○ ㉠ 용적률을 초과하여 건축한 경우
○ ㉡ 건폐율을 초과하여 건축한 경우
○ ㉢ 신고를 하지 아니하고 건축한 경우
○ ㉣ 허가를 받지 아니하고 건축한 경우

① ㉠ - ㉡ - ㉣ - ㉢
② ㉠ - ㉣ - ㉢ - ㉡
③ ㉡ - ㉠ - ㉣ - ㉢
④ ㉣ - ㉠ - ㉡ - ㉢
⑤ ㉣ - ㉢ - ㉡ - ㉠

해설 ㉠ 용적률을 초과하여 건축한 경우 : 100분의 90
㉡ 건폐율을 초과하여 건축한 경우 : 100분의 80
㉢ 신고를 하지 아니하고 건축한 경우 : 100분의 70
㉣ 허가를 받지 아니하고 건축한 경우 : 100분의 100

정답 ④

기출지문 OX

① 지붕틀, 주계단은 주요구조부에 해당한다. ·27회 (O | X)

② 관광휴게시설은 다중이용 건축물에 해당하는 용도가 아니다. ·29회 (O | X)

③ 숙박시설로 사용하는 바닥면적의 합계가 4천m²인 16층의 관광호텔은 다중이용 건축물에 해당한다. ·26회 (O | X)

④ 건축물을 이전하는 것은 건축에 해당한다. ·31회 (O | X)

⑤ 지하의 공작물에 설치하는 점포는 '건축물'에 해당하지 않는다. ·28회 (O | X)

⑥ 높이 4m의 장식탑은 특별자치시장·특별자치도지사 또는 시장·군수·구청장에게 신고하여야 하는 공작물에 해당한다. ·27회 ·30회 (O | X)

⑦ 한쪽은 고정되고 다른 끝은 지지되지 아니한 구조로 된 차양이 외벽(외벽이 없는 경우에는 외곽기둥을 말함)의 중심선으로부터 3m 이상 돌출된 건축물은 특수구조 건축물에 해당한다. ·32회 (O | X)

⑧ 지역자치센터는 「건축법」이 모두 적용되지 않는 건축물이 아니다. ·26회 (O | X)

⑨ 대지에 정착된 컨테이너를 이용한 주택은 「건축법」의 적용을 받는다. ·28회 (O | X)

정답 1 O 2 O 3 O 4 O 5 X 건축물에 해당하지 않는다 → 건축물에 해당한다
6 X 4m의 → 4m가 넘는 7 O 8 O 9 O

⑩ 건축법령상 철도의 선로부지(敷地)에 있는 시설로서 플랫폼, 운전보안시설, 철도 선로의 아래를 가로지르는 보행시설, 해당 철도사업용 급수(給水), 급탄(給炭) 및 급유(給油) 시설은 「건축법」의 적용을 받지 않는 건축물이다. ·30회 (O | X)

⑪ 건축민원전문위원회가 위원회에 출석하게 하여 의견을 들을 수 있는 자는 신청인과 허가권자에 한한다. ·30회 (O | X)

⑫ 사전결정신청자는 사전결정을 통지받은 날부터 2년 이내에 착공신고를 하여야 하며, 이 기간에 착공신고를 하지 아니하면 사전결정의 효력이 상실된다. ·28회 (O | X)

⑬ 건축허가대상 건축물을 건축하려는 자가 허가권자의 사전결정통지를 받은 경우 도시지역 외의 지역에서 「산지관리법」 제14조에 따른 보전산지에 대한 산지전용허가를 받은 것으로 본다.
·30회 ·33회 (O | X)

⑭ 건축허가를 받으려는 자가 분양을 목적으로 하는 공동주택의 건축주가 그 대지를 사용할 수 있는 권원을 확보한 경우에는 해당 대지의 소유권을 확보하지 않아도 된다. ·28회 (O | X)

⑮ 건축허가나 건축물의 착공을 제한하는 경우 제한기간은 2년 이내로 하며, 2회에 한하여 1년 이내의 범위에서 제한기간을 연장할 수 있다. ·32회 (O | X)

⑯ 허가권자는 연면적이 1천m² 이상인 건축물로서 해당 지방자치단체의 조례로 정하는 건축물에 대하여는 착공신고를 하는 건축주에게 장기간 건축물의 공사현장이 방치되는 것에 대비하여 미리 미관 개선과 안전관리에 필요한 비용을 건축 공사비의 1%의 범위에서 예치하게 할 수 있다. ·30회
(O | X)

정답   **10** O   **11** X 의견을 들을 수 있는 자는 신청인, 허가권자의 업무담당자, 이해관계자 또는 참고인이다.
12 X 착공신고 → 건축허가 신청   **13** X 도시지역 외의 지역에서 → 도시지역에서   **14** X 분양을 목적으로 하는 공동주택은 제외한다.   **15** X 2회 → 1회   **16** O

⑰ 연면적 150m²인 3층 건축물의 피난계단 증설은 건축신고를 하면 건축허가를 받은 것으로 볼 수 있다. ·29회 (○ | X)

⑱ 조립식 구조로 된 주거용으로 쓰는 가설건축물로서 연면적이 20m²인 것은 신고대상 가설건축물에 해당한다. ·28회 (○ | X)

⑲ 신고대상 가설건축물인 전시를 위한 견본주택을 축조하는 경우에 견본주택의 존치기간은 해당 주택의 분양완료일까지이다. ·31회 (○ | X)

⑳ 신고대상 가설건축물인 전시를 위한 견본주택을 축조하는 경우에 견본주택이 2층 이상인 경우 공사감리자를 지정하여야 한다. ·31회 (○ | X)

㉑ 甲은 4층 건축물을 병원으로 사용하던 중 용도를 서점으로 변경하려면 용도변경을 신고하여야 한다. ·29회 (○ | X)

㉒ 면적 5천m² 미만인 대지에 건축하는 공장에 대하여는 조경 등의 조치를 하지 아니할 수 있다. ·27회 (○ | X)

㉓ 상업지역에 건축하는 물류시설을 대지면적이 2천m²인 대지에 건축하는 경우 조경 등의 조치를 하여야 한다. ·31회 (○ | X)

㉔ 일반주거지역은 건축물에 공개공지 또는 공개공간을 설치하여야 하는 대상지역에 해당한다. ·27회 (○ | X)

정답 | 17 X 3층 → 3층 미만 18 X 주거용 → 경비용 / 20m² → 10m² 이하 19 X 존치기간은 가설건축물로서 3년 이내이다. 20 X 견본주택은 층수에 상관없이 공사감리자를 지정하지 않는다. 21 ○ 22 ○ 23 ○ 24 ○

㉕ 준공업지역에 있는 여객용 운수시설은 공개공지 또는 공개공간을 설치하여야 하는 건축물이다.

· 34회
(O | X)

㉖ 연면적이 330m²인 2층의 목구조 건축물은 구조안전 확인 건축물 중 건축주가 착공신고 시 구조안전 확인서류를 제출하여야 하는 건축물이다. · 29회
(O | X)

㉗ 층수가 63층이고 높이가 190m인 초고층 건축물에는 피난층 또는 지상으로 통하는 직통계단과 직접 연결되는 피난안전구역을 지상층으로부터 최대 30개 층마다 1개소 이상 설치하여야 한다. · 27회

(O | X)

㉘ 문화 및 집회시설 중 동·식물원은 국토교통부장관이 정하여 고시하는 건축물, 건축설비 및 대지에 관한 범죄예방 기준에 따라 건축하여야 하는 건축물에 해당한다. · 29회
(O | X)

㉙ 건축법령상 건축물의 면적 등의 산정방법에서 지하주차장의 경사로의 면적은 건축면적에 산입한다. · 33회
(O | X)

㉚ 필로티 부분은 공동주택의 경우에는 바닥면적에 산입한다. · 29회
(O | X)

㉛ 「건축법」상 건축물의 높이제한 규정을 적용할 때, 건축물의 1층 전체에 필로티가 설치되어 있는 경우 건축물의 높이는 필로티의 층고를 제외하고 산정한다. · 31회
(O | X)

정답   **25** O   **26** X 연면적이 330m²인 2층의 목구조 → 연면적이 500m² 이상 3층 이상인 목구조   **27** O
28 X 문화 및 집회시설 중 동·식물원은 제외한다.   **29** X 산입한다 → 산입하지 않는다   **30** X 바닥면적에 산입한다 → 바닥면적에 산입하지 아니한다   **31** O

㉜ 「도로법」에 따른 접도구역은 특별건축구역으로 지정될 수 없다. ·32회 (○ | X)

㉝ 건축협정의 인가를 받은 건축협정구역에서 연접한 대지에 대하여 계단의 설치의 관계 법령의 규정을 개별 건축물마다 적용하지 아니하고 건축협정구역을 대상으로 통합하여 적용할 수 있다. ·28회

(○ | X)

㉞ 건축물의 소유자등은 과반수의 동의로 건축물의 리모델링에 관한 건축협정을 체결할 수 있다. ·27회 (○ | X)

㉟ 건축협정에서 달리 정하지 않는 한, 건축협정이 공고된 후에 건축협정구역에 있는 토지에 관한 권리를 협정체결자로부터 이전받은 자도 건축협정에 따라야 한다. ·31회 (○ | X)

㊱ 건축법령상 이행강제금을 산정하기 위하여 위반 내용에 따라 곱하는 비율을 높은 순서대로 나열하면 허가를 받지 아니하고 건축한 경우, 용적률을 초과하여 건축한 경우, 건폐율을 초과하여 건축한 경우, 신고를 하지 아니하고 건축한 경우 순이다. ·29회 (○ | X)

정답   32 ○   33 X 계단의 설치 → 건폐율, 지하층의 설치, 부설주차장의 설치, 개인하수처리시설의 설치
34 X 과반수의 동의 → 전원의 합의   35 ○   36 ○

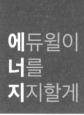

어제의 비 때문에
오늘까지 젖어 있지 말고,
내일의 비 때문에
오늘부터 우산을 펴지 마라.

– 이수경, 『낯선 것들과 마주하기』, 한울

주택법

최근 10개년 출제비중

17.5%

제34회 출제비중

17.5%

CHAPTER별 10개년 출제비중 & 출제키워드

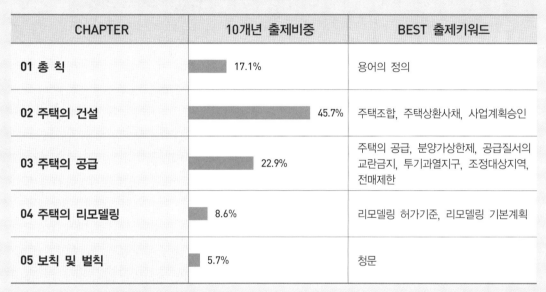

CHAPTER	10개년 출제비중	BEST 출제키워드
01 총 칙	17.1%	용어의 정의
02 주택의 건설	45.7%	주택조합, 주택상환사채, 사업계획승인
03 주택의 공급	22.9%	주택의 공급, 분양가상한제, 공급질서의 교란금지, 투기과열지구, 조정대상지역, 전매제한
04 주택의 리모델링	8.6%	리모델링 허가기준, 리모델링 기본계획
05 보칙 및 벌칙	5.7%	청문

* 여러 CHAPTER의 개념을 묻는 복합문제이거나, 법률이 개정 및 제정된 경우 분류 기준에 따라 수치가 달라질 수 있습니다.

제35회 시험 학습전략

「주택법」은 부동산공법에서 7문제가 출제되는 비중이 높은 PART이기 때문에 반드시 4개 이상은 맞힌다는 생각으로 정복하여야 합니다. 특히, 출제 빈도가 높은 CHAPTER인 주택의 건설, 주택의 공급, 총칙은 기출내용을 바탕으로 광범위하게 학습하시고, 그 외 나머지 CHAPTER들은 중요내용 위주로만 학습해 주시면 됩니다.

01 | 총 칙

▌10개년 출제문항 수

25회	26회	27회	28회	29회
		2	1	2

30회	31회	32회	33회	34회
1	1	2	1	2

↳ 총 40문제 中 평균 약 1.2문제 출제

▌학습전략

이 CHAPTER는 법의 목적, 용어의 정의, 방향성을 제시하는 법령을 담고 있는 부분으로, 특히 용어의 정의에서는 주택의 분류, 도시형 생활주택, 부대시설, 복리시설, 주택단지 부분이 출제 빈도가 높습니다.

제1절 │ 개 념

1 제정 목적

「주택법」은 쾌적하고 살기 좋은 주거환경 조성에 필요한 주택의 건설·공급 및 주택시장의 관리 등에 관한 사항을 정함으로써 국민의 주거안정과 주거수준의 향상에 이바지함을 목적으로 한다(법 제1조).

2 「건축법」과의 비교

구 분		「건축법」	「주택법」
건축 대상	단독주택	한 번에 29호 이하	한 번에 30호 이상
	공동주택	한 번에 29세대 이하	한 번에 30세대 이상
	공장, 상가	○	×
주 체		건축주(개인)	사업주체(주택건설등록사업자)
허가·승인		건축허가	사업계획승인
공사완료 후		사용승인	사용검사
분양기준		개별분양	주택공급규칙상의 분양기준 적용
입주자보호(보증)		×	○

제2절 용어의 정의

1 주택에 관한 용어의 정의

(1) 주택의 정의 · 30회

주택이란 세대(世帶)의 구성원이 장기간 독립된 주거생활을 할 수 있는 구조로 된 건축물의 전부 또는 일부 및 그 부속토지를 말하며, 단독주택과 공동주택으로 구분한다(법 제2조 제1호).

> **⊕ 보충 준주택** · 21회 · 29회 · 31회 · 34회
>
> 주택 외의 건축물과 그 부속토지로서 주거시설로 이용가능한 시설 등을 말하며, 그 범위와 종류는 대통령령으로 정한다(법 제2조 제4호, 영 제4조).
> 1. 기숙사(건축법 시행령 [별표 1] 제2호 라목)
> 2. 다중생활시설(건축법 시행령 [별표 1] 제4호 거목 및 제15호 다목)
> 3. 노인복지주택(건축법 시행령 [별표 1] 노인복지시설 중 노인복지법 제32조 제1항 제3호)
> 4. 오피스텔[건축법 시행령 [별표 1] 제14호 나목 2)]

(2) 주택의 종류

① **주거형태에 따른 분류** · 30회 · 34회

　㉠ 단독주택 : 1세대가 하나의 건축물 안에서 독립된 주거생활을 할 수 있는 구조로 된 주택을 말하며, 그 종류와 범위는 대통령령으로 정한다(법 제2조 제2호).

단독주택	「건축법 시행령」 [별표 1] 제1호 가목에 따른 단독주택
다중주택	1개 동의 주택으로 쓰이는 바닥면적의 합계가 660m² 이하이고 주택으로 쓰는 층수가 3개 층 이하일 것
다가구주택	1개 동의 주택으로 쓰이는 바닥면적의 합계가 660m² 이하이고 주택으로 쓰는 층수가 3개 층 이하이며, 19세대 이하가 거주할 수 있을 것

　㉡ 공동주택 : 건축물의 벽·복도·계단이나 그 밖의 설비 등의 전부 또는 일부를 공동으로 사용하는 각 세대가 하나의 건축물 안에서 각각 독립된 주거생활을 할 수 있는 구조로 된 주택을 말하며, 그 종류와 범위는 대통령령으로 정한다(법 제2조 제3호).

추가 「건축법 시행령」상 단독주택과 공동주택
1. 단독주택
   ① 단독주택
   ② 다중주택
   ③ 다가구주택
   ④ 공관
2. 공동주택
   ① 아파트
   ② 연립주택
   ③ 다세대주택
   ④ 기숙사

아파트	주택으로 쓰는 층수가 5개 층 이상인 주택
연립주택	주택으로 쓰는 1개 동의 바닥면적 합계가 660m²를 초과하고, 층수가 4개 층 이하인 주택
다세대주택	주택으로 쓰는 1개 동의 바닥면적 합계가 660m² 이하이고, 층수가 4개 층 이하인 주택

② **건설자금에 따른 분류** · 22회 · 29회 · 31회 · 32회

㉠ 국민주택 : 다음의 어느 하나에 해당하는 주택으로서 국민주택규모 이하인 주택을 말한다(법 제2조 제5호).

> ⓐ 국가·지방자치단체, 「한국토지주택공사법」에 따른 한국토지주택공사 또는 「지방공기업법」에 따라 주택사업을 목적으로 설립된 지방공사가 건설하는 주택
> ⓑ 국가·지방자치단체의 재정 또는 「주택도시기금법」에 따른 주택도시기금으로부터 자금을 지원받아 건설되거나 개량되는 주택

㉡ 민영주택 : 국민주택을 제외한 주택을 말한다(법 제2조 제7호).

> **+ 보충 국민주택규모(법 제2조 제6호)**
> '국민주택규모'란 주거의 용도로만 쓰이는 면적(이하 '주거전용면적')이 1호(戶) 또는 1세대당 85m² 이하인 주택(수도권정비계획법에 따른 수도권을 제외한 도시지역이 아닌 읍 또는 면 지역은 1호 또는 1세대당 주거전용면적이 100m² 이하인 주택)을 말한다. 이 경우 주거전용면적의 산정방법은 국토교통부령으로 정한다.

(3) 세대구분형 공동주택 · 27회 · 28회 · 34회

① **정의** : 공동주택의 주택 내부 공간의 일부를 세대별로 구분하여 생활이 가능한 구조로 하되, 그 구분된 공간의 일부를 구분소유할 수 없는 주택으로서 대통령령으로 정하는 건설기준, 설치기준, 면적기준 등에 적합한 주택을 말하며, 사업계획의 승인을 받아 건설하는 공동주택의 경우는 다음의 요건을 모두 충족하여야 한다(법 제2조 제19호, 영 제9조 제1항 제1호).

> ㉠ 세대별로 구분된 각각의 공간마다 별도의 욕실, 부엌과 현관을 설치할 것
> ㉡ 하나의 세대가 통합하여 사용할 수 있도록 세대 간에 연결문 또는 경량 구조의 경계벽 등을 설치할 것

추가 주거전용면적의 산정방법
「주택법」에 따른 공동주택의 경우 주거전용면적은 외벽의 내부선을 기준으로 산정한 면적. 다만, 2세대 이상이 공동으로 사용하는 부분으로서 다음에 해당하는 공용면적은 제외하며, 이 경우 바닥면적에서 주거전용면적을 제외하고 남는 외벽면적은 공용면적에 가산한다(규칙 제2조).
1. 복도, 계단, 현관 등 공동주택의 지상층에 있는 공용면적
2. 위 1.의 공용면적을 제외한 지하층, 관리사무소 등 그 밖의 공용면적

© 세대구분형 공동주택의 세대수가 해당 주택단지 안의 공동주택 전체 세대수의 3분의 1을 넘지 않을 것

② 세대별로 구분된 각각의 공간의 주거전용면적 합계가 해당 주택단지 전체 주거전용면적 합계의 3분의 1을 넘지 않는 등 국토교통부장관이 정하여 고시하는 주거전용면적의 비율에 관한 기준을 충족할 것

◎ 참고 「공동주택관리법」에 따른 세대구분형 공동주택의 경우

「공동주택관리법」 제35조에 따른 행위의 허가를 받거나 신고를 하고 설치하는 공동주택의 경우에는 다음의 요건을 모두 충족하여야 한다(영 제9조 제1항 제2호).
1. 구분된 공간의 세대수는 기존 세대를 포함하여 2세대 이하일 것
2. 세대별로 구분된 각각의 공간마다 별도의 욕실, 부엌과 구분 출입문을 설치할 것
3. 세대구분형 공동주택의 세대수가 해당 주택단지 안의 공동주택 전체 세대수의 10분의 1과 해당 동의 전체 세대수의 3분의 1을 각각 넘지 않을 것. 다만, 특별자치시장, 특별자치도지사, 시장, 군수 또는 구청장(구청장은 자치구의 구청장)이 부대시설의 규모 등 해당 주택단지의 여건을 고려하여 인정하는 범위에서 세대수의 기준을 넘을 수 있다.
4. 구조, 화재, 소방 및 피난안전 등 관계 법령에서 정하는 안전 기준을 충족할 것

---

② **세대수 산정** : 세대구분형 공동주택의 규정에 따라 건설 또는 설치되는 주택과 관련하여 주택건설기준 등을 적용하는 경우 세대구분형 공동주택의 세대수는 그 구분된 공간의 세대수에 관계없이 하나의 세대로 산정한다(영 제9조 제2항).

(4) 도시형 생활주택 ·22회 ·23회 ·28회 ·32회 ·33회

① **종류** : 도시형 생활주택이란 300세대 미만의 국민주택규모에 해당하는 주택으로서 다음의 주택을 말한다(법 제2조 제20호, 영 제10조 제1항).

	다음의 요건을 모두 갖춘 공동주택
소형 주택	⊙ 세대별 주거전용면적은 60m² 이하일 것 ⓒ 세대별로 독립된 주거가 가능하도록 욕실 및 부엌을 설치할 것 ⓒ 주거전용면적이 30m² 미만인 경우에는 욕실 및 보일러실을 제외한 부분을 하나의 공간으로 구성할 것 ② 주거전용면적이 30m² 이상인 경우에는 욕실 및 보일러실을 제외한 부분을 세 개 이하의 침실(각각의 면적이 7m² 이상인 것)과 그 밖의 공간으로 구성할 수 있으며, 침실이 두 개 이상인 세대수는 소형 주택 전체 세대수의 3분의 1(그 3분의 1을 초과하는 세대 중 세대당 주차대수를 0.7대 이상이 되도록 주차장을 설치하는 경우에는 해당 세대의 비율을 더하여 2분의 1까지로 한다)을 초과하지 않을 것 ◎ 지하층에는 세대를 설치하지 아니할 것

단지형 연립주택	소형 주택이 아닌 연립주택. 다만, 「건축법」에 따른 건축위원회의 심의를 받은 경우에는 주택으로 쓰는 층수를 5개 층까지 건축할 수 있다.
단지형 다세대주택	소형 주택이 아닌 다세대주택. 다만, 「건축법」에 따른 건축위원회의 심의를 받은 경우에는 주택으로 쓰는 층수를 5개 층까지 건축할 수 있다.

② **건축의 제한**

㉠ 하나의 건축물에는 도시형 생활주택과 그 밖의 주택을 함께 건축할 수 없다. 다만, 다음의 어느 하나에 해당하는 경우는 예외로 한다 (영 제10조 제2항).

> ⓐ 소형 주택과 주거전용면적이 $85m^2$를 초과하는 주택 1세대를 함께 건축하는 경우
> ⓑ 「국토의 계획 및 이용에 관한 법률 시행령」에 따른 준주거지역 또는 상업지역에서 소형 주택과 도시형 생활주택 외의 주택을 함께 건축하는 경우

㉡ 하나의 건축물에는 단지형 연립주택 또는 단지형 다세대주택과 소형 주택을 함께 건축할 수 없다(영 제10조 제3항).

(5) 그 외 주택

임대주택	임대를 목적으로 하는 주택으로서, 「공공주택 특별법」에 따른 공공임대주택과 「민간임대주택에 관한 특별법」에 따른 민간임대주택으로 구분한다(법 제2조 제8호).
토지임대부 분양주택	토지의 소유권은 사업계획의 승인을 받아 토지임대부 분양주택 건설사업을 시행하는 자가 가지고, 건축물 및 복리시설 등에 대한 소유권(건축물의 전유부분에 대한 구분소유권은 이를 분양받은 자가 가지고, 건축물의 공용부분·부속건물 및 복리시설은 분양받은 자들이 공유)은 주택을 분양받은 자가 가지는 주택을 말한다(법 제2조 제9호).
에너지절약형 친환경주택	저에너지 건물 조성기술 등 대통령령으로 정하는 기술을 이용하여 에너지 사용량을 절감하거나 이산화탄소 배출량을 저감할 수 있도록 건설된 주택을 말하며, 그 종류와 범위는 대통령령으로 정한다(법 제2조 제21호).
건강친화형 주택	건강하고 쾌적한 실내환경의 조성을 위하여 실내공기의 오염물질 등을 최소화할 수 있도록 대통령령으로 정하는 기준에 따라 건설된 주택을 말한다(법 제2조 제22호).
장수명 주택	구조적으로 오랫동안 유지·관리될 수 있는 내구성을 갖추고, 입주자의 필요에 따라 내부 구조를 쉽게 변경할 수 있는 가변성과 수리 용이성 등이 우수한 주택을 말한다(법 제2조 제23호).

2 주택에 필요한 시설에 관한 용어의 정의

(1) 부대시설 ·20회·22회·31회·32회·34회

주택에 딸린 다음의 시설 또는 설비를 말한다(법 제2조 제13호).

① 주차장, 관리사무소, 담장 및 주택단지 안의 도로

② 「건축법」에 따른 건축설비

③ 위 ① 및 ②의 시설·설비에 준하는 것으로서 대통령령으로 정하는 시설 또는 설비

(2) 복리시설 ·20회·22회·30회·31회

주택단지의 입주자 등의 생활복리를 위한 다음의 공동시설을 말한다(법 제2조 제14호).

① 어린이놀이터, 근린생활시설, 유치원, 주민운동시설 및 경로당

② 그 밖에 입주자 등의 생활복리를 위하여 대통령령으로 정하는 공동시설

(3) 기간 및 간선시설 ·17회·20회·31회·34회

기간시설 (基幹施設)	도로·상하수도·전기시설·가스시설·통신시설·지역난방시설 등을 말한다(법 제2조 제16호).
간선시설 (幹線施設)	도로·상하수도·전기시설·가스시설·통신시설 및 지역난방시설 등 주택단지(둘 이상의 주택단지를 동시에 개발하는 경우에는 각각의 주택단지) 안의 기간시설을 그 주택단지 밖에 있는 같은 종류의 기간시설에 연결시키는 시설을 말한다. 다만, 가스시설·통신시설 및 지역난방시설의 경우에는 주택단지 안의 기간시설을 포함한다(법 제2조 제17호).

3 주택에 사용되는 토지에 관한 용어의 정의

(1) 공공택지 ·16회·28회

다음의 어느 하나에 해당하는 공공사업에 의하여 개발·조성되는 공동주택이 건설되는 용지를 말한다(법 제2조 제24호).

① 국민주택건설사업 또는 대지조성사업

② 「택지개발촉진법」에 따른 택지개발사업(단, 주택건설등 사업자가 활용하는 택지는 제외)

③ 「산업입지 및 개발에 관한 법률」에 따른 산업단지개발사업

④ 「공공주택 특별법」에 따른 공공주택지구조성사업

⑤ 「민간임대주택에 관한 특별법」에 따른 공공지원민간임대주택 공급촉진지구 조성사업(시행자가 수용 또는 사용의 방식으로 시행하는 사업만 해당)

⑥ 「도시개발법」에 따른 도시개발사업(공공사업시행사 또는 국가, 지방자치단체 및 공공기관 등이 100분의 50을 초과하여 출자한 법인이 수용 또는 사용의 방식으로 시행하는 사업과 혼용방식 중 수용 또는 사용의 방식이 적용되는 구역에서 시행하는 사업만 해당)

⑦ 「경제자유구역의 지정 및 운영에 관한 특별법」에 따른 경제자유구역개발사업(수용 또는 사용의 방식으로 시행하는 사업과 혼용방식 중 수용 또는 사용의 방식이 적용되는 구역에서 시행하는 사업만 해당)

⑧ 「혁신도시 조성 및 발전에 관한 특별법」에 따른 혁신도시개발사업

⑨ 「신행정수도 후속대책을 위한 연기·공주지역 행정중심복합도시 건설을 위한 특별법」에 따른 행정중심복합도시건설사업

⑩ 「공익사업을 위한 토지 등의 취득 및 보상에 관한 법률」에 따른 공익사업으로서 대통령령으로 정하는 사업

(2) 주택단지 · 21회 · 27회 · 28회 · 30회 · 32회 · 34회

주택건설사업계획 또는 대지조성사업계획의 승인을 받아 주택과 그 부대시설 및 복리시설을 건설하거나 대지를 조성하는 데 사용되는 일단(一團)의 토지를 말한다. 다만, 다음의 시설로 분리된 토지는 각각 별개의 주택단지로 본다(법 제2조 제12호).

① 철도·고속도로·자동차전용도로

② 폭 20m 이상인 일반도로

③ 폭 8m 이상인 도시계획예정도로

④ 위 ①부터 ③까지의 시설에 준하는 것으로서 대통령령으로 정하는 시설

⊕ 보충 **대통령령으로 정하는 시설(영 제5조 제1항)**

보행자 및 자동차의 통행이 가능한 도로로서 다음의 어느 하나에 해당하는 도로를 말한다.

1. 「국토의 계획 및 이용에 관한 법률」에 따른 도시·군계획시설인 도로로서 국토교통부령으로 정하는 도로

2. 「도로법」에 따른 일반국도·특별시도·광역시도 또는 지방도

(3) 공구 ·26회 ·28회 ·32회

하나의 주택단지에서 대통령령으로 정하는 기준에 따라 둘 이상으로 구분되는 일단의 구역으로, 착공신고 및 사용검사를 별도로 수행할 수 있는 구역을 말한다(법 제2조 제18호).

> **⊕ 보충** 대통령령으로 정하는 기준(영 제8조)
>
> 다음의 요건을 모두 충족하는 것을 말한다.
> 1. 다음의 어느 하나에 해당하는 시설을 설치하거나 공간을 조성하여 6m 이상의 너비로 공구 간 경계를 설정할 것
>   ① 「주택건설기준 등에 관한 규정」에 따른 주택단지 안의 도로
>   ② 주택단지 안의 지상에 설치되는 부설주차장
>   ③ 주택단지 안의 옹벽 또는 축대
>   ④ 식재·조경이 된 녹지
>   ⑤ 그 밖에 어린이놀이터 등 부대시설이나 복리시설로서 사업계획승인권자가 적합하다고 인정하는 시설
> 2. 공구별 세대수는 300세대 이상으로 할 것
> 3. 전체 세대수는 600세대 이상으로 할 것

4 주택 관계자에 관한 용어의 정의

(1) 사업주체

주택건설사업계획 또는 대지조성사업계획의 승인을 받아 그 사업을 시행하는 다음의 자를 말한다(법 제2조 제10호).

> ① 국가·지방자치단체
> ② 한국토지주택공사 또는 지방공사
> ③ 등록한 주택건설사업자 또는 대지조성사업자
> ④ 그 밖에 이 법에 따라 주택건설사업 또는 대지조성사업을 시행하는 자

(2) 입주자

다음의 구분에 따른 자를 말한다(법 제2조 제27호).

> ① 주택을 건설·공급하려는 경우 : 주택을 공급받는 자
> ② 리모델링하려고 하는 경우 : 주택의 소유자 또는 그 소유자를 대리하는 배우자 및 직계존비속

추가 관리주체
「공동주택관리법」에 따라 공동주택을 관리하는 자를 말한다(법 제2조 제29호).

추가 사용자
「공동주택관리법」에 따라 공동주택을 임차하여 사용하는 사람(임대주택의 임차인은 제외) 등을 말한다(법 제2조 제28호).

5 리모델링에 관한 용어의 정의

(1) 리모델링 ·25회 ·28회 ·31회 ·33회

건축물의 노후화 억제 또는 기능 향상 등을 위한 다음의 어느 하나에 해당하는 행위를 말한다(법 제2조 제25호, 영 제13조).

① **대수선**(大修繕) : 사용검사일부터 10년 이상 경과

② **증축** : 사용검사일부터 15년 이상 경과

> ○ 「주택법」에 따른 사용검사일(주택단지 안의 공동주택 전부에 대하여 임시사용승인을 받은 경우에는 그 임시사용승인일) 또는 「건축법」에 따른 사용승인일부터 15년[15년 이상 20년 미만의 연수 중 특별시·광역시·특별자치시·도 또는 특별자치도(이하 '시·도')의 조례로 정하는 경우에는 그 연수로 한다]이 지난 공동주택을 각 세대의 주거전용면적의 30% 이내(세대의 주거전용면적이 85m² 미만인 경우에는 40% 이내)에서 증축하는 행위. 이 경우 공동주택의 기능 향상 등을 위하여 공용부분에 대하여도 별도로 증축할 수 있다.
>
> ○ 위 ○에 따른 각 세대의 증축 가능 면적을 합산한 면적의 범위에서 기존 세대수의 15% 이내에서 세대수를 증가하는 증축 행위(이하 '세대수 증가형 리모델링'). 다만, 수직으로 증축하는 행위(이하 '수직증축형 리모델링')는 다음 요건을 모두 충족하는 경우로 한정한다.
>
> ⓐ 최대 3개 층 이하로서 다음의 범위에서 증축할 것
>
> | 수직증축형 리모델링의 대상이 되는 기존 건축물의 층수가 15층 이상인 경우 | 3개 층까지 |
> |---|---|
> | 수직증축형 리모델링의 대상이 되는 기존 건축물의 층수가 14층 이하인 경우 | 2개 층까지 |
>
> ⓑ 수직증축형 리모델링의 대상이 되는 기존 건축물의 신축 당시 구조도를 보유하고 있는 것

(2) 리모델링 기본계획

세대수 증가형 리모델링으로 인한 도시과밀, 이주수요 집중 등을 체계적으로 관리하기 위하여 수립하는 계획을 말한다(법 제2조 제26호).

주택법령상 용어에 관한 설명으로 옳은 것은?　　　　　　　• 31회

① 「건축법 시행령」에 따른 다중생활시설은 '준주택'에 해당하지 않는다.

② 주택도시기금으로부터 자금을 지원받아 건설되는 1세대당 주거전용 면적 84m²인 주택은 '국민주택'에 해당한다.

③ '간선시설'이란 도로·상하수도·전기시설·가스시설·통신시설·지역 난방시설 등을 말한다.

④ 방범설비는 '복리시설'에 해당한다.

⑤ 주민공동시설은 '부대시설'에 해당한다.

해설 ① 「건축법 시행령」에 따른 다중생활시설은 준주택에 해당한다.
　　③ 간선시설이란 도로·상하수도·전기시설·가스시설·통신시설·지역난방시설 등이 아니라 해당 시설 중에서 단지 안과 밖을 연결하는 시설을 말한다.
　　④ 방범설비는 부대시설에 해당한다.
　　⑤ 주민공동시설은 복리시설에 해당한다.

정답 ②

02 | 주택의 건설

▌10개년 출제문항 수

25회	26회	27회	28회	29회
2	6	2	3	4

30회	31회	32회	33회	34회
3	5	2	2	3

└→ 총 40문제 中 평균 약 3.2문제 출제

▌학습전략

이 CHAPTER는 등록사업자, 주택조합, 주택상환사채, 사업계획승인, 주택건설절차로 구성되어 있습니다. 매년 3~4문제 정도가 출제되고 있는 제일 비중이 높은 단원이며, 특히 주택상환사채, 주택조합, 사업계획승인에서 출제가 많이 되고 있기 때문에 그 내용들 위주로 학습하여야 합니다.

제1절 주택건설사업자

1 사업주체

사업주체란 주택건설사업계획 또는 대지조성사업계획의 승인을 받아 그 사업을 시행하는 다음의 자를 말한다(법 제2조 제10호).

공공사업주체	국가, 지방자치단체, 한국토지주택공사, 지방공사
민간사업주체	등록사업자(등록한 주택건설사업자 또는 대지조성사업자), 주택건설사업을 목적으로 설립된 공익법인, 주택조합, 고용자, 토지소유자

2 등록사업자

(1) 주택건설사업의 등록대상 · 18회 · 19회 · 22회 · 24회 · 25회 · 26회 · 31회 · 34회

① **원칙** : 연간 대통령령으로 정하는 호수(戸數) 이상의 주택건설사업을 시행하려는 자 또는 연간 대통령령으로 정하는 면적 이상의 대지조성 사업을 시행하려는 자는 국토교통부장관에게 등록하여야 한다(법 제4조 제1항 본문, 영 제14조 제1항·제2항).

	단독주택	연간 20호 이상
주택건설사업자	공동주택	연간 20세대 이상 (단, 도시형 생활주택*은 30세대 이상)
대지조성사업자		연간 1만m² 이상

* **도시형 생활주택**
소형 주택과 주거전용면적이 85m²를 초과하는 주택 1세대를 함께 건축하는 경우를 포함한다.

② **예외** : 다음에 해당하는 사업주체의 경우에는 국토교통부장관에게 등록하지 않아도 된다(법 제4조 제1항 단서).

> ㉠ 국가·지방자치단체
> ㉡ 한국토지주택공사
> ㉢ 지방공사
> ㉣ 「공익법인의 설립·운영에 관한 법률」에 따라 주택건설사업을 목적으로 설립된 공익법인
> ㉤ 주택조합(등록사업자와 공동으로 주택건설사업을 하는 주택조합만 해당)
> ㉥ 근로자를 고용하는 자(등록사업자와 공동으로 주택건설사업을 시행하는 고용자만 해당)

(2) 등록기준

주택건설사업 또는 대지조성사업의 등록을 하려는 자는 다음의 요건을 모두 갖추어야 한다(영 제14조 제3항).

자본금	3억원(개인인 경우에는 자산평가액 6억원) 이상
기술인력	① **주택건설사업** : 「건설기술 진흥법 시행령」 [별표 1]에 따른 건축 분야 기술인 1명 이상 ② **대지조성사업** : 「건설기술 진흥법 시행령」 [별표 1]에 따른 토목 분야 기술인 1명 이상
사무실면적	사업의 수행에 필요한 사무장비를 갖출 수 있는 면적

(3) 등록사업자의 결격사유 · 19회

다음의 어느 하나에 해당하는 자는 주택건설사업 등의 등록을 할 수 없다(법 제6조).

> ① 미성년자·피성년후견인 또는 피한정후견인
> ② 파산선고를 받은 자로서 복권되지 아니한 자
> ③ 「부정수표 단속법」* 또는 「주택법」을 위반하여 금고 이상의 실형을 선고받고 그 집행이 끝나거나(집행이 끝난 것으로 보는 경우를 포함) 집행이 면제된 날부터 2년이 지나지 아니한 자
> ④ 「부정수표 단속법」 또는 「주택법」을 위반하여 금고 이상의 형의 집행유예를 선고받고 그 유예기간 중에 있는 자

* **「부정수표 단속법」**
부정수표(不正手票) 등의 발행을 단속·처벌함으로써 국민 경제생활의 안전과 유통증권인 수표의 기능을 보장함을 목적으로 한다.

⑤ 등록이 말소(위 ① 및 ②에 해당하여 말소된 경우는 제외)된 후 2년이 지나지 아니한 자

⑥ 임원 중에 위 ①부터 ⑤까지의 규정 중 어느 하나에 해당하는 자가 있는 법인

(4) 등록사업자의 시공

① **시공기준** : 등록사업자가 사업계획승인(건축법에 따른 공동주택건축허가를 포함)을 받아 분양 또는 임대를 목적으로 주택을 건설하는 경우로서 그 기술능력, 주택건설 실적 및 주택규모 등이 대통령령으로 정하는 기준에 해당하는 경우에는 그 등록사업자를 「건설산업기본법」에 따른 건설사업자로 보며 주택건설공사를 시공할 수 있다(법 제7조 제1항, 영 제17조 제1항).

자본금	5억원(개인인 경우에는 자산평가액 10억원) 이상일 것
기술인력	「건설기술 진흥법 시행령」 [별표 1]에 따른 건축 분야 및 토목 분야 기술인 3명 이상을 보유하고 있어야 하고, 다음에 해당하는 건설기술인 각 1명이 포함되어야 한다. ㉠ 건축시공기술사 또는 건축기사 ㉡ 토목 분야 기술인
주택건설실적	최근 5년간의 주택건설 실적이 100호 또는 100세대 이상일 것

② **주택건설 규모** • 31회

원 칙	등록사업자가 건설할 수 있는 주택은 주택으로 쓰는 층수가 5개 층 이하인 주택으로 한다. 다만, 각 층 거실의 바닥면적 300m² 이내마다 1개소 이상의 직통계단을 설치한 경우에는 주택으로 쓰는 층수가 6개 층인 주택을 건설할 수 있다(영 제17조 제2항).
예 외	다음의 어느 하나에 해당하는 등록사업자는 주택으로 쓰는 층수가 6개 층 이상인 주택을 건설할 수 있다(영 제17조 제3항). ㉠ 주택으로 쓰는 층수가 6개 층 이상인 아파트를 건설한 실적이 있는 자 ㉡ 최근 3년간 300세대 이상의 공동주택을 건설한 실적이 있는 자

(5) 주택건설사업의 등록말소 등 • 34회

정리 필수적 말소사유
1. 거짓이나 그 밖의 부정한 방법으로 등록한 경우
2. 법 제90조를 위반하여 등록증의 대여 등을 한 경우

국토교통부장관은 등록사업자가 다음의 어느 하나에 해당하면 그 등록을 말소하거나 1년 이내의 기간을 정하여 영업의 정지를 명할 수 있다. 다만, 다음 ① 또는 ⑤에 해당하는 경우에는 그 등록을 말소하여야 한다(법 제8조 제1항).

① 거짓이나 그 밖의 부정한 방법으로 등록한 경우

② 등록기준에 미달하게 된 경우(단, 채무자 회생 및 파산에 관한 법률에 따라 법원이 회생절차개시의 결정을 하고 그 절차가 진행 중이거나 일시적으로 등록기준에 미달하는 등 대통령령으로 정하는 경우는 예외)

③ 고의 또는 과실로 공사를 잘못 시공하여 공중(公衆)에게 위해(危害)를 끼치거나 입주자에게 재산상 손해를 입힌 경우

④ 결격사유 중 어느 하나에 해당하게 된 경우. 다만, 법인의 임원 중 결격사유에 해당하는 사람이 있는 경우 6개월 이내에 그 임원을 다른 사람으로 임명한 경우에는 그러하지 아니하다.

⑤ 법 제90조를 위반하여 등록증의 대여 등을 한 경우

⑥ 다음의 어느 하나에 해당하는 경우
  ㉠ 「건설기술 진흥법」에 따른 시공상세도면의 작성의무를 위반하거나 건설사업관리를 수행하는 건설기술인 또는 공사감독자의 검토·확인을 받지 아니하고 시공한 경우
  ㉡ 「건설기술 진흥법」에 따른 시정명령을 이행하지 아니한 경우
  ㉢ 「건설기술 진흥법」에 따른 품질시험 및 검사를 하지 아니한 경우
  ㉣ 「건설기술 진흥법」에 따른 안전점검을 하지 아니한 경우

⑦ 「택지개발촉진법」을 위반하여 택지를 전매(轉賣)한 경우

⑧ 「표시·광고의 공정화에 관한 법률」에 따른 처벌을 받은 경우

⑨ 「약관의 규제에 관한 법률」에 따른 처분을 받은 경우

⑩ 그 밖에 이 법 또는 이 법에 따른 명령이나 처분을 위반한 경우

(6) 등록말소처분 등을 받은 자의 사업 수행 · 34회

등록말소 또는 영업정지 처분을 받은 등록사업자는 그 처분 전에 사업계획승인을 받은 사업은 계속 수행할 수 있다. 다만, 등록말소처분을 받은 등록사업자가 그 사업을 계속 수행할 수 없는 중대하고 명백한 사유가 있을 경우에는 그러하지 아니하다(법 제9조).

(7) 영업실적 등의 제출(법 제10조)

① 등록사업자는 국토교통부령으로 정하는 바에 따라 매년 영업실적(개인인 사업자가 해당 사업에 1년 이상 사용한 사업용 자산을 현물출자하여 법인을 설립한 경우에는 그 개인인 사업자의 영업실적을 포함한 실적을 말하며, 등록말소 후 다시 등록한 경우에는 다시 등록한 이후의 실적을 말한다)과 영업계획 및 기술인력 보유 현황을 국토교통부장관에게 제출하여야 한다.

② 등록사업자는 국토교통부령으로 정하는 바에 따라 월별 주택분양계획 및 분양 실적을 국토교통부장관에게 제출하여야 한다.

3 공동사업주체 ·19회 ·22회 ·31회 ·34회

추가 협 약

공동사업주체 간의 구체적인 업무·비용 및 책임의 분담 등에 관하여는 대통령령으로 정하는 범위에서 당사자 간의 협약에 따른다(법 제5조 제4항).

정리 공동사업주체

1. 토지소유자 + 등록업자 (△)
2. 주택조합 + 등록업자 (△)
3. 고용자 + 등록업자 (○)

토지소유자와 등록사업자 (임의적)	① 토지소유자가 주택을 건설하는 경우에는 등록사업자와 공동으로 사업을 시행할 수 있다(법 제5조 제1항). ② 토지소유자와 등록사업자를 공동사업주체로 본다.
주택조합과 등록사업자 (임의적)	① 주택조합(세대수를 증가하지 아니하는 리모델링주택조합은 제외)이 그 구성원의 주택을 건설하는 경우에는 대통령령으로 정하는 바에 따라 등록사업자(지방자치단체·한국토지주택공사 및 지방공사를 포함)와 공동으로 사업을 시행할 수 있다(법 제5조 제2항). ② 주택조합과 등록사업자를 공동사업주체로 본다.
고용자와 등록사업자 (의무적)	① 고용자가 그 근로자의 주택을 건설하는 경우에는 대통령령으로 정하는 바에 따라 등록사업자와 공동으로 사업을 시행하여야 한다(법 제5조 제3항). ② 고용자와 등록사업자를 공동사업주체로 본다.

제2절 주택조합

1 주택조합의 개념

(1) 정 의

주택조합이란 많은 수의 구성원이 사업계획의 승인을 받아 주택을 마련하거나 리모델링하기 위하여 결성하는 조합을 말한다(법 제2조 제11호).

(2) 주택조합의 종류

구 분	내 용
지역주택조합	다음 지역에 거주하는 주민이 주택을 마련하기 위하여 설립한 조합 ① 서울특별시·인천광역시 및 경기도 ② 대전광역시·충청남도 및 세종특별자치시 ③ 충청북도 ④ 광주광역시 및 전라남도 ⑤ 전라북도 ⑥ 대구광역시 및 경상북도 ⑦ 부산광역시·울산광역시 및 경상남도 ⑧ 강원특별자치도 ⑨ 제주특별자치도
직장주택조합	같은 직장의 근로자가 주택을 마련하기 위하여 설립한 조합
리모델링주택조합	공동주택의 소유자가 그 주택을 리모델링하기 위하여 설립한 조합

2 주택조합의 설립

(1) 주택조합의 설립인가(신고) · 19회 · 20회 · 22회 · 25회 · 27회

설립인가	많은 수의 구성원이 주택을 마련하거나 리모델링하기 위하여 주택조합을 설립하려는 경우(신고대상 직장주택조합의 경우는 제외)에는 관할 시장·군수·구청장(특별자치시장, 특별자치도지사, 시장, 군수 또는 구청장)의 인가를 받아야 한다. 인가받은 내용을 변경하거나 주택조합을 해산하려는 경우에도 또한 같다(법 제11조 제1항).
설립신고	국민주택을 공급받기 위하여 직장주택조합을 설립하려는 자는 관할 시장·군수·구청장에게 신고하여야 한다. 신고한 내용을 변경하거나 직장주택조합을 해산하려는 경우에도 또한 같다(법 제11조 제5항).

(2) 설립인가요건 · 26회 · 28회 · 30회 · 33회

① **지역주택조합·직장주택조합** : 지역주택조합 또는 직장주택조합의 설립·변경 또는 해산의 인가를 받으려는 자는 신청서에 다음의 구분에 따른 서류를 첨부하여 주택건설대지를 관할하는 시장·군수·구청장에게 제출해야 한다(영 제20조 제1항).

> ㉠ 창립총회 회의록
> ㉡ 조합장선출동의서
> ㉢ 조합원 전원이 자필로 연명(連名)한 조합규약
> ㉣ 조합원 명부
> ㉤ 사업계획서
> ㉥ 해당 주택건설대지의 80% 이상에 해당하는 토지의 사용권원을 확보하였음을 증명하는 서류
> ㉦ 해당 주택건설대지의 15% 이상에 해당하는 토지의 소유권을 확보하였음을 증명하는 서류
> ㉧ 고용자가 확인한 근무확인서(직장주택조합의 경우만 해당)
> ㉨ 조합원 자격이 있는 자임을 확인하는 서류

② **리모델링주택조합** : 리모델링주택조합의 설립·변경 또는 해산의 인가를 받으려는 자는 신청서에 다음의 구분에 따른 서류를 첨부하여 해당 주택의 소재지를 관할하는 시장·군수·구청장에게 제출해야 한다(영 제20조 제1항).

추가 영 제20조 제8항

리모델링주택조합의 설립에 동의한 자로부터 건축물을 취득한 자는 리모델링주택조합 설립에 동의한 것으로 본다.

추가 변경·해산의 인가신청 시 첨부서류

1. 변경인가신청
   변경의 내용을 증명하는 서류
2. 해산인가신청
   조합해산의 결의를 위한 총회의 의결정족수에 해당하는 조합원의 동의를 받은 정산서

보충 **설립인가 신청 시 첨부서류**

1. 일반서류
   ① 창립총회 회의록
   ② 조합장선출동의서
   ③ 조합원 전원이 자필로 연명(連名)한 조합규약
   ④ 조합원 명부
   ⑤ 사업계획서
2. 결의를 증명하는 서류
   ① 주택단지 전체를 리모델링하고자 하는 경우에는 주택단지 전체의 구분소유자와 의결권의 각 3분의 2 이상의 결의 및 각 동의 구분소유자와 의결권의 각 과반수의 결의
   ② 동을 리모델링하고자 하는 경우에는 그 동의 구분소유자 및 의결권의 각 3분의 2 이상의 결의
   ③ 건축기준의 완화 적용이 결정된 경우에는 그 증명서류
   ④ 해당 주택이 사용검사일(주택단지 안의 공동주택 전부에 대하여 같은 조에 따라 임시사용승인을 받은 경우에는 그 임시사용승인일) 또는 「건축법」에 따른 사용승인일부터 다음의 구분에 따른 기간이 지났음을 증명하는 서류
      ㉠ 대수선인 리모델링 : 10년
      ㉡ 증축인 리모델링 : 15년

(3) 조합설립 시 내용 · 19회 · 24회 · 28회 · 29회

① **등록사업자의 책임** : 주택조합과 등록사업자가 공동으로 사업을 시행하면서 시공할 경우 등록사업자는 시공자로서의 책임뿐만 아니라 자신의 귀책사유로 사업 추진이 불가능하게 되거나 지연됨으로 인하여 조합원에게 입힌 손해를 배상할 책임이 있다(법 제11조 제4항).

② **주택의 우선공급** : 주택조합(리모델링주택조합은 제외)은 그 구성원을 위하여 건설하는 주택을 그 조합원에게 우선 공급할 수 있으며, 신고하고 설립한 직장주택조합에 대하여는 사업주체가 국민주택을 그 직장주택조합원에게 우선 공급할 수 있다(법 제11조 제6항).

③ **조합탈퇴** : 조합원은 조합규약으로 정하는 바에 따라 조합에 탈퇴 의사를 알리고 탈퇴할 수 있다(법 제11조 제8항).

④ **환급청구** : 탈퇴한 조합원(제명된 조합원을 포함)은 조합규약으로 정하는 바에 따라 부담한 비용의 환급을 청구할 수 있다(법 제11조 제9항).

3 조합원

(1) 조합원의 수 ·20회·22회·27회·28회

주택조합(리모델링주택조합은 제외)은 주택조합 설립인가를 받는 날부터 사용검사를 받는 날까지 계속하여 다음의 요건을 모두 충족해야 한다(영 제20조 제7항).

① 주택건설 예정 세대수(설립인가 당시의 사업계획서상 주택건설 예정 세대수를 말하되, 임대주택으로 건설·공급하는 세대수는 제외)의 50% 이상의 조합원으로 구성할 것. 다만, 사업계획승인 등의 과정에서 세대수가 변경된 경우에는 변경된 세대수를 기준으로 한다.

② 조합원은 20명 이상일 것

(2) 조합원의 자격(영 제21조) ·20회·24회·27회·28회

① 주택조합의 조합원이 될 수 있는 사람은 다음의 구분에 따른 사람으로 한다. 다만, 조합원의 사망으로 그 지위를 상속받는 자는 다음의 요건에도 불구하고 조합원이 될 수 있다.

> **⊕ 보충** **지역·직장·리모델링주택조합 조합원의 자격**
>
> 1. **지역주택조합 조합원** : 다음의 요건을 모두 갖춘 사람
>   ① 조합설립인가 신청일(해당 주택건설대지가 투기과열지구 안에 있는 경우에는 조합설립인가 신청일 1년 전의 날)부터 해당 조합주택의 입주 가능일까지 주택을 소유(주택의 유형, 입주자 선정방법 등을 고려하여 국토교통부령으로 정하는 지위에 있는 경우를 포함)하는지에 대하여 다음의 어느 하나에 해당할 것
>   ㉠ 국토교통부령으로 정하는 기준에 따라 세대주를 포함한 세대원 전원이 주택을 소유하고 있지 아니한 세대의 세대주일 것
>   ㉡ 국토교통부령으로 정하는 기준에 따라 세대주를 포함한 세대원 중 1명에 한정하여 주거전용면적 85m² 이하의 주택 1채를 소유한 세대의 세대주일 것
>   ② 조합설립인가 신청일 현재 지역주택조합의 지역에 6개월 이상 거주하여 온 사람일 것
>   ③ 본인 또는 본인과 같은 세대별 주민등록표에 등재되어 있지 않은 배우자가 같은 또는 다른 지역주택조합의 조합원이거나 직장주택조합의 조합원이 아닐 것

추가 **세대주를 포함한 세대원**
세대주와 동일한 세대별 주민등록표에 등재되어 있지 아니한 세대주의 배우자 및 그 배우자와 동일한 세대를 이루고 있는 사람을 포함한다.

2. **직장주택조합 조합원** : 다음의 요건을 모두 갖춘 사람
 ① 조합설립인가 신청일(해당 주택건설대지가 투기과열지구 안에 있는 경 우에는 조합설립인가 신청일 1년 전의 날)부터 해당 조합주택의 입주 가 능일까지 주택을 소유(주택의 유형, 입주자 선정방법 등을 고려하여 국 토교통부령으로 정하는 지위에 있는 경우를 포함)하는지에 대하여 다음 의 어느 하나에 해당할 것. 다만, 국민주택을 공급받기 위한 직장주택조 합의 경우에는 다음 ㉠에 해당하는 세대주로 한정한다.
  ㉠ 국토교통부령으로 정하는 기준에 따라 세대주를 포함한 세대원 전원 이 주택을 소유하고 있지 아니한 세대의 세대주일 것
  ㉡ 국토교통부령으로 정하는 기준에 따라 세대주를 포함한 세대원 중 1명에 한정하여 주거전용면적 85m² 이하의 주택 1채를 소유한 세대 의 세대주일 것
 ② 조합설립인가 신청일 현재 동일한 특별시·광역시·특별자치시·특별자 치도·시 또는 군(광역시의 관할 구역에 있는 군은 제외) 안에 소재하는 동일한 국가기관·지방자치단체·법인에 근무하는 사람일 것
 ③ 본인 또는 본인과 같은 세대별 주민등록표에 등재되어 있지 않은 배우자 가 같은 또는 다른 직장주택조합의 조합원이거나 지역주택조합의 조합 원이 아닐 것
3. **리모델링주택조합 조합원** : 다음의 어느 하나에 해당하는 사람. 이 경우 해 당 공동주택, 복리시설 또는 다음 ③에 따른 공동주택 외의 시설의 소유권이 여러 명의 공유(共有)에 속할 때에는 그 여러 명을 대표하는 1명을 조합원으 로 본다.
 ① 사업계획승인을 받아 건설한 공동주택의 소유자
 ② 복리시설을 함께 리모델링하는 경우에는 해당 복리시설의 소유자
 ③ 「건축법」에 따른 건축허가를 받아 분양을 목적으로 건설한 공동주택의 소유자(해당 건축물에 공동주택 외의 시설이 있는 경우에는 해당 시설의 소유자를 포함)

② 주택조합의 조합원이 근무·질병치료·유학·결혼 등 부득이한 사유로 세대주 자격을 일시적으로 상실한 경우로서 시장·군수·구청장이 인정 하는 경우에는 조합원 자격이 있는 것으로 본다.

(3) 조합원의 교체·신규가입(영 제22조) · 19회 · 20회 · 24회 · 25회 · 27회 · 28회 · 31회
 ① **가입금지** : 지역주택조합 또는 직장주택조합은 설립인가를 받은 후에 는 해당 조합원을 교체하거나 신규로 가입하게 할 수 없다. 다만, 다음 의 어느 하나에 해당하는 경우에는 예외로 한다.

ⓐ 조합원 수가 주택건설 예정 세대수를 초과하지 아니하는 범위에서 시장·군수·구청장으로부터 국토교통부령으로 정하는 바에 따라 조합원 추가모집의 승인을 받은 경우

ⓑ 다음의 어느 하나에 해당하는 사유로 결원이 발생한 범위에서 충원하는 경우

   ⓐ 조합원의 사망

   ⓑ 사업계획승인 이후[지역주택조합 또는 직장주택조합이 해당 주택건설대지 전부의 소유권을 확보하지 아니하고 사업계획승인을 받은 경우에는 해당 주택건설대지 전부의 소유권(해당 주택건설대지가 저당권등의 목적으로 되어 있는 경우에는 그 저당권등의 말소를 포함)을 확보한 이후를 말한다]에 입주자로 선정된 지위(해당 주택에 입주할 수 있는 권리·자격 또는 지위 등을 말한다)가 양도·증여 또는 판결 등으로 변경된 경우(단, 투기과열지구에서 건설·공급되는 주택의 입주자로 선정된 지위의 전매가 금지되는 경우는 제외)

   ⓒ 조합원의 탈퇴 등으로 조합원 수가 주택건설 예정 세대수의 50% 미만이 되는 경우

   ⓓ 조합원이 무자격자로 판명되어 자격을 상실하는 경우

   ⓔ 사업계획승인 등의 과정에서 주택건설 예정 세대수가 변경되어 조합원 수가 변경된 세대수의 50% 미만이 되는 경우

② **추가모집 시 자격판단기준** : 조합원으로 추가모집되거나 충원되는 자가 조합원 자격요건을 갖추었는지를 판단할 때에는 해당 조합설립인가 신청일을 기준으로 한다.

③ **변경인가신청** : 조합원 추가모집의 승인과 조합원 추가모집에 따른 주택조합의 변경인가 신청은 사업계획승인신청일까지 하여야 한다.

(4) 사업계획승인신청(영 제23조) · 29회

① 주택조합은 설립인가를 받은 날부터 2년 이내에 사업계획승인(사업계획승인 대상이 아닌 리모델링인 경우에는 허가)을 신청하여야 한다.

② 주택조합은 등록사업자가 소유하는 공공택지를 주택건설대지로 사용해서는 아니 된다. 다만, 경매 또는 공매를 통하여 취득한 공공택지는 예외로 한다.

(5) 주택조합업무의 대행

① **대행자** : 주택조합(리모델링주택조합은 제외) 및 주택조합의 발기인은 조합원 모집 등에 따른 주택조합의 업무를 공동사업주체인 등록사업자 또는 다음의 어느 하나에 해당하는 자로서 대통령령으로 정하는 자본금을 보유한 자 외의 자에게 대행하게 할 수 없다(법 제11조의2 제1항).

추가 대통령령으로 정하는 자본금을 보유한 자(영 제24조의2)
1. 법인인 경우 : 5억원 이상의 자본금을 보유한 자
2. 개인인 경우 : 10억원 이상의 자산평가액을 보유한 사람

> ㉠ 등록사업자
> ㉡ 「공인중개사법」에 따른 중개업자
> ㉢ 「도시 및 주거환경정비법」에 따른 정비사업전문관리업자
> ㉣ 「부동산개발업의 관리 및 육성에 관한 법률」에 따른 등록사업자
> ㉤ 「자본시장과 금융투자업에 관한 법률」에 따른 신탁업자
> ㉥ 그 밖에 다른 법률에 따라 등록한 자로서 대통령령으로 정하는 자

② **대행업무** : 업무대행자에게 대행시킬 수 있는 주택조합의 업무는 다음과 같다(법 제11조의2 제2항).

> ㉠ 조합원 모집, 토지 확보, 조합설립인가 신청 등 조합설립을 위한 업무의 대행
> ㉡ 사업성 검토 및 사업계획서 작성업무의 대행
> ㉢ 설계자 및 시공자 선정에 관한 업무의 지원
> ㉣ 사업계획승인 신청 등 사업계획승인을 위한 업무의 대행
> ㉤ 계약금 등 자금의 보관 및 그와 관련된 업무의 대행
> ㉥ 그 밖에 총회의 운영업무 지원 등 국토교통부령으로 정하는 사항

③ **대행내용**

㉠ 주택조합 및 주택조합의 발기인은 업무 중 계약금 등 자금의 보관업무는 신탁업자에게 대행하도록 하여야 한다(법 제11조의2 제3항).

㉡ 업무대행자는 국토교통부령으로 정하는 바에 따라 사업연도별로 분기마다 해당 업무의 실적보고서를 작성하여 주택조합 또는 주택조합의 발기인에게 제출하여야 한다(법 제11조의2 제4항).

㉢ 주택조합의 업무를 대행하는 자는 신의에 따라 성실하게 업무를 수행하여야 하고, 자신의 귀책사유로 주택조합(발기인을 포함) 또는 조합원(주택조합 가입 신청자를 포함)에게 손해를 입힌 경우에는 그 손해를 배상할 책임이 있다(법 제11조의2 제5항).

㉣ 국토교통부장관은 주택조합의 원활한 사업추진 및 조합원의 권리보호를 위하여 공정거래위원회 위원장과 협의를 거쳐 표준업무대행계약서를 작성·보급할 수 있다(법 제11조의2 제6항).

(6) 조합원 모집신고 및 공개모집 · 28회 · 34회

① 조합원 모집방법

원 칙	지역주택조합 또는 직장주택조합의 설립인가를 받기 위하여 조합원을 모집하려는 자는 해당 주택건설대지의 50% 이상에 해당하는 토지의 사용권원을 확보하여 관할 시장·군수·구청장에게 신고하고, 공개모집의 방법으로 조합원을 모집하여야 한다. 조합설립인가를 받기 전에 신고한 내용을 변경하는 경우에도 또한 같다(법 제11조의3 제1항).
예 외	공개모집 이후 조합원의 사망·자격상실·탈퇴 등으로 인한 결원을 충원하거나 미달된 조합원을 재모집하는 경우에는 신고하지 아니하고 선착순의 방법으로 조합원을 모집할 수 있다(법 제11조의3 제2항).

추가 모집시기 등

모집시기, 모집방법 및 모집절차 등 조합원 모집의 신고, 공개모집 및 조합 가입 신청자에 대한 정보공개 등에 필요한 사항은 국토교통부령으로 정한다(법 제11조의3 제3항).

② 모집신고의 수리금지 : 시장·군수·구청장은 다음의 어느 하나에 해당하는 경우에는 조합원 모집신고를 수리할 수 없다(법 제11조의3 제5항).

> ㉠ 이미 신고된 사업대지와 전부 또는 일부가 중복되는 경우
> ㉡ 이미 수립되었거나 수립 예정인 도시·군계획, 이미 수립된 토지이용계획 또는 이 법이나 관계 법령에 따른 건축기준 및 건축제한 등에 따라 해당 주택건설대지에 조합주택을 건설할 수 없는 경우
> ㉢ 조합업무를 대행할 수 있는 자가 아닌 자와 업무대행계약을 체결한 경우 등 신고내용이 법령에 위반되는 경우
> ㉣ 신고한 내용이 사실과 다른 경우

추가 신고수리

신고를 받은 시장·군수·구청장은 신고내용이 이 법에 적합한 경우에는 신고를 수리하고 그 사실을 신고인에게 통보하여야 한다(법 제11조의3 제4항).

③ 주택조합 가입계약서 : 조합원을 모집하는 자(조합원 모집업무를 대행하는 자를 포함한다. 이하 '모집주체')와 주택조합 가입 신청자는 다음의 사항이 포함된 주택조합 가입에 관한 계약서를 작성하여야 한다(법 제11조의3 제8항).

> ㉠ 주택조합의 사업개요
> ㉡ 조합원의 자격기준
> ㉢ 분담금 등 각종 비용의 납부예정금액, 납부시기 및 납부방법
> ㉣ 주택건설대지의 사용권원 및 소유권을 확보한 면적 및 비율
> ㉤ 조합원 탈퇴 및 환급의 방법, 시기 및 절차
> ㉥ 그 밖에 주택조합의 설립 및 운영에 관한 중요사항으로서 대통령령으로 정하는 사항

추가 주택조합의 발기인

주택조합의 발기인은 조합원 모집신고를 하는 날 주택조합에 가입한 것으로 본다. 이 경우 주택조합의 발기인은 그 주택조합의 가입 신청자와 동일한 권리와 의무가 있다(법 제11조의3 제7항).

④ 조합원 모집 광고 : 모집주체가 주택조합의 조합원을 모집하기 위하여 광고를 하는 경우에는 다음의 내용이 포함되어야 한다(법 제11조의5 제1항, 영 제24조의4 제1항).

(7) 조합 가입 철회 및 가입비 등의 반환

① **예치기관** : 모집주체는 주택조합의 가입을 신청한 자가 주택조합 가입을 신청하는 때에 납부하여야 하는 일체의 금전(이하 '가입비등')을 대통령령으로 정하는 다음의 기관(이하 '예치기관')에 예치하도록 하여야 한다(법 제11조의6 제1항, 영 제24조의5 제1항).

㉠ 「은행법」에 따른 은행
㉡ 「우체국예금·보험에 관한 법률」에 따른 체신관서
㉢ 「보험업법」에 따른 보험회사
㉣ 「자본시장과 금융투자업에 관한 법률」에 따른 신탁업자

② **청약 철회**

㉠ 주택조합의 가입을 신청한 자는 가입비등을 예치한 날부터 30일 이내에 주택조합 가입에 관한 청약을 철회할 수 있다(법 제11조의6 제2항).

㉡ 청약 철회를 서면으로 하는 경우에는 청약 철회의 의사를 표시한 서면을 발송한 날에 그 효력이 발생한다(법 제11조의6 제3항).

③ **가입비등의 지급 및 반환**

㉠ 모집주체는 주택조합의 가입을 신청한 자가 청약 철회를 한 경우 청약 철회 의사가 도달한 날부터 7일 이내에 예치기관의 장에게 가입비등의 반환을 요청하여야 한다(법 제11조의6 제4항).

㉡ 예치기관의 장은 가입비등의 반환 요청을 받은 경우 요청일부터 10일 이내에 그 가입비등을 예치한 자에게 반환하여야 한다(법 제11조의6 제5항).

㉢ 모집주체는 주택조합의 가입을 신청한 자에게 청약 철회를 이유로 위약금 또는 손해배상을 청구할 수 없다(법 제11조의6 제6항).

(8) 조합임원의 결격사유 등(법 제13조)

① 다음의 어느 하나에 해당하는 사람은 주택조합의 발기인 또는 임원이 될 수 없다.

> ㉠ 미성년자·피성년후견인 또는 피한정후견인
> ㉡ 파산선고를 받은 사람으로서 복권되지 아니한 사람
> ㉢ 금고 이상의 실형을 선고받고 그 집행이 종료(종료된 것으로 보는 경우를 포함)되거나 집행이 면제된 날부터 2년이 지나지 아니한 사람
> ㉣ 금고 이상의 형의 집행유예를 선고받고 그 유예기간 중에 있는 사람
> ㉤ 금고 이상의 형의 선고유예를 받고 그 선고유예기간 중에 있는 사람
> ㉥ 법원의 판결 또는 다른 법률에 따라 자격이 상실 또는 정지된 사람
> ㉦ 해당 주택조합의 공동사업주체인 등록사업자 또는 업무대행사의 임직원

② 주택조합의 발기인이나 임원이 다음의 어느 하나에 해당하는 경우 해당 발기인은 그 지위를 상실하고 해당 임원은 당연히 퇴직한다.

> ㉠ 주택조합의 발기인이 자격기준을 갖추지 아니하게 되거나 주택조합의 임원이 조합원 자격을 갖추지 아니하게 되는 경우
> ㉡ 주택조합의 발기인 또는 임원이 위 ①의 결격사유에 해당하게 되는 경우

③ 지위가 상실된 발기인 또는 퇴직된 임원이 지위 상실이나 퇴직 전에 관여한 행위는 그 효력을 상실하지 아니한다.

④ 주택조합의 임원은 다른 주택조합의 임원, 직원 또는 발기인을 겸할 수 없다.

(9) 주택조합에 대한 감독 및 해산 등

① 주택조합에 대한 감독

㉠ 국토교통부장관 또는 시장·군수·구청장은 주택공급에 관한 질서를 유지하기 위하여 특히 필요하다고 인정되는 경우에는 국가가 관리하고 있는 행정전산망 등을 이용하여 주택조합 구성원의 자격 등에 관하여 필요한 사항을 확인할 수 있다(법 제14조 제1항).

㉡ 시장·군수·구청장은 주택조합 또는 주택조합의 구성원이 다음의 어느 하나에 해당하는 경우에는 주택조합의 설립인가를 취소할 수 있다(법 제14조 제2항).

> ⓐ 거짓이나 그 밖의 부정한 방법으로 설립인가를 받은 경우
> ⓑ 명령이나 처분을 위반한 경우

ⓒ 시장·군수·구청장은 모집주체가 이 법을 위반한 경우 시정요구 등 필요한 조치를 명할 수 있다(법 제14조 제4항).

② **주택조합의 해산**

㉠ 주택조합은 주택조합의 설립인가를 받은 날부터 3년이 되는 날까지 사업계획승인을 받지 못하는 경우 대통령령으로 정하는 바에 따라 총회의 의결을 거쳐 해산 여부를 결정하여야 한다(법 제14조의2 제1항).

㉡ 주택조합의 발기인은 조합원 모집신고가 수리된 날부터 2년이 되는 날까지 주택조합 설립인가를 받지 못하는 경우 다음에서 정하는 바에 따라 주택조합 가입 신청자 전원으로 구성되는 총회 의결을 거쳐 주택조합 사업의 종결 여부를 결정하도록 하여야 한다(법 제14조의2 제2항, 영 제25조의2 제3항).

> ⓐ 주택조합 가입 신청자의 3분의 2 이상의 찬성으로 의결할 것
> ⓑ 주택조합 가입 신청자의 100분의 20 이상이 직접 출석할 것

> ✔ **참고** **주택조합의 해산 시 3개월 이내 총회 개최(영 제25조의2 제1항)**
>
> 주택조합 또는 주택조합의 발기인은 주택조합의 해산 또는 주택조합사업의 종결 여부를 결정하려는 경우에는 다음의 구분에 따른 날부터 3개월 이내에 총회를 개최해야 한다.
>
> | 주택조합 설립인가를 받은 날부터 3년이 되는 날까지 사업계획승인을 받지 못하는 경우 | 해당 설립인가를 받은 날부터 3년이 되는 날 |
> |---|---|
> | 조합원 모집신고가 수리된 날부터 2년이 되는 날까지 주택조합 설립인가를 받지 못하는 경우 | 해당 조합원 모집신고가 수리된 날부터 2년이 되는 날 |

㉢ 총회를 소집하려는 주택조합의 임원 또는 발기인은 총회가 개최되기 7일 전까지 회의 목적, 안건, 일시 및 장소를 정하여 조합원 또는 주택조합 가입 신청자에게 통지하여야 한다(법 제14조의2 제3항).

㉣ 주택조합의 해산 또는 사업의 종결을 결의한 경우에는 주택조합의 임원 또는 발기인이 청산인이 된다. 다만, 조합규약 또는 총회의 결의로 달리 정한 경우에는 그에 따른다(영 제25조의2 제4항).

　　　　ⓜ 주택조합의 발기인은 총회의 결과(사업의 종결을 결의한 경우에는 청산계획을 포함)를 관할 시장·군수·구청장에게 국토교통부령으로 정하는 바에 따라 통지하여야 한다(법 제14조의2 제5항).

③ **회계감사**(법 제14조의3)

　　㉠ 주택조합은 대통령령으로 정하는 바에 따라 회계감사를 받아야 하며, 그 감사결과를 관할 시장·군수·구청장에게 보고하여야 한다.

　　㉡ 주택조합의 임원 또는 발기인은 계약금등(해당 주택조합사업에 관한 모든 수입에 따른 금전을 말한다)의 징수·보관·예치·집행 등 모든 거래행위에 관하여 장부를 월별로 작성하여 그 증빙서류와 함께 주택조합 해산인가를 받는 날까지 보관하여야 한다. 이 경우 주택조합의 임원 또는 발기인은 「전자문서 및 전자거래 기본법」에 따른 정보처리시스템을 통하여 장부 및 증빙서류를 작성하거나 보관할 수 있다.

④ **주택조합사업의 시공보증**(법 제14조의4)

　　㉠ 주택조합이 공동사업주체인 시공자를 선정한 경우 그 시공자는 공사의 시공보증(시공자가 공사의 계약상 의무를 이행하지 못하거나 의무이행을 하지 아니할 경우 보증기관에서 시공자를 대신하여 계약이행의무를 부담하거나 총 공사금액의 50% 이하에서 대통령령으로 정하는 비율 이상의 범위에서 주택조합이 정하는 금액을 납부할 것을 보증하는 것을 말한다)을 위하여 국토교통부령으로 정하는 기관의 시공보증서를 조합에 제출하여야 한다.

　　㉡ 사업계획승인권자는 착공신고를 받는 경우에는 시공보증서 제출 여부를 확인하여야 한다.

1 주택상환사채 ·23회 ·27회 ·31회 ·32회 ·33회

* 주택상환사채
주택건설자금을 조달하기 위해 주택건설업자가 발행하는 것으로 일정기간이 지나면 주택으로 상환받을 수 있는 기명식 보증사채이다.

(1) 주택상환사채*의 발행

① **발행권자**(법 제80조 제1항)

　㉠ 한국토지주택공사와 등록사업자는 대통령령으로 정하는 바에 따라 주택으로 상환하는 주택상환사채를 발행할 수 있다.

　㉡ 등록사업자는 자본금·자산평가액 및 기술인력 등이 대통령령으로 정하는 기준에 맞고 금융기관 또는 주택도시보증공사의 보증을 받은 경우에만 주택상환사채를 발행할 수 있다.

추가 발행규모
등록사업자가 발행할 수 있는 주택상환사채의 규모는 최근 3년간의 연평균 주택건설 호수 이내로 한다(영 제84조 제2항).

② **발행기준**(영 제84조 제1항)

　㉠ 법인으로서 자본금이 5억원 이상일 것

　㉡ 「건설산업기본법」에 따라 건설업 등록을 한 자일 것

　㉢ 최근 3년간 연평균 주택건설 실적이 300호 이상일 것

③ **승인권자** : 주택상환사채를 발행하려는 자는 대통령령으로 정하는 바에 따라 주택상환사채발행계획을 수립하여 국토교통부장관의 승인을 받아야 한다(법 제80조 제2항).

> **◈ 참고   주택상환사채발행계획서 첨부서류(영 제85조 제1항)**
>
> 주택상환사채발행계획의 승인을 받으려는 자는 주택상환사채발행계획서에 다음의 서류를 첨부하여 국토교통부장관에게 제출하여야 한다. 다만, 다음 3.의 서류는 주택상환사채 모집공고 전까지 제출할 수 있다.
> 1. 주택상환사채 상환용 주택의 건설을 위한 택지에 대한 소유권 또는 그 밖에 사용할 수 있는 권리를 증명할 수 있는 서류
> 2. 주택상환사채에 대한 금융기관 또는 주택도시보증공사의 보증서
> 3. 금융기관과의 발행대행계약서 및 납입금 관리계약서

④ **발행방법**

　㉠ 주택상환사채는 기명증권(記名證券)으로 하고, 사채권자의 명의변경은 취득자의 성명과 주소를 사채원부에 기록하는 방법으로 하며, 취득자의 성명을 채권에 기록하지 아니하면 사채발행자 및 제3자에게 대항할 수 없다(법 제81조 제2항).

ⓛ 주택상환사채는 액면 또는 할인의 방법으로 발행한다(영 제83조 제1항).

ⓒ 주택상환사채권에는 기호와 번호를 붙이고 국토교통부령으로 정하는 사항을 적어야 한다(영 제83조 제2항).

ⓔ 주택상환사채의 발행자는 주택상환사채대장을 갖추어 두고 주택상환사채권의 발행 및 상환에 관한 사항을 적어야 한다(영 제83조 제3항).

⑤ **상환기간**

ⓗ 주택상환사채를 발행한 자는 발행조건에 따라 주택을 건설하여 사채권자에게 상환하여야 한다(법 제81조 제1항).

ⓛ 주택상환사채의 상환기간은 3년을 초과할 수 없다(영 제86조 제1항).

ⓒ 주택상환사채를 상환할 때에는 주택상환사채권자가 원하면 주택상환사채의 원리금을 현금으로 상환할 수 있다(규칙 제35조 제3항).

⑥ **납입금의 사용**(영 제87조)

ⓗ 주택상환사채의 납입금은 다음의 용도로만 사용할 수 있다.

> ⓐ 택지의 구입 및 조성
> ⓑ 주택건설자재의 구입
> ⓒ 건설공사비에의 충당
> ⓓ 그 밖에 주택상환을 위하여 필요한 비용으로서 국토교통부장관의 승인을 받은 비용에의 충당

ⓛ 주택상환사채의 납입금은 해당 보증기관과 주택상환사채발행자가 협의하여 정하는 금융기관에서 관리한다.

ⓒ 납입금을 관리하는 금융기관은 국토교통부장관이 요청하는 경우에는 납입금 관리상황을 보고하여야 한다.

⑦ **효력** : 등록사업자의 등록이 말소된 경우에도 등록사업자가 발행한 주택상환사채의 효력에는 영향을 미치지 아니한다(법 제82조).

(2) 주택상환사채의 양도 또는 중도해약

① 양도 또는 중도해약

ⓗ **원 칙**	주택상환사채는 양도하거나 중도에 해약할 수 없다(영 제86조 제3항).	
ⓛ **예 외**	다음의 경우에는 양도하거나 중도에 해약할 수 있다(영 제86조 제3항, 규칙 제35조 제1항).	
	ⓐ 세대원(세대주가 포함된 세대의 구성원)의 근무 또는 생업상의 사정이나 질병치료, 취학 또는 결혼으로 세대원 전원이 다른 행정구역으로 이전하는 경우	

추가 **국토교통부령으로 정하는 사항**(규칙 제33조 제1항)
1. 발행기관
2. 발행방법
3. 발행조건
4. 상환의 시기와 절차

추가 **상환기간**
상환기간은 주택상환사채 발행일부터 주택의 공급계약체결일까지의 기간으로 한다(영 제86조 제2항).

추가 **예외사항인 경우**
주택상환사채를 양도 또는 중도해약하거나 상속받으려는 자는 본문 표 ①의 ⓛ에 해당함을 증명하는 서류 또는 상속인임을 증명하는 서류를 주택상환사채 발행자에게 제출하여야 한다. 이 경우 주택상환사채 발행자는 지체 없이 주택상환사채권자의 명의를 변경하고, 주택상환사채원부 및 주택상환사채권에 적어야 한다(규칙 제35조 제2항).

　ⓑ 세대원 전원이 상속으로 취득한 주택으로 이전하는 경우
　　　　ⓒ 세대원 전원이 해외로 이주하거나 2년 이상 해외에 체류하려는 경우

② **「상법」 규정의 적용** : 주택상환사채의 발행에 관하여 이 법에서 규정한 것 외에는 「상법」 중 사채발행에 관한 규정을 적용한다. 다만, 한국토지주택공사가 발행하는 경우와 금융기관 등이 상환을 보증하여 등록사업자가 발행하는 경우에는 「상법」 제478조 제1항을 적용하지 아니한다(법 제83조).

2 국민주택사업특별회계

(1) 설 치

지방자치단체는 국민주택사업을 시행하기 위하여 국민주택사업특별회계를 설치·운용하여야 한다(법 제84조 제1항).

(2) 특별회계의 재원

국민주택사업특별회계의 자금은 다음의 재원으로 조성한다(법 제84조 제2항).

① 자체 부담금
② 주택도시기금으로부터의 차입금
③ 정부로부터의 보조금
④ 농협은행으로부터의 차입금
⑤ 외국으로부터의 차입금
⑥ 국민주택사업특별회계에 속하는 재산의 매각대금
⑦ 국민주택사업특별회계자금의 회수금·이자수입금 및 그 밖의 수익
⑧ 「재건축초과이익 환수에 관한 법률」에 따른 재건축부담금 중 지방자치단체 귀속분

(3) 편성 및 운용(영 제88조)

① 지방자치단체에 설치하는 국민주택사업특별회계의 편성 및 운용에 필요한 사항은 해당 지방자치단체의 조례로 정할 수 있다.

② 국민주택을 건설·공급하는 지방자치단체의 장은 국민주택사업특별회계의 분기별 운용 상황을 그 분기가 끝나는 달의 다음 달 20일까지 국토교통부장관에게 보고하여야 한다. 이 경우 시장·군수·구청장의 경우에는 시·도지사를 거쳐(특별자치시장 또는 특별자치도지사가 보고하는 경우는 제외) 보고하여야 한다.

제4절 주택건설사업의 시행

1 사업계획승인

(1) 사업계획승인 대상(법 제15조 제1항) · 28회 · 31회

① **원칙** : 대통령령으로 정하는 호수 이상의 주택건설사업을 시행하려는 자 또는 면적 1만m² 이상의 대지조성사업을 시행하려는 자는 사업계획승인을 받아야 한다.

> **⊕ 보충 대통령령으로 정하는 호수(영 제27조 제1항)**
>
> 1. **단독주택** : 30호. 다만, 다음의 어느 하나에 해당하는 단독주택의 경우에는 50호로 한다.
>   ① 공공사업에 따라 조성된 용지를 개별 필지로 구분하지 아니하고 일단(一團)의 토지로 공급받아 해당 토지에 건설하는 단독주택
>   ②「건축법 시행령」에 따른 한옥
> 2. **공동주택** : 30세대(리모델링의 경우에는 증가하는 세대수를 기준). 다만, 다음의 어느 하나에 해당하는 공동주택을 건설(리모델링의 경우는 제외)하는 경우에는 50세대로 한다.
>   ① 다음의 요건을 모두 갖춘 단지형 연립주택 또는 단지형 다세대주택
>   ㉠ 세대별 주거전용면적이 30m² 이상일 것
>   ㉡ 해당 주택단지 진입도로의 폭이 6m 이상일 것. 다만, 해당 주택단지의 진입도로가 두 개 이상인 경우에는 다음의 요건을 모두 갖추면 진입도로의 폭을 4m 이상 6m 미만으로 할 수 있다.
>   ⓐ 두 개의 진입도로 폭의 합계가 10m 이상일 것
>   ⓑ 폭 4m 이상 6m 미만인 진입도로는 영 제5조에 따른 도로와 통행거리가 200m 이내일 것
>   ②「도시 및 주거환경정비법」에 따른 정비구역에서 주거환경개선사업을 시행하기 위하여 건설하는 공동주택(단, 정비기반시설의 설치계획대로 정비기반시설 설치가 이루어지지 아니한 지역으로서 시장·군수·구청장이 지정·고시하는 지역에서 건설하는 공동주택은 제외)

② **예외** : 주택 외의 시설과 주택을 동일 건축물로 건축하는 경우 등 대통령령으로 정하는 경우에는 사업계획승인 대상에서 제외한다.

> **⊘ 참고 대통령령으로 정하는 경우(영 제27조 제4항)**
>
> 1. 다음의 요건을 모두 갖춘 사업의 경우
>   ①「국토의 계획 및 이용에 관한 법률 시행령」에 따른 준주거지역 또는 상업지역(유통상업지역은 제외)에서 300세대 미만의 주택과 주택 외의 시설을 동일 건축물로 건축하는 경우일 것

② 해당 건축물의 연면적에서 주택의 연면적이 차지하는 비율이 90% 미만일 것
2. 「농어촌정비법」에 따른 생활환경정비사업 중 「농업협동조합법」에 따른 농업협동조합중앙회가 조달하는 자금으로 시행하는 사업인 경우

(2) 사업계획승인권자 · 26회

사업계획승인을 받으려는 자는 사업계획승인신청서에 주택과 그 부대시설 및 복리시설의 배치도, 대지조성공사 설계도서 등 대통령령으로 정하는 서류를 첨부하여 다음의 사업계획승인권자에게 제출하고 사업계획승인을 받아야 한다(법 제15조 제1항·제2항, 영 제27조 제3항).

	승인권자	사업의 조건
원 칙	특별시장·광역시장·특별자치시장·도지사 또는 특별자치도지사(시·도지사) 또는 대도시의 시장*	주택건설사업 또는 대지조성사업으로서 해당 대지면적이 10만m² 이상인 경우
	특별시장·광역시장·특별자치시장·특별자치도지사 또는 시장·군수	주택건설사업 또는 대지조성사업으로서 해당 대지면적이 10만m² 미만인 경우
예 외	국토교통부장관	① 국가 및 한국토지주택공사가 시행하는 경우 ② 330만m² 이상의 규모로 「택지개발촉진법」에 따른 택지개발사업 또는 「도시개발법」에 따른 도시개발사업을 추진하는 지역 중 국토교통부장관이 지정·고시하는 지역에서 주택건설사업을 시행하는 경우 ③ 수도권 또는 광역시 지역의 긴급한 주택난 해소가 필요하거나 지역균형개발 또는 광역적 차원의 조정이 필요하여 국토교통부장관이 지정·고시하는 지역에서 주택건설사업을 시행하는 경우 ④ 국가·지방자치단체·한국토지주택공사·지방공사가 단독 또는 공동으로 총지분의 50%를 초과하여 출자한 위탁관리 부동산투자회사(해당 부동산투자회사의 자산관리회사가 한국토지주택공사인 경우만 해당)가 공공주택건설사업을 시행하는 경우

(3) 주택단지 공구별 분할시행 · 26회 · 28회 · 30회 · 32회

① 주택건설사업을 시행하려는 자는 전체 세대수가 600세대 이상의 주택단지를 공구별로 분할하여 주택을 건설·공급할 수 있다(법 제15조 제3항 전단, 영 제28조 제1항).

＊ 대도시의 시장
「지방자치법」에 따라 서울특별시·광역시 및 특별자치시를 제외한 인구 50만 이상의 대도시의 시장을 말한다.

② 위 **(2)**에 따른 서류와 함께 다음의 서류를 첨부하여 사업계획승인권자에게 제출하고 사업계획승인을 받아야 한다(법 제15조 제3항 후단).

> ㉠ 공구별 공사계획서
> ㉡ 입주자모집계획서
> ㉢ 사용검사계획서

(4) 표본설계도서의 승인(영 제29조) ·31회

① 한국토지주택공사, 지방공사 또는 등록사업자는 동일한 규모의 주택을 대량으로 건설하려는 경우에는 국토교통부령으로 정하는 바에 따라 국토교통부장관에게 주택의 형별(型別)로 표본설계도서를 작성·제출하여 승인을 받을 수 있다.

② 국토교통부장관은 승인을 하려는 경우에는 관계 행정기관의 장과 협의하여야 하며, 협의 요청을 받은 기관은 정당한 사유가 없으면 요청받은 날부터 15일 이내에 국토교통부장관에게 의견을 통보하여야 한다.

③ 국토교통부장관은 표본설계도서의 승인을 하였을 때에는 그 내용을 특별시장·광역시장·특별자치시장·도지사 또는 특별자치도지사(이하 '시·도지사')에게 통보하여야 한다.

2 사업계획의 승인절차 등

(1) 주택건설대지의 소유권 확보(법 제21조 제1항)

① **원칙** : 주택건설사업계획의 승인을 받으려는 자는 해당 주택건설대지의 소유권을 확보하여야 한다.

② **예외** : 다음의 어느 하나에 해당하는 경우에는 그러하지 아니하다.

> ㉠ 「국토의 계획 및 이용에 관한 법률」에 따른 지구단위계획의 결정이 필요한 주택건설사업의 해당 대지면적의 80% 이상을 사용할 수 있는 권원(權原)[등록사업자와 공동으로 사업을 시행하는 주택조합(리모델링주택조합은 제외)의 경우에는 95% 이상의 소유권을 말한다]을 확보하고(국공유지가 포함된 경우에는 해당 토지의 관리청이 해당 토지를 사업주체에게 매각하거나 양여할 것을 확인한 서류를 사업계획승인권자에게 제출하는 경우에는 확보한 것으로 본다), 확보하지 못한 대지가 매도청구대상이 되는 대지에 해당하는 경우

      ⓛ 사업주체가 주택건설대지의 소유권을 확보하지 못하였으나 그 대지를 사용할 수 있는 권원을 확보한 경우
      ⓒ 국가·지방자치단체·한국토지주택공사 또는 지방공사가 주택건설사업을 하는 경우
      ⓔ 리모델링 결의를 한 리모델링주택조합이 매도청구를 하는 경우

③ 사업주체가 신고한 후 공사를 시작하려는 경우 사업계획승인을 받은 해당 주택건설대지에 매도청구대상이 되는 대지가 포함되어 있으면 해당 매도청구대상 대지에 대하여는 그 대지의 소유자가 매도에 대하여 합의를 하거나 매도청구에 관한 법원의 승소판결(확정되지 아니한 판결을 포함)을 받은 경우에만 공사를 시작할 수 있다(법 제21조 제2항).

(2) 사업계획승인의 기준 ·30회

① 사업계획은 쾌적하고 문화적인 주거생활을 하는 데에 적합하도록 수립되어야 하며, 그 사업계획에는 부대시설 및 복리시설의 설치에 관한 계획 등이 포함되어야 한다(법 제15조 제5항).

② 사업계획승인권자는 사업계획을 승인할 때 사업주체가 제출하는 사업계획에 해당 주택건설사업 또는 대지조성사업과 직접적으로 관련이 없거나 과도한 기반시설의 기부채납(寄附採納)을 요구하여서는 아니 된다(법 제17조 제1항).

(3) 사업계획승인 여부의 통보 ·28회 ·30회 ·32회

사업계획승인권자는 사업계획승인의 신청을 받았을 때에는 정당한 사유가 없으면 신청받은 날부터 60일 이내에 사업주체에게 승인 여부를 통보하여야 한다(영 제30조 제1항).

(4) 사업계획의 변경승인 ·29회 ·31회

승인받은 사업계획을 변경하려면 사업계획승인권자로부터 변경승인을 받아야 한다. 다만, 국토교통부령으로 정하는 경미한 사항을 변경하는 경우에는 그러하지 아니하다(법 제15조 제4항).

> **➕ 보충** **경미한 사항을 변경하는 경우(규칙 제13조 제5항)**
>
> 다음의 어느 하나에 해당하는 경우를 말한다. 다만, 다음 1.·3. 및 7.은 사업주체가 국가, 지방자치단체, 한국토지주택공사 또는 지방공사인 경우로 한정한다.

추가 기반시설의 기부채납

국토교통부장관은 기부채납 등과 관련하여 다음의 사항이 포함된 운영기준을 작성하여 고시할 수 있다(법 제17조 제2항).

1. 주택건설사업의 기반시설 기부채납 부담의 원칙 및 수준에 관한 사항
2. 주택건설사업의 기반시설의 설치기준 등에 관한 사항

1. 총사업비의 20%의 범위에서의 사업비 증감(단, 국민주택을 건설하는 경우로서 지원받는 주택도시기금이 증가되는 경우는 제외)
2. 건축물이 아닌 부대시설 및 복리시설의 설치기준 변경으로서 다음의 요건을 모두 갖춘 변경
   ① 해당 부대시설 및 복리시설 설치기준 이상으로의 변경일 것
   ② 위치변경(건축법에 따른 건축설비의 위치변경은 제외)이 발생하지 아니하는 변경일 것
3. 대지면적의 20%의 범위에서의 면적 증감(단, 지구경계의 변경을 수반하거나 토지 또는 토지에 정착된 물건 및 그 토지나 물건에 관한 소유권 외의 권리를 수용할 필요를 발생시키는 경우는 제외)
4. 세대수 또는 세대당 주택공급면적을 변경하지 아니하는 범위에서의 내부구조의 위치나 면적 변경
5. 내장 재료 및 외장 재료의 변경(재료의 품질이 사업계획승인을 받을 당시의 재료와 같거나 그 이상인 경우로 한정)
6. 사업계획승인의 조건으로 부과된 사항을 이행함에 따라 발생되는 변경(단, 공공시설 설치계획의 변경이 필요한 경우는 제외)
7. 건축물의 설계와 용도별 위치를 변경하지 아니하는 범위에서의 건축물의 배치조정 및 주택단지 안 도로의 선형변경
8. 「건축법 시행령」 제12조 제3항 각 호의 어느 하나에 해당하는 사항의 변경

(5) 사업계획승인의 고시·송부 ·26회

① 사업계획승인권자는 사업계획을 승인하였을 때에는 이에 관한 사항을 고시하여야 한다. 이 경우 국토교통부장관은 관할 시장·군수·구청장에게, 특별시장, 광역시장 또는 도지사는 관할 시장, 군수 또는 구청장에게 각각 사업계획승인서 및 관계 서류의 사본을 지체 없이 송부하여야 한다(법 제15조 제6항).

② 사업계획승인권자는 사업계획승인의 고시를 할 때에는 다음의 사항을 포함하여야 한다(영 제30조 제5항).

> ㉠ 사업의 명칭
> ㉡ 사업주체의 성명·주소(법인인 경우에는 법인의 명칭·소재지와 대표자의 성명·주소)
> ㉢ 사업시행지의 위치·면적 및 건설주택의 규모
> ㉣ 사업시행기간
> ㉤ 법 제19조 제1항에 따라 고시가 의제되는 사항

(6) 사업계획의 통합심의

① **통합심의사항**

ⓐ 사업계획승인권자는 필요하다고 인정하는 경우에 도시계획·건축·교통 등 사업계획승인과 관련된 다음의 사항을 통합하여 검토 및 심의(이하 '통합심의')할 수 있다(법 제18조 제1항).

> ⓐ 「건축법」에 따른 건축심의
> ⓑ 「국토의 계획 및 이용에 관한 법률」에 따른 도시·군관리계획 및 개발행위 관련 사항
> ⓒ 「대도시권 광역교통 관리에 관한 특별법」에 따른 광역교통 개선대책
> ⓓ 「도시교통정비 촉진법」에 따른 교통영향평가
> ⓔ 「경관법」에 따른 경관심의
> ⓕ 그 밖에 사업계획승인권자가 필요하다고 인정하여 통합심의에 부치는 사항

ⓛ 사업계획승인을 받으려는 자가 통합심의를 신청하는 경우 위 ⓐ과 관련된 서류를 첨부하여야 한다. 이 경우 사업계획승인권자는 통합심의를 효율적으로 처리하기 위하여 필요한 경우 제출기한을 정하여 제출하도록 할 수 있다(법 제18조 제2항).

② **공동위원회 구성** : 사업계획승인권자가 통합심의를 하는 경우에는 다음의 어느 하나에 해당하는 위원회에 속하고 해당 위원회의 위원장의 추천을 받은 위원들과 사업계획승인권자가 속한 지방자치단체 소속 공무원으로 소집된 공동위원회를 구성하여 통합심의를 하여야 한다(법 제18조 제3항).

> ⓐ 「건축법」에 따른 중앙건축위원회 및 지방건축위원회
> ⓛ 「국토의 계획 및 이용에 관한 법률」에 따라 해당 주택단지가 속한 시·도에 설치된 지방도시계획위원회
> ⓒ 「대도시권 광역교통 관리에 관한 특별법」에 따라 광역교통 개선대책에 대하여 심의권한을 가진 국가교통위원회
> ⓔ 「도시교통정비 촉진법」에 따른 교통영향평가심의위원회
> ⓜ 「경관법」에 따른 경관위원회
> ⓗ 사업계획승인권자가 필요하다고 인정하여 통합심의에 부치는 사항(위 ① ⓐ의 ⓕ)에 대하여 심의권한을 가진 관련 위원회

③ **사업계획승인** : 사업계획승인권자는 통합심의를 한 경우 특별한 사유가 없으면 심의 결과를 반영하여 사업계획을 승인하여야 한다(법 제18조 제4항).

(7) 다른 법률에 의한 인·허가등의 의제

① **의제사항** : 사업계획승인권자가 사업계획을 승인 또는 변경 승인할 때 다음의 허가·인가·결정·승인 또는 신고 등(이하 '인·허가등')에 관하여 관계 행정기관의 장과 협의한 사항에 대하여는 해당 인·허가등을 받은 것으로 보며, 사업계획의 승인고시가 있은 때에는 다음의 관계 법률에 따른 고시가 있은 것으로 본다(법 제19조 제1항).

◎ 참고   인·허가등에 관한 의제사항

1. 「건축법」 제11조에 따른 건축허가, 같은 법 제14조에 따른 건축신고, 같은 법 제16조에 따른 허가·신고사항의 변경 및 같은 법 제20조에 따른 가설건축물의 건축허가 또는 신고
2. 「공간정보의 구축 및 관리 등에 관한 법률」 제15조 제4항에 따른 지도 등의 간행 심사
3. 「공유수면 관리 및 매립에 관한 법률」 제8조에 따른 공유수면의 점용·사용허가, 같은 법 제10조에 따른 협의 또는 승인, 같은 법 제17조에 따른 점용·사용 실시계획의 승인 또는 신고, 같은 법 제28조에 따른 공유수면의 매립면허, 같은 법 제35조에 따른 국가 등이 시행하는 매립의 협의 또는 승인 및 같은 법 제38조에 따른 공유수면매립실시계획의 승인
4. 「광업법」 제42조에 따른 채굴계획의 인가
5. 「국토의 계획 및 이용에 관한 법률」 제30조에 따른 도시·군관리계획(같은 법 제2조 제4호 다목의 계획 및 같은 호 마목의 계획 중 같은 법 제51조 제1항에 따른 지구단위계획구역 및 지구단위계획만 해당)의 결정, 같은 법 제56조에 따른 개발행위의 허가, 같은 법 제86조에 따른 도시·군계획시설사업시행자의 지정, 같은 법 제88조에 따른 실시계획의 인가 및 같은 법 제130조 제2항에 따른 타인의 토지에의 출입허가
6. 「농어촌정비법」 제23조에 따른 농업생산기반시설의 사용허가
7. 「농지법」 제34조에 따른 농지전용(農地轉用)의 허가 또는 협의
8. 「도로법」 제36조에 따른 도로공사 시행의 허가, 같은 법 제61조에 따른 도로점용의 허가
9. 「도시개발법」 제3조에 따른 도시개발구역의 지정, 같은 법 제11조에 따른 시행자의 지정, 같은 법 제17조에 따른 실시계획의 인가 및 같은 법 제64조 제2항에 따른 타인의 토지에의 출입허가
10. 「사도법」 제4조에 따른 사도(私道)의 개설허가
11. 「사방사업법」 제14조에 따른 토지의 형질변경 등의 허가, 같은 법 제20조에 따른 사방지(砂防地) 지정의 해제

---

12. 「산림보호법」 제9조 제1항 및 같은 조 제2항 제1호·제2호에 따른 산림보호 구역에서의 행위의 허가·신고. 다만, 「산림자원의 조성 및 관리에 관한 법률」에 따른 채종림 및 시험림과 「산림보호법」에 따른 산림유전지원보호구역의 경우는 제외한다.
13. 「산림자원의 조성 및 관리에 관한 법률」 제36조 제1항·제5항에 따른 입목벌채 등의 허가·신고. 다만, 같은 법에 따른 채종림 및 시험림과 「산림보호법」에 따른 산림유전자원보호구역의 경우는 제외한다.
14. 「산지관리법」 제14조·제15조에 따른 산지전용허가 및 산지전용신고, 같은 법 제15조의2에 따른 산지일시사용허가·신고
15. 「소하천정비법」 제10조에 따른 소하천공사 시행의 허가, 같은 법 제14조에 따른 소하천 점용 등의 허가 또는 신고
16. 「수도법」 제17조 또는 제49조에 따른 수도사업의 인가, 같은 법 제52조에 따른 전용상수도 설치의 인가
17. 「연안관리법」 제25조에 따른 연안정비사업실시계획의 승인
18. 「유통산업발전법」 제8조에 따른 대규모점포의 등록
19. 「장사 등에 관한 법률」 제27조 제1항에 따른 무연분묘의 개장허가
20. 「지하수법」 제7조 또는 제8조에 따른 지하수 개발·이용의 허가 또는 신고
21. 「초지법」 제23조에 따른 초지전용의 허가
22. 「택지개발촉진법」 제6조에 따른 행위의 허가
23. 「하수도법」 제16조에 따른 공공하수도에 관한 공사 시행의 허가, 같은 법 제34조 제2항에 따른 개인하수처리시설의 설치신고
24. 「하천법」 제30조에 따른 하천공사 시행의 허가 및 하천공사실시계획의 인가, 같은 법 제33조에 따른 하천의 점용허가 및 같은 법 제50조에 따른 하천수의 사용허가
25. 「부동산 거래신고 등에 관한 법률」 제11조에 따른 토지거래계약에 관한 허가

② **사업계획승인의 의제절차**

㉠ 인·허가등의 의제를 받으려는 자는 사업계획승인을 신청할 때에 해당 법률에서 정하는 관계 서류를 함께 제출하여야 한다(법 제19조 제2항).

㉡ 사업계획승인권자는 사업계획을 승인하려는 경우 그 사업계획에 의제사항에 해당하는 사항이 포함되어 있는 경우에는 해당 법률에서 정하는 관계 서류를 미리 관계 행정기관의 장에게 제출한 후 협의하여야 한다. 이 경우 협의 요청을 받은 관계 행정기관의 장은 사업계획승인권자의 협의 요청을 받은 날부터 20일 이내에 의견을 제출하여야 하며, 그 기간 내에 의견을 제출하지 아니한 경우에는 협의가 완료된 것으로 본다(법 제19조 제3항).

ⓒ 사업계획승인권자의 협의 요청을 받은 관계 행정기관의 장은 해당 법률에서 규정한 인·허가등의 기준을 위반하여 협의에 응하여서는 아니 된다(법 제19조 제4항).

③ **수수료의 면제** : 50% 이상의 국민주택을 건설하는 사업주체가 위 ①에 따라 다른 법률에 따른 인·허가등을 받은 것으로 보는 경우에는 관계 법률에 따라 부과되는 수수료 등을 면제한다(법 제19조 제5항).

3 사업시행을 위한 보호 및 일반조치

(1) 매도청구(법 제22조) · 20회 · 21회 · 22회 · 25회 · 26회

① **사업주체의 매도청구**

ⓒ 사업계획승인을 받은 사업주체는 다음에 따라 해당 주택건설대지 중 사용할 수 있는 권원을 확보하지 못한 대지(건축물을 포함)의 소유자에게 그 대지를 시가(市價)로 매도할 것을 청구할 수 있다.

주택건설대지면적의 95% 이상의 사용권원을 확보한 경우	사용권원을 확보하지 못한 대지의 모든 소유자에게 매도청구 가능
주택건설대지면적의 80% 이상 95% 미만의 사용권원을 확보한 경우	사용권원을 확보하지 못한 대지의 소유자 중 지구단위계획구역 결정고시일 10년 이전에 해당 대지의 소유권을 취득하여 계속 보유하고 있는 자를 제외한 소유자에게 매도청구 가능

ⓒ 매도청구대상이 되는 대지의 소유자와 매도청구를 하기 전에 3개월 이상 협의를 하여야 한다.

② **리모델링주택조합의 매도청구** : 리모델링의 허가를 신청하기 위한 동의율을 확보한 경우 리모델링 결의를 한 리모델링주택조합은 그 리모델링 결의에 찬성하지 아니하는 자의 주택 및 토지에 대하여 매도청구를 할 수 있다.

③ **준용 법률** : 매도청구에 관하여는 「집합건물의 소유 및 관리에 관한 법률」을 준용한다. 이 경우 구분소유권 및 대지사용권은 주택건설사업 또는 리모델링사업의 매도청구의 대상이 되는 건축물 또는 토지의 소유권과 그 밖의 권리로 본다.

추가 **대지의 소유권을 취득하여 계속 보유하고 있는 자**
대지의 소유기간을 산정할 때 대지소유자가 직계존속·직계비속 및 배우자로부터 상속받아 소유권을 취득한 경우에는 피상속인의 소유기간을 합산한다.

(2) 소유자를 확인하기 곤란한 대지 등에 대한 처분(법 제23조)

① **매도청구 의제사유** : 사업계획승인을 받은 사업주체는 해당 주택건설대지 중 사용할 수 있는 권원을 확보하지 못한 대지의 소유자가 있는 곳을 확인하기가 현저히 곤란한 경우에는 전국적으로 배포되는 둘 이상의 일간신문에 두 차례 이상 공고하고, 공고한 날부터 30일 이상이 지났을 때에는 매도청구대상의 대지로 본다.

② **공탁 및 사업시행** : 사업주체는 매도청구대상 대지의 감정평가액에 해당하는 금액을 법원에 공탁(供託)하고 주택건설사업을 시행할 수 있다.

③ **대지감정평가액** : 대지의 감정평가액은 사업계획승인권자가 추천하는 「감정평가 및 감정평가사에 관한 법률」에 따른 감정평가법인등 2인 이상이 평가한 금액을 산술평균하여 산정한다.

(3) 타인토지에의 출입 등

① **출입 등의 목적** : 국가·지방자치단체·한국토지주택공사 및 지방공사인 사업주체가 사업계획의 수립을 위한 조사 또는 측량을 하려는 경우와 국민주택사업을 시행하기 위하여 필요한 경우에는 다음의 행위를 할 수 있다(법 제24조 제1항).

> ㉠ 타인의 토지에 출입하는 행위
> ㉡ 특별한 용도로 이용되지 아니하고 있는 타인의 토지를 재료적치장 또는 임시도로로 일시 사용하는 행위
> ㉢ 특히 필요한 경우 죽목(竹木)·토석이나 그 밖의 장애물을 변경하거나 제거하는 행위

② **토지에의 출입 등에 따른 손실보상**

㉠ 타인의 토지에 출입 등의 행위로 인하여 손실을 입은 자가 있는 경우에는 그 행위를 한 사업주체가 그 손실을 보상하여야 한다(법 제25조 제1항).

㉡ 손실보상에 관하여는 그 손실을 보상할 자와 손실을 입은 자가 협의하여야 한다(법 제25조 제2항).

㉢ 손실을 보상할 자 또는 손실을 입은 자는 협의가 성립되지 아니하거나 협의를 할 수 없는 경우에는 「공익사업을 위한 토지 등의 취득 및 보상에 관한 법률」에 따른 관할 토지수용위원회에 재결(裁決)을 신청할 수 있다(법 제25조 제3항).

(4) 토지 등의 수용·사용

주체 및 대상	사업주체가 국민주택을 건설하거나 국민주택을 건설하기 위한 대지를 조성하는 경우에는 토지나 토지에 정착한 물건 및 그 토지나 물건에 관한 소유권 외의 권리(이하 '토지등')를 수용하거나 사용할 수 있다(법 제24조 제2항).
준용 법률	① 토지등을 수용하거나 사용하는 경우 이 법에 규정된 것 외에는 「공익사업을 위한 토지 등의 취득 및 보상에 관한 법률」을 준용한다(법 제27조 제1항). ② 위 ①에 따라 「공익사업을 위한 토지 등의 취득 및 보상에 관한 법률」을 준용하는 경우에는 해당 법에 따른 사업인정을 「주택법」 제15조에 따른 사업계획승인으로 본다. 다만, 재결신청은 사업계획승인을 받은 주택건설사업기간 이내에 할 수 있다(법 제27조 제2항).

(5) 토지매수 업무 등의 위탁(법 제26조)

주 체	국가 또는 한국토지주택공사인 사업주체는 주택건설사업 또는 대지조성사업을 위한 토지매수 업무와 손실보상 업무를 대통령령으로 정하는 바에 따라 관할 지방자치단체의 장에게 위탁할 수 있다.
위탁수수료 지급	사업주체가 토지매수 업무와 손실보상 업무를 위탁할 때에는 그 토지매수 금액과 손실보상 금액의 2%의 범위에서 대통령령으로 정하는 요율의 위탁수수료를 해당 지방자치단체에 지급하여야 한다.

(6) 간선시설의 설치 및 비용의 상환

① **설치의무대상** : 사업주체가 단독주택의 경우 100호 이상, 공동주택의 경우 100세대(리모델링의 경우에는 늘어나는 세대수를 기준) 이상의 주택건설사업을 시행하는 경우 또는 면적 $16,500m^2$ 이상의 대지조성사업을 시행하는 경우 다음에 해당하는 자는 각각 해당 간선시설을 설치하여야 한다. 다만, 도로 및 상하수도시설로서 사업주체가 주택건설사업계획 또는 대지조성사업계획에 포함하여 설치하려는 경우에는 그러하지 아니하다(법 제28조 제1항, 영 제39조 제1항·제2항).

지방자치단체	도로 및 상하수도시설
해당 지역에 전기·통신·가스 또는 난방을 공급하는 자	전기시설·통신시설·가스시설 또는 지역난방시설
국 가	우체통

② **설치시기 및 비용**

설치시기	간선시설은 특별한 사유가 없으면 사용검사일까지 설치를 완료하여야 한다(법 제28조 제2항).
설치비용	간선시설의 설치비용은 설치의무자가 부담한다. 이 경우 도로 및 상하수도시설의 설치비용은 그 비용의 50%의 범위에서 국가가 보조할 수 있다(법 제28조 제3항).

지중선로	전기간선시설을 지중선로(地中線路)로 설치하는 경우에는 전기를 공급하는 자와 지중에 설치할 것을 요청하는 자가 각각 50%의 비율로 그 설치비용을 부담한다. 다만, 사업지구 밖의 기간시설로부터 그 사업지구 안의 가장 가까운 주택단지(사업지구 안에 1개의 주택단지가 있는 경우에는 그 주택단지)의 경계선까지 전기간선시설을 설치하는 경우에는 전기를 공급하는 자가 부담한다(법 제28조 제4항).
설치비의 상환	간선시설 설치의무자가 사용검사일까지 간선시설의 설치를 완료하지 못할 특별한 사유가 있는 경우에는 사업주체가 그 간선시설을 자기부담으로 설치하고 간선시설 설치의무자에게 그 비용의 상환을 요구할 수 있다(법 제28조 제7항).

(7) 국공유지 등의 우선매각 및 임대 · 20회

① **우선매각 또는 임대 대상** : 국가 또는 지방자치단체는 그가 소유하는 토지를 매각하거나 임대하는 경우에는 다음의 어느 하나의 목적으로 그 토지의 매수 또는 임차를 원하는 자가 있으면 그에게 우선적으로 그 토지를 매각하거나 임대할 수 있다(법 제30조 제1항, 영 제41조).

> ㉠ 국민주택규모의 주택을 50% 이상으로 건설하는 주택의 건설
> ㉡ 주택조합이 건설하는 주택(이하 '조합주택')의 건설
> ㉢ 위 ㉠ 또는 ㉡의 주택을 건설하기 위한 대지의 조성

② **환매 또는 임대계약의 취소** : 국가 또는 지방자치단체는 국가 또는 지방자치단체로부터 토지를 매수하거나 임차한 자가 그 매수일 또는 임차일부터 2년 이내에 국민주택규모의 주택 또는 조합주택을 건설하지 아니하거나 그 주택을 건설하기 위한 대지조성사업을 시행하지 아니한 경우에는 환매(還買)하거나 임대계약을 취소할 수 있다(법 제30조 제2항).

(8) 환지방식에 의한 도시개발사업으로 조성된 대지의 활용 · 20회

① **체비지의 우선매각** : 사업주체가 국민주택용지로 사용하기 위하여 도시개발사업시행자(도시개발법에 따른 환지방식에 의하여 사업을 시행하는 도시개발사업의 시행자)에게 체비지(替費地)의 매각을 요구한 경우 그 도시개발사업시행자는 경쟁입찰방법에 따라 체비지의 총면적의 50%의 범위에서 이를 우선적으로 사업주체에게 매각할 수 있다(법 제31조 제1항, 영 제42조).

② **환지계획 수립 전 매각요구** : 사업주체가 「도시개발법」에 따른 환지계획의 수립 전에 체비지의 매각을 요구하면 도시개발사업시행자는 사업주체에게 매각할 체비지를 그 환지계획에서 하나의 단지로 정하여야 한다(법 제31조 제2항).

③ **체비지 양도가격** : 체비지의 양도가격은 국토교통부령으로 정하는 바에 따라 「감정평가 및 감정평가사에 관한 법률」에 따른 감정평가법인 등이 감정평가한 감정가격을 기준으로 한다. 다만, 임대주택을 건설하는 경우 등 국토교통부령으로 정하는 경우에는 국토교통부령으로 정하는 조성원가를 기준으로 할 수 있다(법 제31조 제3항).

(9) 서류의 열람

국민주택을 건설·공급하는 사업주체는 주택건설사업 또는 대지조성사업을 시행할 때 필요한 경우에는 등기소나 그 밖의 관계 행정기관의 장에게 필요한 서류의 열람·등사나 그 등본 또는 초본의 발급을 무료로 청구할 수 있다(법 제32조).

4 사업계획의 이행 및 취소 등

(1) 공사착수 ·26회 · 28회 · 29회 · 30회 · 32회

① **공사착수시기** : 사업주체는 승인받은 사업계획대로 사업을 시행하여야 하고, 다음의 구분에 따라 공사를 시작하여야 한다(법 제16조 제1항 본문).

사업계획승인을 받은 경우	승인받은 날부터 5년 이내	
공구별 분할시행으로 사업계획승인을 받은 경우	최초로 공사를 진행하는 공구	승인받은 날부터 5년 이내
	최초로 공사를 진행하는 공구 외의 공구	해당 주택단지에 대한 최초 착공신고일부터 2년 이내

② **공사착수시기 연장** : 사업계획승인권자는 다음의 정당한 사유가 있다고 인정하는 경우에는 사업주체의 신청을 받아 그 사유가 없어진 날부터 1년의 범위에서 분할시행사업 시 최초로 공사를 진행하는 공구 외의 공구를 제외한 나머지 경우는 공사의 착수기간을 연장할 수 있다(법 제16조 제1항 단서, 영 제31조).

추가 임대주택을 건설하는 경우 등 국토교통부령으로 정하는 경우(규칙 제16조 제2항)
주거전용면적 85m² 이하의 임대주택을 건설하거나 주거전용면적 60m² 이하의 국민주택을 건설하는 경우를 말한다.

정리 공사의 착수시기
1. 원칙 ⇨ 5년 이내
2. 분할 ⇨ 5년(2년) 이내

> ㉠ 「매장문화재 보호 및 조사에 관한 법률」에 따라 문화재청장의 매장문화재 발굴허가를 받은 경우
> ㉡ 해당 사업시행지에 대한 소유권 분쟁(소송절차가 진행 중인 경우만 해당)으로 인하여 공사착수가 지연되는 경우
> ㉢ 사업계획승인의 조건으로 부과된 사항을 이행함에 따라 공사착수가 지연되는 경우
> ㉣ 천재지변 또는 사업주체에게 책임이 없는 불가항력적인 사유로 인하여 공사착수가 지연되는 경우
> ㉤ 공공택지의 개발·조성을 위한 계획에 포함된 기반시설의 설치 지연으로 공사착수가 지연되는 경우
> ㉥ 해당 지역의 미분양주택 증가 등으로 사업성이 악화될 우려가 있거나 주택건설경기가 침체되는 등 공사에 착수하지 못할 부득이한 사유가 있다고 사업계획승인권자가 인정하는 경우

③ **착공신고**

㉠ 사업주체가 공사를 시작하려는 경우에는 국토교통부령으로 정하는 바에 따라 사업계획승인권자에게 신고하여야 한다(법 제16조 제2항).

㉡ 사업계획승인권자는 신고를 받은 날부터 20일 이내에 신고수리 여부를 신고인에게 통지하여야 한다(법 제16조 제3항).

(2) 사업계획승인의 취소 ·26회 ·29회

① **취소사유** : 사업계획승인권자는 다음의 어느 하나에 해당하는 경우 그 사업계획의 승인을 취소(다음 ㉡ 또는 ㉢에 해당하는 경우 주택도시기금법에 따라 주택분양보증이 된 사업은 제외)할 수 있다(법 제16조 제4항).

> ㉠ 사업주체가 사업계획승인을 받은 후 5년 이내에 공사를 시작하지 아니한 경우(단, 최초공구 외의 공구의 경우는 최초 착공신고일부터 2년 이내에 공사를 시작하지 아니한 경우 취소할 수 없다)
> ㉡ 사업주체가 경매·공매 등으로 인하여 대지소유권을 상실한 경우
> ㉢ 사업주체의 부도·파산 등으로 공사의 완료가 불가능한 경우

② **취소절차**

㉠ 사업계획승인권자는 위 ①의 ㉡ 또는 ㉢의 사유로 사업계획승인을 취소하고자 하는 경우에는 사업주체에게 사업계획 이행, 사업비 조달 계획 등 대통령령으로 정하는 내용이 포함된 사업정상화계획을 제출받아 계획의 타당성을 심사한 후 취소 여부를 결정하여야 한다(법 제16조 제5항).

ⓛ 사업계획승인권자는 해당 사업의 시공자 등이 해당 주택건설대지의 소유권 등을 확보하고 사업주체 변경을 위하여 사업계획의 변경승인을 요청하는 경우에 이를 승인할 수 있다(법 제16조 제6항).

제5절 **주택의 건설**

1 주택의 설계 및 시공

(1) 설계(법 제33조)
① 사업계획승인을 받아 건설되는 주택(부대시설과 복리시설을 포함)을 설계하는 자는 대통령령으로 정하는 설계도서 작성기준에 맞게 설계하여야 한다.
② 주택을 시공하는 자(이하 '시공자')와 사업주체는 설계도서에 맞게 시공하여야 한다.

(2) 주택건설공사의 시공 제한(법 제34조)
① 사업계획승인을 받은 주택의 건설공사는 「건설산업기본법」에 따른 건설사업자로서 대통령령으로 정하는 자 또는 건설사업자로 간주하는 등록사업자가 아니면 이를 시공할 수 없다.
② 공동주택의 방수·위생 및 냉난방 설비공사는 「건설산업기본법」에 따른 건설사업자로서 대통령령으로 정하는 자(특정열사용기자재를 설치·시공하는 경우에는 에너지이용 합리화법에 따른 시공업자를 말한다)가 아니면 이를 시공할 수 없다.
③ 국가 또는 지방자치단체인 사업주체는 사업계획승인을 받은 주택건설공사의 설계와 시공을 분리하여 발주하여야 한다. 다만, 주택건설공사 중 대통령령으로 정하는 대형공사로서 기술관리상 설계와 시공을 분리하여 발주할 수 없는 공사의 경우에는 대통령령으로 정하는 입찰방법으로 시행할 수 있다.

(3) 주택건설기준 등(법 제35조)

① 사업주체가 건설·공급하는 주택의 건설 등에 관한 다음의 기준(이하 '주택건설기준등')은 대통령령으로 정한다.

> ㉠ 주택 및 시설의 배치, 주택과의 복합건축 등에 관한 주택건설기준
> ㉡ 세대 간의 경계벽, 바닥충격음 차단구조, 구조내력(構造耐力) 등 주택의 구조·설비기준
> ㉢ 부대시설의 설치기준
> ㉣ 복리시설의 설치기준
> ㉤ 대지조성기준
> ㉥ 주택의 규모 및 규모별 건설비율

② 지방자치단체는 그 지역의 특성, 주택의 규모 등을 고려하여 주택건설기준등의 범위에서 조례로 구체적인 기준을 정할 수 있다.

③ 사업주체는 주택건설기준등 및 기준에 따라 주택건설사업 또는 대지조성사업을 시행하여야 한다.

2 주택의 감리 ·31회

(1) 주택의 감리자 지정(법 제43조)

① 사업계획승인권자가 주택건설사업계획을 승인하였을 때와 시장·군수·구청장이 리모델링의 허가를 하였을 때에는 「건축사법」 또는 「건설기술 진흥법」에 따른 감리자격이 있는 자를 대통령령으로 정하는 바에 따라 해당 주택건설공사의 감리자로 지정하여야 한다. 다만, 사업주체가 국가·지방자치단체·한국토지주택공사·지방공사 또는 대통령령으로 정하는 자인 경우와 「건축법」에 따라 공사감리를 하는 도시형 생활주택의 경우에는 그러하지 아니하다.

② 사업계획승인권자는 감리자가 감리자의 지정에 관한 서류를 부정 또는 거짓으로 제출하거나, 업무 수행 중 위반 사항이 있음을 알고도 묵인하는 등 대통령령으로 정하는 사유에 해당하는 경우에는 감리자를 교체하고, 그 감리자에 대하여는 1년의 범위에서 감리업무의 지정을 제한할 수 있다.

③ 사업주체(리모델링의 허가만 받은 자도 포함)와 감리자 간의 책임 내용 및 범위는 이 법에서 규정한 것 외에는 당사자 간의 계약으로 정한다.

④ 국토교통부장관은 계약을 체결할 때 사업주체와 감리자 간에 공정하게 계약이 체결되도록 하기 위하여 감리용역표준계약서를 정하여 보급할 수 있다.

(2) 감리자의 업무(법 제44조)

① 감리자는 자기에게 소속된 자를 대통령령으로 정하는 바에 따라 감리원으로 배치하고, 다음의 업무를 수행하여야 한다.

> ○ 시공자가 설계도서에 맞게 시공하는지 여부의 확인
> ○ 시공자가 사용하는 건축자재가 관계 법령에 따른 기준에 맞는 건축자재인지 여부의 확인
> ○ 주택건설공사에 대하여 「건설기술 진흥법」에 따른 품질시험을 하였는지 여부의 확인
> ○ 시공자가 사용하는 마감자재 및 제품이 사업주체가 시장·군수·구청장에게 제출한 마감자재 목록표 및 영상물 등과 동일한지 여부의 확인
> ○ 그 밖에 주택건설공사의 시공감리에 관한 사항으로서 대통령령으로 정하는 사항

② 감리자는 업무의 수행 상황을 국토교통부령으로 정하는 바에 따라 사업계획승인권자(리모델링의 허가만 받은 경우는 허가권자) 및 사업주체에게 보고하여야 한다.

③ 감리자는 업무를 수행하면서 위반 사항을 발견하였을 때에는 지체 없이 시공자 및 사업주체에게 위반 사항을 시정할 것을 통지하고, 7일 이내에 사업계획승인권자에게 그 내용을 보고하여야 한다.

④ 시공자 및 사업주체는 시정 통지를 받은 경우에는 즉시 해당 공사를 중지하고 위반 사항을 시정한 후 감리자의 확인을 받아야 한다. 이 경우 감리자의 시정 통지에 이의가 있을 때에는 즉시 그 공사를 중지하고 사업계획승인권자에게 서면으로 이의신청을 할 수 있다.

⑤ 감리자의 지정방법 및 절차와 이의신청의 처리 등에 필요한 사항은 대통령령으로 정한다.

⑥ 사업주체는 계약에 따른 공사감리비를 국토교통부령으로 정하는 바에 따라 사업계획승인권자에게 예치하여야 한다.

⑦ 사업계획승인권자는 예치받은 공사감리비를 감리자에게 국토교통부령으로 정하는 절차 등에 따라 지급하여야 한다.

추가 대통령령으로 정하는 사항
(영 제49조 제1항)
1. 설계도서가 해당 지형 등에 적합한지에 대한 확인
2. 설계변경에 관한 적정성 확인
3. 시공계획·예정공정표 및 시공도면 등의 검토·확인

(3) 부실감리자 등에 대한 조치

사업계획승인권자는 지정·배치된 감리자 또는 감리원(다른 법률에 따른 감리자 또는 그에게 소속된 감리원을 포함)이 그 업무를 수행할 때 고의 또는 중대한 과실로 감리를 부실하게 하거나 관계 법령을 위반하여 감리를 함으로써 해당 사업주체 또는 입주자 등에게 피해를 입히는 등 주택건설공사가 부실하게 된 경우에는 그 감리자의 등록 또는 감리원의 면허나 그 밖의 자격인정 등을 한 행정기관의 장에게 등록말소·면허취소·자격정지·영업정지나 그 밖에 필요한 조치를 하도록 요청할 수 있다(법 제47조).

3 품질점검단의 설치 및 운영 등

(1) 품질점검단의 설치·운영

① 시·도지사는 사전방문을 실시하고 사용검사를 신청하기 전에 공동주택의 품질을 점검하여 사업계획의 내용에 적합한 공동주택이 건설되도록 할 목적으로 주택 관련 분야 등의 전문가로 구성된 공동주택 품질점검단(이하 '품질점검단')을 설치·운영할 수 있다. 이 경우 시·도지사는 품질점검단의 설치·운영에 관한 사항을 조례로 정하는 바에 따라 대도시 시장에게 위임할 수 있다(법 제48조의3 제1항).

② 품질점검단은 대통령령으로 정하는 규모 및 범위 등에 해당하는 공동주택의 건축·구조·안전·품질관리 등에 대한 시공품질을 대통령령으로 정하는 바에 따라 점검하여 그 결과를 시·도지사와 사용검사권자에게 제출하여야 한다(법 제48조의3 제2항).

③ 사업주체는 품질점검단의 점검에 협조하여야 하며 이에 따르지 아니하거나 기피 또는 방해해서는 아니 된다(법 제48조의3 제3항).

(2) 사용검사권자

① 사용검사권자는 품질점검단의 시공품질 점검을 위하여 필요한 경우에는 사업주체, 감리자 등 관계자에게 공동주택의 공사현황 등 국토교통부령으로 정하는 서류 및 관련 자료의 제출을 요청할 수 있다. 이 경우 자료제출을 요청받은 자는 정당한 사유가 없으면 이에 따라야 한다(법 제48조의3 제4항).

② 사용검사권자는 제출받은 점검결과를 사용검사가 있은 날부터 2년 이상 보관하여야 하며, 입주자(입주예정자를 포함)가 관련 자료의 공개를 요구하는 경우에는 이를 공개하여야 한다(법 제48조의3 제5항).

③ 사용검사권자는 대통령령으로 정하는 바에 따라 품질점검단의 점검결과에 대한 사업주체의 의견을 청취한 후 하자가 있다고 판단하는 경우 보수·보강 등 필요한 조치를 명하여야 한다. 이 경우 대통령령으로 정하는 중대한 하자는 대통령령으로 정하는 특별한 사유가 없으면 사용검사를 받기 전까지 조치하도록 명하여야 한다(법 제48조의3 제6항).

④ 보수·보강 등의 조치명령을 받은 사업주체는 대통령령으로 정하는 바에 따라 조치를 하고, 그 결과를 사용검사권자에게 보고하여야 한다. 다만, 조치명령에 이의가 있는 사업주체는 사용검사권자에게 이의신청을 할 수 있다(법 제48조의3 제7항).

⑤ 사용검사권자는 공동주택의 시공품질 관리를 위하여 사업주체에게 통보받은 사전방문 후 조치결과, 조치명령, 조치결과, 이의신청 등에 관한 사항을 대통령령으로 정하는 정보시스템에 등록하여야 한다(법 제48조의3 제8항).

4 사용검사 ·24회 ·34회

(1) 사용검사권자

원 칙	사업주체는 사업계획승인을 받아 시행하는 주택건설사업 또는 대지조성사업을 완료한 경우에는 주택 또는 대지에 대하여 국토교통부령으로 정하는 바에 따라 시장·군수·구청장의 사용검사를 받아야 한다(법 제49조 제1항 본문).
특 칙	국가 또는 한국토지주택공사가 사업주체인 경우와 국토교통부장관으로부터 사업계획의 승인을 얻은 경우에는 국토교통부장관의 사용검사를 받아야 한다(법 제49조 제1항 본문, 영 제54조 제1항).

(2) 공구별 분할 및 동별 사용검사

공구별로 분할하여 사업계획을 승인받은 경우에는 완공된 주택에 대하여 공구별로 사용검사(이하 '분할 사용검사')를 받을 수 있고, 다음의 사유가 있는 경우에는 공사가 완료된 주택에 대하여 동별로 사용검사(이하 '동별 사용검사')를 받을 수 있다(법 제49조 제1항 단서, 영 제54조 제2항).

정리 사용검사권자
1. 원 칙
   시장·군수·구청장
2. 특 칙
   국토교통부장관

① 사업계획승인의 조건으로 부과된 사항의 미이행

② 하나의 주택단지의 입주자를 분할 모집하여 전체 단지의 사용검사를 마치기 전에 입주가 필요한 경우

③ 그 밖에 사업계획승인권자가 동별로 사용검사를 받을 필요가 있다고 인정하는 경우

(3) 사용검사시기

① 사용검사권자는 사용검사를 할 때 주택 또는 대지가 사업계획의 내용에 적합한지 여부와 사용검사를 받기 전까지 조치해야 하는 하자를 조치 완료했는지 여부를 확인해야 한다(영 제54조 제3항).

② 사용검사는 신청일부터 15일 이내에 하여야 한다(영 제54조 제4항).

(4) 사용검사의 효과

① 사업주체 또는 입주예정자는 사용검사를 받은 후가 아니면 주택 또는 대지를 사용하게 하거나 이를 사용할 수 없다. 다만, 대통령령으로 정하는 경우로서 사용검사권자의 임시사용승인을 받은 경우에는 그러하지 아니하다(법 제49조 제4항).

② 협의 요청을 받은 관계 행정기관의 장은 정당한 사유가 없으면 그 요청을 받은 날부터 10일 이내에 의견을 제시하여야 한다(영 제54조 제5항).

(5) 시공보증자 등의 사용검사(법 제49조 제3항)

① **사업주체가 파산 등으로 사용검사를 받을 수 없는 경우** : 시공보증자, 입주예정자

> ㉠ 사업주체가 파산 등으로 주택건설사업을 계속할 수 없는 경우에는 해당 주택의 시공보증자가 잔여공사를 시공하고 사용검사를 받아야 한다. 다만, 시공보증자가 없거나 파산 등으로 시공을 할 수 없는 경우에는 입주예정자대표회의가 시공자를 정하여 잔여공사를 시공하고 사용검사를 받아야 한다(영 제55조 제1항).
>
> ㉡ 사용검사를 받은 경우에는 사용검사를 받은 자의 구분에 따라 시공보증자 또는 세대별 입주자의 명의로 건축물관리대장 등재 및 소유권보존등기를 할 수 있다(영 제55조 제2항).

추가 **하자보수보증금 예치**
무단거주가 아닌 입주예정자가 사업주체의 파산 등으로 사용검사를 받을 때에는 입주예정자의 대표회의가 사용검사권자에게 사용검사를 신청할 때 하자보수보증금을 예치하여야 한다(법 제50조 제1항).

② **사업주체가 정당한 이유 없이 사용검사를 위한 절차를 이행하지 아니하는 경우** : 시공보증자, 시공자 또는 입주예정자

> ㉠ 사업주체가 정당한 이유 없이 사용검사를 위한 절차를 이행하지 아니하는 경우에는 해당 주택의 시공을 보증한 자, 해당 주택의 시공자 또는 입주예정자. 이 경우 사용검사권자는 사업주체가 사용검사를 받지 아니하는 정당한 이유를 밝히지 못하면 사용검사를 거부하거나 지연할 수 없다(법 제49조 제3항 제2호).
> ㉡ 시공보증자, 해당 주택의 시공자 또는 입주예정자가 사용검사를 신청하는 경우 사용검사권자는 사업주체에게 사용검사를 받지 아니하는 정당한 이유를 제출할 것을 요청하여야 한다. 이 경우 사업주체는 요청받은 날부터 7일 이내에 의견을 통지하여야 한다(영 제55조 제4항).

(6) 사용시기

① **원칙** : 사업주체 또는 입주예정자는 사용검사를 받은 후가 아니면 주택 또는 대지를 사용하게 하거나 이를 사용할 수 없다(법 제49조 제4항 본문).

② **예외** : 다음의 경우로서 사용검사권자의 임시사용승인을 받은 경우에는 그러하지 아니하다(법 제49조 제4항 단서, 영 제56조 제1항).

주택건설사업의 경우	건축물의 동별로 공사가 완료된 경우
대지조성사업의 경우	구획별로 공사가 완료된 경우

③ **임시사용승인** : 사용검사권자는 임시사용승인 신청을 받은 때에는 임시사용승인대상인 주택 또는 대지가 사업계획의 내용에 적합하고 사용에 지장이 없는 경우에만 임시사용을 승인할 수 있다. 이 경우 임시사용승인의 대상이 공동주택인 경우에는 세대별로 임시사용승인을 할 수 있다(영 제56조 제3항).

5 그 외 주택 건설

(1) 장수명 주택의 건설기준 및 인증제도(법 제38조)

① 국토교통부장관은 장수명 주택의 건설기준을 정하여 고시할 수 있다.

② 국토교통부장관은 장수명 주택의 공급 활성화를 유도하기 위하여 건설기준에 따라 장수명 주택 인증제도를 시행할 수 있다.

③ 사업주체가 대통령령으로 정하는 호수 이상의 주택을 공급하고자 하는 때에는 위 ②의 인증제도에 따라 대통령령으로 정하는 기준 이상의 등급을 인정받아야 한다.

④ 국가, 지방자치단체 및 공공기관의 장은 장수명 주택을 공급하는 사업주체 및 장수명 주택 취득자에게 법률 등에서 정하는 바에 따라 행정상·세제상의 지원을 할 수 있다.

⑤ 국토교통부장관은 인증제도를 시행하기 위하여 인증기관을 지정하고 관련 업무를 위탁할 수 있다.

⑥ 인증제도의 운영과 관련하여 인증기준, 인증절차, 수수료 등은 국토교통부령으로 정한다.

⑦ 인증제도에 따라 국토교통부령으로 정하는 기준 이상의 등급을 인정받은 경우 「국토의 계획 및 이용에 관한 법률」에도 불구하고 대통령령으로 정하는 범위에서 건폐율·용적률·높이제한을 완화할 수 있다.

(2) 공동주택성능등급의 표시(법 제39조)

사업주체가 대통령령으로 정하는 호수(500세대) 이상의 공동주택을 공급할 때에는 주택의 성능 및 품질을 입주자가 알 수 있도록 「녹색건축물 조성 지원법」에 따라 다음의 공동주택성능에 대한 등급을 발급받아 국토교통부령으로 정하는 방법으로 입주자 모집공고에 표시하여야 한다.

> ① 경량충격음·중량충격음·화장실소음·경계소음 등 소음 관련 등급
> ② 리모델링 등에 대비한 가변성 및 수리 용이성 등 구조 관련 등급
> ③ 조경·일조확보율·실내공기질·에너지절약 등 환경 관련 등급
> ④ 커뮤니티시설, 사회적 약자 배려, 홈네트워크, 방범안전 등 생활환경 관련 등급
> ⑤ 화재·소방·피난안전 등 화재·소방 관련 등급

(3) 토지임대부 분양주택 · 33회

① **토지임대부 분양주택의 토지에 관한 임대차관계**

ㄱ 토지임대부 분양주택의 토지에 대한 임대차기간은 40년 이내로 한다. 이 경우 토지임대부 분양주택 소유자의 75% 이상이 계약갱신을 청구하는 경우 40년의 범위에서 이를 갱신할 수 있다(법 제78조 제1항).

ㄴ 토지임대부 분양주택을 공급받은 자가 토지소유자와 임대차계약을 체결한 경우 해당 주택의 구분소유권을 목적으로 그 토지 위에 임대차기간 동안 지상권이 설정된 것으로 본다(법 제78조 제2항).

ㄷ 토지임대부 분양주택의 토지에 대한 임대차계약을 체결하고자 하는 자는 국토교통부령으로 정하는 표준임대차계약서를 사용하여야 한다(법 제78조 제3항).

ㄹ 토지임대부 분양주택을 양수한 자 또는 상속받은 자는 임대차계약을 승계한다(법 제78조 제4항).

ㅁ 토지임대부 분양주택의 토지임대료는 해당 토지의 조성원가 또는 감정가격 등을 기준으로 산정하되, 구체적인 토지임대료의 책정 및 변경기준, 납부절차 등에 관한 사항은 대통령령으로 정한다(법 제78조 제5항).

ㅂ 토지임대료는 월별 임대료를 원칙으로 하되, 토지소유자와 주택을 공급받은 자가 합의한 경우 대통령령으로 정하는 바에 따라 임대료를 보증금으로 전환하여 납부할 수 있다(법 제78조 제6항).

ㅅ 토지임대료를 보증금으로 전환하려는 경우 그 보증금을 산정할 때 적용되는 이자율은 「은행법」에 따른 은행의 3년 만기 정기예금 평균 이자율 이상이어야 한다(영 제82조).

ㅇ 위 ㄱ부터 ㅅ까지에서 정한 사항 외에 토지임대부 분양주택 토지의 임대차관계는 토지소유자와 주택을 공급받은 자 간의 임대차계약에 따른다(법 제78조 제7항).

ㅈ 토지임대부 분양주택에 관하여 이 법에서 정하지 아니한 사항은 「집합건물의 소유 및 관리에 관한 법률」, 「민법」 순으로 적용한다(법 제78조 제8항).

② **토지임대부 분양주택의 공공매입**(법 제78조의2)

    ㉠ 토지임대부 분양주택을 공급받은 자가 토지임대부 분양주택을 양도하려는 경우에는 대통령령으로 정하는 바에 따라 한국토지주택공사에 해당 주택의 매입을 신청하여야 한다.

    ㉡ 한국토지주택공사는 매입신청을 받은 경우 대통령령으로 정하는 특별한 사유가 없으면 대통령령으로 정하는 절차를 거쳐 해당 주택을 매입하여야 한다.

    ㉢ 한국토지주택공사가 주택을 매입하는 경우 그 주택을 양도하는 자에게 매입비용을 지급한 때에는 그 지급한 날에 한국토지주택공사가 해당 주택을 취득한 것으로 본다.

③ **토지임대부 분양주택의 재건축**(법 제79조)

    ㉠ 토지임대부 분양주택의 소유자가 임대차기간이 만료되기 전에 「도시 및 주거환경정비법」 등 도시개발 관련 법률에 따라 해당 주택을 철거하고 재건축을 하고자 하는 경우 「집합건물의 소유 및 관리에 관한 법률」 제47조부터 제49조까지에 따라 토지소유자의 동의를 받아 재건축할 수 있다. 이 경우 토지소유자는 정당한 사유 없이 이를 거부할 수 없다.

    ㉡ 토지임대부 분양주택을 재건축하는 경우 해당 주택의 소유자를 「도시 및 주거환경정비법」 제2조 제9호 나목에 따른 토지등소유자로 본다.

    ㉢ 재건축한 주택은 토지임대부 분양주택으로 한다. 이 경우 재건축한 주택의 준공인가일부터 임대차기간 동안 토지소유자와 재건축한 주택의 조합원 사이에 토지의 임대차기간에 관한 계약이 성립된 것으로 본다.

    ㉣ 토지소유자와 주택소유자가 합의한 경우에는 토지임대부 분양주택이 아닌 주택으로 전환할 수 있다.

주택법령상 주택의 사용검사 등에 관한 설명으로 틀린 것은? ·34회

① 하나의 주택단지의 입주자를 분할 모집하여 전체 단지의 사용검사를 마치기 전에 입주가 필요한 경우에는 공사가 완료된 주택에 대하여 동별로 사용검사를 받을 수 있다.

② 사용검사는 사용검사 신청일부터 15일 이내에 하여야 한다.

③ 사업주체는 건축물의 동별로 공사가 완료된 경우로서 사용검사권자의 임시사용승인을 받은 경우에는 사용검사를 받기 전에 주택을 사용하게 할 수 있다.

④ 사업주체가 파산 등으로 사용검사를 받을 수 없는 경우에는 해당 주택의 시공을 보증한 자, 해당 주택의 시공자 또는 입주예정자는 사용검사를 받을 수 있다.

⑤ 무단거주가 아닌 입주예정자가 사업주체의 파산 등으로 사용검사를 받을 때에는 입주예정자의 대표회의가 사용검사권자에게 사용검사를 신청할 때 하자보수보증금을 예치하여야 한다.

해설 ④ 사업주체가 파산 등으로 사용검사를 받을 수 없는 경우에는 해당 주택의 시공을 보증한 자 또는 입주예정자가 사용검사를 받을 수 있다. 사업주체가 파산 등으로 사용검사를 받을 수 없는 경우에 해당 주택의 시공자는 사용검사를 받을 수 있는 자에 해당하지 않는다(법 제49조 제3항 제1호).

※ 비교 : 사업주체가 정당한 이유 없이 사용검사를 위한 절차를 이행하지 아니하는 경우에는 해당 주택의 시공을 보증한 자, 해당 주택의 시공자 또는 입주예정자는 사용검사를 받을 수 있다(법 제49조 제3항 제2호).

⑤ 법 제50조 제1항

정답 ④

03 | 주택의 공급

■ 10개년 출제문항 수

25회	26회	27회	28회	29회
3	1	2	2	1

30회	31회	32회	33회	34회
2		3	1	1

└→ 총 40문제 中 평균 약 1.6문제 출제

■ 학습전략

이 CHAPTER는 주택의 공급, 분양가상한제, 주택공급질서의 교란 금지 행위, 투기과열지구, 전매제한의 내용으로 구성됩니다. 평균 2문제 출제되고 있으며, 특히 출제가 많이 되는 주택을 공급하는 자의 의무, 분양가상한제 적용주택, 주택공급질서의 교란 금지행위, 투기과열지구의 지정, 주택의 전매제한 대상 및 특례 위주로 학습하여야 합니다.

제1절 | 주택의 공급

1 주택의 공급기준

(1) 주택을 공급하는 자의 의무 · 22회 · 23회 · 26회 · 27회

사업주체*는 다음에서 정하는 바에 따라 주택을 건설·공급하여야 한다. 이 경우 국가유공자, 보훈보상대상자, 장애인, 철거주택의 소유자, 그 밖에 국토교통부령으로 정하는 대상자에게는 국토교통부령으로 정하는 바에 따라 입주자 모집조건 등을 달리 정하여 별도로 공급할 수 있다(법 제54조 제1항).

* 사업주체
「건축법」에 따른 건축허가를 받아 주택 외의 시설과 주택을 동일 건축물로 하여 법 제15조 제1항(사업계획승인대상)에 따른 호수 이상으로 건설·공급하는 건축주와 사용검사를 받은 주택을 사업주체로부터 일괄하여 양수받은 자를 포함한다.

* 입주자모집의 시기
사업주체 또는 시공자가 영업정지를 받거나 「건설기술 진흥법」 제53조에 따른 벌점이 국토교통부령으로 정하는 기준에 해당하는 경우 등에 달리 정한 입주자모집의 시기를 포함한다.

* 입주금
입주예정자가 사업주체에게 납입하는 주택가격을 말한다.

사업주체가 입주자를 모집하려는 경우	① 국토교통부령으로 정하는 바에 따라 시장·군수·구청장의 승인을 받아야 한다(단, 복리시설의 경우에는 신고). ② 공공주택사업자(국가·지방자치단체·한국토지주택공사·지방공사)는 승인을 받지 아니하며, 복리시설의 경우에는 신고하지 않아도 된다.
사업주체가 건설하는 주택을 공급하려는 경우	① 국토교통부령으로 정하는 입주자모집의 시기*·조건·방법·절차, 입주금*의 납부방법·시기·절차, 주택공급계약의 방법·절차 등에 적합할 것 ② 국토교통부령으로 정하는 바에 따라 벽지·바닥재·주방용구·조명기구 등을 제외한 부분의 가격을 따로 제시하고, 이를 입주자가 선택할 수 있도록 할 것

(2) 주택을 공급받는 자의 의무

주택을 공급받으려는 자는 국토교통부령으로 정하는 입주자자격, 재당첨 제한 및 공급 순위 등에 맞게 주택을 공급받아야 한다. 이 경우 투기과열지구 및 조정대상지역에서 건설·공급되는 주택을 공급받으려는 자의 입주자 자격, 재당첨 제한 및 공급 순위 등은 주택의 수급 상황 및 투기 우려 등을 고려하여 국토교통부령으로 지역별로 달리 정할 수 있다(법 제54조 제2항).

(3) 마감자재 목록표* ·26회 ·28회

제 출	사업주체가 시장·군수·구청장의 승인을 받으려는 경우(사업주체가 국가·지방자치단체·한국토지주택공사 및 지방공사인 경우에는 견본주택을 건설하는 경우)에는 건설하는 견본주택에 사용되는 마감자재의 규격·성능 및 재질을 적은 마감자재 목록표와 견본주택의 각 실의 내부를 촬영한 영상물 등을 제작하여 승인권자에게 제출하여야 한다(법 제54조 제3항).
보관기간	시장·군수·구청장은 받은 마감자재 목록표와 영상물 등을 사용검사가 있은 날부터 2년 이상 보관하여야 하며, 입주자가 열람을 요구하는 경우에는 이를 공개하여야 한다(법 제54조 제5항).
설치기준	① 사업주체가 마감자재 생산업체의 부도 등으로 인한 제품의 품귀 등 부득이한 사유로 인하여 사업계획승인 또는 마감자재 목록표의 마감자재와 다르게 마감자재를 시공·설치하려는 경우에는 당초의 마감자재와 같은 질 이상으로 설치하여야 한다(법 제54조 제6항). ② 사업주체가 마감자재 목록표의 자재와 다른 마감자재를 시공·설치하려는 경우에는 그 사실을 입주예정자에게 알려야 한다(법 제54조 제7항).

마감자재 목록표
마감자재의 규격·성능 및 재질을 적은 목록표를 말한다.

(4) 표시 또는 광고의 사본 보관

사업주체는 공급하려는 주택에 대하여 대통령령으로 정하는 내용이 포함된 표시 및 광고(표시·광고의 공정화에 관한 법률에 따른 표시 또는 광고)를 한 경우 대통령령으로 정하는 바에 따라 해당 표시 또는 광고의 사본을 시장·군수·구청장에게 제출하여야 한다. 이 경우 시장·군수·구청장은 제출받은 표시 또는 광고의 사본을 사용검사가 있은 날부터 2년 이상 보관하여야 하며, 입주자가 열람을 요구하는 경우 이를 공개하여야 한다(법 제54조 제8항).

(5) 주택의 공급업무의 대행 등(법 제54조의2)

① 사업주체는 주택을 효율적으로 공급하기 위하여 필요하다고 인정하는 경우 주택의 공급업무의 일부를 제3자로 하여금 대행하게 할 수 있다.

② 사업주체가 입주자자격, 공급 순위 등을 증명하는 서류의 확인 등 국토교통부령으로 정하는 업무를 대행하게 하는 경우 국토교통부령으로 정하는 바에 따라 다음의 어느 하나에 해당하는 자(이하 이 조에서 '분양대행자'라 한다)에게 대행하게 하여야 한다.

> ㉠ 등록사업자
> ㉡ 「건설산업기본법」에 따른 건설업자로서 대통령령으로 정하는 자
> ㉢ 「도시 및 주거환경정비법」에 따른 정비사업전문관리업자
> ㉣ 「부동산개발업의 관리 및 육성에 관한 법률」에 따른 등록사업자
> ㉤ 다른 법률에 따라 등록하거나 인가 또는 허가를 받은 자로서 국토교통부령으로 정하는 자

③ 사업주체가 업무를 대행하게 하는 경우 분양대행자에 대한 교육을 실시하는 등 국토교통부령으로 정하는 관리·감독 조치를 시행하여야 한다.

(6) 입주자저축*

① 입주자저축 대상

㉠ 국토교통부장관은 주택을 공급받으려는 자에게 미리 입주금의 전부 또는 일부를 저축(이하 '입주자저축')하게 할 수 있다(법 제56조 제1항).

㉡ 입주자저축계좌를 취급하는 기관(이하 '입주자저축취급기관')은 「은행법」에 따른 은행 중 국토교통부장관이 지정한다(법 제56조 제3항).

㉢ 입주자저축은 한 사람이 한 계좌만 가입할 수 있다(법 제56조 제4항).

② 입주자저축 정보

㉠ 국토교통부장관은 다음의 업무를 수행하기 위하여 필요한 경우 「금융실명거래 및 비밀보장에 관한 법률」에도 불구하고 입주자저축취급기관의 장에게 입주자저축에 관한 자료 및 정보(이하 '입주자저축정보')를 제공하도록 요청할 수 있다(법 제56조 제5항).

> ⓐ 주택을 공급받으려는 자의 입주자자격, 재당첨 제한 여부 및 공급 순위 등 확인 및 정보제공 업무
> ⓑ 입주자저축 가입을 희망하는 자의 기존 입주자저축 가입 여부 확인 업무
> ⓒ 「조세특례제한법」에 따라 세금우대저축 취급기관과 세금우대저축자료 집중기관 상호 간 입주자저축과 관련된 세금우대저축자료를 제공하도록 중계하는 업무
> ⓓ 위 ⓐ부터 ⓒ까지의 규정에 따라 이미 보유하고 있는 정보의 정확성, 최신성을 유지하기 위한 정보요청 업무

***

* 입주자저축
입주자저축이란 국민주택과 민영주택을 공급받기 위하여 가입하는 주택청약종합저축을 말한다(법 제56조 제2항).

ⓛ 입주자저축정보의 제공 요청을 받은 입주자저축취급기관의 장은 「금 융실명거래 및 비밀보장에 관한 법률」에도 불구하고 입주자저축정보를 제공하여야 한다(법 제56조 제6항).

ⓒ 입주자저축정보를 제공한 입주자저축취급기관의 장은 「금융실명거래 및 비밀보장에 관한 법률」에도 불구하고 입주자저축정보의 제공사실을 명의인에게 통보하지 아니할 수 있다. 다만, 입주자저축정보를 제공하 는 입주자저축취급기관의 장은 입주자저축정보의 명의인이 요구할 때 에는 입주자저축정보의 제공사실을 통보하여야 한다(법 제56조 제7항).

ⓔ 입주자저축정보의 제공 요청 및 제공은 「정보통신망 이용촉진 및 정보 보호 등에 관한 법률」의 정보통신망을 이용하여야 한다. 다만, 정보통 신망의 손상 등 불가피한 사유가 있는 경우에는 그러하지 아니하다(법 제56조 제8항).

ⓜ 해당되는 업무에 종사하거나 종사하였던 자는 업무를 수행하면서 취득 한 입주자저축정보를 다른 법률에 특별한 규정이 없으면 위 ㉠의 ⓐ~ ⓓ의 업무를 수행하기 위한 목적 외의 다른 용도로 사용하거나 다른 사람 또는 기관에 제공하거나 누설해서는 아니 된다(법 제56조 제10항).

ⓗ 국토교통부장관(입주자저축정보의 제공 요청 업무를 위탁받은 주택청약업 무수행기관을 포함)은 입주자저축정보를 다른 법률에 따라 업무를 수행 하기 위한 목적 외의 용도로 사용하거나 다른 사람 또는 기관에 제공하 는 경우에는 「개인정보 보호법」에 따라 그 사용 또는 제공의 법적 근거, 목적 및 범위 등을 관보 또는 인터넷 홈페이지 등에 게재하여야 한다(법 제56조 제11항).

추가 분양가상한제 적용지역

지정권자 : 국토교통부장관

2 주택의 분양가격 제한 등

(1) 분양가상한제 적용주택 ·21회 ·22회 ·23회 ·26회 ·27회 ·28회 ·33회

① **원칙** : 사업주체가 일반인에게 공급하는 공동주택 중 다음의 어느 하나에 해당하는 지역에서 공급하는 주택의 경우에는 이 규정에서 정하는 기준에 따라 산정되는 분양가격 이하로 공급(이에 따라 공급되는 주택을 '분양가상한제 적용주택')하여야 한다(법 제57조 제1항).

> ㉠ 공공택지
> ㉡ 공공택지 외의 택지로서 다음의 어느 하나에 해당하는 지역
> ⓐ 「공공주택 특별법」에 따른 도심 공공주택 복합지구
> ⓑ 「도시재생 활성화 및 지원에 관한 특별법」에 따른 주거재생혁신지구
> ⓒ 주택가격 상승 우려가 있어 국토교통부장관이 「주거기본법」에 따른 주거정책심의위원회의 심의를 거쳐 지정하는 지역

정리 분양가상한제를 적용하지 않는 경우

1. 도시형 생활주택
2. 경제자유구역에서 건설·공급하는 공동주택
3. 관광특구에서 건설·공급하는 공동주택으로 50층 이상이거나 높이가 150m 이상

② **예외** : 다음의 어느 하나에 해당하는 경우에는 분양가상한제를 적용하지 아니한다(법 제57조 제2항).
㉠ 도시형 생활주택
㉡ 「경제자유구역의 지정 및 운영에 관한 특별법」에 따라 지정·고시된 경제자유구역에서 건설·공급하는 공동주택으로서 경제자유구역위원회에서 외자유치 촉진과 관련이 있다고 인정하여 분양가격 제한을 적용하지 아니하기로 심의·의결한 경우
㉢ 「관광진흥법」에 따라 지정된 관광특구에서 건설·공급하는 공동주택으로서 해당 건축물의 층수가 50층 이상이거나 높이가 150m 이상인 경우
㉣ 한국토지주택공사 또는 지방공사가 다음의 정비사업의 시행자(도시 및 주거환경정비법 및 빈집 및 소규모주택 정비에 관한 특례법에 따른 사업시행자)로 참여하는 등 대통령령으로 정하는 공공성 요건을 충족하는 경우로서 해당 사업에서 건설·공급하는 주택

추가 대통령령으로 정하는 공공성 요건(영 제58조의4 제1항)

1. 한국토지주택공사 또는 지방공사가 사업의 시행자로 참여할 것
2. 위 1.의 사업에서 건설·공급하는 주택의 전체 세대수의 10% 이상을 임대주택으로 건설·공급할 것

추가 대통령령으로 정하는 요건에 해당되는 사업(영 제58조의4 제2항)

1. 정비구역 면적이 2만m² 미만인 사업
2. 해당 정비사업에서 건설·공급하는 주택의 전체 세대수가 200세대 미만인 사업

> ⓐ 「도시 및 주거환경정비법」에 따른 정비사업으로서 면적, 세대수 등이 대통령령으로 정하는 요건에 해당되는 사업
> ⓑ 「빈집 및 소규모주택 정비에 관한 특례법」에 따른 소규모주택정비사업

ⓜ 「도시 및 주거환경정비법」에 따른 공공재개발사업에서 건설·공급하는 주택

ⓗ 「도시재생 활성화 및 지원에 관한 특별법」에 따른 주거재생혁신지구에서 시행하는 혁신지구재생사업 중 다음에서 정하는 면적 또는 세대수 이하의 사업에서 건설·공급하는 주택(영 제58조의4 제3항)

> ⓐ 사업시행면적이 1만m² 미만인 사업
> ⓑ 건설·공급하는 주택의 전체 세대수가 300세대 미만인 사업

(2) 분양가격 결정요소 ·22회 ·23회 ·33회

분양가격은 택지비와 건축비로 구성(토지임대부 분양주택의 경우에는 건축비만 해당)되며, 구체적인 명세, 산정방식, 감정평가기관 선정방법 등은 국토교통부령으로 정한다(법 제57조 제3항).

① **택지비** : 다음에 따라 산정한 금액으로 한다(법 제57조 제3항).

㉠ 공공택지에서 주택을 공급하는 경우에는 해당 택지의 공급가격에 국토교통부령으로 정하는 택지와 관련된 비용을 가산한 금액

㉡ 공공택지 외의 택지에서 분양가상한제 적용주택을 공급하는 경우에는 「감정평가 및 감정평가사에 관한 법률」에 따라 감정평가한 가액에 국토교통부령으로 정하는 택지와 관련된 비용을 가산한 금액. 다만, 택지 매입가격이 다음의 어느 하나에 해당하는 경우에는 해당 매입가격(대통령령으로 정하는 범위로 한정)에 국토교통부령으로 정하는 택지와 관련된 비용을 가산한 금액을 택지비로 볼 수 있다. 이 경우 택지비는 주택단지 전체에 동일하게 적용하여야 한다.

> ⓐ 「민사집행법」, 「국세징수법」 또는 「지방세징수법」에 따른 경매·공매 낙찰가격
> ⓑ 국가·지방자치단체 등 공공기관으로부터 매입한 가격
> ⓒ 그 밖에 실제 매매가격을 확인할 수 있는 경우로서 대통령령으로 정하는 경우

② **건축비**(법 제57조 제4항)

㉠ 국토교통부장관이 정하여 고시하는 건축비(이하 '기본형건축비')에 국토교통부령으로 정하는 금액을 더한 금액으로 한다.

㉡ 기본형건축비는 시장·군수·구청장이 해당 지역의 특성을 고려하여 국토교통부령으로 정하는 범위에서 따로 정하여 고시할 수 있다.

(3) 분양가격의 공시의무 ·21회·23회·33회

① **공공택지** : 사업주체는 분양가상한제 적용주택으로서 공공택지에서 공급하는 주택에 대하여 입주자모집 승인을 받았을 때에는 입주자 모집공고에 다음(국토교통부령으로 정하는 세분류를 포함)에 대하여 분양가격을 공시하여야 한다(법 제57조 제5항).

추가 **공시내용에 포함할 사항**

공시를 할 때 국토교통부령으로 정하는 택지비 및 건축비에 가산되는 비용의 공시에는 분양가심사위원회 심사를 받은 내용과 산출근거를 포함하여야 한다(법 제57조 제7항).

> ㉠ 택지비
> ㉡ 공사비
> ㉢ 간접비
> ㉣ 그 밖에 국토교통부령으로 정하는 비용

② **공공택지 외의 택지** : 시장·군수·구청장이 공공택지 외의 택지에서 공급되는 분양가상한제 적용주택 중 분양가 상승 우려가 큰 지역으로서 대통령령으로 정하는 기준에 해당되는 지역에서 공급되는 주택의 입주자모집 승인을 하는 경우에는 다음의 구분에 따라 분양가격을 공시하여야 한다. 이 경우 다음 ㉡부터 ㉫까지의 금액은 기본형건축비(특별자치시·특별자치도·시·군·구별 기본형건축비가 따로 있는 경우에는 시·군·구별 기본형건축비)의 항목별 가액으로 한다(법 제57조 제6항).

> ㉠ 택지비
> ㉡ 직접공사비
> ㉢ 간접공사비
> ㉣ 설계비
> ㉤ 감리비
> ㉥ 부대비
> ㉦ 그 밖에 국토교통부령으로 정하는 비용

(4) 분양가상한제 적용주택 등의 입주자의 거주의무 등(법 제57조의2)

① 다음의 어느 하나에 해당하는 주택의 입주자(상속받은 자는 제외)는 해당 주택의 최초 입주가능일부터 5년 이내의 범위에서 해당 주택의 분양가격과 국토교통부장관이 고시한 방법으로 결정된 인근지역 주택매매가격의 비율에 따라 대통령령으로 정하는 기간(이하 '거주의무기간') 동안 계속하여 해당 주택에 거주하여야 한다. 다만, 해외 체류 등 대통령령으로 정하는 부득이한 사유가 있는 경우 그 기간은 해당 주택에 거주한 것으로 본다.

ⓒ 사업주체가 「수도권정비계획법」에 따른 수도권(이하 '수도권')에서 건설·공급하는 분양가상한제 적용주택

공공택지에서 건설·공급되는 주택의 경우	분양가격이 인근지역 주택매매가격의 80% 미만인 주택	5년
	분양가격이 인근지역 주택매매가격의 80% 이상 100% 미만인 주택	3년
공공택지 외의 택지에서 건설·공급되는 주택의 경우	분양가격이 인근지역 주택매매가격의 80% 미만인 주택	3년
	분양가격이 인근지역 주택매매가격의 80% 이상 100% 미만인 주택	2년

ⓛ 「신행정수도 후속대책을 위한 연기·공주지역 행정중심복합도시 건설을 위한 특별법」에 따른 행정중심복합도시(이하 '행정중심복합도시') 중 투기과열지구에서 건설·공급하는 주택으로서 국토교통부령으로 정하는 기준에 따라 행정중심복합도시로 이전하거나 신설되는 기관 등에 종사하는 사람에게 입주자 모집조건을 달리 정하여 별도로 공급되는 주택 : 3년

ⓒ 「도시 및 주거환경정비법」에 따른 공공재개발사업(공공택지 외의 택지 중 분양가상한제가 적용되는 지역에 한정)에서 건설·공급하는 주택으로 분양가격이 인근지역주택매매가격의 100% 미만인 주택의 경우 : 2년

② 거주의무자가 위 ① 단서에 따른 사유 없이 거주의무기간 이내에 거주를 이전하려는 경우 거주의무자는 대통령령으로 정하는 바에 따라 한국토지주택공사(사업주체가 공공주택 특별법에 따른 공공주택사업자인 경우에는 공공주택사업자를 말한다)에 해당 주택의 매입을 신청하여야 한다.

③ 한국토지주택공사는 위 ②에 따라 매입신청을 받거나 거주의무자가 위 ①을 위반하였다는 사실을 알게 된 경우 위반사실에 대한 의견청취를 하는 등 대통령령으로 정하는 절차를 거쳐 대통령령으로 정하는 특별한 사유가 없으면 해당 주택을 매입하여야 한다.

④ 한국토지주택공사가 위 ③에 따라 주택을 매입하는 경우 거주의무자에게 그가 납부한 입주금과 그 입주금에 「은행법」에 따른 은행의 1년 만기 정기예금의 평균이자율을 적용한 이자를 합산한 금액(이하 '매입비용')을 지급한 때에는 그 지급한 날에 한국토지주택공사가 해당 주택을 취득한 것으로 본다.

추가 대통령령으로 정하는 특별한 사유(영 제60조의2 제6항)
1. 한국토지주택공사의 부도·파산
2. 위 1.과 유사한 사유로서 한국토지주택공사가 해당 주택을 매입하는 것이 어렵다고 국토교통부장관이 인정하는 사유

⑤ 거주의무자는 거주의무기간 동안 계속하여 거주하여야 함을 소유권에 관한 등기에 부기등기하여야 한다.

⑥ 부기등기는 주택의 소유권보존등기와 동시에 하여야 하며, 부기등기에 포함되어야 할 표기내용 등은 대통령령으로 정한다.

⑦ 한국토지주택공사가 취득한 주택을 국토교통부령으로 정하는 바에 따라 공급받은 사람은 전매제한기간 중 잔여기간 동안 그 주택을 전매할 수 없으며 거주의무기간 중 잔여기간 동안 계속하여 그 주택에 거주하여야 한다.

⑧ 한국토지주택공사가 주택을 취득하거나 주택을 공급하는 경우에는 법 제64조 제1항(주택의 전매행위 제한)을 적용하지 아니한다.

(5) 분양가상한제 적용 지역의 지정 및 해제 · 27회 · 30회

① **지정요건**: 국토교통부장관은 주택가격상승률이 물가상승률보다 현저히 높은 지역으로서 그 지역의 주택가격·주택거래 등과 지역 주택시장 여건 등을 고려하였을 때 주택가격이 급등하거나 급등할 우려가 있는 지역 중 대통령령으로 정하는 기준을 충족하는 지역은 주거정책심의위원회 심의를 거쳐 분양가상한제 적용 지역으로 지정할 수 있다(법 제58조 제1항).

> ✅ 참고 **대통령령으로 정하는 기준을 충족하는 지역**
>
> 투기과열지구 중 다음에 해당하는 지역을 말한다(영 제61조 제1항).
> 1. 분양가상한제 적용 지역으로 지정하는 날이 속하는 달의 바로 전달(이하 '분양가상한제적용직전월')부터 소급하여 12개월간의 아파트 분양가격상승률이 물가상승률(해당 지역이 포함된 시·도 소비자물가상승률을 말한다)의 2배를 초과한 지역. 이 경우 해당 지역의 아파트 분양가격상승률을 산정할 수 없는 경우에는 해당 지역이 포함된 특별시·광역시·특별자치시·특별자치도 또는 시·군의 아파트 분양가격상승률을 적용한다.
> 2. 분양가상한제적용직전월부터 소급하여 3개월간의 주택매매거래량이 전년 동기 대비 20% 이상 증가한 지역
> 3. 분양가상한제적용직전월부터 소급하여 주택공급이 있었던 2개월 동안 해당 지역에서 공급되는 주택의 월평균 청약경쟁률이 모두 5대 1을 초과하였거나 해당 지역에서 공급되는 국민주택규모 주택의 월평균 청약경쟁률이 모두 10대 1을 초과한 지역

② 지정 및 해제절차

의견청취	국토교통부장관이 분양가상한제 적용 지역을 지정하는 경우에는 미리 시·도지사의 의견을 들어야 한다(법 제58조 제2항).
공고·통보	국토교통부장관은 분양가상한제 적용 지역을 지정하였을 때에는 지체 없이 이를 공고하고, 그 지정 지역을 관할하는 시장·군수·구청장에게 공고 내용을 통보하여야 한다. 이 경우 시장·군수·구청장은 사업주체로 하여금 입주자 모집공고 시 해당 지역에서 공급하는 주택이 분양가상한제 적용주택이라는 사실을 공고하게 하여야 한다(법 제58조 제3항).
해 제	국토교통부장관은 분양가상한제 적용 지역으로 계속 지정할 필요가 없다고 인정하는 경우에는 주거정책심의위원회 심의를 거쳐 분양가상한제 적용 지역의 지정을 해제하여야 한다(법 제58조 제4항).
해제요청	분양가상한제 적용 지역으로 지정된 지역의 시·도지사, 시장, 군수 또는 구청장은 분양가상한제 적용 지역의 지정 후 해당 지역의 주택가격이 안정되는 등 분양가상한제 적용 지역으로 계속 지정할 필요가 없다고 인정하는 경우에는 국토교통부장관에게 그 지정의 해제를 요청할 수 있다(법 제58조 제6항).

(6) 분양가심사위원회

설치·운영	시장·군수·구청장은 분양가격의 제한과 분양가격의 공시에 관한 사항을 심의하기 위하여 사업계획승인 신청이 있는 날부터 20일 이내에 분양가심사위원회를 설치·운영하여야 한다(법 제59조 제1항, 영 제62조 제1항).
승인 여부 결정	시장·군수·구청장은 입주자모집 승인을 할 때에는 분양가심사위원회의 심사결과에 따라 승인 여부를 결정하여야 한다(법 제59조 제2항).
위원회 구성	분양가심사위원회는 주택 관련 분야 교수, 주택건설 또는 주택관리 분야 전문직 종사자, 관계 공무원 또는 변호사·회계사·감정평가사 등 관련 전문가 10명 이내로 구성하되, 구성 절차 및 운영에 관한 사항은 대통령령으로 정한다(법 제59조 제3항).

추가 공공사업주체인 경우

사업주체가 국가, 지방자치단체, 한국토지주택공사 또는 지방공사인 경우에는 해당 기관의 장이 위원회를 설치·운영하여야 한다(영 제62조 제2항).

3 주택건설사업 등에 의한 임대주택의 건설 및 공급 · 29회 · 30회

(1) 완화적용 대상

사업주체(리모델링을 시행하는 자는 제외)가 다음의 사항을 포함한 사업계획승인신청서(건축법의 허가신청서를 포함)를 제출하는 경우 사업계획승인권자(건축허가권자를 포함)는 「국토의 계획 및 이용에 관한 법률」의 용도지역별 용적률 범위에서 특별시·광역시·특별자치시·특별자치도·시 또는 군의 조례로 정하는 기준에 따라 용적률을 완화하여 적용할 수 있다(법 제20조 제1항).

① 30호 이상의 주택과 주택 외의 시설을 동일 건축물로 건축하는 계획
② 임대주택의 건설·공급에 관한 사항

(2) 임대주택 공급비율

① 용적률을 완화하여 적용하는 경우 사업주체는 완화된 용적률의 30퍼센트 이상 60퍼센트 이하의 범위에서 시·도(특별시·광역시·특별자치시·도 또는 특별자치도)의 조례로 정하는 비율 이상에 해당하는 면적을 임대주택으로 공급하여야 한다(법 제20조 제2항 전단, 영 제37조 제1항).
② 사업주체는 임대주택을 국토교통부장관, 시·도지사, 한국토지주택공사 또는 지방공사(이하 '인수자')에 공급하여야 하며 시·도지사가 우선 인수할 수 있다. 다만, 시·도지사가 임대주택을 인수하지 아니하는 경우 다음의 구분에 따라 국토교통부장관에게 인수자 지정을 요청하여야 한다(법 제20조 제2항 후단).

추가 인수자 지정기간

1. 국토교통부장관은 시장·군수·구청장으로부터 인수자를 지정하여 줄 것을 요청받은 경우에는 30일 이내에 인수자를 지정하여 시·도지사에게 통보하여야 한다(영 제37조 제2항).
2. 시·도지사는 통보를 받은 경우에는 지체 없이 국토교통부장관이 지정한 인수자와 임대주택의 인수에 관하여 협의하여야 한다(영 제37조 제3항).

특별시장, 광역시장 또는 도지사가 인수하지 아니하는 경우	관할 시장, 군수 또는 구청장이 사업계획승인 신청 사실을 특별시장, 광역시장 또는 도지사에게 통보한 후 국토교통부장관에게 인수자 지정 요청
특별자치시장 또는 특별자치도지사가 인수하지 아니하는 경우	특별자치시장 또는 특별자치도지사가 직접 국토교통부장관에게 인수자 지정 요청

(3) 임대주택 공급가격

공급되는 임대주택의 공급가격은 「공공주택 특별법」에 따른 공공건설임대주택의 분양전환가격 산정기준에서 정하는 건축비로 하고, 그 부속토지는 인수자에게 기부채납한 것으로 본다(법 제20조 제3항).

(4) 임대주택 공급절차

① 사업주체는 사업계획승인을 신청하기 전에 미리 용적률의 완화로 건설되는 임대주택의 규모 등에 관하여 인수자와 협의하여 사업계획승인신청서에 반영하여야 한다(법 제20조 제4항).
② 사업주체는 공급되는 주택의 전부(주택조합이 설립된 경우에는 조합원에게 공급하고 남은 주택)를 대상으로 공개추첨의 방법에 의하여 인수자에게 공급하는 임대주택을 선정하여야 하며, 그 선정 결과를 지체 없이 인수자에게 통보하여야 한다(법 제20조 제5항).
③ 사업주체는 임대주택의 준공인가(건축법의 사용승인을 포함)를 받은 후 지체 없이 인수자에게 등기를 촉탁 또는 신청하여야 한다. 이 경우 사업주체가 거부 또는 지체하는 경우에는 인수자가 등기를 촉탁 또는 신청할 수 있다(법 제20조 제6항).

제2절 | 모집공고 후 사업주체의 의무

1 저당권 설정 등의 제한

(1) 제한대상 행위(법 제61조 제1항) · 20회

① **원칙** : 사업주체는 주택건설사업에 의하여 건설된 주택 및 대지에 대하여는 입주자 모집공고 승인 신청일(주택조합의 경우에는 사업계획승인 신청일) 이후부터 입주예정자가 그 주택 및 대지의 소유권이전등기를 신청할 수 있는 날* 이후 60일까지의 기간 동안 입주예정자의 동의 없이 다음의 어느 하나에 해당하는 행위를 하여서는 아니 된다.

> ○ 해당 주택 및 대지에 저당권 또는 가등기담보권 등 담보물권을 설정하는 행위
> ○ 해당 주택 및 대지에 전세권·지상권(地上權) 또는 등기되는 부동산임차권을 설정하는 행위
> ○ 해당 주택 및 대지를 매매 또는 증여 등의 방법으로 처분하는 행위

② **예외** : 주택의 건설을 촉진하기 위하여 대통령령으로 정하는 경우에는 입주자의 동의 없이 저당권 설정 등을 할 수 있다.

> **○참고 대통령령으로 정하는 경우(영 제71조)**
>
> 다음의 어느 하나에 해당하는 경우를 말한다.
> 1. 해당 주택의 입주자에게 주택구입자금의 일부를 융자해 줄 목적으로 주택도시기금이나 다음의 금융기관으로부터 주택건설자금의 융자를 받는 경우
>   ① 「은행법」에 따른 은행
>   ② 「중소기업은행법」에 따른 중소기업은행
>   ③ 「상호저축은행법」에 따른 상호저축은행
>   ④ 「보험업법」에 따른 보험회사
>   ⑤ 그 밖의 법률에 따라 금융업무를 수행하는 기관으로서 국토교통부령으로 정하는 기관
> 2. 해당 주택의 입주자에게 주택구입자금의 일부를 융자해 줄 목적으로 위 1.의 금융기관으로부터 주택구입자금의 융자를 받는 경우
> 3. 사업주체가 파산(채무자 회생 및 파산에 관한 법률 등에 따른 법원의 결정·인가를 포함), 합병, 분할, 등록말소 또는 영업정지 등의 사유로 사업을 시행할 수 없게 되어 사업주체가 변경되는 경우

***소유권이전등기를 신청할 수 있는 날**
사업주체가 입주예정자에게 통보한 입주가능일을 말한다(법 제61조 제2항).

(2) 부기등기(附記登記) ・19회

① 부기등기 의무(법 제61조 제3항)

원 칙	저당권설정 등의 제한을 할 때 사업주체는 해당 주택 또는 대지가 입주예정자의 동의 없이는 양도하거나 제한물권을 설정하거나 압류・가압류・가처분 등의 목적물이 될 수 없는 재산임을 소유권등기에 부기등기하여야 한다.
예 외	사업주체가 국가・지방자치단체 및 한국토지주택공사 등 공공기관이거나 해당 대지가 사업주체의 소유가 아닌 경우 등 대통령령으로 정하는 경우에는 그러하지 아니하다.

② 부기등기 시기(법 제61조 제4항)

주택건설대지	입주자 모집공고 승인 신청(주택건설대지 중 주택조합이 사업계획승인 신청일까지 소유권을 확보하지 못한 부분이 있는 경우에는 그 부분에 대한 소유권이전등기)과 동시에 하여야 한다.
건설된 주택	소유권보존등기와 동시에 하여야 한다.

③ 부기등기 위반효과(법 제61조 제5항)

원 칙	부기등기일 이후에 해당 대지 또는 주택을 양수하거나 제한물권을 설정받은 경우 또는 압류・가압류・가처분 등의 목적물로 한 경우에는 그 효력을 무효로 한다.
예 외	사업주체의 경영부실로 입주예정자가 그 대지를 양수받는 경우 등 대통령령으로 정하는 경우에는 그러하지 아니하다.

(3) 주택도시보증공사에 신탁

① **주택건설대지의 신탁** : 사업주체의 재무 상황 및 금융거래 상황이 극히 불량한 경우 등 대통령령으로 정하는 사유에 해당되어 「주택도시기금법」에 따른 주택도시보증공사(이하 '주택도시보증공사')가 분양보증을 하면서 주택건설대지를 주택도시보증공사에 신탁하게 할 경우에는 사업주체는 그 주택건설대지를 신탁할 수 있다(법 제61조 제6항).

② **신탁계약조항** : 사업주체가 주택건설대지를 신탁하는 경우 신탁등기일 이후부터 입주예정자가 해당 주택건설대지의 소유권이전등기를 신청할 수 있는 날 이후 60일까지의 기간 동안 해당 신탁의 종료를 원인으로 하는 사업주체의 소유권이전등기청구권에 대한 압류・가압류・가처분 등은 효력이 없음을 신탁계약조항에 포함하여야 한다(법 제61조 제7항).

③ **위반효과** : 신탁등기일 이후부터 입주예정자가 해당 주택건설대지의 소유권이전등기를 신청할 수 있는 날 이후 60일까지의 기간 동안 해당 신탁의 종료를 원인으로 하는 사업주체의 소유권이전등기청구권을 압류·가압류·가처분 등의 목적물로 한 경우에는 그 효력을 무효로 한다 (법 제61조 제8항).

2 사용검사 후 매도청구 ·27회 ·29회 ·30회

구 분	내 용
주택소유자의 매도청구	주택(복리시설을 포함)의 소유자들은 주택단지 전체 대지에 속하는 일부의 토지에 대한 소유권이전등기 말소소송* 등에 따라 사용검사(동별 사용검사를 포함)를 받은 이후에 해당 토지의 소유권을 회복한 자(실소유자)에게 해당 토지를 시가로 매도할 것을 청구할 수 있다(법 제62조 제1항).
대표자 선정요건	주택의 소유자들은 대표자를 선정하여 매도청구에 관한 소송을 제기할 수 있다. 이 경우 대표자는 주택의 소유자 전체의 4분의 3 이상의 동의를 받아 선정한다(법 제62조 제2항).
판결효력	매도청구에 관한 소송에 대한 판결은 주택의 소유자 전체에 대하여 효력이 있다(법 제62조 제3항).
매도청구 요건	매도청구를 하려는 경우에는 해당 토지의 면적이 주택단지 전체 대지 면적의 5% 미만이어야 한다(법 제62조 제4항).
송달기간	매도청구의 의사표시는 실소유자가 해당 토지소유권을 회복한 날부터 2년 이내에 해당 실소유자에게 송달되어야 한다(법 제62조 제5항).
구상권 행사	주택의 소유자들은 매도청구로 인하여 발생한 비용의 전부를 사업주체에게 구상(求償)할 수 있다(법 제62조 제6항).

PART 5

03 주택의 공급

* **소유권이전등기 말소소송**
사업주체가 토지를 수용방식으로 수용할 때 절차상 하자가 있을 경우 실소유자가 소송을 통해서 소유권을 회복하게 되는 것

공급질서 교란 금지

1 공급질서 교란행위 ·18회 ·23회 ·24회 ·25회 ·32회

정리 **금지행위**
1. 양도 (○)
2. 양수 (○)
3. 알선 (○)
4. 광고 (○)
5. 상속 (×)
6. 저당 (×)

누구든지 이 법에 따라 건설·공급되는 주택을 공급받거나 공급받게 하기 위하여 다음의 어느 하나에 해당하는 증서 또는 지위를 양도·양수(매매·증여나 그 밖에 권리변동을 수반하는 모든 행위를 포함하되, 상속·저당의 경우는 제외) 또는 이를 알선하거나 양도·양수 또는 이를 알선할 목적으로 하는 광고(각종 간행물·인쇄물·전화·인터넷, 그 밖의 매체를 통한 행위를 포함)를 하여서는 아니 되며, 누구든지 거짓이나 그 밖의 부정한 방법으로 이 법에 따라 건설·공급되는 증서나 지위 또는 주택을 공급받거나 공급받게 하여서는 아니 된다(법 제65조 제1항).

> ⊕ 보충 **주택을 공급받을 수 있는 증서·지위(영 제74조 제1항)**
>
> 1. 주택을 공급받을 수 있는 지위
> 2. 입주자저축 증서
> 3. 주택상환사채
> 4. 시장·군수·구청장이 발행한 무허가건물 확인서, 건물철거예정 증명서 또는 건물철거 확인서
> 5. 공공사업의 시행으로 인한 이주대책에 따라 주택을 공급받을 수 있는 지위 또는 이주대책대상자 확인서

2 위반효력 ·15회

(1) 지위의 무효 또는 계약의 취소

국토교통부장관 또는 사업주체는 다음의 어느 하나에 해당하는 자에 대하여는 그 주택 공급을 신청할 수 있는 지위를 무효로 하거나 이미 체결된 주택의 공급계약을 취소하여야 한다(법 제65조 제2항).

> ① 주택공급질서 교란행위를 위반하여 증서 또는 지위를 양도하거나 양수한 자
> ② 주택공급질서 교란행위를 위반하여 거짓이나 그 밖의 부정한 방법으로 증서나 지위 또는 주택을 공급받은 자

(2) 환 매

사업주체가 주택공급질서 교란행위를 위반한 자에게 대통령령으로 정하는 바에 따라 산정한 주택가격에 해당하는 금액을 지급한 경우에는 그 지급한 날에 그 주택을 취득한 것으로 본다(법 제65조 제3항).

(3) 입주자에 대한 퇴거명령

사업주체가 매수인에게 주택가격을 지급하거나, 매수인을 알 수 없어 주택가격의 수령 통지를 할 수 없는 경우 등 대통령령으로 정하는 사유에 해당하는 경우로서 주택가격을 그 주택이 있는 지역을 관할하는 법원에 공탁한 경우에는 그 주택에 입주한 자에게 기간을 정하여 퇴거를 명할 수 있다(법 제65조 제4항).

(4) 입주자자격 제한

① 국토교통부장관은 주택공급질서 교란행위를 위반한 자에 대하여 10년의 범위에서 국토교통부령으로 정하는 바에 따라 주택의 입주자자격을 제한할 수 있다(법 제65조 제5항).

② 국토교통부장관 또는 사업주체는 주택공급질서 교란행위를 위반한 공급질서 교란행위가 있었다는 사실을 알지 못하고 주택 또는 주택의 입주자로 선정된 지위를 취득한 매수인이 해당 공급질서 교란행위와 관련이 없음을 대통령령으로 정하는 바에 따라 소명하는 경우에는 이미 체결된 주택의 공급계약을 취소하여서는 아니 된다(법 제65조 제6항).

③ 사업주체는 이미 체결된 주택의 공급계약을 취소하려는 경우 국토교통부장관 및 주택 또는 주택의 입주자로 선정된 지위를 보유하고 있는 자에게 대통령령으로 정하는 절차 및 방법에 따라 그 사실을 미리 알려야 한다(법 제65조 제7항).

(5) 행정형벌

주택공급질서의 교란행위를 위반한 자에 대하여는 3년 이하의 징역 또는 3천만원 이하의 벌금에 처한다. 다만, 그 위반행위로 얻은 이익의 3배에 해당하는 금액이 3천만원을 초과하는 자는 3년 이하의 징역 또는 그 이익의 3배에 해당하는 금액 이하의 벌금에 처한다(법 제101조 제3호).

추가 **대통령령으로 정하는 바에 따라 산정한 주택가격에 해당하는 금액**(영 제74조 제2항)
다음의 금액을 합산한 금액에서 감가상각비를 공제한 금액
1. 입주금
2. 융자금의 상환원금
3. 위 1. 및 2.의 금액을 합산한 금액에 생산자물가상승률을 곱한 금액

제4절 투기과열지구 및 전매제한

1 투기과열지구

(1) 지정권자(법 제63조 제1항) ·25회 ·30회

① 국토교통부장관 또는 시·도지사는 주택가격의 안정을 위하여 필요한 경우에는 주거정책심의위원회(시·도지사의 경우에는 주거기본법에 따른 시·도 주거정책심의위원회)의 심의를 거쳐 일정한 지역을 투기과열지구로 지정하거나 이를 해제할 수 있다.

② 투기과열지구는 그 지정목적을 달성할 수 있는 최소한의 범위에서 시·군·구 또는 읍·면·동의 지역 단위로 지정하되, 택지개발지구 등 해당 지역 여건을 고려하여 지정 단위를 조정할 수 있다.

추가 투기과열지구 지정
지정효력기간규정이 별도로 없다.

(2) 지정대상지역 ·25회 ·28회 ·32회

투기과열지구는 해당 지역의 주택가격상승률이 물가상승률보다 현저히 높은 지역으로서 그 지역의 청약경쟁률·주택가격·주택보급률 및 주택공급계획 등과 지역 주택시장 여건 등을 고려하였을 때 주택에 대한 투기가 성행하고 있거나 성행할 우려가 있는 지역 중 대통령령으로 정하는 기준을 충족하는 곳이어야 한다(법 제63조 제2항).

추가 지정해제
국토교통부장관 또는 시·도지사는 투기과열지구에서 본문 **(2)**에 따른 지정 사유가 없어졌다고 인정하는 경우에는 지체 없이 투기과열지구 지정을 해제하여야 한다(법 제63조 제4항).

> **⊕ 보충** 대통령령으로 정하는 기준(영 제72조의2 제1항)
>
> 1. 투기과열지구지정직전월(투기과열지구로 지정하는 날이 속하는 달의 바로 전달)부터 소급하여 주택공급이 있었던 2개월 동안 해당 지역에서 공급되는 주택의 월별 평균 청약경쟁률이 모두 5대 1을 초과했거나 국민주택규모 주택의 월별 평균 청약경쟁률이 모두 10대 1을 초과한 곳
> 2. 다음에 해당하는 곳으로서 주택공급이 위축될 우려가 있는 곳
>   ① 투기과열지구지정직전월의 주택분양실적이 전달보다 30% 이상 감소한 곳
>   ② 주택건설사업계획승인 건수나 「건축법」에 따른 건축허가 건수(투기과열지구지정직전월부터 소급하여 6개월간의 건수)가 직전 연도보다 급격하게 감소한 곳
> 3. 신도시 개발이나 주택 전매행위의 성행 등으로 투기 및 주거불안의 우려가 있는 곳으로서 다음에 해당하는 곳
>   ① 해당 지역이 속하는 시·도의 주택보급률이 전국 평균 이하인 곳
>   ② 해당 지역이 속하는 시·도의 자가주택비율이 전국 평균 이하인 곳
>   ③ 해당 지역의 분양주택(투기과열지구로 지정하는 날이 속하는 연도의 직전 연도에 분양된 주택)의 수가 입주자저축에 가입한 사람으로서 국토교통부령으로 정하는 사람의 수보다 현저히 적은 곳

(3) 지정 및 해제절차 · 21회 · 25회

의견청취	국토교통부장관이 투기과열지구를 지정하거나 해제할 경우에는 미리 시·도지사의 의견을 듣고 그 의견에 대한 검토의견을 회신하여야 한다(법 제63조 제5항).
협 의	시·도지사가 투기과열지구를 지정하거나 해제할 경우에는 국토교통부장관과 협의하여야 한다(법 제63조 제5항).
심 의	국토교통부장관 또는 시·도지사는 투기과열지구를 지정하거나 해제할 경우에는 주거정책심의위원회(시·도지사의 경우에는 주거기본법에 따른 시·도 주거정책심의위원회)의 심의를 거쳐야 한다(법 제63조 제1항).
공 고	국토교통부장관 또는 시·도지사는 투기과열지구를 지정하였을 때에는 지체 없이 이를 공고한다(법 제63조 제3항).
통 보	국토교통부장관은 그 투기과열지구를 관할하는 시장·군수·구청장에게, 특별시장, 광역시장 또는 도지사는 그 투기과열지구를 관할하는 시장, 군수 또는 구청장에게 각각 공고 내용을 통보하여야 한다. 이 경우 시장·군수·구청장은 사업주체로 하여금 입주자 모집공고 시 해당 주택건설지역이 투기과열지구에 포함된 사실을 공고하게 하여야 한다(법 제63조 제3항).

(4) 지정의 재검토(법 제63조 제6항) · 21회

① 국토교통부장관은 반기마다 주거정책심의위원회의 회의를 소집하여 투기과열지구로 지정된 지역별로 해당 지역의 주택가격 안정 여건의 변화 등을 고려하여 투기과열지구 지정의 유지 여부를 재검토하여야 한다.

② 재검토 결과 투기과열지구 지정의 해제가 필요하다고 인정되는 경우에는 지체 없이 투기과열지구 지정을 해제하고 이를 공고하여야 한다.

(5) 해제요청 · 21회

① 투기과열지구로 지정된 지역의 시·도지사, 시장, 군수 또는 구청장은 투기과열지구 지정 후 해당 지역의 주택가격이 안정되는 등 지정 사유가 없어졌다고 인정되는 경우에는 국토교통부장관 또는 시·도지사에게 투기과열지구 지정의 해제를 요청할 수 있다(법 제63조 제7항).

② 투기과열지구 지정의 해제를 요청받은 국토교통부장관 또는 시·도지사는 요청받은 날부터 40일 이내에 주거정책심의위원회의 심의를 거쳐 투기과열지구 지정의 해제 여부를 결정하여 그 투기과열지구를 관할하는 지방자치단체의 장에게 심의결과를 통보하여야 한다(법 제63조 제8항).

(6) 해제공고

국토교통부장관 또는 시·도지사는 심의결과 투기과열지구에서 그 지정 사유가 없어졌다고 인정될 때에는 지체 없이 투기과열지구 지정을 해제하고 이를 공고하여야 한다(법 제63조 제9항).

2 조정대상지역 ·29회 ·34회

(1) 지정권자 및 지정대상지역

국토교통부장관은 다음의 어느 하나에 해당하는 지역으로서 대통령령으로 정하는 기준을 충족하는 지역을 주거정책심의위원회의 심의를 거쳐 조정대상지역*으로 지정할 수 있다(법 제63조의2 제1항).

＋ 보충 대통령령으로 정하는 기준을 충족하는 지역(영 제72조의3 제1항)

1. 과열지역(주택가격, 청약경쟁률, 분양권 전매량 및 주택보급률 등을 고려하였을 때 주택 분양 등이 과열되어 있거나 과열될 우려가 있는 지역)의 경우 : 조정대상지역지정직전월(조정대상지역으로 지정하는 날이 속하는 달의 바로 전달)부터 소급하여 3개월간의 해당 지역 주택가격상승률이 그 지역이 속하는 시·도 소비자물가상승률의 1.3배를 초과한 지역으로서 다음에 해당하는 지역
   ① 조정대상지역지정직전월부터 소급하여 주택공급이 있었던 2개월 동안 해당 지역에서 공급되는 주택의 월별 평균 청약경쟁률이 모두 5대 1을 초과했거나 국민주택규모 주택의 월별 평균 청약경쟁률이 모두 10대 1을 초과한 지역
   ② 조정대상지역지정직전월부터 소급하여 3개월간의 분양권(주택의 입주자로 선정된 지위) 전매거래량이 직전 연도의 같은 기간보다 30% 이상 증가한 지역
   ③ 해당 지역이 속하는 시·도의 주택보급률 또는 자가주택비율이 전국 평균 이하인 지역
2. 위축지역(주택가격, 주택거래량, 미분양주택의 수 및 주택보급률 등을 고려하여 주택의 분양·매매 등 거래가 위축되어 있거나 위축될 우려가 있는 지역)의 경우 : 조정대상지역지정직전월부터 소급하여 6개월간의 평균 주택가격상승률이 마이너스 1% 이하인 지역으로서 다음에 해당하는 지역
   ① 조정대상지역지정직전월부터 소급하여 3개월 연속 주택매매거래량이 직전 연도의 같은 기간보다 20% 이상 감소한 지역
   ② 조정대상지역지정직전월부터 소급하여 3개월간의 평균 미분양주택(사업계획승인을 받아 입주자를 모집했으나 입주자가 선정되지 않은 주택)의 수가 직전 연도의 같은 기간보다 2배 이상인 지역
   ③ 해당 지역이 속하는 시·도의 주택보급률 또는 자가주택비율이 전국 평균을 초과하는 지역

***** 조정대상지역**
투기과열지구의 지정요건 중 주택분양청약요건 등의 일부를 준용해 과열·위축이 발생했거나 발생할 우려가 있는 지역을 선정

추가 과열지역
보충 1.에 해당하는 조정대상지역은 그 지정 목적을 달성할 수 있는 최소한의 범위에서 시·군·구 또는 읍·면·동의 지역 단위로 지정하되, 택지개발지구 등 해당 지역 여건을 고려하여 지정 단위를 조정할 수 있다.

(2) 지정 및 해제절차

의견청취	국토교통부장관은 조정대상지역을 지정하는 경우에는 미리 시·도지사의 의견을 들어야 한다(법 제63조의2 제3항).
협 의	국토교통부장관은 조정대상지역을 지정하는 경우 미리 관계 기관과 협의할 수 있다(법 제63조의2 제2항).
심 의	국토교통부장관은 조정대상지역을 지정하거나 해제할 경우에는 주거정책심의위원회의 심의를 거쳐야 한다(법 제63조의2 제1항).
공 고	국토교통부장관은 조정대상지역을 지정하였을 때에는 지체 없이 이를 공고한다(법 제63조의2 제4항).
통 보	국토교통부장관은 조정대상지역을 관할하는 시장·군수·구청장에게 공고내용을 통보하여야 한다. 이 경우 시장·군수·구청장은 사업주체로 하여금 입주자 모집공고 시 해당 주택건설지역이 조정대상지역에 포함된 사실을 공고하게 하여야 한다(법 제63조의2 제4항).

추가 **미리 협의하는 사항**

1. 「주택도시기금법」에 따른 주택도시보증공사의 보증업무 및 주택도시기금의 지원 등에 관한 사항
2. 주택 분양 및 거래 등과 관련된 금융·세제 조치 등에 관한 사항
3. 그 밖에 주택시장의 안정 또는 실수요자의 주택거래 활성화를 위하여 대통령령으로 정하는 사항

(3) 지정의 재검토(법 제63조의2 제7항)

① 국토교통부장관은 반기마다 주거정책심의위원회의 회의를 소집하여 조정대상지역으로 지정된 지역별로 해당 지역의 주택가격 안정 여건의 변화 등을 고려하여 조정대상지역 지정의 유지 여부를 재검토하여야 한다.

② 재검토 결과 조정대상지역 지정의 해제가 필요하다고 인정되는 경우에는 지체 없이 조정대상지역 지정을 해제하고 이를 공고하여야 한다.

(4) 해제요청 • 21회

① 조정대상지역으로 지정된 지역의 시·도지사 또는 시장·군수·구청장은 조정대상지역 지정 후 해당 지역의 주택가격이 안정되는 등 조정대상지역으로 유지할 필요가 없다고 판단되는 경우에는 국토교통부장관에게 그 지정의 해제를 요청할 수 있다(법 제63조의2 제8항).

② 조정대상지역의 지정의 해제를 요청하는 경우의 절차 등 필요한 사항은 국토교통부령으로 정한다(법 제63조의2 제9항).

(5) 해 제

국토교통부장관은 조정대상지역으로 유지할 필요가 없다고 판단되는 경우에는 주거정책심의위원회의 심의를 거쳐 조정대상지역의 지정을 해제하여야 한다(법 제63조의2 제5항).

3 주택의 전매제한

(1) 전매제한 대상 · 21회 · 25회 · 27회 · 29회

* 해당 주택의 입주자로 선정된 지위
입주자로 선정되어 그 주택에 입주할 수 있는 권리·자격·지위 등을 말한다.

사업주체가 건설·공급하는 주택(해당 주택의 입주자로 선정된 지위* 포함)으로서 다음의 어느 하나에 해당하는 경우에는 10년 이내의 범위에서 대통령령으로 정하는 기간이 지나기 전에는 그 주택을 전매(매매·증여나 그 밖에 권리의 변동을 수반하는 모든 행위를 포함하되, 상속의 경우는 제외)하거나 전매를 알선할 수 없다. 이 경우 전매제한기간은 주택의 수급 상황 및 투기 우려 등을 고려하여 대통령령으로 지역별로 달리 정할 수 있다(법 제64조 제1항).

① 투기과열지구에서 건설·공급되는 주택
② 조정대상지역에서 건설·공급되는 주택(단, 법 제63조의2 제1항 제2호에 해당하는 조정대상지역 중 주택의 수급 상황 등을 고려하여 대통령령으로 정하는 지역에서 건설·공급되는 주택은 제외)
③ 분양가상한제 적용주택(단, 수도권 외의 지역 중 주택의 수급 상황 및 투기 우려 등을 고려하여 대통령령으로 정하는 지역으로서 투기과열지구가 지정되지 아니하거나 법 제63조에 따라 지정 해제된 지역 중 공공택지 외의 택지에서 건설·공급되는 분양가상한제 적용주택은 제외)
④ 공공택지 외의 택지에서 건설·공급되는 주택(단, 법 제57조 제2항 각 호의 주택 및 수도권 외의 지역 중 주택의 수급 상황 및 투기 우려 등을 고려하여 대통령령으로 정하는 지역으로서 공공택지 외의 택지에서 건설·공급되는 주택은 제외)
⑤ 「도시 및 주거환경정비법」에 따른 공공재개발사업(공공택지 외의 택지 중 분양가상한제가 적용되는 지역에 한정)에서 건설·공급하는 주택

(2) 전매행위 제한기간 · 25회

> ✓참고 **전매행위 제한기간(영 제73조 제1항 [별표 3])**
>
> 1. 공통 사항
>   ① 전매행위 제한기간은 해당 주택의 입주자로 선정된 날부터 기산한다.
>   ② 주택에 대한 2.부터 6.까지의 규정에 따른 전매행위 제한기간이 둘 이상에 해당하는 경우에는 그중 가장 긴 전매행위 제한기간을 적용한다. 다만, 법 제63조의2 제1항 제2호에 따른 지역에서 건설·공급되는 주택의 경우에는 가장 짧은 전매행위 제한기간을 적용한다.
>   ③ 주택에 대한 2.부터 6.까지의 규정에 따른 전매행위 제한기간 이내에 해당 주택에 대한 소유권이전등기를 완료한 경우 소유권이전등기를 완료한 때에 전매행위 제한기간이 지난 것으로 본다. 이 경우 주택에 대한 소유권이전등기에는 대지를 제외한 건축물에 대해서만 소유권이전등기를 하는 경우를 포함한다.

2. 법 제64조 제1항 제1호의 주택(투기과열지구에서 건설·공급되는 주택) : 다음의 구분에 따른 기간
   ① 수도권 : 3년
   ② 수도권 외의 지역 : 1년
3. 법 제64조 제1항 제2호의 주택(조정대상지역에서 건설·공급되는 주택) : 다음의 구분에 따른 기간
   ① 과열지역(법 제63조의2 제1항 제1호에 해당하는 조정대상지역) : 다음의 구분에 따른 기간
      ㉠ 수도권 : 3년
      ㉡ 수도권 외의 지역 : 1년
   ② 위축지역(법 제63조의2 제1항 제2호에 해당하는 조정대상지역)

공공택지에서 건설·공급되는 주택	공공택지 외의 택지에서 건설·공급되는 주택
6개월	−

4. 법 제64조 제1항 제3호의 주택(분양가상한제 적용주택) : 다음의 구분에 따른 기간
   ① 공공택지에서 건설·공급되는 주택 : 다음의 구분에 따른 기간
      ㉠ 수도권 : 3년
      ㉡ 수도권 외의 지역 : 1년
   ② 공공택지 외의 택지에서 건설·공급되는 주택 : 다음의 구분에 따른 기간
      ㉠ 투기과열지구 : 2.의 ①, ②의 구분에 따른 기간
      ㉡ 투기과열지구가 아닌 지역 : 5. ①, ②의 구분에 따른 기간
5. 법 제64조 제1항 제4호의 주택(공공택지 외의 택지에서 건설·공급되는 주택) : 다음의 구분에 따른 기간

구 분		전매행위 제한기간
① 수도권	㉠ 「수도권정비계획법」 제6조 제1항 제1호에 따른 과밀억제권역	1년
	㉡ 「수도권정비계획법」 제6조 제1항 제2호 및 제3호에 따른 성장관리권역 및 자연보전권역	6개월
② 수도권 외의 지역	㉠ 광역시 중 「국토의 계획 및 이용에 관한 법률」 제36조 제1항 제1호에 따른 도시지역	6개월
	㉡ 그 밖의 지역	−

6. 법 제64조 제1항 제5호의 주택[도시 및 주거환경정비법 제2조 제2호 나목 후단에 따른 공공재개발사업(법 제57조 제1항 제2호의 지역에 한정)에서 건설·공급하는 주택] : 4.의 ②에 따른 기간

(3) 전매제한의 특례 · 21회 · 22회 · 23회 · 24회 · 25회 · 26회 · 27회

전매제한 대상인 곳에서 건설·공급되는 주택을 공급받은 자의 생업상의 사정 등으로 전매가 불가피하다고 인정되는 경우로서 다음의 어느 하나에 해당하여 한국토지주택공사(사업주체가 공공주택 특별법의 공공주택사업자인 경우에는 공공주택사업자)의 동의를 받은 경우에는 전매제한을 적용하지 아니한다. 다만, 분양가상한제 적용주택을 공급받은 자가 전매하는 경우에는 한국토지주택공사가 그 주택을 우선 매입할 수 있다(법 제64조 제2항, 영 제73조 제4항).

① 세대원(전매제한 대상 주택을 공급받은 사람이 포함된 세대의 구성원)이 근무 또는 생업상의 사정이나 질병치료·취학·결혼으로 인하여 세대원 전원이 다른 광역시, 특별자치시, 특별자치도, 시 또는 군(광역시의 관할 구역에 있는 군은 제외)으로 이전하는 경우(단, 수도권 안에서 이전하는 경우는 제외)
② 상속에 따라 취득한 주택으로 세대원 전원이 이전하는 경우
③ 세대원 전원이 해외로 이주하거나 2년 이상의 기간 동안 해외에 체류하려는 경우
④ 이혼으로 인하여 입주자로 선정된 지위 또는 주택을 배우자에게 이전하는 경우
⑤ 「공익사업을 위한 토지 등의 취득 및 보상에 관한 법률」에 따라 공익사업의 시행으로 주거용 건축물을 제공한 자가 사업시행자로부터 이주대책용 주택을 공급받은 경우(사업시행자의 알선으로 공급받은 경우를 포함)로서 시장·군수·구청장이 확인하는 경우
⑥ 분양가상한제 적용주택, 공공택지 외의 택지 및 공공재개발사업에서 건설·공급하는 주택의 소유자가 국가·지방자치단체 및 금융기관에 대한 채무를 이행하지 못하여 경매 또는 공매가 시행되는 경우
⑦ 입주자로 선정된 지위 또는 주택의 일부를 배우자에게 증여하는 경우
⑧ 실직·파산 또는 신용불량으로 경제적 어려움이 발생한 경우

(4) 분양가상한제 적용주택의 매입금액

한국토지주택공사가 우선 매입하는 분양가상한제 적용주택의 매입금액은 다음과 같다(영 제73조의2 [별표 3의2]).

① 공통사항

분양가상한제 적용주택의 보유기간은 해당 주택의 최초 입주가능일부터 계산한다.

② **공공택지에서 건설·공급되는 주택의 매입금액**

구분	보유기간	매입금액
① 분양가격이 인근지역주택매매가격의 100% 이상인 경우	–	매입비용의 100%에 해당하는 금액
ⓒ 분양가격이 인근지역주택매매가격의 80% 이상 100% 미만인 경우	3년 미만	매입비용의 100%에 해당하는 금액
	3년 이상 4년 미만	매입비용의 50%에 인근지역주택매매가격의 50%를 더한 금액
	4년 이상	인근지역주택매매가격의 100%에 해당하는 금액
ⓒ 분양가격이 인근지역주택매매가격의 80% 미만인 경우	5년 미만	매입비용의 100%에 해당하는 금액
	5년 이상 6년 미만	매입비용의 50%에 인근지역주택매매가격의 50%를 더한 금액
	6년 이상	인근지역주택매매가격의 100%에 해당하는 금액

③ **공공택지 외의 택지에서 건설·공급되는 주택의 매입금액**

구분	보유기간	매입금액
① 분양가격이 인근지역주택매매가격의 100% 이상인 경우	–	매입비용의 100%에 해당하는 금액
ⓒ 분양가격이 인근지역주택매매가격의 80% 이상 100% 미만인 경우	2년 미만	매입비용의 100%에 해당하는 금액
	2년 이상 3년 미만	매입비용의 50%에 인근지역주택매매가격의 50%를 더한 금액
	3년 이상 4년 미만	매입비용의 25%에 인근지역주택매매가격의 75%를 더한 금액
	4년 이상	인근지역주택매매가격의 100%에 해당하는 금액
ⓒ 분양가격이 인근지역주택매매가격의 80% 미만인 경우	3년 미만	매입비용의 100%에 해당하는 금액
	3년 이상 4년 미만	매입비용의 75%에 인근지역주택매매가격의 25%를 더한 금액
	4년 이상 5년 미만	매입비용의 50%에 인근지역주택매매가격의 50%를 더한 금액
	5년 이상 6년 미만	매입비용의 25%에 인근지역주택매매가격의 75%를 더한 금액
	6년 이상	인근지역주택매매가격의 100%에 해당하는 금액

(5) 부기등기 ·25회 ·27회

① 사업주체가 분양가상한제 적용주택 또는 공공택지 외의 택지에서 건설·공급되는 주택을 공급하는 경우에는 그 주택의 소유권을 제3자에게 이전할 수 없음을 소유권에 관한 등기에 부기등기하여야 한다(법 제64조 제4항).

② 부기등기는 주택의 소유권보존등기와 동시에 하여야 하며, 부기등기에는 "이 주택은 최초로 소유권이전등기가 된 후에는 「주택법」에서 정한 기간이 지나기 전에 한국토지주택공사(한국토지주택공사가 우선 매입한 주택을 공급받는 자를 포함) 외의 자에게 소유권을 이전하는 어떠한 행위도 할 수 없음"을 명시하여야 한다(법 제64조 제5항).

(6) 전매제한 위반의 효력 ·25회

① **사업주체의 환매**: 전매제한을 위반하여 주택의 입주자로 선정된 지위의 전매가 이루어진 경우, 사업주체가 매입비용을 그 매수인에게 지급한 경우에는 그 지급한 날에 사업주체가 해당 입주자로 선정된 지위를 취득한 것으로 보며, 한국토지주택공사가 분양가상한제 적용주택을 우선 매입하는 경우에도 매입비용을 준용하되, 해당 주택의 분양가격과 인근지역 주택매매가격의 비율 및 해당 주택의 보유기간 등을 고려하여 대통령령으로 정하는 바에 따라 매입금액을 달리 정할 수 있다(법 제64조 제3항).

② **입주자자격 제한**: 국토교통부장관은 전매제한을 위반한 자에 대하여 10년의 범위에서 국토교통부령으로 정하는 바에 따라 주택의 입주자자격을 제한할 수 있다(법 제64조 제7항).

③ **행정형벌**: 전매제한규정을 위반하여 주택을 전매하거나 이의 전매를 알선한 자는 3년 이하의 징역 또는 3천만원 이하의 벌금에 처한다. 다만, 그 위반행위로 얻은 이익의 3배에 해당하는 금액이 3천만원을 초과하는 자는 3년 이하의 징역 또는 그 이익의 3배에 해당하는 금액 이하의 벌금에 처한다(법 제101조 제2호).

주택법령상 주택의 공급에 관한 설명으로 옳은 것은? •26회

① 한국토지주택공사가 사업주체로서 복리시설의 입주자를 모집하려는 경우 시장·군수·구청장에게 신고하여야 한다.

② 지방공사가 사업주체로서 견본주택을 건설하는 경우에는 견본주택에 사용되는 마감자재 목록표와 견본주택의 각 실의 내부를 촬영한 영상물 등을 제작하여 시장·군수·구청장에게 제출하여야 한다.

③ 「관광진흥법」에 따라 지정된 관광특구에서 건설·공급하는 50층 이상의 공동주택은 분양가상한제의 적용을 받는다.

④ 공공택지 외의 택지로서 분양가상한제가 적용되는 지역에서 공급하는 도시형 생활주택은 분양가상한제의 적용을 받는다.

⑤ 시·도지사는 사업계획승인 신청이 있는 날부터 30일 이내에 분양가심사위원회를 설치·운영하여야 한다.

해설 ① 한국토지주택공사가 사업주체로서 복리시설의 입주자를 모집하려는 경우 시장·군수·구청장에게 신고하지 않아도 된다.

③ 「관광진흥법」에 따라 지정된 관광특구에서 건설·공급하는 50층 이상의 공동주택은 분양가상한제의 적용을 받지 않는다.

④ 공공택지 외의 택지로서 분양가상한제가 적용되는 지역에서 공급하는 도시형 생활주택은 분양가상한제의 적용을 받지 않는다.

⑤ 시장·군수·구청장은 사업계획승인 신청이 있는 날부터 20일 이내에 분양가심사위원회를 설치·운영하여야 한다.

정답 ②

04 | 주택의 리모델링

▌10개년 출제문항 수

25회	26회	27회	28회	29회
1		1	1	

30회	31회	32회	33회	34회
	1		1	1

└▶ 총 40문제 中 평균 약 0.6문제 출제

▌학습전략

이 CHAPTER는 리모델링의 허가기준, 리모델링의 기본계획으로 구성되며, 가끔 출제되므로 기출 위주로 학습하면 됩니다.

제1절 | 리모델링 허가

1 리모델링의 허가기준 ·25회 ·28회 ·31회 ·33회

(1) 허가대상

입주자·사용자 또는 관리주체	공동주택(부대시설과 복리시설을 포함)의 입주자·사용자 또는 관리주체가 공동주택을 리모델링하려고 하는 경우에는 허가와 관련된 면적, 세대수 또는 입주자 등의 동의 비율에 관하여 대통령령으로 정하는 기준 및 절차 등에 따라 시장·군수·구청장의 허가를 받아야 한다(법 제66조 제1항).
리모델링 주택조합 또는 입주자대표회의	대통령령으로 정하는 기준 및 절차 등에 따라 리모델링 결의를 한 리모델링주택조합이나 소유자 전원의 동의를 받은 입주자대표회의가 시장·군수·구청장의 허가를 받아 리모델링을 할 수 있다(법 제66조 제2항).

(2) 동의비율(영 제75조 제1항 [별표 4])

입주자·사용자 또는 관리주체	공사기간, 공사방법 등이 적혀 있는 동의서에 입주자 전체의 동의를 받아야 한다.

리모델링 주택조합	다음의 사항이 적혀 있는 결의서에 주택단지 전체를 리모델링하는 경우에는 주택단지 전체 구분소유자 및 의결권의 각 75% 이상의 동의와 각 동별 구분소유자 및 의결권의 각 50% 이상의 동의를 받아야 하며 (리모델링을 하지 않는 별동의 건축물로 입주자 공유가 아닌 복리시설 등의 소유자는 권리변동이 없는 경우에 한정하여 동의비율 산정에서 제외), 동을 리모델링하는 경우에는 그 동의 구분소유자 및 의결권의 각 75% 이상의 동의를 받아야 한다. ① 리모델링 설계의 개요 ② 공사비 ③ 조합원의 비용분담 명세
입주자 대표회의	다음의 사항이 적혀 있는 결의서에 주택단지의 소유자 전원의 동의를 받아야 한다. ① 리모델링 설계의 개요 ② 공사비 ③ 소유자의 비용분담 명세

추가 리모델링주택조합의 설립 인가 시의 결의조건(법 제11조 제3항)

1. 주택단지 전체를 리모델링하고자 하는 경우에는 주택단지 전체의 구분소유자와 의결권의 각 3분의 2 이상의 결의 및 각 동의 구분소유자와 의결권의 각 과반수의 결의

2. 동을 리모델링하고자 하는 경우에는 그 동의 구분소유자 및 의결권의 각 3분의 2 이상의 결의

(3) 시공자 선정

① 리모델링을 하는 경우 설립인가를 받은 리모델링주택조합의 총회 또는 소유자 전원의 동의를 받은 입주자대표회의에서 「건설산업기본법」에 따른 건설사업자 또는 건설사업자로 보는 등록사업자를 시공자로 선정하여야 한다(법 제66조 제3항).

② 시공자를 선정하는 경우에는 국토교통부장관이 정하는 경쟁입찰의 방법으로 하여야 한다. 다만, 시공자 선정을 위하여 국토교통부장관이 정하는 경쟁입찰의 방법으로 2회 이상 경쟁입찰을 하였으나 입찰자의 수가 해당 경쟁입찰의 방법에서 정하는 최저 입찰자 수에 미달하여 경쟁입찰의 방법으로 시공자를 선정할 수 없게 된 경우에는 그러하지 아니하다(법 제66조 제4항, 영 제76조 제1항).

2 리모델링 허가절차

(1) 허가신청 ・28회 ・34회

① 리모델링 허가를 받으려는 자는 허가신청서에 국토교통부령으로 정하는 서류를 첨부하여 시장・군수・구청장에게 제출하여야 한다(영 제75조 제2항).

② 리모델링에 동의한 소유자는 리모델링주택조합 또는 입주자대표회의가 시장·군수·구청장에게 허가신청서를 제출하기 전까지 서면으로 동의를 철회할 수 있다(영 제75조 제3항).

(2) 협의·심의

① 리모델링에 관하여 시장·군수·구청장이 관계 행정기관의 장과 협의하여 허가받은 사항에 관하여는 법 제19조(다른 법률에 따른 인가·허가등의 의제 등)를 준용한다(법 제66조 제5항).

② 시장·군수·구청장이 세대수 증가형 리모델링(50세대 이상으로 세대수가 증가하는 경우로 한정)을 허가하려는 경우에는 기반시설에의 영향이나 도시·군관리계획과의 부합 여부 등에 대하여 「국토의 계획 및 이용에 관한 법률」에 따라 설치된 시·군·구도시계획위원회의 심의를 거쳐야 한다(법 제66조 제6항, 영 제76조 제2항).

(3) 사용검사

공동주택의 입주자·사용자·관리주체·입주자대표회의 또는 리모델링주택조합이 리모델링에 관하여 시장·군수·구청장의 허가를 받은 후 그 공사를 완료하였을 때에는 시장·군수·구청장의 사용검사를 받아야 한다(법 제66조 제7항).

(4) 허가취소

시장·군수·구청장은 위 (3)에 해당하는 자가 거짓이나 그 밖의 부정한 방법으로 허가를 받은 경우에는 행위허가를 취소할 수 있다(법 제66조 제8항).

(5) 권리변동계획의 수립 · 31회

세대수가 증가되는 리모델링을 하는 경우에는 기존 주택의 권리변동, 비용분담 등 대통령령으로 정하는 사항에 대한 계획(이하 '권리변동계획')을 수립하여 사업계획승인 또는 행위허가를 받아야 한다(법 제67조).

> **⊕ 보충 대통령령으로 정하는 권리변동계획의 내용(영 제77조 제1항)**
>
> 1. 리모델링 전후의 대지 및 건축물의 권리변동 명세
> 2. 조합원의 비용분담
> 3. 사업비
> 4. 조합원 외의 자에 대한 분양계획
> 5. 그 밖에 리모델링과 관련된 권리 등에 대하여 해당 시·도 또는 시·군의 조례로 정하는 사항

3 구조안전 등

(1) 증축형 리모델링의 안전진단

① **안전진단 실시** ·28회 ·31회 ·34회

- ㉠ 증축형 리모델링을 하려는 자는 시장·군수·구청장에게 안전진단을 요청하여야 하며, 안전진단을 요청받은 시장·군수·구청장은 해당 건축물의 증축 가능 여부의 확인 등을 위하여 안전진단을 실시하여야 한다(법 제68조 제1항).

- ㉡ 시장·군수·구청장은 안전진단을 실시하는 경우에는 대통령령으로 정하는 기관에 안전진단을 의뢰하여야 하며, 안전진단을 의뢰받은 기관은 리모델링을 하려는 자가 추천한 건축구조기술사(구조설계를 담당할 자)와 함께 안전진단을 실시하여야 한다(법 제68조 제2항).

- ㉢ 시장·군수·구청장이 안전진단으로 건축물 구조의 안전에 위험이 있다고 평가하여 「도시 및 주거환경정비법」에 따른 재건축사업 및 「빈집 및 소규모주택 정비에 관한 특례법」에 따른 소규모재건축사업의 시행이 필요하다고 결정한 건축물은 증축형 리모델링을 하여서는 아니 된다(법 제68조 제3항).

- ㉣ 시장·군수·구청장은 수직증축형 리모델링을 허가한 후에 해당 건축물의 구조안전성 등에 대한 상세 확인을 위하여 안전진단을 실시하여야 한다. 이 경우 안전진단을 의뢰받은 기관은 건축구조기술사와 함께 안전진단을 실시하여야 하며, 리모델링을 하려는 자는 안전진단 후 구조설계의 변경 등이 필요한 경우에는 건축구조기술사로 하여금 이를 보완하도록 하여야 한다(법 제68조 제4항).

② **안전진단의 결과보고**

- ㉠ 안전진단을 의뢰받은 기관은 국토교통부장관이 정하여 고시하는 기준에 따라 안전진단을 실시하고, 국토교통부령으로 정하는 방법 및 절차에 따라 안전진단 결과보고서를 작성하여 안전진단을 요청한 자와 시장·군수·구청장에게 제출하여야 한다(법 제68조 제5항).

- ㉡ 시장·군수·구청장은 안전진단을 실시하는 비용의 전부 또는 일부를 리모델링을 하려는 자에게 부담하게 할 수 있다(법 제68조 제6항).

> **추가** 대통령령으로 정하는 기관
> (영 제78조 제1항)
> 1. 안전진단전문기관
> 2. 국토안전관리원
> 3. 한국건설기술연구원

PART 5

04 주택의 리모델링

(2) 전문기관의 안전성 검토 등

① 시장·군수·구청장은 수직증축형 리모델링을 하려는 자가 「건축법」에 따른 건축위원회의 심의를 요청하는 경우 구조계획상 증축범위의 적정성 등에 대하여 국토안전관리원 또는 한국건설기술연구원에 안전성 검토를 의뢰하여야 한다(법 제69조 제1항, 영 제79조 제1항).

② 시장·군수·구청장은 수직증축형 리모델링을 하려는 자의 허가 신청이 있거나 안전진단 결과 국토교통부장관이 정하여 고시하는 설계도서의 변경이 있는 경우 제출된 설계도서상 구조안전의 적정성 여부 등에 대하여 위 ①에 따라 검토를 수행한 전문기관에 안전성 검토를 의뢰하여야 한다(법 제69조 제2항).

③ 검토의뢰를 받은 전문기관은 국토교통부장관이 정하여 고시하는 검토 기준에 따라 검토한 결과를 안전성 검토를 의뢰받은 날부터 30일 이내에 시장·군수·구청장에게 제출하여야 하며, 시장·군수·구청장은 특별한 사유가 없는 경우 이 법 및 관계 법률에 따른 위원회의 심의 또는 허가 시 제출받은 안전성 검토결과를 반영하여야 한다(법 제69조 제3항, 영 제79조 제2항).

④ 시장·군수·구청장은 전문기관의 안전성 검토비용의 전부 또는 일부를 리모델링을 하려는 자에게 부담하게 할 수 있다(법 제69조 제4항).

⑤ 국토교통부장관은 시장·군수·구청장에게 제출받은 자료의 제출을 요청할 수 있으며, 필요한 경우 시장·군수·구청장으로 하여금 안전성 검토결과의 적정성에 대하여 「건축법」에 따른 중앙건축위원회의 심의를 받도록 요청할 수 있다(법 제69조 제5항).

(3) 수직증축형 리모델링의 구조기준 ·34회

수직증축형 리모델링의 설계자는 국토교통부장관이 정하여 고시하는 구조 기준에 맞게 구조설계도서를 작성하여야 한다(법 제70조).

리모델링 기본계획

1 리모델링 기본계획의 수립

(1) 수립권자 및 대상지역 · 34회

① 특별시장·광역시장 및 대도시의 시장은 관할구역에 대하여 다음의 사항을 포함한 리모델링 기본계획을 10년 단위로 수립하여야 한다. 다만, 세대수 증가형 리모델링에 따른 도시과밀의 우려가 적은 경우 등 대통령령으로 정하는 경우에는 리모델링 기본계획을 수립하지 아니할 수 있다(법 제71조 제1항).

> ㉠ 계획의 목표 및 기본방향
> ㉡ 도시기본계획 등 관련 계획 검토
> ㉢ 리모델링 대상 공동주택 현황 및 세대수 증가형 리모델링 수요 예측
> ㉣ 세대수 증가에 따른 기반시설의 영향 검토
> ㉤ 일시집중 방지 등을 위한 단계별 리모델링 시행방안
> ㉥ 그 밖에 대통령령으로 정하는 사항

② 대도시가 아닌 시의 시장은 세대수 증가형 리모델링에 따른 도시과밀이나 일시집중 등이 우려되어 도지사가 리모델링 기본계획의 수립이 필요하다고 인정한 경우 리모델링 기본계획을 수립하여야 한다(법 제71조 제2항).

(2) 작성기준 및 작성방법

리모델링 기본계획의 작성기준 및 작성방법 등은 국토교통부장관이 정한다(법 제71조 제3항).

(3) 수립절차(법 제72조) _•27회

① **공람 및 의견청취** : 특별시장·광역시장 및 대도시의 시장(대도시가 아닌 시의 시장을 포함)은 리모델링 기본계획을 수립하거나 변경하려면 14일 이상 주민에게 공람하고, 지방의회의 의견을 들어야 한다. 이 경우 지방의회는 의견제시를 요청받은 날부터 30일 이내에 의견을 제시하여야 하며, 30일 이내에 의견을 제시하지 아니하는 경우에는 이의가 없는 것으로 본다. 다만, 대통령령으로 정하는 경미한 변경인 경우에는 주민공람 및 지방의회 의견청취 절차를 거치지 아니할 수 있다.

② **협의 및 심의** : 특별시장·광역시장 및 대도시의 시장은 리모델링 기본계획을 수립하거나 변경하려면 관계 행정기관의 장과 협의한 후「국토의 계획 및 이용에 관한 법률」에 따라 설치된 시·도도시계획위원회 또는 시·군·구도시계획위원회의 심의를 거쳐야 한다.

③ **의견제시** : 협의를 요청받은 관계 행정기관의 장은 특별한 사유가 없으면 그 요청을 받은 날부터 30일 이내에 의견을 제시하여야 한다.

④ **도지사 승인** : 대도시의 시장은 리모델링 기본계획을 수립하거나 변경하려면 도지사의 승인을 받아야 하며, 도지사는 리모델링 기본계획을 승인하려면 시·도도시계획위원회의 심의를 거쳐야 한다.

(4) 고시 및 타당성 검토(법 제73조) _•34회

① 특별시장·광역시장 및 대도시의 시장은 리모델링 기본계획을 수립하거나 변경한 때에는 이를 지체 없이 해당 지방자치단체의 공보에 고시하여야 한다.

② 특별시장·광역시장 및 대도시의 시장은 5년마다 리모델링 기본계획의 타당성을 검토하여 그 결과를 리모델링 기본계획에 반영하여야 한다.

2 리모델링 시기조정 및 특례

(1) 세대수 증가형 리모델링의 시기조정(법 제74조)

① 국토교통부장관은 세대수 증가형 리모델링의 시행으로 주변 지역에 현저한 주택부족이나 주택시장의 불안정 등이 발생될 우려가 있는 때에는 주거정책심의위원회의 심의를 거쳐 특별시장, 광역시장, 대도시의 시장에게 리모델링 기본계획을 변경하도록 요청하거나, 시장·군수·구청장에게 세대수 증가형 리모델링의 사업계획 승인 또는 허가의 시기를 조정하도록 요청할 수 있으며, 요청을 받은 특별시장, 광역시장, 대도시의 시장 또는 시장·군수·구청장은 특별한 사유가 없으면 그 요청에 따라야 한다.

② 시·도지사는 세대수 증가형 리모델링의 시행으로 주변 지역에 현저한 주택부족이나 주택시장의 불안정 등이 발생될 우려가 있는 때에는 「주거기본법」에 따른 시·도 주거정책심의위원회의 심의를 거쳐 대도시의 시장에게 리모델링 기본계획을 변경하도록 요청하거나, 시장·군수·구청장에게 세대수 증가형 리모델링의 사업계획 승인 또는 허가의 시기를 조정하도록 요청할 수 있으며, 요청을 받은 대도시의 시장 또는 시장·군수·구청장은 특별한 사유가 없으면 그 요청에 따라야 한다.

③ 시기조정에 관한 방법 및 절차 등에 관하여 필요한 사항은 국토교통부령 또는 시·도의 조례로 정한다.

(2) 리모델링 지원센터의 설치·운영(법 제75조)

① 시장·군수·구청장은 리모델링의 원활한 추진을 지원하기 위하여 리모델링 지원센터를 설치하여 운영할 수 있다.

② 리모델링 지원센터는 다음의 업무를 수행할 수 있다.

> ㉠ 리모델링주택조합 설립을 위한 업무 지원
> ㉡ 설계자 및 시공자 선정 등에 대한 지원
> ㉢ 권리변동계획 수립에 관한 지원
> ㉣ 그 밖에 지방자치단체의 조례로 정하는 사항

③ 리모델링 지원센터의 조직, 인원 등 리모델링 지원센터의 설치·운영에 필요한 사항은 지방자치단체의 조례로 정한다.

(3) 공동주택 리모델링에 따른 특례(법 제76조)

① 공동주택의 소유자가 리모델링에 의하여 전유부분의 면적이 늘거나 줄어드는 경우에는 대지사용권은 변하지 아니하는 것으로 본다. 다만, 세대수 증가를 수반하는 리모델링의 경우에는 권리변동계획에 따른다.

② 공동주택의 소유자가 리모델링에 의하여 일부 공용부분의 면적을 전유부분의 면적으로 변경한 경우에는 그 소유자의 나머지 공용부분의 면적은 변하지 아니하는 것으로 본다.

③ 대지사용권 및 공용부분의 면적에 관하여는 위 ①과 ②에도 불구하고 소유자가 「집합건물의 소유 및 관리에 관한 법률」에 따른 규약으로 달리 정한 경우에는 그 규약에 따른다.

④ 임대차계약 당시 다음의 어느 하나에 해당하여 그 사실을 임차인에게 고지한 경우로서 리모델링 허가를 받은 경우에는 해당 리모델링 건축물에 관한 임대차계약에 대하여 「주택임대차보호법」 제4조 제1항 및 「상가건물 임대차보호법」 제9조 제1항을 적용하지 아니한다.

> ㉠ 임대차계약 당시 해당 건축물의 소유자들(입주자대표회의를 포함)이 리모델링주택조합 설립인가를 받은 경우
> ㉡ 임대차계약 당시 해당 건축물의 입주자대표회의가 직접 리모델링을 실시하기 위하여 관할 시장·군수·구청장에게 안전진단을 요청한 경우

주택법령상 리모델링에 관한 설명으로 틀린 것은? (단, 조례는 고려하지 않음)

• 34회

① 세대수 증가형 리모델링으로 인한 도시과밀, 이주수요 집중 등을 체계적으로 관리하기 위하여 수립하는 계획을 리모델링 기본계획이라 한다.

② 리모델링에 동의한 소유자는 리모델링 결의를 한 리모델링주택조합이나 소유자 전원의 동의를 받은 입주자대표회의가 시장·군수·구청장에게 리모델링 허가신청서를 제출하기 전까지 서면으로 동의를 철회할 수 있다.

③ 특별시장·광역시장 및 대도시의 시장은 리모델링 기본계획을 수립하거나 변경한 때에는 이를 지체 없이 해당 지방자치단체의 공보에 고시하여야 한다.

④ 수직증축형 리모델링의 설계자는 국토교통부장관이 정하여 고시하는 구조기준에 맞게 구조설계도서를 작성하여야 한다.

⑤ 대수선인 리모델링을 하려는 자는 시장·군수·구청장에게 안전진단을 요청하여야 한다.

해설 ⑤ 증축하는 리모델링을 하려는 자는 시장·군수·구청장에게 안전진단을 요청하여야 한다(법 제68조 제1항).
④ 법 제70조

정답 ⑤

05 | 보칙 및 벌칙

▌학습전략

이 CHAPTER는 보칙과 벌칙으로 구성되며, 거의 출제가 되지 않는 CHAPTER입니다.

제1절 | 보 칙

1 협 회

(1) 협회의 설립(법 제85조)

① 등록사업자는 주택건설사업 및 대지조성사업의 전문화와 주택산업의 건전한 발전을 도모하기 위하여 주택사업자단체를 설립할 수 있다.

② 위 ①에 따른 단체(이하 '협회')는 법인으로 한다.

③ 협회는 그 주된 사무소의 소재지에서 설립등기를 함으로써 성립한다.

④ 이 법에 따라 국토교통부장관, 시·도지사 또는 대도시의 시장으로부터 영업의 정지처분을 받은 협회 회원의 권리·의무는 그 영업의 정지기간 중에는 정지되며, 등록사업자의 등록이 말소되거나 취소된 때에는 협회의 회원자격을 상실한다.

(2) 협회의 설립인가(법 제86조)

① 협회를 설립하려면 회원자격을 가진 자 50인 이상을 발기인으로 하여 정관을 마련한 후 창립총회의 의결을 거쳐 국토교통부장관의 인가를 받아야 한다. 협회가 정관을 변경하려는 경우에도 또한 같다.

② 국토교통부장관은 위 ①에 따른 인가를 하였을 때에는 이를 지체 없이 공고하여야 한다.

2 행정청의 역할

(1) 주택정책 관련 자료 등의 종합관리(법 제88조)

① 국토교통부장관 또는 시·도지사는 적절한 주택정책의 수립 및 시행을 위하여 주택(준주택을 포함)의 건설·공급·관리 및 이와 관련된 자금의 조달, 주택가격 동향 등 이 법에 규정된 주택과 관련된 사항에 관한 정보를 종합적으로 관리하고 이를 관련 기관·단체 등에 제공할 수 있다.

② 국토교통부장관 또는 시·도지사는 위 ①에 따른 주택 관련 정보를 종합관리하기 위하여 필요한 자료를 관련 기관·단체 등에 요청할 수 있다. 이 경우 관계 행정기관 등은 특별한 사유가 없으면 요청에 따라야 한다.

③ 사업주체 또는 관리주체는 주택을 건설·공급·관리할 때 이 법과 이 법에 따른 명령에 따라 필요한 주택의 소유 여부 확인, 입주자의 자격 확인 등 대통령령으로 정하는 사항에 대하여 관련 기관·단체 등에 자료 제공 또는 확인을 요청할 수 있다.

(2) 권한의 위임·위탁(법 제89조) ·33회

① 이 법에 따른 국토교통부장관의 권한은 대통령령으로 정하는 바에 따라 그 일부를 시·도지사 또는 국토교통부 소속 기관의 장에게 위임할 수 있다.

> **⊕ 보충 권한의 위임(영 제90조)**
>
> 국토교통부장관은 다음의 권한을 시·도지사에게 위임한다.
> 1. 주택건설사업자 및 대지조성사업자의 등록말소 및 영업의 정지
> 2. 사업계획의 승인·변경승인·승인취소 및 착공신고의 접수
> 3. 사업계획승인을 받아 시행하는 주택건설사업을 완료한 경우의 사용검사 및 임시사용승인
> 4. 새로운 건설기술을 적용하여 건설하는 공업화주택에 관한 권한
> 5. 보고·검사
> 6. 청문

② 국토교통부장관 또는 지방자치단체의 장은 이 법에 따른 권한 중 다음의 권한을 대통령령으로 정하는 바에 따라 주택산업 육성과 주택관리의 전문화, 시설물의 안전관리 및 자격검정 등을 목적으로 설립된 법인 또는 「주택도시기금법」에 따라 주택도시기금 운용·관리에 관한 사무를 위탁받은 자 중 국토교통부장관 또는 지방자치단체의 장이 인정하는 자에게 위탁할 수 있다.

> ㉠ 주택건설사업 등의 등록
> ㉡ 영업실적 등의 접수
> ㉢ 부실감리자 현황에 대한 종합관리
> ㉣ 주택정책 관련 자료의 종합관리

③ 국토교통부장관은 관계 기관의 장에 대한 자료제공 요청에 관한 사무를 보건복지부장관 또는 지방자치단체의 장에게 위탁할 수 있다.

④ 국토교통부장관은 다음의 사무를 지정·고시된 주택청약업무수행기관에 위탁할 수 있다.

> ㉠ 주민등록 전산정보 및 주택의 소유 여부 확인을 위한 자료의 제공 요청
> ㉡ 입주자저축정보의 제공 요청
> ㉢ 위 ㉠ 및 ㉡에 따라 제공받은 자료 또는 정보를 활용한 입주자자격, 주택의 소유 여부, 재당첨 제한 여부, 공급 순위 등의 확인 및 해당 정보의 제공

(3) 등록증의 대여 등 금지

등록사업자는 다른 사람에게 자기의 성명 또는 상호를 사용하여 이 법에서 정한 사업이나 업무를 수행 또는 시공하게 하거나 그 등록증을 대여하여서는 아니 된다(법 제90조).

(4) 체납된 분양대금 등의 강제징수(법 제91조)

① 국가 또는 지방자치단체인 사업주체가 건설한 국민주택의 분양대금·임대보증금 및 임대료가 체납된 경우에는 국가 또는 지방자치단체가 국세 또는 지방세 체납처분의 예에 따라 강제징수할 수 있다. 다만, 입주자가 장기간의 질병이나 그 밖의 부득이한 사유로 분양대금·임대보증금 및 임대료를 체납한 경우에는 강제징수하지 아니할 수 있다.

② 한국토지주택공사 또는 지방공사는 그가 건설한 국민주택의 분양대금·임대보증금 및 임대료가 체납된 경우에는 주택의 소재지를 관할하는 시장·군수·구청장에게 그 징수를 위탁할 수 있다.

추가 분양권 전매 등에 대한 신고포상금

시·도지사는 법 제64조(주택의 전매행위 제한 등)를 위반하여 분양권 등을 전매하거나 알선하는 자를 주무관청에 신고한 자에게 대통령령으로 정하는 바에 따라 포상금을 지급할 수 있다(법 제92조).

③ 위 ②에 따라 징수를 위탁받은 시장·군수·구청장은 지방세 체납처분의 예에 따라 이를 징수하여야 한다. 이 경우 한국토지주택공사 또는 지방공사는 시장·군수·구청장이 징수한 금액의 2%에 해당하는 금액을 해당 시·군·구에 위탁수수료로 지급하여야 한다.

(5) 보고·검사 등(법 제93조)

① 국토교통부장관 또는 지방자치단체의 장은 필요하다고 인정할 때에는 이 법에 따른 인가·승인 또는 등록을 한 자에게 필요한 보고를 하게 하거나, 관계 공무원으로 하여금 사업장에 출입하여 필요한 검사를 하게 할 수 있다.

② 위 ①에 따른 검사를 할 때에는 검사 7일 전까지 검사일시, 검사이유 및 검사내용 등 검사계획을 검사를 받을 자에게 알려야 한다. 다만, 긴급한 경우나 사전에 통지하면 증거인멸 등으로 검사 목적을 달성할 수 없다고 인정하는 경우에는 그러하지 아니하다.

③ 위 ①에 따라 검사를 하는 공무원은 그 권한을 나타내는 증표를 지니고 이를 관계인에게 내보여야 한다.

3 청문 등

(1) 청 문 ·30회

국토교통부장관 또는 지방자치단체의 장은 다음의 어느 하나에 해당하는 처분을 하려면 청문을 하여야 한다(법 제96조).

① 주택건설사업 등의 등록말소

② 주택조합의 설립인가취소

③ 사업계획승인의 취소

④ 리모델링 행위허가의 취소

(2) 벌칙 적용에서 공무원 의제

다음의 어느 하나에 해당하는 자는 「형법」 제129조부터 제132조까지의 규정을 적용할 때에는 공무원으로 본다(법 제97조).

> ① 감리업무를 수행하는 자
> ② 품질점검단의 위원 중 공무원이 아닌 자
> ③ 분양가심사위원회의 위원 중 공무원이 아닌 자

> **추가** 사업주체 등에 대한 지도·감독
> 국토교통부장관 또는 지방자치단체의 장은 사업주체 및 공동주택의 입주자·사용자·관리주체·입주자대표회의나 그 구성원 또는 리모델링주택조합이 이 법 또는 이 법에 따른 명령이나 처분을 위반한 경우에는 공사의 중지, 원상복구 또는 그 밖에 필요한 조치를 명할 수 있다(법 제94조).

PART 5

05
보칙 및 벌칙

1 벌 금 · 33회

(1) 10년 이하의 징역

법 제33조, 제43조, 제44조, 제46조 또는 제70조를 위반하여 설계·시공 또는 감리를 함으로써「공동주택관리법」제36조 제3항에 따른 담보책임기간에 공동주택의 내력구조부에 중대한 하자를 발생시켜 일반인을 위험에 처하게 한 설계자·시공자·감리자·건축구조기술사 또는 사업주체는 10년 이하의 징역에 처한다(법 제98조 제1항).

추가 **죄를 범한 자**
1. 본문 **(1)**의 죄를 범하여 사람을 죽음에 이르게 하거나 다치게 한 자는 무기징역 또는 3년 이상의 징역에 처한다(법 제98조 제2항).
2. 업무상 과실로 위 1.의 죄를 범한 자는 10년 이하의 징역이나 금고 또는 1억원 이하의 벌금에 처한다(법 제99조 제2항).

(2) 5년 이하의 징역·금고 또는 5천만원 이하의 벌금

① 업무상 과실로 위 **(1)**의 죄를 범한 자는 5년 이하의 징역이나 금고 또는 5천만원 이하의 벌금에 처한다(법 제99조 제1항).

② 법 제55조 제5항, 제56조 제10항 및 제57조의3 제4항을 위반하여 정보 또는 자료를 사용·제공 또는 누설한 사람은 5년 이하의 징역 또는 5천만원 이하의 벌금에 처한다(법 제100조).

(3) 3년 이하의 징역 또는 3천만원 이하의 벌금

다음의 어느 하나에 해당하는 자는 3년 이하의 징역 또는 3천만원 이하의 벌금에 처한다. 다만, 다음 ③ 및 ④에 해당하는 자로서 그 위반행위로 얻은 이익의 3배에 해당하는 금액이 3천만원을 초과하는 자는 3년 이하의 징역 또는 그 이익의 3배에 해당하는 금액 이하의 벌금에 처한다(법 제101조).

① 법 제11조의2 제1항을 위반하여 조합업무를 대행하게 한 주택조합, 주택조합의 발기인 및 조합업무를 대행한 자
② 고의로 법 제33조를 위반하여 설계하거나 시공함으로써 사업주체 또는 입주자에게 손해를 입힌 자
③ 법 제64조 제1항을 위반하여 주택을 전매하거나 이의 전매를 알선한 자
④ 법 제65조 제1항을 위반한 자
⑤ 법 제66조 제3항을 위반하여 리모델링주택조합이 설립인가를 받기 전에 또는 입주자대표회의가 소유자 전원의 동의를 받기 전에 시공자를 선정한 자 및 시공자로 선정된 자
⑥ 법 제66조 제4항을 위반하여 경쟁입찰의 방법에 의하지 아니하고 시공자를 선정한 자 및 시공자로 선정된 자

(4) 2년 이하의 징역 또는 2천만원 이하의 벌금

다음의 어느 하나에 해당하는 자는 2년 이하의 징역 또는 2천만원 이하의 벌금에 처한다. 다만, 다음 ⑧ 또는 ㉒에 해당하는 자로서 그 위반행위로 얻은 이익의 50%에 해당하는 금액이 2천만원을 초과하는 자는 2년 이하의 징역 또는 그 이익의 2배에 해당하는 금액 이하의 벌금에 처한다(법 제102조).

추가 2년 이하의 징역 또는 2천만원 이하의 벌금

법 제59조 제4항을 위반하여 고의로 잘못된 심사를 한 자는 2년 이하의 징역 또는 2천만원 이하의 벌금에 처한다(법 제103조).

① 법 제4조에 따른 등록을 하지 아니하거나, 거짓이나 그 밖의 부정한 방법으로 등록을 하고 같은 조의 사업을 한 자

② 법 제11조의3 제1항을 위반하여 신고하지 아니하고 조합원을 모집하거나 조합원을 공개로 모집하지 아니한 자

③ 법 제11조의5를 위반하여 조합원 가입을 권유하거나 조합원을 모집하는 광고를 한 자

④ 법 제11조의6 제1항을 위반하여 가입비등을 예치하도록 하지 아니한 자

⑤ 법 제11조의6 제4항을 위반하여 가입비등의 반환을 요청하지 아니한 자

⑥ 법 제12조 제2항에 따른 서류 및 관련 자료를 거짓으로 공개한 주택조합의 발기인 또는 임원

⑦ 법 제12조 제3항에 따른 열람·복사 요청에 대하여 거짓의 사실이 포함된 자료를 열람·복사하여 준 주택조합의 발기인 또는 임원

⑧ 법 제15조 제1항·제3항 또는 제4항에 따른 사업계획의 승인 또는 변경승인을 받지 아니하고 사업을 시행하는 자

⑨ 과실로 법 제33조를 위반하여 설계하거나 시공함으로써 사업주체 또는 입주자에게 손해를 입힌 자

⑩ 법 제34조 제1항 또는 제2항을 위반하여 주택건설공사를 시행하거나 시행하게 한 자

⑪ 법 제35조에 따른 주택건설기준 등을 위반하여 사업을 시행한 자

⑫ 법 제39조를 위반하여 공동주택성능에 대한 등급을 표시하지 아니하거나 거짓으로 표시한 자

⑬ 법 제40조에 따른 환기시설을 설치하지 아니한 자

⑭ 고의로 법 제44조 제1항에 따른 감리업무를 게을리하여 위법한 주택건설공사를 시공함으로써 사업주체 또는 입주자에게 손해를 입힌 자

⑮ 법 제49조 제4항을 위반하여 주택 또는 대지를 사용하게 하거나 사용한 자(법 제66조 제7항에 따라 준용되는 경우를 포함)

⑯ 법 제54조 제1항을 위반하여 주택을 건설·공급한 자(법 제54조의2에 따라 주택의 공급업무를 대행한 자를 포함)

⑰ 법 제54조 제3항을 위반하여 건축물을 건설·공급한 자

⑱ 법 제54조의2 제2항을 위반하여 주택의 공급업무를 대행하게 한 자

⑲ 법 제57조 제1항 또는 제5항을 위반하여 주택을 공급한 자

⑳ 법 제60조 제1항 또는 제3항을 위반하여 견본주택을 건설하거나 유지관리한 자

㉑ 법 제61조 제1항을 위반하여 같은 항 각 호의 어느 하나에 해당하는 행위를 한 자

㉒ 법 제77조를 위반하여 부정하게 재물 또는 재산상의 이익을 취득하거나 제공한 자

㉓ 법 제81조 제3항에 따른 조치를 위반한 자

(5) 1년 이하의 징역 또는 1천만원 이하의 벌금(법 제104조)

① 법 제8조에 따른 영업정지기간에 영업을 한 자

② 법 제11조의2 제4항을 위반하여 실적보고서를 제출하지 아니한 업무대행자

③ 법 제12조 제1항을 위반하여 실적보고서를 작성하지 아니하거나 법 제12조 제1항 각 호의 사항을 포함하지 않고 작성한 주택조합의 발기인 또는 임원

④ 법 제12조 제2항을 위반하여 주택조합사업의 시행에 관련한 서류 및 자료를 공개하지 아니한 주택조합의 발기인 또는 임원

⑤ 법 제12조 제3항을 위반하여 조합원의 열람·복사 요청을 따르지 아니한 주택조합의 발기인 또는 임원

⑥ 법 제14조 제4항에 따른 시정요구 등의 명령을 위반한 자

⑦ 법 제14조의2 제3항을 위반하여 총회의 개최를 통지하지 아니한 자

⑧ 법 제14조의3 제1항에 따른 회계감사를 받지 아니한 자

⑨ 법 제14조의3 제2항을 위반하여 장부 및 증빙서류를 작성 또는 보관하지 아니하거나 거짓으로 작성한 자

⑩ 과실로 법 제44조 제1항에 따른 감리업무를 게을리하여 위법한 주택건설공사를 시공함으로써 사업주체 또는 입주자에게 손해를 입힌 자

⑪ 법 제44조 제4항을 위반하여 시정 통지를 받고도 계속하여 주택건설공사를 시공한 시공자 및 사업주체

⑫ 법 제46조 제1항에 따른 건축구조기술사의 협력, 법 제68조 제5항에 따른 안전진단기준, 법 제69조 제3항에 따른 검토기준 또는 법 제70조에 따른 구조기준을 위반하여 사업주체, 입주자 또는 사용자에게 손해를 입힌 자

⑬ 법 제48조 제2항에 따른 시정명령에도 불구하고 필요한 조치를 하지 아니하고 감리를 한 자

⑭ 법 제57조의2 제1항 및 제7항을 위반하여 거주의무기간 중에 실제로 거주하지 아니하고 거주한 것으로 속인 자

⑮ 법 제66조 제1항 및 제2항을 위반한 자

⑯ 법 제90조를 위반하여 등록증의 대여 등을 한 자

⑰ 법 제93조 제1항에 따른 검사 등을 거부·방해 또는 기피한 자

⑱ 법 제94조에 따른 공사 중지 등의 명령을 위반한 자

2 과태료 ·33회

(1) 2천만원 이하의 과태료(법 제106조 제1항)

① 법 제48조의2 제1항을 위반하여 사전방문을 실시하게 하지 아니한 자

② 법 제48조의3 제3항을 위반하여 점검에 따르지 아니하거나 기피 또는 방해한 자

③ 법 제78조 제3항에 따른 표준임대차계약서를 사용하지 아니하거나 표준임대차계약서의 내용을 이행하지 아니한 자

④ 법 제78조 제5항에 따른 임대료에 관한 기준을 위반하여 토지를 임대한 자

(2) 1천만원 이하의 과태료(법 제106조 제2항)

① 법 제11조의2 제3항을 위반하여 자금의 보관 업무를 대행하도록 하지 아니한 자

② 법 제11조의3 제8항에 따른 주택조합 가입에 관한 계약서 작성 의무를 위반한 자

③ 법 제11조의4 제1항에 따른 설명의무 또는 같은 조 제2항에 따른 확인 및 교부, 보관 의무를 위반한 자

④ 법 제13조 제4항을 위반하여 겸직한 자

⑤ 법 제46조 제1항을 위반하여 건축구조기술사의 협력을 받지 아니한 자

⑥ 법 제54조의2 제3항에 따른 조치를 하지 아니한 자

(3) 500만원 이하의 과태료(법 제106조 제3항)

① 법 제12조 제4항에 따른 서류 및 자료를 제출하지 아니한 주택조합의 발기인 또는 임원

② 법 제16조 제2항에 따른 신고를 하지 아니한 자

③ 법 제44조 제2항에 따른 보고를 하지 아니하거나 거짓으로 보고를 한 감리자

④ 법 제44조 제3항에 따른 보고를 하지 아니하거나 거짓으로 보고를 한 감리자

추가 과태료 부과자
과태료는 대통령령으로 정하는 바에 따라 국토교통부장관 또는 지방자치단체의 장이 부과한다 (법 제106조 제5항).

PART 5

05 보칙 및 벌칙

⑤ 법 제45조 제2항에 따른 보고를 하지 아니하거나 거짓으로 보고를 한 감리자

⑥ 법 제48조의2 제3항을 위반하여 보수공사 등의 조치를 하지 아니한 자

⑦ 법 제48조의2 제5항을 위반하여 조치결과 등을 입주예정자 및 사용검사권자에게 알리지 아니한 자

⑧ 법 제48조의3 제4항 후단을 위반하여 자료제출 요구에 따르지 아니하거나 거짓으로 자료를 제출한 자

⑨ 법 제48조의3 제7항을 위반하여 조치명령을 이행하지 아니한 자

⑩ 법 제54조 제2항을 위반하여 주택을 공급받은 자

⑪ 법 제54조 제8항을 위반하여 같은 항에 따른 사본을 제출하지 아니하거나 거짓으로 제출한 자

⑫ 법 제93조 제1항에 따른 보고 또는 검사의 명령을 위반한 자

(4) 300만원 이하의 과태료(법 제106조 제4항)

① 법 제57조의2 제2항을 위반하여 한국토지주택공사(사업주체가 공공주택 특별법에 따른 공공주택사업자인 경우에는 공공주택사업자)에게 해당 주택의 매입을 신청하지 아니한 자

② 법 제57조의3 제1항에 따른 서류 등의 제출을 거부하거나 해당 주택의 출입·조사 또는 질문을 방해하거나 기피한 자

기출&예상 문제

주택법령상 청문을 하여야 하는 처분이 아닌 것은? (단, 다른 법령에 따른 청문은 고려하지 않음)
• 30회

① 공업화주택의 인정취소
② 주택조합의 설립인가취소
③ 주택건설사업계획승인의 취소
④ 공동주택 리모델링 허가의 취소
⑤ 주택건설사업의 등록말소

해설 국토교통부장관 또는 지방자치단체의 장은 '주택건설사업 등의 등록말소, 주택조합의 설립인가취소, 사업계획승인의 취소, 리모델링 행위허가의 취소' 중 어느 하나에 해당하는 처분을 하려면 청문을 하여야 한다.

정답 ①

PART 5 기출지문 OX

1 주택법령상 주택도시기금으로부터 자금을 지원받아 건설되는 1세대당 주거전용면적 84m²인 주택은 국민주택에 해당한다. ·31회 (O | X)

2 주택법령상 300세대인 국민주택규모의 단지형 다세대주택은 도시형 생활주택에 해당한다. ·32회 (O | X)

3 주택법령상 주거전용면적이 30m² 미만인 경우에는 욕실 및 부엌을 제외한 부분을 하나의 공간으로 구성하여야 하는 것은 도시형 생활주택으로서 소형 주택의 요건에 해당한다. 33회 (O | X)

4 주택법령상 '주택단지'에 해당하는 토지가 폭 8m 이상인 도시계획예정도로로 분리된 경우, 분리된 토지를 각각 별개의 주택단지로 본다. ·30회 (O | X)

5 주택법령상 「산업입지 및 개발에 관한 법률」에 따른 산업단지개발사업에 의하여 개발·조성되는 공동주택이 건설되는 용지는 공공택지에 해당한다. ·28회 (O | X)

6 주택법령상 용어의 정의에 따를 때 3층의 다가구주택은 주택에 해당하지 않는다. ·29회 (O | X)

7 주택법령상 한국토지주택공사가 수도권에 건설한 주거전용면적이 1세대당 80m²인 아파트는 국민주택에 해당한다. ·29회 (O | X)

8 세대구분형 공동주택은 주택법령상 사업계획의 승인을 받아 건설하는 공동주택으로서의 세대별로 구분된 각각의 공간의 주거전용면적(주거의 용도로만 쓰이는 면적) 합계가 해당 주택단지 전체 주거전용면적 합계의 2분의 1을 넘지 않는 등 국토교통부장관이 정하여 고시하는 주거전용면적의 비율에 관한 기준을 충족하여야 한다. ·27회 (O | X)

정답   **1** O   **2** X 300세대 → 300세대 미만   **3** X 부엌 → 보일러실   **4** O   **5** O   **6** X 해당하지 않는다 → 해당한다   **7** O   **8** X 2분의 1 → 3분의 1

9 주택법령상 지역주택조합이 설립인가를 받은 후에 조합원을 추가모집한 경우에는 주택조합의 변경인가를 받아야 한다. •27회 (○ | X)

10 주택법령상 연간 20호 이상의 단독주택 건설사업을 시행하려는 자 또는 연간 1만m² 이상의 대지조성사업을 시행하려는 자는 국토교통부장관에게 등록하여야 한다. •26회 (○ | X)

11 주택법령상 주택조합은 주택건설 예정 세대수의 50% 이상의 조합원으로 구성하되, 조합원은 10명 이상이어야 한다. •28회 (○ | X)

12 주택법령상 지역조합 설립인가 후 조합원으로 추가모집되는 자가 조합원 자격요건을 갖추었는지를 판단할 때에는 추가모집 공고일을 기준으로 한다. •28회 (○ | X)

13 주택법령상 조합임원의 선임을 의결하는 총회의 경우에는 조합원의 100분의 20 이상이 직접 출석하여야 한다. •29회 (○ | X)

14 주택법령상 한국토지주택공사가 서울특별시 A구에서 대지면적 10만m²에 50호의 한옥 건설사업을 시행하려는 경우 국토교통부장관으로부터 사업계획승인을 받아야 한다. 주택법령상 B광역시 C구에서 지역균형개발이 필요하여 국토교통부장관이 지정·고시하는 지역 안에 50호의 한옥 건설사업을 시행하는 경우 국토교통부장관으로부터 사업계획승인을 받아야 한다. •26회 (○ | X)

15 주택법령상 도시지역에서 국민주택 건설사업계획승인을 신청하려는 경우 공구별로 분할하여 주택을 건설·공급하려면 주택단지의 전체 세대수는 600세대 이상이어야 한다. •26회 (○ | X)

정답 | 9 ○ 10 ○ 11 X 10명 → 20명 12 X 추가모집 공고일을 → 해당 조합설립인가 신청일을 13 ○
14 ○ 15 ○

⑯ 주택법령상 사업계획승인의 조건으로 부과된 사항을 이행함에 따라 공사착수가 지연되는 경우, 사업계획승인권자는 그 사유가 없어진 날부터 3년 범위에서 공사의 착수기간을 연장할 수 있다.

• 28회 (O | X)

⑰ 주택법령상 주택단지의 전체 세대수가 500세대인 주택건설사업을 시행하려는 자는 주택단지를 공구별로 분할하여 주택을 건설·공급할 수 있다. • 30회 (O | X)

⑱ 주택법령상 해당 사업시행지에 대한 소유권 분쟁을 사업주체가 소송 외의 방법으로 해결하는 과정에서 공사착수가 지연되는 경우 사업계획승인권자가 사업주체의 신청을 받아 공사의 착수기간을 연장할 수 있다. • 30회 (O | X)

⑲ 주택법령상 인수자에게 공급하는 임대주택의 선정은 주택조합이 사업주체인 경우에는 조합원에게 공급하고 남은 주택을 대상으로 공개추첨의 방법에 의한다. • 29회 (O | X)

⑳ 주택법령상 사업주체가 주택건설대지면적 중 100분의 80에 대하여 사용권원을 확보한 경우, 사용권원을 확보하지 못한 대지의 소유자 중 지구단위계획구역 결정고시일 10년 이전에 해당 대지의 소유권을 취득하여 계속 보유하고 있는 자에 대하여는 매도청구를 할 수 없다. • 26회 (O | X)

㉑ 주택법령상 등록사업자의 등록이 말소된 경우에는 등록사업자가 발행한 주택상환사채도 효력을 상실한다. • 31회 (O | X)

㉒ 주택법령상 주택건설자재의 구입은 주택상환사채의 납입금이 사용될 수 있는 용도이다. • 32회

(O | X)

정답 16 X 3년 → 1년   17 X 500세대 → 600세대 이상   18 X 소송절차가 진행 중인 경우만 해당한다.
19 O   20 O   21 X 주택상환사채도 효력을 상실한다 → 주택상환사채의 효력에는 영향을 미치지 아니한다
22 O

㉓ 주택법령상 대지조성사업계획승인을 받으려는 자는 사업계획승인신청서에 조성한 대지의 공급계
획서를 첨부하여 사업계획승인권자에게 제출하여야 한다. ·31회 (O | X)

㉔ 주택법령상 사업주체는 사업계획승인을 받은 날부터 1년 이내에 공사를 착수하여야 한다. ·32회

(O | X)

㉕ 주택법령상 지방공사가 사업주체로서 견본주택을 건설하는 경우에는 견본주택에 사용되는 마감자
재 목록표와 견본주택의 각 실의 내부를 촬영한 영상물 등을 제작하여 시장·군수·구청장에게 제
출하여야 한다. ·26회 (O | X)

㉖ 주택법령상 주택의 사용검사 후 주택단지 내 일부의 토지의 소유권을 회복한 자에게 주택소유자들
이 매도청구를 하려면 해당 토지의 면적이 주택단지 전체 대지면적의 5% 미만이어야 한다. ·27회

(O | X)

㉗ 주택법령상 사업주체가 부득이한 사유로 인하여 사업계획승인의 마감자재와 다르게 시공·설치하
려는 경우에는 당초의 마감자재와 같은 질 이하의 자재로 설치할 수 있다. ·28회 (O | X)

㉘ 주택법령상 주택을 공급받을 수 있는 조합원 지위의 상속은 주택공급과 관련하여 금지되는 공급질
서 교란행위에 해당한다. ·32회 (O | X)

㉙ 주택법령상 조정대상지역으로 지정된 지역의 시장·군수·구청장은 조정대상지역으로 유지할 필요가
없다고 판단되는 경우 국토교통부장관에게 그 지정의 해제를 요청할 수 있다. ·29회 (O | X)

> 정답 | **23** O **24** X 1년 → 5년 **25** O **26** O **27** X 같은 질 이하 → 같은 질 이상 **28** X 해당한다 →
> 해당하지 않는다 **29** O

③ 주택법령상 투기과열지구로 지정하는 날이 속하는 달의 바로 전달(이하 '투기과열지구지정직전월')부터 소급하여 주택공급이 있었던 2개월 동안 해당 지역에서 공급되는 주택의 월별 평균 청약경쟁률이 모두 5대 1을 초과하였거나 국민주택규모 주택의 월별 평균 청약경쟁률이 모두 10대 1을 초과한 곳은 투기과열지구로 지정할 수 있다. • 32회 (O | X)

③ 주택법령상 투기과열지구지정직전월의 건축허가실적이 전달보다 30% 이상 감소하여 주택공급이 위축될 우려가 있는 곳은 투기과열지구로 지정할 수 있다. • 32회 (O | X)

③ 주택법령상 수도권이 아닌 지역으로서 공공택지 외의 택지에서 건설·공급되는 주택의 소유자가 국가에 대한 채무를 이행하지 못하여 공매가 시행되는 경우에는 한국토지주택공사의 동의 없이도 전매를 할 수 있다. • 27회 (O | X)

③ 주택법령상 공동주택의 리모델링은 동별로 할 수 있다. • 33회 (O | X)

③ 주택법령상 사업비에 관한 사항은 세대수가 증가되는 공동주택의 리모델링을 하는 경우 수립하여야 하는 권리변동계획에 포함되지 않는다. • 31회 (O | X)

③ 리모델링 기본계획을 수립하거나 변경하려면 14일 이상 주민에게 공람하고, 지방의회의 의견을 들어야 한다. 이 경우 지방의회는 의견제시를 요청받은 날부터 30일 이내에 의견을 제시하여야 한다. • 27회 (O | X)

③ 주택법령상 공업화주택의 인정취소는 청문을 하여야 하는 처분이다. • 30회 (O | X)

PART 5

05
보칙 및 벌칙

정답 **30** O **31** X 건축허가실적 → 주택분양실적 **32** X 동의 없이도 → 동의를 받아 **33** O **34** X 포함되지 않는다 → 포함된다 **35** O **36** X 청문대상의 처분이 아니다.

농지법

최근 10개년 출제비중

5%

제34회 출제비중

5%

CHAPTER별 10개년 출제비중 & 출제키워드

CHAPTER	10개년 출제비중	BEST 출제키워드
01 총 칙	15%	용어정의
02 농지의 소유	45%	농지소유제한, 농지취득자격증명제도
03 농지의 이용	25%	대리경작제도, 농지의 임대차 또는 사용대차
04 농지의 보전	15%	농업진흥지역 지정, 농지전용, 농지보전부담금
05 보칙 및 벌칙	0%	포상금, 벌칙

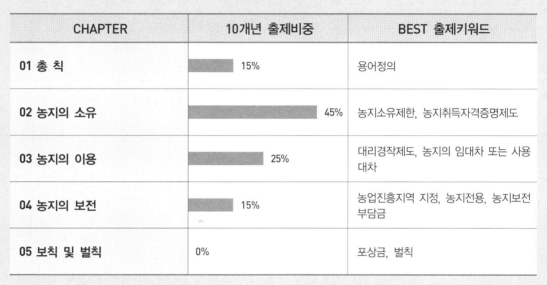

* 여러 CHAPTER의 개념을 묻는 복합문제이거나, 법률이 개정 및 제정된 경우 분류 기준에 따라 수치가 달라질 수 있습니다.

제35회 시험 학습전략

「농지법」은 2문제 출제되기 때문에 광범위하고 깊이 있게 공부하기보다는 시험에 출제된 기출문제 위주로 간단한 학습이 필요한 PART입니다. 특히, 농지의 소유와 농지의 이용은 출제비율이 높기 때문에 다른 CHAPTER보다 비중을 높여서 학습할 필요가 있습니다.

01 | 총 칙

▌10개년 출제문항 수

25회	26회	27회	28회	29회
		1	1	
30회	31회	32회	33회	34회
1				

└▶ 총 40문제 中 평균 약 0.3문제 출제

▌학습전략

이 CHAPTER는 법의 목적, 용어의 정의, 방향성을 제시하는 법령을 담고 있는 부분으로, 특히 용어의 정의는 「농지법」의 적용의 한계를 설정 짓는 부분이며 농지, 농업인 부분은 출제 빈도가 높은 부분입니다.

제1절 개 념

1 제정 목적

「농지법」은 농지의 소유·이용 및 보전 등에 필요한 사항을 정함으로써 농지를 효율적으로 이용하고 관리하여 농업인의 경영 안정과 농업 생산성 향상을 바탕으로 농업 경쟁력 강화와 국민경제의 균형 있는 발전 및 국토 환경 보전에 이바지하는 것을 목적으로 한다(법 제1조).

2 「농지법」에 관한 기본이념 및 의무

(1) 농지에 관한 기본 이념(법 제3조)

① 농지는 국민에게 식량을 공급하고 국토 환경을 보전(保全)하는 데에 필요한 기반이며 농업과 국민경제의 조화로운 발전에 영향을 미치는 한정된 귀중한 자원이므로 소중히 보전되어야 하고 공공복리에 적합하게 관리되어야 하며, 농지에 관한 권리의 행사에는 필요한 제한과 의무가 따른다.

정리 「농지법」의 정의
농지의 (소유) (이용) (보전)
⇦ 정함

② 농지는 농업 생산성을 높이는 방향으로 소유·이용되어야 하며, 투기의 대상이 되어서는 아니 된다.

(2) 국가 등의 의무(법 제4조)

① 국가와 지방자치단체는 농지에 관한 기본 이념이 구현되도록 농지에 관한 시책을 수립하고 시행하여야 한다.

② 국가와 지방자치단체는 농지에 관한 시책을 수립할 때 필요한 규제와 조정을 통하여 농지를 보전하고 합리적으로 이용할 수 있도록 함으로써 농업을 육성하고 국민경제를 균형 있게 발전시키는 데에 이바지하도록 하여야 한다.

(3) 국민의 의무

모든 국민은 농지에 관한 기본 이념을 존중하여야 하며, 국가와 지방자치단체가 시행하는 농지에 관한 시책에 협력하여야 한다(법 제5조).

제2절 │ 용어의 정의

1 농지와 관련된 용어

(1) 농지의 정의 ·15회 ·27회 ·30회

① **원칙** : '농지'란 다음의 어느 하나에 해당하는 토지를 말한다(법 제2조 제1호, 영 제2조 제3항).

㉠ 전·답, 과수원, 그 밖에 법적 지목(地目)을 불문하고 실제로 농작물 경작지 또는 대통령령으로 정하는 다년생식물 재배지로 이용되는 토지

㉡ 농작물의 경작지 또는 다년생식물 재배지로 이용하고 있는 토지의 개량시설

> ⓐ 유지(溜池 : 웅덩이), 양·배수시설, 수로, 농로, 제방
> ⓑ 그 밖에 농지의 보전이나 이용에 필요한 시설로서 농림축산식품부령으로 정하는 시설

추가 대통령령으로 정하는 다년생식물 재배지(영 제2조 제1항)
1. 목초·종묘·인삼·약초·잔디 및 조림용 묘목
2. 과수·뽕나무·유실수 그 밖의 생육기간이 2년 이상인 식물
3. 조경 또는 관상용 수목과 그 묘목(조경 목적으로 식재한 것을 제외)

ⓒ 농작물의 경작지 또는 다년생식물 재배지에 설치하는 농축산물 생산시설의 부지

> ⓐ 고정식온실·버섯재배사 및 비닐하우스와 농림축산식품부령으로 정하는 그 부속시설
> ⓑ 축사·곤충사육사와 농림축산식품부령으로 정하는 그 부속시설
> ⓒ 간이퇴비장
> ⓓ 농막·간이저온저장고 및 간이액비저장조 중 농림축산식품부령으로 정하는 시설

② **농지에서 제외되는 토지** : 다음의 각 토지는 농지에서 제외된다(법 제2조 제1호 가목 단서, 영 제2조 제2항).

> ㉠ 「공간정보의 구축 및 관리 등에 관한 법률」에 따른 지목이 전·답, 과수원이 아닌 토지(지목이 임야인 토지는 제외)로서 농작물 경작지 또는 다년생식물 재배지로 계속하여 이용되는 기간이 3년 미만인 토지
> ㉡ 「공간정보의 구축 및 관리 등에 관한 법률」에 따른 지목이 임야인 토지로서 「산지관리법」에 따른 산지전용허가(다른 법률에 따라 산지전용허가가 의제되는 인가·허가·승인 등을 포함)를 거치지 아니하고 농작물의 경작 또는 다년생식물의 재배에 이용되는 토지
> ㉢ 「초지법」에 따라 조성된 초지(草地)

(2) 농지의 전용(轉用)

① 농지를 농작물의 경작이나 다년생식물의 재배 등 농업생산 또는 대통령령으로 정하는 농지개량 외의 용도로 사용하는 것을 말한다(법 제2조 제7호 본문).

② 농지에 해당하는 개량시설의 부지와 농축산물 생산시설의 부지로 사용하는 경우에는 전용(轉用)으로 보지 아니한다(법 제2조 제7호 단서).

정리 **농지 여부 판단**

1. 전·답·과수원(×) ⊕ 3년 미만 : 농지(×)
2. 전·답·과수원(×) ⊕ 3년 이상 : 농지(○)
3. 전·답·과수원(○) ⊕ 3년 미만 : 농지(○)

추가 **대통령령으로 정하는 농지개량**(영 제3조의2)

농지의 생산성을 높이기 위하여 농지의 형질을 변경하는 다음에 해당하는 행위로서 인근 농지의 관개·배수·통풍 및 농작업에 영향을 미치지 않는 것을 말한다.
1. 농지의 이용가치를 높이기 위하여 농지의 구획을 정리하거나 개량시설을 설치하는 행위
2. 해당 농지의 토양개량이나 관개·배수·농업기계이용의 개선을 위하여 농지에서 농림축산식품부령으로 정하는 기준에 따라 객토·성토·절토하거나 암석을 채굴하는 행위

2 농업인과 관련된 용어

(1) 농업인의 정의 ·20회 ·27회 ·28회

'농업인'이란 농업에 종사하는 개인으로서 다음에 해당하는 자를 말한다(법 제2조 제2호, 영 제3조).

① 1천m² 이상의 농지에서 농작물 또는 다년생식물을 경작 또는 재배하거나 1년 중 90일 이상 농업에 종사하는 자
② 농지에 330m² 이상의 고정식온실·버섯재배사·비닐하우스, 그 밖의 농림축산식품부령으로 정하는 농업생산에 필요한 시설을 설치하여 농작물 또는 다년생식물을 경작 또는 재배하는 자
③ 대가축 2두, 중가축 10두, 소가축 100두, 가금(家禽 : 집에서 기르는 날짐승) 1천수 또는 꿀벌 10군 이상을 사육하거나 1년 중 120일 이상 축산업에 종사하는 자
④ 농업경영을 통한 농산물의 연간 판매액이 120만원 이상인 자

기출&예상 문제

농지법령상 농업에 종사하는 개인으로서 농업인에 해당하는 자는?

·28회

① 꿀벌 10군을 사육하는 자
② 가금(家禽 : 집에서 기르는 날짐승) 500수를 사육하는 자
③ 1년 중 100일을 축산업에 종사하는 자
④ 농산물의 연간 판매액이 100만원인 자
⑤ 농지에 300m²의 비닐하우스를 설치하여 다년생식물을 재배하는 자

해설 ② 가금(家禽 : 집에서 기르는 날짐승) 1천수 이상을 사육하는 자
③ 1년 중 120일 이상을 축산업에 종사하는 자
④ 농산물의 연간 판매액이 120만원 이상인 자
⑤ 농지에 330m² 이상의 비닐하우스를 설치하여 다년생식물을 재배하는 자

정답 ①

(2) 그 외 용어의 정의 · 23회 · 27회

용 어	정 의
농업법인	「농어업경영체 육성 및 지원에 관한 법률」에 따라 설립된 영농조합법 인과 같은 법에 따라 설립되고 업무집행권을 가진 자 중 3분의 1 이상 이 농업인인 농업회사법인을 말한다(법 제2조 제3호).
농업경영	농업인이나 농업법인이 자기의 계산과 책임으로 농업을 영위하는 것 을 말한다(법 제2조 제4호).
자경(自耕)	농업인이 그 소유 농지에서 농작물 경작 또는 다년생식물 재배에 상시 종사하거나 농작업(農作業)의 2분의 1 이상을 자기의 노동력으로 경 작 또는 재배하는 것과 농업법인이 그 소유 농지에서 농작물을 경작하 거나 다년생식물을 재배하는 것을 말한다(법 제2조 제5호).
위탁경영	농지소유자가 타인에게 일정한 보수를 지급하기로 약정하고 농작업 의 전부 또는 일부를 위탁하여 행하는 농업경영을 말한다(법 제2조 제6호).
주말·체험영농	농업인이 아닌 개인이 주말 등을 이용하여 취미생활이나 여가활동으 로 농작물을 경작하거나 다년생식물을 재배하는 것을 말한다(법 제2 조 제8호).

정리 **농업법인**

1. 영농조합법인
2. 농업회사법인(1/3 이상 농업인)

정리 **구 분**

1. 위 탁
   보수 지급
2. 임 대
   지료받음
3. 사용대
   무상

02 | 농지의 소유

▌10개년 출제문항 수

25회	26회	27회	28회	29회
2	2			1

30회	31회	32회	33회	34회
1		1	1	1

└→ 총 40문제 中 평균 약 0.9문제 출제

▌학습전략

이 CHAPTER는 농지의 소유에 관한 내용을 담고 있는 부분으로, 출제 비중이 높기 때문에 농지소유의 원칙 및 특칙, 농지취득자격증명, 농지의 소유상한, 농지의 처분 등의 내용은 확실히 학습하여야 합니다.

제1절 | 농지의 소유원칙

1 농지의 소유제한

(1) 농업경영자 소유의 원칙(耕者有田 原則)* · 19회

① 농지는 자기의 농업경영에 이용하거나 이용할 자가 아니면 소유하지 못한다(법 제6조 제1항).

② 「농지법」에서 허용된 경우 외에는 농지 소유에 관한 특례를 정할 수 없다(법 제6조 제4항).

(2) 농업경영자 소유의 예외 · 19회 · 26회 · 33회

① 다음의 어느 하나에 해당하는 경우에는 농지를 소유할 수 있다(법 제6조 제2항). 다만, 소유 농지는 농업경영에 이용되도록 하여야 한다(다음 ⓛ 및 ⓒ은 제외).

㉠ 국가나 지방자치단체가 농지를 소유하는 경우

㉡ 「초·중등교육법」 및 「고등교육법」에 따른 학교, 농림축산식품부령으로 정하는 공공단체·농업연구기관·농업생산자단체 또는 종묘나 그 밖의 농업 기자재 생산자가 그 목적사업을 수행하기 위하여 필요한 시험지·연구지·실습지·종묘생산지 또는 과수 인공수분용 꽃가루 생산지로 쓰기 위하여 농림축산식품부령으로 정하는 바에 따라 농지를 취득하여 소유하는 경우

> * **경자유전(耕者有田)의 원칙**
> 농지는 농사를 짓는 사람만 소유할 수 있다는 원칙

ⓒ 주말·체험영농을 하려고 농업진흥지역 외의 농지를 소유하는 경우

ⓔ 상속[상속인에게 한 유증(遺贈)을 포함]으로 농지를 취득하여 소유하는 경우

ⓜ 8년 이상 농업경영을 하던 사람이 이농(離農)한 후에도 이농 당시 소유하고 있던 농지를 계속 소유하는 경우

ⓗ 담보농지를 취득하여 소유하는 경우(자산유동화에 관한 법률에 따른 유동화전문회사등이 제13조 제1항 제1호부터 제4호까지에 규정된 저당권자로부터 농지를 취득하는 경우를 포함)

ⓢ 농지전용허가[다른 법률에 따라 농지전용허가가 의제(擬制)되는 인가·허가·승인 등을 포함]를 받거나 농지전용신고를 한 자가 그 농지를 소유하는 경우

ⓞ 농지전용협의를 마친 농지를 소유하는 경우

ⓩ 「한국농어촌공사 및 농지관리기금법」에 따른 농지의 개발사업지구에 있는 농지로서 대통령령으로 정하는 1천500m² 미만의 농지나 「농어촌정비법」에 따른 농지를 취득하여 소유하는 경우

ⓒ 농업진흥지역 밖의 농지 중 최상단부부터 최하단부까지의 평균경사율이 15% 이상인 농지로서 대통령령으로 정하는 농지를 소유하는 경우

ⓚ 다음의 어느 하나에 해당하는 경우

> ⓐ 「한국농어촌공사 및 농지관리기금법」에 따라 한국농어촌공사가 농지를 취득하여 소유하는 경우
> ⓑ 「농어촌정비법」에 따라 농지를 취득하여 소유하는 경우
> ⓒ 「공유수면 관리 및 매립에 관한 법률」에 따라 매립농지를 취득하여 소유하는 경우
> ⓓ 토지수용으로 농지를 취득하여 소유하는 경우
> ⓔ 농림축산식품부장관과 협의를 마치고 「공익사업을 위한 토지 등의 취득 및 보상에 관한 법률」에 따라 농지를 취득하여 소유하는 경우
> ⓕ 「공공토지의 비축에 관한 법률」에 해당하는 토지 중 같은 법에 따른 공공토지비축심의위원회가 비축이 필요하다고 인정하는 토지로서 「국토의 계획 및 이용에 관한 법률」에 따른 계획관리지역과 자연녹지지역 안의 농지를 한국토지주택공사가 취득하여 소유하는 경우. 이 경우 그 취득한 농지를 전용하기 전까지는 한국농어촌공사에 지체 없이 위탁하여 임대하거나 무상사용하게 하여야 한다.

② 농지를 임대하거나 무상사용하게 하는 경우에는 임대하거나 무상사용하게 하는 기간 동안 농지를 계속 소유할 수 있다(법 제6조 제3항).

2 농지의 소유상한

(1) 원 칙 ·19회 ·21회 ·26회

① 상속으로 농지를 취득한 사람으로서 농업경영을 하지 아니하는 사람은 그 상속 농지 중에서 총 1만m²까지만 소유할 수 있다(법 제7조 제1항).

② 8년 이상 농업경영을 한 후 이농한 사람은 이농 당시 소유 농지 중에서 총 1만m²까지만 소유할 수 있다(법 제7조 제2항).

③ 주말·체험영농을 하려는 사람은 총 1천m² 미만의 농지를 소유할 수 있다. 이 경우 면적 계산은 그 세대원 전부가 소유하는 총면적으로 한다(법 제7조 제3항).

(2) 예 외

농지를 한국농어촌공사나 그 밖에 대통령령으로 정하는 자에게 위탁하여 임대하거나 무상사용하게 하는 경우에는 위 (1)의 ①·②에도 불구하고 임대하거나 무상사용하게 하는 기간 동안 소유 상한을 초과하는 농지를 계속 소유할 수 있다(법 제7조 제4항).

(3) 금지행위

누구든지 다음의 어느 하나에 해당하는 행위를 하여서는 아니 된다(법 제7조의2).

> ① 농지 소유 제한이나 농지 소유 상한에 대한 위반 사실을 알고도 농지를 소유하도록 권유하거나 중개하는 행위
> ② 농지의 위탁경영 제한에 대한 위반 사실을 알고도 농지를 위탁경영하도록 권유하거나 중개하는 행위
> ③ 농지의 임대차 또는 사용대차 제한에 대한 위반 사실을 알고도 농지 임대차나 사용대차하도록 권유하거나 중개하는 행위
> ④ 위 ①~③까지의 행위와 그 행위가 행하여지는 업소에 대한 광고행위

정리 **농지의 소유상한**
1. 상속 ≤ 1만m²
2. 이농(8년 이상) ≤ 1만m²
3. 주말·체험영농 < 1천m²

1 발급대상

(1) 원 칙 · 19회 · 26회

농지를 취득하려는 자는 농지 소재지를 관할하는 시장(구를 두지 아니한 시의 시장을 말하며, 도농 복합 형태의 시는 농지 소재지가 동지역인 경우만을 말한다), 구청장(도농 복합 형태의 시의 구에서는 농지 소재지가 동지역인 경우만을 말한다), 읍장 또는 면장(이하 '시·구·읍·면의 장')에게서 농지취득자격증명을 발급받아야 한다(법 제8조 제1항 본문).

정리 농지취득자격증명 발급권자
시장·구청장·읍장 또는 면장

(2) 예 외 · 16회 · 19회 · 26회 · 32회

다음의 어느 하나에 해당하면 농지취득자격증명을 발급받지 아니하고 농지를 취득할 수 있다(법 제8조 제1항 단서, 영 제6조).

① 국가나 지방자치단체가 농지를 소유하는 경우
② 상속(상속인에게 한 유증을 포함)으로 농지를 취득하여 소유하는 경우
③ 담보농지를 취득하여 소유하는 경우
④ 농지전용협의를 마친 농지를 소유하는 경우
⑤ 다음의 어느 하나에 해당하는 경우

> ㉠ 「한국농어촌공사 및 농지관리기금법」에 따라 한국농어촌공사가 농지를 취득하여 소유하는 경우
> ㉡ 「농어촌정비법」에 따라 농지를 취득하여 소유하는 경우
> ㉢ 「공유수면 관리 및 매립에 관한 법률」에 따라 매립농지를 취득하여 소유하는 경우
> ㉣ 토지수용으로 농지를 취득하여 소유하는 경우
> ㉤ 농림축산식품부장관과 협의를 마치고 「공익사업을 위한 토지 등의 취득 및 보상에 관한 법률」에 따라 농지를 취득하여 소유하는 경우

⑥ 농업법인의 합병으로 농지를 취득하는 경우
⑦ 공유농지의 분할로 농지를 취득하는 경우
⑧ 시효의 완성으로 농지를 취득하는 경우
⑨ 「징발재산정리에 관한 특별조치법」, 「공익사업을 위한 토지 등의 취득 및 보상에 관한 법률」에 따른 환매권자가 환매권에 따라 농지를 취득하는 경우

⑩ 「국가보위에 관한 특별조치법에 따른 동원대상지역 내의 토지의 수용·사용에 관한 특별조치령에 따라 수용·사용된 토지의 정리에 관한 특별조치법」에 따른 환매권자 등이 환매권 등에 따라 농지를 취득하는 경우

⑪ 농지이용증진사업 시행계획에 따라 농지를 취득하는 경우

2 발급절차

1. 발급신청

(1) 농업경영계획서 작성

① **원칙** : 농지취득자격증명을 발급받으려는 자는 다음의 사항이 모두 포함된 농업경영계획서 또는 주말·체험영농계획서를 작성하고 농림축산식품부령으로 정하는 서류를 첨부하여 농지 소재지를 관할하는 시·구·읍·면의 장에게 발급신청을 하여야 한다(법 제8조 제2항 본문).

> ㉠ 취득 대상 농지의 면적(공유로 취득하려는 경우 공유 지분의 비율 및 각자가 취득하려는 농지의 위치도 함께 표시)
> ㉡ 취득 대상 농지에서 농업경영을 하는 데에 필요한 노동력 및 농업 기계·장비·시설의 확보 방안
> ㉢ 소유 농지의 이용 실태(농지소유자에게만 해당)
> ㉣ 농지취득자격증명을 발급받으려는 자의 직업·영농경력·영농거리

② **예외** : 다음에 따라 농지를 취득하는 자는 농업경영계획서 또는 주말·체험영농계획서를 작성하지 아니하고 농림축산식품부령으로 정하는 서류를 첨부하지 아니하여도 발급신청을 할 수 있다(법 제8조 제2항 단서).

> ㉠ 「초·중등교육법」 및 「고등교육법」에 따른 학교, 농림축산식품부령으로 정하는 공공단체·농업연구기관·농업생산자단체 또는 종묘나 그 밖의 농업 기자재 생산자가 그 목적사업을 수행하기 위하여 필요한 시험지·연구지·실습지·종묘생산지 또는 과수 인공수분용 꽃가루 생산지로 쓰기 위하여 농림축산식품부령으로 정하는 바에 따라 농지를 취득하여 소유하는 경우
> ㉡ 농지전용허가를 받거나 농지전용신고를 한 자가 그 농지를 소유하는 경우

추가 농업경영계획서 등의 보존기간(법 제8조의2)
1. 시·구·읍·면의 장은 제출되는 농업경영계획서 또는 주말·체험영농계획서를 10년간 보존하여야 한다.
2. 농업경영계획서 또는 주말·체험영농계획서 외의 농지취득자격증명 신청서류의 보존기간은 10년으로 한다.

ⓒ 「한국농어촌공사 및 농지관리기금법」에 따른 농지의 개발사업지구에 있는 농지로서 대통령령으로 정하는 1천500m² 미만의 농지나 「농어촌정비법」에 따른 농지를 취득하여 소유하는 경우

ⓔ 농업진흥지역 밖의 농지 중 최상단부부터 최하단부까지의 평균경사율이 15% 이상인 농지로서 대통령령으로 정하는 농지를 소유하는 경우

ⓜ 「공공토지의 비축에 관한 법률」에 해당하는 토지 중 공공토지비축심의위원회가 비축이 필요하다고 인정하는 토지로서 「국토의 계획 및 이용에 관한 법률」 제36조에 따른 계획관리지역과 자연녹지지역 안의 농지를 한국토지주택공사가 취득하여 소유하는 경우. 이 경우 그 취득한 농지를 전용하기 전까지는 한국농어촌공사에 지체 없이 위탁하여 임대하거나 무상사용하게 하여야 한다.

(2) 농지위원회의 심의

시·구·읍·면의 장은 농지 투기가 성행하거나 성행할 우려가 있는 지역의 농지를 취득하려는 자 등 농림축산식품부령으로 정하는 자가 농지취득자격증명 발급을 신청한 경우 농지위원회의 심의를 거쳐야 한다(법 제8조 제3항).

2. 발급요건

(1) 농지취득자격증명 발급신청기일

시·구·읍·면의 장은 농지취득자격증명의 발급 신청을 받은 때에는 그 신청을 받은 날부터 7일(농업경영계획서 또는 주말·체험영농계획서를 작성하지 아니하고 농지취득자격증명의 발급신청을 할 수 있는 경우에는 4일, 농지위원회의 심의대상의 경우에는 14일) 이내에 신청인에게 농지취득자격증명을 발급하여야 한다(법 제8조 제4항).

(2) 발급 시 취득요건(영 제7조 제2항)

① 법 제6조 제1항이나 제2항 제2호·제3호·제7호·제9호·제9호의2 또는 제10호 바목에 따른 취득요건에 적합할 것

② 농업인이 아닌 개인이 주말·체험영농에 이용하고자 농지를 취득하는 경우에는 신청 당시 소유하고 있는 농지의 면적에 취득하려는 농지의 면적을 합한 면적이 1천m² 미만일 것

③ 농업경영계획서 또는 주말·체험영농계획서를 제출해야 하는 경우에는 그 계획서에 기재할 사항이 포함되어야 하고, 그 내용이 신청인의 농업경영능력 등을 참작할 때 실현 가능하다고 인정될 것

④ 신청인이 소유 농지의 전부를 타인에게 임대 또는 무상사용하게 하거나 농작업의 전부를 위탁하여 경영하고 있지 않을 것

⑤ 신청 당시 농업경영을 하지 아니하는 자가 자기의 농업경영에 이용하고자 하여 농지를 취득하는 경우에는 해당 농지의 취득 후 농업경영에 이용하려는 농지의 총면적이 다음의 어느 하나에 해당할 것

> ㉠ 고정식온실·버섯재배사·비닐하우스·축사 그 밖의 농업생산에 필요한 시설로서 농림축산식품부령으로 정하는 시설이 설치되어 있거나 설치하려는 농지의 경우 : 330m² 이상
> ㉡ 곤충사육사가 설치되어 있거나 곤충사육사를 설치하려는 농지의 경우 : 165m² 이상
> ㉢ 위 ㉠ 및 ㉡ 이외의 농지의 경우 : 1천m² 이상

(3) 발급 후 소유권 등기

① 농지취득자격증명을 발급받아 농지를 취득하는 자가 그 소유권에 관한 등기를 신청할 때에는 농지취득자격증명을 첨부하여야 한다(법 제8조 제6항).

② 농지취득자격증명의 발급에 관한 민원의 처리에 관하여 법 제8조에서 규정한 사항을 제외하고 「민원 처리에 관한 법률」이 정하는 바에 따른다(법 제8조 제7항).

> **◎ 참고** **농지취득자격증명의 발급제한(법 제8조의3)**
>
> 1. 시·구·읍·면의 장은 농지취득자격증명을 발급받으려는 자가 농업경영계획서 또는 주말·체험영농계획서에 포함하여야 할 사항을 기재하지 아니하거나 첨부하여야 할 서류를 제출하지 아니한 경우 농지취득자격증명을 발급하여서는 아니 된다.
> 2. 시·구·읍·면의 장은 1필지를 공유로 취득하려는 자가 시·군·구의 조례로 정한 수를 초과한 경우에는 농지취득자격증명을 발급하지 아니할 수 있다.
> 3. 시·구·읍·면의 장은 「농어업경영체 육성 및 지원에 관한 법률」에 따른 실태조사 등에 따라 영농조합법인 또는 농업회사법인이 해산명령 청구 요건에 해당하는 것으로 인정하는 경우에는 농지취득자격증명을 발급하지 아니할 수 있다.

1 농지의 위탁경영

(1) 원 칙

농지소유자는 원칙적으로 소유 농지를 위탁경영할 수 없다(법 제9조).

(2) 예 외 ·25회·29회·30회·34회

농지소유자는 다음의 어느 하나에 해당하는 경우에는 소유 농지를 위탁경영할 수 있다(법 제9조).

① 「병역법」에 따라 징집 또는 소집된 경우
② 3개월 이상 국외 여행 중인 경우
③ 농업법인이 청산 중인 경우
④ 질병, 취학, 선거에 따른 공직 취임, 그 밖에 다음의 사유로 자경할 수 없는 경우(영 제8조 제1항)

> ㉠ 부상으로 3월 이상의 치료가 필요한 경우
> ㉡ 교도소·구치소 또는 보호감호시설에 수용 중인 경우
> ㉢ 임신 중이거나 분만 후 6개월 미만인 경우

⑤ 농지이용증진사업 시행계획에 따라 위탁경영하는 경우
⑥ 다음의 어느 하나와 같이 농업인이 자기 노동력이 부족하여 농작업의 일부를 위탁하는 경우(영 제8조 제2항)

> ㉠ 재배작물의 종류별 주요 농작업의 3분의 1 이상을 자기 또는 세대원의 노동력에 의하는 경우
> ㉡ 자기의 농업경영에 관련된 재배작물의 종류별 농작업에 1년 중 30일 이상 직접 종사하는 경우

추가 재배작물의 종류(영 제8조 제2항)

1. 벼 : 이식 또는 파종, 재배관리 및 수확
2. 과수 : 가지치기 또는 열매솎기, 재배관리 및 수확
3. 1. 및 2. 외의 농작물 또는 다년생식물 : 파종 또는 육묘, 이식, 재배관리 및 수확

2 농업경영 위반에 따른 조치

(1) 농지의 처분의무(법 제10조) ·25회 ·26회

① **농지처분사유** : 농지소유자는 다음의 어느 하나에 해당하게 되면 그 사유가 발생한 날부터 1년 이내에 해당 농지를 그 사유가 발생한 날 당시 세대를 같이하는 세대원이 아닌 자, 그 밖에 농림축산식품부령으로 정하는 자에게 처분하여야 한다.

    ㉠ 소유 농지를 자연재해·농지개량·질병 등 대통령령으로 정하는 정당한 사유 없이 자기의 농업경영에 이용하지 아니하거나 이용하지 아니하게 되었다고 시장(구를 두지 아니한 시의 시장)·군수 또는 구청장이 인정한 경우

> **⊘참고** **농지처분의무가 면제되는 정당한 사유(영 제9조 제1항)**
>
> 1. 소유 농지를 임대 또는 무상사용하게 하는 경우
> 2. 임대인의 지위를 승계한 양수인이 그 임대차 잔여기간 동안 계속하여 임대하는 경우
> 3. 다음의 어느 하나에 해당하는 경우
>   ① 자연재해 등으로 인하여 영농이 불가능하게 되어 휴경(休耕)하는 경우
>   ② 농지개량 또는 영농준비를 위하여 휴경하는 경우
>   ③ 「병역법」에 따라 징집 또는 소집되어 휴경하는 경우
>   ④ 질병 또는 취학으로 인하여 휴경하는 경우
>   ⑤ 선거에 따른 공직취임으로 휴경하는 경우
>   ⑥ 농지의 임대차 또는 사용대차를 할 수 있는 부득이한 사유로 휴경하는 경우
>   ⑦ 농산물의 생산조정 또는 출하조절을 위하여 휴경하는 경우
>   ⑧ 연작으로 인한 피해가 예상되는 재배작물의 경작이나 재배 전후에 피해 예방을 위하여 필요한 기간 동안 휴경하는 경우
>   ⑨ 「가축전염병예방법」에 따라 가축사육시설이 폐쇄되거나 가축의 사육이 제한되어 해당 축사에서 가축을 사육하지 못하게 된 경우
>   ⑩ 「곤충산업의 육성 및 지원에 관한 법률」에 따라 곤충의 사육 및 유통이 제한되거나 폐기 명령을 받은 경우
>   ⑪ 소유 농지가 「자연공원법」에 따른 공원자연보존지구로 지정된 경우

    ㉡ 농지를 소유하고 있는 농업회사법인이 설립요건에 맞지 아니하게 된 후 3개월이 지난 경우

    ㉢ 학교, 공공단체 등으로서 농지를 취득한 자가 그 농지를 해당 목적사업에 이용하지 아니하게 되었다고 시장·군수 또는 구청장이 인정한 경우

ⓔ 주말·체험영농을 하려고 농지를 취득한 자가 자연재해·농지개량· 질병 등 대통령령으로 정하는 정당한 사유 없이 그 농지를 주말·체험영농에 이용하지 아니하게 되었다고 시장·군수 또는 구청장이 인정한 경우

ⓜ 상속으로 농지를 취득하여 소유한 자가 농지를 임대하거나 한국농어촌공사에 위탁하여 임대하는 등 대통령령으로 정하는 정당한 사유 없이 자기의 농업경영에 이용하지 아니하거나 이용하지 아니하게 되었다고 시장·군수 또는 구청장이 인정한 경우

ⓗ 8년 이상 농업경영을 하던 사람이 이농(離農)한 후에도 이농 당시 소유하고 있던 농지를 계속 소유한 자가 농지를 임대하거나 한국농어촌공사에 위탁하여 임대하는 등 대통령령으로 정하는 정당한 사유 없이 자기의 농업경영에 이용하지 아니하거나, 이용하지 아니하게 되었다고 시장·군수 또는 구청장이 인정한 경우

ⓢ 농지전용허가를 받거나 신고를 하여 농지를 취득한 자가 취득한 날부터 2년 이내에 그 목적사업에 착수하지 아니한 경우

ⓞ 농림축산식품부장관과의 협의를 마치지 아니하고 농지를 소유한 경우

ⓩ 소유한 농지를 한국농어촌공사에 지체 없이 위탁하지 아니한 경우

ⓒ 농지 소유상한을 초과하여 농지를 소유한 것이 판명된 경우

ⓚ 자연재해·농지개량·질병 등 대통령령으로 정하는 정당한 사유 없이 농업경영계획서 또는 주말·체험영농계획서 내용을 이행하지 아니하였다고 시장·군수 또는 구청장이 인정한 경우

② **농지처분통지** : 시장·군수 또는 구청장은 농지의 처분의무가 생긴 농지의 소유자에게 농림축산식품부령으로 정하는 바에 따라 처분대상 농지, 처분의무기간 등을 구체적으로 밝혀 그 농지를 처분하여야 함을 알려야 한다.

(2) 농지의 처분명령

시장(구를 두지 아니한 시의 시장)·군수 또는 구청장은 다음의 어느 하나에 해당하는 농지소유자에게 6개월 이내에 그 농지를 처분할 것을 명할 수 있다(법 제11조 제1항).

정리 **소유상한 초과 처분**
농지 소유상한을 초과하여 농지를 소유한 것이 판명된 경우에는 소유상한을 초과하는 면적에 해당하는 농지를 처분하여야 한다.

① 거짓이나 그 밖의 부정한 방법으로 농지취득자격증명을 발급받아 농지를 소유한 것으로 시장·군수 또는 구청장이 인정한 경우

② 처분의무기간에 처분대상 농지를 처분하지 아니한 경우

③ 농업법인이 「농어업경영체 육성 및 지원에 관한 법률」을 위반하여 부동산업을 영위한 것으로 시장·군수 또는 구청장이 인정한 경우

(3) 농지의 처분명령 유예(법 제12조)

① 시장·군수 또는 구청장은 처분의무기간에 처분대상 농지를 처분하지 아니한 농지소유자가 처분명령의 유예사유에 해당하면 처분의무기간이 지난 날부터 3년간 처분명령을 직권으로 유예할 수 있다.

② 시장·군수 또는 구청장은 처분명령을 유예받은 농지소유자가 처분명령 유예기간에 처분명령의 유예사유에 해당하지 아니하게 되면 지체 없이 그 유예한 처분명령을 하여야 한다.

③ 농지소유자가 처분명령을 유예받은 후 처분명령을 받지 아니하고 그 유예기간이 지난 경우에는 처분의무에 대하여 처분명령이 유예된 농지의 그 처분의무만 없어진 것으로 본다.

(4) 농지의 매수청구 · 25회

① 농지소유자는 처분명령을 받으면 「한국농어촌공사 및 농지관리기금법」에 따른 한국농어촌공사에 그 농지의 매수를 청구할 수 있다(법 제11조 제2항).

② 한국농어촌공사는 매수청구를 받으면 「부동산 가격공시에 관한 법률」에 따른 공시지가(해당 토지의 공시지가가 없으면 개별 토지가격)를 기준으로 해당 농지를 매수할 수 있다. 이 경우 인근 지역의 실제 거래가격이 공시지가보다 낮으면 실제 거래가격을 기준으로 매수할 수 있다(법 제11조 제3항).

③ 한국농어촌공사가 농지를 매수하는 데에 필요한 자금은 「한국농어촌공사 및 농지관리기금법」에 따른 농지관리기금에서 융자한다(법 제11조 제4항).

추가 처분명령의 유예사유

1. 해당 농지를 자기의 농업경영에 이용하는 경우
2. 한국농어촌공사나 그 밖에 대통령령으로 정하는 자와 해당 농지의 매도위탁계약을 체결한 경우

정리 매수청구

1. 국토계획법상 도시·군계획시설부지 매수청구 : 특별시장·광역시장·특별자치시장·특별자치도지사·시장·군수 또는 사업시행자
2. 「농지법」상 매수청구 : 한국농어촌공사

(5) 이행강제금 · 28회

① **부과사유** : 시장·군수 또는 구청장은 다음의 어느 하나에 해당하는 자에게 해당 농지의 「감정평가 및 감정평가사에 관한 법률」에 따른 감정평가법인등이 감정평가한 감정가격 또는 「부동산 가격공시에 관한 법률」에 따른 개별공시지가 중 더 높은 가액의 100분의 25에 해당하는 이행강제금을 부과한다(법 제63조 제1항).

추가 **대통령령으로 정하는 정당한 사유**(영 제75조 제3항)

1. 한국농어촌공사에 매수를 청구하여 협의 중인 경우
2. 법률 또는 법원의 판결 등에 따라 처분이 제한되는 경우

> ㉠ 처분명령을 받은 후 대통령령으로 정하는 정당한 사유 없이 지정기간까지 그 처분명령을 이행하지 아니한 자
> ㉡ 원상회복명령을 받은 후 그 기간 내에 원상회복명령을 이행하지 아니하여 시장·군수·구청장이 그 원상회복명령의 이행에 필요한 상당한 기간을 정하였음에도 그 기한까지 원상회복을 아니한 자

② **부과절차**

㉠ 시장·군수 또는 구청장은 이행강제금을 부과하기 전에 이행강제금을 부과·징수한다는 뜻을 미리 문서로 알려야 한다(법 제63조 제2항).

㉡ 시장·군수 또는 구청장은 이행강제금을 부과하는 경우 이행강제금의 금액, 부과사유, 납부기한, 수납기관, 이의제기 방법, 이의제기 기관 등을 명시한 문서로 하여야 한다(법 제63조 제3항).

㉢ 시장·군수 또는 구청장은 처분명령 또는 원상회복명령 이행기간이 만료한 다음 날을 기준으로 하여 그 처분명령 또는 원상회복명령이 이행될 때까지 이행강제금을 매년 1회 부과·징수할 수 있다(법 제63조 제4항).

㉣ 시장·군수 또는 구청장은 처분명령 또는 원상회복명령을 받은 자가 처분명령 또는 원상회복명령을 이행하면 새로운 이행강제금의 부과는 즉시 중지하되, 이미 부과된 이행강제금은 징수하여야 한다(법 제63조 제5항).

③ **이의신청**

㉠ 이행강제금 부과처분에 불복하는 자는 그 처분을 고지받은 날부터 30일 이내에 시장·군수 또는 구청장에게 이의를 제기할 수 있다(법 제63조 제6항).

㉡ 이행강제금 부과처분을 받은 자가 이의를 제기하면 시장·군수 또는 구청장은 지체 없이 관할 법원에 그 사실을 통보하여야 하며, 그 통보를 받은 관할 법원은 「비송사건절차법」에 따른 과태료 재판에 준하여 재판을 한다(법 제63조 제7항).

ⓒ 위 ㉠의 기간에 이의를 제기하지 아니하고 이행강제금을 납부기한 까지 내지 아니하면 「지방행정제재·부과금의 징수 등에 관한 법률」에 따라 징수한다(법 제63조 제8항).

▪ 농지처분절차

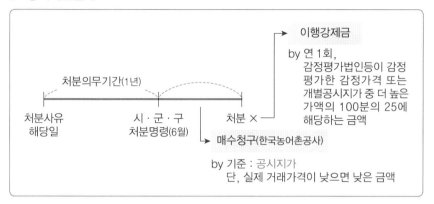

(6) 담보농지의 취득(법 제13조)

① 농지의 저당권자로서 다음의 어느 하나에 해당하는 자는 농지저당권 실행을 위한 경매기일을 2회 이상 진행하여도 경락인(競落人)이 없으면 그 후의 경매에 참가하여 그 담보농지를 취득할 수 있다.

> ㉠ 「농업협동조합법」에 따른 지역농업협동조합, 지역축산업협동조합, 품목별·업종별협동조합 및 그 중앙회와 농협은행, 「수산업협동조합법」에 따른 지구별 수산업협동조합, 업종별 수산업협동조합, 수산물가공 수산업협동조합 및 그 중앙회와 수협은행, 「산림조합법」에 따른 지역산림조합, 품목별·업종별산림조합 및 그 중앙회
> ㉡ 한국농어촌공사
> ㉢ 「은행법」에 따라 설립된 은행이나 그 밖에 대통령령으로 정하는 금융기관
> ㉣ 「한국자산관리공사 설립 등에 관한 법률」에 따라 설립된 한국자산관리공사
> ㉤ 「자산유동화에 관한 법률」에 따른 유동화전문회사등
> ㉥ 「농업협동조합의 구조개선에 관한 법률」에 따라 설립된 농업협동조합자산관리회사

② 농지저당권자는 취득한 농지의 처분을 한국농어촌공사에 위임할 수 있다.

농지법령상 농지소유자가 소유 농지를 위탁경영할 수 있는 경우가 <u>아닌</u> 것은?

• 34회

① 선거에 따른 공직취임으로 자경할 수 없는 경우
② 「병역법」에 따라 징집 또는 소집된 경우
③ 농업법인이 청산 중인 경우
④ 농지이용증진사업 시행계획에 따라 위탁경영하는 경우
⑤ 농업인이 자기 노동력이 부족하여 농작업의 전부를 위탁하는 경우

해설 농업인이 자기 노동력이 부족하여 농작업의 일부를 위탁하는 경우에 위탁경영할 수 있다.

정답 ⑤

03 농지의 이용

▌10개년 출제문항 수

25회	26회	27회	28회	29회
		1	1	

30회	31회	32회	33회	34회
	1	1		1

↳ 총 40문제 中 평균 약 0.5문제 출제

▌학습전략

이 CHAPTER는 농지의 이용을 보다 효율적으로 하기 위하여 농지이용계획, 대리경작제도, 농지소유의 세분화 방지, 농지의 임대차 또는 사용대차의 내용을 담고 있습니다. 그중 대리경작제도 및 농지의 임대차 또는 사용대차는 조금은 주의 깊게 학습하여야 합니다.

제1절 농지의 이용 증진 등

1 농지이용계획

(1) 수립절차

① **수립권자** : 시장·군수 또는 자치구구청장(그 관할 구역의 농지가 3천만㎡ 이하인 시의 시장 또는 자치구의 구청장은 제외)은 농지를 효율적으로 이용하기 위하여 대통령령으로 정하는 바에 따라 지역 주민의 의견을 들은 후, 「농업·농촌 및 식품산업 기본법」에 따른 시·군·구 농업·농촌및식품산업정책심의회(이하 '시·군·구 농업·농촌및식품산업정책심의회')의 심의를 거쳐 관할 구역의 농지를 종합적으로 이용하기 위한 계획(이하 '농지이용계획')을 수립하여야 한다. 수립한 계획을 변경하려고 할 때에도 또한 같다(법 제14조 제1항).

② **승인** : 시장·군수 또는 자치구구청장은 농지이용계획을 수립(변경한 경우를 포함)하면 관할 특별시장·광역시장 또는 도지사(이하 '시·도지사')의 승인을 받아 그 내용을 확정하고 고시하여야 하며, 일반인이 열람할 수 있도록 하여야 한다(법 제14조 제3항).

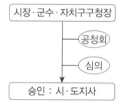

정리 농지이용계획 수립절차

시장·군수·자치구구청장
↓
공청회
↓
심의
↓
승인 : 시·도지사

③ **확정효과** : 시·도지사, 시장·군수 또는 자치구구청장은 농지이용계획이 확정되면 농지이용계획대로 농지가 적정하게 이용되고 개발되도록 노력하여야 하고, 필요한 투자와 지원을 하여야 한다(법 제14조 제4항).

(2) 농지이용계획에 포함되는 사항(법 제14조 제2항)

① 농지의 지대(地帶)별·용도별 이용계획
② 농지를 효율적으로 이용하고 농업경영을 개선하기 위한 경영 규모 확대계획
③ 농지를 농업 외의 용도로 활용하는 계획

2 농지이용증진사업의 시행

(1) 사업시행자

시장·군수·자치구구청장, 한국농어촌공사, 그 밖에 대통령령으로 정하는 자(이하 '사업시행자')는 농지이용계획에 따라 농지 이용을 증진하기 위하여 다음의 어느 하나에 해당하는 사업(이하 '농지이용증진사업')을 시행할 수 있다(법 제15조).

① 농지의 매매·교환·분합 등에 의한 농지소유권 이전을 촉진하는 사업
② 농지의 장기 임대차, 장기 사용대차에 따른 농지임차권(사용대차에 따른 권· 리를 포함) 설정을 촉진하는 사업
③ 위탁경영을 촉진하는 사업
④ 농업인이나 농업법인이 농지를 공동으로 이용하거나 집단으로 이용하여 농업경영을 개선하는 농업 경영체 육성사업

(2) 농지이용증진사업의 요건

농지이용증진사업은 다음의 모든 요건을 갖추어야 한다(법 제16조).

① 농업경영을 목적으로 농지를 이용할 것
② 농지임차권 설정, 농지소유권 이전, 농업경영의 수탁·위탁이 농업인 또는 농업법인의 경영규모를 확대하거나 농지이용을 집단화하는 데에 기여할 것
③ 기계화·시설자동화 등으로 농산물 생산 비용과 유통 비용을 포함한 농업경영 비용을 절감하는 등 농업경영 효율화에 기여할 것

(3) 농지이용증진사업 시행계획

① **수립권자** : 시장·군수 또는 자치구구청장이 농지이용증진사업을 시행하려고 할 때에는 농림축산식품부령으로 정하는 바에 따라 농지이용증진사업 시행계획을 수립하여 시·군·구 농업·농촌및식품산업정책심의회의 심의를 거쳐 확정하여야 한다. 수립한 계획을 변경하려고 할 때에도 또한 같다(법 제17조 제1항).

② **시행계획내용** : 농지이용증진사업 시행계획에는 다음의 사항이 포함되어야 한다(법 제17조 제4항).

> ㉠ 농지이용증진사업의 시행구역
> ㉡ 농지 소유권이나 임차권을 가진 자, 임차권을 설정받을 자, 소유권을 이전받을 자 또는 농업경영을 위탁하거나 수탁할 자에 관한 사항
> ㉢ 임차권이 설정되는 농지, 소유권이 이전되는 농지 또는 농업경영을 위탁하거나 수탁하는 농지에 관한 사항
> ㉣ 설정하는 임차권의 내용, 농업경영 수탁·위탁의 내용 등에 관한 사항
> ㉤ 소유권 이전시기, 이전대가, 이전대가 지급방법, 그 밖에 농림축산식품부령으로 정하는 사항

③ **시행계획고시** : 시장·군수 또는 자치구구청장이 농지이용증진사업 시행계획을 확정하거나 그 계획을 제출받은 경우(보완을 요구한 경우에는 그 보완이 끝난 때)에는 농림축산식품부령으로 정하는 바에 따라 지체 없이 이를 고시하고 관계인에게 열람하게 하여야 한다(법 제18조 제1항).

④ **등기촉탁** : 사업시행자는 농지이용증진사업 시행계획이 고시되면 대통령령으로 정하는 바에 따라 농지이용증진사업 시행계획에 포함된 농지 소유권이나 임차권을 가진 자, 임차권을 설정받을 자, 소유권을 이전받을 자 또는 농업경영을 위탁하거나 수탁할 자의 동의를 얻어 해당 농지에 관한 등기를 촉탁하여야 한다(법 제18조 제2항).

3 농지 소유의 세분화 방지

(1) 세분화 방지의무

국가와 지방자치단체는 농업인이나 농업법인의 농지 소유가 세분화되는 것을 막기 위하여 농지를 어느 한 농업인 또는 하나의 농업법인이 일괄적으로 상속·증여 또는 양도받도록 필요한 지원을 할 수 있다(법 제22조 제1항).

추가 농지이용증진사업에 대한 지원(법 제19조)
국가와 지방자치단체는 농지이용증진사업을 원활히 실시하기 위하여 필요한 지도와 주선을 하며, 예산의 범위에서 사업에 드는 자금의 일부를 지원할 수 있다.

정리 등기(사업시행자)
농지이용증진사업 시행계획 고시 ⇨ 동의 ⇨ 등기촉탁

PART 6

03 농지의 이용

(2) 농지의 분할금지

「농어촌정비법」에 따른 농업생산기반정비사업이 시행된 농지는 다음의 어느 하나에 해당하는 경우 외에는 분할할 수 없다(법 제22조 제2항).

> ① 「국토의 계획 및 이용에 관한 법률」에 따른 도시지역의 주거지역·상업지역·공업지역 또는 도시·군계획시설부지에 포함되어 있는 농지를 분할하는 경우
> ② 농지전용허가(다른 법률에 따라 농지전용허가가 의제되는 인가·허가·승인 등을 포함)를 받거나 농지전용신고를 하고 전용한 농지를 분할하는 경우
> ③ 분할 후의 각 필지의 면적이 2천m²를 넘도록 분할하는 경우
> ④ 농지의 개량, 농지의 교환·분합 등 대통령령으로 정하는 사유로 분할하는 경우

(3) 농지의 공유제한

시장·군수 또는 구청장은 농지를 효율적으로 이용하고 농업생산성을 높이기 위하여 통상적인 영농 관행 등을 감안하여 농지 1필지를 공유로 소유(상속의 경우는 제외)하려는 자의 최대인원수를 7인 이하의 범위에서 시·군·구의 조례로 정하는 바에 따라 제한할 수 있다(법 제22조 제3항).

제2절 | 대리경작제도

1 대리경작자 지정

(1) 지정권자 ·21회 ·32회

시장·군수 또는 구청장은 유휴농지에 대하여 대통령령으로 정하는 바에 따라 그 농지의 소유권자나 임차권자를 대신하여 농작물을 경작할 자(이하 '대리경작자')를 직권으로 지정하거나 농림축산식품부령으로 정하는 바에 따라 유휴농지를 경작하려는 자의 신청을 받아 대리경작자를 지정할 수 있다(법 제20조 제1항).

> **참고** 유휴(遊休)농지(영 제18조)
>
> 농작물 경작이나 다년생식물 재배에 이용되지 아니하는 농지로서 다음의 어느
> 하나에 해당하지 아니하는 농지를 말한다.
> 1. 지력의 증진이나 토양의 개량·보전을 위하여 필요한 기간 동안 휴경하는 농지
> 2. 연작으로 인하여 피해가 예상되는 재배작물의 경작 또는 재배 전후에 지력
>   의 증진 또는 회복을 위하여 필요한 기간 동안 휴경하는 농지
> 3. 농지전용허가를 받거나 농지전용협의(다른 법률에 따라 농지전용허가가 의
>   제되는 협의를 포함)를 거친 농지
> 4. 농지전용신고를 한 농지
> 5. 농지의 타용도 일시사용허가를 받거나 협의를 거친 농지
> 6. 농지의 타용도 일시사용신고를 하거나 협의를 거친 농지

(2) 지정요건(영 제19조)

① **원칙** : 시장·군수 또는 구청장은 대리경작자를 직권으로 지정하려는
경우에는 다음의 어느 하나에 해당하지 않는 농업인 또는 농업법인으
로서 대리경작을 하려는 자 중에서 지정해야 한다.

> ㉠ 농지처분의무를 통지받고 그 처분대상 농지를 처분하지 아니한 자(처분
>   의무가 없어진 자는 제외)
> ㉡ 처분명령을 받고 그 처분명령대상 농지를 처분하지 아니한 자
> ㉢ 징역형을 선고받고 그 집행이 끝나거나 집행을 받지 않기로 확정된 후
>   1년이 지나지 않은 자
> ㉣ 징역형의 집행유예를 선고받고 그 유예기간 중에 있는 자
> ㉤ 징역형의 선고유예를 받고 그 유예기간 중에 있는 자
> ㉥ 벌금형을 선고받고 1년이 지나지 않은 자

② **예외** : 시장·군수 또는 구청장은 대리경작자를 지정하기가 곤란한 경
우에는 「농업·농촌 및 식품산업 기본법」에 따른 생산자단체(이하 '농업
생산자단체')·「초·중등교육법」 및 「고등교육법」에 따른 학교나 그 밖의
해당 농지를 경작하려는 자를 대리경작자로 지정할 수 있다.

2 대리경작자 지정절차

(1) 지정예고
시장·군수 또는 구청장은 대리경작자를 지정하려면 농림축산식품부령으로 정하는 바에 따라 그 농지의 소유권자 또는 임차권자에게 예고하여야 하며, 대리경작자를 지정하면 그 농지의 대리경작자와 소유권자 또는 임차권자에게 지정통지서를 보내야 한다(법 제20조 제2항).

(2) 이의신청(영 제20조)
① 대리경작자의 지정예고에 대하여 이의가 있는 농지의 소유권자나 임차권자는 지정예고를 받은 날부터 10일 이내에 시장·군수 또는 구청장에게 이의를 신청할 수 있다.
② 시장·군수 또는 구청장은 이의신청을 받은 날부터 7일 이내에 이를 심사하여 그 결과를 신청인에게 알려야 한다.

3 대리경작 방법

(1) 대리경작기간 · 21회 · 32회
대리경작기간은 따로 정하지 아니하면 3년으로 한다(법 제20조 제3항).

(2) 대리경작자의 의무 · 23회 · 28회
대리경작자는 수확량의 100분의 10을 수확일부터 2월 이내에 그 농지의 소유권자나 임차권자에게 토지사용료로 지급하여야 한다. 이 경우 수령을 거부하거나 지급이 곤란한 경우에는 토지사용료를 공탁할 수 있다(법 제20조 제4항, 규칙 제18조 제1항).

(3) 대리경작자 지정중지 및 해지
① **대리경작자 지정중지** : 대리경작 농지의 소유권자 또는 임차권자가 그 농지를 스스로 경작하려면 대리경작기간이 끝나기 3개월 전까지, 그 대리경작기간이 끝난 후에는 대리경작자 지정을 중지할 것을 농림축산식품부령으로 정하는 바에 따라 시장·군수 또는 구청장에게 신청하여야 하며, 신청을 받은 시장·군수 또는 구청장은 신청을 받은 날부터 1개월 이내에 대리경작자 지정중지를 그 대리경작자와 그 농지의 소유권자 또는 임차권자에게 알려야 한다(법 제20조 제5항).

② **대리경작자 지정해지** : 시장·군수 또는 구청장은 다음의 어느 하나에 해당하면 대리경작기간이 끝나기 전이라도 대리경작자 지정을 해지할 수 있다(법 제20조 제6항, 영 제21조).

> ⊙ 대리경작 농지의 소유권자나 임차권자가 정당한 사유를 밝히고 지정해지 신청을 하는 경우
> ⊙ 대리경작자가 경작을 게을리하는 경우
> ⊙ 대리경작자로 지정된 자가 토지사용료를 지급 또는 공탁하지 아니하는 경우
> ⊙ 대리경작자로 지정된 자가 대리경작자의 지정해지를 신청하는 경우

제3절   농지의 임대차 등

1 농지의 임대차 또는 사용대차

(1) 허용 농지 ·21회 ·27회 ·31회 ·34회

다음의 어느 하나에 해당하는 경우에는 농지를 임대(임대차)하거나 무상사용(사용대차)하게 할 수 있다(법 제23조 제1항).

① 농지 소유제한 규정에 해당하는 농지를 임대하거나 무상사용하게 하는 경우

> **◎참고** **농지 소유제한 규정(법 제6조 제2항)**
>
> 1. 국가 또는 지방자치단체가 농지를 소유하는 경우
> 2. 상속(상속인에게 한 유증 포함)에 의하여 농지를 취득하여 소유하는 경우
> 3. 8년 이상 농업경영을 하던 자가 이농하는 경우 이농 당시 소유하고 있던 농지를 계속 소유하는 경우
> 4. 담보농지를 취득하여 소유하는 경우
> 5. 농지전용허가를 받거나 농지전용신고를 한 자가 그 농지를 소유하는 경우
> 6. 농지전용협의를 마친 농지를 소유하는 경우
> 7. 「한국농어촌공사 및 농지관리기금법」에 따른 농지의 개발사업지구에 있는 농지로서 대통령령으로 정하는 1천500m² 미만의 농지나 「농어촌정비법」에 따른 농지를 취득하여 소유하는 경우
> 8. 농업진흥지역 밖의 농지 중 최상단부부터 최하단부까지의 평균경사율이 15% 이상인 농지로서 대통령령으로 정하는 농지를 소유하는 경우

9. 다음의 어느 하나에 해당하는 경우
   ㉠ 「한국농어촌공사 및 농지관리기금법」에 따라 한국농어촌공사가 농지를 취득하여 소유하는 경우
   ㉡ 「농어촌정비법」에 따라 농지를 취득하여 소유하는 경우
   ㉢ 「공유수면 관리 및 매립에 관한 법률」에 따라 매립농지를 취득하여 소유하는 경우
   ㉣ 토지수용으로 농지를 취득하여 소유하는 경우
   ㉤ 농림축산식품부장관과 협의를 마치고 「공익사업을 위한 토지 등의 취득 및 보상에 관한 법률」에 따라 농지를 취득하여 소유하는 경우
   ㉥ 「공공토지의 비축에 관한 법률」에 해당하는 토지 중 공공토지비축심의 위원회가 비축이 필요하다고 인정하는 토지로서 「국토의 계획 및 이용에 관한 법률」에 따른 계획관리지역과 자연녹지지역 안의 농지를 한국토지주택공사가 취득하여 소유하는 경우

② 농지이용증진사업 시행계획에 따라 농지를 임대하거나 무상사용하게 하는 경우

③ **부득이한 사유** : 질병, 징집, 취학, 선거에 따른 공직취임, 부상으로 3월 이상의 치료가 필요한 경우, 교도소·구치소 또는 보호감호시설에 수용 중인 경우, 3월 이상 국외여행을 하는 경우, 농업법인이 청산 중인 경우, 임신 중이거나 분만 후 6개월 미만인 경우로 인하여 일시적으로 농업경영에 종사하지 아니하게 된 자가 소유하고 있는 농지를 임대하거나 무상사용하게 하는 경우

④ **고령의 장기 영농자의 임대** : 60세 이상인 사람으로서 농업경영에 더 이상 종사하지 않게 된 사람, 농업인에 해당하는 사람이 거주하는 시·군 또는 이에 연접한 시·군에 있는 소유 농지 중에서 자기의 농업경영에 이용한 기간이 5년이 넘은 농지를 임대하거나 무상사용하게 하는 경우

⑤ **주말·체험영농 목적의 임대** : 개인이 소유하고 있는 농지 중 3년 이상 소유한 농지를 주말·체험영농을 하려는 자에게 임대하거나 무상사용하게 하는 경우, 또는 주말·체험영농을 하려는 자에게 임대하는 것을 업(業)으로 하는 자에게 임대하거나 무상사용하게 하는 경우

⑥ 농업법인이 소유하고 있는 농지를 주말·체험영농을 하려는 자에게 임대하거나 무상사용하게 하는 경우

⑦ 개인이 소유하고 있는 농지 중 3년 이상 소유한 농지를 한국농어촌공사나 그 밖에 대통령령으로 정하는 자에게 위탁하여 임대하거나 무상사용하게 하는 경우

⑧ 다음의 어느 하나에 해당하는 농지를 한국농어촌공사나 그 밖에 대통령령으로 정하는 자에게 위탁하여 임대하거나 무상사용하게 하는 경우

> ㉠ 상속으로 농지를 취득한 사람으로서 농업경영을 하지 아니하는 사람이 소유상한을 초과하여 소유하고 있는 농지
> ㉡ 대통령령으로 정하는 기간 이상 농업경영을 한 후 이농한 사람이 소유상한을 초과하여 소유하고 있는 농지

⑨ 자경 농지를 농림축산식품부장관이 정하는 이모작을 위하여 8개월 이내로 임대하거나 무상사용하게 하는 경우
⑩ 대통령령으로 정하는 농지 규모화, 농작물 수급 안정 등을 목적으로 한 사업(농산물의 생산·가공·유통 및 수출 시설 단지를 조성·지원하는 사업으로서 농림축산식품부장관이 정하여 고시하는 사업)을 추진하기 위하여 필요한 자경 농지를 임대하거나 무상사용하게 하는 경우

(2) 임대차 또는 사용대차의 종료

농지를 임차하거나 사용대차한 임차인 또는 사용대차인이 그 농지를 정당한 사유 없이 농업경영에 사용하지 아니할 때에는 시장·군수·구청장이 농림축산식품부령으로 정하는 바에 따라 임대차 또는 사용대차의 종료를 명할 수 있다(법 제23조 제2항).

2 임차인의 보호규정

(1) 임대차·사용대차 계약방법(법 제24조) ·21회 ·24회 ·27회 ·31회

① 임대차계약(농업경영을 하려는 자에게 임대하는 경우만 해당)과 사용대차계약(농업경영을 하려는 자에게 무상사용하게 하는 경우만 해당)은 서면계약을 원칙으로 한다.
② 임대차계약은 그 등기가 없는 경우에도 임차인이 농지 소재지를 관할하는 시·구·읍·면의 장의 확인을 받고, 해당 농지를 인도(引渡)받은 경우에는 그 다음 날부터 제3자에 대하여 효력이 생긴다.
③ 시·구·읍·면의 장은 농지임대차계약 확인대장을 갖추어 두고, 임대차계약증서를 소지한 임대인 또는 임차인의 확인 신청이 있는 때에는 농림축산식품부령으로 정하는 바에 따라 임대차계약을 확인한 후 대장에 그 내용을 기록하여야 한다.

추가 다년생식물 재배지 등 대통령령으로 정하는 농지(영 제24조의2 제1항)

1. 농지의 임차인이 다년생식물의 재배지로 이용하는 농지
2. 농지의 임차인이 농작물의 재배시설로서 고정식온실 또는 비닐하우스를 설치한 농지

추가 대통령령으로 정하는 불가피한 사유(영 제24조의2 제2항)

1. 질병, 징집, 취학의 경우
2. 선거에 의한 공직(公職)에 취임하는 경우
3. 부상으로 3개월 이상의 치료가 필요한 경우
4. 교도소·구치소 또는 보호감호시설에 수용 중인 경우
5. 농업법인이 청산 중인 경우
6. 농지전용허가를 받았거나 농지전용신고를 하였으나 농지전용목적사업에 착수하지 않은 경우

(2) 임대차 계약기간(법 제24조의2) ·24회 ·27회 ·31회

① 임대차기간은 3년 이상(자경 농지를 농림축산식품부장관이 정하는 이모작을 위하여 8개월 이내로 임대하거나 무상사용하게 하는 경우는 제외)으로 하여야 한다. 다만, 다년생식물 재배지 등 대통령령으로 정하는 농지의 경우에는 5년 이상으로 하여야 한다.

② 임대차기간을 정하지 아니하거나 3년(다년생식물 재배지 등의 경우 : 5년) 미만으로 정한 경우에는 3년(다년생식물 재배지 등의 경우 : 5년)으로 약정된 것으로 본다. 다만, 임차인은 3년(다년생식물 재배지 등의 경우 : 5년) 미만으로 정한 임대차기간이 유효함을 주장할 수 있다.

③ 임대인은 질병, 징집 등 대통령령으로 정하는 불가피한 사유가 있는 경우에는 임대차기간을 3년(다년생식물 재배지 등의 경우 : 5년) 미만으로 정할 수 있다.

④ 임대차기간은 임대차계약을 연장 또는 갱신하거나 재계약을 체결하는 경우에도 동일하게 적용한다.

(3) 임대차계약에 관한 조정(법 제24조의3) ·31회

① **조정신청** : 임대차계약의 당사자는 임대차기간, 임차료 등 임대차계약에 관하여 서로 협의가 이루어지지 아니한 경우에는 농지 소재지를 관할하는 시장·군수 또는 자치구구청장에게 조정을 신청할 수 있다.

② **조정개시** : 시장·군수 또는 자치구구청장은 조정의 신청이 있으면 지체 없이 농지임대차조정위원회를 구성하여 조정절차를 개시하여야 한다.

③ **조정효력** : 농지임대차조정위원회에서 작성한 조정안을 임대차계약 당사자가 수락한 때에는 이를 해당 임대차의 당사자 간에 체결된 계약의 내용으로 본다.

④ **농지임대차조정위원회** : 위원장 1명을 포함한 3명의 위원으로 구성하며, 위원장은 부시장·부군수 또는 자치구의 부구청장이 되고, 위원은 「농업·농촌 및 식품산업 기본법」에 따른 시·군·구 농업·농촌및식품산업정책심의회의 위원으로서 조정의 이해당사자와 관련이 없는 사람 중에서 시장·군수 또는 자치구구청장이 위촉한다.

(4) 임대인의 지위승계 ·21회 ·24회

① 임대 농지의 양수인(讓受人)은 이 법에 따른 임대인의 지위를 승계한 것으로 본다(법 제26조).

② 「농지법」에 위반된 약정으로서 임차인에게 불리한 것은 그 효력이 없다(법 제26조의2).

(5) 국·공유농지의 임대차 특례 ·27회

「국유재산법」과 「공유재산 및 물품 관리법」에 따른 국유재산과 공유재산인 농지에 대하여는 법 제24조(임대차·사용대차 계약방법과 확인), 제24조의2(임대차기간), 제24조의3(임대차계약에 관한 조정 등), 제25조(묵시의 갱신), 제26조(임대인의 지위승계) 및 제26조의2(강행규정)를 적용하지 아니한다(법 제27조).

추가 **묵시의 갱신**(법 제25조)
임대인이 임대차기간이 끝나기 3개월 전까지 임차인에게 임대차계약을 갱신하지 아니한다는 뜻이나 임대차계약 조건을 변경한다는 뜻을 통지하지 아니하면 그 임대차기간이 끝난 때에 이전의 임대차계약과 같은 조건으로 다시 임대차계약을 한 것으로 본다.

기출&예상 문제

농지법령상 농지를 임대하거나 무상사용하게 할 수 있는 요건 중 일부이다. ( )에 들어갈 숫자로 옳은 것은? ·34회

- (㉠)세 이상인 농업인이 거주하는 시·군에 있는 소유 농지 중에서 자기의 농업경영에 이용한 기간이 (㉡)년이 넘은 농지
- (㉢)월 이상의 국외여행으로 인하여 일시적으로 농업경영에 종사하지 아니하게 된 자가 소유하고 있는 농지

① ㉠ : 55, ㉡ : 3, ㉢ : 3
② ㉠ : 60, ㉡ : 3, ㉢ : 5
③ ㉠ : 60, ㉡ : 5, ㉢ : 3
④ ㉠ : 65, ㉡ : 4, ㉢ : 5
⑤ ㉠ : 65, ㉡ : 5, ㉢ : 1

해설 • (㉠ 60)세 이상인 농업인이 거주하는 시·군에 있는 소유 농지 중에서 자기의 농업경영에 이용한 기간이 (㉡ 5)년이 넘은 농지
• (㉢ 3)월 이상의 국외여행으로 인하여 일시적으로 농업경영에 종사하지 아니하게 된 자가 소유하고 있는 농지

정답 ③

04 | 농지의 보전

▌10개년 출제문항 수

25회	26회	27회	28회	29회
				1

30회	31회	32회	33회	34회
	1		1	

↳ 총 40문제 中 평균 약 0.3문제 출제

▌학습전략

이 CHAPTER는 농지의 보전에 관한 규정으로 농업진흥지역, 농지의 전용허가, 농지의 전용신고, 농지의 전용협의, 일시사용허가, 용도변경의 제한, 농지의 지목변경의 제한, 농지전용허가의 취소 등을 그 주요 내용으로 담고 있으며, 출제 비중이 높은 부분입니다.

제1절   농업진흥지역

1 농업진흥지역의 지정

(1) 지정대상 ·18회 ·22회 ·31회

① **지정권자** : 시·도지사는 농지를 효율적으로 이용하고 보전하기 위하여 농업진흥지역을 지정한다(법 제28조 제1항).

② **지정대상 지역** : 농업진흥지역 지정은 「국토의 계획 및 이용에 관한 법률」에 따른 녹지지역·관리지역·농림지역 및 자연환경보전지역을 대상으로 한다. 다만, 특별시의 녹지지역은 제외한다(법 제29조).

③ **농업진흥지역** : 농업진흥구역과 농업보호구역으로 구분하여 지정할 수 있다(법 제28조 제2항).

　㉠ **농업진흥구역** : 농업의 진흥을 도모하여야 하는 다음의 어느 하나에 해당하는 지역으로서 농림축산식품부장관이 정하는 규모로 농지가 집단화되어 농업 목적으로 이용할 필요가 있는 지역

정리 농업진흥지역 구분

농업보호구역 :
농업진흥구역의 농업환경 보호

↓

농업진흥구역 :
농업용으로 이용하는 토지가 집단화되어 있는 지역

ⓐ 농지조성사업 또는 농업기반정비사업이 시행되었거나 시행 중인 지역으로서 농업용으로 이용하고 있거나 이용할 토지가 집단화되어 있는 지역

ⓑ 위 ⓐ에 해당하는 지역 외의 지역으로서 농업용으로 이용하고 있는 토지가 집단화되어 있는 지역

ⓛ **농업보호구역** : 농업진흥구역의 용수원 확보, 수질 보전 등 농업환경을 보호하기 위하여 필요한 지역

(2) 지정절차 · 22회

① **협의** : 농림축산식품부장관은 「국토의 계획 및 이용에 관한 법률」에 따른 녹지지역이나 계획관리지역이 농업진흥지역에 포함되면 농업진흥지역 지정을 승인하기 전에 국토교통부장관과 협의하여야 한다(법 제30조 제3항).

② **심의·승인** : 시·도지사는 「농업·농촌 및 식품산업 기본법」에 따른 시·도 농업·농촌및식품산업정책심의회(이하 '시·도 농업·농촌및식품산업정책심의회')의 심의를 거쳐 농림축산식품부장관의 승인을 받아 농업진흥지역을 지정한다(법 제30조 제1항).

③ **고시·열람** : 시·도지사는 농업진흥지역을 지정하면 지체 없이 이 사실을 고시하고 관계 기관에 통보하여야 하며, 시장·군수 또는 자치구구청장으로 하여금 일반인에게 열람하게 하여야 한다(법 제30조 제2항).

2 농업진흥지역 등의 변경·해제

(1) 변경·해제 사유 · 18회

시·도지사는 대통령령(영 제28조 제1항)으로 정하는 다음의 사유가 있으면 농업진흥지역 또는 용도구역을 변경하거나 해제할 수 있다. 다만, 그 사유가 없어진 경우에는 원래의 농업진흥지역 또는 용도구역으로 환원하여야 한다(법 제31조 제1항).

① 다음의 어느 하나에 해당하는 경우로서 농업진흥지역을 해제하는 경우

> ⊙ 「국토의 계획 및 이용에 관한 법률」에 따른 용도지역을 변경하는 경우
> (농지의 전용을 수반하는 경우에 한함)
> ⓛ 미리 농지의 전용에 관한 협의를 하는 경우
> ⓒ 해당 지역의 여건 변화로 농업진흥지역의 지정요건에 적합하지 않게 된
> 경우(이 경우 그 농업진흥지역 안의 토지의 면적이 3만m² 이하인 경우
> 로 한정)

② 해당 지역의 여건 변화로 농업진흥지역 밖의 지역을 농업진흥지역으로
편입하는 경우

③ 다음의 어느 하나에 해당하는 경우로서 용도구역을 변경하는 경우

> ⊙ 해당 지역의 여건 변화로 농업보호구역의 전부 또는 일부를 농업진흥구
> 역으로 변경하는 경우
> ⓛ 해당 지역의 여건 변화로 농업진흥구역 안의 3만m² 이하의 토지를 농업
> 보호구역으로 변경하는 경우
> ⓒ 다음의 어느 하나에 해당하는 농업진흥구역 안의 토지를 농업보호구역
> 으로 변경하는 경우
>   ⓐ 저수지의 계획홍수위선(計劃洪水位線)으로부터 상류 반경 500m 이
>   내의 지역으로서 「농어촌정비법」에 따른 농업생산기반 정비사업이
>   시행되지 않은 지역
>   ⓑ 저수지 부지

(2) 변경·해제 절차(법 제31조 제2항)

① 농업진흥지역 또는 용도구역의 변경 절차, 해제 절차 또는 환원 절차
등에 관하여는 지정절차를 준용한다.

② 원래의 농업진흥지역 또는 용도구역으로 환원하거나 농업보호구역을
농업진흥구역으로 변경하는 경우 등 대통령령으로 정하는 사항의 변경
은 대통령령으로 정하는 바에 따라 시·도 농업·농촌및식품산업정책심
의회의 심의나 농림축산식품부장관의 승인 없이 할 수 있다.

(3) 주민 의견청취(법 제31조의2)

① 시·도지사는 농업진흥지역을 지정·변경 및 해제하려는 때에는 대통령
령으로 정하는 바에 따라 미리 해당 토지의 소유자에게 그 내용을 개별
통지하고 해당 지역주민의 의견을 청취하여야 한다.

② 다음의 어느 하나에 해당하는 경우에는 해당 지역주민의 의견을 청취하지 않아도 된다.

> ㉠ 다른 법률에 따라 토지소유자에게 개별 통지한 경우
> ㉡ 통지를 받을 자를 알 수 없거나 그 주소·거소, 그 밖에 통지할 장소를 알 수 없는 경우

(4) 실태조사(법 제31조의3)

① 농림축산식품부장관은 효율적인 농지 관리를 위하여 매년 다음의 조사를 하여야 한다.

> ㉠ 유휴농지 조사
> ㉡ 농업진흥지역의 실태조사
> ㉢ 정보시스템에 등록된 농지의 현황에 대한 조사
> ㉣ 그 밖의 농림축산식품부령으로 정하는 사항에 대한 조사

② 농림축산식품부장관이 농업진흥지역 실태조사 결과 농업진흥지역 등의 변경 및 해제 사유가 발생했다고 인정하는 경우 시·도지사는 해당 농업진흥지역 또는 용도구역을 변경하거나 해제할 수 있다.

(5) 농업진흥지역에 대한 개발투자 확대 및 우선지원(법 제33조)

① 국가와 지방자치단체는 농업진흥지역에 대하여 대통령령으로 정하는 바에 따라 농지 및 농업시설의 개량·정비, 농어촌도로·농산물유통시설의 확충, 그 밖에 농업 발전을 위한 사업에 우선적으로 투자하여야 한다.

② 국가와 지방자치단체는 농업진흥지역의 농지에 농작물을 경작하거나 다년생식물을 재배하는 농업인 또는 농업법인에게 자금 지원이나 「조세특례제한법」에 따른 조세 경감 등 필요한 지원을 우선 실시하여야 한다.

(6) 농업진흥지역의 농지매수청구(법 제33조의2)

① 농업진흥지역의 농지를 소유하고 있는 농업인 또는 농업법인은 「한국농어촌공사 및 농지관리기금법」에 따른 한국농어촌공사에 그 농지의 매수를 청구할 수 있다.

> **정리** 농지매수청구
> 1. 매수청구권자
>   농업인 또는 농업법인
> 2. 매수청구대상
>   한국농어촌공사
> 3. 기준가격
>   감정평가법인등이 평가한 금액

② 한국농어촌공사는 매수청구를 받으면 「감정평가 및 감정평가사에 관한 법률」에 따른 감정평가법인등이 평가한 금액을 기준으로 해당 농지를 매수할 수 있다.

③ 한국농어촌공사가 위 ②에 따라 농지를 매수하는 데에 필요한 자금은 농지관리기금에서 융자한다.

❸ 농업진흥지역에서의 행위제한

(1) 농업진흥구역에서의 행위제한 · 22회

① **원칙적 허용행위** : 농업진흥구역에서는 농업 생산 또는 농지 개량과 직접적으로 관련된 행위로서 대통령령으로 정하는 행위 외의 토지이용행위를 할 수 없다(법 제32조 제1항 본문).

> **◎ 참고   대통령령으로 정하는 행위(영 제29조 제1항)**
>
> 1. 농작물의 경작
> 2. 다년생식물의 재배
> 3. 고정식온실·버섯재배사 및 비닐하우스와 농림축산식품부령으로 정하는 그 부속시설의 설치
> 4. 축사·곤충사육사와 농림축산식품부령으로 정하는 그 부속시설의 설치
> 5. 간이퇴비장의 설치
> 6. 농지개량사업 또는 농업용수개발사업의 시행
> 7. 농막·간이저온저장고 및 간이액비 저장조 중에서 농림축산식품부령으로 정하는 시설의 설치

② **예외적 허용행위** : 다음의 토지이용행위의 경우에는 농업생산 또는 농지개량과 직접적으로 관련되지 아니하는 행위라도 이를 할 수 있다(법 제32조 제1항 단서).

  ㉠ 대통령령으로 정하는 농수산물(농산물·임산물·축산물·수산물)의 가공·처리 시설의 설치 및 농수산업(농업·임업·축산업·수산업) 관련 시험·연구시설의 설치(영 제29조 제2항)

  > ⓐ 농업진흥구역 안의 부지 면적이 1만 5천m² 미만인 시설일 것
  > ⓑ 양곡가공업자가 농림축산식품부장관 또는 지방자치단체의 장과 계약을 체결해 정부관리양곡을 가공·처리하는 시설로서 그 부지 면적이 1만 5천m² 미만인 시설

ⓒ 육종연구를 위한 농수산업에 관한 시험·연구 시설로서 그 부지의 총면적이 3천m² 미만인 시설

ⓛ 어린이놀이터, 마을회관, 그 밖에 대통령령으로 정하는 농업인의 공동생활에 필요한 편의 시설 및 이용 시설의 설치

ⓒ 대통령령으로 정하는 농업인 주택, 어업인 주택, 농업용 시설, 축산업용 시설 또는 어업용 시설의 설치

ⓡ 국방·군사 시설의 설치

ⓜ 하천, 제방, 그 밖에 이에 준하는 국토 보존 시설의 설치

ⓗ 「국가유산기본법」에 따른 국가유산의 보수·복원·이전, 매장유산의 발굴, 비석이나 기념탑, 그 밖에 이와 비슷한 공작물의 설치

ⓢ 도로, 철도, 그 밖에 대통령령으로 정하는 공공시설의 설치

ⓞ 지하자원 개발을 위한 탐사 또는 지하광물 채광(探鑛)과 광석의 선별 및 적치(積置)를 위한 장소로 사용하는 행위

ⓩ 농어촌 소득원 개발 등 농어촌 발전에 필요한 시설로서 대통령령으로 정하는 시설의 설치

(2) 농업보호구역에서의 행위제한 · 17회

다음 외의 토지이용행위를 할 수 없다. 즉, 다음의 토지이용행위는 할 수 있다(법 제32조 제2항).

① 농업진흥구역에서 허용되는 토지이용행위

② 농업인 소득 증대에 필요한 시설로서 대통령령으로 정하는 다음의 건축물·공작물, 그 밖의 시설의 설치(영 제30조 제1항)

> ⊙ 「농어촌정비법」에 따른 관광농원사업으로 설치하는 시설로서 농업보호구역 안의 부지 면적이 2만m² 미만인 것
> ⓛ 「농어촌정비법」에 따른 주말농원사업으로 설치하는 시설로서 농업보호구역 안의 부지 면적이 3천m² 미만인 것
> ⓒ 태양에너지 발전설비로서 농업보호구역 안의 부지 면적이 1만m² 미만인 것
> ⓡ 그 밖에 농촌지역 경제활성화를 통하여 농업인 소득증대에 기여하는 농수산업 관련 시설로서 농림축산식품부령으로 정하는 시설

정리 **농업보호구역에서의 토지이용행위**

농업진흥구역 안 토지이용행위
⊕
1. 관광농원 < 2만m²
2. 주말농원 < 3천m²
3. 태양에너지발전설비 < 1만m²
4. 단독, 근생 < 1천m²
5. 양수장 등 < 3천m²

③ 농업인의 생활 여건을 개선하기 위하여 필요한 시설로서 대통령령으로 정하는 다음의 건축물·공작물, 그 밖의 시설의 설치(영 제30조 제2항)

> ㉠ 다음에 해당하는 시설로서 농업보호구역 안의 부지 면적이 1천m² 미만인 것
>   ⓐ 단독주택
>   ⓑ 제1종 근린생활시설 중 「건축법 시행령」 [별표 1] 제3호 가목, 라목부터 바목까지 및 사목(공중화장실 및 대피소는 제외)에 해당하는 시설
>   ⓒ 제2종 근린생활시설 중 「건축법 시행령」 [별표 1] 제4호 가목, 나목, 라목부터 사목까지, 차목부터 타목까지, 파목(골프연습장은 제외) 및 하목에 해당하는 시설
> ㉡ 제1종 근린생활시설 중 양수장·정수장·대피소·공중화장실 그 밖에 이와 비슷한 시설(변전소 및 도시가스배관시설은 제외)로서 농업보호구역 안의 부지 면적이 3천m² 미만인 것

추가 「건축법 시행령」 [별표 1] 제3호
기본서 p.439 참고

추가 「건축법 시행령」 [별표 1] 제4호
기본서 p.440 참고

(3) 기존 토지이용행위에 대한 특례

① **기존 건축물·공작물 기득권 보호** : 농업진흥지역 지정 당시 관계 법령에 따라 인가·허가 또는 승인 등을 받거나 신고하고 설치한 기존의 건축물·공작물과 그 밖의 시설에 대하여는 농업진흥구역과 농업보호구역의 행위제한 규정을 적용하지 아니한다(법 제32조 제3항).

② **기존 공사 또는 사업 기득권 보호** : 농업진흥지역 지정 당시 관계 법령에 따라 다음의 행위에 대하여 인가·허가·승인 등을 받거나 신고하고 공사 또는 사업을 시행 중인 자(관계 법령에 따라 인가·허가·승인 등을 받거나 신고할 필요가 없는 경우에는 시행 중인 공사 또는 사업에 착수한 자)는 그 공사 또는 사업에 대하여만 농업진흥구역과 농업보호구역의 행위제한 규정을 적용하지 아니한다(법 제32조 제4항).

> ㉠ 건축물의 건축
> ㉡ 공작물이나 그 밖의 시설의 설치
> ㉢ 토지의 형질변경
> ㉣ 그 밖에 위 ㉠부터 ㉢까지의 행위에 준하는 행위

(4) 농업진흥구역·농업보호구역에 걸치는 토지에 대한 행위제한 특례

① **농업진흥구역·농업보호구역에 걸치는 경우**: 한 필지의 토지가 농업진흥구역과 농업보호구역에 걸쳐 있으면서 농업진흥구역에 속하는 토지 부분이 330m² 이하이면 그 토지 부분에 대하여는 행위제한을 적용할 때 농업보호구역에 관한 규정을 적용한다(법 제53조 제1항).

② **한 필지의 토지 일부가 농업진흥지역에 걸치는 경우**: 한 필지의 토지 일부가 농업진흥지역에 걸쳐 있으면서 농업진흥지역에 속하는 토지 부분의 면적이 330m² 이하이면 그 토지 부분에 대하여는 농업진흥구역 및 농업보호구역의 행위제한 규정을 적용하지 아니한다(법 제53조 제2항).

제2절 　농지의 전용(轉用)

1 농지전용의 의의

'농지의 전용'이란 농지를 농작물의 경작이나 다년생식물의 재배 등 농업생산 또는 대통령령으로 정하는 농지개량 외의 용도로 사용하는 것을 말한다. 다만, 토지의 개량시설, 농축산물 생산시설의 용도로 사용하는 경우에는 전용(轉用)으로 보지 아니한다(법 제2조 제7호).

2 농지의 전용허가·협의

(1) 농지전용 허가대상 · 16회 · 23회 · 29회

① 농지를 전용하려는 자는 대통령령으로 정하는 바에 따라 농림축산식품부장관의 허가(다른 법률에 따라 농지전용허가가 의제되는 협의를 포함)를 받아야 한다. 허가받은 농지의 면적 또는 경계 등 대통령령으로 정하는 중요사항을 변경하려는 경우에도 또한 같다(법 제34조 제1항).

② 농지를 전용하려는 자는 다음의 어느 하나에 해당하는 경우에는 허가를 받을 필요가 없다(법 제34조 제1항).

정리 한 필지에 걸치는 경우

330m² 이하
밖의 지역 적용

농업진흥지역
→ 농업보호
구역

330m² 이하
농업진흥구역

정리 2 이상에 걸치는 경우의 기준
- 「국토의 계획 및 이용에 관한 법률」: 330m²
- 「건축법」: 과반이 속하는 지역
- 「농지법」: 330m²

추가 대통령령으로 정하는 중요사항을 변경하려는 경우(영 제32조 제5항)
1. 전용허가를 받은 농지의 면적 또는 경계
2. 전용허가를 받은 농지의 위치(동일 필지 안에서 위치를 변경하는 경우에 한함)
3. 전용허가를 받은 자의 명의
4. 설치하려는 시설의 용도 또는 전용목적사업(영 제59조 제3항 제1호부터 제3호까지의 규정에 해당하는 경우에 한함)

> ㉠ 「국토의 계획 및 이용에 관한 법률」에 따른 도시지역 또는 계획관리지역에 있는 농지로서 농지전용의 협의를 거친 농지나 협의 대상에서 제외되는 농지를 전용하는 경우
> ㉡ 농지전용신고를 하고 농지를 전용하는 경우
> ㉢ 산지전용허가를 받지 아니하거나 산지전용신고를 하지 아니하고 불법으로 개간한 농지를 산림으로 복구하는 경우
> ㉣ 「하천법」에 따라 하천관리청의 허가를 받고 농지의 형질을 변경하거나 공작물을 설치하기 위하여 농지를 전용하는 경우

(2) 농지전용 허가권자 위임

① **원칙** : 농지전용의 허가권자는 원칙적으로 농림축산식품부장관이다(법 제34조 제1항).

② **예외** : 농림축산식품부장관의 권한은 다음에 열거한 사항에 따라 그 일부를 소속기관의 장, 시·도지사 또는 시장·군수·자치구구청장에게 위임할 수 있다(법 제51조 제1항, 영 제71조 제1항·제2항).

위임받는 자	위임할 수 있는 기준면적
시·도지사	㉠ 농업진흥지역 안의 3천m² 이상 3만m² 미만의 농지의 전용 ㉡ 농업진흥지역 밖의 3만m² 이상 30만m² 미만의 농지의 전용 ㉢ 농림축산식품부장관(그 권한을 위임받은 자를 포함)과의 협의를 거쳐 지정되거나 결정된 지역·지구·구역·단지·특구 등의 안에서 10만m² 이상의 농지의 전용
시장·군수 또는 구청장	㉠ 농업진흥지역 안의 3천m² 미만의 농지의 전용 ㉡ 농업진흥지역 밖의 3만m² 미만의 농지의 전용 ㉢ 농림축산식품부장관(그 권한을 위임받은 자를 포함)과의 협의를 거쳐 지정되거나 결정된 지역·지구·구역·단지·특구 등의 안에서 10만m² 미만의 농지의 전용

(3) 농지전용 허가절차

① **허가신청서 제출** : 농지전용의 허가 또는 변경허가를 받으려는 자는 농지전용허가신청서에 농림축산식품부령으로 정하는 서류를 첨부하여 해당 농지의 소재지를 관할하는 시장·군수 또는 자치구구청장에게 제출하여야 한다(영 제32조 제1항).

정리 농지전용 시 위임사항

구분	시장 등	시·도지사	농림장관
안	3천 미만	3천≤A <3만	3만 이상
밖	3만 미만	3만≤A <30만	30만 이상

정리 농지전용 허가절차

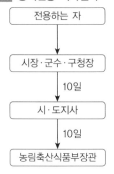

전용하는 자
↓
시장·군수·구청장
↓ 10일
시·도지사
↓ 10일
농림축산식품부장관

② **농지전용허가 심사**(영 제33조)

 ㉠ 시장·군수 또는 자치구구청장은 농지전용허가신청서 등을 제출받은 때에는 일정한 심사기준에 따라 심사한 후 농림축산식품부령으로 정하는 서류를 첨부하여 그 제출받은 날(신청서류의 보완 또는 보정을 요구한 경우에는 그 보완 또는 보정이 완료된 날)부터 10일 이내에 시·도지사에게 보내야 하며, 시·도지사는 10일 이내에 이에 대한 종합적인 심사의견서를 첨부하여 농림축산식품부장관에게 제출해야 한다.

 ㉡ 농림축산식품부장관은 심사기준에 적합하지 아니한 경우에는 농지의 전용허가를 하여서는 아니 된다.

 ㉢ 시·도지사 및 시장·군수 또는 자치구구청장이 심사하는 경우 신청인이 제출한 서류에 흠이 있으면 지체 없이 보완 또는 보정에 필요한 상당한 기간을 정하여 신청인에게 보완 또는 보정을 요구하여야 한다. 이 경우 보완 또는 보정의 요구는 문서·구술·전화 또는 팩스로 하되, 신청인이 특별히 요청하는 때에는 문서로 하여야 한다.

 ㉣ 시·도지사 및 시장·군수 또는 자치구구청장은 신청인이 보완 또는 보정을 요구한 기간에 이를 보완 또는 보정하지 아니하는 때에는 신청서류를 반려할 수 있다.

(4) 농지전용 협의

주무부장관이나 지방자치단체의 장은 다음의 어느 하나에 해당하면 대통령령으로 정하는 바에 따라 농림축산식품부장관과 미리 농지전용에 관한 협의를 하여야 한다(법 제34조 제2항).

> ① 「국토의 계획 및 이용에 관한 법률」에 따른 도시지역에 주거지역·상업지역 또는 공업지역을 지정하거나 도시·군계획시설을 결정할 때에 해당 지역 예정지 또는 시설 예정지에 농지가 포함되어 있는 경우. 다만, 이미 지정된 주거지역·상업지역·공업지역을 다른 지역으로 변경하거나 이미 지정된 주거지역·상업지역·공업지역에 도시·군계획시설을 결정하는 경우는 제외한다.
> ② 「국토의 계획 및 이용에 관한 법률」에 따른 계획관리지역에 지구단위계획구역을 지정할 때에 해당 구역 예정지에 농지가 포함되어 있는 경우
> ③ 「국토의 계획 및 이용에 관한 법률」에 따른 도시지역의 녹지지역 및 개발제한구역의 농지에 대하여 개발행위를 허가하거나 「개발제한구역의 지정 및 관리에 관한 특별조치법」 제12조 제1항 각 호 외의 부분 단서에 따라 토지의 형질변경허가를 하는 경우

정리 **농지전용 협의절차**

지방자치단체의 장 등

↓

농림축산식품부장관

3 농지의 전용신고

(1) 농지전용 신고대상 · 16회 · 24회 · 26회 · 29회

① 농지를 다음의 어느 하나에 해당하는 시설의 부지로 전용하려는 자는 대통령령으로 정하는 바에 따라 시장·군수 또는 자치구구청장에게 신고하여야 한다. 신고한 사항을 변경하려는 경우에도 또한 같다(법 제35조 제1항).

> ㉠ 농업인 주택, 어업인 주택, 농축산업용 시설(개량시설과 농축산물 생산시설은 제외), 농수산물 유통·가공 시설
> ㉡ 어린이놀이터·마을회관 등 농업인의 공동생활 편의시설
> ㉢ 농수산 관련 연구시설과 양어장·양식장 등 어업용 시설

② 시장·군수 또는 자치구구청장은 신고를 받은 경우 그 내용을 검토하여 이 법에 적합하면 신고를 수리하여야 한다(법 제35조 제2항).

(2) 농지전용 신고대상 시설의 범위와 규모(영 제36조, [별표 1])

■■ [별표 1] 농지전용 신고대상 시설의 범위·규모 등(영 제36조 관련)

시설의 범위	설치자의 범위	규모
1. 농업진흥지역 밖에 설치하는 영 제29조 제4항에 해당하는 농업인 주택 또는 어업인 주택	영 제29조 제4항 제1호 각 목의 어느 하나에 해당하는 무주택인 세대의 세대주	세대당 660m² 이하
2. 영 제29조 제5항 제1호에 해당하는 시설 및 같은 항 제4호에 해당하는 시설 중 농업용시설	영 제29조 제4항 제1호 각 목의 어느 하나에 해당하는 세대의 세대원인 농업인과 농업법인	• 농업인 : 세대당 1천500m² 이하 • 농업법인 : 법인당 7천m²(농업진흥지역 안의 경우에는 3천300m²) 이하
3. 농업진흥지역 밖에 설치하는 영 제29조 제5항 제2호·제3호에 해당하는 시설 또는 같은 항 제4호에 해당하는 시설 중 축산업용시설	영 제29조 제4항 제1호 각 목의 어느 하나에 해당하는 세대의 세대원인 농업인과 농업법인	• 농업인 : 세대당 1천500m² 이하 • 농업법인 : 법인당 7천m²

4. 자기가 생산한 농수산물을 처리하기 위하여 농업진흥지역 밖에 설치하는 집하장·선과장·판매장 또는 가공공장 등 농수산물 유통·가공시설(창고·관리사 등 필수적인 부대시설을 포함)	영 제29조 제4항 제1호 각 목의 어느 하나에 해당하는 세대의 세대원인 농업인과 이에 준하는 임·어업인 세대의 세대원인 임·어업인	세대당 3천300m² 이하
5. 구성원(조합원)이 생산한 농수산물을 처리하기 위하여 농업진흥지역 밖에 설치하는 집하장·선과장·판매장·창고 또는 가공공장 등 농수산물 유통·가공시설	「농업·농촌 및 식품산업 기본법」에 따른 생산자단체, 「농어업경영체 육성 및 지원에 관한 법률」에 따른 영농조합법인 및 농업회사법인, 「수산업협동조합법」에 따른 어촌계·수산업협동조합 및 그 중앙회 또는 「농어업경영체 육성 및 지원에 관한 법률」 제16조에 따른 영어조합법인	단체당 7천m² 이하
6. 농업진흥지역 밖에 설치하는 법 제32조 제1항 제2호에 해당하는 농업인의 공동생활에 필요한 편의시설 및 이용시설	제한 없음	제한 없음
7. 영 제29조 제2항 제2호에 해당하는 농수산업 관련 시험·연구시설	비영리법인	법인당 7천m²(농업진흥지역 안의 경우에는 3천m²) 이하
8. 농업진흥지역 밖에 설치하는 양어장 및 양식장	영 제29조 제4항 제1호 각 목의 어느 하나에 해당하는 세대의 세대원인 농업인 및 이에 준하는 어업인 세대의 세대원인 어업인, 농업법인 및 「농어업경영체 육성 및 지원에 관한 법률」 제16조에 따른 영어조합법인	세대 또는 법인당 1만m² 이하
9. 농업진흥지역 밖에 설치하는 영 제29조 제5항 제5호에 해당하는 어업용시설 중 양어장 및 양식장을 제외한 시설	영 제29조 제4항 제1호 각 목의 어느 하나에 해당하는 세대의 세대원인 농업인 및 이에 준하는 어업인 세대의 세대원인 어업인, 농업법인 및 「농어업경영체 육성 및 지원에 관한 법률」 제16조에 따른 영어조합법인	세대 또는 법인당 1천500m² 이하

(3) 농지전용 신고절차

① **신고서 제출** : 농지전용의 신고 또는 변경신고를 하려는 자는 농지전용 신고서에 농림축산식품부령으로 정하는 서류를 첨부하여 해당 농지의 소재지를 관할하는 시장·군수 또는 자치구구청장에게 제출하여야 한다(영 제35조 제1항).

② **신고증 발급** : 시장·군수 또는 자치구구청장은 농지전용신고서 등을 제출받은 때에는 신고내용이 규정에 적합한지의 여부를 검토하여 적합하다고 인정하는 경우에는 농림축산식품부령으로 정하는 바에 따라 농지전용신고증을 신고인에게 내주어야 하며, 적합하지 아니하다고 인정하는 경우에는 그 사유를 구체적으로 밝혀 제출받은 서류를 반려하여야 한다(영 제35조 제4항).

4 농지의 타용도 일시사용허가 등

(1) 타용도 일시사용허가 · 협의 ·16회·23회·24회

① **대상** : 농지를 다음의 어느 하나에 해당하는 용도로 일시사용하려는 자는 대통령령으로 정하는 바에 따라 일정 기간 사용한 후 농지로 복구한다는 조건으로 시장·군수 또는 자치구구청장의 허가를 받아야 한다. 허가받은 사항을 변경하려는 경우에도 또한 같다. 다만, 국가나 지방자치단체의 경우에는 시장·군수 또는 자치구구청장과 협의하여야 한다(법 제36조 제1항).

> ㉠ 「건축법」에 따른 건축허가 또는 건축신고 대상시설이 아닌 간이 농수축 산업용 시설(개량시설과 농축산물 생산시설은 제외)과 농수산물의 간이 처리 시설을 설치하는 경우
> ㉡ 주(主)목적사업(해당 농지에서 허용되는 사업만 해당)을 위하여 현장 사무소나 부대시설, 그 밖에 이에 준하는 시설을 설치하거나 물건을 적치 (積置)하거나 매설(埋設)하는 경우
> ㉢ 대통령령으로 정하는 토석과 광물을 채굴하는 경우(영 제38조 제3항)
> ㉣ 「전기사업법」의 전기사업을 영위하기 위한 목적으로 설치하는 「신에너 지 및 재생에너지 개발·이용·보급 촉진법」에 따른 태양에너지 발전설 비(이하 '태양에너지 발전설비')로서 다음의 요건을 모두 갖춘 경우

추가 대통령령으로 정하는 토석과 광물(영 제38조 제3항)
1. 「골재채취법」에 따른 골재
2. 「광업법」에 따른 광물
3. 적조방제·농지개량 또는 토목공사용으로 사용하거나 공업용 원료로 사용하기 위한 토석

ⓐ 「공유수면 관리 및 매립에 관한 법률」에 따른 공유수면매립을 통하여 조성한 토지 중 토양 염도가 일정 수준 이상인 지역 등 농림축산식품부령으로 정하는 지역에 설치하는 시설일 것

ⓑ 설치 규모, 염도 측정방법 등 농림축산식품부장관이 별도로 정한 요건에 적합하게 설치하는 시설일 것

② **조건부 협의** : 시장·군수 또는 자치구구청장은 주무부장관이나 지방자치단체의 장이 다른 법률에 따른 사업 또는 사업계획 등의 인가·허가 또는 승인 등과 관련하여 농지의 타용도 일시사용 협의를 요청하면, 그 인가·허가 또는 승인 등을 할 때에 해당 사업을 시행하려는 자에게 일정 기간 그 농지를 사용한 후 농지로 복구한다는 조건을 붙일 것을 전제로 협의할 수 있다(법 제36조 제2항).

③ **복구비용 예치**

㉠ 시장·군수 또는 자치구구청장은 허가를 하거나 협의를 할 때에는 대통령령으로 정하는 바에 따라 사업을 시행하려는 자에게 농지로의 복구계획을 제출하게 하고 복구비용을 예치하게 할 수 있다. 이 경우 예치된 복구비용은 사업시행자가 사업이 종료된 후 농지로의 복구계획을 이행하지 않는 경우 복구대행비로 사용할 수 있다(법 제36조 제3항).

㉡ 시장·군수·자치구구청장은 최초 농지의 타용도 일시사용 후 목적사업을 완료하지 못하여 그 기간을 연장하려는 경우에는 대통령령으로 정하는 바에 따라 복구비용을 재산정하여 예치한 복구비용이 재산정한 복구비용보다 적은 경우에는 그 차액을 추가로 예치하게 하여야 한다(법 제36조 제4항).

(2) 농지의 타용도 일시사용신고 등

① **대상** : 농지를 다음의 어느 하나에 해당하는 용도로 일시사용하려는 자는 대통령령으로 정하는 바에 따라 지력을 훼손하지 아니하는 범위에서 일정 기간 사용한 후 농지로 원상복구한다는 조건으로 시장·군수 또는 자치구구청장에게 신고하여야 한다. 신고한 사항을 변경하려는 경우에도 또한 같다. 다만, 국가나 지방자치단체의 경우에는 시장·군수 또는 자치구구청장과 협의하여야 한다(법 제36조의2 제1항).

> ㉠ 썰매장, 지역축제장 등으로 일시적으로 사용하는 경우
> ㉡ 다음에 해당하는 시설을 일시적으로 설치하는 경우
>> ⓐ 「건축법」에 따른 건축허가 또는 건축신고 대상시설이 아닌 간이 농수축산업용 시설과 농수산물의 간이 처리 시설
>> ⓑ 주목적사업을 위하여 현장사무소나 부대시설, 그 밖에 이에 준하는 시설

② **조건부 협의** : 시장·군수 또는 자치구구청장은 주무부장관이나 지방자치단체의 장이 다른 법률에 따른 사업 또는 사업계획 등의 인가·허가 또는 승인 등과 관련하여 농지의 타용도 일시사용 협의를 요청하면, 그 인가·허가 또는 승인 등을 할 때에 해당 사업을 시행하려는 자에게 일정 기간 그 농지를 사용한 후 농지로 복구한다는 조건을 붙일 것을 전제로 협의할 수 있다(법 제36조의2 제2항).

③ **복구비용 예치** : 시장·군수 또는 자치구구청장은 신고를 수리하거나 협의를 할 때에는 대통령령으로 정하는 바에 따라 사업을 시행하려는 자에게 농지로의 복구계획을 제출하게 하고 복구비용을 예치하게 할 수 있다. 이 경우 예치된 복구비용은 사업시행자가 사업이 종료된 후 농지로의 복구계획을 이행하지 않는 경우 복구대행비로 사용할 수 있다(법 제36조의2 제3항).

④ **통지기간**
> ㉠ 시장·군수 또는 자치구구청장은 신고를 받은 날부터 10일 이내에 신고수리 여부를 신고인에게 통지하여야 한다(법 제36조의2 제4항).
> ㉡ 시장·군수 또는 자치구구청장이 10일 이내에 신고수리 여부 또는 민원 처리 관련 법령에 따른 처리기간의 연장을 신고인에게 통지하지 아니하면 그 기간(민원 처리 관련 법령에 따라 처리기간이 연장 또는 재연장된 경우에는 해당 처리기간)이 끝난 날의 다음 날에 신고를 수리한 것으로 본다(법 제36조의2 제5항).

(3) 농지의 타용도 일시사용허가·신고의 기간

① **원칙** : 타용도 일시사용허가·협의, 타용도 일시사용신고·협의의 경우 농지의 타용도 일시사용기간은 다음과 같다(영 제38조 제1항).

타용도 일시사용	사용 및 설치조건	일시사용기간
허가·협의	⊙ 「건축법」에 따른 건축허가 또는 건축신고 대상시설이 아닌 간이 농수축산업용 시설(개량시설과 농축산물 생산시설은 제외)과 농수산물의 간이 처리 시설을 설치하는 경우	7년 이내
	ⓒ 주목적사업을 위하여 현장사무소나 부대시설, 그 밖에 이에 준하는 시설을 설치하거나 물건을 적치하거나 매설하는 경우	그 주목적사업의 시행에 필요한 기간 이내
	ⓒ 위 ⊙ 및 ⓒ 외의 경우	5년 이내
협의 요청에 따른 협의	⊙ 주목적사업을 위하여 현장사무소나 부대시설, 그 밖에 이에 준하는 시설을 설치하거나 물건을 적치하거나 매설하는 경우	그 주목적사업의 시행에 필요한 기간 이내
	ⓒ 위 ⊙ 외의 경우	5년 이내
타용도 일시사용 신고·협의 및 협의 요청에 따른 협의		6개월 이내

② **연장** : 시장·군수 또는 자치구구청장은 농지의 타용도 일시사용기간이 만료되기 전에 다음의 기간을 초과하지 않는 범위에서 연장할 수 있다 (영 제38조 제2항).

타용도 일시사용	사용 및 설치조건	기 간
허가·협의	⊙ 「건축법」에 따른 건축허가 또는 건축신고 대상시설이 아닌 간이 농수축산업용 시설(개량시설과 농축산물 생산시설은 제외)과 농수산물의 간이 처리 시설을 설치하는 경우	5년
	ⓒ 태양에너지 발전설비의 용도로 일시사용하는 경우	18년. 이 경우 1회 연장기간은 3년을 초과할 수 없다.
	ⓒ 위 ⊙ 및 ⓒ 외의 경우	3년
협의 요청에 따른 협의	⊙ 태양에너지 발전설비의 용도로 일시사용하는 경우	18년. 이 경우 1회 연장기간은 3년을 초과할 수 없다.
	ⓒ 위 ⊙ 외의 경우	3년
「국토의 계획 및 이용에 관한 법률」에 따른 도시·군계획시설의 설치예정지 안의 농지에 대하여 타용도 일시사용허가를 한 경우		그 도시·군계획시설의 설치시기 등을 고려하여 필요한 기간

5 농지전용허가 등의 제한 및 취소

(1) 농지전용허가 등의 제한(법 제37조)

① **농지전용허가의 금지** : 농림축산식품부장관은 농지전용허가를 결정할 경우 다음의 어느 하나에 해당하는 시설의 부지로 사용하려는 농지는 전용을 허가할 수 없다. 다만, 「국토의 계획 및 이용에 관한 법률」에 따른 도시지역·계획관리지역 및 개발진흥지구에 있는 농지는 다음의 어느 하나에 해당하는 시설의 부지로 사용하더라도 전용을 허가할 수 있다.

> ㉠ 「대기환경보전법」에 따른 대기오염배출시설로서 대통령령으로 정하는 시설
> ㉡ 「물환경보전법」에 따른 폐수배출시설로서 대통령령으로 정하는 시설
> ㉢ 농업의 진흥이나 농지의 보전을 해칠 우려가 있는 시설로서 대통령령으로 정하는 시설

② **농지전용허가 제한** : 농림축산식품부장관, 시장·군수 또는 자치구구청장은 농지전용허가 및 협의를 하거나 농지의 타용도 일시사용허가 및 협의를 할 때 그 농지가 다음의 어느 하나에 해당하면 전용을 제한하거나 타용도 일시사용을 제한할 수 있다.

> ㉠ 전용하려는 농지가 농업생산기반이 정비되어 있거나 농업생산기반 정비사업 시행예정 지역으로 편입되어 우량농지로 보전할 필요가 있는 경우
> ㉡ 해당 농지를 전용하거나 다른 용도로 일시사용하면 일조·통풍·통작(通作)에 매우 크게 지장을 주거나 농지개량시설의 폐지를 수반하여 인근 농지의 농업경영에 매우 큰 영향을 미치는 경우
> ㉢ 해당 농지를 전용하거나 타용도로 일시사용하면 토사가 유출되는 등 인근 농지 또는 농지개량시설을 훼손할 우려가 있는 경우
> ㉣ 전용 목적을 실현하기 위한 사업계획 및 자금조달계획이 불확실한 경우
> ㉤ 전용하려는 농지의 면적이 전용 목적 실현에 필요한 면적보다 지나치게 넓은 경우

(2) 농지전용허가 등의 취소(법 제39조) •23회 •24회

① **취소사유** : 농림축산식품부장관, 시장·군수 또는 자치구구청장은 농지전용허가 또는 농지의 타용도 일시사용허가를 받았거나 농지전용신고 또는 농지의 타용도 일시사용신고를 한 자가 다음의 어느 하나에 해당하면 농림축산식품부령으로 정하는 바에 따라 허가를 취소하거나 관계 공사의 중지, 조업의 정지, 사업규모의 축소 또는 사업계획의 변경, 그 밖에 필요한 조치를 명할 수 있다. 다만, 다음 ㉯에 해당하면 그 허가를 취소하여야 한다.

> ㉠ 거짓이나 그 밖의 부정한 방법으로 허가를 받거나 신고한 것이 판명된 경우
> ㉡ 허가 목적이나 허가 조건을 위반하는 경우
> ㉢ 허가를 받지 아니하거나 신고하지 아니하고 사업계획 또는 사업 규모를 변경하는 경우
> ㉣ 허가를 받거나 신고를 한 후 농지전용 목적사업과 관련된 사업계획의 변경 등 대통령령으로 정하는 정당한 사유 없이 2년 이상 대지의 조성, 시설물의 설치 등 농지전용 목적사업에 착수하지 아니하거나 농지전용 목적사업에 착수한 후 1년 이상 공사를 중단한 경우
> ㉤ 농지보전부담금을 내지 아니한 경우
> ㉥ 허가를 받은 자나 신고를 한 자가 허가취소를 신청하거나 신고를 철회하는 경우
> ㉯ 허가를 받은 자가 관계 공사의 중지 등 위 ① 본문에 따른 조치명령을 위반한 경우

② **취소요청** : 농림축산식품부장관은 다른 법률에 따라 농지의 전용이 의제되는 협의를 거쳐 농지를 전용하려는 자가 농지보전부담금 부과 후 농지보전부담금을 납부하지 아니하고 2년 이내에 농지전용의 원인이 된 목적사업에 착수하지 아니하는 경우 관계 기관의 장에게 그 목적사업에 관련된 승인·허가 등의 취소를 요청할 수 있다. 이 경우 취소를 요청받은 관계 기관의 장은 특별한 사유가 없으면 이에 따라야 한다.

6 용도변경의 승인 및 지목변경 제한

(1) 용도변경의 승인(법 제40조)

① 농지전용허가·농지전용협의 또는 농지전용신고에 해당하는 절차를 거쳐 농지전용 목적사업에 사용되고 있거나 사용된 토지를 5년 이내에 다른 목적으로 사용하려는 경우에는 농림축산식품부령으로 정하는 바에 따라 시장·군수 또는 자치구구청장의 승인을 받아야 한다.

② 승인을 받아야 하는 자 중 농지보전부담금이 감면되는 시설의 부지로 전용된 토지를 농지보전부담금 감면 비율이 다른 시설의 부지로 사용하려는 자는 대통령령으로 정하는 바에 따라 그에 해당하는 농지보전부담금을 내야 한다.

(2) 지목변경 제한 · 29회

다음의 어느 하나에 해당하는 경우 외에는 농지를 전·답·과수원 외의 지목으로 변경하지 못한다(법 제41조).

> ① 농지전용허가를 받거나 협의에 의한 농지를 전용한 경우
> ② 다음의 규정된 목적으로 농지를 전용한 경우
>   ㉠ 「산지관리법」에 따른 산지전용허가를 받지 아니하거나 산지전용신고를 하지 아니하고 불법으로 개간한 농지를 산림으로 복구하는 경우
>   ㉡ 「하천법」에 따라 하천관리청의 허가를 받고 농지의 형질을 변경하거나 공작물을 설치하기 위하여 농지를 전용하는 경우
> ③ 농지의 전용신고 또는 농지전용허가의 특례의 규정에 의하여 농지전용신고를 하고 농지를 전용한 경우
> ④ 「농어촌정비법」에 따른 농어촌용수의 개발사업이나 농업생산기반 개량사업의 시행으로 토지의 개량시설의 부지로 변경되는 경우
> ⑤ 시장·군수 또는 자치구구청장이 천재지변이나 그 밖의 불가항력(不可抗力)의 사유로 그 농지의 형질이 현저히 달라져 원상회복이 거의 불가능하다고 인정하는 경우

추가 둘 이상의 용도지역·용도지구에 걸치는 농지에 대한 전용허가 시 적용기준

한 필지의 농지에 「국토의 계획 및 이용에 관한 법률」에 따른 도시지역·계획관리지역 및 개발진흥지구와 그 외의 용도지역 또는 용도지구가 걸치는 경우로서 해당 농지 면적에서 차지하는 비율이 가장 작은 용도지역 또는 용도지구가 330m² 이하인 경우에는 해당 농지 면적에서 차지하는 비율이 가장 큰 용도지역 또는 용도지구를 기준으로 농지전용허가 등의 제한을 적용한다(법 제37조의2).

1 농지보전부담금의 납입

(1) 납입의무자 ·23회 ·24회

① **대상** : 다음의 어느 하나에 해당하는 자는 농지의 보전·관리 및 조성을 위한 부담금(이하 '농지보전부담금')을 농지관리기금을 운용·관리하는 자에게 내야 한다(법 제38조 제1항).

> ㉠ 농지전용허가를 받는 자
> ㉡ 농지전용협의를 거친 지역 예정지 또는 시설 예정지에 있는 농지(협의 대상에서 제외되는 농지를 포함)를 전용하려는 자
> ㉢ 농지전용에 관한 협의를 거친 구역 예정지에 있는 농지를 전용하려는 자
> ㉣ 농지전용협의를 거친 농지를 전용하려는 자
> ㉤ 농지전용신고를 하고 농지를 전용하려는 자

② **납부** : 농지를 전용하려는 자는 농지보전부담금의 전부 또는 일부를 농지전용허가·농지전용신고(다른 법률에 따라 농지전용허가 또는 농지전용신고가 의제되는 인가·허가·승인 등을 포함) 전까지 납부하여야 한다(법 제38조 제4항).

③ **독촉장 발급** : 농림축산식품부장관은 농지보전부담금을 내야 하는 자가 납부기한까지 내지 아니하면 납부기한이 지난 후 10일 이내에 납부기한으로부터 30일 이내의 기간을 정한 독촉장을 발급하여야 한다(법 제38조 제8항).

(2) 분할납부

① **분할납부사유** : 농림축산식품부장관은 다음의 어느 하나에 해당하는 사유로 농지보전부담금을 한꺼번에 내기 어렵다고 인정되는 경우에는 대통령령으로 정하는 바에 따라 농지보전부담금을 나누어 내게 할 수 있다(법 제38조 제2항).

> ㉠ 「공공기관의 운영에 관한 법률」에 따른 공공기관과 「지방공기업법」에 따른 지방공기업이 산업단지의 시설용지로 농지를 전용하는 경우 등 대통령령으로 정하는 농지의 전용
> ㉡ 농지보전부담금이 농림축산식품부령으로 정하는 금액 이상인 경우

정리 농지보전부담금 납입의무자

농지전용허가·신고·협의의 경우에는 농지보전부담금 납입의무자에 해당하지만, 농지의 타용도 일시사용허가를 받은 경우에는 농지보전부담금을 납입하지 않는다.

정리 농지보전부담금 납부

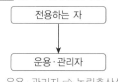

1. 운용·관리자 ⇨ 농림축산식품부장관
2. 위탁 ⇨ 한국농어촌공사

PART 6

04
농지의 보전

대통령령으로 정하는 농지의 전용(영 제50조 제1항)

1. 「공공기관의 운영에 관한 법률」에 따른 공공기관과 「지방공기업법」에 따른 지방공기업이 「산업입지 및 개발에 관한 법률」에 따른 산업단지의 시설용지로 농지를 전용하는 경우
2. 「도시개발법」에 따른 사업시행자(국가와 지방자치단체를 제외)가 도시개발사업(환지방식으로 시행하는 경우에 한함)의 부지로 농지를 전용하는 경우
3. 「관광진흥법」에 따른 개발사업시행자(지방자치단체는 제외)가 관광지 또는 관광단지의 시설용지로 농지를 전용하는 경우
4. 「중소기업기본법」에 따른 중소기업을 영위하려는 자가 중소기업의 공장용지로 농지를 전용하는 경우
5. 「산업집적 활성화 및 공장설립에 관한 법률」에 따라 공장설립 등의 승인을 받으려는 자가 공장용지로 농지를 전용하는 경우

② **분할납부시기** : 농지를 전용하려는 자는 농지보전부담금을 분할납부하려는 경우에는 납부하여야 할 농지보전부담금의 100분의 30을 해당 농지전용허가 또는 농지전용신고 전에 납부하고, 그 잔액은 4년의 범위에서 농림축산식품부령으로 정하는 바에 따라 분할하여 납부하되, 최종납부일은 해당 목적사업의 준공일 이전이어야 한다. 다만, 농림축산식품부장관은 국가 또는 지방자치단체가 농지를 전용하는 경우로서 농지보전부담금 분할 잔액을 납부기한에 납부하기 어려운 사유가 있다고 인정되면 해당 목적사업의 준공일까지의 범위에서 그 납부기한을 연장할 수 있다(영 제50조 제2항).

③ **독촉장 발급** : 한국농어촌공사는 납부의무자가 농지보전부담금 분할 잔액을 분할납부기한까지 내지 않은 경우에는 분할납부기한이 지난 후 10일 이내에 분할납부기한으로부터 20일 이내의 기간을 정한 독촉장을 발급하고 그 사실을 농림축산식품부장관에게 보고해야 한다(영 제50조 제3항).

④ **납입보증보험증서 예치** : 농림축산식품부장관은 농지보전부담금을 나누어 내게 하려면 대통령령으로 정하는 바에 따라 농지보전부담금을 나누어 내려는 자에게 나누어 낼 농지보전부담금에 대한 납입보증보험증서 등을 미리 예치하게 하여야 한다. 다만, 농지보전부담금을 나누어 내려는 자가 국가나 지방자치단체, 그 밖에 대통령령으로 정하는 자인 경우에는 그러하지 아니하다(법 제38조 제3항).

2 농지보전부담금의 부과금액

(1) 부과금액

① 부과기준

㉠ 농지보전부담금의 제곱미터당 금액은 부과기준일 현재 가장 최근에 공시된 「부동산 가격공시에 관한 법률」에 따른 해당 농지의 개별공시지가의 100분의 30으로 정하는 부과기준을 적용하여 산정한 금액으로 한다(영 제53조 제1항).

㉡ 농업진흥지역과 농업진흥지역 밖의 농지를 차등하여 부과기준을 적용할 수 있다(법 제38조 제7항).

㉢ 농지보전부담금의 제곱미터당 금액이 농림축산식품부령으로 정하는 금액을 초과하는 경우에는 농림축산식품부령으로 정하는 금액을 농지보전부담금의 제곱미터당 금액으로 한다(영 제53조 제2항).

② **부과기준일**(법 제38조 제7항)

농지전용허가에 따라 농지전용허가를 받는 경우	허가를 신청한 날
농지전용협의에 따라 농지를 전용하려는 경우	대통령령으로 정하는 날
다른 법률에 따라 농지전용허가가 의제되는 협의를 거친 농지를 전용하려는 경우	대통령령으로 정하는 날
농지전용신고나 농지전용허가의 특례에 따라 농지전용신고를 하고 농지를 전용하려는 경우	신고를 접수한 날

(2) 농지보전부담금의 환급

농지관리기금을 운용·관리하는 자는 다음의 어느 하나에 해당하는 경우 대통령령으로 정하는 바에 따라 그에 해당하는 농지보전부담금을 환급하여야 한다(법 제38조 제5항).

① 농지보전부담금을 낸 자의 허가가 취소된 경우
② 농지보전부담금을 낸 자의 사업계획이 변경된 경우
③ 농지보전부담금을 납부하고 허가를 받지 못한 경우
④ 그 밖에 이에 준하는 사유로 전용하려는 농지의 면적이 당초보다 줄어든 경우

(3) 농지보전부담금의 감면

농림축산식품부장관은 다음의 어느 하나에 해당하면 대통령령으로 정하는 바에 따라 농지보전부담금을 감면할 수 있다(법 제38조 제6항).

① 국가나 지방자치단체가 공용 목적이나 공공용 목적으로 농지를 전용하는 경우
② 대통령령으로 정하는 중요 산업 시설을 설치하기 위하여 농지를 전용하는 경우
③ 농지전용 신고대상 시설이나 그 밖에 대통령령으로 정하는 시설을 설치하기 위하여 농지를 전용하는 경우

3 농지보전부담금의 부과

(1) 부과 및 징수

① **가산금 부과** : 농림축산식품부장관은 농지보전부담금을 내야 하는 자가 납부기한까지 부담금을 내지 아니한 경우에는 납부기한이 지난 날부터 체납된 농지보전부담금의 100분의 3에 상당하는 금액을 가산금으로 부과한다(법 제38조 제9항).

② **중가산금 부과** : 농림축산식품부장관은 농지보전부담금을 체납한 자가 체납된 농지보전부담금을 납부하지 아니한 때에는 납부기한이 지난 날부터 1개월이 지날 때마다 체납된 농지보전부담금의 1천분의 12에 상당하는 가산금(이하 '중가산금')을 가산금에 더하여 부과하되, 체납된 농지보전부담금의 금액이 100만원 미만인 경우는 중가산금을 부과하지 아니한다. 이 경우 중가산금을 가산하여 징수하는 기간은 60개월을 초과하지 못한다(법 제38조 제10항).

③ **강제징수** : 농림축산식품부장관은 농지보전부담금을 내야 하는 자가 독촉장을 받고 지정된 기한까지 부담금과 가산금 및 중가산금을 내지 아니하면 국세 또는 지방세 체납처분의 예에 따라 징수할 수 있다(법 제38조 제11항).

④ **수수료 지급** : 농림축산식품부장관은 권한을 위임받은 자 또는 「한국농어촌공사 및 농지관리기금법」에 따라 농지관리기금 운용·관리 업무를 위탁받은 자에게 농지보전부담금 부과·수납에 관한 업무를 취급하게 하는 경우 대통령령으로 정하는 바에 따라 수수료를 지급하여야 한다(법 제38조 제13항).

⑤ **농지관리기금** : 농지관리기금을 운용·관리하는 자는 수납하는 농지보전부담금 중 수수료를 뺀 금액을 농지관리기금에 납입하여야 한다(법 제38조 제14항).

정리 **가산금 및 중가산금**

1. 가산금
   농지보전부담금의 3/100에 상당하는 금액
2. 중가산금(1개월마다)
   농지보전부담금의 12/1,000에 상당하는 금액

(2) 결손처분

농림축산식품부장관은 다음의 어느 하나에 해당하는 사유가 있으면 해당 농지보전부담금에 관하여 결손처분을 할 수 있다. 다만, 다음 ①·③ 및 ④ 의 경우 결손처분을 한 후에 압류할 수 있는 재산을 발견하면 지체 없이 결손처분을 취소하고 체납처분을 하여야 한다(법 제38조 제12항).

① 체납처분이 종결되고 체납액에 충당된 배분금액이 그 체납액에 미치지 못한 경우
② 농지보전부담금을 받을 권리에 대한 소멸시효가 완성된 경우
③ 체납처분의 목적물인 총재산의 추산가액(推算價額)이 체납처분비에 충당하고 남을 여지가 없는 경우
④ 체납자가 사망하거나 행방불명되는 등 대통령령으로 정하는 사유로 인하여 징수할 가능성이 없다고 인정되는 경우

4 농지대장 · 33회

(1) 농지대장의 작성과 비치

① 시·구·읍·면의 장은 농지 소유 실태와 농지 이용 실태를 파악하여 이를 효율적으로 이용하고 관리하기 위하여 모든 농지에 대해 필지별로 농지대장을 작성하여 갖추어 두어야 한다(법 제49조 제1항, 영 제70조).
② 농지대장에는 농지의 소재지·지번·지목·면적·소유자·임대차 정보·농업진흥지역 여부 등을 포함한다(법 제49조 제2항).
③ 시·구·읍·면의 장은 농지대장을 작성·정리하거나 농지 이용 실태를 파악하기 위하여 필요하면 해당 농지소유자에게 필요한 사항을 보고하게 하거나 관계 공무원에게 그 상황을 조사하게 할 수 있다(법 제49조 제3항).
④ 시·구·읍·면의 장은 농지대장의 내용에 변동사항이 생기면 그 변동사항을 지체 없이 정리하여야 한다(법 제49조 제4항).
⑤ 농지대장에 적을 사항을 전산정보처리조직으로 처리하는 경우 그 농지대장 파일(자기디스크나 자기테이프, 그 밖에 이와 비슷한 방법으로 기록하여 보관하는 농지대장)은 농지대장으로 본다(법 제49조 제5항).
⑥ 농지대장의 서식·작성·관리와 전산정보처리조직 등에 필요한 사항은 농림축산식품부령으로 정한다(법 제49조 제6항).

농지대장 등의 관리(규칙 제56조)

1. 시·구·읍·면장은 농지대장에 기재할 사항을 전산정보처리조직에 따라 처리할 수 있다.
2. 농지대장(농지대장 파일을 포함)의 관리자는 법에 따른 비치 또는 이용 외의 목적으로 농지대장을 사용하거나 이를 이용한 전산처리를 해서는 안 된다.
3. 농지대장의 작성·관리에 종사하거나 종사하였던 자 또는 그 밖의 자로서 직무상 농지대장 기재사항을 알게 된 자는 다른 사람에게 이를 누설해서는 안 된다.
4. 시·구·읍·면장은 관할 구역 안에 있는 농지가 농지전용허가 등의 사유로 농지에 해당하지 않게 된 경우에는 그 농지대장을 따로 편철하여 10년간 보존해야 한다. 이 경우 전산정보처리조직을 이용할 수 있다.

(2) 농지이용 정보 등 변경신청

농지소유자 또는 임차인은 다음의 사유가 발생하는 경우 그 변경사유가 발생한 날부터 60일 이내에 시·구·읍·면의 장에게 농지대장의 변경을 신청하여야 한다(법 제49조의2).

① 농지의 임대차계약과 사용대차계약이 체결·변경 또는 해제되는 경우
② 토지의 개량시설과 농축산물 생산시설을 설치하는 경우
③ 그 밖에 농림축산식품부령으로 정하는 사유에 해당하는 경우

(3) 농지대장의 열람 또는 등본 등의 교부

① 시·구·읍·면의 장은 농지대장의 열람신청 또는 등본 교부신청을 받으면 농림축산식품부령으로 정하는 바에 따라 농지대장을 열람하게 하거나 그 등본을 내주어야 한다(법 제50조 제1항).
② 농지대장을 열람하거나 그 등본을 교부받으려는 자는 구술 또는 문서(전자문서를 포함)로 시·구·읍·면장에게 이를 신청해야 한다(규칙 제58조 제1항).
③ 농지대장의 열람은 해당 시·구·읍·면의 사무소 안에서 관계 공무원의 참여하에 해야 한다(규칙 제58조 제2항).
④ 시·구·읍·면의 장은 자경(自耕)하고 있는 농업인 또는 농업법인이 신청하면 농림축산식품부령으로 정하는 바에 따라 자경증명을 발급하여야 한다(법 제50조 제2항).

⑤ 시·구·읍·면장은 자경증명발급신청서 신청이 있는 때에는 신청인의 농업경영상황을 조사한 후 자경하는 사실이 명백한 경우에는 신청일부터 7일 이내에 자경증명을 발급하고 이를 별지 제61호 서식의 자경증명발급대장에 기재해야 한다(규칙 제59조 제2항).

기출&예상 문제

농지법령상 농지의 전용에 관한 설명으로 옳은 것은? • 29회

① 과수원인 토지를 재해로 인한 농작물의 피해를 방지하기 위한 방풍림 부지로 사용하는 것은 농지의 전용에 해당하지 않는다.
② 전용허가를 받은 농지의 위치를 동일 필지 안에서 변경하는 경우에는 농지전용신고를 하여야 한다.
③ 산지전용허가를 받지 아니하고 불법으로 개간한 농지라도 이를 다시 산림으로 복구하려면 농지전용허가를 받아야 한다.
④ 농지를 농업인 주택의 부지로 전용하려는 경우에는 농림축산식품부장관에게 농지전용신고를 하여야 한다.
⑤ 농지전용신고를 하고 농지를 전용하는 경우에는 농지를 전·답·과수원 외의 지목으로 변경하지 못한다.

해설 ② 전용허가를 받은 농지의 위치를 동일 필지 안에서 변경하는 경우에는 농지전용허가를 받아야 한다.
③ 산지전용허가를 받지 아니하고 불법으로 개간한 농지를 다시 산림으로 복구하는 경우에는 농지전용허가를 받지 아니한다.
④ 농지를 농업인 주택의 부지로 전용하려는 경우에는 시장·군수 또는 자치구 구청장에게 신고하여야 한다.
⑤ 농지전용신고를 하고 농지를 전용하는 경우에는 농지를 전·답·과수원 외의 지목으로 변경할 수 있다.

정답 ①

05 | 보칙 및 벌칙

▌10개년 출제문항 수

25회	26회	27회	28회	29회

30회	31회	32회	33회	34회

↳ 최근 10개년 출제문항이 없는 CHAPTER입니다.

▌학습전략

이 CHAPTER는 「농지법」의 주요 내용은 아니지만, 「농지법」을 유지관리하는 데 필요한 내용으로 포상금, 처벌, 벌금 등을 그 내용으로 하고 있습니다.

제1절 | 보 칙

1 권한 및 벌칙 적용

(1) 권한의 위임과 위탁(법 제51조)

① 이 법에 따른 농림축산식품부장관의 권한은 대통령령으로 정하는 바에 따라 그 일부를 소속기관의 장, 시·도지사 또는 시장·군수·자치구구청장에게 위임할 수 있다.

② 농림축산식품부장관은 이 법에 따른 업무의 일부를 대통령령으로 정하는 바에 따라 그 일부를 한국농어촌공사, 농업 관련 기관 또는 농업 관련 단체에 위탁할 수 있다.

③ 농림축산식품부장관은 대통령령으로 정하는 바에 따라 「한국농어촌공사 및 농지관리기금법」에 따라 농지관리기금의 운용·관리업무를 위탁받은 자에게 농지보전부담금 수납 업무를 대행하게 할 수 있다.

(2) 벌칙 적용에서 공무원 의제

위원회 및 농지위원회의 위원 중 공무원이 아닌 사람은 「형법」 제127조 및 제129조부터 제132조까지의 규정을 적용할 때에는 공무원으로 본다(법 제51조의2).

2 포상금 및 청문

(1) 포상금 ·19회

농림축산식품부장관은 다음의 어느 하나에 해당하는 자를 주무관청이나 수사기관에 신고하거나 고발한 자에게 대통령령으로 정하는 바에 따라 포상금을 지급할 수 있다(법 제52조).

> ① 농지 소유 제한이나 농지 소유 상한을 위반하여 농지를 소유할 목적으로 거짓이나 그 밖의 부정한 방법으로 농지취득자격증명을 발급받은 자
> ② 용도구역(농업진흥구역과 농업보호구역)의 행위제한을 위반한 자
> ③ 농지전용허가를 받지 아니하고 농지를 전용한 자 또는 거짓이나 그 밖의 부정한 방법으로 농지전용허가를 받은 자
> ④ 신고를 하지 아니하고 농지를 전용한 자
> ⑤ 농지의 타용도 일시사용허가를 받지 아니하고 농지를 다른 용도로 사용한 자
> ⑥ 농지의 타용도 일시사용신고를 하지 아니하고 농지를 다른 용도로 사용한 자
> ⑦ 전용된 토지를 승인 없이 다른 목적으로 사용한 자

(2) 청문

농림축산식품부장관, 시장·군수 또는 자치구구청장은 다음의 어느 하나에 해당하는 행위를 하려면 청문을 하여야 한다(법 제55조).

> ① 농업경영에 이용하지 아니하는 농지 등의 처분의무 발생의 통지
> ② 농지전용허가의 취소

제2절   벌 칙

1 처 벌

(1) 부정한 방법으로 농지취득자격증명을 발급받은 자에 대한 처벌 ·19회

농지 소유 제한이나 농지 소유 상한을 위반하여 농지를 소유할 목적으로 거짓이나 그 밖의 부정한 방법으로 농지취득자격증명을 발급받은 자는 5년 이하의 징역 또는 해당 토지의 개별공시지가에 따른 토지가액(土地價額)에 해당하는 금액 이하의 벌금에 처한다(법 제57조).

(2) 농지전용허가 위반자에 대한 처벌(법 제58조) ·28회

① **농업진흥지역의 농지**: 농지전용허가를 받지 아니하고 전용하거나 거짓이나 그 밖의 부정한 방법으로 농지전용허가를 받은 자는 5년 이하의 징역 또는 해당 토지의 개별공시지가에 따른 토지가액에 해당하는 금액 이하의 벌금에 처한다.

② **농업진흥지역 밖의 농지**: 농지전용허가를 받지 아니하고 전용하거나 거짓이나 그 밖의 부정한 방법으로 농지전용허가를 받은 자는 3년 이하의 징역 또는 해당 토지가액의 100분의 50에 해당하는 금액 이하의 벌금에 처한다.

③ **병과규정**: 위 ① 및 ②의 징역형과 벌금형은 병과(倂科)할 수 있다.

2 징역 또는 벌금

(1) 5년 이하의 징역 또는 5천만원 이하의 벌금(법 제59조)

① 용도구역(농업진흥구역과 농업보호구역) 안에서의 행위제한 규정을 위반한 자

② 농지의 타용도 일시사용허가를 받지 아니하고 농지를 다른 용도로 사용한 자

③ 전용된 토지를 승인 없이 다른 목적으로 사용한 자

(2) 3년 이하의 징역 또는 3천만원 이하의 벌금(법 제60조)

① 법 제7조의2에 따른 금지행위를 위반한 자

② 신고를 하지 아니하고 농지를 전용(轉用)한 자

③ 농지의 타용도 일시사용신고를 하지 아니하고 농지를 다른 용도로 사용한 자

(3) 2천만원 이하의 벌금(법 제61조)

① 농지의 위탁경영사유를 위반하여 소유 농지를 위탁경영한 자

② 농지의 임대차 또는 사용대차 규정을 위반하여 소유 농지를 임대하거나 무상사용하게 한 자

③ 임대차 또는 사용대차의 종료명령을 따르지 아니한 자

(4) 양벌규정(법 제62조)

① 법인의 대표자나 법인 또는 개인의 대리인, 사용인, 그 밖의 종업원이 그 법인 또는 개인의 업무에 관하여 법 제57조부터 제61조까지의 어느 하나에 해당하는 위반행위를 하면 그 행위자를 벌하는 외에 그 법인 또는 개인에게도 해당 조문의 벌금형을 과(科)한다.

② 법인 또는 개인이 그 위반행위를 방지하기 위하여 해당 업무에 관하여 상당한 주의와 감독을 게을리하지 아니한 경우에는 그러하지 아니하다.

기출&예상 문제

농지법령상 조문의 일부이다. 다음 (   )에 들어갈 숫자를 옳게 연결한 것은?

• 28회 수정

- 유휴농지의 대리경작자는 수확량의 100분의 (㉠)을 농림축산식품부령으로 정하는 바에 따라 그 농지의 소유권자나 임차권자에게 토지사용료를 지급하여야 한다.
- 농업진흥지역 밖의 농지를 농지전용허가를 받지 아니하고 전용한 자는 3년 이하의 징역 또는 해당 토지가액의 100분의 (㉡)에 해당하는 금액 이하의 벌금에 처한다.
- 군수는 처분명령을 받은 후 정당한 사유 없이 지정기간까지 그 처분명령을 이행하지 아니한 자에게 해당 농지를 감정평가한 감정가격 또는 개별공시지가 중 더 높은 가액의 100분의 (㉢)에 해당하는 이행강제금을 부과한다.

① ㉠ 10, ㉡ 25, ㉢ 50
② ㉠ 10, ㉡ 50, ㉢ 25
③ ㉠ 25, ㉡ 10, ㉢ 50
④ ㉠ 25, ㉡ 50, ㉢ 10
⑤ ㉠ 50, ㉡ 10, ㉢ 25

해설 ㉠ 유휴농지의 대리경작자는 수확량의 100분의 10을 농림축산식품부령으로 정하는 바에 따라 그 농지의 소유권자나 임차권자에게 토지사용료를 지급하여야 한다.

㉡ 농업진흥지역 밖의 농지를 농지전용허가를 받지 아니하고 전용한 자는 3년 이하의 징역 또는 해당 토지가액의 100분의 50에 해당하는 금액 이하의 벌금에 처한다.

㉢ 시장·군수 또는 구청장은 처분명령을 받은 후 정당한 사유 없이 지정기간까지 그 처분명령을 이행하지 아니한 자에게 해당 농지를 감정평가한 감정가격 또는 개별공시지가 중 더 높은 가액의 100분의 25에 해당하는 이행강제금을 부과한다.

정답 ②

① 대통령령으로 정하는 다년생식물 재배지로 실제로 이용되는 토지(초지법에 따라 조성된 초지 등 대통령령으로 정하는 토지는 제외)는 농지에 해당한다. ·30회 (O | X)

② 「공간정보의 구축 및 관리 등에 관한 법률」에 따른 지목이 답(畓)이고 농작물 경작지로 실제로 이용되는 토지의 개량시설에 해당하는 양·배수시설의 부지는 농지에 해당한다. ·30회 (O | X)

③ 꿀벌 10군을 사육하는 자는 농업에 종사하는 개인으로서 농업인이다. ·28회 (O | X)

④ 실제로 농작물 경작지로 이용되는 토지이더라도 법적 지목이 과수원인 경우는 '농지'에 해당하지 않는다. ·27회 (O | X)

⑤ 농지를 농업인 주택의 부지로 전용하려고 농지전용신고를 한 자가 그 농지를 취득하는 경우에는 농지취득자격증명을 발급받지 아니하고 농지를 취득할 수 있다. ·26회 (O | X)

⑥ 주말·체험영농을 하려고 농업진흥지역 외의 농지를 소유하는 경우에는 농지취득자격증명을 발급받지 아니하고 농지를 취득할 수 있다. ·32회 (O | X)

⑦ 농지를 취득한 자가 징집으로 인하여 그 농지를 주말·체험영농에 이용하지 못하게 되면 1년 이내에 그 농지를 처분하여야 한다. ·26회 (O | X)

⑧ 농지법령상 농지는 자기의 농업경영에 이용하거나 이용할 자가 아니면 소유하지 못함이 원칙이다. 다만, 주말·체험영농을 하려고 농업진흥지역 내의 농지를 소유하는 경우에는 농지를 소유할 수 있다. ·33회 (O | X)

정답　1 O　2 O　3 O　4 X 해당하지 않는다 → 해당한다　5 X 있다 → 없다　6 X 있다 → 없다
7 X 처분의무사유에 해당하지 않는다.　8 X 농업진흥지역 내 → 농업진흥지역 외

⑨ 과수를 가지치기 또는 열매솎기, 재배관리 및 수확하는 농작업에 1년 중 4주간을 직접 종사하는 경우 소유 농지를 위탁경영할 수 있다. •30회 (○ | X)

⑩ 6개월간 대한민국 전역을 일주하는 여행 중인 경우 소유 농지를 위탁경영할 수 없다. •30회 (○ | X)

⑪ 대리경작자가 경작을 게을리하는 경우에는 대리경작기간이 끝나기 전이라도 대리경작자 지정을 해지할 수 있다. •32회 (○ | X)

⑫ 유휴농지의 대리경작자는 수확량의 100분의 10을 농림축산식품부령으로 정하는 바에 따라 그 농지의 소유권자나 임차권자에게 토지사용료를 지급하여야 한다. •28회 (○ | X)

⑬ 농지의 임차인이 농작물의 재배시설로서 비닐하우스를 설치한 농지의 임대차기간은 10년 이상으로 하여야 한다. •31회 (○ | X)

⑭ 특별시의 녹지지역은 농업진흥지역을 지정할 수 없는 지역이다. •31회 (○ | X)

⑮ 과수원인 토지를 재해로 인한 농작물의 피해를 방지하기 위한 방풍림 부지로 사용하는 것은 농지의 전용에 해당하지 않는다. •29회 (○ | X)

⑯ 농업진흥지역 밖의 농지를 농지전용허가를 받지 아니하고 전용한 자는 3년 이하의 징역 또는 해당 토지가액의 100분의 60에 해당하는 금액 이하의 벌금에 처한다. •28회 (○ | X)

⑰ 시장·군수 또는 구청장은 처분명령을 받은 후 정당한 사유 없이 지정기간까지 그 처분명령을 이행하지 아니한 자에게 해당 농지를 감정평가한 감정가격 또는 개별공시지가 중 더 높은 가액의 100분의 25에 해당하는 이행강제금을 부과한다. •28회 (○ | X)

| 정답 | 9 X 4주간 → 30일 이상 10 ○ 11 ○ 12 ○ 13 X 10년 이상 → 5년 이상 14 ○ 15 ○ 16 X 100분의 60 → 100분의 50 17 ○ |

01 국토의 계획 및 이용에 관한 법령상 개발행위허가에 관한 설명으로 <u>틀린</u> 것은?

① 농림지역에 물건을 1개월 이상 쌓아놓는 행위는 개발행위허가의 대상이 아니다.

② 「사방사업법」에 따른 사방사업을 위한 개발행위에 대하여 허가를 하는 경우 중앙도시계획위원회와 지방도시계획위원회의 심의를 거치지 아니한다.

③ 일정 기간 동안 개발행위허가를 제한할 수 있는 대상지역에 지구단위계획구역은 포함되지 않는다.

④ 기반시설부담구역으로 지정된 지역에 대해서는 중앙도시계획위원회나 지방도시계획위원회의 심의를 거치지 아니하고 개발행위허가의 제한을 연장할 수 있다.

⑤ 개발행위허가의 제한을 연장하는 경우 그 연장 기간은 2년을 넘을 수 없다.

02 국토의 계획 및 이용에 관한 법령상 개발행위허가 시 개발행위 규모의 제한을 받지 않는 경우에 해당하지 <u>않는</u> 것은?

① 지구단위계획으로 정한 가구 및 획지의 범위 안에서 이루어지는 토지의 형질변경으로서 당해 형질변경과 그와 관련된 기반시설의 설치가 동시에 이루어지는 경우

② 해당 개발행위가 「농어촌정비법」에 따른 농어촌정비사업으로 이루어지는 경우

③ 건축물의 건축, 공작물의 설치 또는 지목의 변경을 수반하지 아니하고 시행하는 토지복원사업

④ 「환경친화적 자동차의 개발 및 보급 촉진에 관한 법률」에 따른 수소연료공급시설의 설치를 수반하는 경우

⑤ 해당 개발행위가 「국방·군사시설 사업에 관한 법률」에 따른 국방·군사시설사업으로 이루어지는 경우

03 국토의 계획 및 이용에 관한 법령상 시·도지사가 복합용도지구를 지정할 수 있는 용도지역에 해당하는 것을 모두 고른 것은?

> ㉠ 준주거지역　　　　　　　　㉡ 근린상업지역
> ㉢ 일반공업지역　　　　　　　　㉣ 계획관리지역
> ㉤ 일반상업지역

① ㉠, ㉡　　　　　　　　　　② ㉢, ㉣

③ ㉠, ㉡, ㉢　　　　　　　　④ ㉢, ㉣, ㉤

⑤ ㉠, ㉡, ㉣, ㉤

04 국토의 계획 및 이용에 관한 법령상 지구단위계획구역의 지정에 관한 설명으로 옳은 것은? (단, 조례는 고려하지 않음)

① 「산업입지 및 개발에 관한 법률」에 따른 준산업단지에 대하여는 지구단위계획구역을 지정할 수 없다.

② 도시지역 내 복합적인 토지 이용을 증진시킬 필요가 있는 지역으로서 지구단위계획구역을 지정할 수 있는 지역에 일반공업지역은 해당하지 않는다.

③ 「택지개발촉진법」에 따라 지정된 택지개발지구에서 시행되는 사업이 끝난 후 5년이 지나면 해당 지역은 지구단위계획구역으로 지정하여야 한다.

④ 도시지역 외의 지역을 지구단위계획구역으로 지정하려면 지정하려는 구역 면적의 3분의 2 이상이 계획관리지역이어야 한다.

⑤ 농림지역에 위치한 산업·유통개발진흥지구는 지구단위계획구역으로 지정할 수 있는 대상지역에 포함되지 않는다.

05 국토의 계획 및 이용에 관한 법령상 주민이 도시·군관리계획의 입안권자에게 그 입안을 제안할 수 있는 사항이 아닌 것은?

① 입지규제최소구역의 지정 및 변경과 입지규제최소구역계획의 수립 및 변경에 관한 사항

② 지구단위계획구역의 지정 및 변경과 지구단위계획의 수립 및 변경에 관한 사항

③ 기반시설의 설치·정비 또는 개량에 관한 사항

④ 산업·유통개발진흥지구의 변경에 관한 사항

⑤ 시가화조정구역의 지정 및 변경에 관한 사항

06 국토의 계획 및 이용에 관한 법령상 도시·군관리계획결정의 실효에 관한 설명이다. (   )에 들어갈 공통된 숫자로 옳은 것은?

> 지구단위계획(주민이 입안을 제안한 것에 한정한다)에 관한 도시·군관리계획결정의 고시일부터 (   )년 이내에 「국토의 계획 및 이용에 관한 법률」 또는 다른 법률에 따라 허가·인가·승인 등을 받아 사업이나 공사에 착수하지 아니하면 그 (   )년이 된 날의 다음 날에 그 지구단위계획에 관한 도시·군관리계획결정은 효력을 잃는다.

① 2

② 3

③ 5

④ 10

⑤ 20

07 국토의 계획 및 이용에 관한 법령상 용도지구에 관한 설명이다. (   )에 들어갈 내용으로 옳은 것은?

> • 집단취락지구 : (㉠) 안의 취락을 정비하기 위하여 필요한 지구
> • 복합개발진흥지구 : 주거기능, (㉡)기능, 유통·물류기능 및 관광·휴양기능 중 2 이상의 기능을 중심으로 개발·정비할 필요가 있는 지구

① ㉠ : 개발제한구역, ㉡ : 공업

② ㉠ : 자연취락지구, ㉡ : 상업

③ ㉠ : 개발제한구역, ㉡ : 상업

④ ㉠ : 관리지역,   ㉡ : 공업

⑤ ㉠ : 관리지역,   ㉡ : 교통

08 국토의 계획 및 이용에 관한 법령상 입지규제최소구역의 지정대상으로 명시되지 않은 것은?

① 「산업입지 및 개발에 관한 법률」에 따른 도시첨단산업단지
② 「도시재정비 촉진을 위한 특별법」에 따른 고밀복합형 재정비촉진지구로 지정된 지역
③ 「빈집 및 소규모주택 정비에 관한 특례법」에 따른 소규모주택정비사업의 시행구역
④ 「도시재생 활성화 및 지원에 관한 특별법」에 따른 근린재생형 활성화계획을 수립하는 지역
⑤ 「도시 및 주거환경정비법」에 따른 노후·불량건축물이 밀집한 주거지역 또는 공업지역으로 정비가 시급한 지역

09 국토의 계획 및 이용에 관한 법령상 개발밀도관리구역에 관한 설명으로 틀린 것은?

① 도시·군계획시설사업의 시행자인 시장 또는 군수는 개발밀도관리구역에 관한 기초조사를 하기 위하여 필요하면 타인의 토지에 출입할 수 있다.
② 개발밀도관리구역의 지정기준, 개발밀도관리구역의 관리 등에 관하여 필요한 사항은 대통령령으로 정하는 바에 따라 국토교통부장관이 정한다.
③ 개발밀도관리구역에서는 해당 용도지역에 적용되는 용적률의 최대한도의 50퍼센트 범위에서 용적률을 강화하여 적용한다.
④ 시장 또는 군수는 개발밀도관리구역을 지정하거나 변경하려면 해당 지방자치단체에 설치된 지방도시계획위원회의 심의를 거쳐야 한다.
⑤ 기반시설을 설치하거나 그에 필요한 용지를 확보하게 하기 위하여 개발밀도관리구역에 기반시설부담구역을 지정할 수 있다.

10 국토의 계획 및 이용에 관한 법령상 시·군·구도시계획위원회의 업무를 모두 고른 것은?

> ㉠ 도시·군관리계획과 관련하여 시장·군수 또는 구청장이 자문하는 사항에 대한 조언
> ㉡ 시범도시사업계획의 수립에 관하여 시장·군수·구청장이 자문하는 사항에 대한 조언
> ㉢ 시장 또는 군수가 결정하는 도시·군관리계획의 심의

① ㉠
② ㉢
③ ㉠, ㉡
④ ㉡, ㉢
⑤ ㉠, ㉡, ㉢

11 국토의 계획 및 이용에 관한 법령상 도시·군계획시설사업 시행을 위한 타인의 토지에의 출입 등에 관한 설명으로 옳은 것은?

① 타인의 토지에 출입하려는 행정청인 사업시행자는 출입하려는 날의 7일 전까지 그 토지의 소유자·점유자 또는 관리인에게 그 일시와 장소를 알려야 한다.

② 토지의 소유자·점유자 또는 관리인의 동의 없이 타인의 토지를 재료 적치장 또는 임시통로로 일시 사용한 사업시행자는 사용한 날부터 14일 이내에 시장 또는 군수의 허가를 받아야 한다.

③ 토지 점유자가 승낙하지 않는 경우에도 사업시행자는 시장 또는 군수의 허가를 받아 일몰 후에 울타리로 둘러싸인 타인의 토지에 출입할 수 있다.

④ 토지에의 출입에 따라 손실을 입은 자가 보상에 관하여 국토교통부장관에게 조정을 신청하지 아니하는 경우에는 관할 토지수용위원회에 재결을 신청할 수 없다.

⑤ 사업시행자가 행정청인 경우라도 허가를 받지 아니하면 타인의 토지에 출입할 수 없다.

12 국토의 계획 및 이용에 관한 법령상 도시·군계획시설사업의 시행에 관한 설명으로 옳은 것은?

① 「도시 및 주거환경정비법」에 따라 도시·군관리계획의 결정이 의제되는 경우에는 해당 도시·군계획시설결정의 고시일부터 3개월 이내에 도시·군계획시설에 대하여 단계별 집행계획을 수립하여야 한다.

② 5년 이내에 시행하는 도시·군계획시설사업은 단계별 집행계획 중 제1단계 집행계획에 포함되어야 한다.

③ 한국토지주택공사가 도시·군계획시설사업의 시행자로 지정을 받으려면 토지소유자 총수의 3분의 2 이상에 해당하는 자의 동의를 얻어야 한다.

④ 국토교통부장관은 국가계획과 관련되거나 그 밖에 특히 필요하다고 인정되는 경우에는 관계 특별시장·광역시장·특별자치시장·특별자치도지사·시장 또는 군수의 의견을 들어 직접 도시·군계획시설사업을 시행할 수 있다.

⑤ 사업시행자는 도시·군계획시설사업 대상시설을 둘 이상으로 분할하여 도시·군계획시설사업을 시행하여서는 아니 된다.

13 도시개발법령상 환지설계를 평가식으로 하는 경우 다음 조건에서 환지계획에 포함되어야 하는 비례율은? (단, 제시된 조건 이외의 다른 조건은 고려하지 않음)

- 총사업비 : 250억원
- 환지 전 토지·건축물의 평가액 합계 : 500억원
- 도시개발사업으로 조성되는 토지·건축물의 평가액의 합계 : 1,000억원

---

① 100%   ② 125%
③ 150%   ④ 200%
⑤ 250%

14 도시개발법령상 원형지의 공급과 개발에 관한 설명으로 옳은 것은?

① 원형지를 공장 부지로 직접 사용하는 원형지개발자의 선정은 경쟁입찰의 방식으로 하며, 경쟁입찰이 2회 이상 유찰된 경우에는 수의계약의 방법으로 할 수 있다.

② 지정권자는 원형지의 공급을 승인할 때 용적률 등 개발밀도에 관한 이행조건을 붙일 수 없다.

③ 원형지 공급가격은 원형지의 감정가격과 원형지에 설치한 기반시설 공사비의 합산 금액을 기준으로 시·도의 조례로 정한다.

④ 원형지개발자인 지방자치단체는 10년의 범위에서 대통령령으로 정하는 기간 안에는 원형지를 매각할 수 없다.

⑤ 원형지개발자가 공급받은 토지의 전부를 시행자의 동의 없이 제3자에게 매각하는 경우 시행자는 원형지개발자에 대한 시정요구 없이 원형지 공급계약을 해제할 수 있다.

15 도시개발법령상 도시개발사업 조합에 관한 설명으로 옳은 것을 모두 고른 것은?

> ㉠ 금고 이상의 형을 선고받고 그 형의 집행유예기간 중에 있는 자는 조합의 임원이 될 수 없다.
> ㉡ 조합이 조합 설립의 인가를 받은 사항 중 공고방법을 변경하려는 경우 지정권자로부터 변경인가를 받아야 한다.
> ㉢ 조합장 또는 이사의 자기를 위한 조합과의 계약이나 소송에 관하여는 대의원회가 조합을 대표한다.
> ㉣ 의결권을 가진 조합원의 수가 50인 이상인 조합은 총회의 권한을 대행하게 하기 위하여 대의원회를 둘 수 있으며, 대의원회에 두는 대의원의 수는 의결권을 가진 조합원 총수의 100분의 10 이상으로 한다.

① ㉠, ㉢

② ㉠, ㉣

③ ㉡, ㉢

④ ㉠, ㉡, ㉣

⑤ ㉡, ㉢, ㉣

16 도시개발법령상 도시개발사업의 시행자인 지방자치단체가 주택법 제4조에 따른 주택건설사업자 등으로 하여금 대행하게 할 수 있는 도시개발사업의 범위에 해당하지 <u>않는</u> 것은?

① 실시설계

② 부지조성공사

③ 기반시설공사

④ 조성된 토지의 분양

⑤ 토지상환채권의 발행

17 도시개발법령상 개발계획에 따라 도시개발구역을 지정한 후에 개발계획에 포함시킬 수 있는 사항은?

① 환경보전계획

② 보건의료계획 및 복지시설의 설치계획

③ 원형지로 공급될 대상 토지 및 개발 방향

④ 임대주택건설계획 등 세입자 등의 주거 및 생활 안정 대책

⑤ 도시개발구역을 둘 이상의 사업시행지구로 분할하여 도시개발사업을 시행하는 경우 그 분할에 관한 사항

18 도시개발법령상 환지방식에 의한 사업시행에서의 청산금에 관한 설명으로 <u>틀린</u> 것은?

① 시행자는 토지소유자의 동의에 따라 환지를 정하지 아니하는 토지에 대하여는 환지처분 전이라도 청산금을 교부할 수 있다.

② 토지소유자의 신청에 따라 환지대상에서 제외한 토지에 대하여는 청산금을 교부하는 때에 청산금을 결정할 수 없다.

③ 청산금을 받을 권리나 징수할 권리를 5년간 행사하지 아니하면 시효로 소멸한다.

④ 청산금은 대통령령으로 정하는 바에 따라 이자를 붙여 분할징수하거나 분할교부할 수 있다.

⑤ 행정청이 아닌 시행자가 군수에게 청산금의 징수를 위탁한 경우 그 시행자는 군수가 징수한 금액의 100분의 4에 해당하는 금액을 해당 군에 지급하여야 한다.

19 도시 및 주거환경정비법령상 정비기반시설에 해당하지 <u>않는</u> 것은? (단, 주거환경개선사업을 위하여 지정·고시된 정비구역이 아님)

① 녹지

② 공공공지

③ 공용주차장

④ 소방용수시설

⑤ 공동으로 사용하는 구판장

20 도시 및 주거환경정비법령상 토지등소유자에 대한 분양신청의 통지 및 분양공고 양자에 공통으로 포함되어야 할 사항을 모두 고른 것은? (단, 토지등소유자 1인이 시행하는 재개발사업은 제외하고, 조례는 고려하지 않음)

> ㉠ 분양을 신청하지 아니한 자에 대한 조치
> ㉡ 토지등소유자 외의 권리자의 권리신고방법
> ㉢ 분양신청서
> ㉣ 분양대상자별 분담금의 추산액

① ㉠

② ㉠, ㉡

③ ㉡, ㉢

④ ㉢, ㉣

⑤ ㉠, ㉡, ㉣

21 도시 및 주거환경정비법령상 조합의 정관을 변경하기 위하여 총회에서 조합원 3분의 2 이상의 찬성을 요하는 사항이 아닌 것은?

① 정비구역의 위치 및 면적
② 조합의 비용부담 및 조합의 회계
③ 정비사업비의 부담 시기 및 절차
④ 청산금의 징수·지급의 방법 및 절차
⑤ 시공자·설계자의 선정 및 계약서에 포함될 내용

22 도시 및 주거환경정비법령상 공동구의 설치 및 관리비용에 관한 설명으로 옳은 것은?

① 공동구점용예정자가 부담할 공동구의 설치에 드는 비용의 부담비율은 공동구의 권리지분비율을 고려하여 시장·군수등이 정한다.
② 공동구의 설치로 인한 보상비용은 공동구의 설치비용에 포함되지 않는다.
③ 사업시행자로부터 공동구의 설치비용 부담금의 납부통지를 받은 공동구점용예정자는 공동구의 설치공사가 착수되기 전에 부담금액의 3분의 1 이상을 납부하여야 한다.
④ 공동구 관리비용은 반기별로 산출하여 부과한다.
⑤ 시장·군수등은 필요한 경우 공동구 관리비용을 분할하여 분기별로 납부하게 할 수 있다.

23 도시 및 주거환경정비법령상 조합의 임원에 관한 설명으로 <u>틀린</u> 것은?

① 조합임원의 임기만료 후 6개월 이상 조합임원이 선임되지 아니한 경우에는 시장·군수등이 조합임원 선출을 위한 총회를 소집할 수 있다.
② 조합임원이 결격사유에 해당하게 되어 당연 퇴임한 경우 그가 퇴임 전에 관여한 행위는 그 효력을 잃는다.
③ 총회에서 요청하여 시장·군수등이 전문조합관리인을 선정한 경우 전문조합관리인이 업무를 대행할 임원은 당연 퇴임한다.
④ 조합장이 아닌 조합임원은 대의원이 될 수 없다.
⑤ 대의원회는 임기 중 궐위된 조합장을 보궐 선임할 수 없다.

24 도시 및 주거환경정비법령상 소규모 토지 등의 소유자에 대한 토지임대부 분양주택 공급에 관한 내용이다. (   )에 들어갈 숫자로 옳은 것은? (단, 조례는 고려하지 않음)

> 국토교통부장관, 시·도지사, 시장, 군수, 구청장 또는 토지주택공사등은 정비구역에 세입자와 다음의 어느 하나에 해당하는 자의 요청이 있는 경우에는 인수한 재개발임대주택의 일부를 「주택법」에 따른 토지임대부 분양주택으로 전환하여 공급하여야 한다.
> 1. 면적이 (㉠)제곱미터 미만의 토지를 소유한 자로서 건축물을 소유하지 아니한 자
> 2. 바닥면적이 (㉡)제곱미터 미만의 사실상 주거를 위하여 사용하는 건축물을 소유한 자로서 토지를 소유하지 아니한 자

① ㉠ : 90, ㉡ : 40
② ㉠ : 90, ㉡ : 50
③ ㉠ : 90, ㉡ : 60
④ ㉠ : 100, ㉡ : 40
⑤ ㉠ : 100, ㉡ : 50

25 주택법령상 조정대상지역의 지정기준의 일부이다. (   )에 들어갈 숫자로 옳은 것은?

> 조정대상지역지정직전월부터 소급하여 6개월간의 평균 주택가격상승률이 마이너스 (㉠)퍼센트 이하인 지역으로서 다음에 해당하는 지역
> • 조정대상지역지정직전월부터 소급하여 (㉡)개월 연속 주택매매거래량이 직전 연도의 같은 기간보다 (㉢)퍼센트 이상 감소한 지역
> • 조정대상지역지정직전월부터 소급하여 (㉡)개월간의 평균 미분양주택(주택법 제15조 제1항에 따른 사업계획승인을 받아 입주자를 모집했으나 입주자가 선정되지 않은 주택을 말한다)의 수가 직전 연도의 같은 기간보다 2배 이상인 지역

① ㉠ : 1, ㉡ : 3, ㉢ : 20
② ㉠ : 1, ㉡ : 3, ㉢ : 30
③ ㉠ : 1, ㉡ : 6, ㉢ : 30
④ ㉠ : 3, ㉡ : 3, ㉢ : 20
⑤ ㉠ : 3, ㉡ : 6, ㉢ : 20

26 주택법령상 주택의 사용검사 등에 관한 설명으로 <u>틀린</u> 것은?

① 하나의 주택단지의 입주자를 분할 모집하여 전체 단지의 사용검사를 미치기 전에 입주가 필요한 경우에는 공사가 완료된 주택에 대하여 동별로 사용검사를 받을 수 있다.

② 사용검사는 사용검사 신청일부터 15일 이내에 하여야 한다.

③ 사업주체는 건축물의 동별로 공사가 완료된 경우로서 사용검사권자의 임시사용승인을 받은 경우에는 사용검사를 받기 전에 주택을 사용하게 할 수 있다.

④ 사업주체가 파산 등으로 사용검사를 받을 수 없는 경우에는 해당 주택의 시공을 보증한 자, 해당 주택의 시공자 또는 입주예정자는 사용검사를 받을 수 있다.

⑤ 무단거주가 아닌 입주예정자가 사업주체의 파산 등으로 사용검사를 받을 때에는 입주예정자의 대표회의가 사용검사권자에게 사용검사를 신청할 때 하자보수보증금을 예치하여야 한다.

27 주택법령상 지역주택조합의 조합원을 모집하기 위하여 모집주체가 광고를 하는 경우 광고에 포함되어야 하는 내용에 해당하는 것을 모두 고른 것은?

㉠ 조합의 명칭 및 사무소의 소재지	㉡ 조합원의 자격기준에 관한 내용
㉢ 조합설립 인가일	㉣ 조합원 모집 신고 수리일

① ㉠, ㉡, ㉢   ② ㉠, ㉡, ㉣

③ ㉠, ㉢, ㉣   ④ ㉡, ㉢, ㉣

⑤ ㉠, ㉡, ㉢, ㉣

28 주택법령상 공동주택관리법에 따른 행위의 허가를 받거나 신고를 하고 설치하는 세대구분형 공동주택이 충족하여야 하는 요건에 해당하는 것을 모두 고른 것은? (단, 조례는 고려하지 않음)

> ㉠ 하나의 세대가 통합하여 사용할 수 있도록 세대 간에 연결문 또는 경량구조의 경계벽 등을 설치할 것
> ㉡ 구분된 공간의 세대수는 기존 세대를 포함하여 2세대 이하일 것
> ㉢ 세대별로 구분된 각각의 공간마다 별도의 욕실, 부엌과 구분 출입문을 설치할 것
> ㉣ 구조, 화재, 소방 및 피난안전 등 관계 법령에서 정하는 안전 기준을 충족할 것

① ㉠, ㉡, ㉢   ② ㉠, ㉡, ㉣

③ ㉠, ㉢, ㉣   ④ ㉡, ㉢, ㉣

⑤ ㉠, ㉡, ㉢, ㉣

29 주택법령상 주택건설사업자 등에 관한 설명으로 옳은 것은?

① 「공익법인의 설립·운영에 관한 법률」에 따라 주택건설사업을 목적으로 설립된 공익법인이 연간 20
호 이상의 단독주택 건설사업을 시행하려는 경우 국토교통부장관에게 등록하여야 한다.

② 세대수를 증가하는 리모델링주택조합이 그 구성원의 주택을 건설하는 경우에는 국가와 공동으로 사
업을 시행할 수 있다.

③ 고용자가 그 근로자의 주택을 건설하는 경우에는 대통령령으로 정하는 바에 따라 등록사업자와 공
동으로 사업을 시행하여야 한다.

④ 국토교통부장관은 등록사업자가 타인에게 등록증을 대여한 경우에는 1년 이내의 기간을 정하여 영
업의 정지를 명할 수 있다.

⑤ 영업정지 처분을 받은 등록사업자는 그 처분 전에 사업계획승인을 받은 사업을 계속 수행할 수 없다.

30 주택법령상 용어에 관한 설명으로 틀린 것은?

① 「건축법 시행령」에 따른 다세대주택은 공동주택에 해당한다.

② 「건축법 시행령」에 따른 오피스텔은 준주택에 해당한다.

③ 주택단지에 해당하는 토지가 폭 8미터 이상인 도시계획예정도로로 분리된 경우, 분리된 토지를 각
각 별개의 주택단지로 본다.

④ 주택에 딸린 자전거보관소는 복리시설에 해당한다.

⑤ 도로·상하수도·전기시설·가스시설·통신시설·지역난방시설은 기간시설(基幹施設)에 해당한다.

31 주택법령상 리모델링에 관한 설명으로 틀린 것은? (단, 조례는 고려하지 않음)

① 세대수 증가형 리모델링으로 인한 도시과밀, 이주수요 집중 등을 체계적으로 관리하기 위하여 수립
하는 계획을 리모델링 기본계획이라 한다.

② 리모델링에 동의한 소유자는 리모델링 결의를 한 리모델링주택조합이나 소유자 전원의 동의를 받은
입주자대표회의가 시장·군수·구청장에게 리모델링 허가신청서를 제출하기 전까지 서면으로 동의
를 철회할 수 있다.

③ 특별시장·광역시장 및 대도시의 시장은 리모델링 기본계획을 수립하거나 변경한 때에는 이를 지체
없이 해당 지방자치단체의 공보에 고시하여야 한다.

④ 수직증축형 리모델링의 설계자는 국토교통부장관이 정하여 고시하는 구조기준에 맞게 구조설계도
서를 작성하여야 한다.

⑤ 대수선인 리모델링을 하려는 자는 시장·군수·구청장에게 안전진단을 요청하여야 한다.

32 건축법령상 건축선과 대지의 면적에 관한 설명이다. (   )에 들어갈 내용으로 옳은 것은? (단, 허가권자의 건축선의 별도지정, 건축법 제3조에 따른 적용제외, 건축법령상 특례 및 조례는 고려하지 않음)

> 「건축법」 제2조 제1항 제11호에 따른 소요너비에 못 미치는 너비의 도로인 경우에는 그 중심선으로부터 그 (㉠)을 건축선으로 하되, 그 도로의 반대쪽에 하천이 있는 경우에는 그 하천이 있는 쪽의 도로경계선에서 (㉡)을 건축선으로 하며, 그 건축선과 도로 사이의 대지면적은 건축물의 대지면적 산정 시 (㉢)한다.

	㉠	㉡	㉢
①	소요너비에 해당하는 수평거리만큼 물러난 선	소요너비에 해당하는 수평거리의 선	제외
②	소요너비의 2분의 1의 수평거리만큼 물러난 선	소요너비의 2분의 1의 수평거리의 선	제외
③	소요너비의 2분의 1의 수평거리만큼 물러난 선	소요너비에 해당하는 수평거리의 선	제외
④	소요너비의 2분의 1의 수평거리만큼 물러난 선	소요너비에 해당하는 수평거리의 선	포함
⑤	소요너비에 해당하는 수평거리만큼 물러난 선	소요너비의 2분의 1의 수평거리의 선	포함

33 건축법령상 건축협정구역에서 건축하는 건축물에 대하여 완화하여 적용할 수 있는 건축기준 중 건축위원회의 심의와 국토의 계획 및 이용에 관한 법률에 따른 지방도시계획위원회의 심의를 통합하여 거쳐야 하는 것은?

① 건축물의 용적률
② 건축물의 건폐율
③ 건축물의 높이제한
④ 대지의 조경면적
⑤ 일조 등의 확보를 위한 건축물의 높이제한

34 甲은 A도 B시에 소재하는 자동차영업소로만 쓰는 건축물(사용승인을 받은 건축물로서 같은 건축물에 해당 용도로 쓰는 바닥면적의 합계가 500m²임)의 용도를 전부 노래연습장으로 용도변경하려고 한다. 건축법령상 이에 관한 설명으로 옳은 것은? (단, 제시된 조건 이외의 다른 조건이나 제한, 건축법령상 특례 및 조례는 고려하지 않음)

① 甲은 건축물 용도변경에 관하여 B시장의 허가를 받아야 한다.
② 甲은 B시장에게 건축물 용도변경에 관하여 신고를 하여야 한다.
③ 甲은 용도변경한 건축물을 사용하려면 B시장의 사용승인을 받아야 한다.
④ 甲은 B시장에게 건축물대장 기재내용의 변경을 신청하여야 한다.
⑤ 甲의 건축물에 대한 용도변경을 위한 설계는 건축사가 아니면 할 수 없다.

35 건축법령상 건축허가를 받은 건축물의 착공신고 시 허가권자에 대하여 구조안전 확인서류의 제출이 필요한 대상 건축물의 기준으로 옳은 것을 모두 고른 것은? (단, 표준설계도서에 따라 건축하는 건축물이 아니며, 건축법령상 특례는 고려하지 않음)

> ㉠ 건축물의 높이 : 13미터 이상
> ㉡ 건축물의 처마높이 : 7미터 이상
> ㉢ 건축물의 기둥과 기둥 사이의 거리 : 10미터 이상

① ㉠   ② ㉡
③ ㉠, ㉢   ④ ㉡, ㉢
⑤ ㉠, ㉡, ㉢

36 건축법령상 건축물로부터 바깥쪽으로 나가는 출구를 설치하여야 하는 건축물이 <u>아닌</u> 것은? (단, 건축물은 해당 용도로 쓰는 바닥면적의 합계가 300제곱미터 이상으로 승강기를 설치하여야 하는 건축물이 아니며, 건축법령상 특례는 고려하지 않음)

① 전시장
② 무도학원
③ 동물 전용의 장례식장
④ 인터넷컴퓨터게임시설 제공업소
⑤ 업무시설 중 국가 또는 지방자치단체의 청사

37 건축법령상 지상 11층, 지하 3층인 하나의 건축물이 다음 조건을 갖추고 있는 경우 건축물의 용적률은? (단, 제시된 조건 이외의 다른 조건이나 제한 및 건축법령상 특례는 고려하지 않음)

> • 대지면적은 1,500m²임
> • 각 층의 바닥면적은 1,000m²로 동일함
> • 지상 1층 중 500m²는 건축물의 부속용도인 주차장으로, 나머지 500m²는 제2종 근린생활시설로 사용함
> • 지상 2층에서 11층까지는 업무시설로 사용함
> • 지하 1층은 제1종 근린생활시설로, 지하 2층과 지하 3층은 주차장으로 사용함

① 660% ② 700%

③ 800% ④ 900%

⑤ 1,100%

38 건축법령상 대지에 공개공지 또는 공개공간을 설치하여야 하는 건축물은? (단, 건축물의 용도로 쓰는 바닥면적의 합계는 5천 제곱미터 이상이며, 건축법령상 특례 및 조례는 고려하지 않음)

① 일반주거지역에 있는 초등학교
② 준주거지역에 있는 「농수산물 유통 및 가격안정에 관한 법률」에 따른 농수산물유통시설
③ 일반상업지역에 있는 관망탑
④ 자연녹지지역에 있는 「청소년활동진흥법」에 따른 유스호스텔
⑤ 준공업지역에 있는 여객용 운수시설

39 농지법령상 농지를 임대하거나 무상사용하게 할 수 있는 요건 중 일부이다. (   )에 들어갈 숫자로 옳은 것은?

> • (㉠)세 이상인 농업인이 거주하는 시·군에 있는 소유 농지 중에서 자기의 농업경영에 이용한 기간이 (㉡)년이 넘은 농지
> • (㉢)월 이상의 국외여행으로 인하여 일시적으로 농업경영에 종사하지 아니하게 된 자가 소유하고 있는 농지

① ㉠ : 55, ㉡ : 3, ㉢ : 3
② ㉠ : 60, ㉡ : 3, ㉢ : 5
③ ㉠ : 60, ㉡ : 5, ㉢ : 3
④ ㉠ : 65, ㉡ : 4, ㉢ : 5
⑤ ㉠ : 65, ㉡ : 5, ㉢ : 1

40 농지법령상 농지소유자가 소유 농지를 위탁경영할 수 있는 경우가 <u>아닌</u> 것은?

① 선거에 따른 공직취임으로 자경할 수 없는 경우
② 「병역법」에 따라 징집 또는 소집된 경우
③ 농업법인이 청산 중인 경우
④ 농지이용증진사업 시행계획에 따라 위탁경영하는 경우
⑤ 농업인이 자기 노동력이 부족하여 농작업의 전부를 위탁하는 경우

한눈에 보는 정답

01	02	03	04	05	06	07	08	09	10
③	④	②	②	⑤	③	①	②	⑤	⑤
11	12	13	14	15	16	17	18	19	20
①	④	③	①	②	⑤	④	②	⑤	①
21	22	23	24	25	26	27	28	29	30
④	③	②	①	①	④	②	④	③	④
31	32	33	34	35	36	37	38	39	40
⑤	③	①	④	③	①	②	⑤	③	⑤

01　③

카테고리　국토의 계획 및 이용에 관한 법률 > 개발행위의 허가 등

해설

③ 일정 기간 동안 개발행위허가를 제한할 수 있는 대상지역에 지구단위계획구역은 포함된다.

① 녹지지역·관리지역 또는 자연환경보전지역 안에서 「건축법」에 따라 사용승인을 받은 건축물의 울타리 안(적법한 절차에 의하여 조성된 대지에 한한다)에 위치하지 아니한 토지에 물건을 1개월 이상 쌓아놓는 행위가 개발행위허가의 대상이다. 따라서 농림지역에 물건을 1개월 이상 쌓아놓는 행위는 개발행위허가의 대상이 아니다.

② 법 제59조 제2항 제7호

02　④

카테고리　국토의 계획 및 이용에 관한 법률 > 개발행위의 허가 등

해설

④ 「환경친화적 자동차의 개발 및 보급 촉진에 관한 법률」에 따른 수소연료공급시설의 설치를 수반하는 경우는 일정한 요건을 충족한 경우 건폐율을 완화하는 대상에는 포함되지만 개발행위 규모의 제한을 받지 않는 대상에는 해당하지 않는다(영 제84조 제6항 제8호 나목).

개발행위허가의 기준 및 규모

> 법 제58조(개발행위허가의 기준) ① 특별시장·광역시장·특별자치시장·특별자치도지사·시장 또는 군수는 개발행위허가의 신청 내용이 다음 각 호의 기준에 맞는 경우에만 개발행위허가 또는 변경허가를 하여야 한다.
> 1. 용도지역별 특성을 고려하여 대통령령으로 정하는 개발행위의 규모에 적합할 것. 다만, 개발행위가 「농어촌정비법」 제2조 제4호에 따른 농어촌정비사업으로 이루어지는 경우 등 대통령령으로 정하는 경우에는 개발행위 규모의 제한을 받지 아니한다.

영 제55조(개발행위허가의 규모) ③ 법 제58조 제1항 제1호 단서에서 '개발행위가 「농어촌정비법」 제2조 제4호에 따른 농어촌정비사업으로 이루어지는 경우 등 대통령령으로 정하는 경우'란 다음 각 호의 어느 하나에 해당하는 경우를 말한다.

1. 지구단위계획으로 정한 가구 및 획지의 범위 안에서 이루어지는 토지의 형질변경으로서 당해 형질변경과 관련된 기반시설이 이미 설치되었거나 형질변경과 기반시설의 설치가 동시에 이루어지는 경우(지문 ①)
2. 해당 개발행위가 「농어촌정비법」 제2조 제4호에 따른 농어촌정비사업으로 이루어지는 경우(지문 ②)
2의2. 해당 개발행위가 「국방·군사시설 사업에 관한 법률」 제2조 제2호에 따른 국방·군사시설사업으로 이루어지는 경우(지문 ⑤)
3. 초지조성, 농지조성, 영림 또는 토석채취를 위한 경우
3의2. 해당 개발행위가 다음 각 목의 어느 하나에 해당하는 경우. 이 경우 특별시장·광역시장·특별자치시장·특별자치도지사·시장 또는 군수는 그 개발행위에 대한 허가를 하려면 시·도도시계획위원회 또는 법 제113조 제2항에 따른 시·군·구도시계획위원회(이하 '시·군·구도시계획위원회'라 한다) 중 대도시에 두는 도시계획위원회의 심의를 거쳐야 하고, 시장(대도시 시장은 제외한다) 또는 군수(특별시장·광역시장의 개발행위허가 권한이 법 제139조 제2항에 따라 조례로 군수 또는 자치구의 구청장에게 위임된 경우에는 그 군수 또는 자치구의 구청장을 포함한다)는 시·도도시계획위원회에 심의를 요청하기 전에 해당 지방자치단체에 설치된 지방도시계획위원회에 자문할 수 있다.
   가. 하나의 필지(법 제62조에 따른 준공검사를 신청할 때 둘 이상의 필지를 하나의 필지로 합칠 것을 조건으로 하여 허가하는 경우를 포함하되, 개발행위허가를 받은 후에 매각을 목적으로 하나의 필지를 둘 이상의 필지로 분할하는 경우는 제외한다)에 건축물을 건축하거나 공작물을 설치하기 위한 토지의 형질변경
   나. 하나 이상의 필지에 하나의 용도에 사용되는 건축물을 건축하거나 공작물을 설치하기 위한 토지의 형질변경
4. 건축물의 건축, 공작물의 설치 또는 지목의 변경을 수반하지 아니하고 시행하는 토지복원사업(지문 ③)
5. 그 밖에 국토교통부령이 정하는 경우

---

03 ②

카테고리 국토의 계획 및 이용에 관한 법률 > 용도지역·용도지구·용도구역

해설

시·도지사 또는 대도시 시장은 일반주거지역·일반공업지역(ⓒ)·계획관리지역(ⓔ)에 복합용도지구를 지정할 수 있다(법 제37조 제5항, 영 제31조 제6항).

해설

② 도시지역 내 복합적인 토지 이용을 증진시킬 필요가 있는 지역으로서 지구단위계획구역을 지정할 수 있는 지역은 일반주거지역, 준주거지역, 준공업지역, 상업지역으로서 일정한 요건을 갖춘 지역이다. 따라서 일반공업지역은 해당하지 않으므로 맞는 지문이다.

① 「산업입지 및 개발에 관한 법률」에 따른 준산업단지에 대하여는 지구단위계획구역을 지정할 수 있다.

③ 「택지개발촉진법」에 따라 지정된 택지개발지구에서 시행되는 사업이 끝난 후 10년이 지나면 해당 지역은 지구단위계획구역으로 지정하여야 한다.

④ 도시지역 외의 지역에서 지구단위계획구역을 지정하려는 경우 구역 면적의 100분의 50 이상이 계획관리지역으로서 일정한 요건을 갖춘 지역에 지구단위계획구역을 지정할 수 있다.

⑤ 농림지역에 위치한 산업·유통개발진흥지구는 지구단위계획구역으로 지정할 수 있는 대상지역에 포함된다. 따라서 계획관리지역, 생산관리지역, 농림지역에 위치한 산업·유통개발진흥지구는 지구단위계획구역으로 지정할 수 있다.

05   ⑤

카테고리 국토의 계획 및 이용에 관한 법률 > 도시·군계획
해설

⑤ 시가화조정구역(용도구역)의 지정 및 변경에 관한 사항은 주민이 도시·군관리계획의 입안권자에게 그 입안을 제안할 수 있는 사항에 해당하지 않는다.

06   ③

카테고리 국토의 계획 및 이용에 관한 법률 > 지구단위계획
해설

지구단위계획(주민이 입안을 제안한 것에 한정한다)에 관한 도시·군관리계획결정의 고시일부터 '5'년 이내에 「국토의 계획 및 이용에 관한 법률」 또는 다른 법률에 따라 허가·인가·승인 등을 받아 사업이나 공사에 착수하지 아니하면 그 '5'년이 된 날의 다음 날에 그 지구단위계획에 관한 도시·군관리계획결정은 효력을 잃는다(법 제53조 제2항).

07   ①

카테고리 국토의 계획 및 이용에 관한 법률 > 용도지역·용도지구·용도구역
해설

• 집단취락지구 : (㉠ 개발제한구역) 안의 취락을 정비하기 위하여 필요한 지구
• 복합개발진흥지구 : 주거기능, (㉡ 공업)기능, 유통·물류기능 및 관광·휴양기능 중 2 이상의 기능을 중심으로 개발·정비할 필요가 있는 지구

08 ②

해설

①③④⑤는 입지규제최소구역을 지정할 수 있는 대상 지역에 해당한다.

> **법 제40조의2(입지규제최소구역의 지정 등)** ① 제29조에 따른 도시·군관리계획의 결정권자(이하 '도시·군관리계획 결정권자'라 한다)는 도시지역에서 복합적인 토지이용을 증진시켜 도시 정비를 촉진하고 지역 거점을 육성할 필요가 있다고 인정되면 다음 각 호의 어느 하나에 해당하는 지역과 그 주변지역의 전부 또는 일부를 입지규제최소구역으로 지정할 수 있다.
> 1. 도시·군기본계획에 따른 도심·부도심 또는 생활권의 중심지역
> 2. 철도역사, 터미널, 항만, 공공청사, 문화시설 등의 기반시설 중 지역의 거점 역할을 수행하는 시설을 중심으로 주변지역을 집중적으로 정비할 필요가 있는 지역
> 3. 세 개 이상의 노선이 교차하는 대중교통 결절지로부터 1킬로미터 이내에 위치한 지역
> 4. 「도시 및 주거환경정비법」 제2조 제3호에 따른 노후·불량건축물이 밀집한 주거지역 또는 공업지역으로 정비가 시급한 지역
> 5. 「도시재생 활성화 및 지원에 관한 특별법」 제2조 제1항 제5호에 따른 도시재생활성화지역 중 같은 법 제2조 제1항 제6호에 따른 도시경제기반형 활성화계획을 수립하는 지역
> 6. 그 밖에 창의적인 지역개발이 필요한 지역으로 대통령령으로 정하는 지역
>
> **영 제32조의2(입지규제최소구역의 지정 대상)** 법 제40조의2 제1항 제6호에서 '대통령령으로 정하는 지역'이란 다음 각 호의 지역을 말한다.
> 1. 「산업입지 및 개발에 관한 법률」 제2조 제8호 다목에 따른 도시첨단산업단지
> 2. 「빈집 및 소규모주택 정비에 관한 특례법」 제2조 제3호에 따른 소규모주택정비사업의 시행구역
> 3. 「도시재생 활성화 및 지원에 관한 특별법」 제2조 제1항 제6호 나목에 따른 근린재생형 활성화계획을 수립하는 지역

09 ⑤

해설

⑤ 기반시설을 설치하거나 그에 필요한 용지를 확보하게 하기 위하여 개발밀도관리구역 외의 지역에 기반시설부담구역을 지정할 수 있다. 개발밀도관리구역이란 개발로 인하여 기반시설이 부족할 것으로 예상되나 기반시설을 설치하기 곤란한 지역을 대상으로 건폐율이나 용적률을 강화하여 적용하기 위하여 지정하는 구역을 말한다. 동일한 지역에 대해 기반시설부담구역과 개발밀도관리구역을 중복하여 지정할 수 없다.

10 ⑤

해설

㉠㉡㉢ 모두 시·군·구도시계획위원회의 업무에 해당한다(법 제113조 제2항, 영 제110조 제2항 제4호).

11 ①

카테고리 국토의 계획 및 이용에 관한 법률 > 보칙 및 벌칙 등

해설

② 토지의 소유자·점유자 또는 관리인의 동의 없이 타인의 토지를 재료 적치장 또는 임시통로로 일시 사용하려는 행정청이 아닌 사업시행자는 미리 관할 시장 또는 군수의 허가를 받아야 한다.

③ 토지 점유자가 승낙하지 않는 경우에 사업시행자는 시장 또는 군수의 허가를 받더라도 일몰 후에 울타리로 둘러싸인 타인의 토지에 출입할 수 없다.

④ 토지에의 출입에 따라 손실을 입은 자가 보상에 관하여 협의가 성립되지 아니한 경우에는 관할 토지수용위원회에 재결을 신청할 수 있다.

⑤ 사업시행자가 행정청인 경우에는 허가를 받지 아니하고 타인의 토지에 출입할 수 있다.

12 ④

카테고리 국토의 계획 및 이용에 관한 법률 > 도시·군계획시설사업의 시행

해설

① 「도시 및 주거환경정비법」에 따라 도시·군관리계획의 결정이 의제되는 경우에는 해당 도시·군계획시설결정의 고시일부터 2년 이내에 도시·군계획시설에 대하여 단계별 집행계획을 수립할 수 있다(예외). 도시·군계획시설결정의 고시일부터 3개월 이내에 대통령령으로 정하는 바에 따라 재원조달계획, 보상계획 등을 포함하는 단계별 집행계획을 수립하여야 한다(원칙).

② 3년 이내에 시행하는 도시·군계획시설사업은 단계별 집행계획 중 제1단계 집행계획에 포함되어야 한다. 3년 후에 시행하는 도시·군계획시설사업은 제2단계 집행계획에 포함되도록 하여야 한다.

③ 한국토지주택공사가 도시·군계획시설사업의 시행자로 지정을 받으려는 경우 토지소유자 총수의 3분의 2 이상에 해당하는 자의 동의를 받지 않아도 된다.

⑤ 사업시행자는 도시·군계획시설사업 대상시설을 둘 이상으로 분할하여 도시·군계획시설사업을 시행할 수 있다.

13 ③

카테고리 도시개발법 > 도시개발사업

해설

$$비례율 = \frac{도시개발사업으로\ 조성된\ 토지·건축물의\ 평가액\ 합계\ -\ 총사업비}{환지\ 전\ 토지·건축물의\ 평가액\ 합계} \times 100$$

$비례율 = \dfrac{1,000억 - 250억}{500억} \times 100 = \dfrac{750억}{500억} \times 100 = 150\%$

14 ①

카테고리 도시개발법 > 도시개발사업

해설

② 지정권자는 원형지의 공급을 승인할 때 용적률 등 개발밀도에 관한 이행조건을 붙일 수 있다(법 제25조의2 제5항).

③ 원형지 공급가격은 원형지의 감정가격과 원형지에 설치한 기반시설 공사비의 합산 금액을 기준으로 시행자와 원형지 개발자가 협의하여 결정한다(영 제55조의2 제7항).

④ 원형지개발자는 10년의 범위에서 대통령령으로 정하는 기간 안에는 원형지를 매각할 수 없다. 다만, 원형지개발자가 국가 및 지방자치단체인 경우에는 10년의 범위에서 대통령령으로 정하는 기간 안이라도 원형지를 매각할 수 있다(법 제25조의2 제6항).

⑤ 원형지개발자가 공급받은 토지의 전부를 시행자의 동의 없이 제3자에게 매각하는 경우 시행자는 2회 이상 시정을 요구하여야 하고, 원형지개발자가 시정하지 아니한 경우에는 원형지 공급계약을 해제할 수 있다(법 제25조의2 제8항, 영 제55조의2 제5항).

15 ②

카테고리 도시개발법 > 도시개발사업

해설

ⓛ 조합이 인가를 받은 사항을 변경하려면 지정권자로부터 변경인가를 받아야 한다. 다만, 공고방법을 변경하려는 경우 등 경미한 사항을 변경하려는 경우에는 신고하여야 한다.

ⓒ 조합장 또는 이사의 자기를 위한 조합과의 계약이나 소송에 관하여는 감사가 조합을 대표한다.

16 ⑤

카테고리 도시개발법 > 도시개발사업

해설

⑤ 토지상환채권의 발행은 지방자치단체(공공사업시행자)가 「주택법」 제4조에 따른 주택건설사업자 등으로 하여금 대행하게 할 수 있는 사항에 해당하지 않는다.

①②③④ 지방자치단체(공공사업시행자)가 도시개발사업을 효율적으로 시행하기 위하여 필요한 경우에 「주택법」 제4조에 따른 주택건설사업자 등으로 하여금 대행하게 할 수 있는 사항에 해당한다(법 제11조 제11항, 영 제25조의2 제1항).

17 ④

카테고리 도시개발법 > 도시개발계획 및 구역 지정

해설

④ 개발계획의 내용 중 '임대주택건설계획 등 세입자 등의 주거 및 생활 안정 대책'은 도시개발구역을 지정한 후에 개발계획에 포함시킬 수 있는 사항에 해당한다.

18 ②

카테고리 도시개발법 > 도시개발사업

해설

② 토지소유자의 신청에 따라 환지대상에서 제외한 토지에 대하여는 청산금을 교부하는 때에 청산금을 결정할 수 있다 (법 제41조 제2항).

19 ⑤

카테고리 도시 및 주거환경정비법 > 총 칙

해설

⑤ 공동으로 사용하는 구판장은 공동이용시설에 해당한다.

20 ①

카테고리 도시 및 주거환경정비법 > 정비사업

해설

㉠ 분양신청의 통지와 분양공고의 공통 포함 사항
㉡ 분양공고에만 포함 사항
㉢㉣ 분양신청의 통지에만 포함 사항

분양신청

> **법 제72조(분양공고 및 분양신청)** ① 사업시행자는 제50조 제9항에 따른 사업시행계획인가의 고시가 있는 날(사업 시행계획인가 이후 시공자를 선정한 경우에는 시공자와 계약을 체결한 날)부터 120일 이내에 다음 각 호의 사항 을 토지등소유자에게 통지하고, 분양의 대상이 되는 대지 또는 건축물의 내역 등 대통령령으로 정하는 사항을 해 당 지역에서 발간되는 일간신문에 공고하여야 한다. 다만, 토지등소유자 1인이 시행하는 재개발사업의 경우에는 그러하지 아니하다.
> 1. 분양대상자별 종전의 토지 또는 건축물의 명세 및 사업시행계획인가의 고시가 있는 날을 기준으로 한 가격(사 업시행계획인가 전에 제81조 제3항에 따라 철거된 건축물은 시장·군수등에게 허가를 받은 날을 기준으로 한 가격)
> 2. 분양대상자별 분담금의 추산액
> 3. 분양신청기간
> 4. 그 밖에 대통령령으로 정하는 사항
>
> **영 제59조(분양신청의 절차 등)** ① 법 제72조 제1항 각 호 외의 부분 본문에서 '분양의 대상이 되는 대지 또는 건축 물의 내역 등 대통령령으로 정하는 사항'이란 다음 각 호의 사항을 말한다.
> 1. 사업시행인가의 내용
> 2. 정비사업의 종류·명칭 및 정비구역의 위치·면적
> 3. 분양신청기간 및 장소
> 4. 분양대상 대지 또는 건축물의 내역
> 5. 분양신청자격

6. 분양신청방법
7. 토지등소유자외의 권리자의 권리신고방법
8. 분양을 신청하지 아니한 자에 대한 조치
9. 그 밖에 시·도조례로 정하는 사항
② 법 제72조 제1항 제4호에서 '대통령령으로 정하는 사항'이란 다음 각 호의 사항을 말한다.
1. 제1항 제1호부터 제6호까지 및 제8호의 사항
2. 분양신청서
3. 그 밖에 시·도조례로 정하는 사항

21 ④

카테고리 도시 및 주거환경정비법 > 정비사업

해설

④ 청산금의 징수·지급의 방법 및 절차는 조합의 정관을 변경하기 위하여 총회에서 조합원 3분의 2 이상의 찬성을 요하는 사항에 해당하지 않는다. 정관의 기재사항 중 청산금의 징수·지급의 방법 및 절차에 관한 사항을 변경하려는 경우에는 총회를 개최하여 조합원 과반수의 찬성으로 시장·군수등의 인가를 받아야 한다.

22 ③

카테고리 도시 및 주거환경정비법 > 비용부담 등

해설

③ 규칙 제16조 제4항
① 공동구점용예정자가 부담할 공동구의 설치에 드는 비용의 부담비율은 공동구의 점용예정면적비율에 따른다(규칙 제16조 제2항).
② 공동구의 설치로 인한 보상비용은 공동구의 설치비용에 포함된다(규칙 제16조 제1항 제4호).
④ 공동구 관리비용은 연도별로 산출하여 부과한다(규칙 제17조 제3항).
⑤ 시장·군수등은 필요한 경우 공동구 관리비용을 2회로 분할하여 납부하게 할 수 있다. 이 경우 분할금의 납입기한은 3월 31일과 9월 30일로 한다(규칙 제17조 제4항).

23 ②

카테고리 도시 및 주거환경정비법 > 정비사업

해설

② 조합임원이 결격사유에 해당하게 되어 당연 퇴임한 경우 그가 퇴임 전에 관여한 행위는 그 효력을 잃지 않는다.
① 법 제44조 제3항

24 ①

카테고리 도시 및 주거환경정비법 > 정비사업

해설

국토교통부장관, 시·도지사, 시장, 군수, 구청장 또는 토지주택공사등은 정비구역에 세입자와 다음의 어느 하나에 해당하는 자의 요청이 있는 경우에는 인수한 재개발임대주택의 일부를 「주택법」에 따른 토지임대부 분양주택으로 전환하여 공급하여야 한다(법 제80조 제2항, 영 제71조 제1항).

1. 면적이 (㉠ 90)제곱미터 미만의 토지를 소유한 자로서 건축물을 소유하지 아니한 자
2. 바닥면적이 (㉡ 40)제곱미터 미만의 사실상 주거를 위하여 사용하는 건축물을 소유한 자로서 토지를 소유하지 아니한 자

25 ①

카테고리 주택법 > 주택의 공급

해설

조정대상지역지정직전월부터 소급하여 6개월간의 평균 주택가격상승률이 마이너스 (㉠ 1)% 이하인 지역으로서 다음에 해당하는 지역

- 조정대상지역지정직전월부터 소급하여 (㉡ 3)개월 연속 주택매매거래량이 직전 연도의 같은 기간보다 (㉢ 20)% 이상 감소한 지역
- 조정대상지역지정직전월부터 소급하여 (㉡ 3)개월간의 평균 미분양주택(주택법 제15조 제1항에 따른 사업계획승인을 받아 입주자를 모집했으나 입주자가 선정되지 않은 주택을 말한다)의 수가 직전 연도의 같은 기간보다 2배 이상인 지역

26 ④

카테고리 주택법 > 주택의 건설

해설

④ 사업주체가 파산 등으로 사용검사를 받을 수 없는 경우에는 해당 주택의 시공을 보증한 자 또는 입주예정자는 사용검사를 받을 수 있다. 사업주체가 파산 등으로 사용검사를 받을 수 없는 경우에 해당 주택의 시공자는 사용검사를 받을 수 있는 자에 해당하지 않는다(법 제49조 제3항 제1호).

※ 비교 : 사업주체가 정당한 이유 없이 사용검사를 위한 절차를 이행하지 아니하는 경우에는 해당 주택의 시공을 보증한 자, 해당 주택의 시공자 또는 입주예정자는 사용검사를 받을 수 있다(법 제49조 제3항 제2호).

⑤ 법 제50조 제1항

27 ②

카테고리 주택법 > 주택의 건설

해설

㉠㉡㉢ 조합원 모집 광고에 포함되어야 하는 내용이다.

㉢ 조합원 모집 광고에 포함되어야 하는 내용이 아니다. 조합설립 인가를 받기 전에 조합원을 모집하는 것이므로 조합원 모집 광고에 조합설립 인가일이 포함될 수 없다.

28 ④

카테고리 주택법 > 총 칙

해설

ⓒⓒⓔ「공동주택관리법」에 따른 행위의 허가를 받거나 신고를 하고 설치하는 세대구분형 공동주택이 충족하여야 하는 요건에 해당한다.

㉠「주택법」제15조에 따른 사업계획의 승인을 받아 건설하는 세대구분형 공동주택의 경우 충족해야 할 요건에 해당하지만, 「공동주택관리법」에 따른 행위의 허가를 받거나 신고를 하고 설치하는 세대구분형 공동주택이 충족하여야 하는 요건에는 해당하지 않는다.

29 ③

카테고리 주택법 > 주택의 건설

해설

① 「공익법인의 설립·운영에 관한 법률」에 따라 주택건설사업을 목적으로 설립된 공익법인이 연간 20호 이상의 단독주택 건설사업을 시행하려는 경우 국토교통부장관에게 등록하지 않아도 된다(법 제4조 제1항 단서, 제4호).

② 세대수를 증가하는 리모델링주택조합이 그 구성원의 주택을 건설하는 경우에는 등록사업자(지방자치단체·한국토지주택공사 및 지방공사를 포함)와 공동으로 사업을 시행할 수 있다. 이 경우 국가는 공동사업주체의 대상이 아니다(법 제5조 제2항).

④ 국토교통부장관은 등록사업자가 타인에게 등록증을 대여한 경우에는 등록을 말소하여야 한다(법 제8조 제1항 단서, 제5호).

⑤ 영업정지 처분을 받은 등록사업자는 그 처분 전에 사업계획승인을 받은 사업을 계속 수행할 수 있다(법 제9조).

30 ④

카테고리 주택법 > 총 칙

해설

④ 주택에 딸린 자전거보관소는 부대시설에 해당한다(영 제6조 제1호).

31 ⑤

카테고리 주택법 > 주택의 리모델링

해설

⑤ 증축하는 리모델링을 하려는 자는 시장·군수·구청장에게 안전진단을 요청하여야 한다(법 제68조 제1항).

④ 법 제70조

32 ③

카테고리 건축법 > 건축물의 대지와 도로

해설

「건축법」 제2조 제1항 제11호에 따른 소요너비에 못 미치는 너비의 도로인 경우에는 그 중심선으로부터 그 (㉠ 소요너비의 2분의 1의 수평거리만큼 물러난 선)을 건축선으로 하되, 그 도로의 반대쪽에 하천이 있는 경우에는 그 하천이 있는 쪽의 도로경계선에서 (㉡ 소요너비에 해당하는 수평거리의 선)을 건축선으로 하며, 그 건축선과 도로 사이의 대지면적은 건축물의 대지면적 산정 시 (㉢ 제외)한다(법 제46조 제1항, 영 제119조 제1항 제1호).

33 ①

카테고리 건축법 > 특별건축구역·건축협정 및 결합건축

해설

건축협정구역에 건축하는 건축물에 대하여는 법 제42조(대지의 조경), 제55조(건폐율), 제56조(용적률), 제58조(대지 안의 공지), 제60조(건축물의 높이제한) 및 제61조(일조 등의 확보를 위한 건축물의 높이제한)와 「주택법」 제35조(주택 건설기준)를 대통령령으로 정하는 바에 따라 완화하여 적용할 수 있다. 다만, 법 제56조(용적률)를 완화하여 적용하는 경우에는 건축위원회의 심의와 「국토의 계획 및 이용에 관한 법률」에 따른 지방도시계획위원회의 심의를 통합하여 거쳐야 한다(법 제77조의13 제6항).

34 ④

카테고리 건축법 > 건축물의 건축

해설

④ 같은 시설군 중 같은 용도에 속하는 건축물 상호 간의 용도변경의 경우는 건축물대장 기재내용의 변경을 신청하지 않아도 되지만, 이 경우에도 노래연습장으로 변경하는 경우에는 건축물대장 기재내용의 변경을 신청하여야 한다(법 제19조 제3항 단서, 영 제14조 제4항 단서, 별표 1 제4호 러목).

①② 해당 용도로 쓰는 바닥면적의 합계가 500m²인 자동차영업소(1,000m² 미만)는 제2종 근린생활시설에 해당하고 노래연습장도 제2종 근린생활시설에 해당한다. 500m²인 자동차영업소를 노래연습장으로 변경하는 경우는 제2종 근린생활시설을 제2종 근린생활시설로 변경하는 경우이므로 이는 같은 시설군 중 같은 용도에 속하는 건축물 상호 간의 용도변경에 해당한다. 따라서 허가대상도 아니고 신고대상도 아니다.

③ 甲은 용도변경한 건축물을 사용하려면 B시장의 사용승인을 받지 않아도 된다. 허가나 신고대상인 경우로서 용도변경하려는 부분의 바닥면적의 합계가 100m² 이상인 경우의 사용승인에 관하여는 법 제22조(건축물의 사용승인)를 준용한다. 사례의 경우는 허가대상도 아니고 신고대상도 아니므로 사용승인을 받지 않아도 된다.

⑤ 甲의 건축물에 대한 용도변경을 위한 설계는 건축사가 아니어도 할 수 있다. 허가 대상인 경우로서 용도변경하려는 부분의 바닥면적의 합계가 500m² 이상인 용도변경의 설계에 관하여는 법 제23조(건축사의 설계)를 준용한다. 사례의 경우는 허가대상이 아니므로 용도변경을 위한 설계를 건축사가 아니어도 할 수 있다.

35 ③

카테고리 건축법 > 건축물의 구조 및 재료

해설

ⓒ 건축물의 처마높이 : 9m 이상

36 ①

카테고리 건축법 > 건축물의 구조 및 재료

해설

① 문화 및 집회시설 중 전시장 및 동·식물원은 건축물로부터 바깥쪽으로 나가는 출구를 설치하여야 하는 건축물에서 제외되는 건축물이다.

> **영 제39조(건축물 바깥쪽으로의 출구 설치)** ① 법 제49조 제1항에 따라 다음 각 호의 어느 하나에 해당하는 건축물에는 국토교통부령으로 정하는 기준에 따라 그 건축물로부터 바깥쪽으로 나가는 출구를 설치하여야 한다.
> 1. 제2종 근린생활시설 중 공연장·종교집회장·인터넷컴퓨터게임시설 제공업소(해당 용도로 쓰는 바닥면적의 합계가 각각 300제곱미터 이상인 경우만 해당한다)(지문 ④)
> 2. 문화 및 집회시설(전시장 및 동·식물원은 제외한다)(지문 ①)
> 3. 종교시설
> 4. 판매시설
> 5. 업무시설 중 국가 또는 지방자치단체의 청사(지문 ⑤)
> 6. 위락시설(지문 ②)
> 7. 연면적이 5천 제곱미터 이상인 창고시설
> 8. 교육연구시설 중 학교
> 9. 장례시설(지문 ③)
> 10. 승강기를 설치하여야 하는 건축물

37 ②

카테고리 건축법 > 지역 및 지구 안의 건축물

해설

- 용적률 산정 시의 연면적에는 지하층의 면적과 지상층의 주차용으로 쓰는 면적은 제외한다. 따라서 사례의 경우 지상 1층 중 건축물의 부속용도인 주차장 면적 500m²와 지하 3개 층(지하 1층, 2층, 3층)의 면적은 연면적에서 제외되고, 지상 1층 중 제2종 근린생활시설로 사용하는 500m²와 업무시설로 사용하는 지상 10개 층만 연면적에 산입된다.
- 연면적 = (제2종 근린생활시설 500m²) + (업무시설 10개 층 × 각 층의 바닥면적 1,000m²) = 10,500m²
- 용적률 = (연면적/대지면적) × 100 = (10,500m²/1,500m²) × 100 = 700%

38 ⑤

카테고리 건축법 > 건축물의 대지와 도로

해설

① 초등학교는 교육연구시설에 해당하고, 교육연구시설은 공개공지등을 설치하여야 하는 건축물에 해당하지 않는다.

② 판매시설은 공개공지등을 설치하여야 하는 건축물에 해당하지만, 판매시설 중 「농수산물 유통 및 가격안정에 관한 법률」에 따른 농수산물유통시설은 공개공지등을 설치하여야 하는 건축물에 해당하지 않는다.

③ 관망탑은 관광휴게시설에 해당하고, 관광휴게시설은 공개공지등을 설치하여야 하는 건축물에 해당하지 않는다.

④ 「청소년활동진흥법」에 따른 유스호스텔은 수련시설에 해당하고, 수련시설은 공개공지등을 설치하여야 하는 건축물에 해당하지 않는다.

공개공지등의 확보

> 일반주거지역, 준주거지역, 상업지역, 준공업지역의 환경을 쾌적하게 조성하기 위하여 문화 및 집회시설, 종교시설, 판매시설(농수산물 유통 및 가격안정에 관한 법률에 따른 농수산물유통시설은 제외), 운수시설(여객용 시설만 해당), 업무시설 및 숙박시설로서 해당 용도로 쓰는 바닥면적의 합계가 5천m² 이상인 건축물은 일반이 사용할 수 있도록 소규모 휴식시설 등의 공개공지(空地 : 공터) 또는 공개공간(공개공지등)을 설치하여야 한다(법 제43조 제1항, 영 제27조의2 제1항).

39 ③

카테고리 농지법 > 농지의 이용

해설

• (㉠ 60)세 이상인 농업인이 거주하는 시·군에 있는 소유 농지 중에서 자기의 농업경영에 이용한 기간이 (㉡ 5)년이 넘은 농지

• (㉢ 3)월 이상의 국외여행으로 인하여 일시적으로 농업경영에 종사하지 아니하게 된 자가 소유하고 있는 농지

40 ⑤

카테고리 농지법 > 농지의 소유

해설

⑤ 농업인이 자기 노동력이 부족하여 농작업의 일부를 위탁하는 경우에 위탁경영할 수 있다.

삶의 순간순간이
아름다운 마무리이며
새로운 시작이어야 한다.

– 법정 스님

여러분의 작은 소리
에듀윌은 크게 듣겠습니다.

본 교재에 대한 여러분의 목소리를 들려주세요.
공부하시면서 어려웠던 점, 궁금한 점,
칭찬하고 싶은 점, 개선할 점, 어떤 것이라도 좋습니다.

에듀윌은 여러분께서 나누어 주신 의견을
통해 끊임없이 발전하고 있습니다.

에듀윌 도서몰 book.eduwill.net
• 부가학습자료 및 정오표: 에듀윌 도서몰 → 도서자료실
• 교재 문의: 에듀윌 도서몰 → 문의하기 → 교재(내용, 출간) / 주문 및 배송

2024 공인중개사 2차 기본서 부동산공법

발 행 일	2024년 1월 7일 초판
편 저 자	오시훈
펴 낸 이	양형남
펴 낸 곳	(주)에듀윌
등록번호	제25100-2002-000052호
주 소	08378 서울특별시 구로구 디지털로34길 55
	코오롱싸이언스밸리 2차 3층

* 이 책의 무단 인용 · 전재 · 복제를 금합니다.

www.eduwill.net
대표전화 1600-6700